West Nipissing Public Library

971.03
PAP
T. 1
Rumilly, Robert
Papineau et son temps

WEST NIPISSING PUBLIC LIBRARY
WNP034161

West Nipissing Public Library

PAPINEAU

ET SON TEMPS

DU MÊME AUTEUR
CHEZ LE MÊME ÉDITEUR

Histoire de Montréal, 5 vol.
Honoré Mercier et son temps, 2 vol.
Maurice Duplessis et son temps, 2 vol.
Histoire de la Province de Québec (réédition, vol. 1 à 10)

La maquette de couverture est de Côme FELX.

La documentation photographique servant à l'illustration des deux tomes du présent ouvrage provient des archives de M. ARMOUR LANDRY.

VIES CANADIENNES

PAPINEAU

ET SON TEMPS
Tome I

(1791-1838)

par
ROBERT RUMILLY

FIDES
235 est, boulevard Dorchester, Montréal

Cet ouvrage a bénéficié d'une subvention du ministère des Affaires culturelles du Québec, au titre de l'aide à la publication.

ISBN : 0-7755-0659-1
Numéro de la fiche de catalogue
de la Centrale des bibliothèques : 77-15256

Tous droits de reproduction, d'édition, d'impression, de traduction, d'adaptation et de représentation, en totalité ou en partie, réservés en exclusivité pour tous les pays. La reproduction d'un extrait quelconque de cet ouvrage, par quelque procédé que ce soit, tant électronique que mécanique, en particulier par photocopie ou par microfilm, est interdite sans l'autorisation écrite de la Corporation des Éditions Fides.

© *La Corporation des Éditions Fides — 1977*

1

Les Papineau, de Montigny

Montigny est un petit village poitevin de 622 habitants. On y démolit peu ; on n'y construit pas davantage ; on n'y répare qu'à la dernière limite ; et si la paroisse a formé une commune, sa physionomie n'a pas changé depuis la fin du XVIIe siècle.

Samuel Papineau, de Montigny, vint au Canada comme soldat des troupes de marine. Il laissa l'armée, comme beaucoup d'autres, pour s'établir au pays. En 1705, il épousa Catherine Quevillon, de la Pointe-aux-Trembles, sur l'île de Montréal.

Elle n'avait pas froid aux yeux, Catherine. À douze ans, des Iroquois l'avaient prise avec une de ses sœurs, âgée de sept ans. Ils firent rôtir la petite sur des cendres, sous les yeux de son aînée. Celle-ci se montra si résolue qu'elle intimida les bourreaux. Or, les ravisseurs s'y connaissaient en courage : ils gardèrent la petite Française, dont on ferait plus tard la mère de vaillants Iroquois. Mais au bout de quelques années de captivité, elle fut rachetée, rendue à ses parents. En fait d'Iroquois, elle fut l'aïeule des Papineau.

À sa mort en 1747, Samuel Papineau laissait six fils, dont le cinquième, Joseph, épousa Marie-Joseph Baudry, de la Pointe-aux-Trembles, et s'établit tonnelier à Montréal. Il construisit, à coups de marteaux sonores et précis, des futailles rebondies pour contenir des vins honnêtes. Un des fils de cet artisan fut Joseph Papineau.

Joseph Papineau avait neuf ans quand fut signée la reddition de Montréal, le 8 septembre 1760. Dans un groupe de jeunes garçons, il assista, les petits poings serrés, à l'entrée en ville des « Habits Rouges ». Mais avant que le défilé fût terminé, les enfants, n'en pouvant supporter davantage, coururent se jeter sur un tas de foin, dans une grange, pour y pleurer.

* * *

C'est un prêtre qui remarque le jeune Joseph Papineau, fils du tonnelier de la rue Bonsecours, et propose de le faire instruire. Le tonnelier comptait transmettre son métier — et sa clientèle — à ce fils. Les Baudry, frères de la femme du tonnelier, voulaient prendre leur neveu sur leur ferme pour en faire un cultivateur. Le prêtre triomphe de ces résistances, et Joseph Papineau, envoyé au Séminaire de Québec, ne déçoit pas son protecteur : il fait d'excellentes études. Il entre ensuite au bureau du notaire-arpenteur Delisle, à Montréal.

À vingt-quatre ans, il se signale par un trait de loyalisme et de courage. Les Américains assiègent alors Québec, interceptant toutes communications entre la capitale et le reste du pays. Or, des dépêches urgentes doivent être portées de Montréal au gouverneur Carleton, à Québec. Joseph Papineau et son compatriote Lamothe s'en chargent. Ils introduisent les dépêches dans des cannes creuses et font le trajet à pied, en plein hiver, recevant l'hospitalité des presbytères. Ils parviennent ainsi aux collines de Lévis, en face de Québec, sur la rive sud du Saint-Laurent. Reste à traverser le fleuve gelé sans attirer l'attention des sentinelles. Lamothe et Papineau se couvrent de leurs chemises et de mouchoirs blancs, et ainsi camouflés s'avancent en rampant parmi les glaces du fleuve, avec lesquelles ils se confondent. Ils entrent à Québec, où ils accomplissent leur mission, et s'enrôlent aux postes avancés de la défense jusqu'à la levée du siège.

Joseph Papineau, reçu arpenteur en 1773, fait de bonnes affaires. C'est lui qui trace le cadastre de la plupart des concessions aux environs de Montréal. Il épouse Rosalie Cherrier, fille de François-Pierre Cherrier, notaire à Saint-Denis-sur-Richelieu, en 1779. Le notaire de Saint-Denis a déjà marié une fille à Jean-Jacques Lartigue en 1766 et une autre à Denis Viger en 1772. Joseph Papineau entre ainsi dans une nombreuse — et excellente — famille. Il devient notaire à son tour l'année suivante.

Joseph Papineau, notaire et arpenteur à Montréal, exerce sa profession dans toute la province. Il compte d'importantes communautés religieuses, à commencer par le Séminaire de Saint-Sulpice, seigneur de l'île de Montréal, dans sa clientèle. Ses anciens professeurs du Séminaire de Québec lui confient l'administration des deux seigneuries que le Séminaire tient de Mgr de Laval dans le district de Montréal : celle de l'île Jésus, au nord de l'île de Montréal, et celle de la Petite-Nation, sur la rive nord de la rivière Ottawa.

Cinq des dix enfants du ménage Papineau sont destinés à vivre. Ce sont : Louis-Joseph, baptisé le 7 octobre 1786 ; Marie-Rosalie, baptisée le 28 février 1788 ; Denis-Benjamin, baptisé le 13 novembre 1789 ; André-Augustin, baptisé le 29 octobre 1790 ; et Toussaint-Victor, baptisé le 30 mars 1798.[1]

---

1. L'Institut généalogique Drouin a dressé la liste des enfants du ménage Papineau. Les cinq enfants morts en très bas âge sont : Séraphin-Joseph, baptisé le 24 novembre 1783 ; Joseph-François, baptisé le 5 octobre 85 ; Toussaint, baptisé le 12 février 92 ; Angélique-Lacroix, baptisée le 16 avril 95 ; Marie-Adélaïde, baptisée le 2 septembre 96.

2

La constitution de 1791

La réaction des Canadiens français, pendant la guerre de l'Indépendance américaine, n'a pas été unanime. La noblesse, ne concevant guère que la profession militaire, s'est enrôlée dans l'armée anglaise, où elle s'est fait décimer. Le clergé a témoigné d'un loyalisme intégral. La masse du peuple a subi, indifférente, le flux et le reflux. Les Américains ont occupé Montréal et une partie de la province pendant huit mois. Leurs généraux avaient reçu instruction de ne pas blesser les préjugés des Canadiens, de respecter leur religion, de ne pas troubler leur tranquillité, de bien payer les fournitures et de réprimer les excès des soldats. Leur armée, affirmaient-ils, « est venue pour apporter la liberté ».

Ils ont même essayé de recruter des volontaires dans le pays occupé. Des Canadiens français s'étaient enrôlés dans l'armée anglaise du général Burgoyne. D'autres se sont enrôlés dans les armées de Washington. Des Acadiens, demeurés en Nouvelle-Angleterre, se sont aussi engagés dans l'armée américaine. Des Canadiens français pris avec l'armée de Burgoyne, à Saratoga, et que l'aventure, ou la solde, beaucoup plus que le dévouement à l'Angleterre, avait entraînés, se joignent à eux.

La guerre finie, ces volontaires n'osent rentrer dans leur pays, où les autorités les traiteraient en rebelles. D'autre part, les loyalistes — les colons américains restés fidèles à la Couronne britannique — réfugiés au Canada y tiennent le haut du pavé et n'y témoignent pas de tolérance. Ils ne souhaiteraient rien de moins que l'assimilation politique et religieuse des Canadiens français. En Nouvelle-Écosse, ils persécutent les Acadiens, sans excepter ceux qui ont rendu des services aux gouverneurs anglais. Des Acadiens, menacés d'une nouvelle déportation, s'exilent dans différentes directions. Certains prennent le chemin des États-Unis.

Or, l'État de New York possède un gouverneur à poigne, George Clinton, surnommé « le père » de l'État de New York. Clinton a combattu les Anglais et traqué les loyalistes. Il fait donner des terres aux vétérans et aux Acadiens sur les bords du lac Champlain.

C'est tout près de la frontière, le long de la rivière Chazy. Montcalm est passé là, dans sa glorieuse campagne de Carillon. Ce sont, d'après la tradition, ses soldats qui, faisant halte pour pratiquer des caches à vivres et à munitions, ont donné à l'endroit le nom de Corbeau.[1]

La terre, à vrai dire, est pauvre, abondamment garnie de pierres. Quelques émigrants canadiens rejoignent cependant les vétérans et les Acadiens de Corbeau.

* * *

Les Américains se sont soulevés pour obtenir le droit de faire eux-mêmes leurs lois. Les loyalistes réfugiés au Canada sont satisfaits d'un régime d'administration directe par les délégués de la métropole. Mais des Anglais plus anciennement établis à Québec et à Montréal souhaitent une assemblée élective. Les commerçants montréalais sont à la tête du mouvement. Une délégation est allée à Londres, au printemps de 1784. Une pétition a recueilli plus de 500 signatures. Des Canadiens français, seigneurs et notables en tête, ont signé une contre-pétition : ils se déclarent hors d'état de supporter les frais qu'un régime électif entraînerait, pour défrayer l'administration du pays dont la métropole assume jusqu'ici la charge. Mais les commerçants montréalais ont de la suite dans les idées. Les « Bourgeois » de la Compagnie du Nord-Ouest sont les plus décidés.

Les traitants de fourrure de Montréal, qui sont surtout des Écossais, entreprenants, énergiques et persévérants, se sont associés pour former la Compagnie du Nord-Ouest (North West Company), susceptible de rivaliser avec la Compagnie de la Baie d'Hudson, en 1784. Les associés s'appellent des Bourgeois, traitent

---

[1]. Plus tard changé en Cooperville, en l'honneur d'un gros marchand de bois.

bien leurs commis auxquels des espoirs d'avancement sont ouverts et donnent des postes de confiance aux Canadiens français, tandis que la Compagnie de la Baie d'Hudson n'ouvre ses rangs qu'aux Anglais. Simon McTavish, personnalité puissante entre ces fortes personnalités, prend de l'ascendant sur ses associés et devient le grand chef. Mais des gaillards de la trempe de Joseph Frobisher et de James McGill peuvent aussi exprimer une volonté de fer. La Compagnie du Nord-Ouest a obtenu un privilège exclusif de traite, en échange duquel elle explorera tout le pays à l'ouest de la baie d'Hudson jusqu'à l'océan Pacifique. Elle établit un réseau de sentiers conduisant à ses postes de traite.

Les Bourgeois de la Compagnie du Nord-Ouest représentent une force. Ils sont « loyaux », mais souhaitent des libertés politiques analogues à celles dont jouissent les Américains. Ils sont insistants. Ils sont tenaces. Ils renouvellent leur requête. Une deuxième pétition, rédigée dans les deux langues, réunit, parmi les signataires, tout l'armorial du commerce des fourrures. Quelques Canadiens français de tendance libérale, à la suite du notaire Joseph Papineau, signent aussi. Les commerçants de Montréal entraînent leurs confrères de Québec. Requêtes et contre-requêtes s'accumulent sur le bureau du ministre et devant le Parlement britannique.

Or, les Américains peuvent à tout moment recommencer la guerre, tenter une nouvelle invasion du Canada et faire miroiter aux habitants les avantages de l'indépendance, des libertés politiques. Il est difficile de croire que cette perspective n'influence pas l'Angleterre, octroyant une constitution parlementaire au Canada, en 1791.

* * *

La constitution de 1791 divise la province de Québec en deux provinces : le Haut-Canada, à l'ouest, où les loyalistes anglais dominent, et le Bas-Canada, à l'est, où les Canadiens français conservent une grosse majorité. Chacune des deux provinces aura sa législature, comprenant un Conseil nommé par la Couronne et une Chambre élue par le peuple — plus exactement par les propriétaires justifiant d'un revenu minimum de deux livres sterling dans les campagnes, de cinq livres dans les villes, ce qui n'est pas un cens prohibitif. Chaque province suivra son mode préféré de tenure. La population du Haut-Canada peut atteindre 40,000 âmes ; celle du Bas-Canada, 150,000.

Sous le gouverneur général Dorchester, deux lieutenants-gouverneurs, tous deux anciens soldats, président aux destinés du Haut-Canada et du Bas-Canada, provinces bien différentes. John Graves Simcoe, lieutenant-gouverneur du Haut-Canada, est un homme énergique, loyaliste de la tête aux pieds, profondément imbu de la supériorité britannique dans tous les domaines. Il dirige une population selon son cœur. Le gouverneur général Dorchester, se trouvant sur place à Québec, ne laisse pas un aussi grand rôle au lieutenant-gouverneur du Bas-Canada, sir Alured Clarke, personnalité d'ailleurs moins marquante.

Dorchester compose un Conseil exécutif de neuf membres, dont quatre Canadiens. Le Conseil législatif comprend aussi une majorité anglaise, et les conseillers canadiens sont choisis parmi les seigneurs ou les bourgeois les plus malléables. Les membres des deux Conseils commencent à cumuler les fonctions lucratives.

Les élections à la Chambre d'Assemblée du Bas-Canada se tiennent en juillet 1792. La province est divisée en vingt-sept comtés, qui éliront cinquante députés. L'île de Montréal forme trois divisions électorales, ayant chacune deux députés : le quartier Est et le quartier Ouest, séparés par l'axe de la rue Saint-Laurent, et le comté de Montréal, comprenant les villages ou les « côtes » en dehors de la ville proprement dite.

Ces premières élections n'ont presque pas d'histoire. Les Bourgeois de la Compagnie du Nord-Ouest, dont les démarches ont contribué à décider le gouvernement britannique, ne perdront pas une occasion d'acquérir une influence politique, susceptible de servir leurs intérêts économiques. Ils prennent en mains l'organisation électorale à Montréal. Ils offrent une candidature, dans le comté de Montréal, au notaire Papineau, qui mérite et possède la confiance de sa clientèle et qui a signé avec eux une pétition « constitutionnaliste ». Le mandat des premiers députés est gratuit, ce qui écarte des aspirants sans fortune. Les Canadiens n'ont aucune expérience, aucune habitude du régime parlementaire, et s'intéressent peu aux élections. Les Bourgeois de la Compagnie du Nord-Ouest, Écossais débordant d'esprit d'initiative — et d'esprit civique, il faut le reconnaître, — ont d'ailleurs appris le français, et souvent le parlent bien. Ils comptent des Canadiens français parmi leurs employés supérieurs et même, comme Louis-Toussaint Pothier, parmi leurs associés.

Le quartier Est élit Joseph Frobisher, l'un des fondateurs de la Compagnie du Nord-Ouest, et John Richardson, Bourgeois de la même Compagnie. Le quartier Ouest élit James McGill, autre fondateur de la Compagnie du Nord-Ouest, et le traitant de fourrures Jean-Baptiste Durocher, marguillier de Notre-Dame. Le comté de Montréal élit sans opposition l'avocat James Walker, qui a servi dans l'armée anglaise en 1775, et Joseph Papineau, le notaire de grande allure qui a, lui aussi, fait preuve de loyalisme. Tous ces hommes ont milité dans le mouvement qui a fini par obtenir une constitution parlementaire. Et ce sont autant d'hommes extraordinaires. Joseph Frobisher a lui-même établi ses liaisons commerciales dans les pays d'en haut, et descendu, l'un des premiers, la rivière Saskatchewan. Frobisher et ses compagnons, allant au-devant des tribus, ont intercepté une partie du commerce de la Compagnie de la Baie d'Hudson — et complété les découvertes de La Vérendrye et de ses fils. James McGill, émigré de son Écosse natale à 20 ans, sans un sou dans sa poche, s'est taillé une fortune dans le commerce des fourrures. Il est à la tête de tous les mouvements civiques à Montréal. Les généraux américains ont dû compter avec son influence, pendant l'occupation de 1775. James McGill a contribué plus qu'aucun autre à déclencher le mouvement « constitutionnaliste ». John Richardson, émigré d'Écosse, lui aussi, avant sa vingtième année, est d'abord entré au service de Robert Ellice & Co., négociants en fourrures. Il s'est engagé, pendant la guerre, sur le *Vengeance*, bâtiment armé en course — corsaire, en somme — par des loyalistes new-yorkais. Puis il est rentré, comme associé, chez Robert Ellice & Co. Robert Ellice, enrichi, a fait acquisition de la seigneurie de Beauharnois, puis, fortune faite, est retourné en Grande-Bretagne sans perdre le contact avec ses anciens associés. La firme Robert Ellice & Co. s'est dissoute ; John Richardson a fondé, en association avec les frères Thomas et John Forsyth, la Forsyth, Richardson & Co., qui prend une importance de premier plan dans la vie commerciale de Montréal.

La majorité canadienne de Montréal élit donc quatre Anglais sur six députés. Le même phénomène s'est produit, sur une échelle réduite, dans le reste de la province : seize représentants sur cinquante sont de langue anglaise, ce qui traduit l'influence du noyau anglais et l'indifférence ou la bonne volonté des électeurs canadiens. Pour les cultivateurs des « côtes », la nomination d'un curé, véritable chef de la paroisse, paraît plus importante que l'élection d'un député. La *Gazette* de Montréal annonce que les représentants — on emploie ce nom plutôt que celui de députés — « ne prendront pas en considération la distinction mal fondée que font certaines personnes préjugées entre Anglais et Français, mais ne seront guidés que par des motifs patriotiques, pour le service du bien public et l'avantage du pays ».

3

Joseph Papineau, député de Montréal

Sir Alured Clarke ouvre la première législature bas-canadienne à Québec — dans le palais épiscopal, occupé par le gouverneur depuis plusieurs années — le 17 décembre 1792. Les députés anglais élus par des Canadiens français se conduisent, malgré la promesse ou le pronostic de la *Gazette,* en Anglais purs et simples. Ils prétendent à la présidence de la Chambre. La majorité canadienne élit Jean-Antoine Panet, député de la haute ville de Québec, qui s'est enrôlé contre les Américains pendant l'invasion de 1775.

La question de langue est cruciale. William Grant, qui est l'autre député de la haute ville de Québec, propose que les procès-verbaux soient rédigés en anglais. Joseph Papineau proteste. Le notaire Joseph Papineau est un homme de belle stature, imposant même. Il porte une natte de cheveux lui descendant plus bas que l'épaule, bien que la mode en soit passée dans les villes. Un gentilhomme campagnard de l'ancien régime. Il porte jabot et manchettes et, dans la rue, un jonc à pomme d'or. Il parle facilement, sans remuer le corps, sans hésitation. Il expose ses arguments avec vigueur, en émaillant parfois son style de mots frustes. Il demande : « Est-ce parce que le Canada fait partie d'un empire anglais, est-ce parce que les Canadiens ne savent pas la langue des habitants de la Tamise qu'ils doivent être privés de leurs droits ? » D'autres députés, tels Pierre Bédard, Chartier de Lotbinière et Philippe de Rocheblave, protestent aussi. On aboutit à un compromis : les procès-verbaux seront rédigés dans les deux langues, et les lois seront rédigées en français ou en anglais selon qu'elles se rapporteront aux lois françaises ou aux lois anglaises existantes.

Entendons-nous. Quand William Pitt a fait voter l'Acte de 1791, les Canadiens, d'après les discours officiels, « n'auraient rien à envier dans les institutions des États-Unis ». En réalité, l'Angleterre ne voulait pas donner l'indépendance à sa colonie. Elle ne voulait même pas lui donner un véritable régime parlementaire. C'est la Couronne, représentée par le gouverneur, qui commande. Les membres du Conseil exécutif ne se partagent pas des portefeuilles, des zones de responsabilité. Le gouverneur ne se croit pas tenu de suivre leur avis, et à plus forte raison celui de la Chambre élue. D'autre part, une oligarchie des membres du Conseil exécutif, des membres du Conseil législatif et des hauts fonctionnaires se forme. Les favoris accaparent et souvent cumulent les postes. William Smith, président du Conseil législatif, et bon loyaliste, chassé par la Révolution américaine, est en même temps juge en chef, pour ne citer que cet exemple. Son fils est greffier du Conseil. Une situation identique règne dans le Haut-Canada, dans la Nouvelle-Écosse et le Nouveau-Brunswick. Les membres de l'oligarchie sont avides et autoritaires partout. Mais dans le Bas-Canada, où ils sont presque tous anglais, ils se montrent en outre fort désireux d'enlever aux Canadiens français tous privilèges nationaux et religieux. Mgr Jean-François Hubert, évêque de Québec, plus toléré que véritablement reconnu, s'applique à dissiper la méfiance, par son zèle loyaliste, et n'y réussit qu'à demi. Le premier évêque anglican, Jacob Mountain, débarqué à Québec en 1793, réclame aussitôt préséance pour « l'évêque du roi » sur « l'évêque du pape ».

Il ne faudrait pas tomber dans l'excès de croire à une intolérance, à un ostracisme universels. James Cuthbert, ancien aide de camp du général Wolfe, chargé par Murray de porter en Angleterre la nouvelle de la prise de Québec, et acquéreur de la seigneurie de Berthier, accorde volontiers son amitié aux Canadiens français, son respect et au besoin sa protection à leur religion. Il a pour ainsi dire fondé la paroisse de Saint-Cuthbert en donnant 60 arpents de terre, sans préjudice de deux cloches et d'un tableau de saint Hubert, à la seule condition que la nouvelle église portât son nom. Le Conseil législatif comprend des membres canadiens-français, et l'un d'eux, François Baby, négociant riche, major de la milice du district de Québec, préside la « Chambre haute » de janvier à décembre 1794. Jean-Antoine Panet est nommé juge, bien qu'il parle mal l'anglais, en janvier 1794. Il conserve son mandat de député, mais abandonne la présidence, où Chartier de Lotbinière lui succède. Un autre député de la majorité, Pierre-Amable de Bonne, est nommé juge et, peu de temps après, membre du Conseil exécutif.

* * *

Un grand événement mondial, la Révolution française, inquiète les dirigeants de tous les pays. M. Brassier, du Séminaire de Montréal, signalait à l'évêque de Québec, dès 1789, que « les gazettes d'Europe influent beaucoup sur l'esprit des citoyens de Montréal ». Les Anglais craignent la diffusion des idées révolutionnaires, qui sont des idées françaises, parmi la population canadienne. L'ambassadeur de la République française aux États-Unis fait répandre quelques brochures clandestines, dont un appel de « Français libres », au Canada. On y tranche : « L'insurrection est le plus sacré des devoirs ». Jonathan Sewell, nommé solliciteur général du Bas-Canada en octobre 1893, décèle des sympathies révolutionnaires, surtout à Montréal.

En prorogeant la Législature, en mai 1794, le gouverneur Dorchester invite les députés à prêcher le loyalisme, à dénoncer les auteurs et les distributeurs d'écrits séditieux : « Vous saisirez enfin toutes les occasions de persuader vos compatriotes que les bienfaits dont ils jouissent sous une constitution vraiment libre ne peuvent être conservés que par une sincère obéissance aux lois. »

En fait, les esprits avancés, admirateurs de la Révolution française, sont une minorité négligeable. La persécution déchaînée en France contre le clergé renforce le loyalisme britannique du clergé canadien. L'appel des « Français libres » aux Canadiens ne promet pas seulement l'abolition des droits seigneuriaux, mais l'élection des prêtres par le peuple. Mgr Briand, à la retraite depuis dix ans, meurt en juin 1794. L'abbé Jean-Octave Plessis, curé de la cathédrale de Québec, transforme son oraison funèbre en panégyrique de l'Angleterre. Il compose de véritables litanies : « Nation généreuse, nation industrieuse... nation exemplaire... nation compatissante... Pardonnez ces premières défaillances d'un peuple qui n'avait pas encore le bonheur de vous connaître... Et si, après le bouleversement de l'État et la destruction du véritable culte en France... il se trouve encore parmi nous quelques esprits assez aveugles ou assez mal intentionnés pour entretenir les mêmes ombrages et inspirer au peuple le désir criminel de retourner à ses anciens maîtres, n'imputez pas à la totalité ce qui n'est que le vice d'un petit nombre...» Bref, la conquête du Canada par l'Angleterre, évitant la persécution religieuse dans ce pays, fut un bienfait providentiel.

Tout de même, on ne saurait prendre trop de précautions. Sir James Monk, successeur de William Smith comme procureur général du Bas-Canada, a rempli les mêmes fonctions en Nouvelle-Écosse, de 1774 à 1776. Il a vu l'efficacité d'une «association loyale» en 1775. À son instigation se fonde une Association loyale à Québec «pour le soutien des lois, de la constitution et du gouvernement». Mgr Hubert et son clergé signent son manifeste. Les «loyaux sujets» de Montréal ne resteront pas en arrière. Sir James Monk est d'ailleurs promu juge en chef du district de Montréal. Un incident vient de s'y produire. La foule, haranguée par un agitateur français, a libéré un filou que le shérif escortait, à la porte de la prison. Un ordre d'appel de 2,000 miliciens, lancé par lord Dorchester, se heurte à des résistances. À Montréal se présentent quelques centaines d'hommes, dont très peu de Canadiens. À la Côte des Neiges, près de Montréal, comme à Charlesbourg, près de Québec, des hommes armés de fourches, de faux et de fusils de chasse patrouillent jour et nuit pour empêcher les enrôlements. Les meneurs se réclament «du public, qui est au-dessus des lois».

Le juge en chef Monk, terriblement pessimiste, voit dans ces incidents le prélude d'un soulèvement populaire. Il provoque une réunion de notables, au couvent des Récollets. On y fonde l'Association loyale de Montréal, ou Association constitutionnelle. James McGill, qui vient d'être appelé au Conseil exécutif, préside l'Association. Le Comité directeur de douze membres — six Anglais et six Canadiens français — comprend les députés John Richardson, James Walker, Joseph Papineau et Jean-Baptiste Durocher. La Compagnie du Nord-Ouest et le Séminaire de Saint-Sulpice sont les deux pôles d'influence à Montréal. Le président McGill invite M. Brassier, Supérieur du Séminaire de Saint-Sulpice, à procurer l'assistance d'un ou deux de ses Messieurs, et à faire signer le manifeste dans les paroisses, par l'intermédiaire des curés. Les signataires s'engagent à réprimer les émeutes et à faire punir les perturbateurs, «au risque de leur vie et de leurs biens». Des «associations loyales» se forment sur le même modèle aux Trois-Rivières, à William Henry (Sorel), à Berthier, à L'Assomption, à Gaspé, ailleurs encore.

Joseph Papineau, qui a donné son nom, manque d'assiduité aux séances du Comité, qui ramasse des signatures, les transmet au gouverneur, et dont l'activité paraît s'arrêter là. Joseph Papineau a suffisamment à faire entre sa profession, son mandat parlementaire et sa famille. L'aîné de ses enfants, Louis-Joseph, a huit ans en 1794. Il témoigne d'une intelligence précoce, fort éveillée et malicieuse. Une miniature le représente en costume de page, les cheveux bruns à peine bouclés tombant sur les épaules : c'est un garçon solide, étincelant d'intelligence et de vie.

4

Répercussions de la Révolution française

Résumons, avant d'aborder les événements que nous décrirons en détail.

Lord Dorchester a démissionné. Le général Robert Prescott, nommé lieutenant-gouverneur du Bas-Canada, débarque à Québec le 18 juin 1796. Les élections se tiennent au lendemain de son arrivée, en juillet.

Les députés de 1792 ont traversé leur initiation parlementaire. Les Bourgeois de la Compagnie du Nord-Ouest ont servi le développement économique de Montréal, identifié à leur propre fortune. Cent années se sont écoulées depuis que Dollier de Casson, presque au début de la colonie, s'était mis en tête de faire tracer par l'ingénieur Gédéon de Catalogne un canal permettant d'éviter les rapides de Lachine. John Richardson, ignorant sans doute ce précédent, a repris le même projet et fait adopter, à la dernière session, une loi autorisant la construction d'un canal qui relierait Montréal à Lachine, point de départ des expéditions vers l'Ouest. Des Joseph Frobisher et des John Richardson ont mieux à faire que de participer aux palabres et cérémonies parlementaires. Puis, les Canadiens ne renouvellent pas leur générosité de 1792.

Jonathan Sewell, promu procureur général l'année précédente, est élu dans le comté de William Henry, mais ce comté correspond à l'ancienne seigneurie de Sorel, acquise par le gouverneur Haldimand, au nom du roi, pour y établir des loyalistes, à l'abri du fort et de sa garnison. Un ingénieur a tracé les plans de la ville, en forme de quadrilatère, en donnant aux rues le nom de membres de la famille royale. La population est donc anglaise, en forte majorité. Une famille Jones tient le haut du pavé. Un autre loyaliste, William Nelson, né en Angleterre et dont la femme est aussi née en Angleterre, est ou se prétend cousin du vainqueur de Trafalgar. L'élection d'un personnage officiel, le jeune procureur général, succédant à un autre député de langue anglaise dans le comté de William Henry, ne change rien. Montréal-Est qui avait élu deux « Bourgeois », leur substitue Joseph Papineau et son beau-frère Denis Viger (Papineau et Viger ont épousé les deux sœurs, Marie-Rosalie et Charlotte-Perrine Cherrier, de Saint-Denis). Montréal-Ouest élit Alexander Auldjo, qui souhaite l'octroi d'une charte et l'établissement d'une administration municipale à Montréal, et Louis-Charles Foucher, l'un des avocats le plus en vedette de la ville, qui a pris Denis-Benjamin Viger, fils aîné de Denis, dans son bureau comme étudiant en droit. Le comté de Montréal élit l'arpenteur Étienne Guy et Jean-Marie Ducharme. Tous ces notables, souvent alliés les uns aux autres par leurs mariages, forment un petit monde, en voie de substituer, grâce à l'ébauche de régime parlementaire, son influence à celle de la noblesse. Les nouveaux députés du comté de Kent, qui comprend les paroisses de Boucherville et de Longueuil, sont Antoine Mesnard dit Lafontaine, dont un petit-fils jouera un rôle dans notre histoire, et Jacques Viger, père de quatorze enfants, dont le plus jeune, portant aussi le prénom de Jacques, a Joseph Papineau pour parrain. L'un des nouveaux députés du comté de Warwick, qui englobe la seigneurie de Berthier, est James Cuthbert, fils du seigneur. Mais cet Écossais a hérité, non seulement du nom et du prénom de son père, mais de sa sympathie, à l'occasion agissante, envers les Canadiens français et leur religion. Jean-Antoine Panet est réélu dans la haute ville de Québec. Transféré, comme juge, dans le district de Montréal, il a renoncé à l'hermine plutôt que de quitter Québec. Jean-Antoine Panet est ainsi redevenu disponible pour la présidence de la Chambre. Mais Pierre-Amable de Bonne, député des Trois-Rivières, qui, lui, reste juge — et membre du Conseil exécutif — a changé de camp en accédant aux honneurs. Il propose un collègue anglais, John Young, député de la basse ville de Québec. La majorité, mécontente, passe outre, et Panet redevient Orateur.

* * *

Prescott, bientôt nommé gouverneur général, constate la présence de trop nombreux admirateurs de la Révolution française dans le district de Montréal. Il renouvelle les commissions des juges de paix, en omettant les noms de ceux qui paraissent trop mous. Mais il y a pis.

La Législature vote une loi imposant des corvées pour la construction et l'entretien de routes et chemins publics. Or, les Canadiens ont une horreur héréditaire des corvées. Ajoutez que le délégué plénipotentiaire du gouvernement français aux États-Unis entretient des agents à Montréal. Ces agents, reprenant le thème des « Français libres », font miroiter la double suppression des corvées et des droits seigneuriaux. Il n'est pas nécessaire d'être jacobin pour se laisser tenter. La résistance, d'abord passive, prend bientôt des formes tumultueuses. À Montréal, la foule rosse le shérif qui arrêtait un réfractaire et libère le prisonnier. À Lévis, des bandes enlèvent les sous-voyers chargés d'appliquer la loi et les obligent à démissionner. Des huissiers, envoyés pour l'arrestation des coupables, sont assommés à coups de gourdin.

Le Conseil exécutif charge le procureur général Jonathan Sewell d'enquêter sur l'état des esprits à Montréal.

Jonathan Sewell n'a pas encore trente ans, mais c'est tout un personnage. Il est né au Massachusetts, où son père fut le dernier procureur général sous le régime anglais. Au cours de ses études, faites en Angleterre, il a tenu le premier rôle dans une représentation théâtrale à laquelle assistait madame Siddons ; et l'illustre tragédienne fut impressionnée au point de lui exprimer son admiration en vers. Jonathan Sewell, bon juriste, raffole de littérature, de musique et de théâtre. Il est cultivé, artiste, spirituel, charmeur jusqu'au bout des ongles, et fanatique jusqu'au tréfonds de l'âme. Il s'est fait élire député de William Henry (Sorel), aux élections de juillet, puisque ce cumul est autorisé. Il épousera, en septembre, la fille de feu William Smith, qui fut le premier procureur général et président du Conseil législatif du Bas-Canada. Sewell est le type — brillant — de ces favoris qui accaparent les postes civils, à Québec comme à York (Toronto), à Halifax et à Fredericton, et que les Haut-Canadiens surnomment le « Family Compact ».

Sewell, documenté et poussé par son prédécesseur Monk, fait rapport que les émissaires et sympathisants français, grouillant à Montréal, y mènent une propagande active et fructueuse. La noblesse et le clergé restent intacts, mais le peuple est contaminé. Il faut agir vite et ferme.

Prescott ordonne l'arrestation des séditieux et l'expulsion des citoyens français. Mgr Hubert enjoint au clergé, par circulaire, d'enrayer « les menées sourdes et pernicieuses qui ne tendent à rien de moins qu'à troubler entièrement la paix, la tranquillité et le bonheur dont jouissent les habitants de ce pays sous le gouvernement et la protection de Sa Majesté britannique ». À Montréal, les Sulpiciens maintiennent la tradition loyaliste de leur communauté. Le Supérieur Roux envoie au ministre des Colonies, au nom du Séminaire, un mémoire faisant ressortir la solidarité du trône et de l'autel devant la tourmente révolutionnaire.

* * *

Quel Anglais ne serait soucieux ? Bonaparte, en Égypte, vise à saisir l'empire anglais des Indes. Simon McTavish, le grand chef de la Compagnie du Nord-Ouest, et John Richardson, qui a quitté cette compagnie pour lui opposer une concurrente, la Compagnie X.Y., en oublient leur rivalité pour former, avec deux autres magnats du commerce des fourrures, un comité qui ramasse 4,000 livres pour en faire don à l'Angleterre. Mais Nelson détruit la flotte française en rade d'Aboukir, et Bonaparte, conquérant de l'Égypte, est bloqué dans sa conquête. Le gouverneur fait demander à l'évêque de célébrer un jour d'actions de grâces.

L'évêque n'est plus Mgr Hubert, mort en septembre 1797. Les évêques de Québec ont pris l'habitude de se faire nommer un coadjuteur, pour éviter toute contestation, toute intervention des autorités lors de leur décès. Mgr Hubert avait désigné le grand vicaire Pierre Denaut, curé de Longueuil. Mgr Denaut, devenu évêque de Québec, est le meilleur des prêtres et le plus humble des évêques. Il désigne à son tour un coadjuteur, le curé Plessis, de Québec, et conserve sa cure de Longueuil, où il continue de résider. C'est à Mgr Plessis, plus à sa portée, que le gouverneur Prescott adresse sa requête. Mgr Plessis s'empresse, et force la main de son évêque en lui envoyant un mandement tout préparé. Mgr Denaut hésite, mais la prière du gouverneur était un ordre poli. La situation de l'évêque catholique, à qui l'évêque anglican conteste le titre d'évêque de Québec, est toujours branlante. Mgr Denaut s'exécute, sans réticence, en désignant l'Angleterre comme « la mère patrie » et la France comme « l'ennemi », mais en supprimant l'allusion à sa « déchéance » que le projet du coadjuteur comportait.

La menace extérieure n'a pas arrêté les abus. Sir William Osgoode, juge en chef de la province de Québec, préside un comité du Conseil exécutif chargé de la concession des terres de la Couronne. Ce comité concède d'immenses concessions à des favoris, sous des noms d'emprunt. Osgoode s'enrichit. Mais il est aux prises avec le gouverneur, qui fait rapport au ministre. Rappelé en Angleterre pour expliquer la situation, en 1799, le gouverneur Prescott y reste, tout en conservant son titre.

Sir Robert Shore Milnes arrive à Québec comme administrateur du Bas-Canada. Robert Milnes, lieutenant-gouverneur, Herman W. Ryland, secrétaire des gouverneurs successifs depuis lord Dorchester, et Jonathan Sewell, procureur général, forment un brelan d'anglicisateurs. Mais la province est assez calme.

De nouvelles élections se déroulent en juillet 1800. Joseph Papineau ne compte pas se représenter : il se consacrerait à sa profession et à sa famille. Mais son ancien comté de Montréal le réclame, et ses amis politiques tiennent à lui : Joseph Papineau est, en campagne électorale, un orateur moins violent que ne sera son fils, mais efficace.

Le comté de Montréal élit Joseph Papineau, son député de 1792, et Thomas Walker. Montréal-Est élit Pierre-Louis Panet et Francis Badgley. Pierre-Louis Panet, député du comté de Cornwallis en 1792, a voté contre son cousin Jean-Antoine, lors de la première élection d'un Orateur, c'est-à-dire d'un président de la Chambre, sous prétexte qu'il parlait mal l'anglais. Montréal-Ouest élit James McGill, déjà membre du Conseil exécutif, et Joseph Périnault, qui a fait partie, comme Joseph Papineau, du comité de l'Association loyale en 1794. Le comté de Dorchester élit deux personnages, John Caldwell et Jean-Thomas Taschereau, intéressants à des titres divers. John Caldwell, fils d'un conseiller législatif doublé d'un receveur général, fait partie du cercle des familles privilégiées. Jean-Thomas Taschereau, de la famille la plus en vue à Sainte-Marie de Beauce, n'a que 22 ans. Il étudie le droit sous Jonathan Sewell, le procureur général qui conserve son mandat de William Henry.

Joseph Papineau reste donc député presque malgré lui. Son fils aîné Louis-Joseph lui procure des satisfactions et des inquiétudes. Élève au Collège de Montréal — chez les Sulpiciens, qui sont de grands éducateurs — il est doué, mais indiscipliné. La direction du collège, pour quelque infraction, exige des excuses sous peine de renvoi. Louis-Joseph, qui n'a pas douze ans, refuse de s'excuser. Sa mère l'avertit que s'il est renvoyé du collège, il sera pensionnaire au Séminaire de Québec, qui garde ses élèves pendant les vacances. Louis-Joseph Papineau se laisse envoyer à Québec.

Il s'y ennuie « à mourir », et l'écrit à ses parents, dans l'espoir d'être rappelé à Montréal pendant les vacances. Sa mère, inflexible, lui fait une réponse à l'antique : « Si tu meurs, sois tranquille, il y a assez de place à Québec pour t'y enterrer ».

On sait dresser les enfants, au Canada français, à la fin du dix-huitième siècle.

5

Acquisition de la Petite-Nation

Robert Shore Milnes constate une inquiétante disproportion entre les dépenses et les revenus. Le gouvernement provincial dispose de revenus dits permanents, essentiellement alimentés par le domaine de la Couronne et par une somme de 5,555 louis, affectée, en vertu d'une loi fiscale de 1795, aux dépenses judiciaires et administratives. C'est d'année en année plus insuffisant, et le gouvernement impérial solde, en prélevant sur un « fonds extraordinaire de l'armée », un déficit croissant.

Le Père Jean-Joseph Casot, dernier survivant des Jésuites au Canada, est mort en mars 1800. Les propriétés des Jésuites sont déjà déclarées biens de la Couronne. Le gouverneur nomme, pour les administrer, le conseiller législatif et receveur général Henry Caldwell, dont le fils vient d'être élu député de Dorchester. Puis, adoptant un plan de l'évêque anglican Mountain, il propose la création d'un corps public, « L'Institution royale pour l'avancement des Sciences », sorte de commission permanente de l'éducation, nommée par lui. L'Institution royale, soutenue par les revenus des biens des Jésuites et par la vente des terres de la Couronne, organiserait un réseau d'écoles gratuites — mais de langue anglaise. L'école catholique et française reste libre. Mais l'école officielle, anglaise et neutre, sera seule subventionnée. Mgr Denaut est débordé par son coadjuteur, qui surpasse feu Mgr Briand en ardeur loyaliste. Cependant les deux évêques engagent, discrètement, tous les curés qui le peuvent à établir des écoles, pour rendre l'école gouvernementale superflue.

L'évêque anglican préside l'Institution royale, en majorité composée de protestants. Le clergé catholique oppose une résistance passive. La vente des terres incultes, qui doit soutenir l'Institution royale, n'est pas très rémunératrice. Bref, l'Institution royale, inopérante, ne remplis pas les intentions de ses fondateurs. Mais Mountain, Sewell et le très fanatique Ryland cherchent à réduire le rôle et surtout l'indépendance de l'évêque catholique. Mountain se plaint que l'évêque catholique « usurpe » les qualificatifs de « Monseigneur », de « Sa Grandeur », de « révérendissime » et d'« illustrissime », ce qui est contraire aux intentions de Sa Majesté. Le Très Révérend Mountain fait agir le primat de l'Église d'Angleterre, qui écrit à sir Robert Milnes, lui faisant observer que Sa Majesté, accordant une tolérance à ses sujets de religion romaine, ne leur reconnaît pas les pouvoirs et privilèges d'une Église établie, réservés à l'Église d'Angleterre.

Robert Shore Milnes porte amitié à un Canadien français, Joseph Bouchette, sous-arpenteur général du Canada. Jean-Baptiste Bouchette est ce capitaine d'un brigantin qui, au prix de beaucoup de ruse et de bravoure, a pris à son bord le gouverneur Carleton — futur lord Dorchester — dans Montréal cernée par les Américains et l'a conduit sain et sauf à Québec. Jean-Baptiste Bouchette a fini sa carrière comme commandant des forces navales sur les Grands Lacs. Son fils Joseph a servi sous ses ordres. Devenu sous-arpenteur général, il témoigne d'une compétence qui confine à l'érudition. Les Bouchette sont à demi anglicisés. Le gouverneur Milnes protège l'arpenteur. Cela n'empêche pas le gouverneur, suivant le vœu du primat de l'Église d'Angleterre, et d'ailleurs inféodé à la coterie des conseillers législatifs et des hauts fonctionnaires, de chercher à soumettre — à rabaisser — le clergé catholique. Il entame des négociations avec Mgr Denaut, puis avec Mgr Plessis, sous couleur de préciser les relations de l'Église et de l'État. Le procureur général Sewell participe à ces négociations. Le but inavoué est de remettre à la Couronne le droit de nomination aux cures. Mgr Plessis, prodigue en consignes loyalistes, s'applique cependant à défendre l'indépendance et les prérogatives du pouvoir religieux.

* * *

Joseph Papineau n'a pas voté pour l'Institution royale, pour cette bonne raison qu'il n'assiste pas aux séances. Ses affaires l'occupent trop. Il administre deux seigneuries, celle de l'île Jésus et celle de la Petite-Nation, pour le compte du Séminaire de Québec. Il a construit des moulins, à ses frais, sur l'île Jésus. La Petite-Nation, à 70 milles — cent kilomètres — de Montréal, est encore à l'état vierge. Elle ne coûte ni ne rapporte rien. Le Séminaire de Québec en cède les deux-cinquièmes au notaire Papineau, en paiement de ses frais et honoraires, devant maître A. Tétu, notaire, le 10 janvier 1801, Joseph Papineau, devenu seigneur, rend foi et hommage le 22 janvier 1802. Il achète le reste de la seigneurie le 15 mars 1803, et rend foi et hommage, pour cette deuxième acquisition, en avril. L'ensemble de la seigneurie mesure cinq lieues le long de la rivière Ottawa sur une égale profondeur. Joseph Papineau devient ainsi l'un des plus grands propriétaires fonciers de la province.

Le député du comté de Montréal, arpenteur, notaire et seigneur de la Petite-Nation, est de moins en moins enclin à siéger. La Chambre le fait quérir par son sergent d'armes. Joseph Papineau, amené à la barre, prie ses collègues de l'exempter. Après un long débat, il obtient satisfaction (1803).

La Petite-Nation tire son nom d'une tribu algonquine, visitée par Champlain, puis par les missionnaires récollets, puis par les missionnaires jésuites. Les premiers occupants, massacrés et dispersés par les Iroquois, ont tôt disparu. Les montagnes Laurentides traversent la Petite-Nation dans un moutonnement de croupes arrondies, enserrant une quarantaine de lacs. Trois rivières, la Petite-Nation, la rivière Saumon et la rivière Kinongé, affluents de l'Ottawa, arrosent la seigneurie. La bande de terrain entre l'Ottawa et les Laurentides est formée de glaise rouge ferrugineuse, très fertile. Des ormes l'ombragent.

Joseph Papineau n'habite pas tout de suite sa seigneurie, à laquelle on n'accède qu'en bateau — en canot d'écorce de bouleau —, en faisant alterner, pendant huit jours, la navigation et les portages, et en couchant dans la forêt.

Il y aurait de quoi enflammer l'imagination de Louis-Joseph Papineau, fils aîné du seigneur, élève au Séminaire de Québec, si elle n'était toute hantée par la politique. Ce n'est pas lui qui se ferait prier pour siéger à la Chambre ! Le Séminaire de Québec, comme le collège des Sulpiciens à Montréal, forme ses élèves dans le moule classique. Les débats oratoires y sont très prisés. Louis-Joseph Papineau n'avait encore que quatorze ans quand des professeurs y ont organisé un Parlement-pour-rire. Il y a tout naturellement rempli le rôle de chef de l'Opposition. Il a refusé le droit de vote aux ecclésiastiques, et foudroyé ses adversaires. Les professeurs de s'écrier : « C'est son père ; c'est tout son père ! » Ce qui n'était pas tout à fait exact.

Le Séminaire de Québec compte des professeurs remarquables, comme l'abbé Antoine Bédard, frère de Pierre Bédard, l'abbé Jean-Baptiste Lahaille, de naissance française, correspondant de la Société royale de Londres, et surtout l'abbé Jérôme Demers, qui enseigne au Séminaire depuis son ordination et y passera sa vie. L'abbé Jérôme Demers rédige des manuels de philosophie, de physique, d'astronomie, d'architecture même.

L'équipe des élèves n'est pas moins brillante. Elle compte Jacques Labrie, Flavien Turgeon, Joseph Painchaud, Philippe Aubert de Gaspé qui témoignera plus tard de la formidable impression causée par son condisciple le jour du Parlement-pour-rire, Louis Moquin qui, trop pauvre pour acheter le Discours sur l'histoire universelle, l'apprend par cœur. Elle compte surtout Joseph-Rémi Vallières et Louis-Joseph Papineau, les deux plus doués, les deux rivaux. Joseph-Rémi Vallières est le fils d'un forgeron, mort en laissant sa veuve dans la misère. Mgr Plessis l'a remarqué et le fait instruire. L'évêque a eu le coup d'œil juste. Vallières et Papineau sont les phénix dont le Séminaire s'enorgueillit. Vallières a plus de souplesse et peut-être plus de facilité. Papineau, sans être le plus appliqué, est un dévoreur de livres. Il travaille par foucades. Il domine ses camarades — à la demi-exception de Vallières — et ne joue guère avec eux. Il préfère la compagnie des plus âgés, ou même celle de ses maîtres, dont il fait la partie d'échecs. Il est si brillant, et si avide de lectures, que les professeurs, par dérogation au règlement, l'autorisent à lire pendant l'étude. Après la bibliothèque du Séminaire, les collections personnelles de ses professeurs y passent. Puis il s'abonne à la bibliothèque publique de Québec, qui est l'ancienne bibliothèque du gouverneur Haldimand. Il y trouve Rousseau, Voltaire, tous les encyclopédistes.

Il y perd la foi.

6

Fondation du Canadien

Le Bas-Canada — la province de Québec — est un pays de climat rigoureux, où l'agriculture, seule ressource naturelle exploitée, est pratiquée de façon routinière, avec des instruments démodés, sans assolement, sans égouttement, presque sans engrais, et par conséquent rapporte peu. La colonisation est rendue plus aléatoire encore par les formalités administratives, par les frais, par la mauvaise volonté et parfois par la spéculation des fonctionnaires, qui font acheter des terres par des hommes de paille pour les revendre plus cher aux colons. Des cantons entiers ont été distribués à des favoris, qui sont rarement des Canadiens français. Des propriétaires résident en Angleterre et refusent de vendre, ou demandent un prix excessif. Des Canadiens, chefs de famille nombreuse, rejoignent leurs compatriotes des bords du lac Champlain, aux États-Unis, d'autres s'embauchent dans les chantiers ou dans les carrières du Vermont.

On vit tout de même, et si nous parvenons à faire le point dans la masse de récits et de témoignages, pas plus mal qu'ailleurs. Une élite se forme, qui habite les villes et, au contraire du peuple, prend contact avec les Anglais. Le procureur général Sewell peut chercher à réduire l'indépendance de l'évêque catholique, mais quelle distinction, quelle grâce, dans les soirées qu'il donne, où l'on joue des sonates de Mozart et des oratorios de Haydn. Ce qu'il reste de la noblesse, ne concevant que le métier des armes, et d'ailleurs graduellement supplanté par les avocats et les notaires dont certains se parent maintenant du titre de représentant du peuple, brûle d'envie d'entrer dans l'armée anglaise. Le Dr Pierre de Sales Laterrière, seigneur des Éboulements, a épousé une fille de sir Fenwick Bulmer, d'Angleterre. Charles-Louis Roch de Saint-Ours a épousé Josephte Murray, nièce du gouverneur Murray qui a laissé un bon souvenir, en 1792. L'inverse est plus fréquent : les jeunes officiers britanniques fréquentent les salons de la société canadienne-française et demandent des Canadiennes en mariage. Des Bourgeois de la Compagnie du Nord-Ouest, suivant l'exemple de Simon McTavish et de James McGill, épousent aussi des Canadiennes françaises. Mais les officiers ne peuvent contracter un mariage catholique sans risquer leur carrière. Ce sont les Canadiennes qui cèdent, en se mariant devant un pasteur et parfois en abjurant leur religion. Ces mariages sont un grand souci des évêques. La veuve du troisième baron de Longueuil a épousé un Écossais, l'honorable William Grant, receveur général, en 1770. Marie-Charlotte, fille unique du troisième baron, a épousé le capitaine David Alexander Grant, neveu de son beau-père, ce qui a fait passer la seigneurie de Longueuil entre des mains anglaises. D'autres Anglais achètent des seigneuries au Canada. Robert Ellice, seigneur de Beauharnois, réside maintenant en Angleterre. Henry Caldwell, conseiller législatif, receveur général, et administrateur des biens des Jésuites, ramasse dans ce cumul de quoi s'offrir la seigneurie de Lauzon. Des familles anglaises — protestantes — envoient leurs filles au couvent des Ursulines, à Québec.

Ces contacts, échanges ou mélanges, ne doivent pas donner l'impression d'une fusion. Les deux sociétés, anglaise et française, restent, dans l'ensemble, juxtaposées.

L'influence du clergé est plus profonde sur le peuple que sur la bourgeoisie. Mgr Hubert s'inquiétait, dès 1794, des mauvais livres qui, disait-il, « inondent le pays ». Mgr Plessis ne trouve guère de fidèles zélés « que dans les basses classes du peuple ». Denis-Benjamin Viger, qui a douze ans de plus que son cousin Louis-Joseph Papineau, écrira plus tard : « J'ai eu fortement à lutter, dans ma jeunesse, car l'incrédulité et l'immoralité régnaient alors partout, et surtout au sommet de la société. » Immoralité est beaucoup dire ; mais incrédulité ne paraît pas trop fort. Denis-Benjamin Viger, maintenant avocat à Montréal, se taille une très sérieuse réputation au barreau. C'est un libéral de doctrine, grand lecteur des encyclopédistes français et des philosophes anglais. Louis-Joseph Papineau entre dans son étude.

* * *

Aux élections de 1804, Joseph Papineau ne se représente pas. Son neveu Denis-Benjamin Viger espère recueillir sa succession dans le comté de Montréal. Mais la Compagnie du Nord-Ouest en a décidé autrement.

La mort de Simon McTavish, qui régentait le commerce des fourrures en despote, a facilité une réconciliation entre la Compagnie du Nord-Ouest et la compagnie dissidente, dominée par John Richardson, et leur fusion sous le nom de la plus ancienne. La Compagnie du Nord-Ouest est donc plus puissante que jamais. Or, elle prévoit la discussion, à la Chambre d'Assemblée, d'une loi fiscale à surveiller. Montréal et Québec ont depuis longtemps besoin de prisons modernes. Il faut, pour les payer, établir quelque impôt, et les Canadiens n'ont pas l'habitude de ce genre de contribution. Les porte-parole habituels du parti canadien préconisent une taxe sur le thé, l'alcool et autres produits importés d'Angleterre, que les grossistes montréalais — la firme Forsyth, Richardson & Co., entre autres — revendent dans le Haut-Canada. Les marchands veulent leur opposer un projet de taxe foncière. Les Bourgeois reprennent donc intérêt à la vie parlementaire. Ils entendent monopoliser, à peu de chose près, la représentation montréalaise.

Il y a ainsi trois candidats dans le comté de Montréal : Benjamin Frobisher, Louis Roy Portelance et Denis-Benjamin Viger, pour deux sièges à pourvoir. Benjamin Frobisher est le fils de Joseph Frobisher, le député du Parlement de 1792, ami de John Richardson et son associé dans le commerce des fourrures. Le scrutin, à cette époque, est ouvert tant qu'il ne s'est pas écoulé 24 heures sans qu'un suffrage ait été déposé. Au bout de quatre jours, Portelance est en tête avec 1183 voix, Frobisher le suit avec 769 et Viger traîne avec 445 voix. Les partisans de Viger retirent leur candidat, à la condition que les partisans de Frobisher ne manifestent pas bruyamment leur joie. Les vainqueurs refusent, et reconduisent l'élu chez lui en grande pompe.

Louis-Joseph Papineau enrage. Mais les Canadiens n'ont pas encore la politique dans la peau. Montréal-Est élit James McGill et le notaire Louis Chaboillez ; Montréal-Ouest, John Richardson et le notaire Jean-Marie Mondelet. Le notaire Louis Chaboillez n'est pas sans relations avec la Compagnie du Nord-Ouest : son oncle Charles-Jean-Baptiste, intrépide coureur d'aventures, a compté parmi les Bourgeois ; Simon McTavish a épousé une fille de Charles-Jean-Baptiste ; Louis Chaboillez est ainsi cousin par alliance du défunt grand patron. Les Bourgeois reviennent donc en force. Le procureur général Sewell emporte sa troisième élection dans le comté de William Henry ; John Caldwell et Jean-Thomas Taschereau sont réélus dans le comté de Dorchester. Jean-Antoine Panet, réélu dans la haute ville de Québec, paraît inamovible au poste d'orateur, c'est-à-dire de président de la Chambre. Louis-Charles Foucher, député de Montréal-Ouest de 1796 à 1800, puis de York de 1800 à 1804, s'est fait élire aux Trois-Rivières. Mais ce réformiste, qui a reçu la charge de solliciteur général, s'éloigne graduellement de ses anciens compagnons d'armes. Pierre Bédard conserve, depuis 1792, le comté de Northumberland.[1] De tenue négligée et d'un caractère insouciant, Pierre Bédard est un vrai bohème. Mais lorsqu'une grande question nationale est en jeu, il sort de son indifférence, s'enfièvre, parle avec abondance et chaleur. Il passe en outre pour connaître le droit constitutionnel anglais mieux qu'aucun homme au monde. Un autre réformiste, Louis Bourdages, élu dans le comté de Richelieu, fait des débuts un peu tardifs puisqu'il a déjà quarante ans. Bourdages, qui est Acadien, voue aux Anglais une haine bien compréhensible de sa part. Son père, chassé de l'Acadie, s'est établi sur la baie des Chaleurs avec sa famille, après diverses tribulations. Des corsaires bostonnais l'ont pillé et emmené en captivité. Le gouvernement anglais a complété cette œuvre en dépouillant le père Bourdages de ses propriétés pour les donner à des Anglais. Louis Bourdages, d'abord navigateur, s'est acheté une terre à Saint-Denis, avec ses économies. Tout en la cultivant, il étudie le notariat. Reçu en 1805, il ouvre son étude à Saint-Denis.

À la Chambre d'Assemblée, Bourdages renforce le groupe dont Pierre Bédard apparaît comme le chef de file et qui, prenant le pas sur les seigneurs et dénonçant l'oligarchie des conseillers législatifs et des hauts fonctionnaires, recherche l'établissement d'un véritable régime parlementaire. Les hommes de ce groupe sont des convaincus, patriotes ardents et portés à l'intolérance. Ils n'admettent pas la tiédeur ou le fléchissement dans les convictions. Ils regardent en transfuge leur collègue Louis-Charles Foucher, trop souple envers le pouvoir, et ne lui parlent plus.

* * *

La question fiscale, soulevée par la nécessité de construire de nouvelles prisons, entraîne l'affrontement que les Bourgeois ont

---

1. Futurs comtés de Montmorency et Saguenay.

prévu. John Richardson, porte-parole des marchands, prend les devants en proposant l'établissement d'une taxe foncière. Les députés canadiens, Bédard et Bourdages en tête, craignent une charge excessive pour l'agriculture et ripostent par le projet de taxe à l'importation.

John Richardson s'identifie à Montréal — à un visage de Montréal. Il a fait voter, en 1795, une loi autorisant la construction d'un canal de Montréal à Lachine. La loi est restée sans suite, jusqu'ici, mais son parrain n'en lâche pas l'idée. La question fiscale est plus immédiate. Richardson n'est pas seulement Bourgeois de la Compagnie du Nord-Ouest et député de Montréal ; il vient d'être appelé au Conseil exécutif. James McGill possède aussi cette triple qualité. Les conseillers exécutifs leurs collègues favorisent le point de vue des marchands. Ce qui contribue à cristalliser les idées de Pierre Bédard, jugeant le Conseil du gouverneur inféodé à la Compagnie du Nord-Ouest et souhaitant la responsabilité de ce Conseil devant la Chambre — devant la majorité de la Chambre, — comme en Angleterre. Une lutte assez vive s'engage. Le *Mercury,* de Québec, dénonce l'intolérance des députés français, qui prétendent mener le pays. Il fouette ainsi l'amour-propre de ces députés, qui font passer leur projet. Échec aux Bourgeois, qui, même après la mort de Simon McTavish, n'ont pas l'habitude de céder.

Les marchands se livrent à une petite agitation. Ils ont à Londres des correspondants réguliers, leurs clients et fournisseurs, faciles à mettre en branle, et qui demandent au roi d'imposer son veto. La Chambre bas-canadienne — la majorité de la Chambre, — sur la proposition de Pierre Bédard, envoie un mémoire en contre-requête. La taxe serait injuste, argumente-t-elle, car, frappant les cultivateurs, elle épargnerait les citadins dont les richesses sont mobilières. Elle introduirait même, si elle était d'un montant fixe par arpent, une injustice entre les propriétaires de bonnes terres et les autres — en particulier les défricheurs, dont la terre n'a pas encore pris de valeur, et qu'elle découragerait. La taxe serait d'application coûteuse, voire impraticable, si on voulait estimer la valeur de chaque terre. Une taxe à l'importation, payée en définitive par les consommateurs, serait plus également répartie.

Les marchands ne sont pas convaincus, mais choqués par ce raisonnement. Ils insistent. Ils tiennent un banquet à l'hôtel Dillon, sur la place d'Armes, qui passe pour le meilleur hôtel du Canada. Les toasts aidant, ils sont un peu menaçants pour les députés adversaires. La *Gazette* en rend compte. Il n'y a pas de quoi fouetter un chat, mais les députés, prompts à combattre les prétentions du gouverneur et de son équipe, sont eux-mêmes très chatouilleux sur le respect qui leur est dû. Le rédacteur de la *Gazette* est décrété de prise de corps ; la Chambre forme un comité ; l'affaire se terminera en queue de poisson, mais l'éditeur du *Mercury* québécois, qui a pris la défense de son confrère montréalais, échappe à la prison par une amende honorable.

L'agitation n'empêche pas la sanction de la loi ; mais il y a bien deux partis, l'un majoritaire et l'autre minoritaire, dressés face à face à la Chambre d'Assemblée.

Sir Robert Milnes nomme Charles Foucher juge aux Trois-Rivières. Cette nomination est d'autant plus frappante que Foucher est et reste député de la circonscription où il administre la justice. Bédard, Bourdages et leurs amis voient leurs soupçons confirmés : « Foucher est vendu ! » Robert Milnes nomme son ami Joseph Bouchette arpenteur général du Canada. Puis il est parrain de son fils, auquel il donne son nom au complet — Robert Shore Milnes — comme prénom. C'est un des derniers gestes de sir Robert Milnes, qui a demandé son rappel pour raisons de santé et repasse en Europe. Le lieutenant-gouverneur confie l'administration au commerçant québécois Robert Dunn, doyen du Conseil exécutif.

* * *

L'oligarchie des conseillers législatifs et des hauts fonctionnaires, plus influents encore sous Dunn que sous Milnes, continue de se partager les prébendes et d'exploiter le pays. Mais le groupe de la majorité parlementaire témoigne d'une égale cohésion, renforcée, elle aussi, par des amitiés et par des mariages. Jean-Thomas Taschereau, député de Dorchester, épouse une fille de Jean-Antoine Panet, orateur de la Chambre. La vie parlementaire devient plus agitée. Les prétentions de l'Assemblée, l'esprit dominateur et assimilateur d'une oligarchie anglaise, le *non possumus* du clergé devant les derniers empiétements s'affrontent et semblent préparer une crise.

Il existe à Québec un journal de langue anglaise, le *Mercury*, qui a combattu le projet de la majorité sur la question des taxes, et qui trouverait « juste » que la province de Québec « devienne enfin anglaise ». Il existe aussi un hebdomadaire bilingue, *La Gazette de Québec*, fondée par William Brown, qui l'a transmis à son neveu Samuel Neilson en 1790. Samuel Neilson a fait venir d'Écosse son frère cadet John, pour l'aider. John Neilson était encore un tout jeune homme quand la mort de son frère l'a mis en possession de *La Gazette de Québec*. Il en fait un journal sérieux, considéré comme un guide de l'opinion publique. John Neilson, Écossais protestant, est très sympathique aux Canadiens français catholiques. Ses idées politiques sont celles des réformistes. Cela ne suffit pas aux yeux des députés du « parti populaire » dans le conflit qui se dessine. Les discussions sur le mode d'impôt à prélever pour défrayer le coût des prisons ont eu, pour Pierre Bédard et ses amis, le double résultat de les dresser contre le *Mercury* et de fixer leur objectif politique. Ils veulent obtenir la responsabilité du Conseil exécutif, non pas devant la Compagnie du Nord-Ouest, mais devant la Chambre d'Assemblée. Pierre Bédard réunit un groupe de députés : l'orateur Jean-Antoine Panet, son gendre Jean-Thomas Taschereau et Joseph Planté, et d'amis qui ne sont pas encore députés, mais qui aspirent à l'être : le médecin François Blanchet et l'avocat Joseph Levasseur-Borgia. Cette équipe fonde *Le Canadien*, qui sera l'organe de la lutte. Le premier numéro paraît le 22 novembre 1806. Sa devise est « Fiat justicia, ruat coelum » (Que justice soit faite, ou croule le ciel). Mais *Le Canadien* louange la constitution anglaise, « sous laquelle rien n'est caché... aucune contrainte n'empêche le peuple de dire librement ce qu'il pense ».

La crise mûrira sous le gouvernement de sir James Craig, débarqué à Québec le 18 octobre 1807.

7

Le gouverneur Craig

Sir James Craig est un homme de 62 ans, petit, trapu, presque obèse. Il a servi en Amérique, aux Pays-Bas, aux Indes, en Italie et en Sicile. Il a gravi un à un tous les échelons de la hiérarchie militaire. Il est féru de discipline. Mais c'est aujourd'hui un grand malade. Mgr Plessis, évêque en titre depuis la mort de Mgr Denaut, qui vient lui présenter « ses hommages et ceux de son clergé », le juge mortellement atteint et l'écrit à M. Roux, son vicaire général à Montréal : « Son apparence n'annonce pas qu'il puisse exister longtemps, quoique ses aides de camp et autres qui le voient souvent le trouvent beaucoup mieux. Il m'a paru doux et fort honnête, m'offrant de l'aller voir avec une entière liberté, autant de fois que je jugerais convenable. »

Mgr Plessis en reviendra. Le vieux soldat malade est fantasque, irritable, autoritaire. Les victoires de Napoléon et la crainte d'une guerre avec les États-Unis l'obsèdent, comme elles obsèdent tous les Anglais. Enfin un nouveau gouverneur, si bien disposé qu'il soit, arrivant dans un pays qu'il ne connaît pas, est presque à la merci du groupe des hauts fonctionnaires, ses conseillers naturels, qui le circonviennent. Craig est à la merci de l'évêque anglican Mountain, du procureur général Sewell, et plus encore du secrétaire Ryland, francophobe et antipapiste forcené. Ryland a écrit, dans une lettre privée : « ... J'en viens à ce que vous mentionnez au sujet de l'Église papiste en cette province. Je les appelle papistes pour les distinguer du clergé de l'Église établie et pour exprimer mon mépris et ma détestation d'une religion qui abaisse l'esprit humain dans tous les pays où elle domine. J'ai depuis longtemps posé en principe (ce que, à mon avis, aucun gouverneur de cette province ne doit perdre de vue un moment) qu'il faut par tous les moyens réduire graduellement l'autorité et l'influence des prêtres catholiques romains... » Ce grand objectif, « le plus élevé qu'un gouverneur puisse se fixer », pourrait s'atteindre par le contrôle de l'enseignement. « Une bande de gredins français (French rascals) ne doit pas nous en empêcher. »[1] Tels sont les sentiments et les intentions du secrétaire. Or, Craig et son collaborateur deviennent sur-le-champ une paire d'amis. Craig, comme Ryland, ne comprend pas que les gouverneurs ses prédécesseurs aient eu la faiblesse de laisser les évêques catholiques usurper, non seulement des titres comme ceux de Monseigneur et de révérendissime, mais des prérogatives comme la nomination des curés : « Que de choses sont tolérées ici, que l'on ne souffrirait dans aucune autre partie des possessions britanniques ! »

Cependant les débats parlementaires et la rivalité entre les membres des Conseils et ceux de l'Assemblée n'ont pas touché le peuple, et Craig peut écrire, dans ses premiers rapports, que « la disposition des esprits paraît excellente dans toute la province ».

* * *

Sir James Craig ouvre la session le 29 janvier 1808.

Les députés, comme les évêques, se sentent-ils particulièrement surveillés, et tenus à quelques excès de zèle ? Ils adoptent une adresse félicitant la Grande-Bretagne, « roc inébranlable » contre lequel se brise « l'horrible tempête » napoléonienne : « Nous espérons que la Providence continuera de bénir les travaux de cette nation généreuse qui, par la sagesse de son gouvernement, les ressources de son opulence, l'énergie, la vertu et le patriotisme de son peuple, a su seule opposer un frein au débordement de tant de calamités accumulées sur les autres nations. » Bourdages, qui entretient la double phobie de l'Angleterre et des curés, — qui ne peut entendre mentionner l'Angleterre sans évoquer la déportation des Acadiens ses ancêtres — a dû violenter sa conscience pour voter ce texte, où Mgr Plessis reconnaîtrait l'écho

---

1. Cette lettre, du 23 décembre 1804, est de destinataire inconnu. Robert Christie, qui l'a publiée dans le tome 6 de son *History of Lower Canada*, la dit initialée par Ryland. Les historiens acceptent cette lettre comme étant bien de Ryland, en observant que Robert Christie était trop honnête, trop consciencieux, pour procéder à une attribution imprudente. Thomas Chapais en a fait état. Les sentiments exprimés dans cette lettre correspondent bien à ceux de Ryland.

de tel de ses sermons. Le député acadien va se rattraper sur une victime expiatoire.

Pierre Bédard, Louis Bourdages et leurs amis en veulent beaucoup à un de leurs collègues, Pierre-Amable de Bonne, député des Trois-Rivières, juge et conseiller exécutif. Cette animosité remonte au lendemain des élections de 1796, quand de Bonne a opposé la candidature de John Young à celle de Jean-Antoine Panet, à la présidence. Elle s'est renforcée dans un débat récent. Le mandat parlementaire est gratuit. Les députés ont proposé d'accorder une indemnité à ceux de leurs collègues qui, habitant hors de Québec, subissent des frais de déplacement et de séjour. Les John Richardson et autres magnats du commerce ont combattu ce projet d'indemnité, dont ils n'éprouvent aucun besoin. De Bonne, entraînant quelques collègues, a pris leur parti et fait échouer le bill. Or, des faiblesses privées l'ont parfois mis en fâcheuse posture, et le juge en chef Osgoode a demandé sa démission. Mais de Bonne, très ancien régime avec la haute cravate qui enchâsse son double menton, ne manque ni d'intelligence, ni de souplesse, ni d'énergie. Il accentue son alliance avec le « parti du château ». Il est bien vu du gouverneur.

Bourdages, qui vise de Bonne, mais s'élève en même temps à un principe, demande l'incompatibilité de la fonction de juge et du mandat parlementaire. Bédard le soutient. De Bonne, se défendant, dénonce le caractère personnel de l'attaque. Le procureur général Sewell, député de William Henry, le soutient. Des passes d'armes opposent Bédard et Sewell. La Chambre adopte le projet de Bourdages, mais le Conseil législatif le rejette.

Le gouverneur Craig n'attribue pas une importance extrême à cette affaire. Il juge la situation toujours calme, et dissout le Parlement, parvenu à son terme, le 27 avril 1808. Des élections se tiendront en juin.

* * *

Elles s'annoncent plus mouvementées que toutes les précédentes. Les partisans de Bédard et de Bourdages ont maintenant un organe, *Le Canadien,* qui, ne ménageant ni de Bonne ni Sewell, poursuit la bataille engagée à la Chambre. Pour l'entourage du gouverneur, *Le Canadien* est une feuille séditieuse, une feuille révolutionnaire à museler, si possible.

Jonathan Sewell, qui s'attend à deux très hautes promotions simultanées, et John Richardson, conseiller exécutif qui peut s'attendre à de nouvelles attaques contre le cumul, ne se représentent pas. Mais William McGillivray, grand patron de la Compagnie du Nord-Ouest, aspire à recueillir le mandat de Richardson. Et le juge de Bonne, qui a du front ou du courage selon les points de vue, se représente dans le comté de Québec.

À Montréal, des pressions s'exercent sur Joseph Papineau, pour qu'il revienne au Parlement. Le notaire-arpenteur est accaparé par une autre occupation : il a décidé la mise en valeur de sa seigneurie de la Petite-Nation. Il y entraîne un premier contingent de dix-neuf colons, ordonne les premiers défrichements et choisit, pour y édifier sa propre demeure, l'île que les Algonquins, sans doute à cause de l'abondance des noyers, appelaient Arowsen. Le terrain, sur cette île, est assez élevé pour éviter les inondations, lors des crues printanières. Joseph Papineau y fait construire une maison de bois, que les censitaires appellent le Manoir, mais qui n'en est pas moins fort modeste. Le seigneur règle tout lui-même. Le commerce du bois devra faire vivre la colonie, au moins pendant les quelques années avant lesquelles la culture ne donnera guère de rendement. Le domaine est, heureusement, très boisé. L'un des premiers soins est d'établir une scierie, près d'une chute sur la rivière Petite-Nation. Un canal d'amenée, au bas de la chute, conduira les billots à la rivière des Outaouais, ou rivière Ottawa, d'où le bois partira pour Québec. Un Américain, Philemon Wright, a déjà fondé, là où s'élèvera la ville de Hull, un établissement actif pour le commerce du bois, descendu par voie d'eau jusqu'à Québec, pour exportation en Angleterre.

Joseph Papineau aurait volontiers initié ses deux fils aînés, Louis-Joseph et Denis-Benjamin, à cette entreprise de colonisation. Mais il ne peut décider, à l'approche des élections, que le cadet. Denis-Benjamin Viger espère réparer son échec des élections précédentes. Il est candidat, cette fois, dans la division de Montréal-Ouest, que son patron Louis-Charles Foucher a représentée de 1796 à 1800. Louis-Joseph Papineau, son cousin, brûle de se lancer aussi dans l'arène. Louis-Joseph Papineau n'a que vingt-deux ans, mais il a belle prestance, comme son père ; il est exceptionnellement doué ; et il peut invoquer des précédents : Jean-Thomas Taschereau ne s'est-il pas fait élire, justement, à 22 ans ?

Un comté du district de Montréal s'appelle comté de Kent, en l'honneur du prince Édouard, duc de Kent, quatrième fils du roi

George III, qui a séjourné à Québec en 1791 et s'y est rendu populaire. Ce comté comprend la paroisse de Longueuil. Les députés du comté de Kent, depuis 1792, n'ont pas mordu à la vie politique. Celui qui a conservé son mandat le plus longtemps est Antoine Mesnard dit Lafontaine, qui a siégé de 1796 à 1804 et s'est alors retiré, sexagénaire. Son colistier de 1796, Jacques Viger, est mort dix-huit mois après son élection. Le capitaine Grant, seigneur de Longueuil, croit la partie facile et se porte candidat. Le seigneur de Longueuil se pique de générosité ; il a distribué du blé aux jours de disette. Le jeune Papineau, qui est fils de seigneur après tout, affronte le seigneur de Longueuil, officier anglais. Son colistier, Joseph Planté, a participé à la fondation du *Canadien*. Antoine Mesnard dit Lafontaine, qui a conservé de l'influence dans son comté, les appuie.

Le Canadien, justement, contribue à passionner la campagne. Il dénonce les cumuls ; il dénonce l'influence gouvernementale qui peut s'exercer sur les élections. Le secrétaire Ryland signifie à MM. Panet, Bédard, Taschereau, Borgia et Blanchet, au nom de Son Excellence, leur révocation comme officiers de milice. Le gouverneur « ne peut reposer aucune confiance en des hommes qu'il a raison de considérer comme les propriétaires d'une feuille libelleuse et séditieuse, disséminée à travers la province dans le but de créer un esprit de mécontentement contre le gouvernement de Sa Majesté et de désunion entre les deux éléments de la population. » Les rédacteurs du *Canadien,* concluent leurs confrères du *Mercury,* s'apercevront que sir James Craig n'est pas un roi soliveau.

Cette répression, d'ailleurs bénigne, n'intimide pas les électeurs. Montréal-Ouest élit William McGillivray et Denis-Benjamin Viger. Montréal-Est élit le notaire Jean-Marie Mondelet, fort loyaliste, mais aussi l'Écossais James Stuart, solliciteur général du Canada malgré son jeune âge, mais qui incline au contraire vers les idées réformistes. Le comté de Kent ne suit pas l'exemple de Montréal. Le candidat Grant expie sa double qualité de seigneur local et d'officier anglais. Sa fille, future madame de Montenach, a vainement parcouru le comté à cheval. Le comté de Kent élit Louis-Joseph Papineau et son colistier (18 juin 1808). Louis-Joseph Papineau peut narguer son ancien condisciple et rival Vallières, simple étudiant en droit.

Jean-Thomas Taschereau ne s'est pas représenté. Mais les députés du « parti populaire » reviennent, autour de Bédard et de

Bourdages, plutôt renforcés. Borgia est élu dans le comté de Cornwallis, sur la rive sud du fleuve.

* * *

Au lendemain des élections, le gouverneur général Sewell reçoit la double promotion prévue. Il devient juge en chef et conseiller législatif. Charles-Louis Roch de Saint-Ours, le neveu par alliance de l'ancien gouverneur Murray, est aussi nommé conseiller législatif. Ce colonel de milice, familier de grands personnages anglais, n'abdique aucune de ses fidélités françaises.

La promotion de Sewell crée, au poste de procureur général, une belle vacance. Le solliciteur général James Stuart espère bien la remplir, malgré sa jeunesse. Les frères James et Andrew Stuart, fils d'un pasteur loyaliste émigré des États-Unis, sont aussi brillants que les frères Jonathan et Stephen Sewell, ce qui n'est pas peu dire. Andrew Stuart et Stephen Sewell passent pour les meilleurs avocats de leur temps. Une rivalité sépare donc, inévitablement, les frères Sewell et les frères Stuart. Et James Stuart, qui vient d'être élu député de Montréal, penche du côté réformiste. Craig nomme Edward Bowen, apparenté à la famille Caldwell et protégé par elle. James Stuart voue rancune ouverte à Craig et à Sewell. Nous n'avons pas fini d'en parler.

Mgr Plessis conserve sa bonne opinion du nouveau gouverneur. Sir James Craig a bien voulu assister aux exercices du petit séminaire. On enseigne au Séminaire de Québec, comme au Collège de Montréal, la soumission au pouvoir établi. Le Gouverneur, écrit Mgr Plessis à M. Roux, « a paru de très bonne humeur ; il a marqué beaucoup de satisfaction de la manière dont les écoliers ont répondu ». Sir James Craig donne, à sa résidence d'été de Powell Place,[2] des fêtes champêtres avec orchestre, buffet et bal, auxquelles l'étiquette confère un certain cachet. Le gouverneur y fait son apparition, entouré de son état-major, au son du *God Save the King*. Le bal commence ensuite. Il s'interrompt quand le lord évêque Mountain et Mgr Plessis — surintendant de l'Église catholique — viennent présenter leurs hommages au gouverneur, mais pour reprendre après le dîner, servi sur une immense table dans une clairière, et qui se prolonge jusqu'à la tombée de la nuit.

---

2. Plus tard Spencer Wood, aujourd'hui Bois-de-Coulonge.

Cependant les rapports du gouverneur sur l'état des esprits sont beaucoup moins optimistes qu'au lendemain de son arrivée. Ils prévoient d'inadmissibles exigences de la Chambre d'Assemblée, entraînée par des meneurs.

8

Les coups de force du gouverneur Craig

Joseph Papineau fait son apprentissage de seigneur. Les colons rechignent à l'ouvrage. Ils trouvent toujours quelque excuse pour éviter les corvées. Joseph Papineau envoie des instructions rigoureuses à Nicolas Kinseler, qui lui sert d'intendant à la Petite-Nation (28 février 1809) :

> Les excuses bonnes ou mauvaises peuvent aisément se trouver, mais tout cela ne supplée pas aux ouvrages que j'avais lieu d'attendre et qui ne sont point faits. Si Dodo ne voulait pas charroyer quand on lui a dit, fallait mettre un autre à sa place, et je me serais pourvu contre lui ; si les hommes veulent aller boire et se foutre du monde quand on les reprend, il faut leur retrancher le rhum que je leur donne, puisqu'ils préfèrent le boire à leurs dépens. M. Peltier qui est venu ici a dit partout en ville que les hommes ne gagnent pas seulement leur nourriture. Que voulez-vous que je pense moi-même quand votre homme de confiance vient répandre de pareils rapports. Sur le tout, donnez vos ordres à propos et ne manquez pas de prendre vos précautions pour convaincre ceux qui ne font pas leur devoir, afin que seuls ils souffrent de leur négligence ...

Joseph Papineau fait son apprentissage de seigneur ; son fils aîné va faire son apprentissage de député.

La première session du nouveau Parlement s'ouvre le 9 avril 1809. Le gouverneur Craig accueille très froidement la réélection de Jean-Antoine Panet — le copropriétaire du *Canadien,* qu'il a révoqué de son grade dans la milice, — au poste d'Orateur. Il déplore les soupçons injustifiés que l'on cherche à répandre contre le gouvernement.

Bédard et Bourdages relèvent cette allusion. Bédard réclame, dans un discours diffus, l'application du principe britannique de la responsabilité ministérielle devant les Chambres.

Voilà qui, pour Craig, confirme ses appréhensions. La réclamation de Bédard est, de la part d'une colonie, simplement révolutionnaire. Elle n'est cependant pas isolée. Dans le Haut-Canada, en Nouvelle-Écosse et au Nouveau-Brunswick, des réformistes demandent aussi l'application du principe de la responsabilité ministérielle et le contrôle des deniers publics par la Chambre élue. *Le Canadien,* comme l'Assemblée dans une adresse de l'année précédente, glorifie le rempart dressé par la marine britannique contre la tyrannie de l'usurpateur corse. Mais Craig ne se fie pas aux avocats et aux journalistes qui rédigent cette gazette. Le gouverneur voit partout des partisans de Napoléon, des suspects, des agitateurs.

Le Canadien dénonce le cumul des fonctions par des favoris. Il vise particulièrement Sewell, qui émarge au budget sous une demi-douzaine de titres ou de prétextes. James Stuart n'est pas moins catégorique. James Stuart a l'esprit souple, la conception rapide, l'expression pertinente, mais le caractère vindicatif. Il ne s'est jamais inscrit à l'hôtel du gouvernement, malgré ses fonctions officielles, et s'abstient lors des réceptions du gouverneur. Il vote régulièrement avec la majorité, contre le parti du gouverneur. Bourdages, visant plutôt de Bonne, redemande, à la Chambre, l'incompatibilité des fonctions de juge et du mandat parlementaire. Résolutions ; constitution d'un comité d'enquête ; discussion du rapport du comité. De Bonne se défend pied à pied. Mais Bourdages est tenace. Des incidents, des ajournements faute de quorum prolongent l'affaire, qui prend des proportions. Après cinq semaines de session, la Chambre n'a guère fait autre chose que de discuter l'affaire de Bonne et d'exclure le député des Trois-Rivières, Ézéchiel Hart, Juif qui ne pourrait prêter sur l'Évangile un serment sincère. Les Mountain, les Sewell et les Ryland n'ont pas de peine à persuader sir James Craig que ces bavards intolérants gaspillent leur temps et lui font gaspiller le sien, pour assouvir des animosités de races ou de personnes.

Le 15 mai, les députés, abordant une fois de plus la question des juges, entendent tonner le canon. Un messager du gouverneur les convoque dans la salle du Conseil législatif. Là, sir James Craig, entouré de grenadiers qui le dépassent de la tête, mais sanglé dans son uniforme et dressé sur ses ergots, annonce à la

Chambre sa dissolution brusquée. Quant au solliciteur général James Stuart, il est destitué de ses fonctions, incompatibles, juge Craig, avec son attitude en Chambre et son insolence à l'égard du représentant de la Couronne.

Denis-Benjamin Viger et le jeune Louis-Joseph Papineau font leur apprentissage parlementaire. Et il ne s'agit plus d'un Parlement-pour-rire.

Sir James Craig exprime, dans son compte rendu au ministre, l'espoir qu'aucun des députés répréhensibles ne sera réélu. Son geste radical a sans doute peu d'écho parmi les pêcheurs de Gaspé, les fermiers du bas de Québec ou les colons de la Petite-Nation qui, d'après l'intendant de Joseph Papineau, ne gagnent pas leur rhum. Des émigrants quittent la province de Québec pour s'établir dans la région de Champlain, Chazy et Corbeau. D'autres descendent plus au sud, sur les deux rives du lac Champlain. Ils vont jusqu'à Burlington. Ils ont d'autres soucis que l'inégibilité des juges et le conflit entre le gouverneur et l'Assemblée. Mais le geste de sir James Craig fait sensation parmi les avocats — en majorité français — et les marchands — en majorité anglais — de Québec et de Montréal. Les loyalistes présentent des adresses à ce gouverneur énergique. Craig vient à Montréal avec sa suite, à la fin de juin. Il fait son entrée en ville dans un phaéton à six chevaux, qu'il conduit lui-même. Les magistrats, venus en voiture au-devant de lui, présentent une adresse. Les magistrats sont d'anciens officiers de milice et, pour plusieurs, des barons de la fourrure, tels James McGill, John Richardson, Joseph Frobisher, Alexander Henry, Louis Chaboillez, Thomas McCord. Certains d'entre eux, tels James McGill, Joseph Frobisher et Jean-Baptiste Durocher, ont déjà siégé à la Législature. John Richardson fait partie du Conseil exécutif.

* * *

Il s'agit maintenant de préparer les élections. Les députés du parti populaire souhaitent l'élimination de leur collègue Jean-Marie Mondelet, de Montréal-Est, trop dévoué au gouvernement. Ils font pression sur Joseph Papineau, le seigneur de la Petite-Nation, qu'entoure un respect unanime, et, cette fois, le décident. Joseph Papineau sera colistier de James Stuart, dans la division de Montréal-Est. Jean-Marie Mondelet se retire devant Papineau, dont il reconnaît « la supériorité de talent et d'influence », mais transfère sa candidature à Montréal-Ouest, contre Denis-Benjamin Viger. Il espère bien se rattraper. Mais les adversaires du gouvernement sont agressifs. Denis-Benjamin Viger est homme de valeur, dont on attend beaucoup, maintenant qu'il a fait ses classes. Il est d'ailleurs le neveu de Joseph Papineau, le cousin de Louis-Joseph Papineau qui se représente dans le comté de Kent. Le colistier de Louis-Joseph Papineau est cette fois Pierre-Dominique Debartzch, avocat, seigneur de Saint-Charles, influent dans sa région.

Mondelet est défait (23 novembre 1809). Il en conçoit quelque amertume, réitère sa profession de foi loyaliste : « J'ai succombé sous l'accusation d'être trop dévoué aux intérêts du gouvernement. J'ai vécu et je mourrai dévoué au gouvernement, persuadé que nous ne pouvons éprouver que du bien de ce qu'il a fait pour nous », et se plaint des moyens « trop bas pour qu'il les mentionne », employés dans le camp adversaire.

Les seuls changements, dans la région de Montréal, sont le remplacement de Mondelet par Joseph Papineau à Montréal-Est, celui de William McGillivray, allergique à la vie parlementaire, par Thomas McCord à Montréal-Ouest — ce qui substitue un loyaliste à un autre — et celui de Joseph Planté par Dominique Debartzch dans le comté de Kent — ce qui substitue un réformiste à un autre. Joseph Papineau, son fils Louis-Joseph et son neveu Denis-Benjamin Viger siégeront tous les trois à l'Assemblée. François Blanchet, l'un des fondateurs du *Canadien,* est élu dans le comté de Hertford, sur la rive sud du Saint-Laurent,[1] et Jean-Thomas Taschereau fait une brillante rentrée, puisqu'il est élu dans deux comtés.

Les deux partis couchent à peu près sur leurs positions, car les partisans du gouverneur enregistrent aussi quelques succès.

De Bonne conserve son mandat du comté de Québec. Et le clan Sewell marque des points. Edward Bowen, procureur général de transition, a cédé la place à Norman Fitzgerald Uniacke, qui a joué un rôle important dans la politique de la Nouvelle-Écosse, et que le gouvernement britannique impose à Craig, semble-t-il. Bowen reçoit double compensation. Il est le premier « Conseil du Roi » nommé au Canada, et Jonathan Sewell le fait élire à sa succession dans le comté, sûr jusqu'ici, de William Henry. Jonathan Sewell a fait nommer son frère Stephen à la succession de James Stuart comme solliciteur général ; et Stephen Sewell est l'un des

---

1. Plus tard comté de Bellechasse.

deux députés de Huntingdon ; l'autre est Jean-Antoine Panet, ce qui assure un équilibre. Un loyaliste, Louis Gugy, remplace un autre loyaliste comme député de Saint-Maurice. Conrad Gugy, d'origine suisse, est entré dans l'armée anglaise, puis passé au Canada où il est devenu conseiller législatif et acquéreur de plusieurs seigneuries. Mort célibataire en 1786, il a transmis ses propriétés canadiennes à son jeune frère Barthélemy, officier dans les gardes suisses de l'armée française, qui passe au Canada lors de la Révolution. Louis Gugy, nouveau député de Saint-Maurice, est le fils de Barthélemy. Il n'aime pas la Révolution et tout ce qui la sent.

* * *

Napoléon, profiteur de la Révolution, étend son hégémonie sur l'Europe. Il date ses décrets de Berlin, entre à Vienne, remporte l'éclatante victoire de Wagram, distribue des duchés et des royaumes à ses frères, prépare son mariage avec une archiduchesse d'Autriche et, par le Blocus continental, entrave le commerce qui est le sang, la vie même de l'Angleterre. Napoléon, le fléau de Dieu ! Napoléon est, pour les peuples et surtout pour les Anglais de 1810, ce que sera Hitler pour les « démocraties » de 1940 : un ogre, dans la force terrifiante du terme. Et les relations entre l'Angleterre et les États-Unis se détériorent toujours. Les Anglais en général, et le gouverneur Craig en particulier, se rongent les poings. Les tièdes leur apparaissent comme des traîtres, en train de tramer des complots.

Les adversaires politiques se retrouvent face à face, à la première séance de la nouvelle législature, le 29 janvier 1810. Craig témoigne cependant d'un esprit de conciliation inattendu. Il ne récrimine pas. C'est qu'il a reçu de lord Castlereagh, ministre des Colonies, des conseils de modération : « ... Je vous recommanderai donc, sans vouloir vous faire manquer à la fermeté qui convient à votre situation et à votre caractère, d'éviter toute expression susceptible d'être interprétée comme enfreignant les privilèges réclamés par la Chambre, ou la liberté générale de débat et d'enquête. » Le gouverneur, suivant ses instructions, est prêt à sanctionner un bill acceptable, voté par les deux Chambres, sur l'inégibilité des juges.

La Chambre vote la proposition de Bourdages, rendant les juges inéligibles. Joseph Papineau est de nouveau absent, pour raisons de santé. Son neveu et son fils s'agrègent à la majorité, dont les tendances leur conviennent. Denis-Benjamin Viger et Louis-Joseph Papineau ne placent pas les conflits latents sur le terrain raciste, mais sur le terrain constitutionnel. Ils admirent les institutions britanniques — le régime parlementaire — dont ils souhaitent l'application intégrale au Canada. Le bill sur l'inégibilité des juges, après tout, applique le principe de la séparation des pouvoirs — exécutif, législatif et judiciaire, — reconnu et honoré en Angleterre. Un député anglophone de la valeur de James Stuart soutient les mêmes thèses avec brio. Quelques hommes politiques du Haut-Canada entretiennent la même conception.

Le régime parlementaire aboutit, en fin de compte, à la souveraineté du Parlement, essentiellement exercée par le contrôle du budget. Nous en sommes, à cet égard, toujours au même point. Le gouvernement impérial contrôle, mais d'une manière incomplète, le budget de sa colonie. Il dispose toujours du « revenu permanent », alimenté par le domaine de la Couronne et par une somme de 5.555 louis, affectée, en vertu d'une loi de 1795, aux dépenses judiciaires et administratives. Ce revenu est d'année en année plus insuffisant, et Robert Shore Milnes s'en inquiétait déjà. Le gouvernement impérial a longtemps prélevé le solde sur le « fonds extraordinaire de l'armée ». Mais la Législature peut disposer, pour fins d'utilité publique, d'un fonds sans affectation permanente, provenant de taxes qui sont surtout des droits de douane — sur le café, le sucre, le tabac, le sel, le vin, l'eau de vie, les cartes à jouer. Le fonds dépasse largement les 5.555 louis affectés en permanence et les dépenses, votées par la Chambre, pour certains travaux et services publics. Le receveur général détient ainsi en caisse un montant auquel l'administration ne peut légalement toucher sans un vote de la Législature. La tentation est grande de combler le déficit en puisant dans cette caisse. Les gouverneurs, sans le crier sur les toits, ne s'en privent pas. De Bonne fermerait bien les yeux. La majorité, loin de se révolter, offre de régulariser cette situation. La Chambre adopte des résolutions déclarant la province désormais en mesure de payer toutes les dépenses civiles de son gouvernement. La Chambre voterait à l'avenir les crédits nécessaires, et le gouvernement impérial n'aurait plus à s'inquiéter — à débourser ni à tricher.

Les députés doivent bien avoir, derrière la tête, l'idée de contrôler les dépenses, ce qui leur assurerait le pouvoir effectif. Le secrétaire Ryland et le gouverneur Craig, devant ce bloc enfariné, sont soupçonneux. La majorité de la Chambre, à laquelle adhèrent Denis-Benjamin Viger et Louis-Joseph Papineau, se propose d'envoyer à Londres un délégué porteur d'une adresse, avec ces résolutions, au roi, à la Chambre des lords et à la Chambre des communes. Les « représentants » pensent à Joseph Papineau, leur collègue absent.

Or, Joseph Papineau n'approuve ni les méthodes ni le ton que la majorité est en train d'adopter. Il l'écrit à son fils, avec son franc-parler habituel :

Montréal 22 février 1810

Mon cher Papineau,

J'ai reçu ta lettre du 19 courant, qui me fait voir que tu commences à ouvrir les yeux sur la complexion de cette majorité québécoise à laquelle tu crois bien mériter de t'attacher. Je ne blâme pas ton motif, mais il est une meilleure règle de conduite, c'est d'être indépendant de tout parti et sur toutes questions de ne voter que sur conviction qu'il est mieux ou pire de l'adopter ou rejeter, que le mérite intérieur de la question soit la seule règle à suivre pour la supporter ou opposer. D'après cette règle ne crains pas s'il est encore temps de voter contre l'appointement d'un agent. Ne vois-tu pas le piège grossier pour te prendre et tes amis en te disant que je serais l'agent appointé ? Comment ! Ma santé ne me permet pas d'aller à Québec et l'on prétendra m'envoyer en Angleterre ! Pour y jouer quel personnage ? Dis ouvertement à la Chambre que la proposition d'appointer un convalescent qui ne peut se rendre à Québec n'est qu'un subterfuge adroit de quelque ambitieux orgueilleux qui prétend à la mission et qui s'imagine (comme un nouveau Bonaparte) faire réformer en Angleterre toute l'agence diplomatique et parlementaire, pour remédier à de prétendus abus que toute la province assemblée en Parlement ne peut pas corriger ici ! Si ces prétendus réformateurs savaient profiter des moyens que la constitution leur donne, ils n'auraient pas besoin d'aller si loin ; mais heurter toutes les autorités constituées, ne ménager personne, ne pas distinguer entre ceux qui sont simplement induits en erreur, d'avec ceux dont les motifs sont malicieux, enfin ne pas se respecter soi-même et se comporter comme des crocheteurs, ce n'est pas le moyen de procurer à son pays le bien que l'on promet et que l'on prend les seuls et uniques moyens de faire avorter...

Joseph Papineau n'ira pas en Angleterre. D'ailleurs, les événements se précipitent. Le Conseil législatif, cédant sur le principe, apporte un amendement au bill des juges, dont l'application serait suspendue jusqu'à l'expiration du Parlement en cours. Les conseillers législatifs veulent protéger de Bonne, qui est, pour deux d'entre eux — Jonathan Sewell et James Monk — leur collègue au Conseil exécutif. Mais Bourdages veut expulser de Bonne comme Caton l'ancien voulait détruire Carthage. Il fait voter une résolution directe : « Que P.-A. de Bonne, étant un des juges de la Cour du banc du roi, ne peut siéger ni voter dans cette Chambre. » (26 février 1810). Ce refus d'un compromis, blâmé par Joseph Papineau, convient au contraire au tempérament de son fils. Mais la Chambre, prétendant négliger l'amendement du Conseil législatif, outrepasse ses pouvoirs. Ce qui prouve bien, aux yeux de Craig et de ses conseillers, l'outrecuidance des « représentants ». Le gouverneur réagit sur-le-champ. Il arrive au palais législatif, le lendemain de ce vote, en grand apparat, et dissout encore une fois la Chambre. Il ordonne de nouvelles élections générales, qui seront les troisièmes en dix-huit mois. Le projet de crédits — et de contrôle budgétaire — est à vau-l'eau. Les députés rentrent chez eux fort excités.

Pour comprendre l'exaspération et les décisions du gouverneur Craig, il faut bien se placer, en esprit, à l'époque. Napoléon, au point culminant de sa gloire, a épousé une archiduchesse d'Autriche. Il contrôle les royaumes d'Espagne, d'Italie et d'Allemagne. Il compte, par le Blocus continental sinon par une invasion armée, mettre l'Angleterre à genoux. Il ne manque pas aux États-Unis d'Américains désireux d'en profiter pour conquérir le Canada. Il est, autant dire, normal que Craig et ses collaborateurs subodorent des admirateurs de Napoléon, voire des agents de l'ennemi, surtout parmi ces arrogants députés dont les plus instruits sont imprégnés de doctrines révolutionnaires.

Le milieu parlementaire, de son côté, est nerveux. Le gouverneur Craig est raide, incontestablement. Le peuple, dans son langage imagé, l'a surnommé « le collet dret ». C'est, aux yeux des parlementaires, un intraitable, un satrape. Le bruit court que le gouverneur Craig prépare un coup de force — l'arrestation de députés — avant les élections. On mentionne François Blanchet, copropriétaire du *Canadien*, député depuis les élections de novembre, comme devant être ou ayant été arrêté. Antoine Mesnard dit Lafontaine, de Boucherville, l'ancien député de Kent, demande confirmation à Louis-Joseph Papineau, son jeune successeur. Louis-Joseph Papineau ne croit rien de ces rumeurs : on n'arrête pas les gens sans raison, en pays britannique ; ces bruits alarmants doivent être une manœuvre électorale. Louis-Joseph Papineau répond au vétéran, qui a été l'un de ses grands électeurs :

Monsieur,

Les bruits les plus alarmants sont répandus avec une activité étonnante. Ces mensonges ne sont imaginés que pour influer sur les élections. Je crois fermement tous ceux qu'on accuse des sujets fidèles, et on leur reproche des liaisons avec l'ennemi. Tout cela n'a pas le sens commun. S'ils étaient coupables, qu'ils soient punis, personne ne les plaindra, mais ces bruits sont fabriqués par les mêmes personnes qui prétendent que la Chambre a voulu ruiner la religion, taxer les terres, etc. M. Stevenson est arrivé de Québec, qu'il a laissé lundi dernier vers trois heures ; il a vu M. Blanchet se promener tranquillement dans les rues, aucun des représentants n'avait été arrêté, personne ne le sera parce que personne ne l'a mérité. Aussitôt que les élections seront faites, tout se calmera. Restez tranquilles. Ceux qui n'ont rien à se reprocher n'ont rien à craindre, mais ceux qui excitent de fausses alarmes, qui noircissent la réputation d'hommes honnêtes, finiront par trouver dans le mépris de leurs concitoyens la peine qu'ils auront méritée.[2]

* * *

La rumeur était cependant justifiée. Le 17 mars 1810, un magistrat et deux constables, accompagnés par une escouade de soldats, perquisitionnent aux bureaux du *Canadien,* saisissent les papiers et s'emparent de la presse. L'imprimeur Lefrançois est incarcéré. Des patrouilles parcourent les rues de Québec. Le 19, les députés Bédard, Blanchet et Taschereau sont arrêtés et emprisonnés, en vertu de mandats signés par des membres du Conseil exécutif.[3] Des personnages plus obscurs — Pierre Laforce, Pierre Papineau (de Chambly) et François Corbeil (de l'île Jésus) sont arrêtés dans le district de Montréal. Sir James Craig croit étouffer dans l'œuf une révolution.

Et le gouverneur, dont il faut admirer l'énergie, car il est très malade, veut gagner, cette fois, les élections. Il se jette dans la mêlée. Il lance une proclamation, mettant les Canadiens en garde contre les « vils et téméraires fabricateurs de faussetés ». Il se défend longuement de vouloir « opprimer », comme ses ennemis l'en accusent. Sir James Craig a servi son pays et son roi — son roi qui ne souhaite que le bonheur de ses peuples. Lui-même, qui n'a ja-

---

2. Cette lettre est aux archives du Séminaire des Trois-Rivières. Elle est, par une évidente distraction, datée du 22 mars 1809, date qui ne précède aucune élection.
3. Un fils de Jean-Thomas Taschereau, prisonnier de Craig, sera cardinal-archevêque de Québec, et un de ses petits-fils sera premier ministre de la province de Québec.

mais souhaité la fortune et qui se sait condamné, n'aspire qu'à rendre ses administrés heureux et prospères... Au reste : « Adressez-vous à ceux à qui vous avez jusqu'ici porté soumission et respect ; interrogez les chefs de votre Église, qui ont pu me connaître... »

Car sir James Craig compte sur l'appui du clergé. Il fait appeler Mgr Plessis, au Conseil. Il lui reproche « l'apathie presque criminelle » du clergé. Que dis-je, apathie ? Des curés s'abonnent au *Canadien,* le laissent traîner dans leur presbytère. Les curés seront surveillés. Craig prie Mgr Plessis d'appuyer sa proclamation.[4]

Mgr Plessis fait part à M. Roux, Supérieur du Séminaire de Saint-Sulpice et vicaire général à Montréal, et souhaite que le clergé y mette de la bonne grâce, ne se laisse pas compromettre « avec les partisans outrés de la liberté du peuple ».

Des élections ainsi convoquées tournent mal pour le gouvernement. Ni Pierre Bédard, ni Louis Bourdages, ni Louis-Joseph Papineau, ni aucun de leurs collègues ne céderont à l'intimidation. Louis-Joseph Papineau, qui ne croyait pas possible le geste appréhendé par Antoine Mesnard, tonne contre l'arbitraire du gouverneur. Louis-Joseph Papineau n'a encore que 24 ans, mais il a la prestance de son père, son abondance de parole et plus de fougue. Les présages, pour le gouverneur, sont mauvais. Craig convoque de nouveau Mgr Plessis et lui demande de faire lire la proclamation au prône. L'évêque hésite, puis se décide et conseille à M. Roux d'en faire autant : « Je crois bien que ces mesures ne changeront pas le sens des élections, mais n'importe. Le clergé sera en règle s'il a fait tout ce qu'on attend de lui, et c'est précisément parce que les élections ont l'air de tourner mal qu'il doit moins s'exposer aux reproches. » Mgr Plessis rappelle, en chaire, l'obligation d'obéissance à l'autorité constituée. Des curés déploient du zèle en faveur des candidats gouvernementaux. Mais d'autres escamotent la lecture de la proclamation. L'un d'eux en confie le soin à son maître chantre. Dans certaines églises des fidèles sortent ostensiblement.

Les ultra-loyalistes sont furieux. Craig a chargé le juge en chef Sewell de rédiger un mémoire sur la situation de la province. Le juge en chef Sewell, nous le savons de reste, est un homme instruit, toujours poli, gracieux même, et — père d'une famille

---
4. Lettre de Mgr Plessis à M. Roux, du 22 mars 1810.

vertigineusement nombreuse[5] — bien pourvu de vertus privées. Il croit aux droits sacrés de la Couronne, à la supériorité de la race anglaise et des familles aristocratiques, à la nécessité d'angliciser la colonie pour ne pas la perdre. Les traités, après la conquête, ont laissé aux habitants du Canada leur religion, leurs lois et leur langue, ce qui perpétue leur état d'étrangers, animés d'une confuse hostilité. Les remèdes seraient une immigration massive ; l'introduction d'un cens électoral pour écarter une forte proportion de Canadiens français ; l'union du Haut et du Bas-Canada en une seule province sous une seule législature, avec augmentation de la députation haut-canadienne ou réduction de la députation bas-canadienne ; enfin la nomination des évêques et des curés par le roi, pour assurer la docilité du clergé.

Craig et Sewell se trompent en attribuant au clergé une décisive influence électorale. Ils inaugurent, à cet égard, une tradition tenace.[6] Mgr Plessis a moins d'illusions, quand il écrit à M. Roux : « Je crois bien que ces mesures ne changeront pas le sort des élections. »

La manière forte du gouverneur Craig manque en effet son objectif, à une exception près.

Le juge de Bonne est, en ce qui concerne la Chambre d'Assemblée, hors de jeu. Le clan Sewell et le clan Stuart poursuivent une guerre à mort. Craig porte l'animosité des deux clans à son comble en donnant à Stephen Sewell le poste de solliciteur général, dont il avait dépouillé James Stuart. Et ce n'est pas tout. Stephen Sewell, député de Huntingdon aux élections précédentes, se présente contre James Stuart, colistier de Joseph Papineau, dans la division de Montréal-Ouest. James Craig et James Stuart sont aussi vindicatifs l'un que l'autre. Et Jonathan Sewell agit, en coulisse. La « machine » gouvernementale donne de toutes ses forces

---

5. Il aura vingt-deux enfants !
6. Les gouvernements du Canada ont toujours été persuadés que pour assurer l'obéissance des Canadiens français, il était nécessaire et suffisant d'obtenir le concours des évêques, qui feraient agir les curés, qui feraient marcher leur ouailles. Or, chaque fois que le clergé a donné des instructions, formelles ou simplement très nettes, sur le terrain politique, il n'a obtenu qu'un résultat négatif, parfois humiliant. Mgr Plessis l'éprouve en 1810 ; Mgr Lartigue l'éprouvera en 1837 ; les évêques l'éprouveront lors de l'affaire Riel en 1885 ; ils l'éprouveront d'une manière plus éclatante encore, d'une manière retentissante, lors de l'affaire des écoles du Manitoba, aux élections fédérales de 1896 ; Mgr Bruchési l'éprouvera pendant la guerre de 1914, et le cardinal Villeneuve pendant la guerre de 1939. Les légendes ont la vie dure ; ce sont des légendes tout de même.

à Montréal-Ouest, et réussit. Stephen Sewell arrache à James Stuart son mandat parlementaire, après lui avoir pris son poste de solliciteur général. Mais pour le reste...

    Jean-Thomas Taschereau, comme en 1808, ne s'est pas représenté, mais les deux autres détenus de Craig, Bédard et Blanchet, sans sortir de prison, sont réélus. L'Opposition revient plus compacte (21 avril 1810). Thomas McCord et Jean-Marie Mondelet, qui sont magistrats de police à Montréal, accusent le jeune avocat Louis-Michel Viger, neveu de Denis-Benjamin, d'obstruction aux dépens des candidats gouvernementaux. L'affaire n'a pas de suites. Mais Craig ne décolère plus, ce qui n'arrange pas sa santé. Les députés lui paraissent ignorants, arrogants et lâches, à l'image de leurs électeurs. Ce sont, à n'en pas douter, les victoires de Napoléon qui enhardissent ces rebelles. Faute de pouvoir les faire disperser par ses grenadiers, Craig rédige à son tour un mémoire, à l'intention de son ministre.

9

Démission et départ de Craig

Sir James Craig place, à la racine du mal, l'imprudence de la mère patrie, octroyant une constitution parlementaire à sa colonie. Une « bande d'avocats et de notaires sans principes », enhardie « par les succès de Bonaparte qui établissent la puissance française en Europe » peut ainsi enrayer le gouvernement. Craig réitère, dans les grandes lignes, les suggestions du juge en chef. Il charge le secrétaire Ryland, sur qui l'on peut compter pour en remettre, de porter son mémoire aux ministres.

Craig et Sewell n'ont pas maille à partir avec les seuls Canadiens. Le procureur général Uniacke, que Londres protège et leur impose, contredit le juge en chef, d'après qui l'évêque catholique n'a pas d'existence légale au Canada. Est-ce en représailles ? Le gouverneur consulte les juges de la Cour du banc du Roi qui, presque à l'unanimité, déclarent les connaissances du procureur général superficielles en droit criminel et insuffisantes en droit civil. Craig demande au ministre la destitution de Norman Fitzgerald Uniacke, et n'est pas écouté.

Craig libère Blanchet et Taschereau, pour cause de maladie. Bédard réclame aussi son élargissement — ou un procès régulier. Il prend Andrew Stuart pour avocat, ce qui lui assure un brillant défenseur mais ne lui concilie pas le juge en chef. Le gouverneur fait venir l'abbé Antoine Bédard, curé de Charlesbourg et frère du député emprisonné : il offre la libération de Pierre Bédard, moyennant quelque sorte d'excuse et la promesse de ne pas troubler la sécurité publique. Le curé transmet l'offre. Pierre Bédard refuse toute déclaration prenant l'apparence d'un aveu de culpabilité ; il reste en prison.

Le cabinet britannique, réuni en séance, reçoit Ryland, qui fait de l'Assemblée bas-canadienne — où siège un simple forgeron ! — un tableau peu flatteur. Mais les ministres ne se contentent pas de lire le rapport de Craig et d'écouter les médisances de son délégué. Ils posent des questions. Des mesures moins radicales, des concessions mineures n'apaiseraient-elles pas les esprits ? Ne pourrait-on gagner quelques députés hostiles ? « Cette question me mit le feu sur la peau », écrira Ryland à son chef. Les ministres vont jusqu'à souhaiter de connaître « l'autre côté de la question » — d'entendre l'autre son de cloche. Le procureur général britannique blâme, en termes circonspects pour ménager l'amour-propre du gouverneur, l'emprisonnement du directeur du *Canadien*, dont les articles, répréhensibles sans doute, ne constituent tout de même pas des actes de trahison. Ryland tient les ministres pour des timorés, paralysés par la crainte de fournir des armes à leurs adversaires, à la Chambre des communes.

Il y a davantage, sans doute. La tension anglo-américaine engage à la prudence. L'Angleterre, en s'arrogeant un droit de visite sur les navires étrangers pour appréhender les déserteurs de sa propre marine, a blessé la fierté américaine. Des démocrates avancés, au Congrès de Washington, ne le cèdent pas à notre Bourdages en haine de l'Angleterre. Un soulèvement au Canada entraînerait des conséquences incalculables. Lord Liverpool signifie au gouverneur Craig, par dépêche du 12 septembre 1810, le rejet de ses propositions. Il conseille d'obtenir « par le recours à la conciliation, l'appui de la Chambre telle qu'elle est actuellement constituée ».

Craig, sa santé délabrée et ses propositions rejetées, offre sa démission. Il devra cependant traverser une dernière session de ce damné Parlement, entendre encore une fois toutes les divagations des avocats et des notaires coloniaux qui prétendent censurer un gouverneur britannique.

* * *

Des Canadiens émigrent encore aux États-Unis. La première diligence reliant Montréal à Boston s'ébranlera en 1811. Elle transportera des Canadiens français, non point touristes, mais émigrants. Cependant le groupe d'Écossais qui domine le commerce à Montréal prend d'importantes initiatives, sur le terrain économique. Il ne vient toujours à Montréal que des canots de traite, des goélettes de pêche et de petits voiliers. Il n'y a que deux quais, au bout de la rue Saint-Sulpice. Le bois de chauffage arrive de Beauharnois, de Châteauguay et d'ailleurs par des radeaux de pin et de pruche. Ces radeaux s'amarrent à petite distance de la grève, et des charretiers font reculer leurs voitures dans l'eau pour charger le bois. Le brasseur John Molson décide d'introduire la navigation à vapeur sur le fleuve, entre Montréal et Québec. Il fait mettre en chantier l'*Accomodation,* premier vapeur du Canada. John Richardson caresse le projet de fonder une banque. La Compagnie du Nord-Ouest rivalise d'une part avec la Compagnie de la Baie d'Hudson et d'autre part avec une compagnie américaine, fondée par John Jacob Astor et qui lui dispute la région du Pacifique — le commerce avec la Chine. La Compagnie du Nord-Ouest envoie des « voyageurs », commandés par David Thompson, qui sont les premiers Blancs à descendre la rivière Columbia, de ses sources à son embouchure.

À Québec, sir James Craig ouvre sa dernière session le 12 décembre 1810. Pierre Bédard, aussi obstiné que Craig, est toujours en prison. Bourdages, Blanchet et leurs amis sont résolus à obtenir sa libération, et le font savoir. De nouveaux chocs sont prévisibles.

À l'ouverture de la session précédente, Craig déplorait les soupçons injustifiés que l'on faisait courir contre le gouvernement. Cette fois, c'est la Chambre qui, dans l'adresse en réponse au discours du Trône, déplore les tentatives « faites pour présenter sous de fausses couleurs, très éloignées de la vérité, les opinions et les sentiments des divers sujets de Sa Majesté en cette province ». Craig relève cette allusion, comme Bédard et Bourdages ont relevé la sienne, deux mois plus tôt, en quelques phrases sarcastiques. Ce n'est qu'une escarmouche.

La Chambre réclame la libération du député Bédard, afin qu'il puisse prendre son siège. Joseph Papineau, respecté par tous ses collègues, conduira la délégation qui doit porter cette adresse, pour ne pas dire cette sommation, au gouverneur. Joseph Papineau reste sur l'opinion, ou sur les sentiments, qu'il exprimait à son fils au mois de février, quand ses collègues voulaient l'envoyer à Londres. Réformiste de tendance, il refuse cependant la soumission inconditionnelle à un parti. Il entend suivre sa raison plutôt que des consignes, et blâme toute provocation, toute opposition systématique. Avant de conduire une délégation, Joseph Papineau sollicite et obtient une longue entrevue avec le gouverneur. Sir James Craig est buté. Il donne ses raisons, sans détours :

« Les membres de la Chambre ont répandu partout le bruit qu'ils feraient ouvrir la prison de M. Bédard... Or, je veux apprendre au peuple que ce n'est pas à la Chambre à gouverner le pays. » Craig n'a pas tort, à son point de vue : c'est là, au fond, toute la question. Le public et les députés ignorent la dépêche ministérielle, recommandant au gouverneur la modération. Joseph Papineau présume que son collègue sera libéré, au plus tard, après la session. Il conseille de renoncer à une démarche, non seulement inutile, mais dangereuse.

Louis Bourdages combat ce conseil. Louis-Joseph Papineau, député actif et tempérament de feu, qui pense sans doute comme Bourdages, est bridé par le respect qu'il doit et porte à son père. Joseph Papineau gagne sa cause, et la Chambre siège sans Bédard. Le Conseil législatif accepte définitivement, sans chicane, un bill rendant les juges inéligibles. La Législature peut atteindre la prorogation (31 mars 1811) sans orages.

Sir James Craig prononce à cette occasion un véritable discours d'adieu, « dernier legs de celui qui veut sincèrement votre bonheur ». Il soumettra bientôt, s'il vit assez longtemps, le dernier rapport de son administration. Il souhaite pouvoir le terminer sur ces mots : « J'ai trouvé, Sire, les sujets que vous avez confiés à mes soins divisés entre eux, se regardant mutuellement avec défiance et jalousie, et animés par des intérêts qu'ils croyaient divergents. Je les ai quittés, Sire, cordialement unis par les liens d'une estime et d'une confiance réciproques, et ne rivalisant entre eux que dans leur affection pour le gouvernement de Votre Majesté et dans leurs généreux efforts au service du bien public. »

Aucun homme n'est simple. Le « collet dret » livre peut-être, ce jour-là, le fond de son âme. La maladie qu'il sait mortelle aiguise la conscience de son échec. Les députés congédiés, et rentrés chez eux, Craig peut libérer Bédard sans perdre la face — sans paraître céder aux remontrances de la Chambre. Il ordonne cette libération.

Craig veut rentrer dans son pays, pour mourir au cœur de l'Empire qu'il a servi toute sa vie. Mais il aimerait rentrer sur autre chose qu'un fiasco. On ne lui ôtera pas de la tête — ni de la tête d'aucun Anglais pendant bien longtemps — que, seule, la docilité des curés, tout-puissants dans leurs paroisses, assurerait la docilité des Canadiens. Que plusieurs chefs de la résistance, à l'exemple de Louis Bourdages et de Louis-Joseph Papineau, soient voltairiens, Craig l'ignore ou n'en tient pas compte. La docilité des curés est la clef du problème ; Sewell et Ryland le disent avec raison ; il n'y a pas à sortir de là. Or, la nomination des curés, en pays britannique, appartient au roi, dont la suprématie n'admet pas de limites. C'est une faiblesse et une faute, une coupable faiblesse et une dangereuse faute, que d'avoir toléré une constante déviation de ce principe. Craig fait venir Mgr Plessis. Le gouverneur et l'évêque ont trois entrevues. Craig aborde directement le sujet. Mais c'est, pour l'évêque, la concession impossible entre toutes. Craig avertit : « Le Roi ne cédera jamais. » Et après tout :

— Croyez-vous qu'il importe au peuple que ses pasteurs soient ou ne soient pas nommés par le gouvernement ?

— Cela lui importe si fort que l'introduction d'un tel ordre de choses pourrait mettre la province en feu.

— Croyez-vous donc votre peuple canadien si attaché à sa religion ?

— Il n'y a point d'article dont il soit plus jaloux.

Craig exprime son étonnement que la Couronne tolère au Canada des choses contraires à l'esprit de la constitution britannique, et qui ne se toléreraient dans aucune autre partie de l'Empire.

— Votre Excellence, demande calmement Mgr Plessis, croit-elle la gloire de l'Empire concernée dans la nomination aux cures catholiques du Canada ?

— Il est de la gloire de l'Empire que la prérogative royale soit exercée partout.

Le débat se poursuit. À leur dernière entrevue, le gouverneur apprend à l'évêque — au surintendant de l'Église romaine — ce qui vient de se passer à La Havane : l'évêque ayant bravé l'interdit de nommer aux cures, le gouverneur l'a fait embarquer sur un vaisseau de guerre et conduire en Floride.

— Il ne me coûterait pas d'être mis sur un vaisseau de guerre, répond Mgr Plessis, plutôt que de trahir ma conscience.[1]

Mgr Plessis part le surlendemain de cette entrevue, pour la visite pastorale des régions du Golfe. Sir James Craig part quinze

---

1. Mgr Plessis a rédigé le récit de ces entretiens (Mandements des évêques de Québec, t. III). Thomas Chapais l'a déjà reproduit.

jours plus tard pour l'Europe, sans attendre la réponse à sa lettre de démission. Il s'applique à se tenir raide sous le shako à plumet, le torse bombé, comme il a fait des centaines de fois, à la parade. Des Anglais de Québec détellent sa voiture pour la traîner à bras, sur la pente cailloutée de la côte de la Montagne, en signe d'hommage (19 juin 1811).

10

La guerre de 1812

Une dépêche du ministre, datée du 31 mai 1811, arrive après le départ de Craig. Elle autorisait le gouverneur général à transmettre ses pouvoirs à sir George Prevost, lieutenant-gouverneur de la Nouvelle-Écosse. Sir George Prevost arrive à Québec le 13 septembre 1811.

La famille du nouveau gouverneur général est d'origine genèvoise et calviniste. Son père a participé, avec le général Wolfe, au siège de Québec. Lui-même compte plusieurs campagnes, où il s'est distingué. Mais c'est un homme de sens rassis, qui opte délibérément pour une politique de conciliation.

La guerre avec les États-Unis est imminente.

Craig avait chargé un agent secret, l'Irlandais John Henry, d'enquêter sur l'état de l'opinion aux États-Unis et de signaler les hommes influents susceptibles d'être subornés. Henry envoyait ses rapports chiffrés à la firme Forsyth, Richardson & Co., pour leur donner l'apparence d'une correspondance commerciale,[1] et Richardson les transmettait à Ryland. Mais l'espion, mal rétribué à son gré, vend au président Madison, pour dix mille dollars, sa correspondance avec le gouverneur du Canada. Cette divulgation sensationnelle surexcite les esprits. Les partisans de la guerre, aux États-Unis, imaginent la conquête du Canada comme une promenade militaire. L'ancien président Jefferson l'écrit de sa retraite :

---

1. Colonel Cruikshank. Ontario Historical Society, Records and Papers, 1905. Cruikshank a publié quelques lettres de Richardson, mais ce sont des lettres de jeunesse, récits de voyage malheureusement sans intérêt pour notre histoire.

« La conquête du Canada jusqu'à Québec sera l'affaire d'une simple marche. » La disproportion des forces est énorme, et les ministres américains, qui entretiennent aussi des informateurs, comptent sur le mécontentement soulevé par le régime de Craig parmi la population canadienne.

Sir George Prevost affronte une situation difficile. Il inspecte la frontière du lac Champlain et renforce les positions militaires. Mais le facteur psychologique n'est pas moins important. La mort de Jean-Baptiste Durocher donne lieu à une élection complémentaire dans le comté de Montréal. James Stuart se présente et gagne. Ce n'est pas seulement une manche perdue pour le clan Sewell, mais un symptôme de l'opinion publique.

Non pas que cette opinion côtoie la révolte. Les députés les plus discuteurs font confiance au régime parlementaire, qui est une invention britannique. Pierre Bédard, aussitôt élargi, l'a fait savoir à ses électeurs du comté de Surrey : « Le passé ne doit pas nous décourager, ni diminuer notre admiration pour notre constitution. Toute autre forme de gouvernement serait sujette aux mêmes inconvénients et à de bien plus grands encore ; ce que celle-ci a de particulier, c'est qu'elle nous fournit les moyens d'y remédier... Il faut acheter de si grands avantages par quelques sacrifices. »

Quelques députés se réunissent en secret chez l'un d'eux, Thomas Lee, à Québec, pour examiner l'attitude à prendre devant la guerre prochaine. Les plus jeunes, Louis-Joseph Papineau, Joseph Levasseur-Borgia et quelques autres, envisagent une sorte de neutralité, une politique de bras croisés, non pas à titre de manifestation anti-anglaise, mais à titre de protestation contre la conduite de Craig, que sa mort, peu après son retour dans sa patrie, n'a pas absous. Pierre Bédard fait abandonner le projet. Il évite ainsi à Louis-Joseph Papineau de se mettre en contradiction avec son père.[2]

Sir George Prevost n'a pas connaissance de ce conciliabule, mais il a scruté la déclaration de Pierre Bédard à sa sortie de prison, et la présume sincère. Le nouveau gouverneur, sans les priver de toutes les prébendes, n'écoute pas les conseillers de son prédécesseur, dont il prendra le contre-pied. Il arrête la décision, que

---

2. Le fait est mentionné par F.-X. Garneau, qui n'écrivait pas tellement longtemps après ces événements, dont il a connu les principaux acteurs. Garneau a été secrétaire de Denis-Benjamin Viger.

Mountain, Sewell et Ryland ne lui auraient sûrement pas recommandée, de faire confiance aux Canadiens. Il nomme Pierre Bédard juge aux Trois-Rivières (11 décembre 1811). Pierre Bédard, le prisonnier, autant dire le provocateur de sir James Craig ! Ryland en est scandalisé. Mais Ryland, qui était à la fois secrétaire du gouverneur et greffier du Conseil exécutif, ne sera plus que greffier, ce qui, tout en lui laissant un poste d'observation — et un traitement — réduit son influence. Puis le gouverneur nomme trois conseillers législatifs, qui sont trois Canadiens français : Jacques Perrault, l'un des principaux négociants de Québec, devenu seigneur de la Rivière-Ouelle ; Pierre Aubert de Gaspé, seigneur de Saint-Jean-Port-Joli — et père d'un condisciple de Louis-Joseph Papineau ; et Jean-Melchior de Rouville, ancien combattant de 1775, seigneur de Rouville.

À la Chambre d'Assemblée, convoquée en session pour le 21 février, la retraite de Bédard rehausse le prestige et renforce le rôle de l'équipe formée par Joseph Papineau, son neveu et son fils. Denis-Benjamin Viger est un modéré, qui parle sans violence, mais si on l'interrompt, gare à la riposte ! Louis-Joseph Papineau, qui ronge son frein, est membre assidu de presque tous les comités, d'étude ou d'enquête. Joseph Papineau demande une enquête sur les principaux faits de l'administration de Craig. Son fils l'approuve. Louis-Joseph Papineau, renonçant au projet de neutralité, n'a pas renoncé à marquer l'ancien gouverneur au fer rouge, jusque dans sa tombe. Il tonne contre Craig. Il le foudroie. Il le pulvérise. Les plus ardents de ses jeunes collègues, et même de moins jeunes comme Pierre Bruneau, ont grande envie de l'acclamer. Thomas Lee, Joseph Papineau, Louis-Joseph Papineau et Denis-Benjamin Viger forment le comité d'enquête, que les événements rendront inopérant. Mais il s'agit bien de dénoncer Craig et sa camarilla, non pas de refuser à l'Angleterre le concours des Canadiens. Joseph Papineau propose les mesures nécessaires, entre autres le renforcement de la milice et le vote de fonds mis à la disposition du gouvernement. La nouvelle loi de milice permet l'appel sous les armes, par voie de tirage au sort, de 2,000 célibataires, âgés de 18 à 25 ans. En cas de guerre, toute la milice peut être appelée.

Joseph Papineau confirme ainsi le nouveau gouverneur dans ses bonnes dispositions. Sir George Prevost, constatant que l'administration, sous son prédécesseur, a comblé son budget en s'appropriant 25.000 louis sur le fonds de la Législature, en ordonne le remboursement sur les « extraordinaires de l'armée ». Il n'attend pas la fin de la session pour réintégrer les officiers de milice que son prédécesseur avait cassés de leur grade. Le peuple ne goûte pas la milice plus que les corvées, mais la bourgeoisie canadienne est très entichée de ses grades. Être capitaine de milice est aussi flatteur, et peut-être plus recherché, que d'être marguillier de paroisse. Les avocats et les notaires, y compris les députés, anciens ou futurs députés réformistes, sont férus de titres militaires. Les exercices sont rares, mais il est séduisant, quand ils ont lieu, de cavalcader, sabre au clair, à la tête d'un peloton et de lancer des commandements d'une voix — autant que possible — de stentor. Jean-Thomas Taschereau est un des officiers réintégrés. Il est même, par décision de sir George Prevost, promu major au 3e bataillon de la Nouvelle-Beauce. Bourdages lui-même est promu major de milice (mars-avril 1812). Les chefs du parti populaire recevront des postes et des missions de confiance, si la guerre éclate.

Sir George Prevost communique en même temps avec Mgr Plessis, qui lui soumet un mémoire. Mgr Plessis, encore sous l'impression de ses trois entrevues avec Craig, expose la situation du clergé catholique, de l'évêque en particulier, insiste sur le loyalisme scrupuleux que ses prédécesseurs et lui-même ont toujours manifesté, et demande la reconnaissance civile de l'évêque catholique. Prevost transmet à Londres, avec avis favorable.

* * *

La session se termine le 19 mai. Les États-Unis déclarent la guerre à l'Angleterre le 18 juin. La firme montréalaise Forsyth, Richardson & Co., à qui ses correspondances avec les États-Unis ont permis de servir de boîte aux lettres à John Henry, est la première à l'apprendre, au Canada. John Richardson transmet la nouvelle au secrétaire Ryland, et le gouverneur en est informé par ce canal.

Les loyalistes sont un moment consternés, à l'idée qu'un soulèvement populaire, conjugué avec une tentative américaine d'invasion, ferait perdre le Canada à l'Angleterre — et les chasserait encore une fois. Ryland et ses amis regrettent plus que jamais l'énergie de Craig : que peuvent-ils espérer, dans une situation de guerre, d'un gouverneur du type mollasson, qui les consulte à peine, pour la forme !

Mais, la guerre déclarée, les États-Unis s'aperçoivent qu'ils n'étaient pas prêts — et qu'ils s'étaient forgé des illusions.

Dans le Haut-Canada, en Nouvelle-Écosse et au Nouveau-Brunswick, une crise constitutionnelle menaçait comme dans le Bas-Canada. Les mêmes griefs et revendications y sont formulés. Les réformistes réclament partout la responsabilité du lieutenant-gouverneur et de ses conseillers devant les représentants élus du peuple, l'autorisation de la Chambre pour tout emploi des fonds publics, un droit de regard pour la Chambre sur l'administration des terres de la Couronne, la fin du régime oligarchique surnommé « Family Compact » et la fin des privilèges accordés à l'Église anglicane. Quelques loyalistes à retardement, attirés dans le Haut-Canada par les octrois de terre, sont restés plus près des États-Unis que de la Grande-Bretagne. Quelques pasteurs américains desservant les sectes protestantes, les groupements méthodistes en particulier, sont teintés d'opinions républicaines. Mais pour la masse, le sentiment loyaliste, à l'heure du danger, submerge tout. Les milices s'exercent, et brûlent de se battre.

Or, l'ardeur n'est guère moindre dans la province en majorité française. Mgr Plessis lance un mandement sur les devoirs des catholiques. Les hommes réfléchis craignent qu'une annexion aux États-Unis ne réduise l'importance politique et la liberté religieuse des Canadiens français. La noblesse retrouve avec plaisir l'occasion, déjà saisie en 1775, de servir dans l'armée anglaise. François Vassal de Montviel, fils d'un officier français tué à la bataille de Sainte-Foy, est adjudant général de la milice. Jean-Melchior de Rouville, fait prisonnier au fort de Saint-Jean avec plusieurs de ses camarades, en 1775, se promet une revanche. Colonel de milice, il prend la tête de son bataillon, le 2e, malgré ses 64 ans. Ignace-Michel de Salaberry, qui fut l'ami du duc de Kent, prend la tête du 1er bataillon, bien qu'il frise la soixantaine. Sir George Prevost met sur pied les milices presque sans encombre. James McGill, à 68 ans, s'engage dans la milice et reçoit le grade de brigadier général. Louis Gugy, l'ancien député de Saint-Maurice, commande le 3e bataillon. Son fils Conrad-Auguste, âgé de seize ans, y sert comme enseigne. L'arpenteur général Joseph Bouchette, promu major, puis lieutenant-colonel, lève un corps de volontaires à Québec.

Jean-Thomas Taschereau, l'ancien prisonnier de Craig, rejoint son bataillon. Étienne-Pascal Taché, fils du seigneur de Mingan, s'engage, à 17 ans. Louis-Michel Viger s'engage au 2e bataillon, et son cousin Jacques, filleul de Joseph-Papineau, au 3e. Le Dr Antonin-Gaspard Couillard, jeune médecin à Saint-Thomas de Montmagny, s'enrôle en qualité de chirurgien, dans le 4e bataillon ; et son tout jeune confrère Marc-Pascal Laterrière, fils du seigneur des Éboulements et tout frais diplômé de Philadelphie, sert aux frontières en qualité de chirurgien général des milices du Bas-Canada. Les officiers de milice de milieu plus modeste ou de famille moins en vue ne sont pas moins empressés. Certains d'entre eux, comme François Jalbert, de Saint-Denis-sur-Richelieu, sont connus pour leurs idées réformistes. Leurs instincts combatifs trouveront un exutoire.

Les simples miliciens, qui sont en majorité les cultivateurs des « côtes », ne sont, en temps normal, presque jamais appelés et exercés. Le transport, le ravitaillement sont mal organisés. La plupart des sous-officiers chargés d'encadrer les miliciens ne parlent pas le français. La mobilisation s'effectue toutefois sans heurt, dans l'ensemble. Il ne se produit guère d'incident sérieux, dans le district de Montréal, que dans la division de Pointe-Claire, qui englobe la partie ouest de l'île à partir de Lachine. Sur 59 hommes appelés dans la paroisse de Pointe-Claire, 28 seulement regagnent leur bataillon, et 4 désertent aussitôt. Le major Leprohon, envoyé pour rétablir l'ordre, arrête deux des déserteurs, puis un troisième. Mais un mouvement se dessine dans la région pour les délivrer. Des hommes armés braquant un fusil sur la poitrine du major, exigent et obtiennent — au cri de « Vive le Roi ! » — la libération du dernier arrêté. Enhardis, ils se dirigent vers Lachine, pour délivrer les deux autres. Des camarades de Sainte-Anne, de Vaudreuil et de toute la région les rejoignent, bâton, fourche ou fusil en main. Ils s'arrêtent dans les tavernes et parlent, en s'excitant, d'aller ensuite à Laprairie débaucher le camp principal.

Les membres du Conseil exécutif, à Montréal, dépêchent des conciliateurs, puis des magistrats, pour raisonner les émeutiers. Les discuteurs, confusément renseignés par quelque avocat, contestent la légalité de la levée telle que le gouverneur la pratique. Les autres disent simplement : « Nos pères ne faisaient pas l'exercice ; nous ne voulons pas faire l'exercice. » Mais la troupe arrive, et la situation se gâte. Le magistrat John McCord harangue les révoltés et les somme de se disperser. Quelques hommes seulement obéissent ; les autres les invectivent : « Lâches ! Laissez-nous au moins vos fusils ! » La troupe tire un coup de canon dans le vide, en direction du fleuve. Des émeutiers ripostent par une décharge de fusils, ce qui déclenche l'échauffourée. Un civil est tué, un autre grièvement blessé ; la troupe saisit quelques hommes ; les autres détalent à travers bois.

Les soldats ratissent les paroisses voisines : vingt-quatre suspects, appréhendés surtout à Pointe-Claire, rejoignent les treize déjà envoyés à Montréal. Trois cents miliciens penauds viennent faire leur soumission.

C'est évidemment, pensent les autorités, que le clergé, malgré les apparences, n'a pas fait son devoir. Le gouverneur adresse des reproches à M. Roux, qui se défend — longuement, à son habitude —. Le gouverneur, mieux informé, lui envoie le colonel Louis-Joseph de Fleury d'Eschambault, pour s'excuser. Les miliciens, dans l'ensemble, ont bien rejoint leurs bataillons. Mgr Plessis fait connaître à la population la satisfaction de Son Excellence. Et le premier fait d'armes de la guerre est à l'honneur des Canadiens. Le lieutenant Frédéric Rolette — marin de profession, né à Québec et qui a participé à la bataille de Trafalgar, — commandant du brigantin *General Hunter,* avec un équipage très restreint, aborde et capture la goélette américaine *Cayuga Packet,* en plein jour, sur le lac Érié.

* * *

Sir George Prevost convoque aussi les Chambres en session extraordinaire, pour le 16 juillet. Le gouvernement a besoin d'argent, et les espèces font défaut. Il n'existe pas encore de banque au Canada. Le gouverneur veut émettre du papier-monnaie, garanti par l'État. C'est Joseph Papineau qui en fait la proposition à la Chambre, et l'affaire ne fait pas un pli. Les « avocats et notaires sans principes » dont Craig suspectait le loyalisme donnent à cette mesure un concours unanime empressé. La loi autorise l'émission de « billets d'armée », en coupures de $1 à $25 et portant intérêt à 4 pour cent, pour un montant total d'un million de piastres.

Le gouverneur complète ses mesures, suivant les instructions de Londres, en annonçant la décision tant redoutée par l'évêque Mountain et combattue par le primat de l'Église d'Angleterre : la reconnaissance du titre d'évêque à Mgr Plessis, jusqu'alors appelé supérieur ou surintendant de l'Église catholique. Sir George Prevost peut envoyer les troupes régulières à la frontière et confier aux milices la garde de Québec, clef du pays.

Le recrutement marche bon train. Une famille soreloise, celle de Pierre Beaupré, qui compte dix-sept enfants, en fournit onze à l'armée. Les 130 volontaires rassemblés par Joseph Bouchette sont distribués dans diverses unités. Joseph-Rémi Vallières, qui vient d'être admis au barreau et doit se marier prochainement, obtient une commission de lieutenant au 2e bataillon de milice de Québec. Joseph-Rémi Vallières a passé son enfance, avant la mort de son père et ses études au Séminaire de Québec, dans la petite colonie établie par un noble français, le comte de Puisaye, dans le Haut-Canada. Il y a vu et admiré des marquis et des comtes. Ce doit être ce qui lui inspire, à la triple occasion de son admission au barreau, de sa commission d'officier et de son mariage avec Louise Pezard de Champlain, fille du seigneur de La Touche, de s'octroyer une particule et de signer désormais Vallières de Saint-Réal, ce qui est sonore et lui va bien. Joseph-Rémi Vallières de Saint-Réal a belle tournure d'officier. Louis-Joseph Papineau ne sera pas en reste. On forme cinq bataillons de « milice d'élite ». Le colonel Patrick Murray commande le 5e bataillon, surnommé « le bataillon du diable » (The Devil's Own) parce que les têtes chaudes n'y manquent pas. Le commandant en second est le notaire Louis Guy, de Montréal, dont le père a combattu en 1775. Un autre brillant officier du bataillon est Augustin Cuvillier, racé, brave et de sang-froid. Louis-Joseph Papineau, ses hésitations du début surmontées, s'engage au 5e bataillon de la milice d'élite.

Sir George Prevost ne lève pas seulement des miliciens. Charles-Michel de Salaberry, fils aîné d'Ignace-Michel et officier de carrière, protégé par le duc de Kent, a déjà fait campagne aux Antilles, en Irlande et en Hollande. Sir George Prevost le prie de lever parmi ses compatriotes un corps d'élite de 300 hommes, appelés Voltigeurs canadiens et qu'il entraînerait à fond, pour les coups durs. Charles-Michel de Salaberry vient d'épouser à Chambly une fille du seigneur de Rouville. Son beau-frère, Jean-Baptiste-René Hertel de Rouville, sert sous ses ordres comme capitaine. Jean-Melchior de Rouville, trahi par ses forces, a dû renoncer au commandement de son bataillon. Mais il compte sur son gendre et son fils pour prendre la revanche qu'il s'était promise. Charles-Michel de Salaberry, authentique tempérament de soldat, exerce et discipline ses voltigeurs. Un autre de ses capitaines, Jean-Baptiste Juchereau Duchesnay, fils du seigneur de Beauport et dont la famille possède une tradition loyaliste, a déjà servi au 60e de ligne. Pierre-Dominique Debartzch, député de Kent — colistier de Louis-Joseph Papineau — s'engage sous leurs ordres. Un véritable engouement porte des gaillards aventureux, comme Charles Bergevin dit Langevin, cultivateur à Sainte-Martine, et Toussaint-Hubert Goddu, de Saint-Denis-sur-Richelieu, qui n'a pas 19 ans, à s'enrôler parmi les voltigeurs de Salaberry. Un groupe de négociants montréalais recrute un corps de « Voyageurs » parmi son personnel. Jean-Baptiste-Toussaint Pothier, fils de Louis-Toussaint Pothier qui a été l'un des fondateurs de la Compagnie du Nord-Ouest, et Pierre de Rocheblave, associé de Richardson dans plusieurs de ses entreprises, commandent des compagnies dans le corps des Voyageurs. Enfin un capitaine Coleman, du 8e Dragons, assez riche pour acheter des chevaux, obtient l'autorisation de lever un peloton de cavalerie, qui attire les amateurs d'équitation. Le gouvernement paie le harnachement, les uniformes et les armes. Cette « French Troop » est envoyée dans le Haut-Canada qui est, dans l'immédiat, le plus menacé. Des Canadiens français s'engagent dans les Glengarry Fencibles, et des Anglais parmi les Voyageurs canadiens-français. La bonne entente règne.

Le branle-bas du temps de guerre agite Québec et Montréal. Le gouverneur vient à Montréal, y établit le quartier général de l'Armée de l'Est. Les miliciens s'exercent. Le 49e Régiment part pour le Haut-Canada ; le 8e Régiment arrive de Québec pour le remplacer. Les régiments, les convois d'intendance, les prolonges d'artillerie sillonnent une fois de plus la ville de Montréal. Les habitants des côtes vendent leur fourrage, leur bœuf, leurs pommes de terre. Le commerce marche. Les buvettes encaissent de bonnes recettes. La plus achalandée à Montréal est l'Auberge des Trois Rois, de Thomas Delvechio, dit Thomas l'Italien, en face du marché.

Joseph Papineau, la session terminée et son fils aîné aux armées, songe à l'exploitation de sa seigneurie. Les colons gagnent encore essentiellement leur vie par la coupe du bois dans les chantiers et le flottage des billots. Joseph Papineau a déjà, sur place, sa fille Rosalie, qui a 24 ans, et son fils Denis-Benjamin, qui en a 23. Rosalie a des traits de son frère aîné Louis-Joseph, à qui elle voue une intense admiration. Des troupes cantonnées dans le voisinage dérobent poulets et cochons. La jeune fille intervient auprès des officiers. On lui fait des excuses, tout en lui représentant la difficulté de surveiller tous les hommes. Alors, elle abrite les cochons dans sa cave, jusqu'au départ des soldats. Puis, ayant le désir d'embrasser son frère, elle fait seule, à cheval, à travers la forêt, les 70 milles — cent dix kilomètres — séparant la Petite-Nation de Châteauguay, où le bataillon stationne.

* * *

Les États-Unis ont mis sur pied trois armées pour envahir le Canada.

L'armée de l'Ouest, commandée par William Hull, gouverneur du Michigan, est prête la première. Hull pénètre dans le Haut-Canada, en lançant une proclamation aux habitants : « Je vous offre les avantages inestimables de la liberté... » Mais il ne livre que des actions dispersées, de faible envergure, où les troupes d'Isaac Brock, lieutenant-gouverneur du Haut-Canada, remportent l'avantage. Les « Voyageurs » de McGillivray secondent l'armée anglaise. Pierre de Rocheblave et Jean-Baptiste Toussaint Pothier s'y distinguent. Ces succès influencent les Indiens. Un Canadien français, François-Séraphin Lamarre, de Longueuil, engagé dans les Voyageurs avec le grade d'enseigne, est nommé major des tribus sauvages. Le chef huron Tecumseh lève trois mille guerriers. Hull finit par se rendre sans combat, le 16 août. Les prisonniers sont acheminés vers Montréal, d'où ils seront conduits à Québec, pour embarquement. Le capitaine Louis-Joseph Papineau commande une compagnie chargée d'escorter un convoi de prisonniers. Le corps de musique ayant commencé de jouer, par dérision, « Yankee Doodle », il fait arrêter aussitôt cette insulte aux vaincus.[3]

Le général américain Stephen Van Rensselaer est plus heureux au début d'une action où Brock est tué, dans la région de Niagara, en octobre. Mais des renforts anglais et sauvages transforment la quasi-défaite en victoire.

Montréal n'est pas entièrement rassurée. Elle se sait la cible de choix d'une tentative de revanche. Le secrétaire d'État des États-Unis conseille de s'emparer de Montréal, plutôt que de gaspiller hommes et argent vers de lointaines frontières. Le 20 novembre, alerte ! L'armée du Nord, commandée par Henry Dearborn, menace Montréal par la voie traditionnelle du lac Champlain. Le colonel Louis-Joseph Fleury d'Eschambault, envoyé par le gouverneur, réveille, en pleine nuit, M. Roux, Supérieur de Saint-Sulpice, pour lui demander une circulaire de convocation et d'encouragement aux miliciens. M. Roux s'exécute : «...Le champ de bataille où vous perdriez la vie ne serait que l'escabeau qui ferait monter au ciel le soldat qui mourrait pour son Dieu, sa patrie et son roi. »

---

3. Cet épisode est relaté pour la première fois dans le « Biographical sketch of the Hon. Louis Joseph Papineau », publié par Edmond Bailey O'Callaghan, aux États-Unis, en 1838.

Les miliciens se mettent en campagne. Ils sont envoyés aux points stratégiques de la rive sud. Le colonel Fleury d'Eschambault traverse le fleuve à Lachine, avec les milices de Pointe-Claire, de la Rivière-du-Chêne, de Vaudreuil et de la Longue-Pointe. Le moral est splendide. Le jeune notaire Barthélemy Joliette, capitaine de milice dans la division Lavaltrie, écrit du bivouac à sa famille : « Tous brûlent de se mesurer avec l'ennemi, et j'espère que nous aurons bientôt l'occasion de satisfaire notre légitime désir. » L'abbé Jean-Jacques Lartigue, Sulpicien, ancien secrétaire de Mgr Denaut — et cousin de Denis-Benjamin Viger et de Louis-Joseph Papineau — a sollicité et obtenu d'exercer son ministère parmi les milices.

Le colonel de Salaberry occupe les avant-postes de l'armée anglaise, avec ses voltigeurs, des miliciens du colonel d'Eschambault et quelques auxiliaires indiens. Il prend d'habiles dispositions. Les Américains tentent une surprise de nuit vers Lacolle, où Fleury d'Eschambault, avec ses miliciens et des Sauvages, tient bon. Les Américains, divisés en deux colonnes, se fusillent entre eux, dans la demi-obscurité, et se retirent en désordre. Dearborn prend ses quartiers d'hiver dans le Vermont.

Sir George Prevost réunit la Législature à Québec, le 29 décembre. Le gouverneur exprime sa satisfaction. James Stuart, qui a retrouvé un mandat dans le comté de Montréal, accuse Jonathan Sewell de diverses irrégularités commises dans l'exercice de ses fonctions judiciaires, et défend le peuple dans l'affaire des milices de Pointe-Claire : la loi de la milice, soutient-il, n'avait pas été portée à la connaissance de la population. L'Assemblée vote quelques droits de douane, à titre d'impôt de guerre, augmente les crédits de la milice et double l'émission autorisée des billets d'armée.

* * *

La guerre n'est pas terminée pour autant. Elle gêne le commerce des fourrures, mais en stimule d'autres. Les billets d'armée, ayant force libératoire, mettent de l'aisance dans les budgets. Le moral reste bon. À la fin de l'été de 1813, deux unités étrangères, le régiment de Meuron et le régiment de Watteville, composés surtout de Suisses, mais aussi de Français, d'Italiens et de Polonais, arrivent à Montréal. Le 5e bataillon de la milice d'élite, où sert le capitaine Louis-Joseph Papineau, cantonne à Coteau-du-Lac.

Les États-Unis reviennent à la charge, suivant le même schéma, dès le début de 1813. L'armée de l'Ouest, l'armée du Centre et l'armée du Nord doivent mieux synchroniser leurs opérations.

L'armée de l'Ouest, après un échec initial, taille en pièces la troupe anglaise du colonel Henry Adolphus Procter, dans un engagement où Tecumseh périt en brave. L'armée du Centre traverse le lac Ontario et s'empare de York, petite capitale politique et commerciale de huit cents âmes (27 avril 1813). L'armée américaine occupe la péninsule du Niagara, en refoulant les troupes anglaises, jusqu'au jour, ou plutôt à la nuit, où l'attaque audacieuse du colonel John Harvey la surprend et la démoralise. Sir George Prevost, accouru à la rescousse avec 750 hommes, traverse à son tour le lac Ontario et menace la base d'opérations américaine. Des engagements maritimes, sur le lac Ontario, sont le plus souvent indécis. À l'Est, le colonel anglais John Murray, parti de la base de l'île aux Noix, traverse le lac Champlain en bateau et réussit un raid sur plusieurs villes du Vermont et de l'État de New York. Cette expédition paralyse les Américains pendant une partie de l'été. Puis, la scène de l'année précédente se répète, dans les grandes lignes.

Les Américains décident, à l'automne, une tentative qu'ils espèrent décisive contre Montréal. Deux armées, les meilleures qu'ils puissent équiper, partent, l'une de Sackett's Harbour sur le lac Ontario, et l'autre de Plattsburg sur le lac Champlain, et doivent converger sur la ville, qui n'est pas fortifiée.

Le général Wade Hampton commande l'armée du lac Champlain, forte de 5.000 à 6.000 réguliers et miliciens et munie de dix pièces de canon. Prevost, accouru à Montréal, assume la défense de la ville et charge le général de Watteville — d'origine suisse — de repousser l'envahisseur.

Les Voltigeurs de Salaberry occupent encore l'avant-garde de l'armée anglaise. Mobilisant les habitants, ils coupent les chemins, les passages, par des abattis qui retarderont l'ennemi. L'avant-garde américaine, ses préparatifs terminés, bouscule quelques éclaireurs indiens, le 21 octobre. Sa cavalerie et ses éléments légers s'avancent sur les deux rives de la rivière Châteauguay.

Sous les ordres du général de Watteville, commandant en chef, Salaberry dispose de deux compagnies de voltigeurs, de la compagnie d'infanterie légère des Glengarry Fencibles, du Troisième bataillon de la milice d'élite commandée par le capitaine

Daly, de la compagnie des Chasseurs de Châteauguay sous les ordres du capitaine Bruyère et de quelques auxiliaires sauvages. Des habitants continuent d'accumuler les abattis, sous la protection des troupes. Salaberry, monté sur une souche, dirige le tir, de la voix et du geste. Les Voltigeurs canadiens sont aussi imperturbables que les Fencibles écossais. L'ennemi s'empêtre. Des sonneries de trompette et des cris de Sauvages, ordonnés par Salaberry en divers points de la forêt, donnent aux Américains l'impression d'être cernés par une troupe considérable. Après quatre heures de combat, Hampton bat en retraite. Il a perdu 70 tués et blessés. Il laisse 16 prisonniers et 150 fusils. Salaberry a perdu 5 tués, 2 capitaines, 1 sergent et 13 hommes blessés, 4 disparus.

Sir George Prevost arrive sur le champ de bataille avec le général de Watteville, qui occupait une deuxième ligne de défense derrière la forêt. L'action est terminée. Elle n'a été qu'un combat d'avant-garde, où quelques centaines d'hommes en ont arrêté plus de 5.000. Mais elle est aussi lourde de conséquences qu'une grande et sanglante bataille. Le général Wilkinson, commandant l'armée venue par le Saint-Laurent, était harcelé par les détachements de réguliers et de volontaires du Haut-Canada, lancés à sa poursuite. Apprenant la défaite de Châteauguay, il abandonne la partie. La bataille de Châteauguay, si minces qu'aient été ses proportions, a sauvé Montréal. Le général de Watteville, dans son rapport, attribue tout le mérite à Salaberry. Les Canadiens français ont joué dans cette affaire un rôle essentiel. Jean-Baptiste Juchereau Duchesnay s'est distingué au point que sir George Prevost le mentionne dans sa dépêche au ministre. Mais Jean-Baptiste-René Hertel de Rouville, Pierre-Dominique Debartzch, Étienne-Pascal Taché, Charles Bergevin dit Langevin, Toussaint-Hubert Goddu — un vrai casse-cou — et d'autres que nous retrouverons se sont brillamment conduits. Prevost écrit à Londres : « Il apparaît parmi toutes les catégories de sujets canadiens de Sa Majesté une résolution de persévérer dans une loyale et honorable ligne de conduite. »

Les effectifs engagés ont été faibles et tous les miliciens n'ont pas pu combattre. Le capitaine Louis-Joseph Papineau, du 5e bataillon, est nommé adjoint au juge-avocat de milice, le 15 décembre 1813. Le juge-avocat est une sorte de commissaire à la justice militaire, essentiellement chargé de préparer des enquêtes.

* * *

Le succès de Châteauguay n'entraîne pas seulement des conséquences sur la situation de guerre, mais aussi sur la situation inrieure du Canada. Les Canadiens français ne se tiennent pas de fierté. Les Québécois offrent un sabre d'honneur à leur concitoyen Frédéric Rolette. La Chambre d'Assemblée, réunie par Prevost, vote des remerciements aux défenseurs du pays (25 janvier 1814). Le Conseil législatif la suit. Salaberry, surnommé le Léonidas canadien, entre dans l'histoire comme héros national. Le duc de Kent, fier de son protégé, obtient la frappe d'une médaille commémorative. Les poètes touchent leur lyre. Un officier du régiment de Watteville, Joseph Mermet, compose un poème qu'on apprend aux écoliers :

> La trompette a sonné, l'éclair luit, l'airain gronde :
> Salaberry paraît : la valeur le seconde...

Hauts-Canadiens et Bas-Canadiens, Anglais et Français, combattant côte à côte, se sont sentis solidaires. Qui oserait traiter les vainqueurs de Châteauguay de « French rascals » ? Une ébauche de conscience nationale s'éveille. La crise menaçante n'est pas conjurée, mais elle accentuera, l'influence de Louis-Joseph Papineau aidant, son caractère plus politique que raciste. À la Chambre, c'est un député de langue anglaise, James Stuart, qui, déployant toute sa verve et tout son acharnement, met le juge en chef Sewell en accusation. Sewell a préparé des « règles de pratique », une sorte de code de procédure, dont le besoin se faisait sentir. Il a ainsi, d'après James Stuart, usurpé des pouvoirs qui ne lui appartenaient pas. Et de plus, Stuart décrit Sewell comme le mauvais génie, l'inspirateur des mesures arbitraires — et maladroites — du régime Craig. Stuart assouvit une rancune personnelle, sans doute. Mais il reproche à son ennemi d'avoir « causé la division entre les sujets de Sa Majesté dans cette province ». James Stuart soulève des accusations analogues contre James Monk, juge en chef du district de Montréal.

La Chambre suit Stuart, et l'Orateur conduit une délégation qui demande au gouverneur, non seulement de transmettre sa communication à Londres, mais de suspendre dès maintenant les deux juges accusés. Prevost observe, sur ce dernier point, que le Conseil législatif ne s'est pas prononcé — n'a même pas été consulté. Stuart voudrait entraîner la Chambre à censurer le gouverneur. Louis-Joseph Papineau, Joseph Levasseur-Borgia, Pierre Bruneau et quelques autres y sont prêts. Prevost est déjà en butte aux critiques de l'équipe Mountain-Sewell-Ryland pour sa politique de conciliation.

La Chambre désigne James Stuart, et lui vote une indemnité, pour aller soutenir à Londres les accusations contre les deux juges. Le Conseil législatif refuse le crédit. La Chambre veut appointer un représentant de la Province, qui serait le juge Bédard, le stoïque prisonnier de Craig, en Angleterre. Le Conseil législatif refuse le crédit. Le Conseil législatif, où siègent les juges Sewell et Monk, rejette plusieurs bills adoptés par la Chambre, entre autres un bill prévoyant l'élection de commissions scolaires dans les paroisses. Entre la Chambre et le Conseil éclate une guerre de représailles. La Chambre prétend empêcher les juges en chef de siéger au Conseil législatif, et prétend taxer — lourdement — les traitements des hauts fonctionnaires. James Stuart et Louis-Joseph Papineau marchent la main dans la main.

Sir George Prevost, en prorogeant la session, ne peut s'empêcher de déplorer des initiatives propres à rompre l'union sacrée. Mais il se porte garant, dans ses dépêches au ministre, du loyalisme de l'Assemblée, « de son attachement à la personne et au gouvernement de Sa Majesté ».

* * *

La campagne de 1813 s'est aussi terminée par des succès britanniques dans le Haut-Canada. Les adversaires restent sur leurs positions. En Europe, Napoléon, dont la steppe et le froid russe ont eu raison, est réduit à une défensive géniale, mais désespérée. Il abdique à Fontainebleau, le 6 avril 1814.

Le Canada est assez tranquille pour qu'on puisse y tenir des élections. William McGillivray, qui a conduit les « Voyageurs », et Pierre-Dominique Debartzch, qui s'est battu à Châteauguay, sont nommés conseillers législatifs. Les élections revêtent, en temps de guerre, une tonalité d'union sacrée. Joseph Papineau, requis par sa clientèle et par sa seigneurie, fait des adieux définitifs à la politique. Il compte habiter la Petite-Nation, au moins pendant une partie de l'année, et cède sa maison de la rue Bonsecours, à Montréal, à son fils aîné. Louis-Joseph Papineau et Pierre-Dominique Debartzch étaient les deux députés du comté de Kent. Mais Louis-Joseph Papineau, sans loisir et sans goût pour la politique locale, se tient pour le représentant du Bas-Canada et de la cause réformiste plutôt que du comté de Kent. Sa résidence est à Montréal, où il est propriétaire. Il se fait élire, cette fois, dans la division de Montréal-Ouest. Des personnalités intéressantes font leur entrée à la Chambre : Augustin Cuvillier, le brillant capitaine du

5e bataillon de milice ; Vallières de Saint-Réal, qui fut le rival de Louis-Joseph Papineau au Séminaire de Québec ; Andrew Stuart, l'ancien défenseur de Pierre Bédard et qui, élu de la basse ville de Québec, siégera près de son frère James, député de Montréal (13 mai 1814). Le député de William Henry est Robert Jones, chef actuel de la famille qui incarne, à Sorel, le loyalisme à l'état pur.

Une nouvelle tentative américaine, ouvrant la campagne de 1814, vient d'être repoussée à Lacolle. Les opérations sont plus actives dans le Haut-Canada. Le général Gordon Drummond force les Américains à la retraite, après une bataille confuse à Lundy's Lane (25 juillet 1814). Dans les engagements navals sur les Grands Lacs, la chance alterne. L'équipage de la goélette *Nancy*, appartenant à la Compagnie du Nord-Ouest mais réquisitionnée par le gouvernement britannique, saborde le bâtiment, sur le lac Érié, pour empêcher sa capture par une escadre américaine.

L'Angleterre étant aux prises avec Napoléon, le Canada s'est battu seul contre les États-Unis. L'abdication de Fontainebleau permet à l'Angleterre de renforcer ses troupes d'Amérique. Sir George Prevost reçoit 16,000 hommes de l'armée de Wellington et l'ordre de passer à l'attaque. Il monte une opération combinée, par terre et par eau, contre la ville de Plattsburg, qui est une base d'opérations américaine, en septembre. La flottille du lac Champlain, qui appuyait le mouvement, est défaite, et le moral des troupes de terre, dont le flanc est découvert, s'en ressent. Prevost ordonne la retraite, et cet échec ternit son prestige. Sir James Yeo, commandant des forces navales, rejette sur Prevost toute la responsabilité de l'échec.

La guerre, cependant, touche à son terme. Les escadres anglaises bloquent les ports américains, pour le plus grand dommage du commerce. Les honneurs de la guerre sont bien partagés, et les deux nations, au traité de Gand, se rendent mutuellement leurs conquêtes (24 décembre 1814). L'arpenteur général Joseph Bouchette participera au tracé de la frontière. Les officiers et les soldats qui ont bien servi l'Angleterre reçoivent de vastes concessions en récompense. Un secrétaire du général Simcoe est mort, noyé, au cours d'une des expéditions sur les Grands Lacs. Sa sœur madame Roebuck, qui habite l'Angleterre, reçoit la concession qui lui serait revenue : 500 acres de terre dans le Haut-Canada, non loin du village d'York que Simcoe a fondé. Elle émigre au Canada pour en prendre possession avec ses fils, dont l'un,

John Arthur, né à Madras, a 13 ans. C'est une aventure captivante, pour un garçon de treize ans, que de traverser l'océan sur un gros bateau qui transporte des émigrés des Highlands, puis de transborder à Québec, de remonter le Saint-Laurent jusqu'à Montréal et de monter, à Lachine, dans un canot qui vous conduira au cœur de la forêt haut-canadienne.

11

James Stuart contre Jonathan Sewell

Sir George Prevost n'a pas cessé, dans ses rapports, de défendre et de louanger les Canadiens, même lorsqu'une importante fraction de la Chambre, conduite par James Stuart et Louis-Joseph Papineau, prétendait le censurer. Il conteste expressément les accusations « de quelques-uns des plus respectables officiers du gouvernement de Sa Majesté en ce pays », qui attribuent aux chefs du parti canadien « les motifs les plus criminels et les plus corrompus ». Il propose, pour atténuer la désunion entre les deux Chambres, la nomination de conseillers législatifs d'opinions modérées, qui « tout en résistant aux entreprises décidément inconstitutionnelles, sauraient céder opportunément aux demandes raisonnables de la Chambre basse ». Il donne l'exemple en nommant Jean-Antoine Panet, et convoque la Législature du Bas-Canada pour le 21 janvier 1815.

Jean-Antoine Panet comptait sept élections à la présidence, qu'il occupait, avec une assez courte interruption, depuis l'inauguration de la Chambre. Il y paraissait inamovible. Qui lui succédera dans ce poste, le plus prestigieux, avec la présidence de la Compagnie du Nord-Ouest, de ceux qui ne dépendent pas du gouvernement ?

Joseph Papineau eût sans doute été élu. Il eût fait un magnifique président. Son fils Louis-Joseph n'a pas trente ans, mais il déborde de talent et d'assurance. James Stuart compte sur lui dans la guerre aux Sewell qu'il entend poursuivre jusqu'au bout. Louis-Joseph Papineau est, comme son père, assez grand, le nez aquilin, les traits réguliers et bien dessinés, la poitrine large, le port de tête altier, la taille souple. Sur le front large, une touffe de cheveux se dresse en toupet. Louis-Joseph Papineau a vraiment l'allure d'un seigneur, d'un chef. La retraite de son père, après celle de Pierre Bédard, lui ouvre les tout premiers rangs. Louis-Joseph Papineau est élu à la présidence. Il pourra traiter d'égal à égal avec les plus hauts personnages, avec le juge en chef, avec le président du Conseil législatif, avec le gouverneur lui-même. Ses collègues, lui imposant une tâche plus astreignante, veulent l'en dédommager en lui attribuant un traitement annuel de quatre mille piastres. Ils adoptent un bill.

La Chambre a également formé le projet d'offrir un service d'argenterie, de cinq mille livres sterling, à sir George Prevost, dont l'affabilité a gagné les cœurs canadiens. Le prince régent a autorisé le gouverneur à recevoir cette marque d'appréciation. Jean-Thomas Taschereau présente le bill nécessaire. La Chambre l'adopte, mais le Conseil législatif le rejette. Les ennemis civils et militaires de sir George Prevost n'ont pas signé la paix. Ryland donnerait cher pour voir un nouveau Craig remplacer cette poule mouillée. Sir James Yeo refait inlassablement la campagne de Plattsburg, qu'il eût été, à l'en croire, facile de gagner. Le *Herald*, de Montréal, qui se vante de toucher mille lecteurs et d'avoir la plus forte circulation au Canada, est violemment hostile au gouverneur. Il publie des « Letters of Veritas », dont l'auteur, qui est John Richardson[1] — membre du Conseil exécutif ! — reste anonyme. Prevost fait citer l'éditeur et l'imprimeur en justice. Mais une véritable ligue multiplie les dénonciations à Londres. Sewell, Ryland, Richardson et Yeo, pour ne citer que les têtes, forment une puissante cohorte. Et Jonathan Sewell, passé en Angleterre pour se défendre contre les accusations de Stuart, alourdit évidemment ces attaques.

Le gouvernement impérial rappelle Prevost et désigne sir Gordon Drummond, administrateur du Haut-Canada, pour le remplacer. Gordon Drummond est né à Québec, où son père était trésorier général des troupes. Il a suivi lui-même une carrière militaire et pris une part brillante à la bataille de Lundy's Lane contre les Américains, en juillet 14.

Le colonel de Salaberry, empêché par la maladie d'aller saluer sir George Prevost, lui écrit : « Il vous faut une justification, la voici d'un mot : le Canada est encore à l'Angleterre. Cela ré-

---

1. Col. Cruikshank (Ontario Historical Society, Records and Papers, 1905).

pond à tout... Devant ce fait doivent disparaître les vaines paroles, les accusations sophistiquées... » Les citoyens de Québec présentent une adresse à sir George Prevost, qui monte à cheval et, accompagné de son état-major, emprunte le pont de glace de Québec à Lévis, où l'attendent des voitures qui le conduiront au Nouveau-Brunswick.[2]

* * *

À sa mort prématurée, en 1814, Hyacinthe-Marie Delorme, seigneur de Saint-Hyacinthe et député depuis 1808, a légué ses biens et son titre de seigneur à son cousin germain Jean Dessaulles, qui administrait la seigneurie pour son compte. Jean Dessaulles jouit de revenus imposants. Devenu veuf, il épouse Rosalie Papineau, sœur de l'Orateur de la Chambre et fort admiratrice de son frère. La jeune madame Dessaulles est accueillante ; elle fait les honneurs du manoir, à Saint-Hyacinthe, avec une extrême distinction.

Sewell, à Londres, gagne sa cause sur toute la ligne : il n'a pas outrepassé ses pouvoirs en édictant des règles de procédure ; et sa responsabilité dans la gestion de Craig ne peut servir de base à une mise en accusation. Lord Bathurst, ministre des Colonies, transmet cet arrêt du Conseil privé à sir Gordon Drummond, qui le communique à la Chambre, au début de la session de 1816.

James Stuart se révolte. Il ne lâchera pas son ennemi. James Stuart poursuivant Jonathan Sewell, c'est la justice poursuivant le crime dans les grands tableaux allégoriques. L'ancien solliciteur général s'exprime en juriste : le Conseil privé a jugé *ex parte,* sans entendre les accusateurs ; c'est de la faute du Conseil législatif, qui a empêché la Chambre d'envoyer un procureur en Angleterre. James Stuart se révolte, et Louis-Joseph Papineau, président de la Chambre, ne se retient pas de l'appuyer. Stuart et Papineau sont deux caractères impétueux. La Chambre en appelle « à la justice du gouvernement de Sa Majesté », qui doit reviser la cause en entendant les deux parties.

---

2. En Angleterre, Prevost demande à se justifier devant une cour martiale — devant ses pairs. Il faut faire venir des témoins du Canada. La cour martiale est fixée au mois de janvier 1816. Mais Prevost meurt le 5 janvier.

Cette réaction était prévue. Le gouvernement impérial estime tranchée la question des *impeachments,* et ne la laissera pas rouvrir. L'administrateur, suivant ses instructions, se rend au Parlement et, comme a fait Craig mais en style moins soldatesque, dissout la Chambre. Ce qui fait tomber, avant qu'il ait atteint le Conseil législatif, le bill prévoyant une indemnité pour l'Orateur. Des élections générales sont convoquées pour le 25 avril.

Elles ne changent pas grand'chose. Louis-Joseph Papineau, en période électorale, est prolixe et superbe. Il faut l'entendre opposer l'arbitraire des gouverneurs et l'obstination des conseillers législatifs à la volonté du peuple, exprimée par ses représentants élus. C'est un tonnerre, un ouragan qu'il déchaîne sur la tête de ses adversaires. Louis Bourdages est défait, mais Jean Dessaulles, beau-frère de Papineau, est élu dans le comté de Richelieu. Denis-Benjamin Viger et Pierre Bruneau se font élire, cette fois, dans le comté de Kent, et François Languedoc est le colistier d'Andrew Stuart, dans la basse ville de Québec. Le parti dirigé par James Stuart et Louis-Joseph Papineau revient « plus nombreux, plus acharné et plus irrité que jamais ».[3] Le gouvernement aurait dû s'y attendre.

Le parti adversaire n'est pas moins combatif. Le retour de Jonathan Sewell, salué par une salve de vingt coups de canon, est triomphal. Ce que James Stuart et ses partisans considèrent comme une provocation.

Sir John Coape Sherbrooke, nouveau gouverneur, arrive peu après, le 12 juillet 1816.

* * *

Le gouverneur Sherbrooke évalue la situation en homme clairvoyant. Il fait part au ministre de son « humble opinion » que « le moyen énergique de la dissolution doit presque toujours produire plus de mal que de bien ». Le gouvernement court le risque que la Chambre bloque le vote des subsides, et il n'est pas sûr que le revenu permanent suffise à payer les dépenses de l'administration.

La session de 1817 s'annonce mouvementée pour le gouverneur. James Stuart et son parti, renforcés par les élections, veulent reprendre en considération l'affaire des deux juges en chef, et se

---

3. L'expression est de Thomas Chapais.

mettent aux trousses d'un troisième juge, Louis-Charles Foucher, dont la conduite envers les avocats et les plaideurs prêterait à la critique. Louis-Charles Foucher pouvait s'y attendre. On se rappelle le député des Trois-Rivières nommé juge par le gouverneur Milnes et traité de vendu par ses anciens amis réformistes. Les accusateurs de Foucher ont l'adresse de ne pas invoquer de griefs politiques, pour s'en prendre uniquement à sa manière d'administrer la justice. Ils ordonnent une enquête, forment un comité, présentent un rapport hostile à Foucher, demandent sa destitution par le gouvernement impérial, et en attendant sa suspension par le gouverneur.

Sherbrooke se tire d'affaires en demandant au juge incriminé de ne pas siéger tant que l'affaire reste en suspens. Stuart est appelé par des affaires urgentes à Montréal. La question de l'indemnité de l'Orateur se pose de nouveau, en son absence.

La Chambre adopte une adresse, demandant au gouverneur d'accorder le traitement prévu à son président (11 mars 1817). Le Conseil législatif a soumis une requête analogue pour le sien. Sherbrooke ne peut accéder à l'une de ces requêtes sans accéder à l'autre, et l'animosité entre les deux Chambres est telle que chacune est fort susceptible de repousser la requête de l'autre. Sherbrooke consent à l'indemnité du président de la Chambre, à la condition qu'elle consente à celle du président du Conseil. Les députés, qui tiennent à leur Orateur, en passent par là. Chacun des deux présidents recevra désormais un traitement de mille louis, ou quatre mille piastres, par an.

Stuart revient sur ces entrefaites. Il veut ranimer la question des *impeachments*. Mais quelque chose a changé dans l'atmosphère de la Chambre. Papineau, le fougueux, l'intransigeant Papineau, fait observer le caractère final d'une décision du Conseil privé et la vanité, voire le danger d'une rébellion. Stuart déploie en vain toutes les ressources d'une dialectique étourdissante. La question est ajournée, suivant une suggestion de Papineau, ce qui revient à l'enterrer. Stuart a l'impression que Papineau, comblé par son indemnité, le lâche, à l'heure critique. Or, James Stuart n'est pas seulement rancunier, mais impulsif et versatile. Il repart séance tenante pour Montréal et ne reparaîtra, de longtemps, à la Chambre.

La session de 1817 se termine dans l'harmonie. L'orateur Papineau, présentant les derniers bills au gouverneur, exprime son admiration pour la « mère patrie » — l'Angleterre — « où les lumières, l'esprit public, les sentiments généreux sont depuis longtemps généralisés », de sorte qu'elle a « la gloire et le bonheur d'être appelée la bienfaitrice des nations », et sa gratitude pour le gouverneur, qui a donné toute son attention, « déjà exercée si avantageusement dans l'administration d'une colonie voisine, à faciliter le développement des ressources de celle-ci ».

12

Le gouverneur Sherbrooke

En Angleterre, le rétablissement de la paix, après les guerres napoléoniennes, produit une crise économique. Le peuple se révolte contre les machines, coupables de remplacer la main-d'œuvre et donc d'engendrer le chômage. Les tisserands brisent des métiers mécaniques, incendient parfois les usines. Des théoriciens radicaux réclament des réformes, et d'abord le suffrage universel. Des émeutes se produisent, ça et là.

Certains Anglais adoptent une autre solution : l'émigration au Canada. L'administration haut-canadienne peuple la péninsule fertile comprise entre les lacs Ontario, Érié et Huron. L'administration bas-canadienne accorde des terres aux émigrés anglais dans la fertile région des cantons de l'Est. La législature de la Nouvelle-Écosse et celle du Nouveau-Brunswick favorisent aussi l'immigration d'Angleterre, d'Écosse et d'Irlande. Ainsi le Canada se développe sans cesse.

Mgr Plessis souhaite une division de son diocèse. Le Canada devrait comprendre, outre le diocèse de Québec, érigé en division métropolitaine, des diocèses correspondant à la Nouvelle-Écosse, au district de Montréal, au Haut-Canada et même à la région de l'Ouest.

Les « Bourgeois » incarnent la richesse et la dignité de la Compagnie du Nord-Ouest. Quand ils se rendent à Fort William, au mois de juin, pour l'assemblée annuelle, ils voyagent en potentats, entourés de tout le luxe que les déplacements en canot peuvent comporter. Cependant la fourrure perd de son importance relative dans l'ensemble du commerce, et la puissante Compagnie du Nord-Ouest épuise ses forces dans une guerre — une vraie guerre, engageant des troupes armées — contre la puissantissime Compagnie de la Baie d'Hudson. Le bois, expédié en Angleterre par Québec, tend à supplanter la fourrure, les grands exploitants forestiers tendent à supplanter les Bourgeois de la Compagnie du Nord-Ouest. Le commerce d'importation est aussi très actif. Les marchandises reçues d'Europe à Québec et à Montréal, par la voie du Saint-Laurent, sont réexpédiées, par terre ou par eau suivant les saisons, sur Kingston, York, Cobourg et autres villes du Haut-Canada. Ce qui pose un problème.

La province du Haut-Canada réclame, en bonne justice, sur les droits de douane perçus dans les ports d'entrée bas-canadiens, une part proportionnée à la quantité de marchandises qui lui est destinée. Mais comment déterminer cette quantité ? Un arrangement forfaitaire conclu en 1795 a duré deux ans. On a ensuite établi, à Coteau-du-Lac, un bureau où un inspecteur enregistrait les marchandises passant dans le Haut-Canada. Mais la contrebande est facile, à travers une longue frontière invisible. Puis, des lois douanières adoptées dans le Bas-Canada n'ont pas été signifiées à l'inspecteur de Coteau-du-Lac. Le Haut-Canada dénonce l'accord, en 1817. Des commissaires des deux provinces négocient une nouvelle entente, valable pour deux ans et fixant la part du Haut-Canada au cinquième des droits perçus dans les ports d'entrée. Cet arrangement laisse en suspens la réclamation haut-canadienne portant sur les arrérages — sur le manque à percevoir des années précédentes.

Les Écossais qui ont fondé et développé la Compagnie du Nord-Ouest et qui monopolisent en bonne partie le commerce d'importation n'ont pas fini de manifester leur esprit d'entreprise. John Richardson est sans doute aujourd'hui leur plus typique et prestigieux représentant. John Richardson, membre du Conseil exécutif depuis 1804, est aussi membre du Conseil législatif depuis 1816. Nous l'avons rencontré à plusieurs tournants de notre histoire. Il a été l'animateur du comité qui a fait ériger un monument à la mémoire du vainqueur de Trafalgar. C'est lui qui recevait les rapports de l'espion John Henry et les transmettait à Ryland, et c'est lui qui rédigeait, sous un pseudonyme, des articles hostiles au gouverneur Prevost. John Richardson, de tendance libre-échangiste, a mieux que des notions, de véritables connaissances en économie politique. Il n'entend pas seulement servir ses intérêts, mais aussi ceux de Montréal, sa ville d'adoption. Il ne perd pas de vue, depuis vingt ans, le projet de construction d'un canal de Montréal à Lachine.

Le retrait des billets d'armée fait sentir la nécessité d'une monnaie de remplacement. Les pièces qui circulent proviennent des États-Unis, de Grande-Bretagne, de France, d'Espagne, du Portugal et du Mexique. Une banque faciliterait aussi les opérations de change, qui sont trop compliquées. John Richardson provoque la fondation, qu'il méditait depuis longtemps, de la Banque de Montréal, première banque au Canada. Le premier conseil d'administration comprend des hommes comme John Gray, George Moffat, John Leslie, John Forsyth et un Canadien français, Augustin Cuvillier, le député de Huntingdon auquel les Anglais reconnaissent des aptitudes financières et qui présentera le projet à la Chambre. La Banque de Montréal ouvre ses guichets le 13 novembre 1817, sans attendre sa charte, dans un immeuble qu'elle loue rue Saint-Paul.

L'agriculture ne suit pas ces progrès, et les fils de famille nombreuse continuent d'émigrer aux États-Unis. Un Canadien français, Jean-Baptiste Beaubien, a fondé Chicago. Un autre, Salomon Juneau, originaire de L'Assomption, fonde Milwaukee en taillant dans la forêt dense. Pierre Ménard, né à Québec, est le premier lieutenant-gouverneur de l'Illinois, lors de la constitution de cet État en 1818. La *Detroit Gazette,* fondée en 1817, publie une colonne en français.

La colonisation qui, sur une grande échelle, pourrait arrêter cette saignée, se poursuit pas à pas. Les prêtres et les seigneurs en sont les piliers. La Petite-Nation compte 210 âmes. Mgr Plessis a chargé un Sulpicien, l'abbé Jean-Baptiste Roupe, de desservir la seigneurie, d'où il rayonnera, en canot d'écorce l'été, en raquettes l'hiver, dans toute la région. Nous sommes encore dans la société patriarcale où les serviteurs mangent à la table des maîtres et récitent avec eux le Bénédicité. Denis-Benjamin Papineau, à qui son père a confié l'administration de la seigneurie, n'est pas plus religieux que son frère aîné, mais il met sa maison à la disposition du missionnaire, pour lui servir de chapelle et de résidence provisoires. C'est chez Denis-Benjamin Papineau que M. Roupe réunit les fidèles pour choisir l'emplacement d'une chapelle. Les colons n'ont guère d'argent, mais ils offrent des corvées : les uns couperont des billots, d'autres défricheront l'emplacement, d'autres encore feront office de maçons ou de charpentiers.

Joseph Papineau guide son fils, dans l'administration de la seigneurie, par correspondance. Il lui envoie des *souliers de bœuf*, à vendre à ses censitaires, « un écu la pièce ou une journée de fauchage ». Encore le fauchage exige-t-il des précautions : « Prends bien garde de ne pas laisser faucher à l'ardeur du soleil, entre huit heures du matin et quatre heures de l'après-midi, si tu ne veux pas faire brûler tes prairies par l'ardeur du soleil et détruire la récolte de l'année prochaine. » Une entreprise comme celle de la Petite-Nation entraîne bien des déboires. Joseph Papineau a cédé une partie du domaine à un marchand de bois américain, Robert Fletcher, pour 7,220 livres. Fletcher a fait de mauvaises affaires, s'est ruiné et n'a rien payé. Joseph Papineau reprend ses terres. Mais il opte définitivement pour la ville et vend la seigneurie à son fils aîné Louis-Joseph, orateur de la Chambre d'Assemblée, héritier normal du titre seigneurial qu'il portera si bien, pour 5,000 livres, le 2 mai 1817. Il en détache seulement l'arrière-fief de Plaisance, créé en faveur de Denis-Benjamin, le membre de la famille qui s'intéresse le plus à la colonisation.

* * *

Sir John Sherbrooke ouvre la nouvelle session le 7 janvier 1818. James Stuart ne paraît pas. Pierre Bédard est juge. Vallières de Saint-Réal ne s'est pas fait réélire, et Bourdages a été défait aux élections. Augustin Cuvillier est absorbé par ses affaires. Denis-Benjamin Viger, plus homme d'étude qu'homme de combat, n'aspire pas à un commandement. Louis-Joseph Papineau, orateur de la Chambre et seigneur de la Petite-Nation, compte maintenant une dizaine d'années d'expérience parlementaire. Il est digne de maintien et de vie. Il est éloquent, de cette éloquence surabondante, orageuse, entassant Pélion sur Ossa, que l'on goûte, en ce début de siècle romantique. Des députés comme Pierre Bruneau n'ont jamais rien entendu et n'imaginent rien de plus grandiose. Pierre Bruneau en parle à ses enfants, à qui M. Papineau apparaît comme le paladin des temps modernes. Il a même l'honneur de recevoir l'orateur à sa table. On s'y nourrit de politique, et sur ce sujet l'intarissable orateur semble avoir tout lu et pouvoir discuter de tout victorieusement. Julie Bruneau, fille de l'amphitryon, laisse refroidir sa soupe en écoutant l'invité parler.

Louis-Joseph Papineau est, sans conteste, le chef de la majorité parlementaire.

Sir John Sherbrooke veut pousser ses avantages et gagner la confiance des Canadiens. Il les ferait participer — pourquoi pas ? — aux responsabilités du gouvernement. Passant outre aux objections du juge en chef, il fait entrer Mgr Plessis au Conseil législatif, en qualité d'évêque de Québec, ce qui confirme la reconnaissance officielle de sa fonction. Sherbrooke propose même au ministre de faire entrer l'orateur de la Chambre, Louis-Joseph Papineau, dont l'intégrité, le talent, l'influence et le loyalisme ne sont pas contestables, au Conseil exécutif. Il y mettrait seulement cette condition que l'orateur établisse sa résidence à Québec, « afin d'être au courant de tout ce qui s'y ferait ».

La question budgétaire est à l'ordre du jour. Après le geste de Prevost, remboursant, à même les « extraordinaires de l'armée », le trou creusé dans les fonds non affectés par la Législature, la pratique irrégulière a recommencé. Elle s'est même accentuée d'année en année. Le total des « emprunts » ainsi effectués atteint la somme énorme de 120,000 livres. Le moment n'est-il pas arrivé de régulariser cette situation, en permettant à la Province — à la Législature de la Province — d'assumer ses dépenses administratives ? Cela se fait en Nouvelle-Écosse et dans d'autres colonies.

Or, l'Angleterre, saignée par sa longue lutte contre Napoléon, n'en peut plus. La proposition de Sherbrooke convient aux ministres. Lord Bathurst l'approuve : on demanderait tous les ans à la Législature de voter les crédits nécessaires aux dépenses publiques.

Le gouverneur en fait part à la Chambre d'Assemblée, à l'ouverture de la session. Le gouvernement impérial accepte, en somme, avec sept bonnes années de retard, l'offre faite par la Chambre en 1810 et que Ryland et Craig jugeaient empoisonnée.

Sherbrooke communique à l'Assemblée des prévisions budgétaires : 73,000 louis de dépenses et 33,000 louis de revenus affectés en permanence, en chiffres ronds, ce qui laisse une somme de 40,000 louis à voter.

La Chambre nomme un comité pour étudier les comptes. Le comité découvre des abus, et ne se prive pas de les signaler : titulaires payés pour des fonctions inexistantes ou pour des sinécures inadmissibles, fonctions attribuées à des personnes résidant hors de la province... Mais la session est avancée ; les relations de la Chambre avec le gouverneur Sherbrooke sont bonnes ; l'orateur Papineau, qui dirige les débats et transmet les vœux de la Chambre au gouverneur, prépare son mariage. Bref, la Chambre vote la somme demandée, en soumettant ses observations et en se promettant de reprendre l'affaire à la session suivante.

Louis-Joseph Papineau, orateur de la Chambre d'Assemblée et seigneur de la Petite-Nation, fait acte de foi et hommage, à ce dernier titre, le 24 avril 1818 :

> Louis-Joseph Papineau, écuyer, avocat à Montréal, propriétaire d'un fief et seigneurie de cinq lieues de front sur cinq lieues de profondeur, situé sur le grand fleuve Saint-Laurent dans la Nouvelle-France, environ 42 lieues au-dessus de Montréal, à prendre depuis le Sault de la Chaudière, vulgairement appelé la « Petite-Nation », en descendant le fleuve sur le chemin des Outaouais, tenant d'un côté au sud-ouest aux terres de Sa Majesté, et de l'autre côté au nord-est, encore aux terres de Sa Majesté... Lequel comparant nous a dit qu'il vient par devant nous pour rendre et porter au Roi, au Château Saint-Louis de Québec, la foi et hommage lige qu'il est obtenu de rendre et porter à sa Très Excellente Majesté George III, à cause dudit fief et seigneurie, et nous a présenté pour titres de sa propriété...
>
> (Signé John G. Sherbrooke)

Cinq jours plus tard, Mgr Plessis, évêque de Québec, célèbre le mariage entre l'honorable Louis-Joseph Papineau, orateur de la Chambre et seigneur de la Petite-Nation, et Julie Bruneau, fille de Pierre Bruneau, négociant, député du comté de Kent. Les témoins de Papineau sont Charles Pinguette, Joseph Planté et Louis Plamondon.

La question budgétaire, remise à la session suivante, ne se réglera pas sous le gouverneur Sherbrooke, atteint d'une maladie grave. Charles Gordon Lennox, duc de Richmond, ancien vice-roi d'Irlande, vient le remplacer, le 30 juillet 1818.

13

Vers de nouveaux conflits

Julie Papineau a fait des études chez les Ursulines de Québec. Elle a dix ans de moins que son mari. Elle est dévote, sensible, maladive, portée à la mélancolie et maniaque d'ordre et de propreté. Elle a l'esprit de famille et le sens du devoir. Elle adopte toutes les idées de son mari, qui sont d'ailleurs celles de son père, celles dont les conversations familiales, depuis plusieurs années, sont saturées. Et quand on aborde la politique, qui, à cette époque, n'intéresse ou ne regarde pas les femmes, elle s'enflamme.

Louis-Joseph Papineau laisse l'administration de la seigneurie à son frère Denis-Benjamin, que leur père continue de diriger. Julie n'aime pas la campagne, où elle broie des idées noires, et ne veut pas s'éloigner de quelques amies, comme la femme de Joseph Masson, seigneur de Terrebonne. Elle est d'ailleurs, comme toute bonne Canadienne, bientôt enceinte.

Papineau cède d'autant plus facilement aux préférences citadines de sa femme qu'il est lui-même entièrement absorbé par la politique. La Chambre d'Assemblée est devenue sa raison de vivre. Il y compte son cousin Viger, son beau-frère Dessaulles, son beau-père Bruneau, et des députés comme Pierre Amiot, du comté de Surrey, qui se jetteraient au feu sur ses ordres. Pierre Amiot est un simple cultivateur de Verchères. Une élection complémentaire dans le comté de Québec a fait entrer à la Chambre un autre ami de Papineau, John Neilson, directeur de la *Gazette de Québec*.

Le gouvernement de Sherbrooke a correspondu à une accalmie. Mais les difficultés de fond ne sont pas corrigées. L'Assemblée, que Papineau, de plus en plus, domine, cherche à conquérir un pouvoir moins illusoire. Le contrôle de tous les « subsides », à l'exemple du Parlement britannique, le lui procurerait.

La question budgétaire revient donc à l'ordre du jour, à la session de 1819. La Chambre proteste de nouveau contre l'abus des sinécures et des pensions. Puis, sous quelle forme le budget sera-t-il voté ? L'administration souhaite le vote d'une liste civile, pour la vie du roi. Les députés de tendance réformiste, qui sont dans la main de Papineau, veulent voter un budget annuel, article par article, afin de le contrôler. De la solution adoptée dépendra le pouvoir effectif de l'Assemblée élue. Des conciliants proposent ce compromis : vote annuel, mais en bloc. La tendance réformiste l'emporte.

Le duc de Richmond a fait entrer le colonel de Salaberry, le héros de Châteauguay, au Conseil législatif. On a fait exception à la règle interdisant au père et au fils d'y siéger ensemble. Cette nomination ne suffit pas à modifier l'atmosphère de la « Chambre haute », où Jonathan Sewell exerce une influence égale à celle de Louis-Joseph Papineau à la « Chambre basse ». Sewell, Monk, Ryland et leurs émules, qui occupent en même temps des charges de hauts fonctionnaires, appréhendent de voir les députés — leurs rivaux, leurs ennemis, et à leurs yeux leurs inférieurs — discuter et sans doute rogner leurs émoluments, d'année en année. Le Conseil législatif rejette la décision de l'Assemblée, « inconstitutionnelle, sans précédent, et comportant une violation directe des droits et prérogatives de la Couronne ».

Le duc de Richmond est un tory « ultra ». La coterie Sewell-Ryland et Cie récupère l'influence en partie perdue sous Prevost. Deux conseillers législatifs, Sewell et Richardson, sont aussi membres du Conseil exécutif ; un troisième, Ryland, est greffier de ce Conseil, ce qui place ces trois personnages tout près du gouverneur. Le duc de Richmond adopte le point de vue du Conseil législatif, sans restriction. Il admoneste les députés, par une semonce à la Craig, dans son discours de prorogation (avril 1819). Par votre faute, leur reproche-t-il, « le gouvernement de Sa Majesté se trouve dépourvu des ressources nécessaires à l'administration civile de la province, pour l'année qui se termine, malgré l'engagement volontaire fait à Sa Majesté par la résolution de cette Chambre, du 13 février 1810 ».

Cette crise empêche la Chambre de désigner les commissaires qui auraient dû négocier, avec leurs homologues hauts-canadiens, le renouvellement ou le remplacement de l'accord conclu en 1817 pour le partage des droits de douane.

* * *

Ce conflit politique ne se déroule pas suivant des lignes de races. Le colonel de Salaberry jouit, auprès des Anglais, d'un grand prestige. James Stuart boude la Chambre, mais John Neilson le remplace aux côtés des réformistes canadiens-français. Et la situation est plus tendue, beaucoup plus tendue, dans la province tout anglaise du Haut-Canada.

Sir Peregrine Maitland, lieutenant-gouverneur du Haut-Canada, gouverne avec le concours de solides loyalistes, comme le procureur général Beverley Robinson et comme le pasteur John Strachan, champion de l'Église anglicane. Beverley Robinson fait, dans le Haut-Canada, le pendant de Jonathan Sewell dans le Bas-Canada. C'est un homme instruit, distingué, loyaliste et tory de pied en cap. Son influence est considérable. Le pasteur Strachan, bon Écossais lui aussi, qui sera le premier évêque anglican de Toronto, est entré dans le Conseil exécutif en 1815. Le colonel Thomas Talbot, exécutant un plan antérieur à la guerre de 1812, colonise la rive nord du lac Érié, avec d'anciens soldats de l'armée britannique, licenciés à la fin des guerres napoléoniennes, avec d'autres immigrants britanniques — Anglais, Écossais, Gallois — et même avec des Américains de l'État de New York et de la Pennsylvanie. Les anciens soldats, britanniques *to the core,* ne s'en heurtent pas moins aux situations acquises. Les immigrés, chassés par la misère qui sévit dans les îles britanniques et qui croyaient aborder en pays de cocagne, sont cantonnés dans les plus durs travaux : ils sont bûcherons ou manœuvres. Il ne manque point, parmi eux, de mécontents, aux opinions avancées. Des immigrants américains apportent des idées républicaines. L'aristocratie loyaliste les regarde de haut. Une situation analogue existe en Nouvelle-Écosse et au Nouveau-Brunswick. Des nouveaux venus s'irritent aussi contre les privilèges de l'Église anglicane.

Un Écossais au tempérament d'agitateur, Robert Gourlay, venu en 1817, s'est aussitôt constitué le porte-parole des mécontents, dans le Haut-Canada. Il les défend et les excite. Il organise des conventions pour discuter les griefs de la province. Les journaux américains s'empressent de lui faire écho. Sir Peregrine

Maitland, hanté par le souvenir de la révolution américaine, fait arrêter Gourlay, mais le jury de Kingston acquitte l'accusé (15 août 1818). Maitland le fait arrêter derechef, en décembre. Le procureur général Robinson conduit la poursuite. Le jury, cette fois, est trié. Gourlay est condamné, banni et déporté aux États-Unis. Mais le lieutenant-gouverneur et le « Family Compact » éprouvent des difficultés croissantes à contrôler les élections.

* * *

Les abus peuvent tout de même se doubler, dans le Bas-Canada, d'une sourde animosité raciale. Et diverses inquiétudes latentes risquent d'opposer le groupe catholique et le groupe protestant, le groupe francophone et le groupe anglophone. Les Bourgeois de la Compagnie du Nord-Ouest et autres commerçants anglais de Montréal et de Québec tiennent à faire instruire leurs enfants. La guerre de 1812 a interrompu l'envoi des étudiants anglo-canadiens dans les universités américaines. Il serait temps d'utiliser un legs généreux de James McGill à l'Institution royale. Mais l'Institution royale n'existe guère que de nom. Le legs de James McGill fournit une occasion, ou un prétexte, pour la renflouer. Le duc de Richmond réorganise l'Institution royale, par lettres patentes.

Le renflouement de l'Institution royale n'est pas rassurant pour tous les Canadiens. La liste des syndics de l'Institution royale comprend l'évêque anglican, le juge Sewell et plusieurs membres de leur coterie. Le gouverneur n'inscrit que deux Canadiens français dans cette liste, le président de la Chambre d'Assemblée et l'évêque catholique. Mgr Plessis repousse cette duperie.

Les Sulpiciens combattent en même temps une nouvelle offensive, dirigée contre leurs droits et peut-être même contre leurs biens. La seigneurie de l'île de Montréal leur confère, comme à tous les seigneurs, une triple source de revenus : les lods et ventes, payables à chaque changement de propriétaire, et qui se montent au douzième de la valeur (les Sulpiciens ne réclament, en pratique, que le seizième ou le vingtième, selon le cas) ; le droit de banalité, qui oblige à moudre le grain au moulin seigneurial et interdit la construction d'un autre moulin sur la seigneurie ; enfin les cens et rentes, loyer modique, qui soulèvent le moins d'objections. Les magnats de la fourrure et autres marchands anglais qui acquièrent des propriétés sur l'île de Montréal répugnent à payer le tribut des lods et ventes à des « prêtres français ». Ils argumentent : le terrain, quand nous l'achetons, est inculte et bon marché ; les maisons, les magasins, les entrepôts que nous construisons le mettent en valeur ; les lods et ventes nous obligent à récompenser — indéfiniment ! — le Séminaire de Saint-Sulpice pour une plus-value que nous avons seuls provoquée. Les hommes d'affaires montréalais demandent au gouvernement impérial de les débarrasser des droits seigneuriaux du Séminaire de Saint-Sulpice, qu'ils représentent comme un obstacle aux progrès de la ville — d'une ville qui promet de devenir une active cité commerçante. Les plus hardis jettent des doutes sur la validité des titres du Séminaire — sur son habilité même à posséder. Le gouvernement britannique envisage l'entrée en possession de ces biens. Le Séminaire répond que les autorités britanniques ont implicitement reconnu ses droits en l'admettant à foi et hommage comme tous les propriétaires de seigneuries au Canada. Ils délèguent à Londres l'abbé Jean-Jacques Lartigue, qui a prouvé son loyalisme en exerçant son ministère auprès des milices canadiennes en 1812.

Mgr Plessis, qui veut obtenir une autre satisfaction, la division de son diocèse, et l'abbé Lartigue, délégué par le Séminaire de Saint-Sulpice, prennent le même bateau. L'évêque conçoit estime et amitié pour son compagnon. Mgr Plessis voit longuement lord Bathurst, et accumule les précautions pour ne pas offusquer les préjugés antipapistes. Il explique que son organisation de l'Église catholique procurerait « une nouvelle force au trône ». Il propose l'abbé Lartigue pour le futur évêché de Montréal.

De ce faisceau de problèmes, le plus urgent, pour le gouverneur, est la tension avec la Chambre. Le duc de Richmond suggère au ministre de restreindre les pouvoirs de l'Assemblée, de lui enlever toute juridiction sur la liste civile et de créer un revenu indépendant des caprices de ces avocats.

L'été venu, le gouverneur accomplit un voyage dans le Haut-Canada. Il y subit une morsure de renard, qui s'envenime. Il doit rentrer à Montréal au mois d'août. Le gratin loyaliste organise un bal au Mansion House pour saluer son retour. Des arcs de triomphe jalonnent le chemin de Lachine au Mansion House. Cependant Son Excellence et sa suite n'arrivent pas. Un officier est dépêché au-devant d'eux. Il rencontre une calèche qui apporte le cadavre du gouverneur.

* * *

Le juge en chef Monk, plus ancien membre du Conseil exécutif, remplit les fonctions d'administrateur. Il ordonne la dissolution de la Chambre et de nouvelles élections.

Le parti réformiste, ou parti canadien, ou parti populaire, en sort fortifié (avril 1820). Ses vedettes sont réélues sans peine, et Louis Bourdages reprend son ancien comté de Buckingham, perdu en 1816. Vallières de Saint-Réal fait sa rentrée comme député de la haute ville de Québec, avec Andrew Stuart pour colistier.

Le juge Monk n'assurait qu'un intérim. Sir Peregrine Maitland, gendre du duc de Richmond, vétéran de Waterloo et lieutenant-gouverneur du Haut-Canada depuis deux ans, est nommé administrateur du Bas-Canada, en attendant l'arrivée du nouveau gouverneur. Maitland, qui a fait arrêter et déporter Gourlay, n'hésitera pas à répéter ce geste dans le Bas-Canada, s'il le juge nécessaire.

Maitland convoque une session, ouverte le 11 avril. Papineau et ses amis soulèvent un incident immédiat. L'élection du comté de Gaspé, retardée à cause de la distance et des difficultés de communication, n'est pas encore faite. La majorité, qui compte sur le succès de Jean-Thomas Taschereau dans ce lointain comté, se prétend incapable, avec une représentation incomplète, de procéder à la dépêche des affaires. La situation se complique du fait qu'une nouvelle session doit commencer, d'après la loi constitutionnelle, dans le délai d'un an après la prorogation précédente — c'est-à-dire, avant le 24 avril. L'administrateur rejette les prétentions de la Chambre, qui lui apparaissent comme une provocation. Mais l'orateur Papineau s'obstine, contre le vétéran de Waterloo — contre le gouverneur à poigne qui a fait déporter Gourlay. Le Conseil législatif, ayant adopté un bill, demande le concours de la Chambre d'Assemblée. Papineau fait fermer les portes au nez du messager de la Chambre haute.

Les députés loyalistes et quelques modérés n'approuvent pas ce formalisme et ces procédés, mais Papineau, à qui le titre d'orateur s'adapte mieux que ne ferait celui de président, exerce un ascendant palpable sur la majorité. Et loin de remplir un rôle présidentiel normal, qui serait de calmer les passions, il les excite. Sa réputation s'étend dans toute la province, et son père, qui le blâmait dix ans plus tôt de se laisser entraîner, l'approuve aujourd'hui d'entraîner les autres. Joseph Papineau, le notaire-arpenteur qui a, solidement botté et le ruban d'acier à la main, parcouru tout le district de Montréal, méprise les fonctionnaires — les « bureaucrates », — noircisseurs de papier en chambre. Écrivant à son fils, il condamne, dans son vert langage, « les partisans aveugles et vendus à l'Exécutif qui croient que tout ce qui émane du cerveau fêlé des employés doit être la loi suprême » (25 avril 1820).

La mort de George III dénoue l'imbroglio. Maitland proroge la session, le 24 avril, et ordonne de nouvelles élections, suivant la coutume britannique.

* * *

À Londres, les ministres ont accordé à Mgr Plessis des tolérances, qui assureront le dévouement des prélats catholiques. Il faudra seulement estomper dans les formes. Mgr Plessis, autorisé par lord Bathurst, demande à Rome la division de son diocèse en districts, avec des évêques *in partibus* soumis à son autorité. Mgr Plessis ne prendra pas tout de suite le titre d'archevêque de Québec. Mgr McEachern à Charlottetown, Mgr Lartigue à Montréal, Mgr McDonell à Kingston et Mgr Provencher dans le Nord-Ouest ne prendront pas le titre d'évêques. Ils seront « administrateurs de district ». Tous offrent des garanties de loyalisme. L'abbé Alexander McDonell a conduit des Écossais catholiques sur les champs de bataille pendant la guerre de 1812.

Deux brefs émanent de la Cour romaine, le 1er février 1820. L'un nomme Mgr Lartigue évêque de Telmesse ; l'autre le prépose au gouvernement spirituel de Montréal, comme suffragant et auxiliaire de Québec.

Mgr Lartigue est le cousin de Denis-Benjamin Viger et de Louis-Joseph Papineau : leurs mères sont les trois sœurs, nées Cherrier. Mais Papineau se préoccupe des élections, plus que de la promotion quasi-épiscopale de son cousin. Lui-même est réélu par acclamation, ce qui est un signe de son prestige. Il harangue ses électeurs, et son discours est une exubérante profession de foi loyaliste :

> La nécessité des élections provenant de cette grande calamité nationale, la mort du bien-aimé souverain qui régnait sur les habitants de ce pays depuis qu'ils sont devenus sujets britanniques, il est impossible de ne pas exprimer des sentiments de gratitude pour les nombreux bienfaits reçus de lui, et de chagrin pour sa perte, si profondément ressentie parmi nous comme dans toutes les autres parties de ses immenses possessions... Chaque année de son long rè-

gne a été marquée par de nouveaux bienfaits accordés à ce pays. Il faudrait plus de temps que je n'en dispose pour les énumérer. Qu'il suffise de comparer notre heureuse situation avec celle de nos pères, à la veille du jour où George III est devenu leur souverain légitime. Qu'il suffise d'observer que sous le gouvernement français, les intérêts de cette colonie ont été négligés et mal administrés plus souvent que ceux d'aucune autre partie des possessions françaises...

Le discours continue sur cette lancée. Sous le régime français, dit Papineau, le Canada n'a été qu'un poste militaire, dont la faible garnison devait vivre dans un état perpétuel d'insécurité, sans commerce, ou avec un commerce monopolisé par des compagnies privilégiées. Mais voici George III, « souverain respecté pour sa valeur morale et pour le soin apporté dans l'exercice de ses fonctions », qui succède à Louis XV, « prince justement méprisé pour ses débauches, son indifférence aux besoins du peuple et la prodigalité de l'argent public envers ses favorites et ses maîtresses. Le règne de la loi succède au règne de la violence. Depuis ce jour, le trésor, la marine et les armées de la Grande-Bretagne nous accordent une protection efficace contre tout danger extérieur ; notre religion, nos propriétés et les lois qui nous régissent restent intactes ; bientôt après, on nous accorde les privilèges de la libre constitution, garants infaillibles de notre prospérité intérieure, si cette constitution est observée. La tolérance religieuse, le procès par jury, la plus sage des sauvegardes jamais conçues pour la protection de l'innocence, la garantie contre l'emprisonnement arbitraire, assurée grâce aux privilèges attachés au bref d'*habeas corpus,* l'égale sécurité garantie par la loi à la personne, à l'honneur et aux biens des citoyens, le droit de n'obéir qu'aux lois faites pour nous et adoptées par nos représentants, tous ces avantages sont devenus les nôtres par droit de naissance, et seront, je l'espère, le durable héritage de notre postérité... »

Mgr Plessis n'a jamais été plus dithyrambique, dans ses sermons à la gloire de l'Angleterre, de son souverain et de ses institutions. L'orateur termine par l'esquisse d'un programme — et par des directives pour les élections qu'il reste à tenir :

> Pour conserver ces avantages, il nous suffira d'agir comme il sied à des sujets britanniques et à des hommes libres. Choisissons comme représentants des hommes dont l'intérêt privé soit étroitement lié à celui de la communauté, qui étudieront attentivement les besoins du pays et prendront une connaissance complète de sa constitution... Ils veilleront à ce que personne ne s'élève au-dessus des lois... ou ne commette impunément d'injustice... Ils accorderont

un revenu public proportionné aux moyens du pays et aux besoins du gouvernement... Ils tiendront pour sacrée la liberté de la presse, qui est le meilleur soutien d'une sage institution politique. Ils multiplieront les écoles, sachant que, plus les hommes sont instruits, plus ils sont moraux et industrieux. Ils ne chargeront pas l'agriculture et les arts mécaniques...

La *Gazette de Québec* reproduit ce discours retentissant, et des journaux d'Angleterre en publient des extraits.

L'appel de Papineau est entendu. D'élection en élection, le parti populaire, qui tend à devenir le parti de Papineau et qui n'est pas, comme ce discours le prouve, d'un loyalisme tiède, se fortifie. Pierre Bruneau, le beau-père de Papineau, qui formait équipe avec Denis-Benjamin Viger dans le comté de Kent, est mort au mois d'avril. Denis-Benjamin Viger s'est adjoint, pour le remplacer, Frédéric-Auguste Quesnel, dont le tempérament s'harmonise avec le sien, et le fait élire avec lui. C'est encore une famille intéressante que celle des Quesnel. Le père, Joseph Quesnel, commandait, pendant la guerre de l'indépendance américaine, un vaisseau français destiné à ravitailler New York en provisions et en munitions. Pris par une frégate anglaise et emmené à Halifax, il obtient de s'établir au Canada, s'y marie et s'installe à Boucherville comme négociant doublé d'un poète et triplé d'un musicien. Frédéric-Auguste, l'un de ses treize enfants, épouse Marguerite Denaut à Boucherville, réussit dans le trafic des fourrures et dans les spéculations immobilières à Montréal, et le voici député. Frédéric-Auguste Quesnel, authentique disciple de Denis-Benjamin Viger, admire Papineau et subit son emprise en redoutant un peu sa véhémence.

14

L'administration Dalhousie

Lord Dalhousie, nouveau gouverneur général des provinces britanniques de l'Amérique du Nord, est arrivé à Québec pendant la campagne électorale, le 18 juin 1820.

Sir George Ramsay, comte de Dalhousie, est un homme de cinquante ans, issue d'une vieille famille écossaise. Lieutenant-colonel à 23 ans par droit de noblesse, il a bourlingué un peu partout où les soldats de l'Empire se sont battus, en Irlande où il a réprimé des rébellions, en Hollande, en Égypte, en Espagne, en France et naturellement à Waterloo. Au cours de cette bataille, il a été opposé à Caulaincourt, duc de Vicence ; et chefs et troupes ont montré un égal acharnement. Lieutenant-gouverneur de la Nouvelle-Écosse depuis 1816, lord Dalhousie s'est trouvé en vif antagonisme avec la Chambre d'Assemblée de cette province. La Chambre a cependant voté une somme rondelette pour lui présenter une épée, à l'occasion de sa promotion. Dalhousie a refusé le cadeau offert par une Assemblée « qui a repoussé les principales mesures de mon administration d'une manière si peu respectueuse ». Au demeurant, ce soldat athlétique est un homme cultivé, amateur de lettres et d'histoire.

Le nouveau gouverneur inaugure ses fonctions par un geste de conciliation. L'orateur de la Chambre a prononcé, lors de sa réélection à Montréal, l'éloge de George III et de la constitution britannique. Il y a mis une conviction, une insistance de pur tory. Le gouvernement impérial, suivant une suggestion émise par le gouverneur Sherbrooke, engage Dalhousie à faire entrer M. Papineau dans le Conseil exécutif.

Lord Dalhousie ouvre la première session de la nouvelle législature le 14 décembre 1820, et nomme Louis-Joseph Papineau membre du Conseil exécutif. Le geste est assez sensationnel. Mais le Conseil exécutif restera dominé par les Jonathan Sewell, les James Monk, les John Richardson, que Papineau considère et traite en ennemis personnels et en « voleurs publics ». Papineau écrit à sa femme, restée à Montréal :

> ...Quand je te vois souffrante et délaissée, que je me vois sans aucune espérance de faire du bien au pays, privé du bonheur d'être avec ma famille que j'aime plus que moi-même, de suivre des habitudes de retraite et d'étude que j'aime, pour vivre journellement dans la fréquentation de personnes qui me haïssent et que je considère comme des voleurs publics, je regrette du fond du cœur d'être engagé dans la lutte pénible où je suis engagé... [1]

Papineau voit dans l'invitation qui lui est faite un complot pour ruiner son ascendant sur la Chambre et pour décapiter son parti. Il décline l'honneur d'entrer seul et impuissant au Conseil exécutif. Peut-être s'illusionne-t-il lui-même sur ses préférences pour l'étude et la retraite. Il est bien résolu au combat. Il se documente et se prépare. Il visite Mgr Plessis qui, ayant eu de longues entrevues avec le ministre, peut lui fournir des renseignements utiles. Papineau écrit encore à sa femme (7 janvier 1821) :

> ...Ton évêque de Québec est la personne que j'ai le plus souvent et avec le plus de plaisir visitée depuis que je suis ici. Outre quelques renseignements d'un grand intérêt sur la politique des ministres en Angleterre relativement à ce pays, et qui montrent que l'administration n'est guère là plus libérale par rapport à cette province qu'elle ne l'est ici, sa conversation est une mine intarissable d'informations et d'observations agréables et utiles sur la France et l'Italie. Si cet homme savait toujours aussi bien agir qu'il sait toujours aussi bien parler, il serait vraiment très recommandable, mais vis-à-vis des grands, il manquera de fermeté jusqu'à la fin du chapitre...

Donc, Papineau est bien résolu au combat, sur des bases constitutionnelles. Il a étudié à fond la constitution de 1791. Il en a tiré toutes les conséquences. Et il tient la majorité bien en mains. La Chambre d'Assemblée du Bas-Canada compte 50 « re-

---

1. Lettre du 20 décembre 1820. De nombreuses lettres de la famille Papineau — de Joseph, Louis-Joseph, Julie et Amédée Papineau — sont aux Archives de la Province de Québec et ont été publiées dans les rapports de l'archiviste. Une autre collection volumineuse, inédite, est aux Archives de la Province à Montréal.

présentants », dont 40 de langue française et 10 de langue anglaise. Sur les dix « Anglais », quatre au moins, ceux de Dorchester, Effingham et Leinster, où les Anglo-protestants sont en infime minorité, et celui du comté de Québec, où vivent 22,300 catholiques et 6,000 protestants, sont élus par des majorités canadiennes-françaises. Sur les six autres, deux représentent la circonscription de William Henry, anglaise et loyaliste, deux sont élus par Montréal et deux par Québec, puisque ces villes, élisant chacune quatre députés, ont pris l'habitude de choisir deux Anglais et deux Français. Quelques députés de langue française, parmi ceux du district de Québec, trouvent Papineau emporté, excessif, et ne le suivent pas ou ne le suivent qu'à demi. Mais quelques députés de langue anglaise, dont John Neilson et Hughes Heney, adoptent les mêmes principes que lui et reconnaissent son autorité. Papineau est donc sûr de sa troupe. Il expose à ses collègues tout ce qu'implique, à ses yeux, la constitution de 1791 : la Grande-Bretagne a établi au Canada une Chambre d'Assemblée, qui possède ou doit posséder les droits et privilèges de la Chambre des communes britannique. Papineau fait comprendre à ses partisans leurs droits, leurs pouvoirs et leur force. Il est armé pour la confrontation avec le gouverneur.

* * *

Dalhousie prie la Chambre de voter les subsides en bloc, et pour la vie du roi. La Chambre, stylée par Papineau, s'y refuse. Elle ne votera les subsides, que « d'une manière constitutionnelle », année par année et article par article. Le Conseil législatif prend le parti du gouverneur. Le conflit, envenimé par des questions de préséance ou de formalités, est sérieux. Le contrôle détaillé des subsides conférerait à l'assemblée élue, pour l'heure à demi impuissante, le contrôle de l'administration, le pouvoir véritable. Il lui permettrait de supprimer ou de rogner les sinécures ou les cumuls dont jouissent des favoris, conseillers législatifs en tête.

La question n'a pas avancé d'un pouce depuis la session de 1819, sous Richmond, et la dissolution brusquée de la Chambre. Dalhousie, qui a des ordres et du caractère, ne cédera pas. Et Papineau, qui a des principes et du caractère, ne cédera pas davantage. Papineau, qui a maintenant deux fils, Amédée et Lactance, tous deux en bas âge, est un excellent père de famille. Il écrit à sa femme (11 février 1821) :

Si ce n'était le sentiment du devoir, qui m'impose la tâche de servir, au milieu des plus vifs dégoûts et des plus décourageantes perspectives, la cause de mon pays et par là l'intérêt de nos chers enfants, en commun avec celui de mes compatriotes en général, je n'aurais pas le courage de vivre aussi longtemps loin de toi et d'eux...

Louis-Joseph Papineau, orateur de la Chambre d'Assemblée, satisfait son goût de prononcer de beaux discours, son goût de la bataille politique et son goût d'influencer, de commander d'autres hommes, mais il obéit en même temps à un sentiment impérieux du devoir, et il se persuade lui-même que ce sentiment seul le fait agir.

Mgr Lartigue a été sacré le 21 janvier. Évêque sans l'être, il se trouve dans une situation un peu gauche, et souhaite tout de suite en sortir, par l'érection, à Montréal, d'un évêché de plein exercice. Il y faudrait à la fois le consentement de Londres et la décision de Rome, celle-ci subordonnée à celui-là. Papineau n'a pas la foi ; les sermons l'ennuient et même l'agacent. Il serait anticlérical s'il ne considérait la religion et le clergé comme étroitement incorporés au tissu canadien-français. La cause nationale et la cause religieuse lui paraissent liées. Papineau ne sympathise qu'à demi avec Mgr Lartigue, son cousin, mais il déplore la situation ambiguë, et souhaite une nomination qui rehausserait le prestige du clergé canadien. Il l'écrit à sa femme (27 février 1821) :

> J'avoue que, comme voisin, je n'aimerais Mgr Lartigue qu'un peu, de peur qu'il ne s'avisât de vouloir me prêcher. Mais pour l'avancement de l'établissement du clergé canadien, parce que ses intérêts sont liés à tous les autres intérêts canadiens, je me résignerais encore à cette incommodité comme à tous les autres que je ne voudrais pas supporter comme particulier et que je supporte comme homme public.

L'immédiat, c'est la question des subsides, qui met la Chambre et le Conseil dans une impasse. La Chambre, en fin de session, adopte une série de résolutions, signalant au gouverneur une foule d'abus dont elle demande la suppression. Le juge de l'Amirauté, payé par l'État, ne se fait-il pas verser des épices par les plaideurs !

Dalhousie proroge, le 17 mars, sur une volée de reproches et de quasi-menaces :

Lorsque je vous assemblerai ici de nouveau, vous y viendrez pour décider si l'on doit rétablir le fonctionnement constitutionnel du gouvernement ou si, par la continuation de l'état de choses actuel, vous ouvrirez la perspective d'un malheur durable.

Reviendrons-nous au temps où Craig faisait des colères noires et prorogeait en tempête ? Le gouverneur prouve ensuite son absence de parti pris en nommant Jean-Baptiste Juchereau Duchesnay, qui s'est distingué à Châteauguay, l'un de ses aides de camp.

* * *

La Compagnie du Nord-Ouest est en train de se fusionner avec la Compagnie de la Baie d'Hudson, ce qui mettra fin à une guerre ruineuse. Le coup est dur tout de même, pour les Bourgeois et pour Montréal. Le Séminaire de Saint-Sulpice et la Compagnie du Nord-Ouest étaient les deux gloires de Montréal. Les prêtres de Saint-Sulpice sont nos « Messieurs », et les associés de la Compagnie du Nord-Ouest sont les « Bourgeois ». Mais il n'y aura plus de Compagnie du Nord-Ouest. Montréal ne sera pas le grand centre du commerce des fourrures en Amérique. Montréal n'est encore qu'une grande bourgade, s'étendant à peine jusqu'à la future rue Sherbrooke. Un petit cours d'eau traverse la ville, longeant ce qui deviendra la rue Craig, et va se jeter dans le fleuve au Pied-du-Courant. Il existe un aqueduc, propriété d'un nommé Porteous, mais beaucoup de propriétaires ont leur puits ou s'approvisionnent auprès des porteurs d'eau qui circulent en offrant leur marchandise. La vie intellectuelle est mince aussi. Le jeune libraire parisien Hector Bossange, venu à Québec, puis à Montréal où il a épousé une Canadienne, Julie Fabre, a ouvert rue Saint-Vincent une librairie, sorte de succursale de l'entreprise parisienne de sa famille. L'affaire n'a pas réussi, et Bossange est reparti pour la France avec sa femme.

Mais le groupe d'Écossais qui régente à Montréal, et dont John Richardson est un des chefs, s'est forgé une belle conception : l'avenir de Montréal paraît attaché au commerce extérieur ; il faut faire de cette ville le débouché du commerce de l'Ouest, destiné à grossir. Les problèmes de navigation occupent ainsi le premier plan dans l'esprit des citoyens conscients.

Il s'agit de relier Montréal à la région des Grands Lacs. John Richardson souhaite depuis longtemps la construction d'un canal de Montréal à Lachine, première étape dans la réalisation de ce grand dessein. Il a fait adopter une loi dès 1795, alors qu'il siégeait à la Chambre d'Assemblée. Richardson réussit, un quart de siècle plus tard, à mettre sur pied une compagnie par actions, qu'il préside. Il lève la première pelletée de terre, le 17 juillet 1821. C'est encore lui qui, entraînant John Molson et plusieurs Bourgeois du commerce des fourrures, lance une souscription pour établir le *Montreal General Hospital,* institution anglo-protestante. Nous ne pouvons pas aimer John Richardson ; nous devons reconnaître ce que Montréal lui doit.

De bonnes relations avec le Haut-Canada sont nécessaires à l'exécution du grand dessein montréalais. La Chambre d'Assemblée a désigné les commissaires chargés de négocier le renouvellement ou le remplacement de l'entente avec le Haut-Canada, pour le partage des droits de douane. Ce sont Louis-Joseph Papineau, Augustin Cuvillier, John Davidson (député de Dorchester) et George Garden (député de Montréal-Ouest). L'Assemblée hautcanadienne a désigné Thomas Clarke, A. MacLean et Jonas Jones.

Les commissaires se réunissent chez Louis-Joseph Papineau à Montréal, pendant l'été de 1821. Ils y tiennent plusieurs conférences, sans arriver à s'entendre. Le Bas-Canada discute les revendications haut-canadiennes relativement aux arrérages, et, pour l'avenir, offre le passage en transit des marchandises destinées à la province voisine, qui les taxerait à sa convenance. Le Haut-Canada refuse, devant l'impossibilité de verrouiller la frontière. Les commissaires se séparent sans rien conclure. Et Papineau passe une partie de l'été dans sa seigneurie.

Denis-Benjamin Papineau, qui gère la seigneurie pour le compte de son frère et l'arrière-fief de Plaisance pour son propre compte, s'est fait construire une maison et s'est installé définitivement à la Petite-Nation. C'est chez lui que Louis-Joseph descend. Denis-Benjamin Papineau a même, suivant les principes de son aîné qui sont aussi les siens, fait construire une chapelle. Les Papineau, fervents démocrates, ont une haute conscience de leurs droits et de leurs devoirs de seigneurs. Un de leurs frères, Toussaint-Victor, doit être bientôt ordonné. Un frère de Julie, l'abbé René-Olivier Bruneau, est curé de Beauport. Julie elle-même ne manque pas un office, et Papineau témoigne d'un grand respect pour les croyances de sa femme. La chapelle a coûté 338 louis ; la famille Papineau en a payé 246 et se rend responsable pour le reste.

L'abbé Roupe célèbre la première messe dans la chapelle à peine terminée, le 18 juillet 1821 — presque au moment où John Richardson lève la première pelletée de terre du futur canal de Lachine. Papineau soumet à Mgr Lartigue un plan pour ériger la mission en paroisse. Mgr Lartigue objecte l'étendue de la mission et la faible densité de sa population. Mais il autorise l'utilisation de la chapelle, sous le vocable de Notre-Dame-de-Bonsecours, pour le service de la mission. L'abbé Roupe procède à la bénédiction, aussi solennelle que possible, le 3 septembre. Louis-Joseph Papineau, « Orateur de la Chambre et seigneur du lieu », Joseph Papineau, Jean Dessaulles, seigneur de Saint-Hyacinthe et député du comté de Richelieu, signent le procès-verbal. Toussaint Papineau agit comme sous-diacre.

* * *

La guerre de 1812, répandant une abondance de numéraire, avait entraîné dans le Haut-Canada une certaine euphorie, manifestée par quelque extravagance dans les dépenses publiques et privées. Une réaction s'est ensuite dessinée ; le Haut-Canada traverse une période de dépression. Et l'impasse où les commissaires sont restés, privant le Haut-Canada de recettes douanières, risque de paralyser son administration. Le Haut-Canada demande l'intervention des autorités impériales.

On se rappelle peut-être que John Richardson, émigré à vingt ans de son Écosse natale, a débuté au service du traitant de fourrures Robert Ellice, dont il est ensuite devenu l'associé. Robert Ellice, fortune faite et propriétaire de la seigneurie de Beauharnois, est retourné en Angleterre. Il est mort, depuis. Son fils Edward a lui-même été à l'emploi de la Compagnie de la Baie d'Hudson. Il a épousé, aux Antilles, une fille de lord Grey, ce qui a facilité son élection à la Chambre des communes, comme député de Coventry. Sa fortune, son mariage et son mandat parlementaire lui confèrent prestige et influence. Ellice a ses entrées chez les ministres. Or, Edward Ellice, seigneur de Beauharnois, fait des séjours au Canada et se maintient en relations avec les chefs du commerce montréalais — particulièrement avec John Richardson, l'ancien associé de son père, — ce qui lui donne, à Londres, figure de spécialiste. On le surnomme « The Bear », par allusion au pays et au commerce des fourrures. Ellice conçoit le projet de sortir de l'impasse par l'union du Haut et du Bas-Canada en une seule province, sous une seule législature. À vrai dire, le projet subsiste, en sommeil, depuis le jour où Jonathan Sewell, chargé par Craig de préparer un mémoire sur la situation canadienne, l'a fortement recommandé. Des commerçants anglais de Montréal explorent cette idée.

* * *

Lord Dalhousie ouvre la nouvelle session de la législature bas-canadienne le 11 décembre 1821. Son discours d'ouverture est péremptoire : le Parlement britannique a établi la coutume constitutionnelle de voter la liste civile pour la vie du roi ; le même principe doit être adopté et mis à exécution dans cette province.

Les scènes de la session précédente se répètent. La Chambre refuse, et motive son refus dans de longues résolutions, d'une respectueuse fermeté : les raisons qui ont engagé le Parlement britannique à voter la liste civile pour la vie du roi n'existent pas dans cette province. La Chambre ne renouvellera pas les lois fiscales qui permettaient de patienter, en attendant la solution définitive.

La Chambre d'Assemblée prétend-elle paralyser l'administration ? Le Conseil législatif s'indigne. Le Conseil législatif comprend sans doute quelques soliveaux, qui opinent du bonnet suivant les consignes. Mais il comprend aussi des hommes de valeur et d'énergie. John Richardson, Bourgeois de la Compagnie du Nord-Ouest — en voie de se fusionner avec la Compagnie de la Baie d'Hudson, — fondateur de la Banque de Montréal, président de la compagnie qui doit construire le canal de Lachine, membre du Conseil exécutif depuis 1804, est un des personnages les plus considérables de Montréal, où nul mouvement civique ne s'organiserait sans lui. John Richardson est aussi impétueux et aussi opiniâtre que Louis-Joseph Papineau, qu'il a précédé comme député de Montréal. Il s'emporte, au Conseil législatif, contre l'obstruction des « représentants », qu'il traite de révolutionnaires et de sans-culottes : un comité secret, sorte de comité de salut public, siège à l'Assemblée et prépare la révolution ! Or, un député réformiste, François Quirouet, du comté d'Orléans (c'est-à-dire, de l'île d'Orléans), esprit curieux, avide de se renseigner, et fort assidu aux séances de la Chambre, assiste aussi, le plus possible, à celles du Conseil législatif. Il entend la diatribe de Richardson, et s'en indigne. François Quirouet concilie, comme Louis-Joseph Papineau et comme la majorité de ses collègues, ses convictions réformistes et son loyalisme éprouvé : il a servi comme officier pendant la guerre de 1812. Il n'admet pas d'être traité de révolutionnaire et de sans-culotte. Il court, chaud d'indignation, mettre ses collègues au courant. Louis Bourdages tressaute, à ce récit. Toute la Chambre tressaute et nomme une commission de cinq membres, pour vérification. La commission confirme le rapport du député d'Orléans. Bourdages propose une adresse au gouverneur, demandant, réclamant, exigeant la destitution de l'insulteur.

C'est au tour des honorables conseillers de s'indigner. Demander, réclamer, exiger la destitution d'un conseiller législatif! L'honorable John Richardson, par-dessus le marché! Le Conseil riposte en accusant l'Assemblée d'avoir violé ses privilèges. Les relations entre les deux Chambres atteignent un sommet d'acrimonie. Dalhousie proroge, le 18 février 1822, dans une atmosphère de crise.

15

Le projet d'Union

L'agitation politique nuit aux affaires. Les commerçants anglais de Montréal reprochent aux députés, qui sont des avocats, des notaires ou des journalistes, tout orientés vers la politique, d'ignorer ou de négliger les questions économiques. Et Richardson est un des chefs du commerce montréalais. Il réunit une cinquantaine de gros négociants sous sa présidence, le 14 avril 1822.[1] Il y a là John Gray, George Moffat, Horatio Gates — l'état-major de la Banque de Montréal, — Peter McGill, George Auldjo, gendre de Richardson, John et Thomas Torrance, Joseph Donegani. Ces commerçants décident que les efforts isolés et intermittents ne suffisent plus, dans une situation si tendue et si préjudiciable aux affaires. Ils forment un *Committee of Trade* — qui sera l'origine du *Board of Trade* — dans l'espoir d'influencer la législation. John Richardson en est l'inspirateur, et William Price le premier président. Les membres du *Committee of Trade* demandent, soit la confiscation des biens du Séminaire, soit l'abolition de la tenure seigneuriale à Montréal, pour se débarrasser des lods et ventes et, accessoirement, du droit de banalité. Ils s'occupent à la fois de politique et d'économie — de politique, dans une large mesure, en fonction de l'économie. La population, la richesse, l'importance du Haut-Canada grandissent. C'est avec lui que se font les affaires. On se rend « assez facilement » de York[2] à Montréal et vice versa. Une diligence fermée, traînée par quatre chevaux, assure maintenant, deux fois par semaine, le transport des voyageurs entre ces deux villes. Le voyage dure quatre jours et coûte de cinq à

---

1. Archives-bibliothèque du Board of Trade de Montréal.
2. Futur Toronto.

six livres. La grande ambition des hommes d'affaires montréalais est de faire de leur ville le débouché du commerce de l'Ouest. Le projet d'Edward Ellice, seigneur de Beauharnois avec qui les Robinson, les Grant, les Molson, les Hart et d'autres entretiennent une correspondance d'affaires et d'amitié, concorde à merveille avec cette situation. Le *Committee of Trade* endosse le projet d'union du Haut et du Bas-Canada.

Ellice, ainsi soutenu, pousse son projet. Le juge Monk, qui se trouve à Londres et que les ministres consultent, donne l'avis le plus favorable. Les arrière-pensées ne sont pas les mêmes chez tous. Le but, pour plus d'un, est de donner la prépondérance à l'élément anglais, renforcé par l'immigration. Mais une opposition inattendue surgit, celle du procureur général John Beverley Robinson, le Jonathan Sewell du Haut-Canada, qui se trouve également à Londres. Robinson ne voit dans l'Union un remède, ni au conflit douanier, ni au conflit bas-canadien des subsides. Il dissipe l'idée d'un heurt de races : les habitants français du Bas-Canada sont aussi paisibles, aussi soumis à l'autorité, aussi attachés au gouvernement britannique que les habitants d'origine et de langue anglaises ; le refus de voter les subsides en bloc traduit le désir de toute assemblée populaire d'exercer tout son pouvoir et, si possible, de l'étendre ; des Anglais, des Écossais ou des Irlandais en feraient autant, peut-être avec plus de persévérance (Mémoire daté du 23 avril 1822)[3].

Le mémoire de Robinson est de nature à faire hésiter les ministres. La Chambre des communes est saisie d'un simple projet de réglementation du commerce entre les provinces du Haut et du Bas-Canada (juin 1822). Mais Ellice et ses amis redoublent d'efforts. Ils semblent persuader les ministres, et Robert John Wilmot, secrétaire des Colonies, ajoute au projet des dispositions « pour le gouvernement des provinces du Bas et du Haut-Canada ».

Mais Ellice ne compte pas que des amis. Un nommé Parker, lui aussi enrichi dans le commerce au Canada et maintenant retiré en Angleterre, est ennemi juré du seigneur de Beauharnois. Parker dénonce l'espèce de complot à un député influent de l'opposition, sir James Mackintosh, respecté pour ses connaissances,

---

3. Rapport sur les archives canadiennes, 1897. Déjà cité par Thomas Chapais, dont le grand travail est parfois, pour raisons idéologiques, en partie ou totalement dédaigné.

pour son caractère et pour son talent. Dès la présentation du projet par le secrétaire des Colonies, à la fin de juin, Mackintosh se lève et met en garde. Le ministre expose franchement le but poursuivi : « Établir une liaison plus intime entre les deux colonies, en réunissant leurs législatures en une seule, afin de répandre plus sûrement la langue anglaise et l'esprit de la constitution anglaise parmi toutes les classes de leur population ». La mesure, s'empresse-t-il d'ajouter, n'enlève aucun droit ou privilège à aucune catégorie de citoyens de l'une ou l'autre province.

Voire ! Mackintosh demande un délai, pour permettre au peuple canadien, premier intéressé, d'exprimer son sentiment. Ellice répond à Mackintosh. Il revendique l'inspiration du projet, auprès duquel tous les autres ne sont que des expédients. Et il invoque l'urgence. Le bill n'enlève rien aux Canadiens français, mais il évitera aux Canadiens d'origine anglaise ou américaine, habitant la vallée du Saint-Laurent de se soumettre à l'oligarchie française à l'Assemblée de Québec.

D'autres députés soutiennent Mackintosh. Henry Bright, député de Bristol, dénonce très vigoureusement les visées anti-canadiennes-françaises du bill : « Si l'on enlève au Bas-Canada sa législature, quelle sécurité auront les autres colonies anglaises ? » L'opposition est forte, et la session est avancée. Le gouvernement ajourne la prise en considération du projet d'union. Un *Canada Trade Act* fixe au cinquième la part du Haut-Canada dans les recettes douanières, jusqu'en 1824. La question des arrérages et les modifications souhaitables seront réglées, de quatre ans en quatre ans, après 1824, par voie d'arbitrage. Aucun droit de douane ne peut être imposé à l'entrée à Québec sans le consentement de l'Assemblée du Haut-Canada.

* * *

Le projet d'Union dote le Canada d'un seul Conseil législatif, nommé par le gouverneur, et d'une Assemblée législative, élue par le peuple. La Chambre du Haut-Canada vient de porter son effectif de 25 à 40 membres ; ce chiffre est confirmé. Et le gouverneur du Bas-Canada reçoit le pouvoir d'ériger de nouveaux comtés dans les cantons de l'Est, de population anglaise. Les Anglo-Canadiens obtiendront ainsi une supériorité de représentation, malgré leur infériorité numérique. La qualification foncière exigée des députés sera portée à 500 livres, ce qui pourra éliminer des Canadiens français, comme ce simple forgeron, dont la présence à la Chambre scandalisait Ryland. Les procès-verbaux de la Chambre, comme ceux du Conseil, ne seront rédigés qu'en anglais ; et quinze ans après l'adoption de la nouvelle loi, les débats ne se feront plus qu'en anglais. Edward Ellice et ses amis, promoteurs du projet d'Union, n'ont-ils jamais entendu parler de la bataille de Châteauguay et des Voltigeurs de Salaberry ? Enfin l'exercice de la religion catholique est libre, mais la nomination des curés est soumise à l'approbation de Sa Majesté, exprimée par écrit par le gouverneur.

La nouvelle et la teneur du projet d'union parviennent au Canada en septembre 1822. Elles y produisent une commotion. La religion et la langue, qui sont les deux biens auxquels les Canadiens tiennent plus qu'à la prunelle de leurs yeux, sont également menacées. Louis Guy préside une assemblée à Montréal avec le concours de Denis-Benjamin Viger, le 7 octobre. Le notaire Louis Guy est un des personnages les plus connus à Montréal. Il a été major, commandant en second du 5e bataillon de la milice d'élite, avec Augustin Cuvillier et Louis-Joseph Papineau parmi les officiers sous ses ordres, pendant la guerre de 1812. Denis-Benjamin Viger fait ressortir les injustices du projet. Un comité de dix-huit membres, choisis parmi les citoyens les plus marquants du district de Montréal, est formé séance tenante. Il comprend des seigneurs, des conseillers législatifs, des députés, des avocats, des médecins, des négociants : Louis Guy, Charles de Saint-Ours, Pierre-Dominique Debartzch, L.-R.-C. Chaussegros de Léry, Charles-Michel de Salaberry, Louis-Joseph Papineau, Denis-Benjamin Viger, François Desrivières, Jean Bouthillier, Joseph Bédard, Jean-Roch Rolland, Augustin Cuvillier, Hughes Heney, Frédéric-Auguste Quesnel, Louis Bourdages, François-Antoine Larocque, Jules Quesnel, René Kimber. Une assemblée tenue à Québec le 14 octobre élit un comité aussi impressionnant : Louis de Salaberry, Joseph-François Perrault, J.W. Woolsey, A.-L.-G. Duchesnay, I. A. de Gaspé, F.-P.-J. Taschereau, Louis Turgeon, John Neilson, J.-E. Taschereau, Charles de Léry, Philippe Panet, John Goudie, E.-C. Lagueux, Thomas Lee, John Davidson, Louis Moquin, d'autres encore, dont plusieurs Anglais. L'élite canadienne-française, à laquelle se joignent plusieurs Anglais notables, se mobilise. Les partisans de l'Union répliquent aussitôt. John Richardson préside une assemblée à Montréal le 14 octobre. Et l'orateur principal est James Stuart, l'ancien chef du parti populaire, ce qui pimente la situation. James Stuart a le retournement subit et complet. Il a substitué sa rancune récente contre Papineau à sa rancune ancienne contre Sewell. Il réduit, avec une évidente mauvaise foi, l'inspiration des protestataires à des préjugés ou des intérêts locaux.

Deux journaux hebdomadaires, la *Gazette* et le *Herald*, paraissent en langue anglaise à Montréal. Tous deux soutiennent le projet d'Union. Michel Bibaud a fondé *L'Aurore des deux Canadas*, devenu *Le Courrier du Canada* et qui s'applique à combattre le projet. John Neilson en fait autant dans sa *Gazette de Québec*, avec une grande vigueur : « Le pays ne se soumettra pas à l'injustice ourdie par une poignée d'intrigants qui veulent sacrifier à leur ambition le bonheur du peuple canadien. Les hommes que la chance a faits si grands dans ce pays, et qui seraient restés dans l'obscurité partout ailleurs, auraient pu se contenter des nombreux privilèges dont ils jouissent, sans entreprendre de dépouiller le peuple de notre province de ses droits. Aveuglés par les préjugés les plus déraisonnables contre les institutions que nous chérissons tous, et nourrissant dans leur cœur et même manifestant ouvertement le plus grand mépris pour les usages et les manières du peuple canadien, ils sont sûrement coupables d'un abus de pouvoir, calculé pour mettre en danger la paix et la tranquillité du pays. » Neilson vise à la fois les hauts bureaucrates et les marchands de Québec et de Montréal. Un tout jeune homme mais auquel tous reconnaissent une rare maturité d'esprit, Etienne Parent, ranime *Le Canadien*, qu'il maintiendra dans le courant réformiste.

Des pétitions de sens contraires circulent. Celle des adversaires du projet d'union est un véritable mémoire. Les juristes de l'Assemblée, réunis autour de Papineau et de Viger, en ont soigneusement pesé le fonds et la forme:

À Sa Très Excellente Majesté le Roi

Les soussignés, seigneurs, magistrats, membres du clergé, officiers de milice, propriétaires et autres, habitants de la province du Bas-Canada,

Soumettent humblement

Que les pétitionnaires ont appris avec le plus grand chagrin et la plus vive alarme qu'un bill a été présenté, avec la sanction des serviteurs de Votre Majesté dans l'honorable Chambre des communes, à la dernière session du Parlement des Royaumes Unis, pour faire des changements dans la Constitution du gouvernement de cette Province, telle qu'elle est établie par le Statut 3i, Geo. III, chap. 31.

LE PROJET D'UNION 115

En raison de la proximité de la réunion du Parlement, la Législature de cette Province pourra être privée de l'occasion que les Communes, dans leur sagesse et justice, ont proposé d'accorder au peuple de cette Province, de faire connaître à Votre Majesté et aux deux Chambres du Parlement leur sentiment sur ce sujet important.

Vos pétitionnaires estiment que leur devoir vis-à-vis de Votre Majesté et vis-à-vis d'eux-mêmes est de soumettre sans retard leurs représentations au sujet du bill déposé au pied du trône de Votre Majesté.

Qu'aucun changement au Statut susdit n'a en aucun temps été demandé par aucune des autorités constituées en vertu de ce Statut, ni par aucune partie des sujets de Votre Majesté résidant en cette Province ; qu'au contraire, toutes les classes et catégories de la population ont uniformément exprimé leur attachement inviolable à ladite Constitution, et ont, récemment encore, joyeusement risqué leur vie et leur fortune pour la défense du gouvernement de Votre Majesté, tel qu'établi par ledit Statut dans cette Province.

Que ledit Statut a été accordé aux sujets de Votre Majesté dans cette Province, conformément à la promesse royale contenue dans la Proclamation du 7 octobre 1763, après diverses pétitions pour et contre la mesure proposée par les différentes catégories de personnes dont les intérêts respectifs devaient être touchés par cette mesure, après un message royal au Parlement, recommandant la division de la Province, et après audition à la barre de l'honorable Chambre des communes...

Que ledit Statut, modelé sur la Constitution de l'État britannique par quelques-uns de ses meilleurs et plus sages hommes d'État, confère assez de pouvoir pour remédier aux abus, redresser les griefs, apaiser les mécontents et procurer le bien général de la Province, sans nécessité d'intervention législative de la part du gouvernement suprême, intervention qui, dans des cas semblables, a été si pernicieuse en transformant des mécontentements locaux et temporaires en dangereux malentendus entre les colonies et la mère-patrie.

Que, en dépit des divers obstacles et difficultés que les pouvoirs de la Constitution établis par ledit Statut font graduellement disparaître, la population de la Province a progressé dans une proportion pleinement égale à celle des États-Unis d'Amérique sans augmentation proportionnelle de l'immigration ; le revenu public a été presque suffisant pour couvrir toutes les dépenses coloniales nécessaires, et le Commerce et l'Agriculture, malgré la pression extraordinaire des temps actuels, sont, dans l'ensemble, grandement améliorés.

Les pétitionnaires, dans ces circonstances, sont amenés à penser que si ledit bill, présenté en dehors de la connaissance des habitants de cette Province, et en opposition directe à leurs désirs, devait être adopté comme loi, outre les méfaits que ses dispositions font appréhender, les laisserait, eux et leur postérité, sans garanties suffisantes pour le reste de leurs droits et de leurs libertés...

Que les différends qui ont existé récemment entre cette Province et celle du Haut-Canada, et qui ont été publiquement invoqués comme motif principal de la présentation dudit bill, ne sont pas une conséquence naturelle de la division en deux provinces, mais proviennent uniquement de causes temporaires que les législatures respectives des colonies peuvent faire cesser, en décidant que chaque Province se bornerait à percevoir son propre revenu, en donnant libre passage et toutes facilités au commerce de l'autre ; ou, finalement, par des règlements du Parlement du Royaume-Uni, après audition des deux parties...

L'Union renouvellerait les disputes provenant des différences de langue, de loi, de religion et d'intérêts régionaux, qui ont affligé ladite Province quand elle était unie sous un seul gouvernement, et auxquelles la division desdites Provinces a si heureusement mis fin.

Que la situation géographique, la différence de climat et l'étendue des deux Provinces, dont certaines parties colonisées sont à 1500 milles de distance, aussi que les difficultés de communication forment des obstacles insurmontables au projet d'union législative. Que les sacrifices imposés aux membres de l'Assemblée pour aller prendre leur siège et à leurs commettants pour faire connaître leurs besoins locaux au siège de la Législature, priveraient en fait une grande partie des sujets de Votre Majesté, dans les deux provinces, de leurs justes droits et de leur part dans la législation.

Que vos pétitionnaires, avec la plus sincère douleur, n'ont pu se cacher à eux-mêmes la tendance générale du bill, de heurter les plus chers intérêts d'une catégorie des sujets de Votre Majesté, formant les neuf dixièmes de la population de cette Province, et vos pétitionnaires déplorent particulièrement les clauses relatives à la langue et aux institutions religieuses d'une grande partie des habitants, qui tendent directement à créer des jalousies et des préjugés fatals au bonheur et à la paix des sujets et à la dignité, à la sagesse et à la justice du gouvernement de Votre Majesté.

La clause dudit bill qui interdit dans l'Assemblée projetée l'usage de la langue française, la seule que parle et entende une si grande majorité des habitants de cette Province, leur ferait perdre indirectement le droit d'être élus à cette Assemblée, équivaudrait pour eux à une privation absolue d'un des plus grands avantages qu'aient les sujets de Votre Majesté, gênerait et restreindrait leurs franchises et libertés, en diminuant le nombre des personnes propres à les représenter efficacement, et ferait des personnes qualifiées une classe privilégiée au sein d'une colonie britannique.

Ce bill, en accordant au Haut-Canada, dont la population n'est au plus qu'un cinquième de celle du Bas, autant de membres qu'à cette dernière pour la représenter dans l'Assemblée réunie, établirait en faveur de la minorité une préférence humiliante aux habitants de cette Province, contraire à leurs droits comme sujets britanniques et dangereuse pour leurs intérêts.

La pétition se termine ainsi :

> Qu'il plaise donc à Votre Majesté que ledit bill ne passe pas en loi, et que l'heureuse constitution et la forme de gouvernement de cette Province, établies par ledit statut, soient conservées intactes à vos pétitionnaires et à leur postérité[4].

En résumé : la constitution de 1791, modelée sur la constitution britannique par de grands hommes d'État anglais, permet la réforme de tous les abus, le redressement de tous les torts. Quant au différend entre le Haut et le Bas-Canada, il ne provient pas de la division en deux provinces, mais de causes temporaires, faciles à régler, ne serait-ce que par l'arbitrage du Parlement britannique, après audition des deux parties. Et la pétition proteste contre la prohibition parlementaire de la langue française, qui ferait perdre à la grande majorité de la population bas-canadienne la chance, sinon le droit d'être élu à cette assemblée.

Le clergé donnant l'exemple, la pétition se couvre de signatures, dans tout le Bas-Canada. Mgr Lartigue, de caractère vif, supporte mal la situation diminuée qu'il a reçu en 1820. Il est aussi en conflit avec ses anciens confrères du Séminaire de Saint-Sulpice, si influents à Montréal. Il s'irrite facilement. Il tient ses cousins Papineau pour des entêtés, et les Papineau tiennent leur cousin Lartigue pour un atrabilaire. La mère de Denis-Benjamin Viger donne un terrain de 240 pieds de front sur 180 pieds de profondeur, auquel Louis-Joseph Papineau ajoute un terrain de 204 pieds sur 76, pour la construction de l'église Saint-Jacques — la future cathédrale de Mgr Lartigue. Cela n'empêche pas l'évêque de Telmesse de penser que sa parenté avec Papineau et Viger lui nuit auprès des autorités civiles. Mgr Lartigue a écrit à Mgr Plessis qu'il ne s'occuperait pas de l'ordination de Toussaint Papineau, parce qu'il est son proche parent. Mgr Lartigue, quel que soit son besoin de prêtres, ne paraît pas tellement tenir à la vocation de son cousin. Mais Joseph Papineau, « plus entêté que jamais » — écrit Mgr Lartigue — a donné cet ordre : Toussaint ira au Séminaire de Baltimore ou deviendra commerçant.

---

4. Rapport sur les archives canadiennes, 1897.

Cela n'empêche pas Mgr Lartigue de faire marcher son clergé, comme tout le clergé de la province, à fond contre le projet d'union — qui soumettrait la nomination des curés à l'approbation du gouverneur !

Rares, rarissimes sont ceux qui refusent de signer. Mais John Richardson, avec le concours d'un comité dont John Molson fait partie, organise la pétition de sens contraire. Il n'a pas la modération de ses adversaires :

> L'adoption ou le rejet de l'Union déterminera si, sous l'apparence d'une dépendance britannique pendant quelque temps encore, le pays restera français pour toujours... Le degré déraisonnable de droits politiques accordés à cette population... Nombre d'entre eux entrevoient déjà l'existence d'une nation séparée, qu'ils appellent la nation canadienne...

La Grande-Bretagne aurait « la disgrâce et l'humiliation » d'avoir dépensé des sommes considérables pour préparer l'indépendance d'une colonie qui deviendrait l'alliée d'une nation étrangère :

> Les habitants du Haut-Canada seraient imperceptiblement conduits à nouer des liens avec leurs voisins américains, et chercheraient à compenser les inconvénients de leur isolement en se joignant aux États-Unis...

Des relations directes entre le Bas-Canada et la France sont dès maintenant autorisées. Elles fortifieront les sentiments et préjugés nationaux qui ont survécu à soixante ans d'interruption :

> Malgré la mansuétude dont les vainqueurs font preuve à leur égard, en leur concédant les droits de sujets britanniques, les Canadiens français persévèrent dans les principes, la langue et les coutumes qui font d'eux un peuple étranger...

Ils élisent des leurs, à peu d'exceptions près, à l'Assemblée où nul représentant d'origine britannique n'a pu accéder à la présidence...

Étrangers ! Le mot fait balle. Étrangers dans notre pays natal ! Papineau bondit. Il écrit au secrétaire des Colonies, au nom du comité de Montréal, « pour dissiper les calomnies contre la grosse masse de la population de cette province, contenues dans plusieurs écrits destinés à être lus en Angleterre » (16 décembre 1822). « On affirme que l'opposition manifestée par la population de cette Province n'est que l'effet de préjugés ; on parle de son prétendu attachement à la France et aux principes français. On nous appelle étrangers. Étrangers dans notre pays natal ! »

Les députés réformistes font circuler et signer la pétition antiunioniste. Louis Bourdages, qui est notaire à Saint-Denis, la fait signer, de porte en porte, dans sa région ; François Quirouet la fait signer dans le district de Québec. Un conseiller législatif, Pierre-Dominique Debartzch, seigneur de Saint-Charles, la fait signer par ses censitaires. Des officiers de milice, suivant l'exemple de Louis Guy, se jettent dans cette propagande. Ainsi, Toussaint-Hubert Goddu, l'un des plus braves voltigeurs de Salaberry à Châteauguay, qui a reçu cent acres de terre dans le canton de Weedon, en récompense, s'est fait défricheur, la hache à la main, mais s'est rebuté et s'est établi à Marieville. Des mécontents ou des fortes têtes, d'un loyalisme moins sûr, s'y jettent aussi. Tels, les frères Ambroise et Amable Sanguinet, cultivateurs à l'aise, l'un à Saint-Constant, l'autre à Saint-Philippe. Les Sanguinet ont déjà l'opposition dans leurs traditions de famille : un acte de despotisme du gouvernement Craig aurait dépouillé leur père d'une seigneurie. Aux Trois-Rivières, le Dr Kimber ramassant des signatures, prend à peine le temps de dormir. Un plein succès couronne ces efforts. Les Canadiens français, dans l'ensemble, n'ont pas souhaité le régime parlementaire. Lorsqu'une délégation de commerçants anglais de Montréal est allée à Londres, au printemps de 1784, pour demander une assemblée élective, des Canadiens français, se déclarant hors d'état de supporter les frais qu'un régime électif entraînerait, ont signé une contre-pétition. Le régime établi — imparfaitement établi, — les luttes de l'Assemblée contre le gouverneur, les hauts fonctionnaires et le Conseil législatif n'ont pas réellement passionné le peuple des campagnes. Le vote du budget article par article, l'éligibilité des juges, autant de questions bien abstraites et en apparence bien lointaines pour les paysans. Mais il est facile de faire ressortir le danger du projet d'union. En quelques semaines, la pétition recueille 60,000 signatures : 19,700 dans le district de Québec, 5,963 dans le district des Trois-Rivières et 34,979 dans le district de Montréal. La pétition Richardson reçoit de petits paquets de signatures à Montréal, à Québec, aux Trois-Rivières, à William Henry et dans les cantons de l'Est.

* * *

Dans le Haut-Canada, les opinions sont partagées. Il n'est pas sûr que la majorité soit favorable au projet d'union. D'ultratories, sans doute, sont d'accord, les yeux fermés. Mais des protestants fanatiques ne veulent pas d'une assemblée où siégerait un bloc de députés catholiques. Et les réformistes de doctrine et les Hauts-Canadiens d'origine américaine n'admettent pas que le destin du pays soit tranché à Londres, sans consultation locale. Le lieutenant-gouverneur Maitland n'a pas acheté la paix en expulsant Gourlay : un ami de l'agitateur, Barnabas Bidwell, s'est fait élire dans une élection complémentaire, en 1821. Maitland le fait expulser par la majorité de la Chambre. Marshall Spring Bidwell, fils du député invalidé, est élu à sa place. La majorité de la Chambre le déclare inéligible, sous le prétexte que, né dans le Massachusetts, il n'a pas prêté le serment d'allégeance. Les amis de Gourlay et de Bidwell, opposants de principe, saisissent l'occasion. Et des loyalistes, à l'exemple du procureur général Robinson, n'aiment pas non plus le projet d'union.

Le comté de Home signe une pétition hostile au bill d'union, datée du 10 octobre 1822. On y expose la « sérieuse alarme » causée, « non pas seulement par les conditions dans lesquelles l'Union serait réalisée, mais par le procédé même d'introduction, si hautement inconstitutionnel à l'égard de la liberté du peuple de cette Province et si fatal à ses intérêts ».

Les Hauts-Canadiens du comté de Home argumentent : Premièrement, le projet, tel que les journaux l'annoncent, nous priverait de la constitution qui garantit nos libertés ; deuxièmement, cette constitution a été « la récompense bien gagnée par la fidélité des braves et dévoués soldats qui ont sacrifié leurs biens et versé leur sang pour le service de leur Roi et de leur pays » ; troisièmement, certains d'entre nous, qui ne sont pas sujets britanniques de naissance, se sont établis dans cette Province, sous l'égide de cette constitution, « en confiant leurs personnes et leurs biens à la protection des institutions britanniques qu'ils ont défendues et pour lesquelles ils ont versé leur sang ».

Bref :

> Nous nous opposons respectueusement à tout changement apporté à notre constitution sans notre consentement, exprimé par un acte législatif de cette Province.

Le projet est hâtif, mal digéré, continuent les citoyens de York. La législature unique siégerait sans doute dans le Bas-Canada. Peu de nos représentants auraient le temps et les moyens d'aller siéger à une telle distance, et peu d'entre nous pourraient communiquer leurs besoins aux représentants en session.

On veut nous assujettir les Canadiens d'origine française ? Cette perspective répugne aux signataires :
> Le projet nous donnerait un contrôle odieux et de notre avis inconstitutionnel sur les droits égaux de nos compatriotes du Bas-Canada ; nous aurions peine à voir affaiblir, sans leur consentement et contre leurs désirs, des droits qui leur sont chers comme nos droits nous sont chers.[5]

Des officieux continuant d'affirmer que le Haut-Canada favorise le projet, les citoyens du comté de Stormont protestent à leur tour, par une pétiton datée de Cornwall, 4 décembre 1822. Ils manifestent leur surprise « que l'on n'ait pas hésité à prétendre, à l'appui de cette mesure, qu'elle recevrait l'approbation des sujets de Sa Majesté dans cette Province ». Les citoyens du comté de Stormont veulent détromper le Parlement britannique, et lui faire savoir qu'au contraire « une grande majorité des habitants des deux provinces sont opposés au projet d'Union ». Eux aussi argumentent : Depuis la division en deux provinces, la population du Haut-Canada s'accroît plus rapidement que celle du Bas-Canada, ce qui doit s'attribuer à l'application des lois britanniques, autant qu'aux avantages du climat et du sol ; les relations entre les deux provinces ont été cordiales, sauf, récemment, au sujet du partage des droits de douane ; c'est cette difficulté qui a fait apparaître l'Union comme souhaitable dans le Haut-Canada, mais la gracieuse intervention du Parlement britannique, à sa dernière session, l'a résolue.

Les habitants du comté de Stormont savent bien que « les habitants anglais du Bas-Canada feront tous leurs efforts pour provoquer une union susceptible de réduire l'influence de la partie de la population d'extraction française et augmenter la leur en proportion », et ils ont ample occasion de constater « que ces efforts s'étendent au Haut-Canada ». Mais ils invoquent les mêmes raisons que leurs camarades du comté de Home : immensité du pays, difficultés de communication, éloignement des députés et de leurs électeurs, inconvénients d'unir des populations de langue et d'habitude différentes. Laissez donc chaque province adopter les lois qui lui conviennent le mieux. L'Union, loin de résoudre le problème du contrôle des deniers publics, discuté dans le Bas-Ca-

---

5. Tous ces textes, avec les pétitions de la Chambre d'Assemblée et du Conseil législatif du Bas-Canada, ont été rassemblés en un volume : « Union of the Legislatures of the Provinces of Lower Canada and Upper Canada », imprimé à Londres en 1824.

nada, pourrait provoquer une contagion et entraîner des députés hauts-canadiens à prendre la même attitude que leurs confrères de la majorité bas-canadienne. Le projet d'Union permettrait à deux membres du Conseil exécutif de siéger, sans droit de vote, à l'Assemblée législative. Les pétitionnaires de Cornwall font observer le caractère insolite de cette mesure, sans précédent dans la législation britannique.

Des pétitionnaires du comté de Glengarry protestent aussi contre la rumeur décrivant la population du Haut-Canada comme favorable au bill. Le projet ne pourrait avoir qu'un semblant de raison, le conflit relatif au partage des droits de douane :

> L'intervention du Parlement britannique, adoptant une loi pour déterminer la part de revenu qui nous est due et celle qui nous sera due à l'avenir, a complètement redressé ce grief. Nous ne désirons donc pas un changement qui, à notre avis, ne serait avantageux pour aucune des deux provinces.

Les habitants des comtés de Home, de Stormont et de Glengarry ne sont pas des sujets « déloyaux ». Ceux du comté de Wentworth passent pour fort loyalistes. Or, ils protestent aussi vivement :

> Quand vos pétitionnaires, loyaux sujets de Sa Majesté, ont émigré dans cette Province pour y jouir des bienfaits du gouvernement britannique... ils ont obtenu une constitution qui divisait le Canada en deux provinces : le Haut-Canada, principalement peuplé de sujets de Sa Majesté habitués aux lois britanniques et utilisant la langue anglaise... tout ce qui s'est produit depuis a fortifié leur attachement à cette constitution, qui a si largement contribué à leur bonheur.

> C'est avec la plus grande surprise et le plus profond regret qu'ils ont appris le changement projeté sans leur consentement, hors de leur connaissance et sans qu'aucune mauvaise conduite de leur part, équivalente à une forfaiture, l'ait justifié...

Le projet ne peut être dû « qu'à de fausses représentations, de la nature la plus grossière, à une complète méconnaissance de ce pays et des sentiments de sa population ». La hausse de la qualification foncière exigée des députés est inadmissible. Les pétitionnaires de Wentworth renonceraient au droit de vote plutôt que d'accepter cette clause. Plus démocrates qu'on ne s'y attendrait, ils protestent aussi hautement contre le principe d'une liste civile permanente, qui priverait l'Assemblée du contrôle des dépenses. Pour conclure :

Vos pétitionnaires soumettent respectueusement leurs objections à une union des législatures des deux Canadas, à quelque condition que ce soit. La population de cette Province est principalement composée de sujets qui ont émigré de Grande-Bretagne et d'Irlande et des anciennes colonies américaines de Sa Majesté et de leurs descendants qui, par la communauté de langue, de coutumes et de gouvernement se sont facilement unis pour devenir un seul peuple. Les sujets de Sa Majesté, leurs frères du Bas-Canada, issus d'une origine différente, parlent une langue différente, professent une religion différente, et possèdent leurs propres manières et coutumes. Chaque législature a en conséquence adopté des lois convenant à son propre usage, à ses coutumes et aux besoins locaux. Les deux provinces sont séparées en deux gouvernements depuis plus de trente ans. Les pétitionnaires ne croient pas que deux corps aussi hétérogènes et discordants en toutes leurs parties doivent nécessairement être unis, et si une suprématie devait être conférée à cette Province sur le Bas-Canada, les pétitionnaires ne croient pas y avoir droit, ce serait infliger une injustice à leurs frères de la basse Province, avec lesquels ils n'ont aucun désir de querelle et dont ils ne veulent pas enfreindre les droits et troubler la paix. Et si l'avantage devait être accordé au Bas-Canada, cette Province serait à sa merci et ne pourrait attendre des gens du Bas-Canada qu'ils apportent à ses intérêts le soin que les circonstances peuvent exiger.

Le seul motif de friction existant entre les provinces, qui était le partage des revenus, a été mis en voie d'ajustement à l'amiable par la prompte intervention du Parlement britannique, ce qui dispose de tout argument d'apparence raisonnable en faveur d'une union.

Les pétitionnaires demandent donc le rejet d'une mesure qui les placerait « dans une situation si périlleuse, si contraire à leurs vœux et à leurs intérêts ». Des pétitions circulent dans d'autres comtés et districts du Haut-Canada, et le total des signatures, dans cette province, atteint 8,097.[6]

* * *

6.		
Comté de Kent, district Ouest		360
	Hastings, dist. de Midland	220
	Leeds	660
	Stormont (Dist. Est)	206
	Glengarry	388
District de London		1,576
District de Home		736
Kingston, Lennox et Addington et district de Newcastle		2,600
Comté d'Augusta		343
Amelia'sburg		255
Comté de Prince Edward		753

Le mouvement anti-unioniste est donc solidement étayé. Mais l'affaire est de la dernière gravité pour les Canadiens français puisque le bill d'union menace à la fois la langue française et la religion catholique. Et c'est à Londres qu'il faut emporter la décision. Les comités anti-unionistes décident d'y envoyer trois délégués, représentant respectivement le district de Montréal, le district des Trois-Rivières et le district de Québec. Il faut des hommes de premier plan, aptes à se faire recevoir par les ministres et à les convaincre. Le nom de Papineau jaillit le premier, de toute part. Mgr Plessis lui-même le considère comme le chef laïc des Canadiens. Deux conseillers législatifs, Charles de Saint-Ours et son gendre Pierre-Dominique Debartzch, mènent campagne contre le projet d'union. Charles de Saint-Ours, colonel de milice, aide de camp du gouverneur Carleton, ami intime du duc de Kent et reçu à la Cour d'Angleterre, a largement gagné son brevet de loyalisme. Mais il soutient les droits de la langue française, jusque dans les transactions commerciales. Charles de Saint-Ours écrit à Papineau, pour le presser d'accepter la mission qu'on lui offre: «Je vois avec grande satisfaction que tous les yeux sont tournés vers vous, dans l'espoir que vous présentiez la pétition en Angleterre. Je ne connais personne de plus digne et de plus capable que vous d'entreprendre cette honorable mission.» Pierre-Dominique Debartzch, ancien combattant de Châteauguay, écrit à Papineau dont il a été le colistier dans le comté de Kent : « Accepter cette honorable mission, que seul vous pouvez dignement remplir.»

Avec Papineau, on décide d'envoyer le juge Bédard, pour représenter le district des Trois-Rivières, et John Neilson pour représenter le district de Québec. Les comités ont pensé à Debartzch, conseiller législatif et grand propriétaire foncier, mais sa santé et ses intérêts le retiennent. La délégation comprendra bien trois hommes de premier plan, et d'un loyalisme inattaquable. Personne n'a oublié les conseils de Pierre Bédard, à sa sortie de prison, et le discours de Louis-Joseph Papineau, lors des élections consécutives à la mort de George III. Cependant quelques personnes, à Québec, n'approuvent pas le voyage de Papineau, qui leur paraît indispensable à la présidence — à la tête — de l'Assemblée. L'abbé Jérôme Demers, qui pense comme elles, l'écrit à son ancien élève :

> Tous vos amis de Québec, moi compris, sont inquiets et mécontents de ce choix. Certes, les intérêts de la province ne pourraient être confiés à de meilleures mains. Mais on se demande comment

vous pourrez déserter votre poste, sans le consentement de la Chambre. On pense qu'en arrivant en Angleterre vous y trouverez des lettres du Canada, vous blâmant pour votre soi-disant désertion.

Il faudra élire un autre président, continue l'abbé Demers ; cette élection sera une pomme de discorde jetée au sein de l'Assemblée. Il y a parmi nous des hommes ambitieux, que nous ne connaissons pas assez. Un choix malheureux pourrait nous être fatal. Et même avec un choix judicieux, l'Exécutif l'approuverait-il ? L'abbé Demers appréhende cette nouvelle cause de rivalités, donc de divisions. Je voudrais que vous fussiez un moment parmi vos amis de Québec, conclut l'abbé Demers ; « Je suis sûr que vous resteriez si vous entendiez leurs arguments. »

Les avis contraires sont plus nombreux. Les avantages, aux yeux de la majorité, dépassent les inconvénients. Dalhousie refuse au juge Bédard le congé nécessaire. Papineau et Neilson partiront seuls. Papineau informe le secrétaire du gouverneur, par lettre du 6 janvier 1823, qu'il s'absente pour la durée de la session, et ne pourra donc remplir son poste à la présidence. Et il prépare son voyage. Il demande des lettres d'introduction à Mgr Plessis, qui a déjà fait à Londres un voyage fructueux. Mgr Lartigue surmonte l'espèce d'éloignement qu'il ressent à l'égard de son cousin — de son cousin parfois compromettant, mais qui a donné un terrain pour la construction de l'église Saint-Jacques. Il lui remet, pour Neilson et pour lui, une recommandation auprès de Mgr Poynter, évêque catholique de Londres — officiellement : vicaire apostolique du district Est de l'Angleterre. Ces messieurs, explique l'évêque de Telmesse, portent des requêtes signées par l'immense majorité des habitants des deux Canadas « contre l'inique projet d'un bill d'Union de ces deux provinces, qui établirait la suprématie spirituelle du Roi sur notre Église et ferait dépendre la nomination de tous les curés du Canada de la faveur ou du caprice d'un gouverneur protestant ». Mgr Poynter, signale Mgr Lartigue, rendrait un important service à la religion et à notre pays en présentant ces messieurs à lord Clifford, qui à son tour leur procurerait le patronage de lord Sussex.

Mais Mgr Lartigue écrit à Mgr Plessis, le 16 janvier, que l'ex-orateur Papineau, qui part demain pour l'Europe, a paru mortifié d'avoir reçu de Mgr de Québec, non des recommandations, mais une simple liste d'adresses de personnes marquantes, auprès desquelles il devra tâcher de s'introduire.

16

La mission Papineau-Neilson

Mgr Lartigue passe trois jours en visite pastorale à la Petite-Nation, du 24 au 26 janvier 1823. Il y trouve cinquante familles catholiques, comprenant environ 270 âmes, et une quinzaine de familles protestantes. Son cousin Louis-Joseph Papineau, seigneur de la Petite-Nation, mais avant tout représentant du peuple, délégué par la Chambre d'Assemblée auprès du gouvernement impérial, est en route avec John Neilson, pour l'accomplissement de sa mission. Mari exemplaire, il envoie à sa femme, de Burlington et de New York, des récits détaillés de son voyage. Indifférent en matière religieuse, il a écouté un sermon méthodiste dont il fait un rapport fidèle. Julie Papineau, toujours endolorie — « J'ai été malade et ne suis pas bien encore » — et toujours dévote, le remercie de sa première lettre, le prie d'écrire tous les jours pour distraire son incurable ennui, mais goûte assez mal le sermon méthodiste : « J'ai seulement regretté la demi-page employée à me rapporter le sermon méthodiste, et qui aurait pu être employée plus utilement pour moi. »

Louis-Joseph Papineau et John Neilson s'embarquent à New York pour Liverpool. Papineau écrit à sa femme, la veille du départ :

> Nous partons sur le Meteor, qui fait sa cinquième traversée, avec le capitaine Cob. C'est un voyage dont ici les gens ne parlent plus que comme d'une promenade, tant ils y voient de facilités et nul danger. Quand il y en aurait, je m'embarquerais encore avec confiance, parce que j'espérerais de la bonté de la Providence que si je suis utile à ma chère femme et à mes chers petits enfants, elle me conserverait pour vous.

Papineau et Neilson ont les mêmes conceptions, les mêmes convictions politiques. Neilson fait confiance à la constitution anglaise, constitution non écrite et donc souple, qui possède en elle-même les moyens de s'améliorer par une évolution graduelle, sans soubresauts. C'est la conviction exprimée par Pierre Bédard à sa sortie de prison. Papineau ne pense qu'à son devoir — à sa mission — et à sa famille. Neilson plus enjoué, peut introduire une saillie, voire une plaisanterie, dans une discussion sérieuse, ce qui surprend toujours et chiffonne un peu son compagnon. Leurs tempéraments, celui du tribun et celui du philosophe, se complètent cependant, et les deux hommes se lient davantage, comme ont fait Mgr Plessis et l'abbé Lartigue dans une traversée précédente.

À Québec, la Chambre d'Assemblée, réunie le 11 janvier 1823, élit Vallières de Saint-Réal à la présidence. Vallières de Saint-Réal possède, lui aussi, tout ce qu'il faut pour faire honneur à son poste.

Le gouverneur Dalhousie informe officiellement les Chambres que le gouvernement, projetant l'union des législatures du Haut et du Bas-Canada, a cependant ajourné son bill, pour permettre au peuple de ces provinces de faire connaître ses sentiments. La Chambre vote une adresse, qui commence par remercier Sa Majesté de fournir cette occasion à ses sujets, « sincèrement attachés à la forme de gouvernement sous laquelle nous avons le bonheur de vivre ». Cela dit :

> La Chambre a partagé la surprise et la douleur d'une très grande majorité des sujets de Votre Majesté dans cette Province, en apprenant que les ministres de Votre Majesté avaient proposé ces changements à la loi qui a établi notre constitution, et spécialement l'union des législatures du Haut et du Bas-Canada.
>
> L'Assemblée est convaincue que la constitution accordée à cette Province par ledit Statut et la séparation de cette Province du Haut-Canada ont été, de la part du Parlement impérial, un acte de justice en même temps que de bienveillance envers les habitants de ces deux provinces, en leur permettant à toutes deux de conserver les droits et franchises qui leur avaient été assurés et garantis par la foi du gouvernement.
>
> L'adoption de ladite loi a été l'un des meilleurs moyens de faire connaître aux habitants de cette province la justice et la magnanimité britanniques, qui ont assuré au gouvernement de Votre Majesté la confiance, l'affection et la fidélité inviolables de toutes les classes des sujets de Votre Majesté dans cette colonie.

> Ladite loi, modelée sur la constitution de la mère-patrie par quelques-uns de ses plus grands et plus sages hommes d'État, accorde des pouvoirs suffisants pour remédier aux abus, redresser les torts, apaiser les mécontents et procurer le bien général de la Province.
>
> Non seulement les raisons qui ont occasionné l'adoption de cette loi existent encore, mais elles ont gagné plus de force grâce à l'heureuse expérience acquise par les habitants de cette Province...
>
> Avec les changements proposés, les deux Provinces ayant des lois, des institutions civiles et religieuses différentes seraient soumises à une seule et même Législature, dont les décisions mettraient alternativement en danger les lois et les institutions de l'une ou l'autre Province. Il en résulterait à juste titre des appréhensions sur la stabilité de ces lois et de ces institutions, un doute fatal sur l'avenir de ces colonies et un relâchement de l'énergie et de la confiance du peuple et des liens qui l'attachent si solidement à Votre Majesté.[1]

L'adresse se termine en priant instamment Sa Majesté et son gouvernement de renoncer à une mesure qui cause tant d'alarme et qui paraît contraire à la fois aux intérêts du gouvernement et à ceux du peuple.

Charles Richard Ogden, député des Trois-Rivières, est presque seul à soutenir la thèse de l'Union, de la fusion des races, de l'anglicisation des Canadiens français pour former « une grande famille ». L'adresse est votée par 31 voix contre 3.

Charles de Saint-Ours et Pierre-Dominique Debartzch entreprennent de faire voter une adresse analogue au Conseil législatif. Ils se heurtent à John Richardson, mais le colonel de Salaberry, le glorieux vainqueur de Châteauguay dont nul Anglais n'oserait suspecter le loyalisme, les aide de son prestige. Et aussi un Écossais protestant, James Cuthbert, seigneur et ancien député de Berthier, toujours généreusement prêt à défendre ses amis catholiques. L'adresse du Conseil législatif est ainsi conçue :

> Notre Constitution, heureusement établie par la Loi de la 31e année du règne de Sa Majesté George III, de glorieuse mémoire, a éminemment servi le bien et la prospérité de cette Province, assuré la paix et le bonheur de toutes les classes des sujets de Sa Majesté, et fortifié les liens d'union avec la mère-patrie.

---

1. L'adresse de la Chambre d'Assemblée, et tous ces documents, ont été réunis en un volume : « Union of the Legislatures of the Provinces of Lower Canada and Upper Canada », imprimé à Londres en 1824.

Au contraire, l'union des deux législatures du Haut et du Bas-Canada entraînera, à notre avis, des maux inévitables, provoquera des craintes et appréhensions, en raison de ses répercussions sur la diversité des règlements municipaux, langue, lois, religion, institutions et intérêts régionaux, consolidés dans les deux provinces par des lois provinciales et devenus nécessaires au bonheur de chacun.

Le Conseil estime que l'union des deux législatures tendrait directement à affaiblir et embarrasser l'administration du gouvernement de Votre Majesté, et finalement à créer du mécontentement dans l'esprit des plus fidèles sujets de Votre Majesté dans cette colonie.

Cette adresse est adoptée par neuf voix contre cinq, celles de John Richardson, Charles William Grant (baron de Longueuil), James Irvine (qui siège au Conseil exécutif), Roderick Mackenzie (ancien Bourgeois de la Compagnie du Nord-Ouest) et William Bowman Felton (commissaire des terres, qui conserve ces fonctions depuis sa nomination récente au Conseil).

Les cinq font enregistrer leur protêt et prennent bientôt leur revanche.

La session de 1823, en l'absence de Papineau, témoigne d'une accalmie. Vallières est un parfait président, ferme et modéré, beaucoup moins enclin que son prédécesseur à se lancer dans l'arène. La Chambre régularise des paiements faits, les années précédentes, sans adoption d'un bill de subsides. Elle vote les crédits demandés, mais en spécifiant, en réitérant son droit de contrôle. Aucune loi fiscale, précise-t-elle, « ne peut être considérée comme investissant qui que ce soit du droit d'appliquer les sommes ainsi prélevées, ou d'en faire une affectation ou une distribution spéciale, sans le consentement et l'autorisation de la Législature ».

Le Conseil législatif proteste contre les prétentions de l'Assemblée, réserve son attitude pour l'avenir, mais évite une crise en adoptant à son tour le bill des subsides, voté par la Chambre. La session est à peu près terminée. La Chambre, reprenant un de ses anciens projets repoussé par le Conseil législatif, décide l'envoi d'un agent de la province à Londres. Debartzch, de Salaberry, Cuthbert et d'autres conseillers législatifs sont déjà partis. Le Conseil législatif rejette ce bill. Julie Papineau, que la politique passionne, rend compte à son mari : C'est de la faute de nos amis négligents ; « Richardson, plus rusé et plus intéressé, y est encore » (21 mars 1823). Dalhousie peut néanmoins, en prorogeant, exprimer sa satisfaction d'une session « à la fois honorable pour vous et utile au pays ».

Dans le Haut-Canada, les partisans de l'Union recherchent un vote de la Chambre. Mais les députés, élus avant le lancement du projet, n'ont pu sonder leurs électeurs, dont les manifestations sont bien partagées. « Nous ne nous croyons pas libres », observent les plus prudents, « d'exprimer l'opinion de nos constituants sur une question bouleversant à ce point la constitution du pays. » L'Assemblée refuse de se prononcer. Elle s'en remet, par 18 voix contre 15, à la sagesse du Parlement impérial, mais après avoir rappelé les progrès accomplis par la province sous la constitution actuelle, de sorte que l'adresse est plutôt favorable au *statu quo*.

* * *

Papineau et Neilson, arrivés à Londres le 25 février, ont préparé un mémoire à l'intention du ministre.[2] Ils ont ensemble arrêté leurs idées et Neilson, plus familier avec l'anglais puisque c'est sa langue, a rédigé le texte. Les délégués font état des pétitions qu'ils apportent. Ils évaluent la population à 500,000 âmes dans le Bas-Canada, 120,000 dans le Haut-Canada. Cela doit comprendre en tout 100,000 hommes de 16 à 60 ans, et 70,000, soit les sept dixièmes, se sont prononcés contre le projet. Papineau et Neilson rappellent encore la fidélité des Canadiens : « Les habitants du Bas-Canada ont soutenu l'autorité britannique quand toutes les autres colonies du nord de l'Amérique étaient soulevées contre elle. » Ils reconnaissent que l'autorité suprême est au siège de l'Empire, mais la distance empêche toute administration directe. Il ne serait guère plus facile à une législature unique d'administrer un immense pays, où les communications entre certaines parties du Bas-Canada et certaines parties du Haut-Canada sont encore plus incertaines qu'entre Montréal et Londres. Ajoutez que les représentants, trop mal indemnisés pour abandonner leur profession, ne peuvent se rendre à l'Assemblée qu'en hiver, où les voyages sont encore plus difficiles...

Les délégués abordent ensuite les considérations proprement politiques.

Les lois réglementant la propriété et les droits civils, les coutumes, les religions « et même les préjugés dominant » diffèrent essentiellement dans les deux provinces. Les habitants de chacun

---

2. Daté de décembre 1822 : Letter from J.L. (sic) Papineau and J. Neilson, Esqs., addressed to His Majesty's Under Secretary of State R. Wilmot, on the subject of the proposed Union of the Provinces of Upper and Lower Canada. (London, 1824). Ce mémoire figure dans les Papiers d'État du Bas-Canada.

des Canadas sont attachés à leurs lois, que la Grande-Bretagne leur a solennellement garanties. Le législateur le plus sage, le plus impartial, ne pourrait pas les amalgamer... Toute nouvelle loi devrait se rédiger en faisant référence aux lois précédentes... Les députés des deux parties du pays seraient en définitive obligés de légiférer séparément « sur presque toutes les questions relatives à leurs provinces respectives ».

Le projet vise au partage égal des deniers publics entre deux provinces, dont l'une a cinq fois moins de population et de richesse que l'autre.

La clause permettant d'augmenter la représentation des cantons de l'Est accentuerait cette injustice.

Les traités et les lois ont reconnu aux habitants du Bas-Canada le droit à leurs propriétés, à leurs lois civiles et à leurs libertés religieuses. Le bill, en appelant dans la Législature, à égalité de forces, les représentants d'un pays d'habitudes différentes, peut-être préjugés contre l'ordre de choses prévalant dans cette province, ferait courir un grand risque à ces droits et privilèges. Toute précaution contre les décisions de la Législature — contre ce risque — serait illusoire.

Sur la question de langue :

« Il n'y a probablement pas dix membres de l'actuelle assemblée du Bas-Canada qui ne comprennent pas l'anglais ; plusieurs le parlent couramment ; il n'y a personne d'un certain rang social dans la colonie qui ne fasse apprendre l'anglais à ses enfants. » Mais les Canadiens tiennent à leur langue, « qui a beaucoup contribué à conserver la colonie à la Grande-Bretagne lors de la rébellion américaine ».

Sur la question de religion :

« Le gouvernement a toujours trouvé le clergé catholique dévoué au lien de la Province avec l'Empire britannique, et exerçant son influence dans ce sens. » Le choix de l'évêque, chef du clergé catholique dans la province, est approuvé par la Couronne avant son institution canonique par le Pape. Mais les délégués protestent contre le projet de contrôle gouvernemental sur la nomination et la révocation des curés, qui ruinerait l'autorité de l'évêque sur son clergé.

Papineau et Neilson terminent en rappelant :

On a attribué des sentiments et des attachements étrangers à ceux qui ont deux fois risqué leur vie et leur fortune pour conserver leur allégeance à la Couronne britannique. Aucune calomnie, aucune fausse représentation n'a été épargnée.

Ils demandent au gouvernement impérial de ne pas pousser le bill sans entendre un ou plusieurs commissaires que la Législature serait autorisée à déléguer.

Papineau et Neilson voient naturellement Mackintosh, qui sera leur principal point d'appui. Sir James Mackintosh s'est rendu célèbre par ses ouvrages d'histoire et de philosophie. Mais aussi par sa défense d'un réfugié politique français, Jean-Gabriel Peltier, traduit en Cour, à la demande du gouvernement d'Outre-Manche, pour un libelle contre le premier consul. Au Parlement, Mackintosh lutte pour l'émancipation des catholiques. Papineau et Neilson voient Joseph Hume, toujours prêt, lui aussi, à embrasser les causes généreuses. L'originalité de Hume, qui a séjourné aux Indes et servi pendant la guerre des Mahrattes, consiste à parler l'hindou. Hume combat la prison pour dettes, les châtiments corporels dans l'armée, la réquisition des matelots et la loi interdisant l'émigration des ouvriers. Il s'est constitué le tuteur du trésor public, et surveille les dépenses avec un zèle farouche. Papineau et Neilson prennent aussi contact avec les représentants du parti des Saints, composé de méthodistes et autres dissidents.

La culture et la tenue de Papineau surprennent des Anglais à qui l'on avait représenté les Canadiens français comme des « natives », ignorants ou même demi-sauvages. Papineau, de son côté, est surpris — et choqué — par l'indifférence du plus grand nombre, à la Chambre des communes même, à l'égard des colonies. Il l'écrit à Louis Guy, président du comité de Montréal qui l'a mandaté :

> Il est étonnant combien peu l'on s'occupe des intérêts des colonies dans ce pays. J'ai vu des membres de la Chambre des communes qui ignoraient que le bill pour l'union des législatures des deux provinces avait été agité l'an dernier au Parlement.

Papineau et Neilson ne connaissent pas encore les réactions des chambres hauts-canadiennes. Ils voient sir Robert John Wilmot Horton, sous-secrétaire des Colonies ; puis lord Bathurst, secrétaire des Colonies, leur accorde deux audiences. Les Canadiens présentent leur mémoire. Ils en appellent du ministre mal informé au ministre mieux informé, en insistant sur la conduite de leurs compatriotes pendant la guerre de 1812. Or, l'atmosphère, au ministère, n'est pas hostile. Canning a succédé à l'autoritaire et dur Castlereagh comme premier ministre. Au département des Colonies, Bathurst est assez bien disposé. C'est lui qui a, contrairement à ses prédécesseurs, reconnu le titre d'évêque au titulaire du siège épiscopal de Québec, et l'a fait admettre au Conseil législatif. Il a réservé bon accueil à Mgr Plessis, en route pour Rome, en 1819, et l'a reçu dans son château d'Oakland Grove. Lord Bathurst conseille aux délégués canadiens d'attendre pour soumettre leurs pétitions à la Chambre des communes, et leur promet confidentiellement : « Restez tranquilles ; le gouvernement ne veut pas d'ennuis au Parlement à ce sujet ; le bill ne sera pas présenté, à cette session. »

Mais Ellice, insinuant, retors et actif, a ses entrées un peu partout. Il présente, en bon apôtre, le projet d'union comme conçu dans l'intérêt de tous les Canadiens, qu'il veut doter d'un État plus fort, donc plus influent auprès du gouvernement impérial, plus en mesure de résister à l'attraction américaine et même d'accéder, le jour venu, à l'indépendance. Les partisans de l'Union envoient aussi un délégué, qui n'est pas le premier venu : James Stuart, l'ancien colistier de Joseph Papineau aux élections de 1809, l'ancien ennemi mortel de Jonathan Sewell, l'ancien défenseur des miliciens insoumis de Pointe-Claire. En 1813, la majorité canadienne de la Chambre a chargé Stuart d'aller soutenir à Londres ses accusations contre le juge en chef ; et le Conseil législatif a empêché cette mission, en refusant les crédits. Stuart reprochait alors à Sewell de « semer la division entre les sujets de Sa Majesté » par sa morgue et son injustice envers les Canadiens de langue française. Stuart et Papineau marchaient la main dans la main ; et Papineau appuyait Stuart, qui voulait aller jusqu'à renverser le gouverneur Prevost. Ils se sont brouillés depuis. Stuart est délégué à Londres, en 1823, mais par les partisans de l'Union législative. Il mettra dans cette mission, comme il eût fait dans le sens contraire en 1813, tout son talent et toute sa passion. À l'en croire — on s'imaginerait entendre Sewell ou Ryland ! — les Anglais, réduits à une représentation minoritaire, sont dépouillés de leur juste influence dans le Bas-Canada.

Papineau est invité à un dîner où il rencontre Ellice et Stuart. Les trois hommes sont d'agréables et intarissables causeurs. Ils ont une mine de souvenirs en commun. Ellice, quelque peu hâbleur, peut tenir tête à des professionnels de la parole. On parle évidemment du Canada. « Vous avez l'air bien tranquille », dit Ellice, « je crois savoir de bonne source que le cabinet vous a donné l'assurance que la question ne viendra pas sur le tapis, mais elle y viendra ; les ministres m'ont donné leur parole devant témoins ; je les déshonorerai s'il le faut. » Papineau et Neilson courent chez Mackintosh, qui les rassure : « Ellice est un vantard, sans influence réelle ; on ne le fréquente que parce qu'il est le gendre de lord Grey ; nous saurons refroidir son ardeur, et vous pouvez vous fier à la parole du ministre. »

Papineau rend compte à Louis Guy :

Mon cher Monsieur, Londres, 5 avril 1823

J'ai eu le plaisir de recevoir une seconde lettre de vous en date du 22 février et qui m'est parvenue avec les extraits de lettres de Québec qui l'accompagnent, le 30 du mois dernier. Nous les ferons connaître à MM. Robertson, Ready, Parker et quelques autres, mais en trop petit nombre, qui veulent bien prendre la peine de les lire. Si par les deux premiers nommés nous pouvons réussir à persuader une bonne fois aux ministres qu'ils doivent abandonner pour toujours leur injuste projet d'Union, nous serons pour longtemps à l'abri des attaques de nos adversaires, malgré la constance avec laquelle M. Ellice paraît disposé à soutenir leur cause. Je tiens de lui-même qu'il a désiré ramener la question sur le tapis durant la présente session, que sur le refus des ministres de s'en occuper il a insisté à demander que le bill fût introduit sous la condition qu'il ne pourrait pas sortir cette année, mais serait référé à un comité spécial devant lequel MM. Neilson, Stuart et moi serions entendus, ce qui produirait une union agréable à tous les partis, modifié de manière à ne léser aucun intérêt, qu'il abandonnerait volontiers la clause qui a rapport au clergé, qui n'avait été introduite que pour la mettre à l'abri des attaques de la nouvelle Législature ; celle qui avait rapport à la conduite des débats en anglais, mais qu'il fallait que les Anglais en Canada eussent un juste degré d'influence dans la représentation, que les ministres lui ont dit qu'ils ne s'occuperaient point de ce bill pendant la présente session. Mais il a voulu ajouter qu'il était très certain que le projet d'Union des provinces n'était pas abandonné et qu'il prévaudrait un peu plus tôt ou un peu plus tard, et sans doute à la prochaine session. Que son intention, non plus que celle des ministres, n'était pas de rendre le Canada moins libre, mais au contraire, en lui donnant une meilleure forme de gouvernement, une représentation plus nombreuse, dont les déterminations auraient plus de poids, tant auprès des ministres ici qu'auprès des administrations coloniales, ils voulaient jeter les fondements d'un État indépendant, à l'époque peut-être peu éloignée où le Canada trouverait un avantage mutuel à se séparer. Qu'il approuvait la résistance de l'Assemblée à plusieurs des empiétations méditées par l'administration, et qu'il ne voudrait pas plus établir le despotisme au Canada que s'y soumettre en Angleterre. Je lui ai dit qu'avec de telles vues il n'y avait qu'une grande inattention à l'état de la province qui avait pu les porter à appuyer des changements qui, par le juste mécontentement qu'ils donneraient, devaient produire des effets si contraires à ceux qu'ils se proposaient, et forcer pour ainsi dire les Canadiens à se jeter dans les bras des Américains qu'ils avaient haïs jusqu'à présent, mais dont après tout ils avaient moins à craindre que de la part d'une Législature qui, aussi mal informée de leurs vœux et de leurs intérêts, sacrifierait les droits du grand nombre à ceux du petit nombre, sous le prétexte faux qu'il arrivait que les uns étaient français et les autres anglais, ayant droit à des préférences ; que si dans un État il était permis de reconnaître des distinctions nationales, il fallait se déterminer à ne gouverner que par la force et non par l'équité, quand ces distinctions avaient pour but de sacrifier les intérêts de la majorité ; que dans toutes les colonies anglaises qui avaient des représentants, la métropole devait prendre pour règle de ne jamais statuer de changements qu'après qu'ils auraient été demandés par le peuple et ses représentants sur le tout. Il n'y a que les personnes qui ont ou qui ont eu des liaisons au Canada qui s'en occupent, et notre présence a eu le bon effet de les diviser de sentiments peut-être. Non qu'ils cèdent à un sentiment de justice, mais la considération de l'unanimité qui a régné parmi les Canadiens les porte à user de quelque ménagement à notre égard. Ce misérable bill d'Union est répudié par ses auteurs. M. Ellice l'attribue aux ministres dans ses détails. Les amis des ministres disent qu'ils ne l'auraient jamais accueilli s'ils n'avaient été trompés par M. Ellice. Celui-ci dit qu'il ne l'a proposé que parce qu'il ne pouvait consentir au plan qu'avaient eu les ministres de taxer les colonies pour terminer le différend avec le Haut-Canada, et qu'il leur avait dit qu'en principe il n'y pouvait consentir et que l'Union était la seule voie de terminer ces différends ; que cette suggestion avait été adoptée, mais qu'il avait été joué puisque la colonie avait été taxée ici ; qu'il n'avait pas voulu voter à la passation de l'Acte de Commerce. Ils sont mécontents les uns des autres. Nous attendrons à une époque plus avancée de la session, d'après les conseils que nous avons eus ici, à présenter les requêtes aux Chambres, et ce jour sera le seul où il sera question en Parlement des intérêts du Canada. Je vous ai précédemment rendu compte de notre entrevue avec M. Wilmot. Si la Législature du Haut-Canada se déclare, comme je l'espère, contre l'Union, en ce cas nous aurons sans doute l'utile coopération de M. Robertson ; quant à présent, il ne peut agir. Vous souhaitant à votre famille et à tous nos amis du Canada santé, paix et bonheur, pour eux et notre cher pays, je suis avec estime votre obéissant et affectueux serviteur.

Mackintosh ne paraît pas avoir trompé les délégués canadiens en dépréciant l'influence d'Ellice qui, même secondé par Stuart, n'arrive pas à ses fins. Un Anglais du Canada, Adam Lymburner, autrefois partisan de l'Union, mais qui a changé d'avis dans l'intérêt de la paix publique, contredit le seigneur de Beauharnois. Lymburner, négociant à l'aise, estimé pour la largeur et la sagesse de ses vues, appuie Papineau et Neilson, « afin que le gouvernement ne se rende pas odieux en Amérique ». Papineau croit sa cause gagnée, tout en sentant la nécessité de la vigilance, et l'écrit à sa femme (19 avril 1823) :

...Quant à son principal objet, l'Union, mon voyage n'aura pas été inutile. Les communications que nous avons eues avec plusieurs membres des Communes suffiront pour qu'ils soient en garde, à l'avenir, contre tout projet ayant pour but quelque grande injustice envers le pays, et pour moyen des représentations secrètes pour obtenir des changements à l'insu des habitants du pays.

Les décisions des Chambres haut-canadiennes renforcent Papineau et Neilson qui peuvent affirmer : « Aucun bill présenté au Parlement et concernant les colonies n'a jamais rencontré une opposition plus générale de la part de ceux qu'il concerne. » Mais Stuart jette des doutes sur l'authenticité des 60,000 signatures anti-unionistes recueillies dans le Bas-Canada : les nombreuses signatures représentées par des croix auraient été arrachées sous la pression des curés, ou données par des femmes, parfois même par des enfants. Et surtout, Stuart présente à son tour un mémoire, daté de Londres, 6 juin 1823. C'est un texte considérable, avec, comme celui de ses adversaires, bien des répétitions. Stuart brosse l'historique du gouvernement au Canada depuis la conquête, et, en juriste, dénonce essentiellement, comme la racine de tous les maux, la politique funeste de la conservation des lois françaises. En séparant les deux provinces, on a sans doute tenu compte des difficultés de communication entre elles. On n'a sûrement pas voulu « perdre de vue l'évidente nécessité de convertir le Bas-Canada, de province française en province anglaise ». Le ministre du temps, interpelé, a déclaré son intention « d'assimiler les Canadiens à la langue, aux manières, aux habitudes et par-dessus tout aux lois et institutions de la Grande-Bretagne ». Il ne s'agissait donc que d'une mesure de transition. Or, le régime actuel n'a pas permis de réaliser cette nécessaire assimilation. On ne peut non plus l'attendre d'un appel à la raison et au jugement des Canadiens français. Au contraire : « L'étendue déraisonnable des concessions qui leur ont été faites, au préjudice des sujets anglais et de leur pays commun, en leur donnant un système de lois étrangères et un ascendant total dans la Législature, a confirmé et invétéré leurs préjugés nationaux et leur éloignement de toute assimilation.» Il serait déraisonnable de maintenir une division artificielle d'un pays qui compte un seul débouché naturel, par le Saint-Laurent. Les habitants du Haut-Canada n'ont accès à leur région qu'en traversant le Bas-Canada, qui possède le seul port communiquant avec la mer, et possède donc la clef des communications. Or,

> Le Bas-Canada est en majeure partie habité par une population qu'on peut appeler un peuple étranger, bien que plus de soixante ans se soient écoulés depuis la conquête. Cette population n'a fait aucun progrès vers son assimilation à ses concitoyens d'origine britannique, par la langue, les manières, les habitudes et les sentiments. Ils continuent, à quelques exceptions près, d'être aussi parfaitement français que lorsqu'ils ont été transférés sous la domination britannique. La principale cause de cette adhérence aux particularismes et aux préjugés nationaux est certainement la concession impolitique qui leur a été faite, d'un code de lois étrangères dans une langue étrangère...

> Dans un État séparé, tout le pouvoir législatif, dans le Bas-Canada, étant entre les mains des Canadiens français, aucune mesure tendant à les assimiler ne peut être acceptée sans leur concours, que l'on ne saurait attendre.[3]

Stuart, dans sa passion, a dû sincèrement oublier l'accusation qu'il portait contre Sewell, de « semer la division entre les sujets de Sa Majesté ». Ses démarches et son mémoire peuvent exercer une certaine influence. Le procureur général Robinson, du Haut-Canada, l'a contredit d'avance. Mais le révérend Strachan, autre « grosse cloche » du Haut-Canada, membre du Conseil exécutif depuis 1815 et du Conseil législatif depuis 1818, soumet à son tour un long mémoire, qui, pesant le pour et le contre et suggérant des modifications de détail, favorise l'Union.

Pour Strachan comme pour Stuart, le but ultime est l'assimilation des Canadiens français. Actuellement, que voyons-nous :

> Dans le Bas-Canada, la représentation est presque entièrement entre les mains de notaires et de démagogues, qui ont, grâce à la constitution, supplanté les anciens seigneurs français, auprès des-

---

3. J. Stuart: Observations on the proposed Union of Provinces of Upper and Lower Canada under one Legislature, respectfully submitted to His Majesty's Government by the agent of the Petitioners for that measure (Imprimé à Londres en 1824).

quels le gouvernement pouvait avoir quelque influence. Les paysans sont trop ignorants pour posséder une notion distincte du libre gouvernement ; peu d'entre eux savent lire et écrire, et l'on ne tente rien pour les sortir de leur ignorance ; leurs chefs les empêchent de s'assimiler aux Anglais... Ils s'opposent donc obstinément à tous les progrès modernes, par crainte de perdre leur caractère français. Ils ne cherchent ni à perfectionner l'agriculture, ni à stimuler le commerce, ni à créer des établissements britanniques, mais seulement à perpétuer la langue française, les lois françaises et les institutions catholiques, avec les sentiments nationaux qui en découlent.

Il y a lieu de penser qu'ils suivraient la même politique dans une législature unique. Le Parlement proposé, pouvant comprendre jusqu'à 120 membres, n'en comptera qu'une centaine les premières années. Les notaires et leurs amis formeraient un bloc d'une cinquantaine. Au début, certes, les Canadiens français ont élu des représentants de langue anglaise, mais ils tendent au monopole, à mesure qu'ils se familiarisent avec les institutions ; et les rares Anglais qu'ils tolèrent, et dont l'élection dépend du bon vouloir des Canadiens, sont de violents ennemis du gouvernement. Si donc quelques députés du Haut-Canada éprouvent de la difficulté à siéger à Montréal, et à plus forte raison à Québec, nous serons à la merci d'une majorité française et catholique.

À la merci d'une majorité française et catholique ! Le Révérend Strachan frappe un point sensible. Au lendemain de la menace, de la terrible menace napoléonienne, l'idée d'une « domination française » sur une partie de l'Empire britannique doit révulser tout Anglais « loyal ».

Un remède, suggère Strachan, serait une nouvelle division du pays, accordant une nette majorité aux Anglais dans une Chambre qui, pour être maniable, ne devrait pas dépasser 75 membres. Mais cette proposition soulèverait de fortes oppositions, dans le Haut-Canada même, à en juger d'après les pétitions anti-unionistes, Strachan se rabat sur une autre idée : élever le cens électoral, pour « exclure la classe la plus ignorante du Bas-Canada ». Les notaires perdraient de leur emprise, et les seigneurs ou fils de seigneurs français auraient plus de chances d'être élus. Dans les villes de Québec, Trois-Rivières et Montréal, les Anglais pourraient élire six et peut-être huit des dix députés, « car ce sont eux surtout qui possèdent des propriétés dans ces villes ».

Un risque de l'Union serait la contagion de certaines attitudes bas-canadiennes parmi les Hauts-Canadiens. À l'égard de la liste civile, en particulier : la question ne s'est pas posée dans le Haut-Canada parce que la Province, incapable d'assumer les dépenses de l'administration, est aidée par un vote annuel du Parlement impérial. Il faudrait sans doute accorder au Conseil législatif le droit de modifier les « money bills » comme les autres. Ce serait inconstitutionnel en Angleterre, « mais la situation dans les colonies est très différente ».

Il y a enfin et peut-être surtout la question de religion.

Le clergé épiscopal est resté loyaliste pendant la révolte américaine. « Si deux ou trois cents clergymen,[4] bien payés par le gouvernement britannique, vivaient au Canada, ils infuseraient à la population un sentiment entièrement anglais. » En leur confiant la direction de l'enseignement, ils communiqueraient à la jeunesse des conceptions britanniques.

Quelle est la situation actuelle, et que prévoit le bill d'Union ? Strachan évalue la population du Bas-Canada à 380,000 âmes, celle du Haut-Canada à 180,000. On compte là-dessus 350,000 catholiques, résidant principalement dans le Bas-Canada. Sur le reste, la moitié appartiennent à l'Église d'Angleterre, les autres, à part les membres de quelques sectes, sont indifférents.

Le bill prévoit une assemblée qui pourrait être portée graduellement à 120 membres, soit 60 pour chaque province. Sur les 60 députés du Bas-Canada, on peut présumer 50 élus par les catholiques, 5 par les anglicans et 5 par les neutres. Sur les 50 députés du Haut-Canada, on peut présumer 34 élus par les anglicans, 3 par les catholiques et 23 par les neutres ou adhérents des sectes. L'Assemblée unique compterait donc 53 catholiques, 39 anglicans et 28 neutres. Les catholiques auraient des chances de dominer — d'autant plus qu'ils sont solidement unis.

Le Conseil législatif comprendrait 14 catholiques, 15 anglicans et 11 neutres, dont les catholiques pourraient attirer un certain nombre.

Il faut donc saisir l'occasion du changement constitutionnel pour fortifier l'Église anglicane, et réserver au Parlement impérial la législation concernant les questions religieuses. Il faut maintenir la clause 25 du bill, exigeant l'accord du gouverneur pour la nomination et la révocation aux cures.

---

4. Il y en avait une cinquantaine.

L'Union comporte des inconvénients, mais il n'y a pas d'espoir d'amélioration tant que le Bas-Canada conservera sa législature séparée. N'a-t-on pas vu cette législature imposer des droits de douane sur des marchandises destinées au Haut-Canada ! Il a fallu une loi impériale pour régler cette situation. « On ne peut imaginer qu'une petite colonie de 60,000 âmes, dans un pays destiné à contenir de nombreux millions de personnes, impose les institutions et les coutumes de la nation dont elle a été arrachée par la force des armes aux sujets du conquérant, dont les descendants formeront, on doit le présumer, la masse de la population. » Le but premier de la politique dans cette province était l'assimilation graduelle de la population française. Ce qui en a empêché la réalisation, c'est essentiellement l'existence d'une législature séparée.

* * *

La session du Parlement britannique avance, et tout indique que les ministres, tenant leur parole malgré la pression d'Ellice, de Stuart et de Strachan, ne présenteront pas le bill d'Union des Canadas. John Neilson, requis par affaires personnelles, rentre le premier au Canada. Papineau restera, pour veiller au grain, jusqu'à la prorogation.

Les adversaires échangent des politesses. Ellice invite Papineau, qui ne croit pas sage de refuser — et bien lui en prend ! Papineau rencontre chez Ellice un membre de l'aile libérale du parti whig, sir Francis Burdett, partisan de l'Union des Canadas. Francis Burdett eût fait un excellent héros de vie romancée. Il a vu, à Paris, les podromes de la Révolution, et il en a gardé une impression ineffaçable. Gendre d'un banquier fort riche, il a pu acheter au 4e duc de Newcastle son siège au Parlement, en 1796. Burdett protège les catholiques, s'élève contre la corruption administrative, demande l'égalisation des districts électoraux et l'extension de la franchise électorale. Une demande d'enquête sur l'état des prisons l'a rendu très populaire. Menacé d'arrestation, il a été défendu par la foule, qui a transformé sa maison en fortin. Burdett a cependant donné l'ordre de laisser pénétrer jusqu'à lui les soldats chargés de l'arrêter : ils l'ont trouvé donnant à son fils une leçon de latin, et cette scène à l'antique, si bien dans l'esprit du temps, a frappé les imaginations.

La conversation tombe fatalement sur le Canada et sur le projet d'Union. Papineau met dans son exposé tant de force persuasive que Francis Burdett reconnaît : « Si la majorité en Canada est aussi grande et aussi hostile que vous l'assurez, ce serait compromettre le parti whig que de le faire agir contre ses professions souvent répétées de respect pour les vœux des majorités ; il faut abandonner le projet. »

— Non, non, s'écrie Ellice. C'est une majorité ignorante, fanatisée par les prêtres. Et de se répandre en récriminations contre le Séminaire de Saint-Sulpice, qui, entre autres méfaits, prélève des droits de lods et ventes dont les propriétaires anglais voudraient bien se débarrasser. Ellice, qui est seigneur de Beauharnois, révèle à ses hôtes qu'il prépare, de concert avec Stuart, un bill destiné à transformer la tenure seigneuriale — sans doute pour augmenter les revenus de sa seigneurie.

Mais Burdett, définitivement converti, grossit le groupe des adversaires du bill, dont Mackintosh et Hume sont déjà les vedettes. Et sir Francis Burdett, malgré ses sympathies radicales et son relatif isolement, n'est pas sans influence dans le parti whig. Chez Mackintosh, chez Hume, chez Burdett, on devise, en philosophes, de la liberté du travail, du respect des croyances d'autrui, du progrès des lumières depuis l'encyclopédie de Chambers et celle de Diderot. On parle aussi de littérature. On trouve un peu bien tapageuse la renommée de M. Walter Scott qui, dans son château d'Écosse, vit parmi les antiquités, les lévriers noirs et les lévriers gris, et reçoit le roi vêtu du jupon national et le plaid sur l'épaule.

Papineau parle aussi de son pays. Le ciel n'y est jamais bas et noyé de brumes comme en Angleterre. La lumière n'y est pas diffuse, mais se répand en nappes de clarté. Les distances y sont longues. Sur des lacs paisibles glissent des pirogues de bouleau à l'avant effilé. Les fleuves souverains coulent dans des vallées éployées comme des lits de géants. La rumeur du vent dans les ormes, les cèdres, les érables, est plus majestueuse qu'ailleurs, et plus chargée de mystère. On a de tous côtés l'impression de l'espace infini, et l'âme est comme agrandie, dilatée. Ce qui émane de ces panoramas, ce qui souffle dans ces vallées, ce qui emplit, gonfle, exalte les cœurs, c'est, fille de la nature et don sacré du ciel, la Liberté...

Papineau ne cesse d'observer, de comparer, de réfléchir et de philosopher. Il tenait, avant son voyage, la Grande-Bretagne pour le modèle des nations et sa constitution pour la perfection politique.[5] A voir les choses de près, il faut déchanter. Les abus, les injustices, ne sont pas moins flagrants qu'au Canada. Peut-être le sont-ils davantage. La constitution idéale pourrait bien être, non pas celle de l'Angleterre, mais celle des États-Unis. Papineau écrit à sa femme :

Londres 27 juin 1822,

...Je suis malheureux ici comme particulier parce que j'y suis séparé de tout ce qui m'est cher, comme homme public parce que je m'y suis assuré qu'il était presque impossible d'obtenir la réparation des abus qui existent dans les colonies. Ils en souffrent de plus grands au milieu d'eux que nous n'en avons au milieu de nous. Les neuf dixièmes de ceux qui sont propriétaires sont déterminés à supporter les mesures des administrations quelles qu'elles soient parce qu'ils croient que ceux qui se plaignant des abus ne veulent que le renversement de l'ordre pour les dépouiller. Les richesses immodérées et l'influence politique du clergé, l'oppression de faire payer des dîmes énormes par ceux qui n'appartiennent pas à l'Église établie, le poids des impôts, le droit de suffrage refusé dans les élections à la plus grande partie de la population me paraissent des abus intolérables. Ils sont exposés avec force par un petit nombre d'individus, mais il est étonnant de voir combien peu d'effet produisent ces réclamations...

J'ai été récemment employé dans quelques démarches qui j'espère seront utiles au Séminaire de Québec et à l'Hôtel-Dieu de Québec pour les aider à faire le recouvrement des sommes qui leur étaient dues ci-devant par le gouvernement français. Quelques occasions qui se sont ainsi présentées d'être utile à mon pays ou à quelques compatriotes me laisseront quelque souvenir agréable et me font désirer qu'il y ait toujours quelque honnête Canadien dans Londres. Il y ferait un peu de bien, mais je ne voudrais pas que ce fût moi qui fût destiné à y vivre pendant longtemps...

Dans mon vif désir de faire le trajet du Pas-de-Calais par convenance, pour ne pas me reprocher après mon retour en Canada de n'avoir pas fait une excursion à Paris, j'irai courir jeter un coup d'œil sur l'état des deux pays et voir si les Anglais ont en effet raison de regarder avec autant de mépris qu'ils le font leurs voisins. Si leur condition est en effet de beaucoup inférieure à celle des habitants de l'Angleterre, comme je suis très porté à le croire, je me convaincrai de plus en plus que nous avons le bonheur en Amérique de ne pouvoir comprendre combien est vicieuse la législation euro-

---

5. De Bleury pourra lui écrire, dans sa réfutation de 1839 : « À cette époque, vous étiez sincèrement attaché à la Grande-Bretagne, ou vous feigniez du moins d'y être entièrement dévoué. »

péenne, combien les gouvernements y sont pesants et les peuples faibles. Mon voyage n'a pas changé beaucoup de mes opinions politiques ; il les a fortifiées pour la plupart.

* * *

Papineau, à Londres, a plus de loisirs qu'il n'avait prévu. Il visite la campagne anglaise ; il achète des livres. Il écrit à sa femme, le 22 juillet :

> ...Oh, ma douce amie, ma chère cabane, mes enfants, mes livres, mes parents, mes amis, la tranquillité de Montréal au lieu du bruit de Londres, et la solitude plus grande de la Petite-Nation, quand me serez-vous rendus ?

Un rendez-vous que lui fixe Mackintosh lui fait retarder son voyage en France. Il écrit encore à sa femme (23 juillet) :

> J'étais passablement bon sujet au Canada, sincère admirateur des Anglais et de leur gouvernement, mais j'y remarque tous les jours de si insupportables abus que j'y deviens mauvais sujet. Ceux qui ont écrit avec tant de fiel contre les rois et les prêtres les voyaient tels qu'ils sont en Europe et tels que nous ne les concevons pas en Amérique. Plusieurs de nos concitoyens anglais qui trouvaient à redire à tout ce qui existe en Canada quand ils y étaient sont quelquefois forcés de convenir qu'ils étaient un peu préjugés...

Cependant les ministres tiennent leur parole. La session se termine sans que le bill d'Union ait été présenté. Le projet, malgré les protestations d'Ellice, qui continue de s'agiter, est enfoui dans les cartons de Downing Street. Ce n'est pas nécessairement pour toujours. Mais lord Bathurst, accordant une dernière entrevue au délégué canadien, en fin de juillet, lui donne l'assurance que la mesure combattue ne sera jamais réalisée sans consultation préalable des habitants du Canada. Les deux clauses les plus litigieuses, celle qui concerne la langue française et celle qui concerne la religion catholique, seront retranchées.

Papineau ne veut pas quitter l'Europe sans faire un bref séjour au pays de ses ancêtres, dont il veut constater par lui-même l'état politique. Mais il est pressé de retourner près des siens.

Il parvient très tard en face de Montréal, à Longueuil. La nuit est obscure et pluvieuse ; personne ne veut lui faire traverser le fleuve. À la pointe du jour, le lendemain, Papineau est sur pied, réveille le passeur et court embrasser sa famille après un an d'absence.

Il retrouve ses proches et son pays après un long, beau et fructueux voyage, laissant derrière lui des amitiés flatteuses et utiles, ayant bien rempli sa mission. Il serre contre soi son petit Amédée, qui a quatre ans, et son petit Lactance, qui en a deux, et qu'il trouve grandis. Comme Amédée lui ressemble ! Son frère Toussaint a été ordonné, un peu contre le gré de Mgr Lartigue, et nommé vicaire à Chambly. Joseph Papineau continue d'administrer la Petite-Nation par l'intermédiaire de Denis-Benjamin, comme s'il en avait gardé la propriété. Les Papineau ne sont pas des colonisateurs dans l'âme comme ce Barthélemy Joliette qui est devenu, par son mariage avec Charlotte de Lanaudière, copropriétaire et administrateur de la seigneurie de Lavaltrie. Barthélemy Joliette a conduit une centaine de bûcherons dans un coude de la rivière L'Assomption, a dirigé le défrichement, puis, exploitant le bois, extrayant de la pierre à chaux, construit un moulin, une scierie et jette, en s'y donnant corps et âme, les fondements d'un village qu'il appelle d'un nom symbolique : L'Industrie.

Joseph Papineau n'est pas aussi mordu par la colonisation, mais il entend que la seigneurie rapporte. Il donne des instructions minutieuses. Et que les censitaires et les journaliers ne viennent pas lui en conter :

> Tes gens de la rivière à la Graisse te jouent à plaisir. Les deux premières charges que j'ai données à Sicard étaient avec convention expresse qu'il se ferait payer par Picard, à qui il disait devoir, cependant il t'a fait payer un voyage et promettre de payer l'autre en mars ; ce n'est pas ma convention avec lui...

Louis-Joseph Papineau retrouve son pays. Il met son cousin Mgr Lartigue au courant de ce qui, dans les résultats de sa mission, intéresse essentiellement le clergé. Mgr Lartigue en fait part à Mgr Plessis (25 novembre 1823) :

> M. l'ex-Orateur Papineau, récemment arrivé d'Angleterre, affirme que le ministère britannique lui aurait assuré que si l'Union avait jamais lieu (ce qui n'est pas probable), on retrancherait du bill la clause qui concerne la religion et celle qui nous privait de l'usage politique de la langue française.

Ce qui ne signifie pas que Mgr Lartigue déborde d'affection pour la famille Papineau. Il écrit encore à Mgr Plessis (13 décembre 1823) :

> M. Papineau père est un des plus opposés à mes droits depuis que nous avons différé d'opinion à l'égard de son fils Toussaint.

17

Papineau contre Dalhousie

Dalhousie et ses conseillers espèrent ou affectent d'espérer que le projet d'Union est simplement ajourné. Le gouverneur, dans sa correspondance, continue d'approuver le projet, y compris la proscription de la langue française à la Législature et le droit de regard sur la nomination aux cures. Il en veut à Papineau et à Neilson. Il a privé ce dernier de « patronage », c'est-à-dire de tout droit de recommandation pour les nominations aux postes subalternes, dans sa division électorale. Papineau peut prévoir pour lui-même un accueil encore plus frais. Il écrit à Neilson, considéré comme l'un de ses meilleurs lieutenants :

> Je regrette beaucoup de constater, à mon retour, que notre pitoyable administration, au lieu d'apprécier les services qu'un homme de votre haute intégrité serait en mesure de lui rendre, si sa politique était juste, a entrepris de vous persécuter. Les premiers aventuriers disposés à flatter un incapable comme le gouverneur, une créature comme le juge en chef, un violateur de toutes les règles de la courtoisie comme Richardson et d'autres du même genre, sont reçus avec faveur — même ils ont reçu d'autres coquins — de préférence à des hommes de caractère, de capacité et d'influence, qui refuserait d'accepter leurs actes odieux d'usurpation.

C'est dire que si Dalhousie reste agressif, Papineau ne l'est pas moins. Papineau forme un projet, qu'il communique à Neilson : faire désigner par la Chambre sir James Mackintosh comme agent de la Province à Londres, et lui faire voter des émoluments, que le Conseil législatif refusera.[1] La guerre partira là-dessus.

---

1. D'après une lettre de Papineau à Neilson, du 13 septembre 1824, que nous citerons plus loin.

Papineau abandonne définitivement l'exercice du droit pour se consacrer à ses fonctions parlementaires — à la politique. Un de ses amis, l'Irlandais Jocelyn Waller, vient de lancer le *Canadian Spectator*, journal réformiste de langue anglaise, à Montréal. Waller, qui passe pour descendre des anciens rois d'Irlande, possède une intelligence vive, une plume étincelante et sarcastique. Papineau compte bien, auréolé d'un prestige supplémentaire par sa mission, reprendre son poste d'orateur sans coup férir. Cependant Vallières de Saint-Réal, président courtois et ferme, lettré, pétillant d'esprit — d'une curiosité plus universelle que celle de Papineau, — a satisfait tout le monde. Nul n'aurait l'inconvenance de contester la particule qu'il porte comme s'il la tenait de ses ancêtres depuis le temps des Croisades. Lord Dalhousie, si dur pour Neilson, lui témoigne des égards et lui a communiqué, dès le mois de novembre, ses vues sur la situation financière, qui n'est pas reluisante. Plusieurs députés — Bourdages lui-même — garderaient volontiers Vallières à la présidence.

Papineau prend son siège, à l'ouverture de la session de 1824, sous la présidence de son ancien condisciple, resté son rival.

Dès l'ouverture, Dalhousie fait connaître à la Chambre les mauvaises nouvelles dont il a déjà, confidentiellement, fait part à l'orateur.

On se rappelle John Caldwell, l'ancien député de Dorchester. Son père Henry Caldwell, conseiller législatif, receveur général et administrateur des biens des Jésuites, a ramassé dans ce cumul de quoi s'offrir, entre autres biens, les seigneuries de Lauzon, de Rivière-du-Loup et de Madawaska. John Caldwell, receveur général à son tour, a hérité de son père, avec ces seigneuries, le goût des spéculations aventureuses. Il fait en grand le commerce du bois. Il se lance toujours dans de nouvelles dépenses, entreprend de nouvelles constructions, fait élever de tous côtés de nouveaux moulins. Quand ses revenus ne suffisent plus, il puise dans les caisses publiques.

Longtemps le gouverneur a fermé les yeux. Mais le scandale couvait, et à la fin il éclate. Le gouverneur doit informer la Chambre que le receveur général s'est approprié la somme énorme de 96,000 livres de l'argent public. Le gouverneur a suspendu Caldwell et chargé le conseiller exécutif et conseiller législatif John Hale de la suppléance. Le gouvernement impérial refuse de combler le déficit. Caldwell offre de céder quelques-unes de ses propriétés à la Province, en remboursement partiel, et se fait fort de rembourser le reste, à tant par an, si on le rétablit dans sa charge.

Voilà qui promet une session mouvementée. La Chambre avait, à sa session de 1823, demandé des précisions sur le *Canada Trade Act* — la loi votée par le Parlement impérial, après en avoir détaché la partie concernant l'Union, pour régler les difficultés entre les deux provinces canadiennes — et annoncé son intention de le discuter à la session suivante. Elle commence par ce débat.

Bourdages propose des résolutions condamnant la décision britannique. Il soutient une forte thèse juridique et constitutionnelle : Cette loi impose des taxes sans tenir compte d'un principe fondamental de la constitution britannique, qui est de ne pas taxer les sujets sans leur consentement. Le Parlement impérial a d'ailleurs renoncé au droit de taxer les colonies. Et la loi en question va jusqu'à changer le mode de tenure de nos propriétés, garanti par les traités et par l'Acte de 1774.

Vallières approuve Bourdages. Tout doit préparer Papineau à soutenir la même thèse. Mais peut-il emboîter le pas à Bourdages et à Vallières, qui semblent si bien d'accord ? Il surprend partisans et adversaires en combattant les résolutions. Il soutient l'autorité souveraine de l'Empire, la suprématie du Parlement britannique : « La proposition que nous ne devons obéissance qu'aux lois auxquelles nous avons consenti me paraît tout à fait insoutenable, puisque le Parlement britannique a constamment exercé une autorité législative suprême sur les colonies. » Richardson ne saurait mieux dire. Papineau est-il revenu de Londres ultraministériel ? Son attitude est cependant moins surprenante pour qui se rappelle qu'il a soutenu contre James Stuart, en 1818, le caractère final des décisions du Conseil privé. Denis-Benjamin Viger prend le parti de son cousin. Le *Canadian Spectator* s'étonne, contredit Papineau et n'est pas le seul. C'est en février 1824.

Vallières de Saint-Réal réplique à Papineau. Il est éloquent. Le débat donne lieu à plusieurs votes, où Papineau l'emporte. Bourdages retire ses résolutions. Mais il revient à la charge en proposant la nomination d'un comité, chargé de préparer une adresse au roi sur la question de l'Acte de Commerce. Et cette fois c'est Papineau qui se trouve en minorité.

Le fait saillant est la rivalité Vallières-Papineau, sous-jacente à tout le reste de la session.

La question des subsides vient à son tour, le 17 février. S'il en jugeait d'après ce qui vient de se passer, Dalhousie pourrait compter sur Papineau comme sur un allié-imprévu, mais influent. Mais Papineau lui-même l'a détrompé. Reçu par le gouverneur, il s'est permis de lui faire observer : « Quand vous étiez gouverneur de la Nouvelle-Écosse, vous avez permis à l'Assemblée de voter les subsides article par article, ce que vous nous refusez ici. » Et Dalhousie : « J'allais modifier ce régime quand j'ai été nommé à Québec. » Papineau, écrivant à sir James Mackintosh, lui fait part de cette conversation.

C'est Taschereau qui propose le vote des subsides. Papineau revient à son attitude d'opposant — et d'opposant intransigeant. Vallières lui réplique, cette fois, en défenseur de l'administration, et ce chassé-croisé a tout au moins l'avantage de régaler les amateurs d'éloquence. Papineau ne compte peut-être plus sur Bourdages, auquel il attribue partie liée avec Vallières, mais il compte sur d'autres fidèles — sur son cousin, un peu moins sur son beau-frère, assez inactif en Chambre, mais surtout peut-être sur John Neilson, l'homme « de haute intégrité » qui lui a été adjoint dans la mission à Londres et qui partage toutes ses idées.

Au vote, Vallières l'emporte par une voix — celle de John Neilson.

Les subsides seront votés. Encore faut-il en déterminer la forme. Papineau bande ses forces pour un nouveau combat. Vallières vient de remporter sur lui un double succès. Il a été très éloquent. Il a prononcé le meilleur discours de sa carrière. Les uns admettent qu'il a égalé Papineau, d'autres prétendent qu'il l'a surclassé. Et il l'a emporté, au vote. Papineau, fouetté, prendra sa revanche indirectement, en s'attaquant au gouverneur. Le déficit de Caldwell lui fournit un tremplin, en justifiant les prétentions de la Chambre au contrôle des dépenses. Papineau tient le gouverneur pour responsable, et le prend à partie, en pleine Chambre, avec une hauteur de ton, une abondance, une fougue, une richesse d'images inouïes. Papineau paie un pareil effort par une nuit d'insomnie.[2] Mais il prend, parmi ses partisans, figure de justicier. Et pour plus d'un Canadien français, cette raclée magistrale prend aussi une légère saveur de revanche — de revanche des plaines d'Abraham. Puis il répète son discours en anglais, avec le même élan, la même assurance. Il parle, depuis son séjour à Lon-

---

2. D'après une lettre à sa femme, du mois de mars 1825.

dres, presque sans accent. L'éclat et la profusion des métaphores, et cette souplesse dans la dialectique que James Stuart possède aussi, mais qui est, dans l'ensemble, le propre des orateurs français, séduisent jusqu'à des auditeurs anglais. On en parle à l'extérieur. On en parle au Collège de Montréal comme au Séminaire de Québec. Louis-Hippolyte La Fontaine, petit-fils d'Antoine Mesnard dit Lafontaine qui fut le prédécesseur puis le soutien de Papineau dans le comté de Kent, est élève au Collège de Montréal. La lecture d'un discours de Pierre Bédard, demandant l'introduction au Canada du principe britannique de la responsabilité ministérielle, a déjà été, pour le jeune La Fontaine, un trait de lumière. Le discours fracassant de Papineau achève de l'enthousiasmer. Louis-Hippolyte La Fontaine, comme plus d'un parmi ses camarades, rêve de suivre Papineau dans une croisade libératrice. Pour s'armer, il se met à l'étude de la constitution anglaise, qu'il connaîtra bientôt à fond.

Papineau présente une série de résolutions accusant le gouvernement de prodigalité, de gaspillage, d'emploi illégal des deniers publics. Les députés, notaires ou cultivateurs — et les notaires sont le plus souvent fils de cultivateurs, — élevés dans le culte de l'épargne, s'indignent facilement contre les prodigalités ou les dilapidations dont le trésor public fait les frais.

Mais les coups de théâtre se succèdent. John Neilson présente des amendements qui détruisent une partie des résolutions de son ancien compagnon de voyage. Papineau voudrait, à titre de sanction, réduire de 25 pour cent les traitements de tous les fonctionnaires, en commençant par le gouverneur. Neilson, avec sa modération mais aussi avec sa force coutumières, blâme ce procédé.

Vallières de Saint-Réal, fort de sa présidence et de son talent, apparaît comme le principal opposant à la domination de Papineau sur l'Assemblée. Le gouverneur invite l'orateur à passer tous les matins au Château Saint-Louis, pour s'entretenir avec lui des affaires publiques. Cependant Papineau l'emporte, dans une assez large mesure. Le bill des subsides est adopté, la liste civile est votée pour un an, mais avec la réduction de 25 pour cent proposée par l'ex-orateur sur les traitements des fonctionnaires, gouverneur compris. Et si les fonds ne suffisent pas, la différence sera prélevée « sur les fonds non appropriés qui peuvent être entre les mains du receveur général ».

Le Conseil législatif rejette sommairement le bill ainsi mutilé.

La session se termine en pleine bagarre sur le principe essentiel du contrôle intégral du budget par l'Assemblée élue. Dalhousie, obtenant un congé, part se plaindre à Londres, où il demandera la reprise en considération du projet d'Union. Sir Francis Burton, lieutenant-gouverneur, administrera la province par intérim.

18

L'intérim Burton

Sir Francis Burton est un homme conciliant. Il fait entrer un Canadien français, Toussaint Pothier, seigneur de Lanaudière et l'un des organisateurs du corps de « Voyageurs » en 1812, au Conseil législatif. Il fait surtout tenir des élections, fixées au mois d'août.

Les débats, les pétitions, les assemblées publiques tenues pour ou contre le projet d'Union ont intéressé le peuple aux questions politiques. Les réformistes disposent maintenant d'un journal de langue anglaise à Montréal et d'un journal de langue française à Québec. Jocelyn Waller, éditeur du *Canadian Spectator*, est resté fort ami de Papineau bien qu'il l'ait un moment contredit lors du débat sur l'Acte de Commerce. Étienne Parent, au *Canadien*, sait être net et vigoureux sans sortir de ses gonds. Le peuple commence à discuter contrôle des subsides, péculat des fonctionnaires, administration des terres publiques, méfaits de l'Institution royale.

La situation est parallèle au Nouveau-Brunswick, où le conflit entre le Conseil législatif et l'Assemblée est chronique, en Nouvelle-Écosse, où le même malaise existe malgré le fonds loyaliste de la population, et plus encore dans le Haut-Canada, où le peuple se plaint du « Family Compact » tandis que la question des réserves du clergé prend une tournure irritante. Le Haut-Canada dépasse 150,000 âmes. Les derniers immigrés y sont les plus remuants. Le lieutenant-gouverneur Maitland, tory d'entre les tories, s'est débarrassé de Robert Gourlay par la manière forte, mais un autre Écossais réformiste, William Lyon Mackenzie, fonde le *Colonial Advocate* à Queenstown.

William Lyon Mackenzie est né en Écosse dans une famille pauvre, de fortes traditions calvinistes. Il a tâté divers métiers, en Écosse et en Angleterre, puis émigré au Canada en 1820. C'est un garçon à la tête massive pour son corps, au front prématurément dégarni, aux yeux profondément enfoncés sous l'arche de sourcils épais, aux lèvres serrées. Il respire la volonté. Au Canada, Mackenzie a fait du commerce, et assez bien réussi. Mais il s'indigne de voir l'administration monopolisée par une coterie et les terres réservées au clergé monopolisées par l'Église d'Angleterre. Le 18 août 1824, quittant subitement les affaires pour la politique, il fonde le *Colonial Advocate,* plus mordant que *Le Canadien* et même que le *Canadian Spectator* à l'adresse des conseillers législatifs, « choisis pour être les instruments serviles du pouvoir ». Mackenzie ne va pas jusqu'à demander le Conseil législatif électif. Il est réformiste, non pas radical. Ce qui n'empêche pas les ultra-loyalistes de le dénoncer furieusement, de demander même son expulsion. Mackenzie se défend vivement contre l'accusation irrémissible : « Disloyalty can never enter my breast. » Il préconise une confédération des colonies britanniques de l'Amérique du Nord. Il fait le service de son journal à des membres du Parlement britannique.

Les élections du mois d'avril 1824 apportent peu de changement dans le Bas-Canada. Jean-Baptiste-René Hertel de Rouville, qui a servi sous les ordres de son beau-frère Salaberry pendant la guerre de 1812, est élu député de Bedford.[1] Joseph Levasseur-Borgia reprend son ancien comté de Cornwallis,[2] après quatre ans d'interruption. Le peloton des réformistes revient, compact, à la Chambre. Papineau prévoit la rivalité de Vallières, et cherche à rassembler ses partisans. Bourdages lui semble perdu, à cet égard, mais Neilson est récupérable, et Papineau veut oublier leurs divergences. Il écrit à son ancien compagnon de Londres (13 septembre 1824) :

> ...Les affaires publiques, quoique moins en désordre que vous ne les entrevoyiez au temps où vous m'écriviez, offrent néanmoins une perspective qui ne peut que dégoûter les amis du pays. À l'exception de quelques heureux résultats dans le détail, comme votre consentement à reprendre une tâche éminemment utile mais si désagréable pour vous, l'ensemble de la marche des affaires publiques est décourageant ; l'union des membres de l'administration, leur

---

1. Ensuite comtés de Rouville et de Missisquoi.
2. Ensuite comtés de Kamouraska et de Rimouski.

persévérance à s'élever au-dessus des lois pour gratifier leur ambition et leur avarice, et notre désunion sur les moyens d'y résister ; la sécurité avec laquelle ils peuvent continuer à se jouer des plus justes droits de l'Assemblée, disposée peut-être à les sacrifier, tous ces scandales politiques me font désirer ardemment de n'avoir aucune part aux affaires.

Nous sommes menacés de nouvelles injustices, craignez-vous, de la part des autorités en Angleterre. Elles les commettront sûrement si elles le font, contre l'intérêt et les vœux connus de toute une population qui a fait à peu près tout ce qu'elle pouvait pour détourner l'orage. Le moyen le plus efficace de détourner le coup aurait été, comme je vous l'ai dit l'hiver dernier, de nommer sir James Mackintosh agent de la colonie, de lui voter des appointements que le Conseil lui aurait refusés, et de l'informer que le Conseil ici qui les lui aurait refusés est le gouvernement colonial. Nos sottes dissensions n'ont pas permis d'adopter ce parti. M. Bourdages et ceux dont il était l'aveugle instrument auraient crié que M. Mackintosh aurait mal mérité du pays pour ne pas s'être opposé au Canada Trade Act. Pour lui voter de simples remerciements à l'unanimité, nous avons été obligés, si vous vous en souvenez, de le faire en Chambre sans nous former en comité, où nous appréhendions de voir éclater de l'opposition.

Des élections dans le Haut-Canada donnent une forte représentation aux réformistes, mais le gouvernement ne se rend aucunement responsable devant la Chambre. Mackenzie, à l'automne, transfère son journal de Queenstown à York, siège du gouvernement du Haut-Canada. La circulation du *Colonial Advocate* est de 830 exemplaires.

* * *

À l'approche de la session, on prévoit une partie serrée entre partisans de Vallières et partisans de Papineau, pour l'élection à la présidence. Bourdages lance un fascicule, *La Canadienne,* pour appuyer son candidat. Papineau, reçu par sir Francis Burton, rend compte à son père et à sa femme :

8 janvier 1825

J'ai eu avec le gouverneur une longue conversation, partie badine, partie sérieuse ; il m'a témoigné estime et politesse comme il a coutume de le faire. Bourdages est furieux, le seul qui agisse avec beaucoup d'animosité et de violence contre moi. Avec un autre coadjuteur, ils viennent de lancer une feuille qu'ils appellent La Canadienne, qui a une langue de gueuse pour me déchirer par des injures grossières et mensongères. Je ne crois pas que cela produise beaucoup d'effet...

Burton ouvre la session le jour même où Papineau écrit cette lettre. La partie prévue se joue. Augustin Cuvillier propose l'élection de Louis-Joseph Papineau à la présidence. Louis Bourdages propose Joseph-Rémi Vallières de Saint-Réal. Le vote donne : Papineau, 32 voix ; Vallières, 12.

Burton fait un appel à la concorde :

> Quoique j'assume pour la première fois l'administration du gouvernement, j'ai résidé assez longtemps dans la province pour vous avoir connus presque personnellement. Et je puis déclarer avec la plus vive satisfaction que dans aucune partie des possessions de Sa Majesté je n'ai remarqué un plus ferme attachement à sa personne et à son gouvernement que ceux dont vous donnez l'exemple. J'ai donc les meilleures raisons de compter sur vos efforts réunis. J'espère, Messieurs, que vous allez vous unir cordialement pour écarter les difficultés passées et pour en prévenir le retour par un règlement à l'amiable des affaires financières de la province.

Les affaires financières, c'est-à-dire la question des subsides. Dalhousie est à la besogne, à Londres. Il ne parvient pas à faire reprendre le projet d'Union, mais les ministres, suivant l'esprit du temps, peuvent difficilement admettre qu'une assemblée coloniale, par le contrôle des subsides, contrôle l'administration.

Sir Francis Burton est beaucoup plus coulant. Des pourparlers discrets rapprochent les points de vue.[3] Burton s'entretient longuement avec Papineau, Cuvillier, Neilson, Viger, d'autres encore. Papineau le mentionne à sa femme, qu'il tient au courant des plus menus détails de la politique (15 janvier 1825) :

> ...Le gouverneur se rend populaire par son extrême affabilité envers tous ceux qui l'approchent. Il a chez lui marqué les attentions les plus particulières à ceux des membres que son indiscret prédécesseur avait le plus ouvertement négligés.
>
> Pour l'Union, les derniers avis n'en disent rien, au contraire. Le lieutenant-gouverneur m'a dit hier qu'il paraissait probable que M. Wilmot allait sortir du Bureau des Colonies. Comme il était follement entêté du projet d'Union et que lord Bathurst au contraire en était éloigné, nous pouvons, ce me semble, nous rassurer.
>
> Quelques-uns des partisans de l'administration seraient disposés à rabattre de leurs prétentions à une appropriation permanente, en la réduisant à une de quatre ans. D'autres disent que, quoique ils

---

3. Chapais le mentionne, et la lettre de Papineau que nous citons en donne une idée.

aient demandé plus que ne conserveront leurs successeurs en office, ils peuvent soutenir leurs prétentions aussi longtemps qu'ils dureront. Bref, ils sont moins arrogants que d'ordinaire, d'où l'on peut inférer qu'ils ont été censurés, car s'ils avaient été approuvés ils le feraient sonner très haut. Nous sommes pourtant dans l'obscurité sur ce qui se fera sur les finances — le point de tous le plus difficile comme le plus important à régler...

Papineau est très détendu. Il dîne en ville. Il dîne même chez Sewell :

> Je dîne demain avec un grand nombre de membres chez Sewell. C'est avec répugnance, mais qu'y faire? On croit que c'est pour le mieux. Ainsi soit-il. Le jeudi suivant, c'est l'Évêque qui veut avoir la Chambre et qui ne pouvait différer, de sorte que son tour de les avoir ne viendra que pour le jeudi gras (25 janvier 1825)

Les lettres de Papineau à sa femme, à cette époque, sont joviales ou tendres. Elles rappellent Joseph Papineau, pour qui les luttes civiques étaient un devoir plus qu'une passion. Mais il gronde encore. L'absentéisme des conseillers législatifs canadiens-français, qui pourraient influencer la Chambre haute, ralentit les négociations discrètement en cours :

31 janvier 1825

> Ma chère amie, je regrette on ne peut plus la nécessité qui m'a entraîné depuis tant d'années à suivre un genre de vie si opposé à mes inclinations, et pourtant c'est un sentiment de devoir qui a été le principe de ma détermination...
>
> Le pays est honteusement négligé par ceux qui ont le plus d'intérêt, d'obligation et d'honneur à le servir s'ils remplissaient leur devoir. L'absence de MM. Debartzch, Cuthbert, de Salaberry, de Léry et d'autres empêche que nous puissions concerter aucune mesure avec le Conseil. S'ils y étaient, quand bien même ils seraient dans la minorité, du moins leur concert pourrait ajouter au poids qu'auraient les plaintes de l'Assemblée contre la dilapidation du revenu public. Nous n'avons rien arrêté de ce qu'il convient de faire sous ce rapport parce que nous les attendons...
>
> Je sors de dîner au Séminaire avec l'évêque et le clergé de Québec. Ce brave M. Demers m'aime toujours de tout son cœur et si les vœux de ces saints hommes suffisaient pour que tout nous rie, je serais après eux l'homme le plus heureux du pays. Quoi qu'il en soit, ma chère amie, nous pouvons l'un et l'autre plus que qui que ce soit d'ailleurs contribuer à adoucir les misères de la vie par la confiance et l'amitié mutuelle qui régnera entre nous. Tu as toute la mienne, tu le sais...

C'est un vrai journal que chaque lettre bihebdomadaire et souvent trihebdomadaire de Papineau à sa femme. Il lui écrit de nouveau, affecté par la nouvelle d'une maladie de Lactance, le 3 février. Puis le 7 :

> Ma tâche finira peut-être par assurer l'aisance à ma famille. Mais elle m'a valu mieux que de l'aisance, mieux que les honneurs : la connaissance de la femme que j'ai épousée et avec qui je suis plus heureux, par la douceur de son caractère et par son attachement à ses devoirs de mère et d'épouse, que je ne le serais avec aucune autre personne que j'ai connue...

Cahin-caha, les pourparlers avancent. Papineau reconnaît la bonne volonté de Burton, mais comme s'il voulait mieux accabler Dalhousie qui, à Londres, cherche à détruire l'effet de sa mission contre le bill d'Union :

> 28 février 1825
>
> ... Tous les jours nous découvrent de nouvelles friponneries du comte de Dalhousie, qui l'avilissent et les conseillers qui l'ont trompé. Nous avons demandé communication des dépêches du Roi en vertu desquelles il nous avait demandé la liste civile permanemment, puis durant la vie du Roi. Le lieutenant-gouverneur nous a répondu samedi qu'après des recherches diligentes elles ne se trouvaient pas dans le secrétariat, qu'apparemment le comte de Dalhousie les avait emportées avec lui en Angleterre pour en conférer avec les ministres. La présomption est bien forte qu'il n'en avait pas, mais seulement qu'il avait quelque instruction générale par laquelle on lui disait : faites pour le mieux. Cela joint à la faute de nous avoir communiqué les dépêches du Haut-Canada montre sa haine contre le pays qu'il gouvernait et où il ne peut revenir sans être en guerre ouverte et déclarée avec la Chambre...

La chronique politique alterne, dans cette correspondance, avec les nouvelles des voisins et amis :

> 3 mars 1825
>
> ... Je vois souvent mon voisin, toujours gai et amusant. Je ne manque jamais de lui dire : Avouez donc que vous êtes bien grand fou d'être ici quand vous pourriez être si bien à Montréal. Il est vrai qu'il n'a qu'une vieille femme pour épouse, et n'a point de jeunes enfants chez lui. Aussi son absence n'a pas l'air de le réduire au désespoir. »

Ce voisin est Jacques Viger, cousin de Denis-Benjamin et filleul de Joseph Papineau.

* * *

C'est sans doute Dalhousie qui obtient, à Londres, la nomination de James Stuart à la charge de procureur général. James Stuart, récompensé de sa volte-face, obtient, après un long détour, le poste que Craig lui avait refusé (31 janvier 1825). Il se fait élire peu après député de William Henry, dans une élection complémentaire. Mais ses grandes heures parlementaires sont passées. Les bêtes noires de Papineau, pour l'heure, sont Dalhousie et Vallières.

Dalhousie n'a cependant pas réussi à faire représenter le bill d'Union. La nouvelle en est sûre. Papineau triomphe, et l'écrit à sa femme (7 mars 1825) :

> Le projet d'Union est abandonné, et j'ai déjà la consolation de voir de plus en plus que je n'ai pas peu contribué à assurer ce bien à mon pays...

Reste à régler le vote des subsides. Burton consent au vote, non pour la vie du roi, mais pour une année. Il se flatte de gagner Richardson et Ryland, qui entraîneraient le Conseil législatif, à cette concession. Papineau doute qu'il y réussisse. Richardson et Ryland, pense-t-il, ne céderont que s'ils reçoivent des instructions d'Angleterre à cet effet. En attendant, Papineau poursuit ses passes d'armes avec Vallières, chef d'une sorte de dissidence :

10 mars 1825

> Nous avons deux séances par jour, du moins nous les avons eues toute cette semaine. Nous avons quelque espérance d'acheter au prix de beaucoup de sacrifices la paix avec les autres autorités constituées. Comme d'ordinaire, l'esprit des derniers jours de la session n'est plus le même que celui des premiers : la fermeté et l'indépendance du pays n'est pas la légèreté, la faiblesse, l'avidité de Québec, qui domine en ce moment. Ce sont les derniers temps qui chaque année donnent à ceux des membres d'en haut qui sont constants jusqu'à la fin de la session le plus de fatigue et de dégoût. M. Vallières, pour protéger son bon ami, comme il l'appelle dans les débats, M. Leblond, sergent d'armes, appuyé par tous ceux de Québec, dont les uns font la débauche avec lui et les autres se guident par pitié pour sa famille, nous fait passer par-dessus toutes les règles de la Chambre pour lui voter, et à plusieurs autres personnes à la suite, des argents qui avaient été précédemment refusés — et ces intrigues nous font perdre un temps infini, qui fait durer la session beaucoup plus que de raison.
>
> Je ne sais si le lieutenant-gouverneur verra ses espérances se réaliser. Il se flatte beaucoup d'avoir gagné MM. Richardson et Ryland à consentir au bill d'appropriation pour une seule année. C'est

une grande victoire qu'il donnerait au pays et dont nous devrions lui avoir obligation. Si ces deux hommes lui sont fidèles et ne le jouent pas, il faut que les instructions d'Angleterre soient précises, de faire la paix avec l'Assemblée...

La scission entre Papineau et Vallières ressemble à une brisure entre les députés du district de Montréal et ceux du district de Québec, plus modérés. Papineau, qui agit en chef, est sans indulgence pour les dissidents, qu'il appelle « la coterie de Québec ».

12 mars 1825

C'est de la Chambre encore que j'écris, car nous y siégeons sans désemparer pour faire des sottises sans discontinuer. Ce n'est, il est vrai qu'en matières peu importantes en elles-mêmes, elles le sont par la violation des règles de la Chambre et de la prudence. Les Canadiens se plaignaient avec raison de l'administration quand elle attendait la fin des sessions, pour emporter, en l'absence de la majorité des membres, quelques mesures favorites. Ils donnent aujourd'hui le même scandale public. La coterie de Québec, guidée par ses affections et liaisons de société, propose des actes de profusion du revenu, en dons pour Bouchette, Leblond, la veuve Willing et autres, le tout en foulant les règles aux pieds, c'est le mal, et donnent le prétexte à d'autres folles demandes, et crient un peu contre les Montréalistes. Voilà le mauvais côté de la Chambre. De l'autre, elle a aussi son bon côté si elle finit comme chacun le croit, quoique j'en doute encore quelque peu, par mettre la Chambre en possession d'un droit pour l'exercice duquel elle lutte si violemment et depuis si longtemps. Elle a son beau côté surtout parce que l'on entrevoit la fin.

L'on pense qu'un bill pour une appropriation annuelle sera sanctionné d'aujourd'hui en huit. Du moins le gouverneur paraît se promettre qu'il passera par les deux Chambres... Hier le gouverneur m'a dit que s'il était en notre pouvoir de terminer les affaires de la session assez tôt, il serait disposé à nous proroger samedi prochain...

Ma chère Julie, quel heureux contraste, de passer de l'état d'assujetissement où je suis en ce moment au bonheur d'être bientôt en famille !

Sir Francis Burton consent à un bill « d'appropriation annuelle », ce qui est une grosse concession. Il souhaite en échange que la Chambre reconnaisse le droit de la Couronne de disposer du revenu affecté en permanence. Une formule ambiguë lui donne un semblant de satisfaction. La Chambre vote le bill des subsides par 22 voix contre 2. Le Conseil ratifie. Burton n'a pu gagner Richardson, mais celui-ci n'entraîne qu'un autre irréductible.

Serait-ce la fin des aigres contestations annuelles autour du bill des subsides ? Serait-ce la paix ? L'orateur Papineau, présentant le bill au gouverneur est flatteur et charmeur :

> Qu'il me soit permis, au nom des fidèles et loyaux sujets de Sa Majesté, ses Communes du Bas-Canada... d'exprimer leur reconnaissance pour la facilité de l'accès, l'urbanité de l'accueil, la franchise dans les communications, la variété et l'importance des renseignements propres à faciliter leurs travaux législatifs, qu'ils ont en tout temps obtenus de Votre Excellence. Depuis l'année 1818, où cette Chambre avait été appelée pour la première fois à pourvoir annuellement à toutes les dépenses civiles du gouvernement, des obstacles toujours croissants jusqu'à ce jour avaient empêché qu'elle pût offrir à la sanction royale un bill qui pourvoit pleinement à cet objet essentiel. Enfin, sous de plus heureux auspices, sous votre administration, ce devoir qu'elle a toujours été prête à remplir va s'accomplir à la suite de difficultés depuis trop longtemps prolongées. Vos efforts pour rétablir l'harmonie entre les autorités constitutionnelles ont été couronnés d'un plein succès, qui vous garantit la reconnaissance durable de l'Assemblée et du peuple qu'elle représente.

Burton répond, aussi satisfait, aussi chaleureux :

> Ce sera une partie bien agréable de mon devoir que de faire connaître à Sa Majesté, aussitôt que possible, l'arrangement amiable par lequel vous avez obvié aux difficultés qui, pendant des années, ont troublé l'harmonie si désirable entre les corps législatifs. Cet événement, j'en suis persuadé, resserrera étroitement les liens qui unissent cette province à la mère-patrie.

Cette euphorie doit reposer sur une dose de malentendu, car Burton se réjouit, dans son rapport au ministre, que la Chambre « ait décidément reconnu le droit de la Couronne de disposer de certains revenus affectés par la loi... », ce qui force l'interprétation d'un texte assez indéfini. « Il n'y a pas eu de session aussi paisible depuis 25 ans », conclut le gouverneur par intérim.

19

Dalhousie reprend les rênes

Julie Papineau n'aime toujours pas la campagne. Papineau laisse Denis-Benjamin administrer la seigneurie en suivant les instructions paternelles. Joseph Papineau, l'arpenteur montréalais qui a tous les traits d'un gentilhomme campagnard, écrit, par exemple :

> Quant à des chaudières à potasse, il s'en est beaucoup vendu cet hiver ; elles pourraient être rares et valoir plus cher que tu ne penses ; d'ailleurs, ces chaudières ne peuvent pas servir avant le mois de juin, alors que les bâtiments d'Europe seront arrivés, ce sera le temps de les avoir à meilleur marché, et tu sauveras trois mois d'intérêt de l'argent...

Ou encore :

> Je ne saurais trop te recommander de ne pas oublier de ne jamais faucher sur le haut du jour, mais seulement le soir et matin, surtout le soir, afin que la fraîcheur de la nuit ranime le pied de l'herbe coupée : autrement, le soleil tue la plante et détruit les prairies.

Papineau avait projeté de faire agrandir sa maison de Montréal, pour y loger son père et sa mère. Julie s'y oppose ; elle aime bien ses beaux-parents, mais n'en veut pas chez elle : « Je serais la plus malheureuse des femmes. »

Papineau, de toute façon, est entièrement requis par la politique. Il a terminé une de ses lettres à sa femme, pendant la dernière session, par cette menace à Dalhousie : « Il ne peut revenir au pays sans être en guerre ouverte et déclarée avec la Chambre. » On prétend cependant que Dalhousie va revenir, va ressaisir son gouvernement. Papineau l'apprend à son retour d'un court voyage aux États-Unis. Il écrit à Neilson (30 avril 1825) :

...À l'égard de Monseigneur Dalhousie, comment se fait-il qu'il soit si tôt assuré de reprendre son gouvernement, quand il ne donne pas d'avis sur l'épurement de ses comptes ? Est-ce qu'il se tient assuré que la satisfaction que nous aurions de le voir de retour sera si grande que les soixante mille louis qu'il a pris de la caisse militaire, les soixante mille qu'il a pris de la caisse civile, lui seront passés en compte par acclamation, ou que du moins l'on commettra le soin de régler cette difficulté à ceux qui ont reçu l'argent et non à ceux qui l'ont payé ? Tout bien considéré, s'il a à cœur de revenir, il faut qu'il aime beaucoup plus l'argent que la considération...[1]

La nouvelle, cependant, était exacte. Dalhousie revient, à l'automne. Et s'il a échoué sur la question majeure de l'Union, il ne semble pas revenir en chien battu.

* * *

Des questions aiguës surgissent. Le juge Edward Bowen décide que les tribunaux ne reconnaîtront que les brefs rédigés en anglais. L'étudiant en droit Augustin-Norbert Morin envoie au juge une longue lettre de protestation, publiée ensuite en brochure. Il invoque l'Acte de Québec de 1774 et la constitution de 1791. Son texte, trop long, contient cependant des phrases percutantes : « En toute justice, ou logique, comment peut-on demander à des gens qui, pour le plus grand nombre, ne parlent pas l'anglais, d'interpréter les lois françaises dans cette langue ? » Morin soutient que les nouveaux venus se soumettent — ou doivent se soumettre — « aux lois qui étaient en vigueur dans le pays avant leur arrivée ». La mère patrie « ne leur a délégué aucun pouvoir, aucune prérogative sur les sujets anglais de la colonie ».

Mgr Plessis meurt le 4 décembre 1825. Son coadjuteur Mgr Bernard-Antoine Panet — frère de Jean-Antoine, qui présida si longtemps la Chambre d'Assemblée — lui succède automatiquement. Il prépare une supplique au pape Léon XII, pour demander l'abbé Joseph Signay, curé de Québec, comme coadjuteur.

Dalhousie veut profiter de l'occasion. Il placerait le nouvel évêque de Québec dans un dilemme, d'où il ne pourrait sortir sans reconnaître la suprématie royale. Dalhousie écrit au ministre :

---

1. Cette lettre a été publiée par Decelles.

S'il accepte les lettres patentes, l'indemnité annuelle de 1,000 livres et le palais épiscopal pendant la durée de son administration, tout cela s'ensuivra ; s'il refuse, tous les avantages devront lui être repris ; s'il accepte, la suprématie du Roi sera reconnue.

Dalhousie demande au ministre de ne pas donner au nouvel évêque un siège au Conseil législatif. Non pas qu'il doute du loyalisme de feu Mgr Plessis ou de Mgr Panet ; mais Mgr Plessis était, depuis un an, le défenseur du parti « qui, sous Papineau, a troublé l'harmonie et la législation ». Dalhousie profiterait des circonstances pour revendiquer le droit de nomination aux cures et pour attribuer à la Couronne la propriété des biens du Séminaire de Saint-Sulpice. Un avocat de Montréal, Samuel Gale, demande justement au gouverneur la permission de changer la tenure d'une propriété située dans l'île de Montréal. Cet homme de loi soutient que la Couronne, et non le Séminaire, est seigneur de l'île de Montréal. Dalhousie lui donnerait volontiers gain de cause. Plus longtemps on tolérera la possession de ces biens par les Sulpiciens, écrit-il au ministre, plus il sera difficile de les déranger. Dépouiller le Séminaire de sa seigneurie débarrasserait les propriétaires des droits de lods et ventes.

Mgr Panet doit faire agréer le choix de l'abbé Signay par le gouverneur. Dalhousie annonce son agrément comme si la nomination dépendait de lui seul. Il écrit à l'abbé Signay : « Confiant que cette nomination sera agréable à Sa Majesté et recevra son approbation, je vous ai choisi pour cette charge » (10 décembre 1825). Et à Mgr Panet : « Ayant, après mûre considération, choisi M. Signay pour être coadjuteur, et sachant de vous que cette nomination vous sera acceptable, je vous prie de présenter à l'abbé Signay ma lettre de nomination, au nom de Sa Majesté, sous réserve d'approbation par Sa Majesté. » Le secrétaire William Cochrane invite M. Signay a prêter serment, tout en lui signalant que le caractère définitif de la nomination est subordonné au bon plaisir de Sa Majesté.

Quant aux biens des Sulpiciens, les juristes de la Couronne sont d'avis que ces ecclésiastiques ne constituent pas « a legal corporation » et ne sont pas titulaires de la seigneurie. Le ministre souhaiterait un règlement à l'amiable, mais des négociations privées paraissent impossibles, le gouverneur ne pouvant discuter avec un corps dont la légalité est contestée. Bathurst charge Dalhousie d'entamer des procédures judiciaires pour déterminer la légalité ou l'illégalité de la corporation du Séminaire — et les droits de la Couronne à la seigneurie de Montréal.

Voilà qui augure mal, pour la session parlementaire.

* * *

Dalhousie ouvre cette session le 2 janvier 1826. Il prend acte de l'accord apparemment réalisé à la session précédente, et s'en réjouit :

> Ce sera pour moi une grande satisfaction, de voir que les différends qui ont si longtemps régné sur la question des finances sont enfin terminés, et que rien n'empêche plus l'octroi des subsides que mon devoir est de demander, au nom de Sa Majesté, pour le soutien de son gouvernement en cette province.

Le gouvernement impérial fait encore une concession, sur la question des juges. Vallières propose, séance tenante, un vote de remerciements. Papineau trouve cet empressement excessif. Il écrit à sa femme :

Québec 2 février 1826

> ... Les affaires de la session ne vont que trop rondement, pour ne pas dire précipitemment. L'administration a fait en effet des concessions très justes, demandées depuis longtemps, mais si nous n'y prenons garde, dans l'élan de notre reconnaissance nous sacrifierons quelques-uns de nos droits. Il y a partie liée entre Taschereau, Stuart, Vallières. Jamais l'administration n'a eu en Chambre une telle collection de talents propres à se prêter à tout ce qu'elle demandera d'eux.
>
> Nous avons eu hier un message pour nous dire que lord Bathurst agréait la proposition de mettre en ce pays les juges sur le même pied où ils sont en Angleterre, si nous voulions leur accorder une pension de retraite. Ce message a été lu dans un moment où M. Vallières n'y était pas. Il est entré l'instant d'après, pour nous porter à voter une adresse de remerciements au Roi — preuve qu'il connaissait d'ailleurs ce message, que cette adresse était préconcertée — elle est mal motivée sur une mesure d'aussi grande importance. Il fallait attendre à la séance suivante à répondre. M. Neilson, seule sentinelle vigilante, a fait quelque objection. Chacun a crié : C'est si beau ! C'est si bon ! Il fait voter les remerciements par acclamation ; et chacun aujourd'hui convient qu'il aurait fallu le faire, mais mieux que nous ne l'avons fait hier. Qu'importe ! Nous avons toujours gagné un avantage inappréciable ...

Papineau semble pouvoir compter de nouveau sur Neilson, sans restriction. Mais on peut attribuer l'attitude de Neilson à de l'animosité personnelle — de la rancune — contre le gouverneur. Papineau voudrait aussi, contre la brillante équipe Taschereau-Stuart-Vallières, le renfort de Cuvillier, dont il apprécie le sang-froid, imperturbable dans toutes les circonstances, mais que ses liaisons d'affaires retiennent trop souvent à Montréal. Papineau prie sa femme d'engager leur voisin et ami Jacques Viger à faire pression sur Cuvillier, pour qu'il occupe sa place à la Chambre.

Mgr Lartigue, toujours en quête de sa parfaite nomination d'évêque de Montréal, vient à Québec pendant cette session. Papineau fait de ce voyage un compte rendu très sympathique :

> Le voyage de Mgr de Telmesse n'a pu que lui être très agréable. Tous ceux du clergé qui l'ont vu l'aiment et l'estiment et le respectent de plus en plus. Quelques-uns même que leur vieille inimitié contre feu Mgr l'évêque de Québec, tels que M. Deschenaux, avait un peu refroidis contre Mgr Lartigue, se sont dépouillés de leurs préventions, et sont ses amis. Il a prêché à Québec avec la supériorité de talent en ce genre qui le distingue ; son éloge de Mgr Plessis a tiré des larmes de plusieurs des assistants. Il est très populaire des Messieurs de Québec, et ce sentiment a gagné des personnes très élevées en rang. J'espère donc de plus en plus que les chagrins et contrariétés qu'il a éprouvés s'aplaniront (9 février 1826).

La session se terminera-t-elle aussi bien qu'elle a commencé ? Dalhousie invite l'orateur de la Chambre à venir le voir. Papineau aime à faire sentir son influence au gouverneur et à ses conseillers, comme un autre grand verbal, Mirabeau, aimait à faire sentir la sienne au roi et à sa Cour. Mais il est méfiant. Le gouverneur veut sans doute l'amadouer. Rien ne peut émaner de bon de Dalhousie et de ses gens : « Ils veulent perpétuer les abus, ils sentent qu'ils ne peuvent pas le faire de vive force et ils veulent chercher à ruser avec des hommes qui ne peuvent plus avoir de confiance dans leur probité, leurs protestations, leurs serments même... » (14 février 1826).

Vallières est plus coulant. Mais la rivalité commencée au Séminaire de Québec s'exacerbe de jour en jour. Papineau piétine Vallières dans sa correspondance :

> Lui, qui doit voir où il marche, se prépare de l'avancement, s'il est lié à ceux qui travaillent sans relâche à l'œuvre de la destruction des privilèges de ses compatriotes, de la honte et du mépris si, n'étant pas lié à leur projet, il est leur aveugle instrument (25 février 1826).

Papineau, à Québec, vit en pension. Il ne prise guère la société de cette ville, et l'écrit à sa femme (2 mars 1826) :

> Je fais réflexion parfois que, quoique durant la session il me serait bien agréable d'être ici en famille, il me serait bien désagréable d'y vivre hors le temps des sessions. Hors M. Neilson, avec qui je me trouve des principes communs et des études analogues, je vois en général si peu d'indépendance de caractère, si peu d'esprit ou, quand il y en a, des esprits si légers, une disposition si générale à flatter lâchement les grands abus, comme moyen d'avancement, que je n'y connais aucune société dans laquelle je me plairais. Nous avons à Montréal, où elles sont pourtant beaucoup trop rares, plus de personnes honnêtes et instruites qu'il n'y en a ici. Mon voisin Viger, qui a le goût des beaux-arts... qui chante et cause si bien que la société dans laquelle il vit rend patriote, vivrait ici dans un autre cercle, où il se perdrait...

Des heurts avec le Conseil législatif marquent inévitablement la session :

> La plupart de nos bills sont étouffés à leur arrivée au Conseil législatif. Le juge en chef et M. Richardson sont d'intelligence, ils peuvent toujours maîtriser le gouverneur, quoique il se vante de ne pas dépendre d'eux (6 mars 1826).

La bombe éclate peu après, le 14 mars. Le gouverneur Dalhousie communique à la Chambre une dépêche de lord Bathurst, déjà ancienne puisqu'elle était adressée à sir Francis Burton. Ce document blâme et récuse les concessions faites par Burton. Il repousse, comme déraisonnable et inconstitutionnel, le droit de contrôle revendiqué par la Chambre sur l'affectation et la distribution de tout le revenu public. Il faut en revenir, pour le vote du budget, à l'ancien système.

C'est bien une bombe. Hughes Heney, député de Montréal-Est, l'a écrit à Jacques Viger : « Le diable est aux vaches. Une bombe vient de tomber au milieu de la boutique. » On prévoit des débats animés, et la foule remplit les galeries et les déborde, au point que la chaleur devient insupportable. Papineau, grippé, la gorge prise, surmonte un fort malaise pour ne pas donner un vote silencieux, qu'on s'expliquerait mal de sa part. Il prend la parole dans l'intention de dire quelques mots. Il parle pendant une heure, pendant deux heures. Il est en nage, et guérit sur-le-champ.[2]

---

2. Récit de Papineau à sa femme, dans une lettre du 25 mars 1826.

Papineau entraîne ses collègues, que le retrait d'une concession, geste toujours maladroit, a choqués. La Chambre, repoussant les injonctions ministérielles, vote un bill de subsides identique à celui de l'année précédente. Le Conseil législatif lui inflige des amendements. L'Assemblée les repousse. Le bill des subsides meurt étouffé. Dalhousie proroge, en affirmant ses positions :

> Je n'hésite pas à vous déclarer que je dois adhérer aux ordres et instructions contenus dans ce document, jusqu'à ce qu'ils soient révoqués par Sa Majesté, et que jusque là je dois continuer à soumettre les comptes et estimations dans la forme où je les ai présentés pendant cette session, comportant une catégorie de revenu pour votre information et une autre catégorie pour votre approbation.

Toute la volonté de la majorité de la Chambre, galvanisée par Papineau, tend vers le contrôle intégral du revenu public. Le gouvernement impérial ne lui concède qu'un droit « d'information » sur une part considérable de ce revenu.

* * *

L'animosité de Papineau envers Dalhousie est bien réciproque. Mgr Lartigue s'estime pris entre deux feux. Il exprime, dans une lettre à Mgr Poynter, vicaire apostolique du district Est de l'Angleterre, pour ne pas dire évêque de Londres, la conviction que le gouverneur s'oppose à sa pleine reconnaissance comme évêque de Montréal à cause de sa proche parenté avec Louis-Joseph Papineau et Denis-Benjamin Viger, chefs de l'Opposition à la Législature : « J'ai appris de source certaine qu'il appuierait ma nomination comme Ordinaire de Montréal si elle lui était demandée par ces deux messieurs, à condition qu'ils sacrifieraient ce qu'ils croient être de leur devoir comme membres de la Chambre... » (19 juillet 1826).

L'excitation se répand dans la province. Le courant réformiste n'entraîne pas seulement Louis-Hippolyte La Fontaine, mais toute la jeunesse étudiante. Étienne Parent a dû suspendre la publication du *Canadien* au printemps de 1825. Il s'est plongé dans l'étude du droit. Mais Augustin-Norbert Morin, qui s'est mis en vedette par sa défense de la langue française contre le juge Bowen, vient de terminer ses études de droit au bureau de Denis-Benjamin Viger. C'est un garçon très instruit, vorace de lecture et de travail, et d'une étonnante maturité. Augustin-Norbert Morin fonde *La Minerve* à Montréal (14 octobre 1826). Il annonce, dans son prospectus, un journal d'intérêt général, traitant d'art, de littérature, d'industrie et d'agriculture. Il défend la religion. En politique, il engage les Canadiens « à résister à toute usurpation de leurs droits, tout en leur faisant apprécier et chérir les bienfaits du gouvernement de la mère-patrie ». Bref, un journal réformiste. Les frères Dominique et Charles Mondelet, fils de l'ultra-loyaliste Jean-Marie Mondelet qui a si mal accepté sa défaite par Joseph Papineau en 1809, se trouvent aux antipodes des convictions paternelles. Ils publient aux Trois-Rivières *L'Argus*, journal réformiste aussi violent que naguère *Le Canadien* québécois et aujourd'hui *La Minerve* montréalaise. Ils dénoncent le gouverneur Dalhousie et traitent les Anglais d'étrangers, de parvenus qui viennent dans ce pays « allumer le feu de la discorde ».

L'excitation est plus vive encore dans le Haut-Canada. L'Assemblée de cette province revendique l'initiative de tous les bills de subsides. Elle envoie une adresse au gouvernement impérial, demandant que le juge en chef ne puisse faire partie du Conseil exécutif. Le gouvernement de Londres répond que les conseils du juge en chef ont été précieux au lieutenant-gouverneur. Les méthodistes, hostiles aux privilèges de l'Église anglicane, sont poussés dans l'opposition dont Marshall Spring Bidwell, Peter Perry, John Rolph et John Matthews sont les chefs parlementaires. John Matthews, officier en demi-solde, perd sa pension pour s'être découvert, un soir de fête, au son de l'hymne américain. Un journal ministériel, *The Upper Canada Gazette*, bénéficie de toutes les faveurs. Le *Colonial Advocate*, de William Lyon Mackenzie, de faible tirage, subit des périodes d'intermission. Il n'a pu paraître du 16 juin au 18 décembre 1825. Mais quand il paraît, il cogne. Des « constitutionnels » envahissent et pillent l'atelier du *Colonial Advocate*, le 8 juin 1826. Les formes sont brisées, les caractères jetés à l'eau. Des fils de famille figurent parmi les agresseurs. Des personnages officiels assistent à cette scène et l'encouragent.

Cette violence suscite une indignation assez générale. Loin d'abattre Mackenzie, elle double sa popularité. On peut se demander si la crise — fatale — éclatera d'abord dans le Haut-Canada ou dans le Bas-Canada.

20

Triomphe de Papineau sur Dalhousie

Les Sulpiciens prévoient l'annexion du Canada aux États-Unis.

L'ouverture de la navigation sur le lac Champlain facilite l'émigration. Des Canadiens s'occupent au chargement et au déchargement des barges dans les petits centres riverains. Les émigrés aux États-Unis subissent une certaine dose d'assimilation, faute de cohésion, mais aussi faute d'églises et d'écoles. Mgr Plessis a déjà envoyé un prêtre, l'abbé Pierre-Marie Mignault, curé de Chambly, visiter la région. Mgr Lartigue prend contact avec les évêques de New York et de Boston ; il offre d'envoyer un prêtre sur les bords du lac Champlain.

La situation économique des émigrés n'est pas non plus uniformément florissante. Des concessionnaires, sur les bords du lac Champlain, vendent ou abandonnent leur terre pour s'établir à Albany ou à New York. Des familles canadiennes repartent, se dirigent vers le lac Huron.

La vie est dure partout. Mgr Lartigue écrit à Mgr Panet que, d'après « M. Papineau l'orateur », la Petite-Nation ne peut, cette année encore, soutenir un curé. M. Roupe y restera missionnaire ; l'abbé Toussaint Papineau, ignorant l'anglais, y serait bien mal placé.

La Petite-Nation doit coûter plus cher qu'elle ne rapporte. L'argent liquide n'abonde pas dans la famille des seigneurs. Joseph Papineau conseille à Denis-Benjamin de mettre son fils externe, plutôt que pensionnaire, au Collège de Saint-Hyacinthe, et de le faire loger par des parents ou des amis, par raison d'économie : « Je suis au dépourvu, Dessaulles lui-même est de court, et je ne sais qui pourra t'assister » (septembre 1826).

* * *

À l'approche de la session, les milieux parlementaires et journalistiques s'enfièvrent, surtout à Montréal.

Edouard-Raymond Fabre, fils d'un menuisier de Montréal, a fait l'apprentissage du métier de libraire chez son beau-frère Hector Bossange, dont le magasin est un des mieux achalandés de Paris. Rentré au Canada, il a repris et ranimé l'ancienne librairie Bossange, de la rue Saint-Vincent, déjà passée de main en main. Il y reçoit, dans une quasi-association avec la librairie de son beau-frère, livres et gazettes de France. Le romantisme politique et littéraire est en gestation : Victor Hugo s'affirme révolutionnaire dans sa préface de *Cromwell*. Edouard-Raymond Fabre, petit homme obèse, qui n'a pas un tempérament d'homme public, voue à Papineau une admiration et une amitié qui ne se démentiront jamais. Il a, de plus, épousé Luce Perrault, fille de l'agent du service de diligence entre Montréal et Québec, ce qui le faisait entrer dans une famille d'ardents réformistes. Son magasin est lieu d'attraction et de rencontre pour l'intelligentsia de ce parti. On y voit Denis-Benjamin Viger ; son neveu Côme-Séraphin Cherrier, reçu avocat en 1822 ; Louis-Michel Viger, surnommé le beau Viger ; Augustin Cuvillier ; Frédéric-Auguste Quesnel ; le Dr Jacques Labrie, ancien condisciple de Papineau au Séminaire de Québec, maintenant établi à Saint-Eustache et qui, entre ses consultations et visites, prépare une étude sur la constitution anglaise ; le jeune Augustin-Norbert Morin, qui a audacieusement lancé *La Minerve* et qui témoigne d'une étonnante érudition ; les frères Dominique et Charles Mondelet, que leur père — notaire du roi ! — a, certains jours, presque envie de renier ; d'autres encore. Ils sont nourris de Rousseau, de Voltaire et des encyclopédistes français. Ils s'enflamment pour des notions comme la démocratie, la liberté de la presse, la souveraineté du peuple, l'émancipation de la pensée, toute une mystique qui se propage dans les pays d'Europe occidentale et dont les livres, les gazettes et les correspondances de la librairie Fabre apportent les effluves à Montréal. Chez plusieurs perce une pointe d'anticléricalisme.

Augustin-Norbert Morin, au bout de cinq semaines de publication de *La Minerve,* s'est trouvé à bout de souffle financier. Le journal ne compte que 300 abonnés. Morin le vend à Ludger Duvernay — qui lui assure un poste de rédacteur — devant le notaire Jean-Marie Mondelet, le 10 janvier 1827. Ludger Duvernay a 27 ans. Il a publié la *Gazette des Trois-Rivières* de 1817 à 1821 et participé au lancement de *L'Argus,* avec les frères Mondelet. C'est un homme de courte formation intellectuelle, mais intelligent, énergique, très féru de journalisme et très entiché des idées réformistes — très admirateur de Papineau. Il se fixe définitivement à Montréal, et acquiert peu après le *Canadian Spectator,* dont Jocelyn Waller reste le principal rédacteur. Les chefs réformistes, à commencer par Papineau et Viger, rédigent, au sortir des parlotes de la librairie Fabre, des articles anonymes ou signés de pseudonymes, ce qui facilite les écarts de plume. *La Minerve* est véhémente. Le *Spectator* l'est davantage encore.

Papineau aborde la nouvelle session avec des dispositions, selon son propre mot, à la colère. Il s'emporte contre Dalhousie, au premier chef. Il s'emporte presque autant contre les députés qui refusent de le suivre ou ne le suivent pas jusqu'au bout. Il en veut à Jean-Thomas Taschereau, qu'il accuse tantôt d'avoir partie liée avec Vallières, tantôt d'être l'agent du gouverneur. Il écrit à John Neilson, qui conserve toute son estime :

> L'injustice faite à mon pays me révolte, et trouble mon esprit au point que je ne sois pas toujours en état de prendre conseil d'un patriotisme éclairé, mais plutôt enclin à donner cours à la colère et à la haine contre nos oppresseurs (9 janvier 1827).

* * *

Sir Francis Burton, blâmé dans une dépêche de lord Bathurst pour ne pas avoir suivi les instructions données au gouverneur Dalhousie, a fait valoir à Londres que ces instructions ne lui avaient pas été communiquées. C'est juste, reconnaît le ministre ; et il envoie une nouvelle dépêche exonérant Burton.

La Chambre, informée, demande communication de cette nouvelle dépêche. Dalhousie refuse. Papineau et ses amis soupçonnent un changement d'avis du ministre, qui aurait fini par reconnaître la sagesse de Burton, sanctionnant le bill des subsides en 1825. Ils se trompent sur ce point. Mais l'incident est vif.

Dalhousie soumet le budget de manière à ne pas reconnaître à la Chambre le contrôle qu'elle réclame depuis si longtemps, si obstinément. La Chambre, par 17 voix contre 6, maintient son attitude antérieure et refuse le vote des subsides (6 mars 1827).

Dalhousie n'hésite pas. Il vient, dès le lendemain, soudainement proroger. Il manifeste son irritation dans son discours de prorogation. Les questions-reproches tombent dru : « Avez-vous voté les subsides demandés par Sa Majesté ? Avez-vous donné des raisons que le pays puisse comprendre ? Avez-vous répondu au message du représentant de Sa Majesté ? Avez-vous reconnu les prérogatives de la Couronne ? »

La Minerve reproduit ce discours, mais le critique, et défend la Chambre « qui a donné toute l'attention possible à l'administration de la judicature de la province, à une meilleure répartition de la représentation, au soutien et à l'encouragement de l'éducation, à l'incorporation de nos villes et à nombre d'autres mesures d'un grand intérêt ». Papineau rédige une réplique à la harangue du gouverneur : « La Chambre d'Assemblée a siégé pendant trente jours... Son Excellence admet qu'il devrait exister un respect mutuel entre les différentes branches de la Législature. Le discours dans lequel Son Excellence admet ce principe ne paraît pas en être une application très convaincante... »

Papineau fait signer cette réplique par six de ses collègues du district de Montréal ; ceux du district de Québec sont réticents. Les partisans de Papineau organisent, çà et là, des assemblées publiques. Plusieurs des chefs de cette agitation sont officiers de milice — parfois anciens combattants de 1812. Or, la prorogation prématurée a empêché de prolonger ou de renouveler la loi de milice, venue à expiration. Le gouverneur remet d'anciennes ordonnances de milice en vigueur. Les partisans de Papineau contestent leur légalité. Des officiers de milice protestent avec eux. Dalhousie les destitue. Il destitue, par exemple, Pierre Amiot, député du comté de Surrey et capitaine de milice, qui a présidé ou vice-présidé une assemblée à Verchères. Il destitue Joseph-Toussaint Drolet, marchand à l'aise de Saint-Marc, qui a fait l'acquisition de la seigneurie de Cournoyer ou seigneurie de Saint-Marc, et qui était major de milice.

Dans le Haut-Canada, où l'atmosphère n'est guère plus sereine, Mackenzie a poursuivi les envahisseurs et destructeurs de son atelier. Le jury lui accorde 625 livres de dommages, ce qui rétablit les affaires du journal. L'argent est ramassé par souscription. Le *Colonial Advocate* côtoyait la faillite, ou tout au moins la fermeture. Ses ennemis, ignorant cette situation, l'ont sauvé. Mackenzie, son argent en poche, vient à Montréal au mois de mai. Il a l'idée d'y publier un quotidien de langue anglaise. Il y réclamerait, comme dans le *Colonial Advocate,* l'application du principe de la responsabilité ministérielle. Mais le *Canadian Spectator* est largement suffisant. Une brève enquête aboutit à une conclusion négative : l'entreprise ne serait pas rentable.

Dalhousie, devant cette situation, commet la faute déjà commise par Craig. Il dissout le Parlement, en juillet, et convoque des élections générales.

* * *

Papineau se dresse aussitôt en adversaire du gouverneur. Les élections devront aboutir à la défaite de l'un ou de l'autre.

Des assemblées, la belle saison aidant, propagent l'agitation. Des officiers de milice révoqués — gens d'influence dans leur région — y participent, sur les estrades, et parfois prennent la parole. Papineau, dans ses discours, insiste sur les bienfaits de la trop courte administration Burton, pour faire ressortir les méfaits de lord Dalhousie — et sans doute afin de démentir ceux qui attribuent à son opposition un caractère systématique. Il conclut : « Votre vote montrera la sagesse ou la folie de cette dissolution de l'Assemblée. »

Les partisans de Papineau prennent le nom de patriotes ; ils affublent leurs adversaires du sobriquet de « chouayens ».[1] Les hauts fonctionnaires entourant le gouverneur sont « l'oligarchie » ou « la faction tory », ou encore « le Pacte de Famille ». Au-dessous d'eux sont les « bureaucrates ». Quant aux conseillers législatifs, ce sont les « vieillards malfaisants ». De l'autre côté, on dénonce l'absolutisme de Papineau qui, entraîné par son patriotisme et par son tempérament, supporte mal la contradiction.

La presse réformiste fouette les esprits. Le *Canadian Spectator,* de Jocelyn Waller, est plus mordant que *La Minerve* ou *Le Canadien.* Papineau et ses lieutenants protestent de leur loyalisme, de leur affection pour le roi, et ne manquent pas d'appeler l'Angleterre « la mère-patrie ». Deux médecins anglo-canadiens très connus à Montréal, les frères Wolfred et Robert Nelson, qui se prétendent apparentés au vainqueur de Trafalgar, sont candidats réformistes. Les Nelson ont des parents — une famille influente — à William Henry. Wolfred Nelson entreprend d'arra-

---

1. Le mot remonte à la première campagne canadienne de Montcalm, en 1756. À la bataille de Chouaguen (Oswego), des miliciens qui avaient déserté furent surnommés « chouaguens », et le mot s'est ensuite déformé.

cher cette forteresse loyaliste au procureur général James Stuart, imposé au comté par « l'oligarchie » comme d'autres profiteurs, Jonathan Sewell, Edward Bowen et Norman Fitzgerald Uniacke, l'ont été avant lui. La tâche paraît herculéenne, mais Wolfred Nelson, taillé en force, n'a peur de rien. On compte maintenant des réformistes à William Henry — Sorel, — surtout parmi les Canadiens français, dont la proportion tend à augmenter. Et Wolfred Nelson qui a épousé une Canadienne française, Charlotte Fleurimont de Noyelles, peut prononcer un discours en français. Robert Nelson, qui est le médecin de famille des Papineau, est candidat à Montréal-Ouest. Le conflit oppose donc des politiques et non pas des races. L'anglomanie sévit dans certaine bourgeoisie de Québec et de Montréal, où il devient chic de parler anglais. Plus d'une jeune Canadienne rêve d'épouser un officier anglais. Les demoiselles de Québec ont, à cet égard, une sorte de premier choix ; et les mères montréalaises de filles à marier les accusent de piraterie. La British and Canadian School, ouverte rue Lagauchetière à Montréal en 1822, à l'aide d'un « octroi » de la Législature et de souscriptions privées, enregistrait 275 élèves, dont 135 catholiques c'est-à-dire, à peu d'exceptions près, Canadiens français, en 1826. Tout cela ne saurait empêcher plus d'un Canadien, du type Bourdages, de trouver saveur de revanche aux volées magistrales que Papineau assène au plus haut représentant des vainqueurs. Les Canadiens émigrés aux États-Unis ont fondé un journal, *L'Ami du Peuple*. Ils y prennent le parti de Papineau, et leurs articles portent une touche républicaine :

> Canadiens, on travaille à vous forger des chaînes. Il semble qu'on veuille vous anéantir ou vous gouverner avec un sceptre de fer. Vos libertés sont supprimées, vos droits violés, vos privilèges abolis... Voici que le temps est arrivé de montrer votre énergie et de convaincre la mère-patrie et la horde qui depuis un demi-siècle vous tyrannise dans vos propres foyers, que si vous êtes sujets, vous n'êtes pas esclaves.

Les chefs réformistes du district de Montréal se réunissent chez Lucien Perrault, beau-frère d'Édouard-Raymond Fabre, pour le choix des candidats. La tâche est simple. Ils lancent la consigne de réélire les mêmes députés, triomphalement. Le mot d'ordre se propage : « Les mêmes ! Les mêmes ! »

Les mêmes sont effectivement réélus (25 août 1827). Papineau n'est plus seulement député de Montréal. Ses partisans l'ont fait élire, par acclamation, dans le comté de Surrey (Verchères). L'autre député de Verchères, aussi facilement réélu, est Pierre Amiot, le capitaine de milice destitué. Papineau ne comptera plus seulement à la Chambre d'Assemblée, son cousin Denis-Benjamin Viger et son beau-frère Jean Dessaulles, mais un tout jeune cousin, André-Benjamin Papineau, élu dans le comté d'Effingham (Terrebonne). Louis Bourdages, Joseph Levasseur-Borgia, Augustin Cuvillier, Frédéric-Auguste Quesnel, François Quirouet (de l'île d'Orléans), John Neilson, qui pourrait partager avec Denis-Benjamin Viger le titre de sage du parti, conservent leur mandat. Le Dr Labrie s'est fait élire dans le comté d'York (Deux-Montagnes-Vaudreuil-Ottawa), où son influence s'affirme. Le Dr Robert Nelson est élu dans la division de Montréal-Ouest, et son frère Wolfred réussit, par deux voix de majorité, après une bataille de bouledogue, la gageure de battre le procureur général Stuart, soutenu par les forces officielles, dans le comté de William Henry. Ce dernier résultat est un des plus réjouissants pour Papineau et ses amis. Le district de Montréal a donné comme un seul homme. Vallières de Saint-Réal et Jean-Thomas Taschereau ne peuvent plus compter que sur une poignée de députés du district de Québec.

Papineau a vaincu Dalhousie, aux élections. Il souligne cet aspect dans une adresse à ses électeurs, qui ont jugé, dit-il, « après un examen réfléchi des faits et des doctrines invoqués par l'un ou par l'autre ».

Du côté ministériel, on ne voit qu'une explication : l'abstention ou même la mauvaise volonté du clergé, puisque l'axiome est admis que les Canadiens n'agissent que suivant les directives cléricales. Mgr Lartigue, prenant les devants, écrit à Mgr Panet (11 octobre 1827) :

> Il faudra parler fermement au gouverneur, s'il se plaint des écarts du clergé au sujet des élections. Les écarts d'un ou deux prêtres ne sauraient être imputés à la masse du clergé, qui ne s'est pas mêlé des élections. Lord Dalhousie n'a rien fait pour se concilier la confiance du clergé canadien : il a voté en Angleterre contre l'émancipation des catholiques ; il est à la tête d'une association qui s'efforce d'attirer sans cesse des ministres d'Écosse ; il a fait des grossièretés au clergé. Il me punit d'être le cousin de MM. Viger et Papineau, car je le défierais de donner aucune autre preuve de ma prétendue opposition à son gouvernement. Quoi qu'il en soit, il ne faudrait pas nous laisser dénigrer impunément auprès du Trône, si nous y étions attaqués ; et je crois bien que le clergé ne le souffrirait pas.

La convocation des Chambres s'attend dans une fièvre montante. Aux parlotes du magasin Fabre, on discute la situation jusqu'à des heures avancées. Wolfred Nelson, au physique massif et au moral guerrier, ne se contente pas de la victoire arrachée de haute lutte. Il poursuit des électeurs adversaires pour parjure. Ceux-ci prennent Côme-Séraphin Cherrier, canadien-français et réformiste, pour avocat. Côme-Séraphin Cherrier, orphelin de bonne heure, a été élevé par son oncle Denis-Benjamin Viger, qui le traite comme son fils. Avocat depuis cinq ans, il se taille déjà une réputation au barreau. Appelé à défendre des adversaires politiques, il obtient l'acquittement des trois premiers accusés ; et Nelson abandonne sa poursuite contre les autres.

21

Le "rejet de l'Orateur"

La session est convoquée pour le 20 décembre 1827. Dans l'intervalle, Jean-Thomas Taschereau a été nommé juge, ce qui lui mérite, de la part de Papineau, de nouveaux anathèmes. Le comté de Gaspé, où sont installés d'assez nombreux loyalistes, remplace Taschereau par un Anglais originaire de la Nouvelle-Écosse, Robert Christie, disert, de commerce agréable, amateur de lettres et d'histoire comme Dalhousie lui-même, et mari d'une Acadienne, mais fort ennemi de Papineau, qui le traite de fourbe.

Les sympathies et les aversions de Papineau importent. Les événements ont pris la tournure d'une querelle personnelle entre Papineau et Dalhousie. Les gazettes ministérielles laissent entendre que si la Chambre réélit Papineau à la présidence, le gouverneur refusera de ratifier ce choix. Le *Canadian Spectator* proteste d'avance contre ce geste arbitraire. On s'attend donc à un choc.

Dans ces conditions, Louis Bourdages, que Papineau accusait naguère d'avoir « partie liée avec Vallières », se rallie au choix de Papineau, et même, avec son autorité de doyen d'âge, le propose.

Le 20 novembre, sur la proposition de Louis Bourdages, Louis-Joseph Papineau est réélu orateur de la Chambre d'Assemblée, par 39 voix contre 5 à Vallières de Saint-Réal. Alors, d'après le journal de l'Assemblée, « il fut conduit par M. Bourdages et M. Letourneau à la chaire où, étant sur le degré d'en haut, il fit ses humbles remerciements à la Chambre du grand honneur qu'elle avait bien voulu lui conférer. Après quoi il s'assit dans la chaire, et alors la Masse, qui était auparavant sous la table, fut mise sur la table. »

LE "REJET DE L'ORATEUR"

Selon le protocole britannique, le Conseil législatif envoie son héraut, le chevalier Robert d'Estimauville, huissier de la Verge Noire, convoquer la Chambre. Et celle-ci vient en corps, précédée de ses sergents d'armes en tricorne et culottes courtes, du greffier et de son adjoint, en toque et toge, se présenter au gouverneur, assis sur le trône, à la Chambre haute.

Ici, Papineau prend la parole, suivant les formules traditionnelles :

> En obéissance à l'ordre de Votre Excellence, la Chambre d'Assemblée de la province du Bas-Canada a procédé à l'élection d'un Orateur, et je suis la personne sur laquelle l'honneur de son choix est tombé.
>
> Lorsque je considère, Monsieur, les devoirs pénibles attachés à cette situation élevée, et que je compare mes talents et mon habileté pour les remplir d'une manière qui réponde à leur dignité, je sens fortement mon insuffisance à cet effet ; et dans cette persuasion j'aurais dû implorer Votre Excellence de ne point me laisser entreprendre cette charge, si l'Assemblée, en m'élisant de nouveau, ne l'eût emporté sur mon jugement.

Il est aussi de tradition que le président du Conseil législatif réponde pour le gouverneur, approuvant le choix de l'Assemblée et formulant des souhaits de politesse.

Mais le président du Conseil législatif, plein d'onction et d'ironie, informe l'Assemblée que Son Excellence désapprouve le choix qu'elle a fait pour sa présidence, et lui donne 24 heures pour le modifier.

La Chambre tout entière se cabre. Augustin Cuvillier, qui jouit d'une certaine autorité, rappelle que le choix du président se fait librement et que la présentation au gouverneur est une pure formalité. L'unanimité se fait sans peine. Une délégation est chargée d'en informer le gouverneur, et Vallières a le joli geste d'en faire partie.

Mais le gouverneur ne la reçoit pas. Le représentant du roi ne peut recevoir ni message ni adresse de la Chambre tant qu'elle n'aura pas élu un Orateur approuvé par la Couronne. Le soir même, la Législature est prorogée (23 novembre 1827). Quant à Vallières, il y perd son grade dans la milice.

* * *

C'est la suspension du régime ou du simulacre de régime représentatif. Et Papineau est le centre de cette grande dispute. Ce qu'on appelle « le rejet de l'Orateur » produit dans toute la province une sensation intense. Les gazettes ministérielles jubilent. Mais *La Minerve* et plus encore le *Canadian Spectator* se déchaînent. Dalhousie fait traduire Jocelyn Waller devant le jury montréalais. Waller prend pour défenseur Côme-Séraphin Cherrier, dont le devoir professionnel et les convictions politiques seront cette fois d'accord. Un premier groupe de jurés rejette les chefs d'accusation. La Couronne en forme un second, plus accommodant, et dont Cherrier conteste en vain la légalité. Le nouveau jury trouve lieu à poursuites. Les deux partis tiennent des assemblées. Les partisans de Papineau et de Waller sont turbulents. Dalhousie fait arrêter Waller à Montréal et Charles Mondelet, rédacteur de *L'Argus*, aux Trois-Rivières, ce qui, loin de calmer l'agitation, la redouble. Des officiers de milice sont, comme toujours, à la tête du mouvement. Le gouverneur sévit contre eux ; le peuple en fait des martyrs.

Papineau est au centre de ce tourbillon. Il fascine les jeunes députés, soulève les foules, prend figure de héros. Il jouit d'un prestige unique. Edouard-Raymond Fabre ouvre une souscription « pour faire tirer le portrait de M. Papineau, orateur de la Chambre d'Assemblée ». D'un mot lancé dans la bagarre, Papineau ferait courir aux armes. Un soir, chez lui, comme on discute la situation, son fils Amédée, qui est un enfant de huit ans, dit que s'il avait un fusil, il tuerait lord Dalhousie. Papineau le gronde doucement.

Il faut canaliser la volonté populaire en des voies légitimes. Un comité, vite formé à Montréal, rédige sous l'inspiration de Papineau, une pétition à l'adresse des autorités impériales. On y dénonce longuement Dalhousie, dont on demande le rappel. On y attaque violemment le Conseil législatif, « ce corps composé d'une majorité d'hommes qui dépendent, pour leur subsistance et celle de leur famille, du salaire attaché à des fonctions qu'ils ne détiennent que par le bon plaisir du gouverneur ». La pétition énumère ensuite des réformes nécessaires : application du revenu des biens des Jésuites à l'instruction publique, « qui n'est pas encouragée dans la mesure de ses besoins » ; suppression des cumuls, dont le plus flagrant est celui de Jonathan Sewell, à la fois juge en chef, conseiller législatif et conseiller exécutif ; augmentation de l'effectif parlementaire correspondant à l'accroissement de la population ; nomination d'un agent de la province, accrédité auprès du gouvernement impérial, pour veiller à ses intérêts en Angleterre...

Il faudrait obtenir l'adhésion du district de Québec avant de lancer cette pétition. Les Québécois ne sont pas mal disposés. Vallières de Saint-Réal s'est rallié à la présidence de son rival. Il a pris la parole dans un banquet organisé en l'honneur de Joseph Papineau à Québec. Il a reconnu au père de Louis-Joseph Papineau « la fermeté de Caton, la probité d'Aristide, l'éloquence de Démosthène », bref « toutes les qualités d'un bon serviteur public ». Vallières et les autres députés du district de Québec sont prêts à signer une pétition, mais ils trouvent le texte montréalais trop raide contre le gouverneur. Ils proposent leur propre rédaction.

Papineau se résigne au principe de la double pétition, mais il trouve les Québécois bien lents. Il s'impatiente. Il écrit à John Neilson une longue lettre de récriminations contre les hésitations des Québécois. Le peuple de Montréal, dit-il, le presse de tenir une réunion publique où l'on formulera les accusations contre lord Dalhousie. « Votre Comité est responsable de la fausse position où nous nous trouvons. » Si les deux villes avaient agi de concert, soutient-il, les comités de campagne auraient suivi ; une expression unanime d'opinion aurait eu plus de poids que des adresses différentes. Il est difficile de faire patienter les Montréalais, et à Québec, Vallières « en phrases élégantes, pèse le pour et le contre... Quel déluge de mots ! » Vallières manque, « non d'intelligence, mais de caractère », « Je ne dirais à personne d'autre qu'à vous ce que je pense de Vallières », confie Papineau à Neilson, mais il ne peut se retenir quand il voit son ancien condisciple « prostituer les talents que la nature lui a donnés aux pieds d'un homme qu'il ne peut que mépriser » (8 octobre 1827).

C'est donc surtout le district de Montréal qui, autour de Papineau, s'agite. Mgr Lartigue, craignant toujours d'être compromis par ses cousins, juge bon de retenir le clergé. Il écrit à Mgr Panet (1er décembre 1827) :

> On voudra nous engager dans les querelles de l'Administration avec la Chambre d'Assemblée. Il est important que dans cette crise le clergé montre une conduite uniforme et se mêle le moins possible de ces discussions. D'une part, l'Administration comprendra que c'est le meilleur moyen de garder sur nos fidèles une influence qui pourra lui être nécessaire un jour. D'autre part, le peuple compren-

dra qu'il ne nous servirait à rien de blesser le gouvernement, et que les autorités en Angleterre sauront bien interpréter notre silence comme une approbation de ses plaintes contre l'administration. Notre intervention deviendra nécessaire si l'on décrète quelque chose de contraire à la religion, ou s'il est encore question de l'Union des deux provinces, contre laquelle tout le clergé s'est prononcé autrefois.

Les Québécois sont enfin prêts. Louis Lagueux, député de Dorchester, préside une réunion à l'hôtel Malhiot, le 13 décembre. On y nomme un comité de 35 membres, dont Vallières de Saint-Réal assume la présidence, ce qui est un fort témoignage d'unité, pour mettre au point la pétition dont les idées directrices sont virtuellement arrêtées. Plusieurs « Anglais » — Henry Forsyth, John Neilson, Thomas Lee, Robert Blackiston — figurent dans ce comité, et n'y sont pas les moins actifs.

La pétition de Québec est à la fois plus complète que celle de Montréal et plus modérée de ton. On y dénonce le mode de recrutement du Conseil législatif ; l'excès des dépenses, dû en partie aux sinécures et aux cumuls ; le mauvais emploi des sommes votées par la Législature pour le progrès de l'éducation et pour le développement des voies de communication ; la dépense d'une importante partie du revenu public sans contrôle de la Législature ; la négligence administrative qui permet des scandales comme le péculat de l'ex-receveur général Caldwell — resté conseiller législatif ; l'emploi du revenu des biens des Jésuites à d'autres fins que l'éducation ; les concessions scandaleuses de terres publiques ; les tentatives faites au Parlement impérial pour changer la constitution ou pour changer la tenure des terres sans le consentement de la population :

> C'est pourquoi nous supplions très respectueusement Votre Majesté de vouloir bien exercer sa prérogative royale de manière à soulager ses fidèles sujets en cette Province desdits abus et griefs et à les maintenir et assurer dans la pleine et entière jouissance du gouvernement établi par la constitution, sans qu'il y soit fait aucun changement.[1]

Les comités ramassent des souscriptions. Papineau est trop personnellement engagé pour présenter à Londres une opinion pondérée. Les comités choisissent, pour porter les pétitions, Denis-Benjamin Viger, John Neilson et Augustin Cuvillier, qui sont

---

1. Texte des pétitions dans le « Rapport du Comité choisi pour s'enquérir sur le gouvernement civil du Canada » (Québec 1828).

bien les trois sages du parti réformiste. Denis-Benjamin Viger a treize ans de plus que son cousin Louis-Joseph Papineau, dont il a été le professeur — bénévole — de droit. Aussi grand, mais plus mince, avec un visage très fin d'intellectuel au nez aquilin, au menton aigu. Attentif, il penche volontiers le buste en avant, comme pour l'étude. C'est un homme d'une culture et d'une distinction supérieures. Il ressemble, au moral, à Joseph Papineau, par son calme, son bon conseil, sa grande politesse et sa bonté. John Neilson a brillamment secondé Papineau, six ans auparavant, auprès de la Chambre des communes et du Bureau des Colonies. Il n'est pas moins apte à débattre les questions de détail que les questions d'ensemble, car il a étudié à fond l'arpentage, le défrichement, la colonisation, et d'une manière générale la vie agricole et les besoins des paysans. Papineau repose une absolue confiance en lui. Augustin Cuvillier, porté vers les questions économiques, est le seul Canadien français qui ait participé à la fondation de la Banque de Montréal. Il trouve le moyen de concilier son dévouement à Papineau avec la fréquentation des hommes d'affaires anglais, les John Richardson et les George Moffat, qui abrègent son prénom d'Augustin en Austin — et dont la politique est tout opposée.

Les trois commissaires, comme tous leurs commettants, comme tous les assidus de la librairie Fabre et comme Papineau lui-même, font confiance à la constitution anglaise, qui leur paraît le chef-d'œuvre de l'esprit humain et dont ils réclament, en somme, l'application intégrale au Canada. Ils admirent l'Angleterre, mère des Parlements. Ils ont lu naturellement l'*Appel à la justice de l'État* de Pierre du Calvet. L'*Esprit des lois* de Montesquieu est leur livre de chevet, et ils se sont assimilé sa thèse de l'équilibre des trois pouvoirs, législatif, exécutif et judiciaire. Plusieurs juristes canadiens de leurs amis, tels l'ancien député Joseph-François Perrault, protonotaire à Québec, ont traduit des ouvrages anglais de droit parlementaire. Le Dr Jacques Labrie, de Saint-Eustache — l'ancien condisciple de Papineau, — qui vient d'être élu député du comté des Deux-Montagnes, publie à Montréal une traduction : « Les premiers rudiments de la constitution britannique ; traduits de l'anglais de M. Brooke ; précédés d'un précis historique et suivis d'observations sur la constitution du Bas-Canada, pour en donner l'histoire et en indiquer les principaux vices, avec un aperçu de quelques-uns des moyens probables d'y remédier. Ouvrage utile à toutes sortes de personnes, et principalement destiné à l'instruction politique de la jeunesse canadienne. » La *Gazette de*

Québec écrit, à l'occasion du départ de son propriétaire et de ses compagnons de mission : « Le pays peut confier sans crainte ses destinées à un roi et à un gouvernement anglais. »

Mgr Lartigue, toujours anxieux de faire reconnaître sa pleine qualité épiscopale, prie Denis-Benjamin Viger de s'en occuper au cours de sa mission, et particulièrement de faire agir l'évêque catholique de Londres, qui doit disposer d'influentes relations et pour lequel il lui donne une lettre d'introduction.

Les commerçants anglais de Montréal chargent Samuel Gale de porter à Londres une contre-pétition. Des loyalistes des « townships » — cantons de l'Est — se joignent à eux. Les loyalistes en veulent encore à la France de l'aide décisive apportée à la révolution américaine. Et ils estiment insuffisante leur représentation à la Chambre d'Assemblée.

L'avocat montréalais Samuel Gale, ancien secrétaire du gouverneur Prescott, parfois chargé de missions officielles, est un homme remuant. Il a critiqué dans la presse l'administration militaire du gouverneur Prevost. Il a rédigé pour la *Gazette* des articles favorables au projet d'Union. Il est surtout, peut-être, le grand adversaire des Sulpiciens, dont il conteste les titres seigneuriaux, dans l'espoir d'en finir avec les droits de lods et ventes. Samuel Gale proposera, croit-on, une nouvelle division du pays, qui rattacherait l'île de Montréal et les cantons de l'Est à la province du Haut-Canada. Il discutera le sujet de la tenure, qui lui tient à cœur. M. Jean-Auguste Roux, Supérieur du Séminaire de Saint-Sulpice, s'embarque aussi pour l'Europe.

Dans le Haut-Canada, William Lyon Mackenzie annonce aux citoyens du comté d'York, le plus populeux de la province, sa candidature aux prochaines élections. Il lance une déclaration s'en prenant moins à l'oligarchie qu'à l'Église établie :

> J'ai toujours été opposé à la domination ecclésiastique ; elle est contraire au libre esprit du christianisme, et les nations qui se sont courbées sous le joug sont devenues les sombres repaires de l'ignorance et de la superstition, de l'oppression et de la misère.
>
> Cette influence corrompue, puissante et longtemps endurée, qui a jusqu'ici empiété sur nos droits et libertés, ne peut être renversée qu'avec unanimité et zèle. Une Chambre d'Assemblée indépendante, dans le Haut-Canada, serait inestimable...

22

La mission Neilson-Viger-Cuvillier

Neilson, Viger et Cuvillier arrivent à Londres au mois de mars 1828.

Lord Wellington préside un gouvernement tory, avec William Huskisson, successeur de Bathurst, au secrétariat des Colonies. Huskisson appartient à la fraction la plus libérale du parti tory. Neilson, Viger et Cuvillier voient le ministre, mais Samuel Gale le voit aussi. Huskisson, après consultation de ses collègues, forme un comité d'étude, qui soumettra au Parlement les propositions opportunes.

Neilson, Viger et Cuvillier renouvellent la belle impression produite par Papineau et Neilson cinq ans plus tôt. Ils prennent aussitôt contact avec les défenseurs de la première heure, ceux que la noblesse de caractère de Papineau a tant séduits. Il est vrai que Burdett, l'admirateur de la Révolution française, le philanthrope, le Romain, l'accueillant Burdett a évolué. Mais au petit groupe des amis des Canadiens s'est joint un autre membre des Communes, Henry Labouchère, qui est d'origine française. On peut encore compter sur l'appui du grand chef irlandais O'Connell, à qui l'émancipation des catholiques, que l'on espère prochaine, ouvrira les portes de Westminster, et dont le prestige est considérable.

Viger s'occupe aussi des commissions de Mgr Lartigue, mais l'évêque de Londres négligera les affaires des Canadiens, car il réserve son crédit pour la grande question de l'émancipation des catholiques en Angleterre. Sur quoi Mgr Lartigue répond à Viger que le projet des « anticanadiens du pays » est de nous décatholiciser, autant que de nous angliciser, voire de nous angliciser pour nous décatholiciser. Mgr Lartigue écrit à Robert Gradwell, président du Collège anglais à Rome : Accepterait-il le rôle décliné par Mgr Bramston, évêque de Londres, trop occupé par ses propres affaires ? « Comment pourrions-nous faire parvenir au Trône nos avancés contre les réclamations que l'Église du Canada a dû si souvent souffrir de la part d'une administration provinciale toujours hargneuse et ombrageuse, et quelquefois fanatique et persécutrice, si nous n'avons à Londres aucune personne marquante, dont le crédit fasse écouter nos plaintes ? »

* * *

Pendant la mission de son cousin et de ses amis, Papineau est à la Petite-Nation, avec Amédée son fils aîné. Il fait d'indirects et délicats reproches à sa femme, qui est restée à Montréal :

> Amédée est au comble du bonheur. Il ne comprend pas pourquoi sa maman ne veut venir demeurer dans un endroit où l'on est si heureux. Il m'a sérieusement reproché de ne t'avoir pas fait connaître bien comme la Petite-Nation est un endroit plus beau que la ville et Verchères, et promet qu'il te décidera à venir. Je souhaite que ses exhortations aient un plein et entier succès...

Denis-Benjamin Papineau vit en permanence à la Petite-Nation, où son fils Auguste-Cyrille vient de naître. Il a transmis à Mgr Lartigue, en l'appuyant, le vœu des paroissiens de Notre-Dame-de-Bonsecours qui demandent, non plus un missionnaire, mais un prêtre résident. Aux 394 âmes de la seigneurie s'agglomèreraient volontiers les 200 catholiques des comtés de Grenville et de Chatham. Louis-Joseph et Denis-Benjamin Papineau assistent à la messe pour donner l'exemple, mais refusent de se confesser. Mgr Lartigue a visité la Petite-Nation en janvier. Il y a recensé « 67 familles catholiques, comprenant environ 335 âmes, et 25 familles non catholiques ». Cette mission ne lui paraît pas mûre pour être érigée en paroisse. Il y faudra bientôt un prêtre résident, mais, insiste Mgr Lartigue, « qui ne peut être Toussaint Papineau ».

Louis-Joseph et Denis-Benjamin Papineau, à la Petite-Nation, s'appliquent à percevoir les redevances de leurs censitaires. Ce n'est pas facile.

* * *

C'est le 2 mai 1828 que le secrétaire des Colonies propose à la Chambre des communes la formation d'un comité chargé d'étudier la question canadienne. Huskisson fait un exposé historique, décrit le conflit de la Chambre d'Assemblée et de l'administration coloniale, évoque la question des subsides sur laquelle il conviendrait de reconnaître les droits de l'Assemblée sans méconnaître les droits supérieurs de la Couronne, et n'oublie pas les griefs des Anglais des « townships ».

Labouchère lui répond. Il dénonce le vice du Conseil législatif, en partie peuplé de fonctionnaires qui sont à la merci du gouvernement. Mackintosh prononce ensuite un discours d'une magistrale ironie. Le ministre a méprisé le système enchevêtré des lois françaises, auxquelles les Canadiens sont attachés. Mackintosh demande si le très honorable monsieur n'a jamais entendu parler d'un autre système de lois, dans un autre pays, si embrouillé, si encombré d'usages surannés et enchevêtré de modernes subtilités que les hommes les plus éclairés s'égarent dans ce labyrinthe. Le ministre a évoqué les inégalités dans la représentation parlementaire, dont les Anglais des townships se plaignent. Mackintosh demande si le très honorable monsieur n'a jamais entendu parler, dans un autre pays que le Canada, d'une représentation parlementaire qui ne s'appuie pas sur le principe de la population, ni sur aucun principe raisonnable, mais sur une masse confuse des règles les plus extravagantes. Mackintosh affirme le droit, pour la Chambre bas-canadienne, de contrôler le revenu et la dépense. Il donne tous les torts à l'Administration, dans son conflit avec la Chambre :

> Je suis d'opinion que la conduite de l'Assemblée du Bas-Canada est absolument justifiable. Il est certain qu'elle a le droit de déterminer l'emploi de l'argent qu'elle accorde. Toute assemblée représentative possède ce droit. L'année dernière, elle avait adopté 21 projets de loi ; la Chambre haute les a tous rejetés. Qui en est responsable ? Je réponds : le gouvernement. Le Conseil législatif n'est que son instrument...

> Le ministre des Colonies s'est adressé aux sentiments de cette Chambre pour exciter sa sympathie en faveur des Anglais du Bas-Canada. Mais, je le demande, qu'on me montre une seule loi faite par l'Assemblée de Québec contre les colons anglais. Et comment donnerait-on à ceux-ci, qui sont 80,000, la prépondérance sur plus de 400,000 Canadiens français !

Mackintosh termine sa péroraison par cette phrase : « La Chambre des communes ne doit établir aucune distinction entre les races. »

Hume souligne que le Haut-Canada ne se plaint pas moins. C'est la preuve qu'il ne faut pas accuser le mauvais esprit des Canadiens français, mais le régime, qui mécontente tout le monde, qui a quelque chose de pourri.

Plusieurs députés émettent ce grave avertissement, suggéré par Neilson : Prenez garde de donner aux Canadiens l'impression qu'ils seraient plus heureux s'ils supprimaient la frontière qui les sépare des États-Unis.

Le Comité, formé le 8 mai 1828, consacre vingt séances à l'audition des témoins. Il entend John Neilson, Denis-Benjamin Viger et Augustin Cuvillier, d'un côté ; Samuel Gale, Edward Ellice et Simon McGillivray de l'autre côté. Neilson démontre que dix-huit conseillers législatifs sur vingt-sept sont en même temps de hauts fonctionnaires, se partageant de grasses prébendes. Viger révèle que dans une province abritant 400,000 Canadiens français et 80,000 Anglais, huit des onze juges sont de langue anglaise — et plusieurs d'entre eux détiennent un siège au Conseil législatif, ou même au Conseil exécutif. Cuvillier aborde la question des finances, avec son habituelle clarté. Cuvillier est toujours prêt à citer dates, chiffres et documents exacts : il semble qu'ils soient rangés dans sa mémoire comme des régiments en ordre de bataille et dont chacun charge à son tour, au commandement. Il fait ressortir la différence entre le système régnant, en Angleterre et le système imposé à la colonie.

Le Comité siège jusqu'au mois de juillet. Les fuites inévitables laissent prévoir et même assurent un rapport favorable aux revendications de la Chambre bas-canadienne. Neilson, Viger et Cuvillier, qui sont hommes de convictions fermes, mais de tempérament modéré, craignent que la nouvelle, exploitée comme une victoire de Papineau sur Dalhousie, donne lieu, dans les milieux réformistes, à des manifestations qui provoqueraient un ressac. Pour prévenir cette faute, ils n'attendent pas la sortie du rapport. Ils envoient à leurs commettants, avec la nouvelle à peine anticipée, une brassée de sages conseils (22 juillet 1828) :

> Après un délai qui doit vous avoir causé autant d'inquiétude qu'à nous-mêmes, ce nous est une tâche bien agréable que d'avoir à vous annoncer que le comité de la Chambre des communes sur le gouvernement civil du Canada doit faire son rapport ce soir. Nous n'avons encore pu nous procurer une copie de ce rapport, mais nous pouvons dire qu'il est décidément favorable aux désirs des pétitionnaires. Nous souhaitons qu'il règne comme ici, par toute la provin-

ce, un esprit de conciliation, le désir d'éviter tout ce qui peut affaiblir en Canada la confiance du sujet dans la constitution établie, ou détourner l'attention publique de l'avancement du bien-être commun, par le canal des autorités constitutionnelles, et nous désirons surtout qu'il n'y ait aucune manifestation de joie publique, ni rien qui puisse heurter les sentiments de ceux dont les vues ont différé de celles des pétitionnaires pour qui nous avons l'honneur d'agir. Nous croyons à propos de faire remarquer que plusieurs messieurs d'ici, qu'on a supposé en Canada entretenir des préjugés défavorables à la population du Bas-Canada, s'en sont par leur conduite montré les amis. M. Huskisson et M. Wilmot-Horton, le 14 courant, dans la Chambre des communes, ont parlé décidément en faveur du peuple du Bas-Canada, sans aucune distinction. Nous nous considérons comme ayant complété notre mission. MM. Neilson et Cuvillier se proposent de faire voile de Liverpool pour New York, dans le Caledonia, capitaine Rogers, le 1er du mois prochain. M. Viger va faire un tour sur le continent. Nous avons l'honneur d'être vos très humbles et obéissants serviteurs,

J. Neilson, D.-B. Viger, Austin Cuvillier.

L'optimisme des trois délégués était justifié. Le rapport du Comité balance le pour et le contre avec une sage prudence, comme il convient, mais il donne satisfaction, sur l'essentiel, aux réformistes. Il souhaite un remaniement des divisions électorales procurant une représentation convenable à la population des « townships ». Mais il blâme, comme un obstacle aux progrès du pays, la coutume de concéder de vastes étendues de terres à des privilégiés, qui se soustraient aux conditions d'établissement. Il recommande — il « ne saurait trop fortement recommander » — « que les Canadiens d'origine française ne soient pas troublés dans l'exercice paisible de leur religion, de leurs lois et privilèges, tels qu'ils sont garantis par les Actes du Parlement britannique ». Il admet la perpétuation, en dehors des townships, de la tenure en seigneurie, si les descendants des premiers colons la préfèrent. Sur la question cruciale du contrôle des finances :

> Bien que le droit d'affecter les revenus perçus en vertu de la loi de 1774 appartienne à la Couronne, le Comité est d'avis que les véritables intérêts de la province seraient mieux servis en plaçant la perception et la dépense de tous les revenus publics sous le contrôle de la Chambre d'Assemblée.

Et sur la double question, aussi brûlante, du Conseil législatif et de la magistrature :

> Le Comité est d'avis que la majorité des membres du Conseil législatif ne doit pas être composée de personnes occupant des char-

ges suivant le bon plaisir du gouvernement ; et que, en ce qui concerne les juges, à la seule exception du juge en chef, il vaudrait mieux qu'ils n'eussent pas pris part aux affaires de la Chambre.

Le Comité recommande des précautions pour éviter le retour d'incidents comme le déficit Caldwell. Il souhaite que les revenus des biens des Jésuites soient appliqués au service de l'instruction publique. Il refuse de recommander l'Union des deux provinces, suggérée par plusieurs témoins, et passe à la question des réserves du clergé, agitée dans le Haut-Canada.[1]

Aucun des deux partis n'est absolument sûr de la victoire. Les autorités louvoient. Le rapport n'est ni accepté ni rejeté. Le ministre promet de s'en inspirer à l'avenir. Une trop vive insistance risquerait de remettre cet avantage en question. Les délégués s'en tiennent là. Mais Dalhousie est nommé commandant militaire aux Indes, et cette promotion peut être interprétée, sinon comme une disgrâce, au moins comme un désaveu.

Neilson, Viger et Cuvillier ne peuvent empêcher l'explosion qu'ils appréhendaient. Jocelyn Waller est mort dans sa geôle, première victime de cette agitation qui en fera tant. Édouard-Raymond Fabre annonce à ses correspondants français la mort de ce « protecteur de nos droits et de nos libertés » et projette une souscription pour l'éducation de ses enfants. Le *Canadian Spectator* a disparu. Mais un autre Irlandais, le jeune docteur Daniel Tracey, arrivé de Dublin en 1825, et qui s'est à son tour lié avec Papineau, publie le *Vindicator*, dans les mêmes sentiments. La *Gazette de Québec*, *La Minerve* et le *Vindicator* chantent victoire sur tous les tons. Les délégués, à leur retour, sont fêtés. On offre à Neilson, par souscription, une coupe superbe. Mais le grand triomphateur est Papineau, vainqueur du gouverneur Dalhousie au bout d'une lutte de huit ans. On accueille partout Neilson au cri de « Vive Neilson et Papineau ! » On accueille Viger au cri de « Vive Viger et Papineau ! » On accueille Cuvillier au cri de « Vive Cuvillier et Papineau ! »

* * *

Dans le Haut-Canada, un jeune Irlandais catholique, Francis Collins, a fondé un autre hebdomadaire radical, *The Canadian Freeman*, qui néglige toute précaution dans ses charges contre le

---

1. Rapport du comité choisi pour s'enquérir sur le gouvernement civil du Canada (Neilson et Cowan, Québec, 1828).

lieutenant-gouverneur, le solliciteur général et autres personnages huppés. Le lieutenant-gouverneur et le procureur général le poursuivent. Collins est un Irlandais typique, rouge de cheveux, rouge de barbe, farouche d'aspect et turbulent de caractère. Rendant compte lui-même de son procès dans son journal, il renouvelle et redouble ses attaques. Sa condamnation suscite des remous. Le lieutenant-gouverneur fait démolir par la troupe la maison de William Forsyth, aubergiste récalcitrant. Forsyth prend figure de héros, et la Chambre blâme la rudesse des militaires. Maitland dissout la Chambre. L'opposition réformiste, renforcée par les méthodistes et par les catholiques, gagne les élections. William Lyon Mackenzie est élu député d'York.

23

Accalmie sous l'administration Kempt

Une fois de plus, un lieutenant-gouverneur de la Nouvelle-Écosse est promu à l'administration du Bas-Canada. Sir James Kempt, successeur de Dalhousie, débarque à Québec le 1er septembre 1828. Ses instructions comportent, en résumé : conciliation dans les formes et fermeté sur l'essentiel.

Or, l'essentiel — suprématie de la Couronne britannique ou de l'Assemblée populaire — apparaît de plus en plus nettement aux Canadiens — aux Canadiens de toutes les provenances, — en voie de rapide éducation politique. Le nouveau gouverneur reçoit des avis et des requêtes — presque des sommations — contradictoires. Entre John Richardson, qui dénonce le caractère révolutionnaire des prétentions de l'Assemblée, et Louis-Joseph Papineau, qui demande la mise à l'écart de tous les conseillers de Dalhousie, sir James Kempt peut être perplexe. Il avoue son embarras dans ses premiers rapports au ministre.

Sir James Kempt, administrateur du Bas-Canada, convoque, pour le 21 novembre 1828, les Chambres qui n'ont pas siégé depuis le 23 novembre précédent. Papineau, arrivé à Québec la veille, écrit à sa femme :

> Mon voyage a été heureux et même agréable, quoique je ne voyageasse qu'avec les membres du Conseil. Il n'a pas été question de politique, et chacun avait un empressement mutuel à ne pas se faire la mine. J'ai rencontré M. Debartzch à Sorel, ce qui m'a été très agréable en route et très utile ici. Ses sentiments honnêtes et canadiens ont eu l'effet de faire rougir quelques-uns des bons messieurs d'ici... Labrie est logé avec moi, ce qui m'est très agréable. Qu'aussitôt que M. Viger sera arrivé, il vienne nous rejoindre ; il aura l'espoir de réaliser un peu du bien qu'il a préparé.

Le gouverneur communiquera le motif de la convocation « dès qu'un Orateur aura été dûment élu et approuvé ». Or, Papineau a été dûment élu, sinon approuvé, un an plus tôt. Il déclare, séance tenante, que la Chambre a déjà procédé à cette élection. Une nouvelle crise va-t-elle éclater — ou simplement, la crise va-t-elle se prolonger ?

Sir James Kempt est entré en négociations discrètes avec Papineau. L'orateur de la Chambre en revient, comme à une obsession, à la nécessité d'un nettoyage administratif. Il écrit à sir James Mackintosh :

> Sir James Kempt est un homme de pénétration, de talent et d'application au travail. Mais ses intentions seront inefficaces tant que les hommes de l'ancienne administration seront conservés à leur poste.

Sir James Kempt ne vengera pas les injures de lord Dalhousie. L'honorable James Kerr, président du Conseil législatif, annonce, au nom du gouverneur, que Son Excellence, « confiant dans le talent, le loyalisme et la discrétion de M. Papineau », approuve le choix de l'Assemblée.

Le compte rendu de Papineau à sa femme est un nouveau bulletin de victoire :

> 27 novembre 1828
>
> Tu te seras sincèrement réjouie des circonstances qui ont accompagné l'ouverture de la session. Elles conduiront au bien public assurément, et par la seule voie que je veuille jamais suivre pour opérer ce bien, celle de l'honneur. Le gouverneur et moi avons conduit une négociation dont le résultat élève le corps représentatif du pays à un plus haut degré de considération que n'en ont obtenu les Représentants d'aucune autre colonie. Pour le moment, il m'en revient à moi-même beaucoup d'honneur, et tant que le service ne sera pas oublié, c'est-à-dire pendant quelques jours, cela me laisse un degré additionnel d'influence, dont je ne veux faire usage que pour prévenir tout ce qui pourrait diminuer le respect que je veux que tout le monde apprenne, à la fin, à porter à la Chambre d'Assemblée. Richardson au Conseil, Ogden et Stuart à la Chambre, sont les seuls qui osent encore dire que tout n'était pas détestablement mal conduit par le lord Dalhousie, quoique ils avouent qu'il ait commis des fautes. Tous les autres louangeurs mercenaires qu'il avait achetés à deniers comptants ne lui doivent plus rien puisqu'ils ne peut plus les payer...
>
> Un grand esprit d'union et de confiance règne parmi les membres. Ogden, Stuart et Christie, en divisant contre tout le monde,

font connaître au gouverneur quelle est la faiblesse du parti des ci-devant tout-puissants, et que ce parti est plus faible encore dans le pays que dans la Chambre...

Il n'y aura pas de crise immédiate. Le chapitre Dalhousie de notre histoire est bien clos.

* * *

Papineau s'obstine cependant à traquer les vestiges de l'administration Dalhousie. Andrew Stuart (haute ville de Québec) et Richard Ogden (Trois-Rivières) le contredisent — et Papineau, au faîte de son prestige, supporte mal la contradiction. Sir James Kempt s'applique, avec beaucoup de bonne volonté, au rôle de conciliateur. Mais comment concilier, sur l'éternelle et capitale question des subsides, les prérogatives de la Couronne et les privilèges de l'Assemblée ?

Sir James Kempt fait savoir que le gouvernement de Sa Majesté étudie la question dans l'espoir « de contribuer au bien-être général de la Province et à la satisfaction de ses fidèles sujets canadiens ». Papineau, fort du rapport du comité londonien, décide une grande fermeté de principes. Il écrit à Julie (4 décembre 1828) :

...Demain nous entendrons les misérables excuses que MM. Stuart et Ogden prétendront faire entendre pour pallier les fautes et les crimes de l'administration de Dalhousie. Mais elle est jugée et condamnée dans le public, et dans la Chambre également. Nous adopterons des résolutions modérées mais fermes, qui prouveront notre inébranlable détermination de ne laisser à nulle autre autorité le droit de distribuer notre revenu, sauf l'approbation permanente recommandée par le Comité du Canada, mais que nous ne donnerons que conditionnellement, si les juges ne sont rien autre chose que des juges, et nous demanderons l'exécution de tout ce que promet le rapport du Comité...

Donc, la Chambre, stylée par Papineau dont Neilson est le meilleur lieutenant, répond au gouverneur qu'elle n'abandonnera ni ne compromettra pour rien au monde « son droit naturel et constitutionnel, comme une des branches du Parlement provincial représentant les sujets de Sa Majesté dans cette colonie, de surveiller et contrôler la recette et la dépense de tout le revenu public prélevé dans cette province ».

Papineau ferait retrancher des salaires, supprimer des sinécures. Il soulève des haines parmi ceux qu'il vise. Julie Papineau

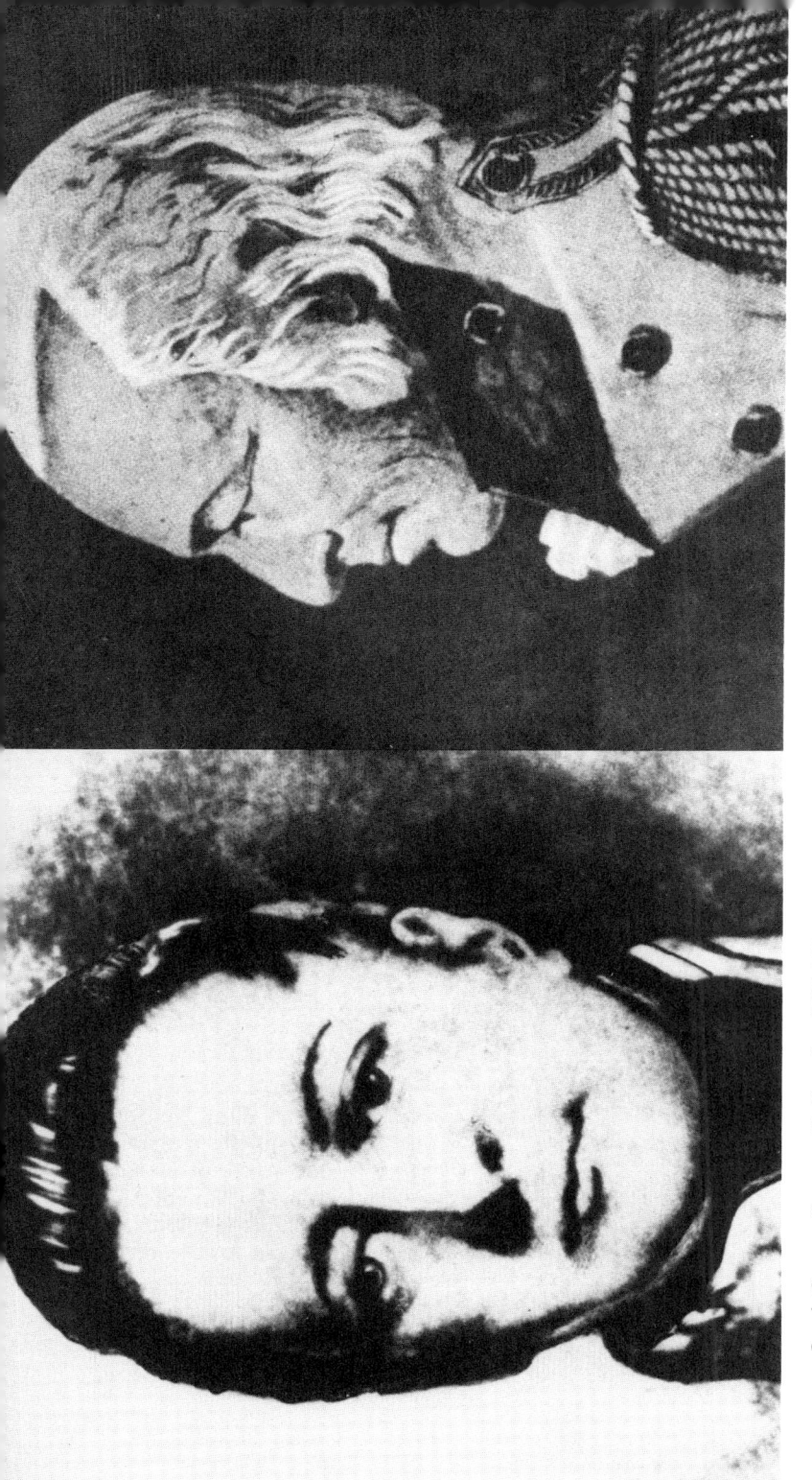

James Henry Craig (1748-1812), gouverneur du Canada de 1807 à 1811

Lord George Ramsay Dalhousie (1770-1838), gouverneur du Canada de 1820 à 1828

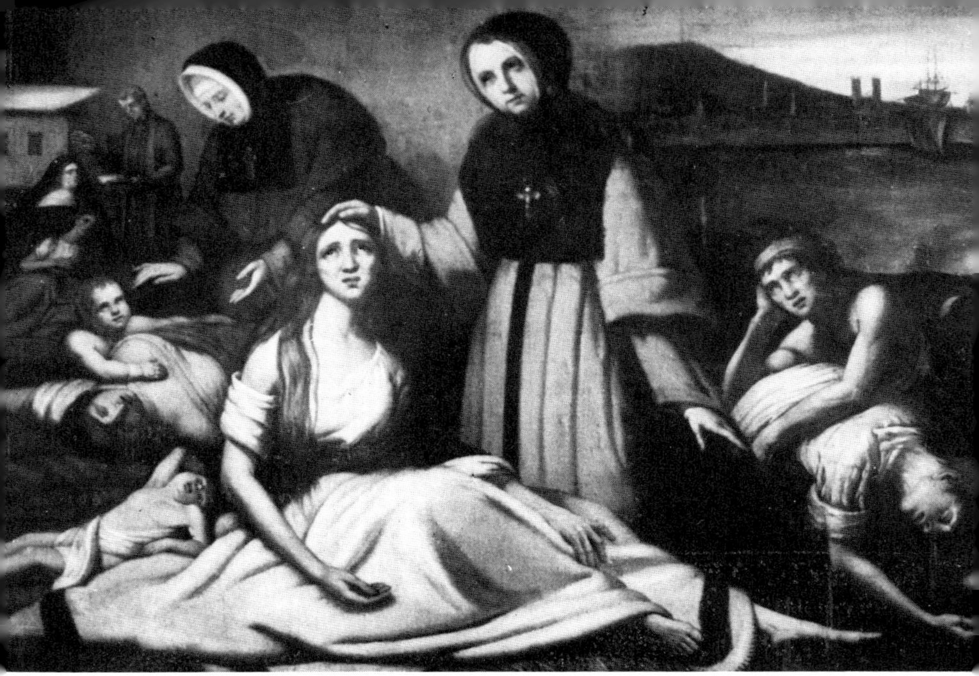

L'épidémie de choléra à Montréal.
Tableau de l'église Notre-Dame-de-Bonsecours

La maison Papineau du 440 de la rue Bonsecours à Montréal. Sur la plaque, on peut lire : Joseph Papineau (1752-1841), notaire, député, habitait cette maison. Son fils Louis-Joseph, homme d'état, chef de l'insurrection de 1837, y vécut également ainsi que ses descendants craint que le courrier de son mari ne soit intercepté. Elle confie une lettre à Jacques Viger, qui se rend à Québec pour affaires. Papineau rassure sa femme (22 décembre 1828) :

> ...Rien ne me porte à croire qu'elles l'aient jamais été, et je n'ai jamais rien écrit qu'il serait important ou agréable à nos ennemis politiques d'apprendre par cette voie honteuse. Le mal que j'ai quelquefois écrit contre eux, je l'ai souvent et plus fortement exprimé en public.

L'année 1828 s'achève, au soulagement de sir James Kempt, sans bagarre. Papineau annonce à sa femme l'envoi d'une paire de raquettes fabriquées par un Sauvage, pour les garçons. Il n'a pu s'en procurer qu'une paire, et avertit (31 décembre 1828) :

> Il faudra que tu aies l'art d'en concilier l'usage entre les deux frères sans laisser rompre l'harmonie entre eux.

Puis il dit qu'il a accepté des invitations à dîner chez des Anglais :

> Eux seuls ont le ton, la fortune nécessaires pour recevoir. Pas une famille canadienne ne peut le faire... Les ressources du pays sont dévorées par les nouveaux venus. Et quoique j'aie eu le plaisir de rencontrer parmi eux des hommes instruits et estimables qui me voient avec plaisir, la pensée que mes compatriotes sont injustement exclus de participer aux mêmes avantages m'attriste au milieu de leurs réunions, et me rendrait le séjour de Québec désagréable. Le mal n'existe pas au même degré à Montréal...

> Ce soir le gouverneur ferme l'année et ouvre la nouvelle par un bal, où il aura, dit-on, cinq cents personnes, et les Canadiens n'y seront probablement pas au nombre de cent. Il est vrai que dans toutes ces réunions, l'état-major et les officiers de la garnison forment toujours la majorité. Il n'y a que ceux qui ont quelque commission ou grade civil qui soient appelés, et la dernière administration en avait exclu tout ce qui était attaché au pays. Le détail de toutes les turpitudes et violences de cette odieuse Administration se déroule tous les jours de plus en plus devant nos divers comités spéciaux à un point qui m'embarrasse. Car à la fin il résultera que le nombre des coupables est si grand qu'il n'y aura pas moyen d'obtenir justice. Le gouverneur est toujours, à mon opinion, un honnête homme voulant le bien, mais que l'Administration en Angleterre n'a pas mis à portée de l'opérer, parce qu'elle l'envoie sans avoir réformé les Conseils ni puni les auteurs de tous nos maux. Le comte de Dalhousie est un homme dont le nom sera de plus en plus flétri à mesure que l'on verra combien il a directement participé à tous les écarts de son Administration... En ce qui me concerne personnellement, j'ai la preuve de plusieurs mensonges et petitesses de sa part...

Papineau poursuivra Dalhousie, comme il a fait pour Craig, jusque dans la tombe s'il le faut. Il ne ménage pas davantage les créatures de l'ancien gouverneur :

> Je me suis plaint officiellement au gouverneur de la nomination par le comte de Dalhousie du sergent d'armes actuel, comme je l'avais fait du clerc en loi. Il est convenu de la justice de ma plainte et m'a demandé de suspendre, jusqu'à ce qu'il puisse trouver quelque autre emploi à donner à ce vieillard, qui est un honnête homme et pauvre. Je lui ai recommandé M. Delagrave, que M. Cochrane avait joué l'année dernière, et dans un temps plus ou moins rapproché il sera nommé...
>
> Fais dire à Hamilton que le gouverneur m'a informé qu'il faisait remise de la part de l'amende due au Roi... (5 janvier 1829).

Papineau obtient donc de menues faveurs pour ses protégés. De son côté, la Chambre, malgré l'intransigeance de sa déclaration de principes, vote le budget soumis par le gouverneur, en opérant quelques retranchements. Le bill est conçu dans des termes très semblables à ceux du bill de 1825, que lord Bathurst a blâmé. Un autre bill couvre les dépenses de l'année 1828, qu'une session écourtée n'a pas permis de prévoir. Que fera le Conseil législatif ? La Chambre, suivant Papineau, a chargé trois comités d'éplucher l'administration du pays. L'un doit s'occuper « des griefs généraux du pays », un autre des destitutions dans la milice et le troisième de la composition de la magistrature. Les conseillers législatifs de la majorité ministérielle en sont outrés. Les deux Chambres s'en veulent à mort. Et Papineau, devant l'évidente bonne volonté de sir James Kempt, a conçu la manœuvre de le gagner à la cause de la Chambre. Il le confie à sa femme (8 janvier 1829) :

> ...Les deux Chambres s'en veulent à mort. Le Conseil hait assurément le système représentatif parce qu'il est nécessairement à l'avantage des Canadiens ; la Chambre déteste un Conseil d'égoïstes dont l'ambition et l'avarice règlent toutes les mesures ; chacun a la plus grande envie de faire connaître librement son opinion. Nous sommes assurés que l'influence représentative finira par prévaloir, mais nous voudrions que ce fût maintenant. Le gouverneur dit tantôt, et il faut un peu d'adresse pour le ménager, l'attacher à la cause de la justice, de la raison, du pays. Son aide peut nous rendre heureux ; son opposition peut nous nuire pendant un peu de temps. Il est bien disposé ; les plus impatients, du Conseil ou de nous, l'auront contre eux, et nous espérons que ce seront Messieurs d'en-haut qui les premiers manqueront de calme. D'un autre côté, ils sont dans la nécessité d'être sages, parce qu'ils sont à peu près certains

que si l'an prochain il n'y a pas d'acte d'appropriation, ils ne seront pas payés (hors les juges) et que, la foule d'autres salariés se joignant à la Chambre pour se plaindre d'eux, ils succomberont sous le poids de tant de haine qu'ils auraient provoquée. Le gouverneur voit tout le monde, est de sang-froid et de bonne humeur... Ce soir l'évêque de Québec et moi et plusieurs membres indépendants et M. Debartzch ont leur jour à dîner avec lui. À son grand bal du 31 il avait personnellement invité Mondelet, J. Viger, qu'il voit souvent avec plaisir et avec confiance. La canaille dalhousienne chuchotait que c'était scandaleux de voir tant d'égards prodigués à des hommes qui étaient sous accusation criminelle à cause de leur inconduite envers son prédécesseur. Toutes ces criailleries montrent le dépit de cet ancien parti... Les enquêtes qui se conduisent dans trois comités... révèlent tous les jours tant de turpitudes et d'iniquités que le comte de Dalhousie sera à jamais déshonoré et plusieurs de ses créatures punies...

Un incident donne à Papineau l'impression qu'il est en voie de réussite, auprès du gouverneur. Les habitants de Lotbinière, alléguant détresse, sont venus solliciter un emprunt de mille louis « dans la bourse publique ». Bourdages, n'écoutant que son bon cœur, entraîne la Chambre à demander, par voie d'adresse, un acompte de deux cents louis, sans attendre les délais d'un bill. Cette démarche est imprudente, objecte Papineau : « Si nous donnons l'exemple de dépenser l'argent public sans le vote d'une loi, lorsque nous le jugeons nécessaire, l'Exécutif en prendra prétexte pour en faire autant, le cas échéant. » Papineau souhaite l'échec de cette démarche auprès du gouverneur. Et sir James Kempt lui donne raison, tout en avançant de sa poche les deux cents louis au curé et aux marguilliers de Lotbinière. Une loi autorise ensuite la dépense, et Papineau déclare ses députés, qui pour une fois ne l'ont pas suivis, « penauds ».[1]

Papineau estime « judicieux » le gouverneur qui s'est rangé à son avis. L'affrontement avec le Conseil législatif sur la question budgétaire est imminent :

> 13 janvier 1829
>
> Comment la session se terminera-t-elle sous le rapport des difficultés financières, il n'y a pas à le prédire avec certitude. Bien, je l'espère. D'après la détermination du gouverneur et des ministres, de ne payer absolument personne, hors les juges, s'il n'y a pas d'Actes d'appropriation. Messieurs du Conseil, bien et dûment avertis, y regarderont de plus près avant de rejeter le bill de l'Assemblée, vu

---

1. Lettre de L.-J. Papineau à sa femme, du 13 juin 1829.

qu'eux-mêmes à leur tour et tous leurs officiers et leurs amis en souffriraient. D'un autre côté, s'il arrivait que les lettres de Dalhousie les encourageassent, qu'il leur dise : brouillez les cartes, empêchez un accommodement durant la présente session, ils sont capables de tout hasarder en vue de perpétuer des abus dont ils ont si longtemps et si amplement profité.

Le Conseil législatif, sous ces pressions, hésite. Les votes s'y partagent également. Jonathan Sewell, conciliateur inattendu, sauve la situation en votant pour la ratification.

Papineau empoche ainsi — de justesse — un nouveau succès. Mais il est bouillant d'impatience. Les Papineau, à Montréal, sont très sociables. Ils voisinent avec Jacques Viger, qui n'est pas seulement très gai, mais très érudit. Jacques Viger a été chargé, conjointement avec Louis Guy, d'effectuer le dernier recensement de Montréal. Il connaît l'histoire de chaque recoin, de chaque pierre de sa ville, et collectionne les aquarelles représentant les vieux quartiers. Les Papineau reçoivent aussi de fréquentes visites de parents et d'amis. Tous gens de Montréal qui ne se privent pas, entre eux, de dauber sur les Québécois. Le mouvement continue pendant les absences du chef de famille. Julie Papineau reçoit l'abbé Pierre-Flavien Turgeon, professeur au Séminaire de Québec où il a été le condisciple de Papineau :

> Je lui ai dit que tu trouvais que les affaires allaient encore trop lentement à ton gré ; il dit que tu es un peu trop chaud, qu'il faut un peu de modération ; enfin j'ai trouvé qu'il parlait en Québécois... J'ai bien confiance dans tes idées et ta manière de juger... (24 janvier 1829).

La Chambre remanie la carte électorale. C'est encore Bourdages, doyen de la Chambre, mais député très actif, qui prend l'initiative d'un bill devant aboutir à une distribution plus rationnelle. La situation la plus criante est celle des cantons de l'Est, dont la population, anglaise et loyaliste, a réclamé jusqu'à Londres. Des marchandages entre les deux Chambres aboutissent à une nouvelle loi, créant 44 divisions électorales, dont 34 ont droit à deux députés, 8 à un député, et les villes de Montréal et de Québec à quatre députés chacune. Les Anglais des cantons de l'Est, avec huit députés, obtiennent satisfaction.

Montréal présente une requête particulière. L'île de Montréal, recensée par Louis Guy et Jacques Viger, abrite près de 40,000 âmes. L'activité commerciale est grande par rapport à cette population. L'industrie même — brasseries, distilleries, minoteries et scieries — s'y développe. Le rythme de la vie est décidément plus vif ici qu'à Québec. Les Montréalais se plaignent du gouvernement des magistrats, chargés de l'administration de la ville et qu'ils trouvent inefficaces. Les notables se rassemblent et décident que « dans l'état florissant de la population et du commerce de cette ville, l'autorité dont sont maintenant revêtus les magistrats n'est pas suffisante pour en conduire les affaires municipales et pour en avancer et en assurer le bien-être et la prospérité pour l'avenir... » Ils demandent l'« incorporation » de la ville et la constitution d'un conseil municipal. Ils forment un comité, où les Canadiens français sont en majorité. Le gouvernement et la Législature hésitent devant cette requête. Mais le gouvernement dépense des sommes assez élevées pour la construction de chemins dans le district de Montréal — peut-être pour conjurer l'orage menaçant.

* * *

Pendant le carnaval de Québec, sir James Kempt donne un bal tous les lundis. « La société canadienne y est invitée en aussi grand nombre que la société anglaise », reconnaît Papineau dans une lettre à sa femme. Être invitée ! La grande ambition des mondaines ! Il faut connaître l'importance des invitations dans la vie d'une bourgeoise en mal de promotion sociale. La fille d'un honnête cultivateur ou d'un modeste notaire de campagne a rêvé, comme toutes les jeunes filles, de bals éblouissants où elle paraîtrait en grande toilette, parmi des personnages distingués et des officiers chamarrés qui lui feraient un brin de cour. Elle a épousé un autre honnête cultivateur ou un autre notaire de campagne. Et voilà que, son mari devenu député, elle reçoit une invitation au bal de Son Excellence. La tête lui tourne un peu quand elle s'exerce à la révérence devant son miroir. Papineau ajoute : « Les Canadiennes sont toutes fières de recevoir à la fin autant d'attention que les autres. »

Papineau a presque partie liée avec sir James Kempt. Augustin Cuvillier, qui passe pour peu sociable, a demandé, sans consulter personne — sans consulter l'orateur ! — des extraits d'anciens rapports du Conseil exécutif que le gouverneur — non sans raison, juge Papineau — lui refuse. Cuvillier s'emporte, et veut entraîner la Chambre à des sanctions. Papineau, écrivant à sa femme, s'avoue embarrassé : la solidarité parlementaire ne lui commande-t-elle pas de soutenir Cuvillier, sans l'approuver ? Autre incident : François Vassal de Montviel, qui a joué un rôle comme adjudant général de la milice, dans les campagnes de 1812 à 1815, fait imprimer la liste des officiers de milice et, tout fier, en envoie au gouverneur un exemplaire doré sur tranche, avec un billet de dédicace. Mais Montviel fait précéder la liste des officiers en activité par la liste des officiers que Dalhousie a destitués. Ce rappel inopportun peut réveiller des rancœurs. Sir James Kempt fait venir Papineau, lui expose son opinion devant cette maladresse et lui demande d'arrêter la circulation de cette liste.[2]

Une collaboration s'esquisse donc. Mais Papineau ne veut pas lâcher Dalhousie et ses collaborateurs. Denis-Benjamin Viger, président du Comité des griefs généraux, rédige un rapport de près de trois cents pages, qui contient, écrit Papineau, « une infinité de bonnes choses, déshonorantes pour le compte de Dalhousie et ses amis ». Un autre comité, chargé d'étudier un bill relatif à la « qualification » des juges de paix, découvre ou croit découvrir que Robert Christie, député de Gaspé et président des sessions de quartier à Québec, a provoqué, par ses représentations au gouverneur Dalhousie, la révocation des députés Neilson, Quirouet, Blanchet et Bélanger, du parti de Papineau, comme membres de la Commission de la paix. Christie demande en vain une enquête contradictoire. L'Assemblée l'expulse comme « coupable de haut mépris pour la Chambre et indigne de servir et avoir un siège comme membre d'icelle ». Papineau en vient à douter « qu'il soit possible d'être heureux et bien traités sous le régime colonial ». « Même avec le plus grand désir d'être juste, comment un gouverneur entouré de tant de canailles peut-il l'être toujours ? »

Et, le 9 mars, à la fin de la session :

> Si le gouverneur n'obtient pas la réforme des conseils d'ici à l'an prochain, il n'aura procuré qu'une courte suspension d'armes, et le combat recommencera avec plus d'animosité que jamais.

* * *

La situation est aussi tendue en Nouvelle-Écosse et au Nouveau-Brunswick ; elle l'est davantage dans le Haut-Canada.

En Nouvelle-Écosse, le Conseil exécutif et l'Assemblée législative sont en état de rupture formelle. Un jeune journaliste, Joseph Howe, publie des études sévères sur l'administration de la justice dans la province.

---

2. Lettre de Papineau à sa femme, du 11 février 1829.

Au Nouveau-Brunswick, l'Assemblée lutte, comme sa sœur bas-canadienne, pour obtenir le contrôle des subsides.

Dans le Haut-Canada, où la session s'est ouverte en janvier, l'Assemblée s'est choisi Marshall Spring Bidwell pour président, ce qui est presque aussi désagréable aux ultra-loyalistes que le choix de Louis-Joseph Papineau par l'Assemblée bas-canadienne. Sir John Colborne, nouveau lieutenant-gouverneur, est un vétéran de Waterloo, aussi mal disposé que son prédécesseur envers les « républicains ». Il gouverne avec les six membres de son Conseil exécutif. L'Assemblée lui présente une mise en garde contre ces conseillers qui, affirme-t-elle, desservent l'intérêt du pays. Colborne n'en tient pas compte.

Mackenzie entraîne l'Assemblée haut-canadienne comme Papineau entraîne l'Assemblée bas-canadienne. Il critique le monopole de l'Église anglicane, qui fournit l'aumônier de la Chambre. Il demande que l'aumônier soit tour à tour un représentant des principales confessions. Il fait voter sa motion par 18 voix contre 14, mais le Conseil législatif la repousse. La question des subsides est moins aiguë dans le Haut-Canada, où les revenus de la Couronne suffisent aux dépenses du gouvernement et à l'administration de la justice. Mais le Haut-Canada supporte une dette de 2,000 livres, lourde pour la valeur de l'argent et pour la faible population de cette province. Mackenzie systématise, dans une série de ses résolutions sur l'état de la province, les revendications de son groupe : inégibilité des juges ; contrôle des subsides par l'Assemblée élue ; il va jusqu'à réclamer le « Gouvernement responsable », c'est-à-dire la démission de tout gouvernement n'ayant pas la confiance de la majorité parlementaire. Mackenzie, comme Papineau, se pose en champion des libertés britanniques.

Sir John Colborne passe outre.

24

Les bons conseils de sir James Kempt

Pierre Bédard, malade depuis longtemps, et très affaibli, allait et venait dans son salon. Sur les conseils de ses amis, il s'assit dans un fauteuil. Il s'appuya la tête au dossier, ferma les yeux et ne les rouvrit plus (26 avril 1829).

Joseph-Rémi Vallières de Saint-Réal, député de la haute ville de Québec, qui vient de perdre sa femme, est nommé juge pour succéder à Bédard, aux Trois-Rivières. Vallières de Saint-Réal était très aimé par ses confrères du barreau, qui lui offrent un banquet d'adieux. On y porte des santés plus loyalistes les unes que les autres : le Roi ; la famille royale ; la constitution britannique, qui fait l'admiration du monde entier ; le duc de Wellington, chef du gouvernement impérial ; sir James Kempt, digne représentant de notre gracieux souverain en cette province.

Une manifestation de ce genre n'est pas isolée. Les Sulpiciens, à Montréal, préparent l'inauguration solennelle de la nouvelle église Notre-Dame, qui passe pour le plus beau monument du Canada. Ils invitent sir James Kempt, qui souhaite la participation de Mgr Lartigue à la cérémonie. Mgr Lartigue vient donc, sur l'invitation, sans doute peu chaleureuse, du Séminaire, chanter une première messe solennelle dans l'église paroissiale, qui n'est pas son église épiscopale, en présence de sir James Kempt et de toutes les notabilités montréalaises. Les Sulpiciens ont chargé M. Joseph-Vincent Quiblier, directeur du Collège de Montréal, de prononcer le sermon. M. Quiblier, Français de naissance, insère dans son discours une profession de foi monarchiste et loyaliste. La cérémonie terminée, sir James Kempt, ses trois aides de camp et Mgr Lartigue déjeunent à la maison de campagne du Séminaire, à la Montagne. Mgr Lartigue trouve un peu mesquine la réception que les Sulpiciens lui ont faite, mais enfin c'est un pas dans la bonne voie.[1] *La Minerve* juge le zèle loyaliste de M. Quiblier intempestif, et le dit en termes vifs.

Mgr Lartigue, malgré la courtoisie de l'administrateur du Bas-Canada, ne réussit pas auprès du gouvernement impérial. Les ministres refusent de lui reconnaître le titre d'évêque de Montréal, comme ils refusent de reconnaître à Mgr McDonell le titre d'évêque de Kingston. Mgr Lartigue reçoit cette nouvelle en novembre 1829. Mortifié, il écrit à sir James Kempt : « Cela n'est pas propre à concilier au gouvernement de Sa Majesté les esprits et les cœurs canadiens. » Mgr Lartigue, en raison de cette opposition, n'obtient pas de Rome une bulle érigeant Montréal en évêché. Il reste convaincu que sa parenté avec Viger et Papineau lui nuit dans l'esprit du gouverneur et plus encore des ministres.

Le décès de Jean-Baptiste Lefebvre, colistier du Dr Jacques Labrie dans le comté d'York (qui sera divisé l'année suivante en trois comtés : Ottawa, Deux-Montagnes et Vaudreuil), entraîne une élection complémentaire. Le nouveau député, William Henry Scott, est un Écossais presbytérien, riche et généreux, qui répand les idées réformistes dans sa région.

Il est difficile de tirer de ces divers événements des conclusions nettes. Le ministre a demandé à sir James Kempt un rapport sur l'état de la province et sur l'opportunité de modifier la constitution du Conseil exécutif et du Conseil législatif, pour répondre aux vœux de la majorité de la Chambre. Kempt reconnaît implicitement, dans son rapport, la nécessité de réformes. Il y aurait lieu de remanier le Conseil législatif, qui, sur 23 membres, comprend 12 titulaires de diverses fonctions et seulement 7 catholiques, et le Conseil exécutif, qui comprend un seul catholique et un seul membre indépendant de la Couronne. Kempt suggère d'admettre deux membres de l'Assemblée législative, dont l'orateur Papineau, dans le Conseil exécutif, ce qui établirait un contact permanent entre le gouvernement et la Chambre. Il recommande la nomination de Denis-Benjamin Viger, Jacques-Philippe Saveuse de Beaujeu et Samuel Hart, tous trois propriétaires fonciers, et respectés, au Conseil législatif. Il écarterait les juges des deux Conseils.

---

1. Lettre de Mgr Lartigue à Mgr Panet, du 18 juillet 1829.

Denis-Benjamin Viger et Samuel Hart reçoivent leur nomination de conseillers législatifs en novembre 1829. Samuel Hart est un brillant combattant de 1812-1814, qui s'est distingué à l'engagement de Lundy's Lane, le plus meurtrier de la guerre. Acquéreur d'une partie de la seigneurie de Chambly, il est devenu voisin du colonel de Salaberry, et ces deux soldats se sont liés d'amitié.

Sir James Kempt convoque la session pour janvier 1830.

La situation est toujours plus tendue dans le Haut-Canada, où les réformistes de conviction recrutent des adeptes parmi les immigrés réduits à la portion congrue et parmi les mécontents de toute espèce. Les loyalistes, toujours obsédés par le souvenir de la révolution américaine, considèrent leurs adversaires comme des traîtres.

L'Assemblée haut-canadienne demande, comme l'Assemblée bas-canadienne, l'inéligibilité des juges. Le gouvernement de Londres prie Beverley Robinson, nommé juge en chef du Haut-Canada, d'abandonner son siège à l'Assemblée législative. C'est une manière indirecte de reconnaître l'inéligibilité des juges.

Mackenzie et ses réformistes ne s'en tiennent pas là. Une élection doit pourvoir au remplacement de Robinson, dans le comté d'York. Mackenzie y présente le jeune Robert Baldwin, fils d'un député de ses amis et réformiste convaincu. Peu d'électeurs se dérangent. Baldwin l'emporte par 92 voix contre 51 à son adversaire (8 janvier 1830).

Louis-Joseph Papineau reprend allégrement la diligence pour Québec. À l'entendre, il aimerait par-dessus tout mener une existence familiale, voire patriarcale, parmi ses tenanciers de la Petite-Nation. Mais son frère Denis-Benjamin, qui gère la seigneurie et lui rend compte en détail, dans de véritables rapports, n'est pas dupe : « Dans ta dernière lettre, tu me disais que tu viendrais à la Petite-Nation si tu avais de l'argent à y dépenser. Je sais bien et tu le sais aussi que tu aimerais mieux dépenser ailleurs qu'ici » (6 juillet 1828).

La Petite-Nation est pauvre et peu attrayante. Quelle différence avec le village de L'Industrie, où Barthélemy Joliette n'arrête pas de construire, dans la forêt vierge, des moulins à carder, des moulins à tisser, des moulins à orge, une fabrique de clous et de bardeaux, et dont il fait un petit centre commercial. Et même avec Colebrook, dans les cantons de l'Est : Paul Holland Knowlton, fondateur du village qui plus tard portera son nom, organise une ferme, fonde une scierie, installe une forge, ouvre un magasin, développe, lui aussi, un petit centre commercial qui contribue au progrès de sa région. Mgr Lartigue a fini par nommer un curé, l'abbé Hugh Paisley, à la Petite-Nation, en octobre 1828. L'abbé Paisley, prenant son poste, envoie un compte rendu à son évêque :

> Ah ! Quel pays ! Votre Grandeur a bien fait d'envoyer quelqu'un qui ne l'avait jamais vu. Mais enfin, j'y suis ; il en faut un et il en faudrait plusieurs ; depuis Bytown jusqu'à Rigaud, il n'y a point de prêtres.

Et un peu plus tard :

> Monseigneur, je suis le plus pauvre des curés de votre diocèse. Il me semble que Votre Grandeur devrait me recommander à la caisse ecclésiastique.

On comprend Julie Papineau, qui refuse obstinément d'habiter la campagne. Et Papineau lui-même, dès l'approche de la session, ne se tient plus.

La session débute bien. Le message du gouverneur, adressé à l'assemblée le 29 janvier 1830, contient ce passage :

> Son Excellence a reçu ordre d'exprimer l'espoir et la confiance que la Chambre d'Assemblée accordera à Sa Majesté les subsides nécessaires à l'entretien du gouvernement, se reposant sur la gracieuse assurance de Sa Majesté que des mesures vont être immédiatement prises, sous l'autorité du Parlement, pour amener un arrangement amiable de contestations qui ont duré trop longtemps pour les vrais intérêts et le bien-être de la Province.

La Chambre répond sur le même ton, en réservant toujours le principe essentiel. Sur proposition de Neilson, appuyé par Bourdages :

> Nous prendrons au plus tôt en considération ledit message, en vue d'accorder les subsides qui seront jugés nécessaires, dans l'espoir et la confiance que les droits inhérents de sujets de Sa Majesté en cette province de contrôler par le moyen de leurs représentants la dépense, et de régler l'affectation de tous les deniers payés par eux pour les usages publics seront établis sur une base ferme et permanente.

C'est une politique d'expectative. Papineau exprime toujours le regret d'une vie privée, champêtre et seigneuriale, dont Julie déclare la seule idée insupportable :

31 janvier 1830

> En vérité, quand je rêve et souris à l'idée de vivre en campagne, c'est avant tout pour vivre en famille — avec toi, pour toi et pour les nôtres. Les circonstances m'ont jeté dans la vie publique. Je n'y ai pas été inutile à mon pays. Mon pays a récompensé mes efforts au delà de mon mérite ; il n'y a aucun moment où j'aie pu sortir de cette carrière sans manquer à ce que je devais au public, à moi et aux miens. Je n'ai donc jamais pu parler sérieusement de ce projet — mais j'ai toujours eu du chagrin que tu l'aies rejeté comme insupportable. Si les circonstances demandaient jamais cette détermination, tu n'aurais pas le courage de t'y décider, comme si tu trouvais quelque plus grand bonheur que de vivre en famille...

Papineau peut s'illusionner soi-même. Son vrai climat est à la Chambre, où l'entoure un cercle de partisans, admirateurs et amis : Neilson, Cuvillier, Nelson, Quesnel, Labrie, Scott, Amiot, Bourdages, Quirouet, Blanchet, Malhiot, sans parler de ses propres parents : Viger, Dessaulles, André Papineau. Or, l'Orateur aussi puissant n'est pas tellement optimiste. Il écrit à sa femme : « Les affaires publiques ne vont pas mal... Le gouverneur prêche l'oubli du passé, mais faiblement, et sent bien qu'il ne peut ni ne doit l'obtenir... » Sir James Kempt n'est pas tellement optimiste non plus, dans ses rapports au ministre. Il se plaint qu'on perpétue de vieilles querelles, et craint l'issue de la guerre entre les deux Chambres. Il pense, comme sir John Colborne, lieutenant-gouverneur du Haut-Canada, que si le gouvernement impérial doit renoncer à l'affectation des subsides, il vaudrait mieux le faire tout de suite, et de bonne grâce, pour arrêter des discussions interminables et qui peuvent s'envenimer.

La session avance cependant sans encombre. La Chambre vote les subsides dans la même forme que l'année précédente, « dans la conviction que Son Excellence l'Administrateur accomplit des efforts sincères pour établir dans la Province un système de gouvernement impartial, conciliant et constitutionnel ». L'écueil du Conseil législatif se dresse toujours à l'avant. Mais Papineau y découvre une bonne volonté, et presque une alliance des plus imprévues : Jonathan Sewell, qui peut agir sur son ami le lord évêque anglican. Jonathan Sewell a 63 ans — vingt ans de plus que Papineau. Il a 22 enfants, ce qui, même à Québec, peut constituer un record, et des petits-enfants en proportion. Il a toujours été distingué, courtois, charmeur même. Il ne se contente pas d'aimer les vers ; il en écrit. Il commandite et sauve le Théâtre Royal, de la rue Saint-Stanislas à Québec, menacé de faillite. Il y fait entendre les meilleurs artistes — chanteurs et comédiens. Deviendrait-il aussi tolérant, avec l'âge ? Traverserait-il une crise de remords ? « Le juge en chef voudrait faire la paix sur ses vieux jours », conclut Papineau.

* * *

Les Papineau ont maintenant cinq enfants : Amédée, Lactance, Ézilda, Gustave et la petite Aurélie, « fillette précoce et affectueuse », d'après une note de son frère aîné Amédée, qui a maintenant quatre ou cinq ans. Papineau, dont la vie privée est impeccable, est profondément attaché à sa famille et même à la famille de sa femme. Un frère de Julie, Théophile Bruneau, s'occupe de ses affaires à Montréal pendant les sessions.

Aurélie meurt du croup, en février 1830. À la lettre de sa femme lui annonçant ce deuil, Papineau répond (27 février 1830) :

> Pauvre mère, chère épouse,
>
> Je me réfugie dans les sentiments d'amour que tu as pour moi et pour nos autres enfants, pour me rassurer et me soutenir dans le malheur qui pèse sur nous. Si quelque chose pouvait ajouter au respect sans bornes que je te dois pour ton attachement à tous tes devoirs, c'est la persuasion que j'ai que le sentiment en est assez fort chez toi et toujours présent pour te dire que ton mari et tes enfants te supplient de t'élever au-dessus de toi-même, quand nous sommes soumis à une plus cruelle épreuve qu'aucune que nous ayons éprouvée...

Papineau surmonte sa peine pour se rendre à la Chambre, remplir son devoir d'orateur. Il rencontre, en sortant, François-Xavier Malhiot, qui n'est pas seulement pour lui un partisan, mais un ami et presque un parent. Malhiot est député de Verchères. Il a été élu en 1828, quand Papineau, élu à la fois dans ce comté et dans Montréal-Ouest, eût opté pour Montréal. Malhiot et sa famille fréquentent le presbytère de l'abbé Bruneau, où fréquentent aussi, naturellement, la propre famille du curé. Des amitiés se nouent entre les Malhiot et les Bruneau, et donc les Papineau. Et plus même que des amitiés, puisque le fils aîné de Malhiot doit épouser, à l'automne, Rosalie Bruneau, sœur de Julie. Le député de Verchères connaissait la petite morte. Papineau ne pouvait tomber sur un homme mieux préparé à comprendre et à partager son chagrin. Il se jette dans ses bras. Papineau, dans cette période de deuil, envoie à sa femme de longues lettres presque tous les jours. Il lui décrit cette rencontre (2 mars) :

> ... Je me suis jeté dans ses bras : il m'a aidé à me rendre à la Chambre. Il pleurait avec moi, il avait éprouvé de pareils malheurs et partageait les miens. Il y avait de la sensibilité dans notre conduite, il n'y avait pas de faiblesse. J'ai repris l'exercice de mes devoirs publics avec la décence et l'assiduité et l'application que commandent des intétêts aussi grands et aussi chers que ceux du pays où sont nés nos enfants, où plusieurs sont morts, où vivront ceux qui nous restent si nous obtenons justice, mais d'où il faudrait fuir si nous n'avions pas l'espoir de l'obtenir...

Julie, qui a toujours eu tendance à la mélancolie, reste déprimée. Elle écrit de son côté (2 mars 1830) :

> C'est à bon droit que tu me nommes mère de douleurs et d'afflictions ; je le suis et le serai longtemps. J'ai été soumise à la plus grande et la plus sensible de toutes les pertes que j'aie encore éprouvées, et encore rendue plus sensible par les circonstances qui l'ont accompagnée. Oui, cher ami, tu ne pourras avoir qu'une faible idée de ton malheur comparé au mien, puisque tu n'as pas vu souffrir notre cher enfant...

De telles lettres sont assez déprimantes aussi pour Papineau, mais il ne se laisse pas abattre longtemps. Son expression à la romaine : « Il y avait de la sensibilité dans notre conduite, il n'y avait pas de faiblesse », est assez dans le style de ce temps et de ce milieu. Papineau, absorbé par son combat, a, de plus, un sens élevé du devoir, qu'il doit à son père et à l'éducation de son temps. Joseph Papineau écrit à son fils : « Considère la situation, tes alentours, surtout les honnêtes citoyens et représentants qui soutiennent si généreusement avec toi les droits du peuple et du gouvernement, qui sont inséparables, contre les prétentions injustes d'employés mercenaires, avides de proie, ils sont toujours aux aguets, il faut sur eux une surveillance continuelle. Qu'une peine domestique ne tourne pas au détriment de la chose publique. Sois ferme à ton poste. Entre nos draps, nous pleurerons notre bien-aimée... » Et Louis-Joseph de répondre : « ... Vous m'avez toujours soutenu par la main, encouragé d'un pas ferme dans le sentier du devoir, vous m'avez donné les exemples et les leçons, enseigné tout ce que commande de sacrifices l'amour de la patrie. » Un préteur romain apprenant la mort de sa fille, sèche ses larmes, se raidit, et vaque à ses devoirs législatifs et judiciaires. Papineau reprend « l'exercice de ses devoirs publics », assez astreignants pour le distraire. C'est à Robert Christie, député de Gaspé, que Papineau et ses amis en ont, pour l'heure.

* * *

Christie, expulsé par la Chambre à la session précédente, s'est fait réélire sans peine dans le comté de Gaspé. Or, Christie aurait en quelque sorte servi d'indicateur à Dalhousie, dont Papineau traque les amis et serviteurs. La Chambre réexpulse le député de Gaspé. Et le conflit avec le Conseil législatif est toujours latent. Papineau écrit à sa femme :

> 8 mars 1830
>
> ...Il est possible que la session dure jusque vers le vingt, et alors nous serons renvoyés sans doute, parce que les juges, obligés d'aller en Cour, et ne prêtant plus leurs lumières au Conseil, ces aveugles ne pourront plus marcher sans bâton. C'est une indignité pour le pays d'être livrés à la direction de quatre hommes aussi profondément immoraux et méprisables que les autres juges de Québec.[2] Sir James a eu le tort de vouloir les soutenir, ils l'ont honteusement compromis dans l'affaire des milices. Il doit ouvrir les yeux ; il n'y a plus à reculer ; ils le perdront ou il les perdra. Dans mon malheur domestique, les souffrances publiques se sont présentées à mes regards sous des traits plus odieux que jamais, leurs auteurs m'inspirant une indignation plus forte que je ne l'avais jamais sentie, et c'est naturel. Dans la tranquillité et les douceurs d'une union aussi chère que celle que j'ai avec ma femme et mes enfants, je trouvais un refuge, une consolation contre les injustices des ennemis de mon pays. Mais quand ce sanctuaire a été envahi par la mort, que pour un temps on se sent poursuivi partout par le malheur, il en doit résulter, ou un découragement qui tue un homme ou l'hébéte, ou bien une exaltation qui lui fait dire : je vaincrai le malheur.
>
> Je suis d'avis que les avocats et citoyens de Montréal, témoins de l'infamie de Stuart dans ses poursuites politiques, viennent le plus tôt possible devant la Chambre l'accuser de subornation et de parjure...

Papineau est présent tout entier dans ses lettres, accrochées aux principes et passionnées du bien public, pleines d'attaques et d'invectives, presque toujours violentes, souvent déclamatoires, mais jamais — comme il arrive à celles de son père — triviales. Il écrit encore, le lendemain :

> Je ne puis être avec vous à partager vos peines et vos fatigues, et depuis tant d'années que moi et bien d'autres avons sacrifié le bonheur de partager les chagrins comme les jouissances de vivre en famille, au désir, au devoir de promouvoir le bien du pays, nous n'y pouvons réussir parce que quelques individus couverts de crimes

---

2. Les quatre juges de Québec sont Jonathan Sewell, James Kerr, Edward Bowen et J.-T. Taschereau.

veulent se gorger d'or. Le désespoir donne des forces. Ils sont démasqués, attaqués tous les jours plus vivement, avilis, ils ont commencé à rouler du haut de la Montagne où ils s'étaient élevés en rampant à chaque instant ; ils roulent avec une vitesse redoublée et vont s'engloutir dans l'abîme...

Il donne des instructions pour l'attaque contre le juge Stuart, que des Montréalais comme Nelson, Cherrier et Louis Viger pourraient conduire.

Julie écrit à son mari qu'elle voit tout en noir, qu'elle a le cœur déchiré, qu'elle est assiégée de mille pensées lugubres : « Il me semble que quelque nouveau malheur pèse sur nous » (15 mars 1830). Mais Papineau bande ses forces, et il est fier des résultats :

> La session est la plus importante dans ses résultats qu'il y ait jamais eue. La Chambre y aura acquis une réputation et une influence durables. Les criailleurs de Montréal jappent sans rien savoir de ce qui se passe... Nous savons résister à sir James et savons le soutenir quand il le faut... (16 mars 1830).

Le Nous est un pluriel de (fausse) modestie.

La session est virtuellement terminée. On n'attend plus que la ratification du bill des subsides par le Conseil législatif. Papineau écrit à sa femme, le 22 mars : « Je sors de chez sir James pour lui demander la prorogation, qui ne pourra avoir lieu que mercredi. »

La clôture de la session est cependant remise de jour en jour. Le Conseil législatif résiste à la pression de sir James Kempt, qui souhaite l'adoption du bill des subsides, tel que la Chambre l'a voté. Le président du Conseil législatif est le juge James Kerr, qui est aussi président de la Cour du Banc du Roi et, à ce titre, l'un des premiers visés par la dénonciation des cumuls. Et si James Kerr, par impossible, faiblissait, John Richardson est là pour le pousser. Les pointages font prévoir autant de « pour » que de « contre ». Papineau s'enrage contre le Conseil législatif :

23 mars 1830

Ma chère et bien bonne amie,

> Je suis au désespoir, et toi aussi, de voir la session s'allonger d'un jour à l'autre et tromper, de vingt-quatre en vingt-quatre heures, notre attente. Si c'étaient des vues du bien public qui occasionnent ces délais, il ne faudrait pas s'en plaindre. Mais c'est la paresse et l'incapacité de ce corps malfaisant, le Conseil législatif, qui par ses intrigues, son inimitié déguisée contre l'Administrateur, et leur

haine ouverte contre nous, entraînent des délais inutiles, qui retient ici l'Assemblée. J'en tirerai vengeance un de ces jours. Je vois trop bien que, à la session prochaine, il faudra s'occuper d'accusations personnelles contre plusieurs des juges et contre le procureur général ; et c'est à rassembler des matériaux pour servir à l'histoire de leur vie politique toute souillée de crimes et d'ordures que j'occuperai l'intervalle d'une session à l'autre. Ils pouvaient faire leur paix. S'ils reparaissent dans les Conseils, il n'y aura ni paix ni trêve entre les deux corps. Le bon et le mauvais principe y sont aux prises, et je ne doute nullement de l'ascendant qu'aura l'Assemblée sur le Conseil. Ces imbéciles, tirés du néant par le gouvernement pour le servir, essaient dans le moment de rejeter le bill d'appropriation demandé de la part des ministres, et je me réjouirais vivement de ce nouveau trait de leur folie. Hier on les donnait comme également divisés sur cette question, sauf la voix prépondérante du juge en chef, et au lieu de finir les affaires aujourd'hui, comme ils ont été invités à le faire, ils ont remis à demain cette question, dans l'attente que M. Kerr viendra à temps pour s'y opposer. Mais le juge en chef a en réserve son évêque, qu'il fera venir contre le juge Kerr ; ainsi ce délai demandé par M. Richardson ne peut avoir d'autre effet que de compromettre un fou comme Kerr, encore plus qu'il ne l'est. Sir James, s'il continue à vouloir ménager tout le monde, est à la veille de déplaire à tout le monde. La Chambre avance, les autres reculent, et pas à pas chacun se retrouvera à sa place.

Il n'y a plus de quorum pour demain, ceux qui l'ont formé à grand peine aujourd'hui partent ce soir. Moi je vais être pendant un jour ou deux la victime de leurs petites intrigues.

Leslie devait partir avec moi demain, aussitôt après la session finie, mais voyant qu'elle n'aura lieu qu'après-demain au plus tôt, il part ce soir et il a raison.

Je reste dans un isolement qui m'est bien pénible. Aujourd'hui j'ai passé la journée à la Chambre, il est vrai, mais demain je resterai seul, avec la vive douleur que j'ai de la perte de ma chère Aurélie, avec le tourment de vouloir partir pour chercher auprès de toi et de mes enfants des consolations, et d'être retenu et privé du bonheur de faire route par des hommes que je hais et méprise à l'infini. Je m'en veux du mal, je suis dans un état de souffrance et de mauvaise humeur qui éclate à chaque instant, quoique je sois sur mes gardes pour me tenir à quatre...

Julie Papineau, à la réception de pareilles lettres, ou à la lecture des discours enflammés de son mari, sort de la prostration où la mort de sa petite fille l'a plongée : « J'ai bien du plaisir à lire tes discours ; ils sont vraiment les plus beaux. »

Le Conseil législatif vote enfin. Jonathan Sewell, devenu le héraut de la Chambre au Conseil législatif (que de chassés-croisés dans cette histoire !), décide le lord évêque anglican, absentéiste endurci, à venir au Conseil et à voter dans le même sens que lui. Le bill des subsides est adopté par une voix de majorité.

La session se termine donc. Mais Christie devra se représenter devant les électeurs de Gaspé, et Papineau — sa dernière lettre à sa femme en témoigne — n'est pas d'humeur à se montrer conciliant si quelque nouvel incident éclate.

* * *

La session haut-canadienne, également ouverte en janvier 1830, a été plus mouvementée que la nôtre. Les réformistes sont en majorité à la Chambre. William Lyon Mackenzie harcèle le gouvernement dans le Haut-Canada, comme fait Papineau dans le Bas-Canada. Il redemande l'alternance des dénominations religieuses à l'aumônerie de la Chambre. Il réclame des comptes détaillés des différents postes de revenu. Le Conseil législatif repousse tous les bills adoptés par la Chambre, au nombre d'une quarantaine. Les canaux, principale voie de communication intérieure, jouent un rôle essentiel dans le Haut-Canada. Mackenzie fait nommer un comité d'enquête sur l'administration du canal Welland.

Le but ultime poursuivi par Mackenzie et par ses disciples comme Robert Baldwin, est la responsabilité des conseillers exécutifs — équivalent des ministres — devant la Chambre élue par le peuple. L'Assemblée haut-canadienne va jusqu'à demander la démission du Conseil exécutif « qui a perdu la confiance du pays ».

En Nouvelle-Écosse, un conflit aigu dresse la Chambre d'Assemblée contre le lieutenant-gouverneur et son Conseil, qui prétendent lever des droits sur le brandy. L'Assemblée revendique le droit exclusif d'imposer pareille taxe.

25

Élections de 1830 et départ de sir James Kempt

L'incident qui pouvait mettre la faible patience de Papineau à l'épreuve ne manque pas de se produire.

La dépêche de sir James Kempt suggérant la nomination de trois conseillers législatifs contenait ces mots : « Bien qu'il soit difficile de choisir un grand nombre (a great number) de sujets dans les mêmes conditions... » Le texte publié, par quelque erreur d'impression, leur substitue : « Bien qu'il soit difficile de choisir un plus grand nombre (greater number)... » La phrase ainsi modifiée devient blessante. Elle soulève, dans l'état des esprits, une tempête de protestations. Une assemblée publique, tenue à Saint-Charles, censure l'administrateur du Bas-Canada.

Sir James Kempt rectifie, ce qui calme un peu les esprits. Mais il voudrait plaire et n'y réussit pas ; il finit par démissionner.

Là-dessus, la mort de George IV (juin 1830) entraîne de nouvelles élections, dans le Bas-Canada comme dans le Haut-Canada. On se rappelle que la redistribution électorale a donné au Bas-Canada 44 divisions. Les noms d'un certain nombre de comtés sont changés — le plus souvent, francisés. Le comté de Kent devient le comté de Chambly ; Effingham devient Terrebonne ; Warwick devient Berthier ; Hampshire devient Portneuf ; Hertford devient Bellechasse ; Devon devient L'Islet. Le comté d'York disparaît pour donner naissance aux comtés d'Ottawa, de Vaudreuil et des Deux-Montagnes ; le comté de Huntingdon, à L'Acadie et Laprairie ; le comté de Bedford à Rouville et Missisquoi ;

le comté de Buckingham à Lotbinière, Mégantic, Sherbrooke, Nicolet et Yamaska ; le comté de Cornwallis à Rimouski et Kamouraska.

Une fois de plus un événement français, la Révolution de 1830, atteint une résonance internationale. L'agitation qui a produit les « journées de juillet », et qui n'atteint qu'à demi son but en France, gagne l'Espagne, l'Italie et dans une certaine mesure l'Angleterre. Un groupe de jeunes libéraux anglais, transportés d'enthousiasme, prennent le bateau pour la France, afin de voir les événements de près et, si possible, d'y participer. L'un de ces jeunes gens est John Arthur Roebuck, rentré du Canada, où il a passé neuf années de son adolescence, en 1824. Ils assistent à une soirée à l'Opéra, où le roi Louis-Philippe vient pour la première fois. Des assistants entonnent La Marseillaise. Roebuck et ses compagnons, mûs par un ressort, se lèvent et crient : « Debout ! Debout ! » Ils insistent : « Debout ! » et la salle se lève. En Angleterre même, les ouvriers agricoles se révoltent, brisent des batteuses mécaniques, rançonnent des propriétaires, exigent des pasteurs la renonciation aux dîmes. Le mouvement réformiste anglais, qui réclame surtout l'élargissement du droit de vote, gagne du terrain. Aux élections générales du mois d'août, les whigs l'emportent. Le ministère tory de lord Wellington démissionne, et lord Grey (beau-père d'Edward Ellice, ce qui n'est pas rassurant pour nous), forme un cabinet whig, qui porte la réforme parlementaire à son programme.

La révolution française retentit aussi au Canada, et surtout à Montréal. Elle excite les libéraux canadiens. Les amis de Papineau, qui se rencontrent aux bureaux de *La Minerve* ou à la librairie d'Edouard-Raymond Fabre, commentent les « Trois Glorieuses » — les journées des 27, 28 et 29 juillet, — à n'en plus finir. Serait-ce l'aube des temps nouveaux ? Ludger Duvernay, propriétaire-directeur de *La Minerve,* admire, exalte, les républicains de Paris. À son bureau s'organise une souscription pour les victimes — libérales, bien entendu — des journées de juillet. Un Français, rentrant dans son pays après un séjour au Canada, N.-J. Lemoult, qui a fréquenté Denis-Benjamin Viger et d'autres chefs réformistes, se charge de porter la souscription à Béranger, chansonnier médiocre auquel son opposition à la Restauration vaut une réputation de grand poète.[1]

---

1. Lettre de N.-J. Lemoult à Ludger Duvernay, de Paris 6 février 1831. Aux archives de la Province de Québec.

Les Sulpiciens forment un centre de résistance, et *La Minerve* reproche aux professeurs du collège d'enseigner la soumission aveugle aux autorités. *La Minerve* reflète la pensée du grand chef. Le frère de Papineau, Toussaint, est maintenant curé de Rouville, et son beau-frère Bruneau est curé de Verchères. Papineau n'en écrit pas moins à John Neilson qu'il se « défie depuis longtemps » des prêtres, trop complaisants à l'égard du pouvoir. Mgr Lartigue souhaite la création d'un journal catholique, « voire ecclésiastique » — contrôlé par l'évêché, — « pour combattre les diatribes révolutionnaires répandues par les papiers publics ». « Je suis pauvre, écrit-il à Mgr Panet (11 septembre 1830), « mais j'y mettrais volontiers tout mon avoir ; le besoin me paraît urgent. » Augustin-Norbert Morin, collaborateur régulier de *La Minerve*, qu'il a fondée, et Louis-Hippolyte Lafontaine, collaborateur occasionnel — fraîchement reçu avocat — seront candidats aux élections. L'impact des « Trois Glorieuses » est tel que les élèves du Collège de Montréal — les élèves des Sulpiciens, s'il vous plaît — s'insurgent contre M. J.-Alexandre Baile, recteur qu'ils jugent trop sévère, arborent le drapeau tricolore et réclament une charte, prévoyant des récréations plus longues et des punitions plus rares. L'un des potaches insurgés est Amédée Papineau, fils aîné de l'orateur de la Chambre. La révolte dure trois jours, comme la révolution qui l'a inspirée. La *Gazette* observe qu'elle n'a pu se produire et durer ainsi sans la connivence des parents.

Daniel Tracey égale Papineau à O'Connell dans son admiration, et cherche à entraîner les Irlandais de la province. Le *Vindicator*, comme naguère le *Canadian Spectator*, dépasse *La Minerve* en véhémence. Les discours de Papineau n'enthousiasment pas seulement sa femme. Des jeunes gens charbonnent sur les murs : « Vive Papineau ! » Le nom de « patriotes » se répand. Les plus hardis rêvent des barricades parisiennes.

On vote encore au scrutin ouvert, dans un bureau unique — ou parfois dans deux bureaux — par comté. Et le bureau reste ouvert tant qu'il ne s'est pas écoulé une heure sans que personne y dépose un bulletin. L'animation règne autour des bureaux de vote, où des groupes, gourdin en main, montent la garde. Les électeurs ne s'y aventurent guère isolément.

Chaque élection générale, sans bouleverser la structure de la Chambre, renforce un peu les réformistes. Celle-ci ne fait pas exception (26 octobre 1830). Le comté de Kent, devenu comté de Chambly, réélit Frédéric-Auguste Quesnel, et remplace Denis-

Benjamin Viger, réformiste convaincu mais pondéré, nommé conseiller législatif, par son neveu Louis-Michel, « le beau Viger » — réformiste plus effervescent. Wolfred Nelson ne s'est pas représenté dans le comté très loyaliste de William Henry, qu'il avait conquis de justesse en 1827, mais Augustin-Norbert Morin, élu dans le comté de Bellechasse, et Louis-Hippolyte La Fontaine, élu dans le comté de Terrebonne, constituent deux additions remarquables. Morin a 27 ans, et La Fontaine, 23. Ils admirent Papineau de toutes leurs forces. Le Dr Jacques Labrie et William Henry Scott sont réélus dans la partie du comté d'York qui est devenue le comté des Deux-Montagnes. Tous deux, aimés et respectés, sont influents dans leur région. William Henry Scott s'est épris d'une Canadienne française de Saint-Eustache qui lui a donné un enfant, mais la barrière religieuse empêche un mariage. L'abbé Jacques Paquin, curé de Saint-Eustache, suivant les instructions de Mgr Lartigue, refuse d'unir une catholique à un protestant non converti. Cela n'empêche pas la jeune femme d'assister à la messe tous les matins — sans communion. Et cela n'altère pas la fidélité des électeurs des Deux-Montagnes. William Henry Scott, qui parle le français, est l'inspirateur d'un comité réformiste à Saint-Eustache.

De l'autre côté, Andrew Stuart conserve son siège, et le comté de Gaspé réélit Robert Christie, deux fois expulsé par la Chambre. Barthélemy Joliette, fondateur du village de L'Industrie, quasiment vénéré dans sa région, est élu député de L'Assomption. Réfractaire aux tendances révolutionnaires, il prévient son ami Papineau : « Je préférerais mille fois rompre notre amitié plutôt que de forfaire à mon serment d'allégeance. » Les changements favorables aux cantons de l'Est ont porté leurs fruits : 22 des 84 députés sont de langue anglaise. Soit, un quart de la députation pour un sixième de la population. Plusieurs, il est vrai, sont élus par des majorités françaises. Plusieurs aussi sont de naissance américaine, et Papineau, qui les appelle, dans ses lettres à sa femme, « les représentants américains des townships », ne désespère pas de les gagner à son parti. Il ne gagnera sûrement pas Paul Holland Knowlton, élu député de Shefford, qui, bien qu'il soit originaire du Vermont, est le plus zélé, le plus ultra-loyaliste des officiers de milice.

Dans le Haut-Canada, Mackenzie est réélu, mais le lieutenant-gouverneur Colborne, homme à poigne, réussit à retrouver une majorité ministérielle.

Sir James Kempt a reçu, à son départ, des adresses aimables, signées par Papineau et par les principaux chefs de son parti. Le nouvel administrateur, lord Aylmer, arrive à Québec le 20 octobre — pendant les élections — sur un navire de guerre. Le colonel J.B. Glegg, secrétaire militaire, et deux aides de camp l'accompagnent. Lord Aylmer, issu d'une famille qui s'est distinguée et qui a occupé des charges importantes depuis le 17e siècle, est lui-même un militaire sans expérience administrative — et sans préjugés. Lord et lady Aylmer parlent un français impeccable, sans accent. Ils sont tous deux bien disposés. Ils n'ont surtout aucune prévention anticatholique. Ils font bonne impression sur Papineau, qui note leur facilité et leur pureté de diction en français.

Papineau s'impatiente cependant du peu d'efforts accompli à Londres, où les recommandations du comité de 1828 sont restées, à très peu de chose près, lettre morte. Il se tient en correspondance avec Henry Labouchère et d'autres amis de sa cause, maintenant en majorité à la Chambre des communes. Une maladie grave de Lactance, son deuxième fils, interrompt cette correspondance. Papineau en fait part à John Neilson, le collègue auquel il témoigne le plus d'estime (30 novembre 1830) :

> Mon cher vieux ami,
>
> Votre bonne lettre est venue me trouver dans un moment d'anxiété et d'inquiétude par la maladie grave que souffre le second de mes petits garçons, une fièvre continue maligne. Depuis cinq jours, l'enfant était dans un état d'abattement extrême ; les remèdes restaient sans effet ; l'on ne pouvait approcher rien de solide de sa bouche sans occasionner un soulèvement d'estomac, et le peu de liquide qu'il prenait, il le rejetait bientôt après. Le Dr Neilson[2] me dit en arrivant samedi, au milieu d'un orage, en même temps que votre lettre : « Enveloppez l'enfant dans une couverture, et courez les champs ! » J'ai porté dans une voiture l'enfant, qui n'avait plus la force de lever la tête de l'oreiller. Je lui ai fait faire deux lieues et demie par d'abominables chemins, et à son arrivée il a voulu dîner avec du pain bis et de la viande. Il l'a fait, et s'en est bien trouvé. J'ai continué hier et aujourd'hui à suivre cet extraordinaire traitement, avec un succès qui ne m'a pas donné moins d'étonnement que de plaisir. Si, sous un jour ou deux, ce mieux continuant me laisse un moment de relâche, j'en profiterai pour écrire aussi à M. Labouchère.

---

2. Faute d'attention de Papineau ; c'est le Dr Robert Nelson.

26

Le gouverneur Aylmer

Les bonnes dispositions de lord et de lady Aylmer, ne sont pas douteuses. Tout au Canada ravit lady Aylmer, qui en témoigne dans sa correspondance et dans une sorte de journal, tenu pour elle-même et pour ses nièces restées en Angleterre : les calèches, les traîneaux, le pont de glace, le goût des Canadiennes dans leur toilette et l'habitude des Canadiens de chanter en travaillant.

En société, on parle généralement anglais, mais beaucoup de dames canadiennes préfèrent quand on converse avec elles en français, et certaines ne parlent pas du tout l'anglais, ce qui tend à prouver la répugnance à devenir très anglais. Il n'existe pas de peuple plus heureux et plus satisfait, et ils ont toutes les raisons de l'être : leurs maisons sont confortables, les provisions abondantes ; des vêtements convenables protègent contre les rigueurs du climat ; pas d'impôts, et des lois et un gouvernement des plus bénins. Si on leur donne lieu de s'estimer satisfaits, ils continueront sans doute de l'être...[1]

Lady Aylmer exprime, après ses visites à l'Hôtel-Dieu, à l'Hôpital Général ou au couvent des Ursulines, une profonde admiration pour les religieuses. La Supérieure des Ursulines, « personne de cœur », lui rappelle sa mère, et les élèves la surprennent par la facilité avec laquelle elles passent du français à l'anglais. Les Ursulines reçoivent des élèves protestantes et ne cherchent pas à les convertir.

---

1. Correspondance de lady Aylmer, publiée dans le rapport de l'archiviste de la Province de Québec pour 1934-1935.

Lord Aylmer réintègre des officiers de milice révoqués par Dalhousie, tels que Pierre Amiot, le député de Verchères qui est même promu major, et Joseph-Toussaint Drolet, seigneur de Saint-Marc et chaud propagandiste du mouvement « patriote ». Puis il nomme Louis Guy conseiller législatif et notaire de Sa Majesté. Le notaire Louis Guy, connu et respecté de tout Montréal, présidait le comité qui a délégué Papineau et Neilson en Angleterre, en 1822. Aylmer conçoit pour lui une estime qui se transforme en amitié. Il lui annonce lui-même sa nomination. Il suggère au ministre de faire entrer MM. Papineau et Neilson au Conseil exécutif.

Quand lord Goderich, nouveau secrétaire des Colonies, conseille à l'administrateur d'entamer des relations cordiales avec les chefs du mouvement populaire, Aylmer peut répondre (17 janvier 1831) qu'il s'est d'avance conformé à ces vues : il croit tous les Canadiens attachés à la mère patrie, et compte rassurer les Canadiens français, qui tiennent au maintien des lois et des institutions françaises.

* * *

Les Chambres sont convoquées pour le 27 janvier 1831, mais une maladie de lord Aylmer retarde l'ouverture de la session. Les députés, déjà rassemblés à Québec, viennent l'un après l'autre, ou par groupes, prendre des consignes auprès de Papineau, dont la chambre ne désemplit pas. Les anciens renouvellent leur allégeance ; les nouveaux présentent leurs hommages et sollicitent des directives. Tous disent : l'Orateur, comme on dira plus tard : le Chef. La première consigne est de réexpulser Robert Christie, que Papineau ne veut pas voir à la Chambre.

Les médecins interdisent encore à lord Aylmer de sortir. Mais le malade s'impatiente, de savoir que tant de parlementaires l'attendent. Il fait venir les deux orateurs — James Kerr et Louis-Joseph Papineau, — deux conseillers législatifs et deux députés — Louis Bourdages et Augustin Cuvillier, — auprès de son lit, pour leur donner connaissance du discours qu'il prononcera. Il prie Papineau de revenir le voir, en tête à tête. Papineau vient, et rend compte à sa femme :

> 29 janvier 1831
>
> J'y suis demeuré trois quarts d'heure au moins et il semblait soulagé. Il continuera très certainement à se rétablir, et s'il peut être assez fort pour voir les membres, ce qu'il paraît sincèrement désirer,

il pourra être utile. Je crois qu'il aime et veut le bien de la province, que loin d'avoir de l'éloignement pour les Canadiens, il se livre de bon cœur à la saine politique qui, dorénavant, commande de les ménager, de les traiter mieux que par le passé. Ils sont de bonnes gens tous deux, parlant le français avec la plus grande facilité et élégance, avec l'accent parisien, et le mettent à la mode parmi messieurs et dames d'outremer, qui tous l'ignoraient il y a quelque temps et tous le savent maintenant. Je crois en vérité que le juge en chef renversera les jugements qu'il a rendus en Cour d'appel et admettra qu'il est permis, sans perdre ses droits de sujet anglais, de parler français en Canada. Il m'a demandé si tu étais venue à Québec avec moi, et sur ce que je lui dis que tu ne pouvais te séparer d'une jeune famille, il a parlé avec sensibilité du mérite d'une bonne mère qui remplissait elle-même des devoirs si pénibles, puis ajoutait : « Ma femme espérait faire connaissance avec la vôtre, etc. » Tu sens bien que tout cela n'est que compliment, mais ce sont ceux qui montrent l'extrême désir qu'ils ont l'un et l'autre de se rendre agréables, car lady Aylmer m'en avait dit autant, et que ce devait être bien dur pour une jeune femme d'être si longtemps sans voir son mari. Quand les femmes parlent d'un pareil sujet, elles le font sans doute avec sensibilité les unes pour les autres et ne disent que ce qu'elles croient.

Sur les matières d'argent, il s'est très bien conduit jusqu'à présent. Il a été harcelé, importuné par toute la noble canaille qui lui tendait la main pour avoir plus que la loi n'autorisait, et lui tendait ainsi un piège. Il a répondu : Non, non, qu'il soit bien connu que je ne mettrai jamais la main sans autorité dans le coffre public ; je n'en ferai pas sortir un liard sans un acte d'appropriation. On a été jusqu'à lui écrire que l'on n'avait plus un sou pour donner du pain aux prisonniers et demander 30 livres pour les empêcher de mourir de faim. Il a répondu : la charité ne doit pas être éteinte au point que vous ne puissiez fournir à un besoin si urgent par une souscription volontaire ; portez-m'y pour telle somme que vous voudrez...

Le gouverneur, débordant de bonne volonté, est, de son côté, confiant de réussir. Lady Aylmer écrit à ses amis : « Lord Aylmer a réussi jusqu'ici, espérons-nous, mieux qu'il n'osait l'espérer... Le gouvernement du Canada ne saurait être appelé une sinécure... »

* * *

Au début de la session, le gouverneur — qui n'est encore que l'administrateur, mais cela revient au même — communique à la Chambre la résolution du gouvernement impérial, de renoncer à l'affectation d'une part importante du revenu, moyennant le vote, pour la vie du roi, d'une liste civile consacrée au traitement du gouverneur, des juges, à certaines pensions et autres dépenses. Plusieurs articles que la Chambre a refusé d'inclure dans son vote de l'année précédente sont supprimés, suivant les instructions du Bureau colonial.

C'est un pas dans la bonne voie. C'est même une forte concession. Papineau, et la Chambre à sa suite, ne s'en contenteront pas. À mesure que son autorité s'affirme, Papineau, admiré, encouragé par son père, par sa femme, par sa sœur, par ses députés, par ses amis hors de la Chambre, et soutenu par l'intime conviction d'être le hérault de son peuple, accentue sa propension autoritaire. Il a fait expulser Christie pour la troisième fois, malgré la défensive énergique de l'intéressé, sans même avoir besoin de prendre la parole :

> 3 février 1831
>
> Le grand nombre de membres nouveaux, capables de prendre part à la direction des affaires, mais encore peu au fait des formes et de la manière de les conduire, qui viennent me consulter, me retiennent tous les jours à la Chambre... La séance dans laquelle Christie a été expulsé a duré jusqu'après deux heures et demie du matin ; mais je n'y ai pas pris part parce que la question a été décidée en Chambre et non en comité. Tu y perds certes de belles choses que j'aurais pu dire... Il y a eu quelques autres occasions néanmoins où j'ai pris part aux débats...

Papineau nous fait suivre le cheminement de sa pensée, et pénétrer dans les coulisses de la Chambre, grâce à ces longues et fréquentes lettres à sa femme, où il multiplie les détails dans l'intention de les utiliser plus tard pour la rédaction de mémoires ou d'un ouvrage historique. Augustin-Norbert Morin, qui sert de correspondant parlementaire à *La Minerve*, décrit, dans ses lettres à Duvernay, l'immense popularité, l'emprise du chef. Julie Papineau, dans ses réponses, cesse de geindre dès qu'elle aborde la politique et, loin de retenir son mari, le pousse : « Tes discours sont bien applaudis... Les nouvelles d'Europe sont de nature à nous encourager à nous faire rendre justice. Ils seront obligés de nous ménager s'ils veulent nous conserver... » Or, Papineau n'a pas fini de se battre contre le Conseil législatif, dont il prévoit une réaction défavorable :

> 23 février 1831
>
> ...La violence avec laquelle, dans le Conseil législatif, l'ancienne administration Dalhousie, tous les employés, agissent contre la

Chambre montre qu'ils méprisent le gouverneur, qui ne veut pas ce qu'ils veulent. Ils exhalent leur colère individuelle, et nous exhalons en Chambre la colère du peuple, et je crois que, quoiqu'ils soient plus hardis qu'ils ne l'ont été sous sir James Kempt, ils ne seront pas soutenus en Angleterre. L'avenir améliorera l'état du pays moins, et moins vite, que je ne le veux, mais beaucoup plus, et plus vite, que ne le veulent ces hommes-là. Aujourd'hui nous aurons un message sur les finances qui leur déplaira, et à nous aussi quoique il y a quelques années nous aurions pu nous en contenter. Mais, où il y a des institutions populaires, ce que le pouvoir a perdu un jour, il ne peut plus le jamais regagner ; ce que le peuple n'a pu gagner un jour, il n'y renonce jamais et finit toujours par l'obtenir.

Il est inutile de me demander des détails sur la politique ; les papiers débitent assez régulièrement et plus au long qu'on ne le peut par lettre ce qui se passe. Ce ne sont donc que quelques aperçus que je trace comme notes, pour les retrouver dans quelques années, quand il faudra faire l'histoire secrète du Parlement. Mon cher père seul doit lire cette lettre.

Le Conseil législatif n'aimera pas les propositions transmises par le gouverneur, parce qu'elles contiennent des concessions à la Chambre. Papineau ne les aime pas davantage, parce qu'elles ne contiennent pas *toutes* les concessions demandées. Le gouverneur qui parle un si bon français, qui, à la fin de janvier « aimait et voulait le bien de la province », qui s'était si « bien conduit » et qui résistait si énergiquement aux quémandeurs, devient subitement, à la fin de février, un irrésolu, un incapable, un complice des intrigants ; pour tout dire, un nouveau Dalhousie :

26 février 1831

Ma chère amie,

Nous sommes dans une grande occupation. Chaque pas du gouverneur depuis trois jours ont été une suite de bévues si palpables qu'il n'y a plus d'hésitation à admettre de toute part que l'administration Dalhousie est recommencée en pleine activité et vigueur. Tous les yeux voient que cet homme est d'une incapacité ridicule et que si personne n'est consulté hors le parti que guide Stuart dans le Conseil, c'est à la suite d'un pacte par lequel lord Aylmer est dûment lié et engagé à ne voir aucune autre personne, de peur d'avoir trop de témoins de la nullité de ses moyens. Les amis disaient il y a quelques jours que nous l'aurions pendant sept ou huit ans ; b.en des gens croient que nous l'aurons à peine sept à huit mois. Il est homme du monde, il a le ton de la bonne société, mais en matière de droit, de constitution, d'administration, il est même inutile de lui en parler. Il s'étonne et ne comprend pas, et son secrétaire est regardé de toute part comme un fou, qui appelle le mépris sur son maître...

Il y aura sagesse, modération, fermeté et des mesures bien prises et bien concertées dans la Chambre. Elle ne sera pas la dupe d'aussi pitoyables intrigues. Ils veulent pousser lord Aylmer à quelques mesures violentes, quelque prorogation subite pour empêcher les enquêtes qui se poussent avec vigueur contre le procureur général, Kerr, etc. Nous les méprisons trop pour nous fâcher et leur donner occasion d'avoir quelques prétextes de se donner cet avantage sur nous...

Papineau, très secondé par Bourdages, décide, et la Chambre déclare, que les concessions sont tardives et insuffisantes. La Chambre demande, exige copie de la correspondance échangée entre le ministre et le gouverneur, au sujet de la liste civile. Lord Aylmer répond qu'un gouverneur ne peut communiquer les dépêches du ministre sans la permission du Bureau des Colonies. La Chambre réclame alors des détails sur la liste civile, un état du revenu des biens des Jésuites, un état du revenu des terres et forêts, des renseignements sur l'emploi prévu de cet argent, etc., etc. Aylmer donne satisfaction sur quelques points.

Louis Bourdages et Louis-Hippolyte La Fontaine proposent de refuser les subsides jusqu'à ce que *tous* les revenus publics soient placés sous son contrôle et jusqu'à ce que les juges soient exclus des deux Conseils.

John Neilson se charge de préparer une série de résolutions. Les députés les plus avancés, qui sont ceux du district de Montréal, y voudraient une attaque, non pas seulement contre la composition, mais contre la constitution même du Conseil législatif, contre le principe de la nomination par le gouverneur, contraire à la grande loi de la souveraineté populaire. Neilson et les députés du district de Québec, sur lesquels Papineau a moins d'emprise, ne veulent pas pousser aussi loin. Et Morin, écrivant à Duvernay, reconnaît une grande influence à Neilson, « qui est trop modéré ».

Les résolutions de Neilson, adoptées par la Chambre, ressassent les griefs devenus traditionnels — éducation, régie des terres, défaut d'organisation municipale, immixtion des juges dans la politique, favoritisme, irrégularités dans le maniement des fonds publics. L'adresse basée sur les résolutions de Neilson reconnaît l'orientation « plus libérale » de la politique impériale à l'égard de sa colonie, depuis deux ans ; elle déplore cependant le retard apporté au redressement espéré en 1828.

Lord Aylmer, d'abord inquiet à l'annonce des résolutions Neilson, les trouve moins raides qu'il n'avait craint. Il accueille gracieusement la délégation venue les lui présenter : il n'ignore pas qu'il y a des abus à redresser ; plusieurs sont déjà en voie de réforme ; il souhaite que la Chambre expose d'un coup tous ses griefs, plutôt que de revenir plus tard à la charge avec de nouvelles plaintes ; le roi, qui est un homme sincère, voudra les connaître et juger par lui-même...

Lord Aylmer transmet les résolutions à Londres, le 3 mars, avec avis favorable. Il constate la tranquillité qui règne dans le pays. Il ignore évidemment la lettre de Papineau le traitant en nullité, et se flatte encore de réussir. Lady Aylmer écrit à une correspondante, le 6 mars, après le récit des amusantes, des délicieuses excursions en traîneau et en calèche :

> Je suis surprise de voir comme lord Aylmer se tire de tout ce qu'il doit faire, maintenant que la Chambre d'Assemblée siège et énumère sa longue liste de griefs contre notre gouvernement métropolitain et autres maux provenant, disent-ils, de la mauvaise administration des précédents gouverneurs du Canada... Dieu merci, lord Aylmer est à la hauteur des circonstances ; il est gai et donne l'impression d'un homme heureux qui s'efforce de faire son devoir vis-à-vis de son propre gouvernement et du pays qu'il est venu gouverner. Bien qu'il doive se concilier des personnes violentes, j'ai confiance que tout ira mieux que par le passé dans ce pays. La masse de la population est heureuse et se sent réellement heureuse. Il y a un degré de confort dans leurs habitations et dans leur aspect qui réalise ce que j'ai autrefois imaginé dans mes rêves d'un petit royaume à égale distance de la pauvreté et d'un luxe artificiel...

* * *

Lord Aylmer, jusqu'ici simple administrateur, reçoit sa pleine commission de gouverneur en chef, datée du 3 février. Le ministre approuve l'entrée de Papineau et de Neilson dans le Conseil exécutif — dans le gouvernement de la province. Le geste pourrait être d'une immense portée : on arriverait sans doute, avec des concessions mutuelles, à un arrangement à l'amiable. Papineau et Neilson sont nommés conseillers exécutifs.

Mais la Chambre a interdit, par un bill voté en 1830, à toute personne recevant des émoluments de la Couronne, de siéger comme député. Ce bill n'a pas été sanctionné, mais la Chambre vient de voter, le 15 février 1831, une nouvelle résolution dans ce sens. Papineau, déjà nommé conseiller exécutif en 1820, a démissionné tout de suite. En acceptant, il se déjugerait lui-même ou renoncerait à présider, à dominer, à manier, à modeler cette Assemblée qui est bien, malgré toutes ses protestations d'un désir de vie campagnarde et tranquille — quand s'occupe-t-il de la Petite-Nation ? — sa raison de vivre. Papineau refuse donc, et Neilson avec lui. Ils allèguent que les règlements de la Chambre leur interdisent ce cumul.

C'est encore un geste à la romaine. *La Minerve* et le *Vindicator* assurent la publicité des discours de Papineau. « *La Minerve* a une excellente réputation », écrit Morin à Duvernay, « on la regarde, surtout parmi la nouvelle génération, comme étant par excellence le papier du pays ». Les partisans de Papineau jugent nécessaire d'avoir aussi un organe à Québec, pour ranimer une population trop tiède. Étienne Parent ressuscite *Le Canadien* et lui donne cette devise : « Nos institutions, notre langue, nos droits », qu'il appelle son étoile polaire. N.-J. Lemoult, qui a transmis à Béranger le produit de la collecte faite au Canada pour les « victimes de Juillet », écrit à Duvernay que les Français en sont enchantés. Le général Lafayette est très flatté, et Béranger se propose de composer une chanson en réponse aux Canadiens.

Bourdages, doyen de la Chambre et toujours sur la brèche, ajoute aux résolutions de Neilson quelques résolutions de son cru, dont la première réclame la restitution des biens des Jésuites. Papineau et Cuvillier l'approuvent. Papineau y met sa violence habituelle : « Nous sommes victimes de la cupidité de quelques employés publics ; nous sommes privés d'avantages incalculables pour enrichir une lâche faction... » Ces accents suscitent la sûre admiration de son père, de sa femme et de la famille de sa femme. Les Bruneau sont pénétrés de révérence pour le grand homme qui est entré dans leur famille. Théophile Bruneau écrit à son beau-frère (10 mars 1831) : « Tant qu'à la politique, la Chambre d'Assemblée est tellement approuvée dans ses démarches par la très grande masse des citoyens qu'on n'entend qu'une voix pour le proclamer. Personne n'est obligé de discuter pour faire valoir les mesures qu'on y a discutées cette année. » Au cercle de famille s'ajoute en effet une foule de disciples. À la librairie Fabre et au bureau de *La Minerve*, on commente les débats de la Chambre, et d'abord les interventions de Papineau, avec fierté. Les résolutions Neilson, complétées par les résolutions Bourdages, ébauchent un programme du parti populaire.

L'idée vient naturellement d'envoyer un délégué les porter et les soutenir à Londres. Bourdages suggère d'envoyer Denis-Benjamin Viger, qui retrouvera ses appuis de la mission accomplie avec Neilson et Cuvillier en 1828. C'est presque une gageure, d'envoyer un conseiller législatif mettre sa propre Chambre en accusation. Bourdages est, en fait, le porte-parole de Papineau, qui croit recourir à une habileté : le Conseil législatif ne pourra, sans prouver mauvaise foi, récuser le choix d'un de ses membres, appelé récemment à ce poste par la confiance du gouverneur et donc, tout probablement, du gouvernement anglais. « Si les conseillers législatifs le refusent », écrit Papineau à sa femme, « ils prouveront qu'ils ont des intérêts personnels qui les mettent en opposition tant avec le gouvernement anglais qu'avec le peuple de la colonie. »

Mais Cuvillier s'étonne de ce choix, et Leslie proteste : la Chambre doit choisir le délégué dans son sein ; la question financière sera primordiale, mais il ne manque pas de délégués aptes à bien la traiter... Leslie, parlant ainsi, doit avoir Cuvillier en vue.

De fait, Bourdages propose Viger et Leslie propose Cuvillier, en faisant son éloge. Bourdages, soutenu par Papineau, observe que les mérites de Viger surclassent ceux de Cuvillier. Neilson déplore que cette discussion se poursuive en présence de Cuvillier, qui devrait se retirer. Leslie ne gagne à son projet que les députés des « townships » et quatre ou cinq autres. Il propose alors Papineau qui, proposé en second lieu et sans avoir été consulté, prend mal la politesse. Lorsqu'il a été jugé nécessaire de sacrifier mes goûts au vœu de mon pays, déclare l'orateur, j'ai montré mon empressement à le faire ; mais en ce moment, on ne doit pas me demander de m'arracher deux ans à mon pays... Papineau ne courra pas le risque d'être supplanté, à la présidence, par un nouveau Vallières. Vous savez bien, dit-il encore à Leslie, en faisant cette proposition, que la Chambre la rejettera, comme je l'espère, pour me garder au poste qu'elle m'a confié... Il exprime sa ferme intention de voter pour Viger qui, dans ces conditions, est désigné.[2]

* * *

Béranger n'a pas rempli sa promesse d'écrire une chanson en l'honneur des Canadiens. Lemoult, qui est un homme d'un cer-

---

2. Cet épisode se reconstitue grâce aux lettres de Papineau à sa femme, du 1er et du 2 mars.

William Lyon Mackenzie (1795-1861),
député de 1851 à 1858
(I)

Papineau s'adresse à la population de Saint-Charles-sur-Richelieu.

D'après un tableau de C.W. Jeffereys

tain âge, n'est d'aucune utilité aux réformistes canadiens en France. Déçu tant à titre personnel que par la situation générale, il songe à retourner au Canada et soumet à Denis-Benjamin Viger le projet de fonder « un grand établissement d'instruction publique à Montréal ».[3] Mais, sans que d'étroites relations personnelles soient nécessaires, l'influence du courant français continue de se faire sentir. Avec Papineau, et plus encore avec Bourdages, le mouvement réformiste canadien, à l'exemple du mouvement libéral de France, revêt une nuance anticléricale. Or, une occasion se présente, que Bourdages ne manquera pas. Les marguilliers de paroisse, qui gèrent les affaires de la fabrique, sont élus, en règle générale, par cooptation — par les marguilliers en charge. Les élections se font sous la présidence, et en pratique sous le contrôle, du curé. C'est conforme à une décision de Mgr de Laval, remontant à 1660. Mais dans certaines paroisses, à Lotbinière et aux Trois-Rivières en particulier, on réclame contre ce procédé. Un mouvement se dessine, et vite se propage, pour la participation du peuple, ou tout au moins des notables — des contribuables, en somme — aux assemblées de fabrique et aux élections de marguilliers. Le clergé résiste. Des esprits forts s'adressent aux députés réformistes. Voilà, pour ceux-ci, une belle cause. Le principe de la souveraineté populaire, déléguée par le sacrement de l'élection, doit s'appliquer dans l'Église comme dans la société civile.

Bourdages présente une motion, élargissant le recrutement des marguilliers. Il pose des principes, et ne prend pas quatre chemins : « Il s'agit de savoir si les droits des paroissiens doivent céder aux droits arbitraires que le clergé veut exercer. Il est temps que la Législature s'occupe enfin de régler le pouvoir temporel du clergé... »

Papineau, la Chambre siégeant en comité, l'appuie. L'orateur se défend du péché d'irréligion, ou d'irrespect pour le clergé. Mais il faut distinguer entre l'Église et ses biens temporels. L'Église n'est indépendante qu'en matière de dogme. Pour le reste, l'autorité suprême est celle des représentants du peuple. L'esprit de corps domine le clergé dans cette affaire...

Croirait-on entendre le cousin d'un évêque, le frère et beau-frère de prêtres ? Voilà un discours dont Julie Papineau ne félicitera pas son mari. À la Petite-Nation, dans la seigneurie de Louis-Joseph Papineau, le curé Paisley, « las de courir les bois et de

---

3. Archives de la Province de Québec à Montréal.

gratter les souches pour y trouver ma subsistance », demande son changement, après deux ans d'apostolat. Mais il se ravise devant la pénurie de prêtres et les grands besoins de la région.

Mgr Panet, Mgr Signay et Mgr Lartigue dressent le barrage contre le bill des fabriques. Mgr Panet y voit « une immixtion de la Législature dans nos affaires ecclésiastiques ». Mgr Lartigue est aussi net : « La Législature en général n'a point de juridiction sur les matières dont il est ici question ». Mgr Lartigue trouve le bill, « fléau qui nous menace de près », « absurde dans son principe comme dans ses détails et ses dispositions ». Il sait l'inutilité d'une intervention auprès de son cousin Papineau, mais il espère que Mgr Panet « pourra faire arrêter le bill au Conseil législatif, s'il passe à la Chambre ».

Mgr Panet n'a pas à recourir au Conseil législatif. Des députés hésitent, par scrupule religieux. Quelques-uns, du district de Québec, prennent le contre-pied de Papineau, dont ils voudraient secouer la férule. Le plus décidé de ce groupe est Jean-François-Joseph Duval, député de la haute ville de Québec. John Neilson est aussi opposé au bill. Duval n'a pas de peine à entraîner Andrew Stuart, son colistier. D'autres députés protestants les suivent. La majorité hésite, et la troisième lecture, ajournée, n'aura pas lieu avant la fin de la session ; mais il est tacitement convenu qu'un bill moins provocant sera présenté lors de la prochaine session. Mgr Panet appréhende cette récidive, et l'écrit à Mgr Lartigue : « La Chambre ne rejettera pas aussi facilement un autre bill plus raisonnable, en vertu duquel on admettrait certains notables mieux qualifiés aux assemblées de fabrique ».

Papineau, toujours suivi et presque précédé par Bourdages, se retournera contre d'autres victimes : le Conseil législatif, maintenant présidé par John Richardson, ce qui promet du sport ; les juges, auxquels il veut interdire l'accès du Conseil législatif et du Conseil exécutif ; et au besoin le gouverneur lui-même. Il lance, dans une lettre à sa femme, une nouvelle diatribe contre les conseillers législatifs et contre « l'asservissement abject du gouverneur à leurs ordres » (8 mars 1831). L'orateur, deux fois invité à dîner chez le gouverneur avec quelques autres députés, y est allé, mais cela ne l'empêchera pas d'éplucher tous les faits et gestes du personnage (Lettre du 16 mars). Il faudrait rendre le Conseil législatif électif. Le peuple souverain doit élire les marguilliers de paroisse et les conseillers législatifs, comme il élit les députés.

Papineau a trouvé une autre cible de choix. Le procureur général Stuart se serait livré à des manœuvres frauduleuses, dans le comté de William Henry, aux élections de 1827 où le Dr Wolfred Nelson l'a défait par deux voix. Des partisans de Stuart, accusés de parjure, doivent sans doute leur acquittement à l'habileté de Côme-Séraphin Cherrier, leur avocat. Mais Wolfred Nelson n'a lâché prise qu'en apparence : il incrimine, non plus de vulgaires cabaleurs, mais son ancien adversaire lui-même. Et Papineau, chef du parti réformiste, centralise d'autres plaintes. Stuart aurait exigé, sans autorisation, des honoraires pour le renouvellement des commissions de notaires après la mort de George IV. Il aurait défendu la Compagnie de la Baie d'Hudson dans une cause où ses fonctions l'obligeaient à l'attitude contraire. La Chambre demande la suspension du procureur général, ce qui, explique Papineau à sa femme, aura le double avantage de punir Stuart et d'embarrasser Aylmer.

Papineau, qui souhaitait naguère se faire un allié du gouverneur contre le Conseil législatif, a maintenant pris ce gouverneur en chasse et souhaite le coller au Conseil législatif pour les frapper ensemble :

> Nous demanderons demain la suspension de Stuart. Je suis persuadé que lord Aylmer aura la faiblesse de refuser de l'accorder, et dès lors il se constitue ouvertement en ligue offensive et défensive avec le Conseil contre nous, et le public jugera de lui, comme je le fais, qu'il sera toujours le très humble serviteur de la sagesse supérieure du procureur général, ainsi qu'il a eu la honte de s'exprimer par la voix de son secrétaire civil dans une lettre à Stuart... Si lord Aylmer a un peu d'esprit, il me trompera et suspendra Stuart ; c'est la dernière chance qui lui reste de ne pas retourner abreuvé de dégoûts d'ici à quelques semaines (22 mars 1831).

L'Assemblée a voté un bill interdisant aux juges de siéger à la Chambre haute. Le Conseil législatif l'a rejeté, mais lord Aylmer comble Papineau — et sans doute ainsi le déçoit. Le gouverneur prie les juges Bowen, Kerr et Taschereau de ne pas siéger au Conseil, en attendant la décision finale. Il fait exception pour le juge en chef. Bowen et Taschereau obtempèrent tout de suite ; Kerr se fait prier, puis cède. Lord Aylmer suspend le procureur général, dont la Chambre a demandé la révocation. Le juge en chef Sewell rirait dans sa barbe, s'il n'était impeccablement rasé. Stuart part se défendre à Londres, et Viger devra le contredire. Papineau annonce la fin de la session à sa femme, en exprimant un dernier désir d'être désagréable au Conseil législatif :

> Québec 28 mars 1831
>
> Chère amie,
>
> Je n'écris qu'un mot pour dire que la session sera prorogée mercredi. Dieu aidant, je me rendrai chez moi vendredi, à moins qu'il ne survienne quelque obstacle que je ne prévois pas qui me retarderait pour envoyer des papiers etc. en Angleterre. Ce soir, nous aurons avis, je pense, que le procureur général sera suspendu — nous allons, par résolutions, à défaut du bill d'agence s'il ne passe pas ce soir, envoyer M. Viger en Angleterre. Le bill de subsides, pour neuf mois d'appointements seulement aux fonctionnaires publics, avec la paie des membres inclue dedans, et dès lors plus désagréable au Conseil qu'aucun autre qui leur ait été envoyé, passera après des protestations ridicules de leur part, qu'ils ne devraient pas passer. De tout cela, quelque chose est sûr, le reste purement conjectural mais probable. Adieu, je t'embrasse et les enfants de tout mon cœur.

L'Assemblée, contente de soustraire la plus grande ville au contrôle des magistrats nommés par le gouvernement, accorde à Montréal l'autonomie municipale demandée par des citoyens des deux origines. Le Conseil législatif s'y résigne. Mais lord Aylmer réserve au roi la sanction de cette importante mesure. Montréal doit attendre encore.

La session, commencée par l'expulsion de Christie, continuée par l'expulsion de trois juges et terminée par la suspension de Stuart, est close le 31 mars 1831. L'espèce de trêve conclue à l'arrivée de lord Aylmer n'est pas rompue, mais elle bat de l'aile. Lady Aylmer cependant est encore dans l'euphorie. Elle est allée, croyant se rendre à une corvée, assister au cours de danse donné par une méritante demoiselle. Elle y a passé une soirée charmante, et décrit les robes de mousseline des jeunes filles et le surtout espagnol des garçons « qui est à la mode à Paris et que je trouve très seyant ». Les cérémonies de la première communion et l'excellente éducation donnée au couvent des Ursulines l'ont impressionnée : « Si j'étais ici chargée de jeunes personnes, je serais pleinement satisfaite de l'instruction qu'elles pourraient recevoir au couvent des Ursulines, avec Mlle Aspinal comme maîtresse de danse. » « Voyez, ma chère Sophie », conclut l'épouse du gouverneur, « les bons effets d'une parfaite tolérance dans cet heureux pays. »

* * *

Dans le Haut-Canada, William Lyon Mackenzie, agissant en chef de l'Opposition, continue d'attaquer les privilèges de l'Église anglicane et de harceler le gouvernement. La majorité ministérielle cherche un moyen — un prétexte — pour se débarrasser de lui. Pendant la campagne électorale, Mackenzie a imprimé et distribué des reproductions des débats de la Chambre, pour faire ressortir, auprès des électeurs, la conduite parlementaire de chacun des députés sortants. Or, un règlement désuet interdit ce genre de publication sans le consentement de la Chambre. Allan MacNab, député de Wentworth et ennemi personnel de Mackenzie, contre lequel il a une vengeance à exercer, propose son expulsion. La Chambre n'ose pas le suivre.

La session terminée, Mackenzie se rend à Montréal et à Québec pour concerter son action avec celle des chefs réformistes dans le Bas-Canada (avril 1831).

27

Les propositions Goderich

À la mort de M. Jean-Henri-Auguste Roux, venu au Canada pendant la Révolution française et Supérieur de Saint-Sulpice depuis 1798, M. Joseph-Vincent Quiblier est élu Supérieur (avril 1831). Il en fait part à Mgr Panet, qui lui répond : « Je me réjouis sincèrement de ce choix, dans la persuasion qu'il contribuera à consolider cette heureuse harmonie qui doit régner entre les membres d'un même corps ». C'est pure formule de politesse. C'est eau bénite de Cour. Mgr Panet écrit en même temps à Mgr Lartigue, au sujet d'un mémoire de M. Roux sur les fabriques, que l'évêque voudrait faire soumettre à sa revision : « Ce que je lui en écrirai (à M. Quiblier) ne l'empêchera pas de faire à sa tête ». Et il écrit à Mgr Robert Gradwell, à Londres : « M. Quiblier, jeune Français qui paraît être dans les mêmes sentiments que ses confrères à l'égard des évêques ... »

Mgr Lartigue, approuvé par Mgr Panet, voudrait empêcher les Sulpiciens de s'agréger des confrères venus de France. Il ne tient pas aux prêtres français – pas plus qu'il ne tenait à son cousin Toussaint Papineau, – mais il n'en veut surtout pas à Saint-Sulpice. Une lutte d'influence entre Saint-Sulpice et les évêques canadiens se poursuit à Rome.

Mgr Lartigue n'est toujours pas reconnu dans la plénitude du titre. Il est évêque de Telmesse, non pas de Montréal. Il attribue toujours la mauvaise volonté de Londres à sa parenté avec deux chefs réformistes. Mais il voit lord Aylmer et lui expose sa requête majeure : obtenir le plein titre d'évêque de Montréal, avec « incorporation » de l'évêché et permission d'acquérir un revenu annuel de 2,000 livres. Il lui confirme cette conversation par écrit le lendemain (11 juin 1831) : il cédera volontiers sa place à un autre si sa parenté avec des chefs réformistes le rend — bien à tort — suspect. Mgr Panet demande à Viger de s'occuper de la requête de Mgr Lartigue pendant sa mission à Londres.

Le clergé entretient une autre inquiétude. Le bill des fabriques passionne l'opinion, plus que les revendications proprement politiques, jusque dans les campagnes. Les marguilliers ont droit à une place d'honneur à l'église et dans les processions. Le reposoir, pour la procession de la Fête-Dieu, est dressé sur la galerie de leur maison. Les charges de marguillier sont aussi convoitées que les grades dans la milice. *Le Canadien*, la *Gazette de Québec* et *La Minerve* ouvrent leurs colonnes au débat et publient les opinions de lecteurs combatifs, pour ou contre l'admission des notables aux assemblées de fabrique. Les esprits forts colportent les paroles de Bourdages : « Il s'agit de savoir si les droits des paroissiens doivent céder aux droits arbitraires que le clergé veut exercer ». Et plus encore celles de Papineau : « Le clergé se croit encore le maître... Il faut distinguer entre l'Église et ses droits temporels... » Le Séminaire de Saint-Sulpice est client du notaire-arpenteur Joseph Papineau, pour sa seigneurie de l'île de Montréal, M. Quiblier sympathise avec Papineau — ce qui ne lui concilie pas Mgr Lartigue, — mais il est, comme les évêques, rigoureusement opposé au projet de Bourdages, qui est le projet de Papineau. L'affaire risque de provoquer un choc entre les évêques et le parti réformiste. Denis-Benjamin Viger cherche à l'éviter. Les évêques ont confié à Viger, en marge de sa mission politique, le soin de s'occuper à Londres de l'érection du diocèse de Montréal et des lettres patentes depuis longtemps sollicitées par le collège que l'abbé Antoine Girouard a fondé à Saint-Hyacinthe. Dans un banquet qui lui est offert avant son départ, Viger propose la santé du clergé : « C'est à ce corps respectable que nous devons une grande partie de l'instruction répandue dans ce pays. Réjouissons-nous de le voir partager nos sentiments patriotiques, sans oublier le caractère dont il est revêtu » (5 mai 1831). Le partage des sentiments « patriotiques » est douteux. Mgr Lartigue préfère tout de même son cousin Viger à son cousin Papineau.

Lord et lady Aylmer sont encore heureux et trouvent le pays heureux : « Les salaires sont immensément élevés dans ce pays, et les provisions sont bon marché ». Le Canada ne connaît pas les troubles sociaux qui, à ce moment, déchirent l'Angleterre. Lord et lady Aylmer se rendent à Montréal en bateau, dans la deuxième quinzaine de mai. Ils y sont fort bien reçus. Lord Aylmer y compte déjà un ami, en la personne de Louis Guy, avec lequel il s'est découvert de grandes affinités et qu'il a nommé conseiller législatif. Les Sœurs de la Congrégation offrent un goûter dans leur ferme à lady Aylmer, qui note ensuite : « J'éprouvai réellement beaucoup de plaisir dans ces visites ». Les sulpiciens invitent lord et lady Aylmer à leur ferme, ou maison de campagne, de la Montagne. À vrai dire, les prêtres — en 1831 — ne sont pas censés organiser une fête et lancer des invitations. Pour tourner la difficulté, lord et lady Aylmer expriment le désir de visiter la ferme, en compagnie de leurs invités, qui sont, avec Mgr Lartigue, les notables — canadiens français et catholiques, de préférence — de Montréal. Les invités se réunissent chez le gouverneur et partent en voiture découverte. Les Sulpiciens entretiennent, à l'emplacement de l'ancienne mission, un verger modèle et même un vignoble. M. Quiblier fait les honneurs. « C'est un homme intelligent et très agréable », note lady Aylmer, « qui aurait du succès dans n'importe quelle société, car ses manières bienveillantes préviennent en sa faveur ». Des pavillons de soie, portant chacun le nom d'un combat — en Espagne, au Portugal ou ailleurs auquel lord Aylmer a participé décorent le réfectoire, où l'on sert une collation. Militaires, notables et prêtres passent l'après-midi sous les arbres. Lady Aylmer note en rentrant : « Il semble que l'évêque de Telmesse et cette institution ne soient pas en bons termes, Mgr de Telmesse étant très anxieux d'être reconnu comme évêque, et le Séminaire ne tenant pas à se trouver sous le contrôle d'un chef aussi près de lui... »

C'est ensuite Mgr Lartigue qui invite lord et lady Aylmer à rencontrer chez lui mesdames Viger et Papineau, ses cousines par alliance. Le gouverneur et sa femme acceptent une invitation à la maison de campagne des Papineau. (Si vous vous étonnez de cette invitation, au souvenir des lettres sarcastiques, qui ne datent pas de cinq mois, où Papineau dénonçait « l'asservissement abject » du gouverneur, c'est que vous n'entendez rien à la politique.) L'orateur de la Chambre fait richement les choses. Il offre une soirée dansante, suivie d'un souper où les gâteaux, cette fois, honorent le gouverneur en reproduisant ses armoiries — en sucre. Lady Aylmer trouve la fête brillante, la soirée charmante et madame Papineau très à l'aise dans son rôle de maîtresse de maison. Elle respire au Canada un parfum d'ancienne France, des traces de cet art de vivre qui fit le charme de la société française au dix-huitième siècle. Elle va jusqu'à préférer les Canadiennes françaises à ses compatriotes :

Jeudi le 9, nous avons été invités à passer la soirée à la résidence de campagne de Monsieur Papineau, Orateur de la Chambre d'Assemblée. Nous sommes arrivés à 8 heures et demie, et avons trouvé le terrain et le portique de la maison très joliment éclairés par des lanternes de couleur ; l'orchestre du 15e était là ; un fort groupe de dames et de messieurs canadiens étaient rassemblés, de sorte qu'une brillante soirée dansante nous attendait. La surprise était particulièrement agréable, venant de Monsieur Papineau et sa femme qui ne fréquentent pas la société à Montréal (où la société est trop divisée), et qui ont cependant été très à l'aise pour recevoir leurs invités et ont fait les honneurs, à mon avis, remarquablement bien. Il est certainement dans le caractère de la femme française, quelle que soit sa naissance ou son rang dans la vie, de posséder du tact en société et il lui est tout naturel de vivre en évidence, et elles sont maîtresses de soi et sont généralement gracieuses, de sorte que les nuances dans les manières entre les divers rangs sont plus graduelles que chez nous... Je m'accorde infiniment mieux avec les Canadiennes françaises qu'avec nos propres compatriotes, comme je le faisais en France... Le bal a été suivi par un souper debout, et les ornements des gâteaux reproduisaient les armoiries de lord Aylmer. Rien ne manquait de ce que notre hôte avait pu imaginer pour plaire à ceux auxquels il offrait la fête. Je ne me sens que de la gratitude pour cette hospitalité et de bons sentiments pour notre hôte, qui semble aimable dans la vie privée...

Lady Aylmer rentre à Québec par bateau, qui est la voie normale en cette saison. Lord Aylmer rentre par voie de terre, « pour voir et être vu » — pour rencontrer la population. Il s'arrête à Berthier, où James Cuthbert, seigneur du lieu et conseiller législatif, le reçoit dans son manoir. James Cuthbert, champion de la tolérance, plaît au gouverneur qui voudrait tant réussir auprès des Canadiens français. Aylmer s'arrête ensuite aux Trois-Rivières, chez un autre conseiller législatif, Matthew Bell, ancien directeur des Forges Saint-Maurice et ancien député.

* * *

Denis-Benjamin Viger est à Londres. Il y retrouve des amis, renforcés par O'Connell, qui siège maintenant à Westminster et jouit d'un immense prestige. L'agitation dont la révolution parisienne de 1830 a donné le signal s'amplifie. Le gouvernement anglais a concédé un élargissement du droit de vote, mais la Chambre des lords résiste. Un violent mouvement se déclenche dans le pays contre les lords. Il est marqué par des grèves. À Bristol, des émeutiers brûlent l'hôtel de ville et saccagent le palais épiscopal. Lady Aylmer peut écrire à une de ses amies en Angleterre :

> Lord Aylmer et moi-même étions très enclins à continuer notre vie errante en Italie et dans la chère Suisse. Cependant quand ce poste très intéressant lui a été offert, il ne pouvait que l'accepter avec reconnaissance. Mais maintenant nous ne regrettons pas le sacrifice que nous avons fait de notre liberté d'action, car ce pays est très intéressant à tous égards... Je puis ajouter que, en tenant compte des difficultés qu'un gouverneur du Canada devait affronter, mon mari a jusqu'ici assez bien réussi...
>
> Dans ces jours d'émeute et de confusion, c'est une chance pour nous que d'être en dehors de l'Angleterre et d'avoir à gouverner une population paisible et heureuse qui (j'en ai confiance) continuera d'avoir conscience des bénédictions dont elle jouit sous le gouvernement si doux et conciliant que la mère-patrie lui procure. Il y a eu bien des plaintes et des griefs, certains justifiés, d'autres imaginaires, mais nous devons espérer dans la force de conviction d'une justice également distribuée. Lord Aylmer est infatigable (Août 1831).

Les évêques ont prié Denis-Benjamin Viger de s'occuper, à Londres, de l'érection du diocèse de Montréal et des lettres patentes du Collège de Saint-Hyacinthe. Encore faut-il que le délégué canadien soit favorablement accueilli. Mgr Panet vient de corriger, dans une lettre à Viger : il n'abordera ces deux questions que si les affaires dont la Chambre d'Assemblée l'a chargé prennent bonne tournure (8 juillet 1831). Mais lord Aylmer promet à Mgr Panet d'appuyer, auprès des ministres, la reconnaissance de Mgr Lartigue en qualité d'évêque catholique de Montréal, « avec tous les privilèges requis ». Mgr Lartigue en fait part à Viger : « Tu peux voir ce que tu auras de mieux à faire pour cet objet » (9 juillet 1831).

Quant à la question principale, dont le contrôle budgétaire est le nœud, la mission de Viger est en bonne voie. Lord Goderich, ministre des Colonies, annonce à lord Aylmer, par dépêche du 7 juillet, l'intention du gouvernement d'accepter les résolutions Neilson ou d'offrir à la Chambre d'Assemblée d'honnêtes transactions sur presque tous les points : affectation des biens des Jésuites, régie des terres publiques, présence des juges au Conseil exécutif et au Conseil législatif, institutions municipales, tenure des terres :

> L'exposé des vues de l'Assemblée conduit à la conclusion satisfaisante qu'il reste à peine une seule question sur laquelle les désirs de cette branche de la Législature ne soient pas en harmonie avec la politique que nous avons conseillée à Sa Majesté. et cela me donne la flatteuse espérance d'un ajustement prompt et efficace des difficul-

tés qui ont tant embarrassé le fonctionnement du gouvernement local.

Quand, à la Chambre des communes, Labouchère, Hume et Mackintosh se remettent à plaider la cause des Canadiens, lord Howick, fils de lord Grey — beau-frère d'Edward Ellice, par conséquent — leur répond que le gouvernement de Sa Majesté ne restera pas sourd au vœu des Canadiens. Il s'occupe, en ce moment même, de faire disparaître leurs motifs de plainte, de les rendre heureux et de leur assurer la pleine jouissance de leurs droits sous la protection de l'Empire.

Lord Howick présente et fait voter le bill destiné « à rendre heureux les habitants du Canada ». Le gouvernement accepte la plupart des revendications de l'Assemblée. Il est convenu que les juges ne siégeront plus au Conseil exécutif et au Conseil législatif. Le gouvernement abandonne à la Législature du Bas-Canada, qui le réclame depuis si longtemps, l'affectation du revenu de la Couronne. Sa seule réserve, suffisante pour sauver la face, sa seule condition est l'adoption d'une liste civile, réduite à 19,500 livres et votée pour la vie du roi, pour le paiement du gouverneur, de son secrétaire civil, du secrétaire de la province, du procureur général et du solliciteur général. L'administration de la justice, les pensions et d'autres articles ne sont plus inclus dans la liste civile. Les nouvelles décisions vont donc sensiblement plus loin que les recommandations du comité de 1828.

Le parlement bas-canadien est convoqué pour le 15 novembre 1831. Dans l'intervalle sont disparues deux personnalités marquantes : John Richardson, mort au mois de mai, à 76 ans, et le Dr Jacques Labrie, député des Deux-Montagnes, dont la fille vient d'épouser un jeune médecin de Saint-Eustache, Jean-Olivier Chénier, « patriote » à tous crins. Labrie laisse le manuscrit d'une histoire du Canada.

La question des assemblées de fabriques passionne encore l'opinion, à l'approche de la session. Bourdages ne cèle pas son intention de présenter un nouveau bill, peut-être un peu édulcoré. Et derrière le « vieux » Bourdages se profile, Mgr Lartigue le sait bien, l'ombre puissante de l'orateur. Mgr Lartigue a eu maille à partir avec Denis-Benjamin Papineau, aussi forte tête que son frère dont il gère la seigneurie. Le curé Hugh Paisley a fait venir d'Écosse son frère protestant, et s'est ainsi attiré des ennuis à la Petite-Nation. Denis-Benjamin Papineau envoie à l'évêque des résolutions comminatoires, adoptées, sans doute sous son inspiration, dans une assemblée de paroissiens. Mgr Lartigue estime — et l'écrit à Denis-Benjamin Papineau — qu'il appartient aux évêques, non pas aux paroissiens, de se prononcer sur les mérites des curés et de décider leur nomination, leur maintien ou leur rappel. Il nomme cependant un nouveau curé, l'abbé William Power, missionnaire à Drummondville, qui permute avec l'abbé Paisley pour devenir le deuxième curé de la Petite-Nation. L'abbé Power devra desservir les catholiques de langue anglaise des cantons voisins.

La question des assemblées de fabrique est plus importante. Mgr Lartigue écrit à Mgr Panet, proposant de rédiger une requête à la Chambre, qu'on ferait signer par tout le clergé. Ne vous laissez pas embobeliner par l'orateur Papineau, conseille-t-il à l'évêque de Québec; il vaudrait mieux empêcher la présentation du bill que de le combattre une fois présenté. Mgr Panet fait accepter l'idée par son Conseil, à l'unanimité. Il faudra, insiste-t-il auprès de Mgr Lartigue, faire signer la requête par tous les prêtres. Lui-même s'emploie aussitôt à recueillir des signatures.

Le clergé du district de Montréal signe la requête, à la quasi-unanimité. L'empressement est moindre — Mgr Lartigue s'en offusque — dans le district de Québec.

Jean-François-Joseph Duval, député de la haute ville de Québec, présentera la requête à la Chambre. Mgr Panet ajoute un mémoire, à l'intention des autorités. Il y conteste à la Législature le droit de statuer en pareille matière. Et il envoie copie de la requête et du mémoire au gouverneur, « pour le mettre au courant d'une question qui intéresse grandement la tranquillité des paroisses ».

* * *

Lord Aylmer ouvre la session le 15 novembre 1831, et soumet les propositions de lord Goderich, présentées avec un luxe de politesses : « La Chambre ne saurait exposer d'une manière plus forte... L'Assemblée peut être assurée... Il ne peut y avoir aucune dispute entre le gouvernement de Sa Majesté et la Chambre d'Assemblée... » Le ministre va jusqu'à confesser les torts de ses prédécesseurs : « Il serait impossible, sans violer la vérité, de nier qu'à une époque qui n'est pas très reculée... Les plaintes n'ont pas échappé à l'attention la plus sérieuse des ministres de la Couronne... » L'orgueilleuse Albion se fait déférente, presque obséquieuse.

Lady Aylmer assiste à cette séance d'ouverture, avec un peu d'anxiété au cœur. La dignité de tous les participants — on est tenté d'écrire : de tous les officiants — à cette cérémonie du culte démocratique la rassure — à demi. Elle écrit le lendemain à une amie :

> Je n'ai jamais vu plus de dignité qu'il ne s'en est montré pendant toute la cérémonie... Aylmer a très bien lu son discours, et je n'ai pu m'empêcher d'être émue en sentant combien ses expressions venaient du cœur, et que la vérité est le fondement de l'éloquence... La plupart des gens semblent convaincus du succès final de son gouvernement de ce pays, mais il doit compter avec ceux qui contrarient ses meilleures mesures, ici et en Angleterre... Dieu veuille que son zèle soit apprécié dans la métropole...

John Neilson est satisfait d'offres qui dépassent le projet du comité obtenu grâce à sa mission. Les principales réformes demandées par la Chambre sont accordées. La liste civile proposée est, autant dire, insignifiante, et le développement normal du pays en réduira d'année en année la charge. Le reste viendra sans doute, avec un peu de patience.

Mais de la patience, Papineau n'en a pas, ou n'en a plus. Peut-être eût-il accepté les offres ministérielles, quelques années plus tôt. Sûr de son emprise sur la Chambre, il exige aujourd'hui tout, et tout de suite. Papineau entraîne Bourdages, le doyen, les inconditionnels pour lesquels il est « l'homme-principe », le doctrinaire infaillible, et les jeunes, les Morin et les La Fontaine, qui ne sont pas à l'âge des concessions. La mort de Joseph Perrault a provoqué une élection dans le comté de Montréal, au mois d'octobre. Le nouvel élu est Dominique Mondelet, pour qui Louis-Hippolyte La Fontaine a fait campagne. Les deux fils de Jean-Marie Mondelet sont des *rouges*. Charles a épousé une Anglaise devant le pasteur A.N. Bethune (futur archevêque anglican de Toronto). Dominique est un des espoirs du parti populaire, et Papineau compte sur lui.

Papineau a fait expulser Christie, pour la quatrième fois. Lord Goderich, accordant l'exclusion des juges du Conseil exécutif et du Conseil législatif, a fait une demi-exception pour le juge en chef, qui devra s'abstenir dans les débats politiques. Le juge en chef est Jonathan Sewell, qui a rendu à la Chambre, aux sessions récentes, d'éminents services, susceptibles de traduire ou d'amorcer une évolution. Le juge Sewell, protecteur des arts et particulièrement de la musique, a formé un orchestre de quatre instruments. Il est l'auteur d'un poème qu'un acteur déclame sur la scène du Théâtre Royal. Cela ne lui mérite pas d'indulgence, et l'orateur Papineau ne veut pas de demi-exception en faveur du juge en chef Sewell.

La Chambre, formée en comité général, discute le projet, et termine la séance sans adopter de résolution, ce qui équivaut à un rejet.

Et elle passe, en négligeant la pétition du clergé, à l'étude du bill des fabriques.

28

Le bill des fabriques

Louis Bourdages, le descendant des Acadiens spoliés, a 67 ans et ne courbe pas sa haute taille. Quand Bourdages proposait Vallières à la présidence de la Chambre, Papineau l'appelait « un aveugle instrument ». Mais il s'est rallié, et l'orateur n'a pas de porte-parole plus fidèle. Papineau l'appelle désormais « un vieux Romain » et, dans le style du temps, c'est tout dire. Le bill de Bourdages ouvre les assemblées de fabrique à tous les propriétaires catholiques dans les campagnes et dans la ville des Trois-Rivières, aux propriétaires catholiques possédant « des immeubles de la valeur de trente livres courant » dans les villes de Québec et de Montréal. Les notables auraient « droit d'assister, de voter et de délibérer aux assemblées de fabrique, pour l'élection de nouveaux marguilliers et la reddition des comptes des marguilliers sortis de charge, et pour dépenses extraordinaires, et pour règlement du gouvernement temporel de l'Église ».

Mgr Panet procède à des pointages, qui le laissent optimiste. Il l'écrit à Mgr Lartigue (30 novembre 1831):

> Je suis porté à croire que la mesure projetée par M. Bourdages échouera après discussion. Car, outre les nombreux amis catholiques que nous avons dans la Chambre, nous aurons encore en notre faveur grand nombre de protestants, qui ne voulant pas qu'on se mêle des affaires intérieures de leur Église, ne voudront pas non plus se mêler des nôtres. Quant à entrer en arrangement avec la Chambre, ce serait une bonne affaire si elle offrait à l'Évêque de statuer sur les matières de fabriques, avec promesse de confirmer ce qu'il serait statué. Mais le fera-t-elle ? Rien ne me porte à le croire...

Bourdages ouvre les hostilités, le 2 décembre. De la pétition du clergé, présentée par Duval et qui devrait dresser un obstacle, il se fait un tremplin :

> L'an passé, les plaintes de quelques paroisses pouvaient être attribuées à la conduite de quelques curés seulement, mais maintenant que le corps entier du clergé prend fait et cause dans cette affaire, elle se présente cette année sous un point de vue bien plus important. Les lois économiques défendent aux curés de s'occuper du temporel ; ils ont assez à faire du spirituel... Les Canadiens commencent à vouloir connaître la manière dont le clergé dépense leur argent !

Pierre-Benjamin Dumoulin, député des Trois-Rivières, répond sur un ton modéré. Mais, la Chambre siégeant en comité, Papineau prend la parole. Il prononce un discours violent. Tous ses discours sont violents, mais celui-là, en tenant compte des personnages qu'il vise, paraît plus violent que les autres. Il commence par déchiqueter la requête dont son cousin est l'auteur :

> On a présenté à la Chambre la requête la moins excusable qu'on lui ait jamais soumise. Cette requête prouve jusqu'à quel point l'amour du pouvoir en a aveuglé les auteurs, pour ne pas avoir senti l'exagération de leurs prétentions, pour ne pas s'apercevoir que la mauvaise application qu'ils font des lois économiques dévoile au monde leur ignorance absolue des lois constitutionnelles. Ce clergé se croit encore le maître de l'autorité civile, croit encore pouvoir exercer une plénitude de pouvoir dont il a abusé et dont, après en avoir été dépouillé, il ne doit jamais redevenir le possesseur. Il faut distinguer entre l'Église et ses droits temporels. L'autorité ecclésiastique, quant à ces droits, n'est valide qu'autant qu'elle l'obtient de l'autorité civile. Le terme Église est susceptible d'une infinité de significations ; mais indubitablement l'Église n'est qu'une aide du pouvoir civil quant au temporel. Elle n'est indépendante que par rapport au dogme.

Le Canadien reproduit ce discours avec le texte du bill (7 décembre 1831).

Duval réplique. Jean-François-Joseph Duval, successeur de Vallières de Saint-Réal et colistier d'Andrew Stuart comme député de la haute ville de Québec, acquiert de l'influence dans son district. Il discute bien, en juriste. D'après le droit français, soutient-il, les paroissiens peuvent choisir des syndics en matière de construction ou de réparation des églises, quand ils y contribuent ; il n'en est pas de même pour l'administration des biens de fabriques, qui appartiennent à l'Église.

Louis Lagueux, député de Dorchester, répond à Duval. C'est un ami de Bourdages, un partisan inconditionnel de Papineau, un « patriote » aux conceptions simplistes et à l'expression fruste : « Le clergé se rappelle ces temps de la barbarie où, dans la plénitude de son pouvoir, il foulait aux pieds tous les pouvoirs. »

Frédéric-Auguste Quesnel, député de Chambly, est un réformiste, ami de Denis-Benjamin Viger dont il a été le colistier et dont il partage les tendances. Il s'applique à la modération, et ne suit pas Bourdages et Papineau dans cette question qui regarde l'Église, pense-t-il, et non pas la Législature.

Papineau éprouve la nécessité d'un nouvel effort — d'un nouveau discours aussi violent que le précédent : « La population de la campagne ne peut pas se garantir de l'influence dangereuse du clergé... Jamais procès d'individu à individu n'a été si odieux que cette lutte du clergé contre les droits du peuple ».[1]

Ces dénonciations radicales contrastent avec d'autres textes de Papineau, qui a volontiers reconnu, dans le passé, et qui reconnaîtra encore volontiers, dans l'avenir, le rôle social du clergé au Canada français. Mais tout homme est pétri de contradictions, et Papineau plus que les autres.

Papineau entraîne ses fidèles, et les premiers votes donnent une majorité au bill. Ce n'est pas encourageant pour une autre affaire à laquelle les évêques s'intéressent. Le gouvernement impérial admet que les revenus des biens des Jésuites doivent être consacrés à l'éducation. Mais à quel genre d'éducation ? Placée entre quelles mains ? La première réaction des évêques est de revendiquer les biens des Jésuites comme appartenant à l'Église. C'est le vœu de Mgr Lartigue. Mais Mgr Panet prévoit, de la part de l'Assemblée, une opposition renouvelant l'agitation de l'affaire des fabriques, et aussi insurmontable. Il l'écrit à son suffragant :

7 décembre 1831

... Mon Conseil s'est enfin occupé de votre projet de redonner au moins une partie des biens des Jésuites, et chacun y a vu des difficultés sans nombre. Notre Chambre paraît extrêmement irritée contre le clergé à cause de la démarche qu'il a faite pour empêcher l'introduction des notables dans les fabriques, et surtout à l'occasion de cette partie du mémoire qui nie à la Législature le droit de statuer là-dessus. En réclamant les biens des Jésuites comme biens ec-

---

1. *Le Canadien*. Décembre 1831.

clésiastiques, on irritera encore davantage nos représentants, dont un grand nombre agit plus par passion que par justice. Ils s'efforceront de jeter de l'odieux sur le clergé qui, suivant eux, veut tout accaparer ; et notre démarche, outre qu'elle n'aurait aucun succès, serait propre à faire sur l'esprit de nos concitoyens des impressions qui nous seraient peu favorables. Vous verrez sur les papiers publics les résolutions de M. Bourdages relativement aux fabriques et les débats qui ont eu lieu sur ces résolutions. Votre cousin Papineau, ainsi que M. Lagueux, ont dit les choses les plus insignifiantes à cette occasion, et avec tout cela n'en ont pas moins gagné leur procès. La 2e lecture d'un bill basé sur les résolutions de M. B. doit avoir lieu samedi prochain, et j'ai tout lieu de croire que la mesure passera en Chambre. On présentera une requête au Conseil législatif, si après avoir consulté plusieurs de ses membres, on juge la chose nécessaire.

Je reviens au bill des Jésuites dont nous parlions tout à l'heure... On sondera sur ces biens en général les dispositions de quelques-uns des membres de la Chambre ; mais je crains bien qu'ils ne soient pour la plupart en faveur d'une université qui sera conduite par des laïques. Et comment ces laïques soigneront-ils l'éducation morale et religieuse de la jeunesse ?..

Les évêques sont crucifiés. Le bill de Bourdages emporte encore une majorité en deuxième lecture. Mgr Panet reprend cependant un peu de confiance en constatant que des réformistes comme MM. Heney et Quirouet ont voté contre, et que deux autres députés présumés dociles à leur évêque étaient absents. Le gouverneur aurait « témoigné que la mesure actuellement en Chambre ne lui plaisait pas ».[2]

Les évêques sont ulcérés. Le clergé fait bloc. Et Julie Papineau, toujours malade, toujours geignante, et de nouveau enceinte, sans cesser d'admirer son mari, lui fait des reproches :

> Montréal 8 décembre 1831
>
> Je vois par ta lettre du cinq que tu es inquiet de me voir toujours souffrante, mais mon cher tu pouvais t'y attendre ; il est impossible à présent que j'aie beaucoup de mieux. Je me suis trop négligée, j'ai attendu trop tard à me purger, et j'en ai pourtant grand besoin, et à présent j'ai l'estomac si affaibli depuis le temps que je ne prends que peu de nourriture et que j'ai encore plus de peine à digérer, que j'ai bien plus de peine à digérer les remèdes. Le docteur m'a dit de n'en plus prendre, de laisser faire ; je ne l'ai pas revu cette semaine, mais je crains d'être obligée d'en prendre enco-

---

2. Lettre de Mgr Panet à Mgr Lartigue, du 17 décembre 1831.

re. J'ai toujours des coliques accompagnées de la diarrhée. Tous ces jours-ci en carriole avec les enfants, demain je vais à l'église, je suis mieux de mon rhume... Je m'ennuie, mais c'est de toi, personne ne peut te remplacer auprès de moi, ni pour les soins ni pour la tendresse... Tu me dis que vous faites beaucoup d'ouvrage, mais vous ne faites pas toujours le bien ; vous voilà aux prises avec notre clergé, et cela va probablement occasionner bien du bruit et de la division parmi les Canadiens. Je me défie de toi dans ces occasions, et crains que tu n'aies été un peu violent... On ne voit pas les débats cette année, c'est un ennui de plus, je suppose que tu auras dit bien des malices...

Théophile Bruneau, qui s'occupe des affaires de son beau-frère à Montréal, lui parle aussi longuement, dans ses lettres, des incessantes maladies de Julie. Pareille correspondance est plutôt déprimante pour un chef qui se bat, mais Papineau s'estime investi d'un devoir supérieur, et va droit son chemin.

* * *

L'affaire des fabriques prend, dans le Bas-Canada, une importance nationale. Les « patriotes » ajoutent la modification des assemblées de fabriques à leur credo politique. Un « parti du mouvement », exigeant la participation des notables aux assemblées de fabriques, malmène le curé Marc Chauvin, de Sainte-Anne-de-la-Pérade. Ailleurs se forment des « comités de vigilance » ou « comités de surveillance », sorte de groupes de pression pour aiguillonner les députés tièdes. Ces comités sont essentiellement politiques, mais la question des fabriques les intéresse en diable. Pierre de Boucherville, le Dr Pierre-Claude Weilbrenner, David David, le notaire Louis Lacoste (de Boucherville) et le cultivateur Joseph Vincent, petit-fils d'un pionnier de Longueuil et capitaine de milice, organisent le Comité de surveillance et de correspondance du comté de Chambly. Joseph Vincent est une tête chaude, qui a déjà eu maille à partir avec le curé Augustin Chaboillez, de Longueuil. Le Comité de surveillance et de correspondance du comté de Chambly bombarde de recommandations, à tournure impérative, ses deux députés, Louis-Michel Viger et Frédéric-Auguste Quesnel, qui n'apprécient guère que l'on dicte ainsi leur conduite.

Le clergé, de son côté, fait bloc. Mgr Lartigue est très décidé. Il écrit à Mgr Signay, coadjuteur de Québec : « J'opinerais volontiers pour un accommodement s'il sauvait les droits inaliénables de l'Église, mais il vaut mieux n'en faire aucun que de consentir à un mauvais » (13 décembre 1831). Les Sulpiciens et des prêtres comme le curé Saint-Germain, de Saint-Laurent, et le curé Chaboillez, de Longueuil, qui les soutenaient, font trêve à leur vive querelle avec Mgr Lartigue pour présenter un front uni contre le bill des fabriques. L'abbé Jérôme Demers, l'ancien professeur dont Papineau disait « Il m'aime de tout son cœur », et qui est devenu vicaire général du diocèse de Québec, est aussi formel que son évêque. Les curés de la rivière Chambly se réunissent pour adopter des résolutions. Mgr Lartigue pense communiquer un texte à un journal, en attendant la fondation d'une feuille d'inspiration religieuse, dont l'affaire des fabriques fait ressortir la nécessité. Mgr Panet déconseille cette publicité. Il détourne le curé Jean-Baptiste Kelly, de Sorel, de publier les résolutions prises avec ses confrères de la rivière Chambly :

> Certains personnages, jaloux de l'influence que le clergé exerce, s'efforceraient de le faire regarder comme une preuve du désir qu'ils lui supposent de vouloir tout conduire ; et, malgré l'injustice de ce reproche, ils réussiraient peut-être, à force de le répéter, à produire dans l'esprit du peuple des impressions peu favorables au clergé (26 décembre 1831).

Mgr Panet donne le même conseil à Mgr Lartigue. Il n'approuve pas, pour les mêmes raisons, l'idée de fonder un journal d'inspiration religieuse : « Je craindrais qu'il ne nous mît continuellement aux prises avec les ennemis du clergé » (28 décembre 1831).

C'est John Neilson, député protestant, qui tente un dernier effort pour arrêter le bill. Il assimile les fabriques, corporations reconnues par la loi, à des institutions comme les banques, dont on ne remet pas l'administration au peuple. Et fait observer que les fonds des fabriques ne proviennent pas de taxes, ni même de cotisations, mais de contributions volontaires. Il présente un amendement, qui ajournerait le bill, pour s'enquérir s'il est conforme aux traités, à la constitution britannique et à la constitution du Canada, voire à l'inviolabilité de la propriété privée et au libre exercice de la religion. Repoussé par 28 voix contre 21. Il ne reste plus qu'à voter le bill définitivement, en troisième lecture. Plusieurs députés hostiles au bill — Heney, Dionne, Clouet, Quirouet, — sous le regard de Papineau flanchent et s'abstiennent. Le bill est adopté par 30 voix contre 19.

Voilà qui réfute l'argumentation du pasteur Strachan lors du projet d'Union. Voilà qui dément la légende d'une politique canadienne-française étroitement soumise aux directives du clergé. Mais ni ce démenti ni bien d'autres, plus retentissants, ne viendront à bout d'une légende.

Julie Papineau écrit à son mari : «...Je n'ai peut-être pas, comme tu le dis, obéi en tous points à tes ordres absolus, et je me permets quelquefois de dévier, au grand scandale de ces hommes qui prêchent tant l'indépendance et qui aiment tant leur liberté, et par contraste exigent tant de soumission de leur épouse...» (24 novembre 1831).

Taquinerie, sans doute. Mais...

Papineau aime et respecte sa femme, mais elle ne le convertira pas. Il écrit à Jacques Viger (31 décembre 1831) :

> Dans un âge où les miracles et les jongleries ont cessé, il faut bien que la raison finisse par l'emporter. Il n'y a plus de formules reçues, de professions de foi obligée, et tout finit par la discussion. Les sceptres, les mitres, les parchemins sont des hochets livrés à la risée.[3]

Frédéric-Auguste Quesnel fait au Comité de surveillance une réponse courtoise et digne, réservant son indépendance (31 décembre 1831) :

> Je vous prie d'assurer l'Assemblée, Monsieur le Président, que je suis toujours prêt à expliquer les motifs de mes votes et opinions particuliers dans la Chambre, afin de les mettre en état de juger de leur mérite ou démérite. Je désire ardemment de mériter la confiance d'un comté aussi éclairé que le nôtre, et c'est un tribunal aux opinions duquel je me soumets d'autant plus volontiers et avec d'autant plus de confiance que je suis intimement convaincu qu'il ne fera jamais à ses représentants un crime de leur indépendance, et n'exigera jamais d'eux qu'ils votent contre leur conscience, ou qu'ils préfèrent l'intérêt local à l'intérêt général lorsque l'un et l'autre seront en contact.

---

3. Papineau, pendant les sessions, envoyait de longues lettres à sa femme, plusieurs fois par semaine. Il la tenait au courant des événements parlementaires. Il y mettait d'autant plus de minutie qu'il comptait les retrouver et s'en servir pour rédiger un ouvrage historique. On a de nombreuses lettres de lui, écrites pendant chacune des sessions, sauf celle de 1832. De cette session, on a juste la courte lettre du 23 février, concernant la prorogation prochaine. Un archiviste a émis l'hypothèse que Papineau exprimait, dans ses lettres, ses sentiments à l'occasion du bill des fabriques, et que des mains très pieuses ont fait disparaître ces témoignages. Cette hypothèse est très vraisemblable. La correspondance de Papineau est passée, avant d'aboutir aux archives, entre les mains d'une parente toute dévouée à sa mémoire et par-dessus tout désireuse de lui éviter une réputation d'anticlérical.

Le clergé est horrifié, tant par le bill lui-même que par les discours de Papineau, de Lagueux, de quelques autres, et par l'état d'esprit qu'ils traduisent. Mgr Panet met son espoir dans le Conseil législatif. Mais le bill des fabriques est d'ores et déjà important dans notre histoire, parce qu'il contribue, comme Denis-Benjamin Viger l'appréhendait, à la méfiance, voire à l'animosité du clergé à l'égard du parti réformiste, ou populaire, ou patriote.

* * *

L'agitation est encore plus vive dans le Haut-Canada. On y réclame de plus en plus haut, sous l'impulsion de Mackenzie, le « gouvernement responsable », le contrôle des revenus publics par l'Assemblée, la sécularisation des réserves du clergé, l'abolition des privilèges de l'Église anglicane, l'exclusion des juges de la haute administration et de l'Assemblée, la suppression du cumul des conseillers législatifs occupant des charges de hauts fonctionnaires, et l'égalité des circonscriptions électorales (celle d'York est aussi peuplée que quatre ou cinq autres). L'Assemblée du Nouveau-Brunswick envoie « au roi », c'est-à-dire au gouvernement britannique, des adresses exprimant des revendications tout analogues.

La session du Haut-Canada s'est ouverte presque en même temps que la nôtre, le 17 novembre 1831. Une nouvelle motion pour l'expulsion de William Lyon Mackenzie, dont les articles du *Colonial Advocate* seraient « offensants pour l'Assemblée », est votée par 27 voix contre 15, le 9 décembre. Le procureur général Henry J. Boulton décrit son collègue d'York comme un « reptile ». Mais la foule acclame Mackenzie, à sa sortie du Parlement. Une procession de traîneaux l'escorte chez lui. Une élection se tiendra le 2 janvier, pour le remplacer.

* * *

Julie Papineau écrit à son mari, le 31 décembre 1831 : « Voilà encore la fin d'une année que j'ai terminée bien mal, toujours souffrante, et je commence celle-ci sous les mêmes auspices... » Mais Papineau ne peut interrompre son combat.

La mort du Dr Labrie a entraîné une élection complémentaire dans le comté des Deux-Montagnes. La grande influence politique, dans ce comté, est celle de William Henry Scott, l'autre député, riche et généreux, dont la belle résidence, à Saint-Eustache, est le lieu de rencontre des chefs réformistes locaux. William

Henry Scott est un peu mis à l'index par les seigneurs de la région — Eustache Dumont, Antoine Lefebvre de Bellefeuille, Maximilien Globensky, Pierre Laviolette — qui prennent prétexte de sa situation non-conjugale. Mais il est très aimé des électeurs. Il fait élire sans peine le notaire Jean-Joseph Girouard, de Saint-Benoît, qui a épousé la sœur du curé Félix. Scott et Girouard entretiennent les mêmes conceptions politiques : actifs propagandistes des idées réformistes, ils bannissent cependant toute idée d'un recours à la violence.

L'élection à tenir dans le Haut-Canada, par suite de l'expulsion de William Lyon Mackenzie, est plus mouvementée. Mackenzie est réélu triomphalement (2 janvier 1832). Ses partisans lui présentent une médaille d'or. Puis un traîneau gigantesque, confectionné pour la circonstance et comportant une impériale, le transporte, lui et ses lieutenants, avec escorte de cornemuses, dans les rues pavoisées où des banderoles proclament « La liberté de la presse », « Mackenzie et le peuple ». Le cortège passe devant le Parlement, et les « libres électeurs du comté d'York » décrètent l'annulation de la sentence parlementaire.

Mackenzie reprend son siège le lendemain 3 janvier. Des électeurs ont envahi les galeries, puis les corridors. Mais le solliciteur général Christopher A. Hagerman, député de Kingston, demande, en invoquant de nouveaux articles du *Colonial Advocate*, la réexpulsion du « criminel en puissance » qu'est Mackenzie, « prêt à marcher sur les corps sanglants de ses victimes ». Mackenzie arbore, soutenue par une chaîne massive, la médaille que ses électeurs lui ont décernée. Il lit des extraits de discours de parlementaires britanniques, plus violents que ses articles. La Chambre vote, par 27 voix contre 19, la réexpulsion de William Lyon Mackenzie, « inapte à occuper un siège dans le présent Parlement ».

L'Assemblée bas-canadienne reviendrait-elle à des dispositions plus conciliantes ? Elle vient, spontanément, présenter ses vœux de bonne année au gouverneur. Aylmer apprécie ce geste, sans précédent sous les anciens gouverneurs. Lady Aylmer écrit : « Et Dieu sait qu'il mérite d'être apprécié pour son zèle et sa bonne foi envers eux ».

* * *

Trêve de politesses ! Le bill des fabriques est maintenant en instance devant le Conseil législatif. Mgr Lartigue, dès le vote de la Chambre, a écrit à Mgr Panet : « J'espère qu'à Québec on travaillera si tôt et si bien le gouverneur et le Conseil législatif qu'on fera sauter le bill de la Chambre dans le néant d'où il a été tiré. » Et d'insister auprès de Mgr Signay : Il faut agir auprès du Conseil législatif — devenu le suprême espoir du clergé. Mgr Lartigue est très monté. Son cousin Papineau veut empiéter sur les droits spirituels et temporels de l'Église. Il aurait, d'après un compte rendu de la *Gazette de Québec*, semblé reconnaître, au cours des débats à la Chambre, la suprématie de l'Église anglicane. C'est, écrit Mgr Lartigue à l'abbé Pierre-Flavien Turgeon, procureur du Séminaire de Québec — et ancien condisciple de Papineau, — « la phrase la plus anticatholique et la plus hors de propos de toutes celles qu'il a proférées, quoique il en ait dit de bien mauvaises » (3 janvier 1832). La même *Gazette de Québec*, qui est le journal de John Neilson, publie, le 31 décembre, un article signé La Raison, et dont l'auteur est l'abbé Charles-François Painchaud, fondateur du Collège de Sainte-Anne-de-la-Pocatière. L'article exprime des vœux pour le maintien de ce « corps honorable » qu'est le Conseil législatif, et repousse le projet, formulé par Bourdages, de le rendre électif. Il déclare que le clergé canadien, ne pouvant plus rien attendre de la Chambre, « fera sagement d'en dénouer le fil de ses espérances pour l'attacher à l'Exécutif ». L'article fait aussi allusion à certains hommes, qui peuvent avoir du talent, « mais qui ont déjà perdu plus qu'ils ne le pensent dans l'opinion publique ».

Mgr Panet n'approuve pas cette sortie. Il agit plus discrètement auprès du Conseil législatif. Les évêques regrettent l'absence de Denis-Benjamin Viger, qui aurait sans doute exercé, dans toute cette affaire, une influence modératrice. Mais ils se connaissent à la Chambre haute un ami protestant, James Cuthbert, seigneur de Berthier, défenseur traditionnel des catholiques et des Canadiens français. Les Évêques comptent à cette heure sur un Écossais protestant, John Neilson, à la Chambre d'Assemblée, et sur un autre Écossais protestant, James Cuthbert, au Conseil législatif, pour les défendre contre la farouche offensive de Papineau, de Bourdages, de Lagueux.

James Cuthbert ne déçoit pas Mgr Panet, Mgr Signay et Mgr Lartigue. Il dénonce les auteurs et les inspirateurs du bill : « Les mêmes individus qui cherchent depuis longtemps à saper la constitution et à introduire les principes démocratiques et républicains lèvent à présent la main contre l'autel ! » Ces « individus » sont les ennemis acharnés du Conseil législatif, ce qui peut, à la

Chambre haute, influencer des votes. Le conseiller William Bowman Felton est un des cumulards traqués par Papineau et ses partisans, puisqu'il est en même temps commissaire des terres. Il n'est pas accoutumé de se trouver du même côté — côté de la tolérance — que son collègue Cuthbert. Il a été l'un des cinq conseillers votant contre l'adresse anti-unioniste adoptée en 1823. Mais cette fois il propose cette forme d'enterrement qu'est le renvoi du bill à six mois.

L'intervention de Jonathan Sewell est encore plus décisive. Le juge en chef trouve absurde l'idée d'inviter toute une paroisse à la régie d'une somme d'argent donnée à l'église. Faire venir la population de la paroisse reviendrait, toutes proportions gardées, à faire participer tous les électeurs aux séances de l'Assemblée. Sewell affirme en outre le projet contraire au traité de 1763 et à la loi de 1774 qui permet le libre exercice de la religion catholique.

Le bill, pour lequel deux conseillers législatifs seulement se prononcent, est renvoyé aux calendes.

C'est, aux yeux du clergé, un grand service rendu par le Conseil législatif.

29

Les "vieillards malfaisants"

Lord Aylmer s'est lié d'amitié avec Louis Guy, auquel il rend visite à chacun de ses séjours à Montréal. Il protège Melchior de Salaberry, fils aîné du héros de Châteauguay, qui n'avait pas seize ans à la mort de son père, survenue en 1829. Et surtout il procède, en janvier 1832, à une importante fournée de nominations au Conseil législatif : neuf conseillers, dont trois Anglais — Peter McGill, John Molson et Robert Unwin Harwood — et six Canadiens français : Marc-Pascal de Sales Laterrière, député du Saguenay ; François-Xavier Malhiot, député de Verchères ; Jean Dessaulles, député de Saint-Hyacinthe ; Barthélemy Joliette, député de L'Assomption : Pierre de Rocheblave, ancien député de Montréal-Ouest ; Antoine-Gaspard Couillard, médecin distingué de Québec. Il y a parmi eux plusieurs anciens combattants de 1812. Il y a, en la personne de Barthélemy Joliette, un colonisateur justement admiré. Il y a surtout plusieurs réformistes dont la nomination devrait réjouir l'orateur : François-Xavier Malhiot, dans les bras de qui Papineau pleurait la mort d'un de ses enfants ; Jean Dessaulles, son propre beau-frère... Quelque malicieux rappelant le mot, peut-être mal interprété, de sir James Kempt qui n'aurait pu trouver plus de trois candidats acceptables, lord Aylmer s'écrie : « J'aurais pu en trouver vingt ! »

Lord Aylmer a mal présumé des réactions de Papineau : les réformistes qui acceptent une pareille nomination ne peuvent être que vendus. Et Jean Dessaulles, tout en suivant Papineau dans ses votes, ne s'est point particulièrement distingué dans les débats, et n'a pris aucune part à l'agitation hors de la Chambre. Il est, pense Papineau, récompensé de son abstention !

Papineau est injuste. Dessaulles l'a suivi sur la question du Conseil législatif, et le gouverneur ne lui pose aucune condition, ne lui fait aucune observation. Les conditions seraient-elles tacites ? Dessaulles met des réserves à son acceptation : « Milord, j'ai voté en Chambre que l'Acte en vertu duquel est institué le Conseil législatif est fautif. Je suis toujours du même avis... me réservant la liberté en Chambre ou dans le Conseil, si la question est traitée de nouveau, de voter comme j'ai ci-devant fait, j'accepterai l'offre que me fait Votre Excellence. » Et lord Aylmer répond, en français : « Rien n'était plus éloigné de ma pensée que de vous imposer des conditions, ou même d'exercer une influence quelconque sur votre manière d'envisager les affaires politiques de votre pays. En vous proposant d'entrer dans le Conseil législatif, j'ai rendu justice au zèle et au patriotisme que vous exprimez dans votre lettre... »

Papineau prend-il connaissance de cette correspondance ? C'est bien probable, car une grande affection mutuelle lie l'orateur de la Chambre et sa sœur Rosalie, seigneuresse Dessaulles. Louis-Antoine Dessaulles, fils du nouveau conseiller législatif, qui a quinze ans, est élevé dans l'admiration totale de son oncle.

S'il connaît cette correspondance, Papineau n'en tient pas compte. Il prépare, avec Bourdages et le petit noyau des députés durs, une grande offensive contre le Conseil législatif, dont la malignité est rendue plus éclatante encore, à leurs yeux, par le rejet du bill des fabriques. Bourdages et quelques-uns de ses collègues demanderaient l'abolition pure et simple de la « Chambre haute » : la Nouvelle-Écosse et le Nouveau-Brunswick n'en ont pas, et s'en passent fort bien. Labrie, plus modéré, et respecté pour ses connaissances et pour sa tenue, a combattu cette idée, suggéré de demander plutôt un Conseil législatif électif, sur le modèle du Sénat des États-Unis, et fini par rallier Papineau et Bourdages eux-mêmes. Au lendemain des nouvelles nominations, Bourdages soumet des résolutions tendant à rendre le Conseil législatif électif. Papineau soutient énergiquement ces résolutions, qu'il a sans doute inspirées. Les députés réformistes se sont toujours heurtés au Conseil législatif, et viennent de s'y heurter encore. Le Conseil a rejeté, depuis le début de leur conflit, plus de 300 bills votés par l'Assemblée. Les réformistes ne se contenteront pas d'une modification dans la composition du Conseil législatif, ou d'un meilleur choix de ses membres, et même pas d'un renversement de sa majorité. Ce n'est pas un Conseil législatif canadien-français que veulent Papineau, Bourdages et leurs disciples, c'est un Conseil législatif démocratique, c'est-à-dire, élu par le peuple.

Tous les réformistes et tous les esprits forts de la province se lancent à l'assaut du Conseil législatif. Les honorables conseillers reçoivent le sobriquet de « vieillards malfaisants » — sans exception, faut-il présumer, pour Louis Guy, pour James Cuthbert, pour Jean Dessaulles, pour François-Xavier Malhiot et même pour Denis-Benjamin Viger, agent de la province, pour ne pas dire du parti réformiste, à Londres. *Le Canadien*, mais davantage *La Minerve* et plus encore le *Vindicator* tirent à boulets rouges. À *La Minerve*, Augustin-Norbert Morin, de santé délicate et retenu par ses devoirs parlementaires, réduit graduellement sa collaboration. Léon Gosselin le remplace. D'autres réformistes, qui se réunissent à la librairie Fabre, fournissent à Duvernay de la copie. Edouard-Raymond Fabre soutient *La Minerve* et le *Vindicator* de ses deniers, aux heures de dèche. *La Minerve* appelle le Conseil législatif une « nuisance publique », et le *Vindicator* le traite d'« incube oppressif ».

C'est intolérable ! Le Conseil législatif donne à son sergent d'armes l'ordre de s'emparer des personnes de Ludger Duvernay, propriétaire de *La Minerve*, et de Daniel Tracey, propriétaire du *Vindicator*, et de les amener à sa barre. Les deux journalistes comparaissent devant le Conseil. Jonathan Sewell les assaisonne d'une belle remontrance, et le Conseil les envoie à la prison de Québec, jusqu'à la fin de la session.

Edouard-Raymond Fabre écrit aussitôt à Duvernay pour le rassurer sur l'état de ses affaires : « Vous connaissez mon cœur, il est canadien, et je ne pourrais voir un de mes compatriotes dans les fers sans chercher les moyens de lui être utile. Prenez courage, mon cher monsieur, nous tâcherons de régler vos affaires ».[1] Fabre engage son crédit auprès des créanciers du journal, pour éviter une interruption dans la publication. Le libraire de la rue Saint-Vincent n'est pas un briseur de vitres. D'autres sont moins discrets. Les protestations fusent, quasiment unanimes : La liberté de la presse est en jeu ! *La Minerve* et le *Vindicator* augmentent leur tirage. Mgr Lartigue écrit à Mgr Panet : « On est d'avis ici que le Conseil législatif a fait une grosse erreur en emprisonnant les éditeurs de *La Minerve* et du *Vindicator*, MM. Duvernay et Tracey ».

---

1. Cette lettre est au Château de Ramezay, à Montréal.

Mgr Lartigue ne se trompe pas. Les résolutions de Bourdages tendent à bouleverser un rouage important de la constitution. John Neilson les combat et les fait échouer, par 37 voix contre 22. Mais l'agitation a trouvé son objectif. La réforme du Conseil législatif devient l'article essentiel et urgent du programme réformiste.

Les assemblées s'organisent, où les disciples de Papineau, s'assimilant les manières de leur maître, lancent des tirades furibondes contre le Conseil législatif. À Montréal, Louis-Hippolyte La Fontaine, jeune député de 25 ans, écrase de son mépris « ce corps dont la plupart des membres sont étrangers à nos mœurs, à nos besoins, n'ont aucun rapport avec les intérêts du peuple et n'ont d'affection que pour eux-mêmes et pour leur propre famille ». Les comités de surveillance exigent une reprise de la lutte à la session suivante, tant sur la question des fabriques que sur la composition du Conseil législatif. Celui du comté de Chambly convoque une assemblée à Longueuil pour le 12 février. On doit y discuter trois questions principales : la loi des fabriques, la détention de Duvernay et de Tracey et les changements nécessaires dans la composition du Conseil législatif. À vrai dire, la « révolution » qui couve sera, comme toutes les révolutions, l'œuvre d'une minorité. L'assemblée du 12 février, présidée par le Dr Weilbrenner, avec Joseph Vincent pour secrétaire, doit s'ajourner au 12 juin, car il n'y vient que trois électeurs de Boucherville, douze de Chambly et trente à quarante de Longueuil. Mais on a pu affirmer, entre autres choses, qu'un « cri général » s'élève « contre le despotisme qu'exercent, soit dans nos villes, soit dans nos campagnes, les curés et les marguilliers dans l'administration du temporel dans les affaires de fabriques ».

Or, le curé Chaboillez, de Longueuil, n'a pas la plume dans sa poche, puisqu'il a polémiqué avec son évêque. Le capitaine de milice Joseph Vincent est pour lui presque un adversaire personnel. L'abbé Chaboillez obtient l'insertion, dans *La Minerve*, d'une protestation envoyée en son nom et au nom des marguilliers de la paroisse contre « cette accusation fausse et calomnieuse » : « Le prétendu cri général n'est que l'expression des sentiments de quelques têtes exaltées... Le public aura là occasion de juger quelle foi il faut attribuer aux rapports des comités de cette espèce établis dans différents comtés... »

La protestation du curé de Longueuil n'arrête pas *La Minerve*, qui, à l'exemple de Papineau et de Bourdages, ne se contentera d'aucune concession, d'aucune réforme de détail. Mgr Lartigue prévoit le pire, et l'écrit à Mgr Panet (18 février 1832). On peut voir, dit-il, par *La Minerve* du 16 de ce mois, « où la Révolution est hautement proclamée, et où la haute trahison n'est déguisée sous aucun voile », que nos journaux canadiens deviennent plus révolutionnaires que jamais. « Croyez-vous maintenant que si nous avions une presse indépendante, telle que projetée par notre journal ecclésiastique, elle ne serait pas nécessaire pour bâillonner cette canaille... Pour moi, après avoir fait tous mes efforts, je me lave les mains par rapport aux résultats que j'en redoute ; et je serais fâché qu'on pût dire par la suite que le clergé n'a pas voulu empêcher le mal quand il l'aurait pu. »

Papineau annonçant à sa femme, le 23 février, la prorogation toute prochaine, termine sa lettre en accablant d'outrages les conseillers législatifs. La Législature est prorogée le 25 février.

Cette session sera lourde de conséquences. Elle n'a pas seulement creusé un fossé entre le clergé et le parti patriote. John Neilson s'est séparé de Papineau sur les trois questions majeures — vote des subsides, bill des fabriques et constitution du Conseil législatif. Des députés tendent à se grouper autour de John Neilson, qu'Augustin-Norbert Morin, de plus en plus, trouve « trop modéré ».

Ce sont presque tous les députés du district de Québec. Duvernay et Tracey, libérés le 28 février, sont acclamés à Québec, mais bien plus encore à Montréal, où les patriotes prétendent tenir le haut du pavé. Des arcs de triomphe s'élèvent dans les rues pavoisées ; des orchestres font alterner la Marseillaise et le God Save the King. On n'omet pas, dans les grands banquets, de lever son verre à la santé du Roi. Mais l'évocation des vieillards malfaisants soulève des huées. On offre à Duvernay et à Tracey, par souscription, des médailles d'or portant cette inscription en exergue : « La liberté de la presse est le palladium du peuple ». Plus d'un lecteur de *La Minerve* ne doit pas être très familier avec le palladium ; mais pour les « Romains » qui discourent à la librairie Fabre, le mot sonne bien. Duvernay et Tracey portent leur médaille au cou, passée dans un ruban rouge.

On fait davantage pour Papineau. Un graveur de Québec, M. Bourne, part pour Londres, « pour y faire graver les portraits des honorables D.-B. Viger et L.-J. Papineau ».

* * *

Une élection vient de se tenir dans le Haut-Canada, pour remplacer William Lyon Mackenzie, député d'York, expulsé par la Chambre. Mackenzie a lancé un appel à la population de sa province. Il convoquait une grande assemblée à York (Toronto), devant le Palais de Justice : « Que le cultivateur quitte sa ferme, l'ouvrier ses outils... Soyez fermes, soyez résolus, soyez unis, ne renoncez pas à vos droits ; montrez par votre attitude que vous êtes en mesure de conduire vos propres affaires, que vous êtes mûrs pour la liberté, que vous êtes les sujets éclairés d'un souverain constitutionnel, et non pas les serfs d'un moscovite... »

Mackenzie se représente contre deux candidats, dont l'un, James E. Small, se déclare indigné par l'expulsion du député, mais veut éviter une annulation des résultats, puisque Mackenzie, d'après la décision de la Chambre, ne pourrait pas prendre son siège.

Mackenzie reçoit une majorité écrasante. On tourne des couplets en son honneur dans le Haut-Canada comme on en tourne en l'honneur de Papineau dans le Bas-Canada. William Lyon Mackenzie est le Papineau du Haut-Canada.

30

La fusillade du 31 mai 1832

Denis-Benjamin Viger séjourne à Londres, comme agent de la Province. Un jeune Québécois, François-Xavier Garneau, son brevet de notaire en poche, a entrepris un voyage en Europe. Viger le garde auprès de lui comme secrétaire.

Le courant libéral s'amplifie en Europe. Les whigs, conduits par lord Grey, sont maintenant au pouvoir en Angleterre. Joseph Hume, l'ami de Papineau et des Canadiens, est un des hommes le plus populaires du pays. Un autre membre de la nouvelle majorité est John Arthur Roebuck, qui, à vingt ans, a séjourné au Canada et aimé ce pays. Roebuck passe pour un caractère abrupt, mais indépendant et incorruptible. Malingre, il s'impose par une énergie farouche, qu'il met sans réserve au service de la cause canadienne.

Denis-Benjamin Viger est chargé, entre autres missions, de soutenir les accusations contre James Stuart, procureur général suspendu par le gouverneur et dont la Chambre d'Assemblée demande la révocation. Stuart se défend avec bec et ongles. Il recherche l'appui d'Ellice, gendre du premier ministre. Il prend même des initiatives et préconise le plan, propre à faire les délices du Révérend John Strachan, d'une émigration protestante massive vers le Canada. Mgr Lartigue presse Viger d'obtenir sa reconnaissance comme évêque de Montréal, « car je vois que la chose ne s'accomplira pas à Rome tant qu'elle sera suspendue à la Cour de Londres ». Il l'engage à combattre le plan d'émigration de Stuart, de nature « à nous engloutir ». Il voudrait enfin obtenir l'interdiction d'entrée des Sulpiciens français au Canada : ces religieux s'agrègent au Séminaire « sans l'approbation de l'évêque ».

La vie publique est agitée en Angleterre. Les whigs décrètent la Réforme, qui fait disparaître les bourgs pourris, accroît le nombre des électeurs et le rôle politique des classes moyennes.

La vie publique n'est pas moins agitée dans les deux Canadas.

Dans le Bas-Canada, tout part de Louis-Joseph Papineau, orateur de la Chambre d'Assemblée, l'homme le plus discuté, le plus idolâtré et le plus haï de la province. Le plus grand éloge qu'on puisse faire d'un enfant précoce est de le déclarer « un futur Papineau ». D'un homme peu intelligent, on dit au contraire : « C'est pas la tête à Papineau. »

Louis-Joseph Papineau ne connaît pas de vacances et presque pas de dimanches. Il ne fait que de rares et courtes apparitions dans sa seigneurie, pour presser les censitaires qui, écrit Denis-Benjamin, ne veulent payer « ni en travail qu'ils demandent quand on n'en a pas besoin et qu'ils refusent ou négligent quand on le leur demande, ni en autres effets ». Le curé Power ne s'accorde pas avec Denis-Benjamin Papineau, qui, commissaire de la Couronne pour les petites causes, s'abstient souvent de juger ce qui touche à la dîme et au casuel. Le bill des fabriques ne doit pas soulager cette tension.

Louis-Joseph Papineau n'a pas le temps, ni sans doute le goût, de s'en occuper. Il est le chef d'un mouvement qui, de mois en mois, gagne en ampleur et en véhémence. Les esprits qui se veulent positifs adoptent une idée d'Edouard-Raymond Fabre.

Les Anglais monopolisent, non seulement les postes administratifs, mais la finance, avec la Banque de Montréal, et le gros commerce, en particulier le commerce d'importation. La librairie Fabre, qui importe divers articles français — des instruments de chirurgie, par exemple, — ne constitue qu'une infime exception. La Banque de Montréal soutient ses actionnaires, qui sont presque tous de langue anglaise. Augustin Cuvillier s'est séparé de la Banque, dont il a été l'un des fondateurs et longtemps l'un des administrateurs, sans rompre le contact. C'est lui qui a présenté, à la Chambre, à la dernière session, la demande de renouvellement de la charte, sur le point d'expirer. Papineau l'a combattu, avec son habituelle outrance, et Cuvillier lui a reproché de se battre contre des moulins à vent. Bref, les Canadiens français marquent le pas, ou même reculent, dans le domaine des affaires. La jeunesse instruite manque de débouchés. Ce sont encore des Écossais —

de ces Écossais qui, à l'exemple de feu Richardson, combinent l'hostilité active contre les réformistes et le dévouement pratique envers Montréal, — qui ont obtenu de la Législature une charte pour la construction d'un chemin de fer de Laprairie à Saint-Jean-d'Iberville, offrant un raccourci entre le port de Montréal et la navigation sur le lac Champlain.

Fabre réunit quelques patriotes à l'aise et leur propose la fondation d'une Maison Canadienne de Commerce, « vaste réservoir d'importations, où les marchands détailleurs viendraient s'approvisionner comme à une source nationale à eux ». La librairie Fabre, outre son commerce de détail, distribue à des marchands de la province les articles de papeterie et de librairie qu'elle importe. Il s'agirait de généraliser l'opération, de l'étendre à d'autres catégories d'articles. Cette Maison canadienne serait l'origine d'un développement extraordinaire : progrès et bénéfices de l'agriculture, fondation d'usines, création d'une marine nationale, ouverture de banques. Des « capitaux mobiles » seront prêts à saisir toutes les occasions. L'entreprise contribuera sans faute à la formation d'une élite canadienne-française. *La Minerve* du 13 mars 1832 rend compte de l'assemblée de fondation, tenue à l'hôtel Nelson. Il y avait là, autour d'Édouard-Raymond Fabre, agissant comme secrétaire, Côme-Séraphin Cherrier, Pierre-Dominique Debartzch, Dominique Larocque, Dominique Mondelet, toute une brochette d'hommes sérieux et sincères. La fondation, toute chimérique qu'elle doive paraître, est le premier effort d'émancipation économique tenté par les Canadiens français.

Mais ce sont presque tous des avocats, que l'enseignement classique et les concours d'éloquence, à l'honneur dans les collèges, n'ont pas préparé aux affaires. Le seul Canadien français à qui l'on reconnaisse la bosse de la finance, Augustin Cuvillier, s'est abstenu ; il tend d'ailleurs à s'éloigner de Papineau, qu'il trouve trop disposé à combattre les moulins à vent.

* * *

Comme ils sont bien préparés, en revanche, à la politique ! L'approche de la belle saison favorise l'agitation, et l'approche d'élections la surexcite. Les partisans de Papineau s'appellent de plus en plus souvent les « patriotes », et lui-même est « le grand Patriote ». Elzéar Bédard, fils de Pierre Bédard, fait ses premières armes dans la région de Québec. Son succès est très mitigé, et l'étudiant en droit Pierre Winter, fils d'un Anglais catholique et d'une Canadienne française, écrit à Duvernay : « J'enrage quand je vois que dans le district de Montréal on fait partout des assemblées publiques, et à Québec, rien ! Ah, pauvre Québec, seras-tu toujours froid et sourd ! Voilà ce que je me dis tous les jours » (7 mars 1832). Le Dr René Kimber recrute des partisans anglais aux Trois-Rivières. Mais c'est surtout, comme d'habitude, le district de Montréal qui remue. Côme-Séraphin Cherrier n'est pas un bagarreur, mais il apporte au groupe la caution de sa réputation, déjà grande au barreau. Pierre Amiot parcourt son comté de Verchères en compagnie de Joseph-Toussaint Drolet — révoqué avec lui comme officier de milice par Dalhousie et rétabli avec lui par Aylmer, — qui sera candidat au siège abandonné par François-Xavier Malhiot, conseiller législatif. Dominique et Charles Mondelet sont en campagne. Louis-Hippolyte La Fontaine, à 25 ans, ressemble à Bonaparte au même âge. Il est trop logicien pour être un grand orateur, mais on lui sent de l'étoffe, une autorité précoce, et cela le rend très efficace à Montréal. L'avocat Charles-Clément Sabrevois de Bleury, descendant d'une famille de militaires dont plusieurs ont reçu la croix de Saint-Louis, fasciné par Papineau, épouse la cause libérale. Et c'est aussi un caractère, que ce de Bleury : premier de sa lignée à ne pas suivre une carrière militaire, il se rattrape par son assiduité dans la milice, et il peut rendre des points à n'importe quel officier, à l'épée ou au pistolet. Un autre jeune avocat montréalais, Édouard-Étienne Rodier, met encore plus d'enthousiasme au service de la cause. Augustin-Norbert Morin, le fondateur de *La Minerve*, pauvre, mal habillé, de santé délicate, d'apparence miteuse, est plus homme d'étude qu'homme d'action, mais c'est une encyclopédie vivante. Dans le comté des Deux-Montagnes, William Henry Scott à Saint-Eustache, et le notaire Girouard à Saint-Benoît, mettent leur autorité, qui est grande, au service de la cause réformiste. Jean-Joseph Girouard — six pieds de taille et très brun, presque noir de teint, d'yeux, de cheveux, — jouit d'une réputation de conscience et d'intégrité. Il est fort ami d'Augustin-Norbert Morin, auquel on le compare parfois pour la variété de ses dons. Mais le jeune Dr Chénier, gendre de feu le Dr Labrie, trouve William Henry Scott et Jean-Joseph Girouard trop modérés. Si on l'écoutait, on courrait aux armes. Dans la région de Terrebonne, le jeune notaire André Papineau, cousin de l'Orateur, qui a représenté le comté de 1827 à 1830 et cédé sa place à Louis-Hippolyte La Fontaine, harangue le peuple à la porte des églises, de paroisse en paroisse. Tous, à la suite de leur chef, dénoncent « l'oligarchie », les « bureaucrates » et par-dessus tout les « vieillards malfaisants », aussi appelés les « édentés furieux ».

Les conseillers législatifs ainsi caricaturés ne sont pas tous cacochymes. Mais songez que Morin a 29 ans, Rodier, 28, Chénier, 26, La Fontaine, 25, et que les partisans sont, en bonne partie, encore plus jeunes.

L'ardeur n'est pas moindre de l'autre côté de la barricade. La bonne volonté de lord Aylmer commence à s'effriter. Son entourage, qui l'a tant mis en garde, répète sur tous les tons : « Nous vous l'avions bien dit ; ces gens-là sont intraitables. » Les ministériels ou « constitutionnels » s'en prennent quasi exclusivement à Papineau, dénoncé comme un malcommode, comme un dictateur, et surnommé « O'Connell » ou « Louis-Joseph 1er ».

Dans le Haut-Canada, c'est encore pis. Après la réélection triomphale de Mackenzie, des pétitions circulent, qu'on le chargera de porter en Angleterre. Aux habituelles demandes de réformes, s'ajoute un grief : la persécution contre le député d'York. Les signataires mettent leur espoir dans le gouvernement réformiste qui occupe le pouvoir en Angleterre. Mais les constitutionnels signent des contre-pétitions et tiennent aussi des assemblées. Sur le seuil des tavernes, on échange des bourrades. Mackenzie est assailli et blessé à Hamilton, le 18 mars 1832.

En avril, Mackenzie, emportant ses rouleaux de pétitions, s'embarque pour l'Angleterre, où il retrouvera Denis-Benjamin Viger. Il compte s'absenter pour six mois. Randal Wizon rédige le *Colonial Advocate* en son absence.

* * *

Lord Aylmer tente un nouvel effort pour se concilier le groupe réformiste. Il invite John Neilson à entrer dans le Conseil exécutif. Il n'y met pas plus de condition qu'il n'a fait pour la nomination de Jean Dessaulles et de François-Xavier Malhiot au Conseil législatif. John Neilson est unanimement reconnu comme un homme de bon conseil — et de convictions fermes. Il serait un modérateur et un agent de liaison idéal. Et ce n'est peut-être qu'un premier pas, l'amorce d'un changement plus complet. Mais Neilson, craignant de jouer les otages ou appréhendant les brocards de Papineau, décline cet honneur, comme il l'a fait quelques années plus tôt. Des réformistes modérés — du tempérament de Neilson — le regrettent. Étienne Parent est de ceux-là, et l'écrit dans *Le Canadien* (11 avril 1832) :

> Depuis longtemps nous dénonçons le personnel du Conseil exécutif, nous nous plaignons avec justice que nos gouverneurs s'entourent des notabilités d'une chétive minorité, qui a été la cause de tous nos troubles. Eh bien, il paraît qu'on a prêté l'oreille à nos plaintes, déjà une nomination vraiment populaire nous a fait espérer une réforme progressive. On veut faire un pas de plus, on invite aux Conseils un homme très élevé dans l'opinion publique, et cet homme donne un refus qui nous paraît inexplicable. Si ces bruits sont véritables, le public doit désirer vivement une explication.

Hughes Heney, député de Montréal-Est, qui est un ami de Papineau, et John Fisher, député de Montréal-Ouest, qui est de l'autre camp, démissionnent en mars 1832. Olivier Berthelet, poussé par les milieux bien-pensants, est candidat à Montréal-Est. Olivier Berthelet, fils d'un négociant en fourrures, ajoute à la fortune de son père celle de sa femme, qui est une Chaboillez, riche et charitable, et grossit le tout par des spéculations immobilières, non seulement à Montréal, mais jusque dans la région de Détroit. Il ne refuse jamais un don à une paroisse ou à une œuvre de charité : le refuge de madame Gamelin ne fonctionnerait pas sans lui. Il est, pour tout dire, le plus grand philanthrope de Montréal et sans doute de la province. Modéré en politique, il est imbattable. Un siège gagné pour les Canadiens français, mais perdu pour les patriotes.

Papineau veut se rattraper dans Montréal-Ouest, dont il est lui-même député. Le parti réformiste y présente Daniel Tracey, que sa courte détention a rendu populaire. Le parti constitutionnel présente Stanley Bagg, commerçant en vue. Et l'élection s'annonce disputée.

Elle se prolonge, suivant la coutume. Les deux partis surveillent les urnes et racolent des électeurs. À la fin du premier jour, Bagg compte 73 votes et Tracey 50. Les réformistes accomplissent un gros effort : le jeune notaire François-Marie Chevalier de Lorimier, qui descend, comme de Bleury, d'une famille d'officiers, est un de leurs plus actifs recruteurs ; à la fin du deuxième jour, Tracey compte 120 voix et Bagg, 68. Tracey accentue son avance les jours suivants. Mais les constitutionnels, tentant un effort inouï, regagnent du terrain. Le 9 mai, avec 576 votes pour Tracey et 554 pour Bagg, l'écart n'est plus que de 22 voix. Les patriotes s'énervent. *La Minerve* révoque en doute l'impartialité des constables spéciaux, assermentés par les magistrats pour empêcher le désordre. N'y a-t-il point, parmi les magistrats eux-mêmes, deux ou trois des conseillers législatifs qui ont incarcéré Duvernay et Tracey au mois de janvier ?

La Minerve exprime cependant sa confiance :

> Le poll tire à sa fin, car les voteurs se font rares. La majorité de M. Tracey a diminué, mais il a encore des voix à recevoir, et ses amis comptent sur son élection (10 mai 1832).

Les efforts des deux partis prolongent, de jour en jour, l'élection qui paraissait virtuellement terminée. Certains jours, les deux adversaires sont à égalité de voix. Les esprits sont chauffés à blanc. Le 18 mai au soir, à l'angle des rues Saint-Jacques et McGill, un Irlandais protestant blesse d'un coup de fusil le forgeron Curran, Irlandais catholique.

Le 21, Tracey a repris quelques voix d'avance. Dans l'après-midi, sur la place d'Armes, les humeurs sont incandescentes, en dépit du mauvais temps. Deux électeurs échangent des coups de parapluie. Autour de ces combattants, la foule s'assemble. Des constables interviennent. Puis on mande la troupe. Soixante hommes — dix grenadiers et cinquante fantassins du 15e Régiment — arrivent après l'effervescence. D'autres pelotons les renforcent un peu plus tard.

Les troupes prennent position sur le parvis de l'église. La foule entoure le bureau de vote, installé de l'autre côté de la place d'Armes, sous un appentis qui sert de remise à une pompe à incendie. Le soir, vers six heures, les projectiles commencent à voler. Une pierre atteint un officier. Des magistrats lisent, très vite, la loi des émeutes (Riot Act). Les troupes, toujours lapidées, enfilent la rue Saint-Jacques. Sur la réquisition des magistrats, le colonel Mackintosh, sabre au clair, commande le feu. Une salve abat cinq hommes, dont trois sont tués nets, sur le pavé luisant de pluie de la rue Saint-Jacques.[1] Les autres s'enfuient. Le notaire de Lorimier serre le manche de son parapluie, brisé par une balle. Les trois tués sont des Canadiens français : deux hommes d'un certain âge, Pierre Billette, une balle dans le cœur, et François Languedoc, frappé à la tête, et un jeune typographe de vingt ans, Casimir Chauvin, le crâne fracassé. Trois partisans de Papineau. Les troupes mettent deux pièces de canon en batterie sur la place d'Armes et reçoivent une ration supplémentaire de rhum.

---

1. Entre la rue Saint-Pierre et la rue McGill, plus près de McGill.

Les chefs patriotes, avertis, accourent. Louis-Joseph Papineau, Côme-Séraphin Cherrier, Louis-Hippolyte La Fontaine, Charles-Clément de Sabrevois de Bleury. Celui-ci, que les militaires n'intimident pas, demande au colonel Mackintosh de quel droit il a fait tirer. Le colonel dédaigne l'interpellation.[2] Le lendemain, Daniel Tracey est proclamé élu par 690 voix contre 687.

La Minerve décrit la scène comme le massacre de paisibles citoyens par une troupe imbibée d'alcool. La faction « anticanadienne » et peut-être les autorités auraient prémédité le coup de longue date, dans l'espoir de tuer Tracey. Les partisans de Bagg se seraient approchés des cadavres en ricanant et en déplorant le petit nombre des victimes.

Papineau, présent à l'autopsie des trois cadavres, conduit une foule de plusieurs milliers de personnes, dans Montréal en deuil. Deux magistrats, Joseph Roy et André Jobin, font arrêter le colonel Mackintosh et le capitaine Temple. Papineau somme lord Aylmer — son invité de l'été précédent ! — de venir à Montréal, s'occuper en personne de cette grave affaire. Le gouverneur ignore la sommation, mais les deux officiers, mis en liberté sous caution de 200 livres, subissent un semblant de procès. Papineau suit les séances de l'enquête, ce qui met les « bureaucrates » en fureur. Le juge en chef Jonathan Sewell s'apprête à bâcler une décision. Jonathan Sewell est, comme son adversaire Papineau, un homme de haute valeur, d'une sincérité incontestée et d'une vie privée impeccable. Ses curiosités, ses aptitudes sont plus variées que celles de Papineau, puisque ce connaisseur du droit anglais et du droit français, habile légiste, orateur éloquent et féru d'histoire, est aussi, à l'occasion, poète, musicien, auteur dramatique. Papineau intervient, et son intervention prend tournure de duel avec le juge en chef. Les deux hommes se sont heurtés bien souvent, mais leur choc ne s'est jamais produit dans une ambiance plus dramatique. Papineau prétend récuser le juge en chef :

> La confiance publique dans une administration impartiale de la justice sera troublée si la décision de cette grande question est laissée à M. Sewell seul. Il a été en communications longues et fréquentes, hier et aujourd'hui, avec les deux personnes arrêtées. On le regardera moins comme le conseil du Roi que comme celui des accusés, et puisqu'il y a ici d'autres officiers de la Couronne, ils doivent être appelés et consultés.

---

2. Papineau a décrit lui-même son intervention dans une lettre à John Neilson. Aux Archives publiques du Canada.

On imagine les furieuses démangeaisons des officiers si infatués de leur caste, que Papineau appelle « les accusés ».

Un jury de vingt-quatre membres, dont sept Canadiens français, acquitte Mackintosh et Temple. Le gouverneur envoie des félicitations aux officiers, et fait rayer Roy et Jobin de la liste des magistrats. Ce double geste tient de la gaffe. Pour une large fraction de l'opinion, les félicitations sont inconvenantes, et les révocations, odieuses.

L'indignation est grande. *La Minerve* hausse le ton. *Le Canadien* lui-même, dont le rédacteur, Étienne Parent, passe pour un modéré parmi les patriotes, ne mâche pas ses expressions : « Ce n'était pas assez d'avoir insulté un peuple généreux, il fallait encore que le représentant de notre souverain confirmât l'assassinat des sujets qui lui sont confiés par son auguste maître et qu'il en complimentât les meurtriers... » La *Gazette* et le *Herald* répondent sur le même diapason. Des réunions s'improvisent tout l'été, à travers la province. Aux côtés du « vieux » Bourdages, des jeunes gens y font avec fougue leurs premières armes. L'assemblée du Comité de surveillance du comté de Chambly, renvoyée au 12 juin, attire cette fois du monde. Le Dr Weilbrenner préside, avec Joseph Vincent pour secrétaire. Les réformistes du comté de Chambly, réunis à Longueuil, flétrissent les « assassins » et condamnent les autorités britanniques « qui nous préparent le sort des Acadiens ». Ils votent, passant outre à la protestation du curé Chaboillez, que *La Minerve* a publiée, une résolution réclamant « une loi telle que le bill des fabriques passé à la Chambre des communes du Bas-Canada durant la dernière session et perdue au Conseil législatif ». Ils réclament un changement dans la constitution canadienne, consistant au premier chef en un changement dans la composition du Conseil législatif. À Saint-Hyacinthe, le seigneur Jean Dessaulles prouve que sa nomination de conseiller législatif ne l'a pas muselé, en présidant une grande assemblée de protestation, le 28 juin. Pierre de La Bruère est secrétaire de l'assemblée : le Dr Thomas Boutillier prononce le principal discours. On adopte des résolutions :

> 1° — Que le droit du peuple d'élire librement ses représentants au Parlement est au Canada comme en Angleterre la plus sûre garantie des privilèges et libertés civils et politiques...
>
> 4° — Que l'intervention des troupes à la dernière élection d'un membre pour le quartier Ouest de Montréal est une violation ouverte et outrageante de cette liberté d'élection, et que la mort des

personnes qui ont succombé dans cette malheureuse circonstance est, d'après les principes constitutionnels, un assassinat manifeste.

5° — Que c'est avec les sentiments de la plus vive indignation que nous avons vu que les perpétrateurs de ces meurtres, d'abord retenus sur warrant ont été relâchés, et ce encore sur un cautionnement illusoire de deux cents livres...

La suite rappelle que des journalistes accusés ont dû verser un cautionnement plus élevé. On demande la convocation du Parlement pour discuter l'affaire :

9° — Que l'honorable L.-J. Papineau, Orateur de la Chambre d'Assemblée, en calmant l'indignation publique par l'espérance, quoique frustrée, d'une justice prompte et efficace, et en tenant une conduite ferme et décidée dans les malheureuses circonstances qui ont accompagné l'élection dernière du quartier Ouest de Montréal, a mérité la continuation de la confiance et de l'appui de ses compatriotes. »

L'assemblée vote encore des félicitations à l'honorable Jean Dessaulles « pour sa conduite ferme et indépendante et invariablement en faveur des principes constitutionnels et des intérêts généraux du pays pendant seize années qu'il a été représentant du comté ».

Copies des résolutions sont envoyées à la presse, c'est-à-dire à *La Minerve*, au *Vindicator*, au *Canadien* et à la *Gazette de Québec*.

* * *

William Lyon Mackenzie a rejoint Denis-Benjamin Viger à Londres. Les deux délégués se font soutenir par les mêmes députés, Hume et Labouchère en tête.

Mackenzie demande la reconnaissance du principe de la responsabilité ministérielle. Pierre Bédard l'a demandée avant lui ; Étienne Parent, dans son *Canadien*, soutient la même idée maîtresse.

Mackenzie, présenté à O'Connell, en juillet, est enchanté de l'accueil reçu : « Il a manifesté le plus chaleureux attachement aux Canadas, et la manière dont il m'a parlé de nos affaires et l'intérêt qu'il a manifesté en notre faveur lui donnent droit à notre durable gratitude. » Le délégué des réformistes hauts-canadiens fait la connaissance de plusieurs directeurs de journaux et de plusieurs membres de la Chambre des communes : le terrain était préparé, pour plusieurs d'entre eux, parce que Mackenzie leur assurait le service du *Colonial Advocate* depuis plusieurs années. Son meilleur allié est Joseph Hume, qui, siégeant dans l'opposition, mais en bons termes avec les ministres, agit alors en indépendant. Joseph Hume assure encore que lord Goderich, secrétaire des Colonies, étudie les plaintes des Canadiens, dans l'intention de leur apporter un soulagement.

Goderich reçoit Hume, Mackenzie et Viger, le 2 juillet 1832, et l'entrevue dure plus de deux heures. Mackenzie trouve l'attitude du ministre « amicale et conciliante ». « Je le quittai avec l'impression vive qu'il désirait sincèrement notre bonheur comme colonie, et qu'il désirait jouer un rôle important. » C'est avec l'encouragement du ministre que Hume dépose à la Chambre les pétitions apportées par Mackenzie. Une nouvelle entrevue, le 3 août, confirme la première impression : « Nous quittâmes le Bureau colonial, bien convaincus que des mesures vont être prises, qui contribueront beaucoup à neutraliser les mécontentements actuels. »

Mais les constitutionnels du Haut-Canada ne sont pas inactifs non plus. Eux aussi ramassent des signatures. Dans leur milieu naît un projet d'annexer l'île de Montréal — qui abrite 15,000 « Anglais » sur moins de 45,000 habitants — à leur province, pour la doter d'un port de mer. La Législature du Haut-Canada discute le projet. Des pétitions circulent, qui seront envoyées à Londres. La *Gazette* et le *Herald* de Montréal acceptent très volontiers l'idée.

31

Le choléra

Les chefs réformistes, qui sont souvent des officiers de milice, organisent un peu partout, dans le district de Montréal, des assemblées semblables à celles de Longueuil et de Saint-Hyacinthe. Les jeunes orateurs dont Papineau est l'idole y ressassent les cumuls, les fraudes, les déceptions, les affronts, les passe-droits, les dénis de justice, les exactions, et font monter l'effroi, la rancœur, la colère sourde.

Sur le pays profondément remué s'abat une catastrophe.

L'Angleterre dirige, bon an, mal an, de 20,000 à 30,000 émigrants vers le Canada. Ce sont en majorité des Irlandais en guenilles. Ils quittent, le cœur serré, leur terre ingrate pour le pays qu'on leur a dit immense, riche, froid, et naguère peuplé d'Indiens demi-nus (comment s'arrangeaient-ils avec le froid ?), portant des coiffures de longues plumes et qui dansaient, le casse-tête à la main, en chantant leurs chants de guerre et de mort autour de leurs prisonniers scalpés et ligotés, qu'ils rôtissaient. Le plus grand nombre de ces émigrants passent aux États-Unis ; le gros gagne le Haut-Canada ; une assez faible proportion reste dans le Bas-Canada.

Le 8 juin 1832, la rumeur se répand à Québec qu'un immigrant, venu de Dublin à bord du brick *Garrick*, est mort du choléra dans une maison de pension de la rue Champlain. Le secrétaire du Bureau de santé dément aussitôt. *Le Canadien* rassure : il ne s'est déclaré aucun cas de choléra dans la ville.

Mais le 10 juin, on compte sept victimes, et le 11 juin, 29. À partir du 12, une centaine de personnes meurent du choléra, chaque jour, à Québec. Le juge Jean-Thomas Taschereau meurt le 14 juin, et le député Louis Lagueux, pur entre les purs, si redouté du clergé dans l'affaire des fabriques, le 15. La population est affolée.

À Montréal, le bureau d'hygiène reconnaît, pour la ville, 1,200 cas, dont 230 décès, le 15 juin. Il avoue 3,384 cas dont 947 décès, le 26. L'une des victimes est John Fleming, président de la Banque de Montréal. Les enterrements stationnent à la porte des cimetières. Un hôpital temporaire est installé rue Saint-Denis, un autre au bassin du canal Lachine. Les Dames de Charité se prodiguent auprès des victimes, surtout auprès des veuves et des orphelins. Le glas retentit du matin au soir. Les gens n'osent plus sortir ; ils ont tant de hâte à se débarrasser des mourants que certains, d'après la rumeur, sont enterrés vivants. Les autorités décident que les enterrements se feront la nuit, pour moins impressionner le public. Le 15e Régiment n'est pas épargné.

La politique et l'épidémie se conjuguent pour affoler la population. Un jour le bruit court que 10,000 paysans assemblés derrière la Montagne sont prêts à fondre sur Montréal. Et les troupes sont alertées toute la nuit. Un autre jour, on effraie au contraire les habitants des campagnes par le récit de troubles et les ravages de l'épidémie à Montréal. Et ils n'osent descendre en ville ; ils n'apportent plus leurs produits au marché. Le prix des denrées monte. Des magasins ferment. Des écoles sont licenciées. Des citadins se réfugient à la campagne. Papineau envoie sa femme et ses enfants à Verchères, auprès du curé Bruneau. Les autorités religieuses dispensent du jeûne et de l'abstinence pendant la durée de l'épidémie.

Le Canadien fait imprimer dans son atelier, et met en vente à Québec, la copie des « Instructions populaires » émises à Paris par le préfet de police. Il y est recommandé, entre autres précautions :

> De ne pas mettre les pieds nus sur un plancher froid.
>
> Ne pas dormir dans un appartement les fenêtres ouvertes.
>
> Manger principalement du bouilli et de la soupe, et pas trop de viande.
>
> Ne boire aucune boisson à jeun, ce qui en tous temps est très pernicieux...

À Paris, l'Académie de Médecine doit refuser de recevoir les recettes dont on l'inonde. Au Canada, chacun envoie aux journaux son avis. Il y en a de simplistes et de compliqués, de doctes et de risibles. L'un recommande l'eau chlorurée, et l'autre les fumigations de camphre. Un troisième suggère qu'on tire du canon pour assainir l'air.

On se dispute entre partisans des différents systèmes. Ceux qui préconisent les vomitifs, les révulsifs, contre les tenants de la médecine expectante. Les « stimulants » contre les « opiacés ».

On remarque encore que certains jours de la semaine, les mardis et mercredis, sont plus néfastes que les autres. Un communiqué l'explique ainsi : « Cela vient des excès auxquels on se livre le dimanche et qui, dans un temps comme celui-ci, précipitent vers une mort certaine les malheureux esclaves de la plus fatale passion. »

Les modestes et les trembleurs, au lieu de donner des conseils, en sollicitent. « Doit-on manger à sa faim ? » demande un lecteur inquiet. Dans les conversations, dans les journaux, dans les discussions publiques, on ne parle que de borborygmes, de diarrhée, de lavements et de vomissements. L'anxiété étreint chacun au seuil de sa garde-robe. On interroge ses intestins comme un augure. On en surveille le travail avec une appréhension renouvelée chaque jour.

Un médecin américain propose une panacée : deux cuillerées de charbon d'érable ou de merisier pulvérisé, mêlé avec deux cuillerées de sucre d'érable et deux cuillerées de saindoux. Le malade doit prendre d'abord la moitié du remède. Et le reste une demi-heure après, ou plus tôt s'il vomit. L'Américain se targue de nombreuses cures. Il vient du Nouveau-Jersey, « âgé de 50 ans, accompagné de trois chevaux, portant de longs cheveux et d'épais favoris, et ne prenant point d'argent ». Il se tient des assemblées où l'on prie les autorités d'empêcher que ce magicien quitte Montréal.

Il y a aussi d'admirables élans de charité. Dans la paroisse Saint-Roch de Québec, on n'a pas à pourvoir au placement des orphelins, les paroissiens les ayant d'eux-mêmes adoptés. Papineau offre cent cinquante louis pris sur sa bourse.

Le choléra fera-t-il oublier la politique ?

Papineau écrit à son frère Denis-Benjamin, toujours à la Petite-Nation (21 juin 1832) :

La maladie nous a moissonné bien des citoyens respectables... Tu verras par les gazettes que les nouvelles d'Angleterre ne sont pas flatteuses, mais en ville on ne s'occupe que du choléra. La politique en est frappée... Beaucoup sont réellement morts de peur, d'autres se sont fait mourir en prenant inconsidérément des remèdes dont ils n'avaient pas besoin, sans appeler le docteur... La ville est presque déserte...

La marche de l'épidémie est foudroyante. À Québec, le 25 juin, on compte 993 morts, soit un habitant sur 37. À Montréal, Daniel Tracey, élu député le 22 mai, meurt du choléra le 17 juillet.

* * *

Papineau a mis ses garçons au Collège de Saint-Hyacinthe. Il va les voir, en juillet, et descend naturellement chez sa sœur, la seigneuresse Dessaulles. La direction du Collège le reçoit en prince. Les élèves, pour qui l'orateur est un surhomme, lui présentent une adresse : « Lorsque nous voyons un homme de la patrie, nos cœurs, qui battent aussi pour elle, nous font envier ceux qui, plus heureux que nous, peuvent la servir... » L'adresse se termine par l'exclamation « Vive la patrie ! » que toutes les voix reprennent. Des prêtres, à commencer peut-être par Mgr Lartigue, se scandalisent un peu d'un tel accueil, dans un séminaire, après le bill des fabriques. On émet l'hypothèse que le Collège de Montréal ou le Séminaire de Québec auraient été plus réservés. Lord Aylmer, qui a exprimé le désir d'assister à la distribution des prix, est aussi bien reçu, peu après. À lui aussi, des élèves lisent une adresse. Louis Bourdages, venu, semble-t-il, sans invitation, jette un froid par une remarque désobligeante pour l'Angleterre. Le gouverneur doit remettre un prix à l'un des fils de Papineau : les assistants croient observer une gêne, de part et d'autre.

Papineau va aussi toutes les semaines à Verchères, embrasser sa femme et ses autres enfants. Ce ne sont pas des visites très stimulantes. Joseph Papineau écrit à son fils Denis-Benjamin que sa bru, Julie, quand elle n'est pas malade, « s'inquiète toujours du sort des autres, ce qui l'empêche de se faire une bonne santé » (25 juin 1832).

Ni les jérémiades de sa femme, ni l'hécatombe de l'épidémie ne détourneront Papineau de son combat. L'assemblée de protestation contre la fusillade du 21 mai, qui s'est tenue à Saint-Hyacinthe sous la présidence de Jean Dessaulles, conseiller législatif et seigneur du lieu, a son pendant à Saint-Charles, sous la présidence de Pierre-Dominique Debartzch, conseiller législatif et seigneur du lieu, le 30 juillet. Un comité de 24 membres, dont forment partie Côme-Séraphin Cherrier, Louis Bourdages et le Dr Wolfred Nelson, mais aussi quatre conseillers législatifs — Debartzch, Roch de Saint-Ours, Jean Dessaulles et François-Xavier Malhiot, — a préparé une série de 21 résolutions. On y ajoute une vingt-deuxième, critiquant la constitution du Conseil législatif. Roch de Saint-Ours, qui n'assistait pas à l'assemblée, proteste contre cette addition : « Ce serait une inconsistance de ma part, d'accepter une place dans un corps que je croirais, dans sa constitution, opposé aux intérêts du pays. »

Mais les progrès de l'épidémie éclipsent même la politique, même l'indignation soulevée par la « fusillade ». Or, Papineau connaît le responsable de l'épidémie : le gouvernement qui, sous la pression des marchands, hostiles à toute entrave commerciale, a refusé de renforcer les règlements de quarantaine. Il l'écrit à Neilson :

> Montréal 11 août 1832
>
> ... Au commencement de l'épidémie, j'ai envoyé Mme Papineau et tous nos enfants à Verchères, et presque chaque semaine je vais les voir. Je regrette de les laisser seuls à leur gouverne. Des femmes ne sont pas capables de comprendre la nécessité de l'isolement le plus strict. Des mendiants viennent à chaque moment recevoir des aumônes, des enfants s'échappent et courent avec d'autres, l'église sonne ses cloches et les dévotes y courent. Je ne sais à quel saint me vouer pour qu'il n'arrive point de mal à ce petit peuple. Quant à moi, je n'ai pas eu un moment d'indisposition ; j'ai une grande confiance dans la bonté de mon tempérament, assez d'indifférence à vivre ou à mourir, par suite de l'indignation que j'ai contre la politique d'après laquelle toutes nos administrations tour à tour insultent et tyrannisent le pays. La plus responsable de toutes est celle d'aujourd'hui. Sa peur des marchands lui a laissé entrer la peste dans le pays. Sa peur des militaires lui a laissé fusiller des électeurs. Sa peur de paraître sympathiser avec eux assurera l'impunité à leurs meurtriers. Et tous ces crimes sont le fruit de l'indécision connue du gouverneur et du parti qu'il a pris, dès le début, de se laisser guider par les conseils du solliciteur...

Le seul moyen d'en sortir est « d'étendre infiniment plus qu'il ne l'a été le système d'élection. Il n'y a que dans cet arrangement que chacun peut se sentir également protégé par la loi ».

Le Comité de surveillance de Montréal, dans une réunion à laquelle participent Papineau, Viger, La Fontaine et d'autres personnages de poids, nomme un sous-comité chargé de s'enquérir des ravages exercés par le choléra, « des causes de son introduction et de la participation que peuvent y avoir eue, par leurs actes ou par leurs omissions coupables et volontaires, le gouverneur en chef actuel et l'Exécutif provincial ». La crainte exprimée par le comité de Longueuil se propage : On nous prépare, avec d'autres procédés, le sort des Acadiens.

Il y a, dans cette ambiance, des députés — décédés, démissionnaires ou nommés conseillers législatifs — à remplacer, et donc des élections à tenir. On peut appréhender de nouveaux incidents comme ceux qui ont marqué l'élection de Montréal-Ouest. La presse ministérielle annonce : « On va renforcer la garnison de Montréal, afin de supprimer tout mouvement révolutionnaire auquel M. Papineau pourrait pousser sa canaille ». Un détachement d'artillerie et plusieurs compagnies du 79e Écossais viennent en effet. Ils forment les faisceaux sur la place d'Armes. Ils se livrent, sur la vaste place du Champ de Mars, à des exercices que les Canadiens trouvent insolites.

Édouard-Raymond Fabre est le trésorier de tous les comités électoraux des réformistes, dans le district de Montréal. La mort de Daniel Tracey met l'existence du *Vindicator* en danger. Fabre achète le journal, dont il confie la rédaction à un autre jeune médecin irlandais, Edmund Bailey O'Callaghan, qui a étudié à Paris, parle un excellent français, fréquente la librairie de la rue Saint-Vincent et porte, lui aussi, à Papineau une admiration éperdue. *La Minerve* ne réprime pas ses expressions. L'abbé Pierre Viau, curé de la Rivière-Ouelle, renvoie les derniers numéros : « Depuis longtemps, ce journal me déplaît, comme il doit déplaire à bien d'autres, et aux membres du clergé en particulier. » L'abbé L.-M. Brossard, curé de Sainte-Elisabeth, en fait autant : il ne veut pas laisser croire « qu'il approuve tout ce qui paraît sur ce papier ». *Le Canadien* et la *Gazette de Québec* sont plus modérés que leurs confrères montréalais. Léon Gosselin, séjournant à Québec, écrit à Duvernay, son patron : « Que les Québécois sont froids, grand Dieu, en politique ! »

Robert Christie se fait réélire une fois de plus dans le comté de Gaspé, si éloigné de ces remous. Mais Elzéar Bédard, fils de Pierre et qui tient de son père, est le nouveau député de Montmorency ; Charles-Clément Sabrevois de Bleury est député de Richelieu ; Joseph-Toussaint Drolet, successeur de François-Xavier Malhiot, est le nouveau député, coéquipier de Pierre Amiot, du comté de Verchères ; Édouard-Étienne Rodier recueille, dans le comté de L'Assomption ; le mandat abandonné par Barthélemy Joliette, conseiller législatif.

La révolution est contagieuse comme le choléra. Le groupe des députés du district de Montréal qui comprend Girouard, Morin, La Fontaine, Bleury et Rodier, étroitement serré autour de Papineau, se grise des idées que livres explosifs et gazettes incendiaires apportent d'Europe à la librairie Fabre. Les emportés, à l'exemple de leur chef, s'opposent à tout compromis. Ils tendent à substituer les institutions américaines aux institutions anglaises dans leur admiration. Ils exigent moins les droits et privilèges de sujets britanniques et davantage les droits et privilèges, tous les droits et tous les privilèges dont jouissent les citoyens américains.

Les journalistes Duvernay et O'Callaghan s'agglomèrent à ce groupe. Eux aussi louchent vers les institutions américaines — les institutions républicaines. Étienne Parent, écrivant à son confrère Duvernay, lui conseille la prudence, l'engage à ne pas compromettre la cause des patriotes par des propos révolutionnaires (22 octobre 1832). D'autres réagissent plus vivement. Pierre-Édouard Leclère, chef de police à Montréal, qui ne connaît que la loi et l'ordre et tient les révolutionnaires en horreur, fonde *L'Ami du Peuple*, dont il offre la direction à l'agronome et publiciste Amury Girod, de naissance suisse. Girod refuse, car ses préférences le porteraient de l'autre côté de la barricade. Leclère s'adresse alors à Michel Bibaud, Montréalais de naissance, qui a déjà fondé ou dirigé plusieurs périodiques — *L'Aurore des Deux Canada*, *Le Courrier du Bas-Canada*, *La Bibliothèque canadienne*, *L'Observateur*. Bibaud accepte.

* * *

À Londres, William Lyon Mackenzie obtient d'autres audiences du ministre. Il écrit à ses commettants :

> J'ai dénoncé à lord Goderich la négligence des différents lieutenants-gouverneurs à veiller aux intérêts coloniaux, le défaut de contrôle suffisant entre les mains des représentants du peuple, le peu de bien que peut faire la Chambre d'Assemblée, le système de gouvernement par les ordres de Downing Street, le caractère du Conseil législatif... J'ai supplié Sa Seigneurie de nous aider à avancer l'éducation. Je lui ai parlé du défaut de tact et de discrétion dont le gouverneur a témoigné dans sa réponse aux méthodistes. Je lui fis voir la nécessité que le Conseil entourant le gouverneur possédât la confiance du pays... Je fis voir le nombre d'acres de terres qui ont été

> vendues pour payer les taxes, l'argent dépensé par les juges de paix sans comptabilité... Je dis à Sa Seigneurie que des religions d'État sont une impossibilité en Amérique. Que nous désirions que le contrôle des fonds publics fût partagé par le Roi, le Conseil législatif et l'Assemblée. Que l'on cachait l'emploi d'une partie du revenu prélevé au Canada. Je fis voir les charges énormes exigées dans les cours de justice sous forme d'honoraires. Ceux-ci sont quatre fois plus élevés que dans l'État de New York. Je dis qu'il n'existait aucun contrôle de la méconduite des juges. Je me plaignis qu'ils ne fussent pas indépendants, et que l'administration de la justice ne fût pas placée au-dessus du soupçon. Je fis voir les raisons qui rendent inconvenant que le juge en chef siège au Conseil législatif...

Le ministre observe qu'il a reçu des pétitions de sens contraire, et portant plus de signatures. Mais la concordance entre les plaintes de Mackenzie et celles de Viger, entre les doléances des colons anglais du Haut-Canada et celles des habitants français du Bas-Canada, ne peut pas ne pas le frapper : les revendications des réformistes n'ont pas, en essence, un caractère racial.

* * *

Au mois d'août encore, l'épidémie continue ses ravages. Joseph Papineau envoie ses recommandations à Denis-Benjamin, à la Petite-Nation :

> Si vous aviez des malades chez vous, ceux qui les soigneront feraient bien de se boucher le nez et la bouche d'un simple double de mouchoir pour respirer à travers et arrêter les miasmes qui pourraient communiquer la maladie, et sitôt les soins finis se laver les mains et le visage, mettre à l'air les habits qu'ils avaient sur lui, en prendre d'autres et les aérer ainsi alternativement à chaque fois que l'on aurait resté près du malade, n'y rester que le temps absolument nécessaire pour soulager le malade, étendre de la chaux vive dans la maison, laisser répandre dans les appartements la fumée qui s'en exhale.

L'épidémie finit cependant par s'atténuer. Les magasins rouvrent. Les habitants reprennent le chemin du marché. La panique cesse. Mais les esprits restent remués.

32

Rupture Papineau-Neilson

Lord Aylmer, avant de nommer des commissaires chargés d'exécuter la loi relative à la subdivision et à l'érection civile des paroisses, a prié Mgr Panet de lui suggérer des noms. Il a ratifié tous les choix de l'évêque. Mais Mgr Panet, octogénaire, compte se retirer, et transmettre la charge du diocèse à Mgr Signay, son coadjuteur. Il en informe le gouverneur (8 octobre 1832). Il lui demande de reconnaître son coadjuteur en qualité d'administrateur du diocèse. Et :

> ... En quittant les affaires pour aller dans la solitude me préparer à rendre compte de mes actions à mon Créateur, j'ai la satisfaction de pouvoir me rendre témoignage que, dans toute ma carrière, je me suis constamment efforcé de resserrer les liens qui doivent unir les catholiques de cette Province au Gouvernement sous lequel ils ont le bonheur de vivre. Quoique je ne doive plus avoir de rapports avec eux comme pasteur, je ne cesserai de faire des vœux pour qu'ils apprécient de plus en plus les bienfaits qu'ils reçoivent tous les jours du gouvernement de Sa Majesté. Avant de terminer, permettez-moi de vous exprimer ma plus sincère reconnaissance pour toutes les attentions que vous n'avez cessé de me témoigner ...

Lord Aylmer répond dans le même style, exprimant estime et regrets. Il salue aussi les mérites du coadjuteur « qui sait si bien se concilier l'estime et le respect de tous », promet sa collaboration bienveillante dans la question « si intéressante » de lui trouver à son tour un coadjuteur, et termine :

> Je ne doute pas qu'il vous sera agréable de recevoir l'assurance de mon désir constant et sincère de faire tout ce qui dépend de moi pour l'avancement des intérêts du clergé catholique du Bas-Canada.

Je suis bien persuadé que de leur part ils savent apprécier les avantages dont ils jouissent sous le gouvernement de Sa Majesté, surtout dans les circonstances actuelles, auxquelles je me borne seulement à faire allusion. Elles sont trop en évidence pour qu'il soit nécessaire de les indiquer plus particulièrement.

D'autres gestes, de la même inspiration conciliante, s'adressent aux parlementaires.

Le gouvernement impérial a révoqué James Stuart, ce qui accorde une grosse satisfaction morale à la Chambre d'Assemblée — à Papineau, plus précisément. Le gouverneur Aylmer, approuvé par son ministre, ne désespère pas de faire entrer quelque chef réformiste dans le Conseil exécutif. Il arrête son choix sur Dominique Mondelet, député du comté de Montréal.

Les deux fils de Jean-Marie Mondelet sont des caractères. Dominique passe pour influencer son cadet Charles, mais celui-ci a manifesté et manifestera son indépendance et sa personnalité. Ils ne sont cléricaux ni l'un ni l'autre, mais ce n'est pas, dans la bourgeoisie de ce temps, une si grande anomalie. Ils n'ont ni l'un ni l'autre renié leurs vertes campagnes de *L'Argus*, et Dominique ne les renie toujours pas en acceptant la proposition du gouverneur. Mais Papineau, Bourdages et les jeunes députés concluent immédiatement à la défection, à la trahison de leur collègue. La Fontaine se tourne, d'un seul coup, contre Mondelet pour lequel il a fait campagne un an plus tôt.

La session doit s'ouvrir le 15 novembre 1832. L'orateur de la Chambre fait une visite hautaine au gouverneur. Les aides de camp du gouverneur font des visites protocolaires à l'orateur, qui attribue leur politesse à la peur qu'il leur inspire — à la peur d'entendre évoquer la fusillade du 21 mai.

Dès l'ouverture de la session, la Chambre s'occupe du cas Mondelet. Avant même l'entrée de leur collègue, Papineau, Bourdages, La Fontaine et Morin annoncent l'intention de le « renvoyer devant ses électeurs ». Mondelet, à son arrivée, s'explique et se défend : Le gouverneur, par respect pour la Chambre, a voulu avoir un de ses membres comme une sorte d'officier de liaison. Dominique Mondelet est un petit malingre aux traits précocement ravinés, à la barbe rare. Avec ces traits, sa tête un peu inclinée sur sa cravate noire, sa redingote noire aux manches trop longues et ses gants noirs, il ressemble à un ordonnateur des pompes funèbres. Il ne plaisante pas quand il déclare : « Je suis aussi libre qu'avant ma nomination. Je ne me suis pas engagé à soutenir les actes passés ni les actes futurs du gouvernement. »[1]

En vain. Bourdages, l'homme des grandes propositions, demande l'expulsion : de précédentes résolutions de la Chambre interdisent aux députés d'accepter un emploi sous le gouvernement et de devenir comptables des deniers publics. Mondelet rectifie : il est nommé sans honoraires, et n'est pas comptable des deniers publics. La présence d'un ministre — ce que sont, en somme, les conseillers exécutifs — au sein de l'Assemblée peut être considérée comme une première esquisse de cette responsabilité ministérielle, objectif majeur des réformistes. Mais Papineau n'a pas refusé d'entrer dans le Conseil exécutif pour y laisser entrer un de ses députés. La Chambre vote l'expulsion.

Papineau, d'une santé de fer, est d'humeur à se battre, contre le gouverneur, bien entendu, et aussi contre les militaires, responsables de la fusillade du 21 mai. Il écrit à sa femme (17 novembre 1832) :

> ...Un bon nombre de personnes me sont venues voir : des amis, aux heures où ils savaient me rencontrer. C'est une singularité qu'il y ait plus de militaires que jamais qui m'aient fait visite... L'on ne peut interpréter cette circonstance en bonne part et dire qu'ils donnent une preuve de leur regret de l'intervention du militaire au 21 mai... J'ai été voir Son Excellence, dont les secrétaires et les aides de camp me sont venus visiter, avec un empressement qui me laisse deviner qu'ils sentent que je suis décidé à accuser et quereller leur maître, et que d'avance ils se préparent à dire que malgré toutes les politesses et attentions possibles, ce méchant homme a tant d'humeur et de bile qu'il n'y a pas à avoir de paix avec lui. Pour Milord, son secret est éventé ; tout le monde est universellement convaincu qu'une commission de Sa Majesté est de la plus grande insuffisance pour donner à son gouverneur l'esprit qu'il n'a pas. Il est parmi les Canadiens aussi impopulaire qu'il est possible de l'être. La Chambre est bien montée... Son discours d'ouverture est infiniment mince... Ses justes louanges au clergé sont étendues et délayées avec la pieuse intention de le séparer du peuple et de l'attacher de plus en plus à une administration qui lui est si dévouée...

Il commence par le gouverneur. Il veut le faire censurer pour le discours prononcé à la dernière prorogation. Mais ses collègues

---

1. Cet épisode est reconstitué grâce à la lettre de Papineau à sa femme, du 17 novembre.

hésitent à prendre l'initiative, à ouvrir le feu. Papineau, qui s'était réservé pour la réplique, constate : « C'est à qui ne commencera pas ». Il se lève et prononce « une sortie très violente » — selon sa propre expression dans son compte rendu à sa femme — et dont il n'est pas content parce qu'il juge son discours, à demi imprévu, à demi improvisé, mal ordonné. Papineau, devant l'hésitation de ses députés, est nerveux. Il compte garder Quesnel, qui arrive seulement de Montréal où il est allé saluer Julie Papineau avant son départ, mais Mondelet est évidemment perdu, et Papineau craint la défection de Cuvillier, qui prend des notes pendant son discours. L'orateur accomplit un de ces efforts qui lui coûtent une nuit d'insomnie. Sa mitraille de mots intimide toute contradiction. Aucun dissident ne prend la parole. Papineau en est presque déçu, car il avait gardé des arguments pour la réplique. Le gouverneur est censuré par 42 voix contre dix, dont trois Canadiens seulement : Dominique Mondelet, Olivier Berthelet et Charles-Eusèbe Casgrain. Papineau envoie son compte rendu à sa femme. Il attribue la résignation de quelques députés à la crainte de faire ressortir la faiblesse de leur parti :

> Ils craignaient de faire ressortir la faiblesse du parti gouvernemental s'ils défendaient avec zèle le gouverneur et demeuraient dans une grande minorité... Dans le Conseil législatif, Debartzch n'a trouvé que Dessaulles et Malhiot disposés cordialement à le soutenir. De Saint-Ours, Duchesnay et les autres prétendus Canadiens lui ont tourné le dos. J'ai de la peine à croire que nous le gardions longtemps... (21 novembre 1832).

Papineau, ce succès obtenu, fait ouvrir une enquête, à laquelle il tient, sur les événements du 21 mai. Un comité de la Chambre convoque des témoins. Le but de Papineau est de mettre le gouverneur et les militaires sur la sellette. Sa femme l'y pousse. Avant la mise en route de la session, elle raréfiait ses lettres : « Leur ton aurait respiré la mauvaise humeur, et la répétition fatigante de tous les désagréments que m'ont occasionné les ouvriers le jour et les enfants la nuit. Tu en étais fatigué avant le départ et tu en es débarrassé, tu es bien heureux » (2 novembre 1832). Mais, la bataille engagée, le ton change :

> J'ai appris avec plaisir que vous allez faire l'enquête à la barre de la Chambre ; c'est la seule manière pour produire l'effet que l'on attend, c'est-à-dire faire connaître au public toute l'infamie de leur conduite, et leur faire craindre un peu votre pouvoir, car il n'y a en effet que par la Législature du pays que l'on pourra obtenir justice (26 novembre 1832).

Encouragements superflus ! Papineau fouille, à la bibliothèque du Parlement, pour y trouver des décisions blâmant l'intervention des militaires dans les élections, sans absolue nécessité. Il en trouve, en effet. La Chambre des communes a décidé, par exemple, en décembre 1741, « que la présence d'un corps important de soldats armés dans une élection... est un empiétement sur la liberté des sujets, une violation manifeste de la liberté des élections et un défi ouvert aux lois et à la constitution du royaume. » À la demande pressante de Papineau, son beau-frère Théophile Bruneau et ses amis de Montréal s'occupent de recruter des témoins pour l'enquête de la Chambre.

En même temps, Bourdages redemande l'élection du Conseil législatif : Élection au suffrage restreint, par les électeurs justifiant d'un revenu d'au moins $40 dans les campagnes et $80 dans les villes, de conseillers justifiant d'un revenu de $400 dans les campagnes et $800 dans les villes.

Pierre-Benjamin Dumoulin, député des Trois-Rivières, qui s'était séparé de Papineau sur la question des fabriques, a démissionné à la veille de la session. Le Dr René-Joseph Kimber, pour qui l'avocat Edward Barnard et d'autres Anglais font campagne, est élu à sa succession. Kimber, qui a presque lâché sa clientèle pour faire signer des pétitions contre l'Union, est à la tête de toutes les campagnes réformistes dans sa région. L'élection trifluvienne renforce Papineau et son parti.

Mais John Neilson combat la proposition Bourdages. Il est très résolu. Et il jouit d'un grand crédit dans les milieux réformistes. Cuvillier, Quesnel, Duval, qui passent aussi pour des hommes de bon conseil, le suivent. Or, cette question de l'élection populaire du Conseil législatif, conformément au dogme démocratique, prend une importance essentielle dans le programme réformiste. Il y a maintenant plusieurs années que députés et cabaleurs excitent le peuple contre les « vieillards malfaisants ». Papineau accomplit de nouveau un grand effort et rallie la majorité. Mais la rupture — car c'est bien de cela qu'il s'agit, après une série de divergences majeures, — la rupture avec Neilson, privant le parti de Papineau de ses éléments les plus réfléchis, sera grosse de conséquences. Papineau s'emporte contre celui qu'il avait considéré comme son meilleur ami.

Reste une dernière et grosse pierre d'achoppement : la question des subsides.

Lord Goderich a répondu à un mémoire de Mackenzie en concédant plusieurs points : les gouverneurs ne pourront plus distribuer des terres à leurs favoris, mais devront les mettre aux enchères ; le gouverneur et ses fonctionnaires ne devront plus intervenir dans les élections ; les lieutenants-gouverneurs devront soumettre aux Chambres des états complets des revenus et des dépenses. Mais il n'accorde pas aux Chambres le contrôle intégral du budget.

Viger n'obtiendra évidemment pas davantage.

Les réformistes trouvent les concessions incomplètes, insuffisantes, et leurs adversaires les jugent excessives. Les Papineau, mari et femme, partagent le réflexe des plus avancés parmi les réformistes hauts-canadiens. Julie écrit, dans sa lettre du 26 novembre :

> J'ai été surprise et indignée on ne peut plus. Qui peut concevoir la conduite des ministres, depuis si longtemps que les choses sont pendantes et que l'on vous fait de si belles promesses au sujet de cette partie du revenu qu'ils savent bien que vous ne voulez pas leur céder, d'après toutes les difficultés que vous avez surmontées et les sacrifices que vous avez faits pour obtenir un contrôle entier sur les deniers ; ils veulent à présent, à l'exemple de Dalhousie, piller cette partie et vous demander de voter par item l'autre qu'ils voulaient à tout prix avoir en bloc ; il y a vraiment autant de mauvaise foi là comme ici, et pas plus de volonté de nous rendre justice ; il faut absolument se la faire, d'une manière ou d'une autre. Je crois bien que M. Viger n'aura aussi que des promesses et point de justice réelle...

Le contrôle du budget est, avec l'élection du Conseil législatif, l'autre question essentielle. Papineau se prépare à de nouvelles hostilités, tout en les affirmant contraires à ses aspirations intimes :

> J'aime la paix et je suis condamné à vivre dans un état de guerre perpétuelle, parce que je suis résolu à ne pas transiger avec le principe que je me suis fait de résistance à quiconque dépasse les limites de la loi devant les retenir... L'obligation de servir mon pays comme citoyen, au milieu de risques, de déboires, de dégoûts toujours renaissants, m'attache, et je trouve du plaisir à me dire : J'ai rempli mon devoir, quelque pénible qu'il ait été à remplir... Que ma famille me connaisse et me chérisse, et sache voir que mes ennemis ne peuvent m'attaquer que par d'odieuses calomnies, et que, malgré une haine plus violente contre moi que contre aucun autre

homme, ils n'ont pas, Dieu merci, un acte malhonnête à me reprocher...

* * *

« Je suis condamné à vivre dans un état de guerre perpétuelle... » Papineau, dans un tourbillon de visites, de discours et de correspondance, se dépense corps et âme dans l'enquête sur les événements du 21 mai. Il mobilise ses amis montréalais, Jacques Viger et le Dr Wolfred Nelson en particulier, pour qu'ils recrutent et lui envoient des témoins. La Chambre vote l'« incorporation » qui permettra au Séminaire de Saint-Hyacinthe d'acquérir, d'administrer et d'aliéner des biens. Mgr Lartigue demande à James Cuthbert d'appuyer le bill au Conseil législatif. L'évêque de Telmesse, n'ayant en vue, affirme-t-il, que le bien du pays, en profite pour souhaiter, avec la majorité du clergé, le maintien du Conseil législatif « dans sa forme actuelle », c'est-à-dire nommé par le roi. Les relations du clergé avec les autorités civiles n'ont jamais été si bonnes. Mgr Signay, devenu évêque de Québec à la retraite de Mgr Panet, demande l'abbé Pierre-Flavien Turgeon — ancien condisciple de Papineau — pour coadjuteur. Lord Aylmer transmet ce vœu à Londres, en l'approuvant. Lord Goderich répond au gouverneur (3 janvier 1833) qu'il faudrait « des circonstances bien particulières pour conduire le gouvernement de Sa Majesté à désapprouver un choix renforcé par la recommandation du représentant du Roi dans le Bas-Canada » quand il s'agit « d'un corps aussi distingué que le clergé catholique du Canada l'a toujours été, par son loyalisme et par son dévouement à ses fonctions ».

La Chambre vote, à l'unanimité, une protestation contre le projet d'annexion de Montréal au Haut-Canada. Papineau prévoit, sur ce point, la même unanimité au Conseil législatif :

21 janvier 1833

... Nous demandons au Conseil d'y concourir. Je ne doute pas que la majorité ne le fasse ; elle se rendrait trop odieuse et détestée si elle s'y refusait... Nous avons passé à l'unanimité le bill d'agence pour une autre année, priant M. Viger de continuer pendant ce temps. Que t'en semble, ce n'est pas trop mal pour une soirée. Stuart et Cuvillier et quelques autres envieux se retirent dans ces occasions. Neilson a déserté bien plus qu'il ne paraît le faire la cause du pays, et il n'y a que lui qui y nuise parce qu'il a encore du crédit et de l'influence. Il va, je le crains nous entraîner dans une énorme bévue. Les Townships et les Québécois vont peut-être emporter le bill que lord Goderich nous avait fait la grâce de rejeter, l'appropriation permanente des juges et leur commission durant bonne conduite. Ils continueront d'être mal choisis et plus difficiles à attaquer que dans le passé, où ils ont été inattaquables. Si nous empêchons cette erreur pour cette année, nous l'empêcherons pour toujours...

Papineau et Neilson échangent maintenant des propos vifs, à la Chambre. Papineau défie son ancien ami : « J'aime la paix, mais je ne crains pas la guerre ». Il écrit à sa femme (11 février 1833) :

J'abrège avec satisfaction mes repas et mes heures de sommeil pour m'occuper de la grande affaire qui établit et prouve que la masse tout entière de notre administration est une masse de pourriture...

Les débats sont honteusement tronqués. Les rapporteurs sont aux gages de Neilson, embellissant ses propos et enlaidissant ceux de ses adversaires. Neilson devra revenir, ou se perdre dans le public comme dans la Chambre.

Lord Aylmer a ressenti comme un affront personnel l'expulsion de Dominique Mondelet, qu'il avait choisi, malgré sa participation au mouvement réformiste, pour siéger au Conseil exécutif. Le gouverneur conteste à l'Assemblée le droit qu'elle s'est ainsi arrogé. Il refuse de considérer le siège comme vacant et d'émettre le mandat nécessaire à une nouvelle élection. Andrew Stuart cherche vainement à faire revenir la Chambre sur la décision d'expulsion. Il ne peut être, dans l'esprit de Papineau, que l'agent du gouvernement.

Mais voici le débat crucial.

Julie Papineau excite son mari :

... J'ai été indisposée toute la semaine dernière.

Il faut disputer pas à pas et ne rien céder de nos droits. Si nous pouvons parvenir à les persuader que nous sommes fermement décidés à avoir entière justice, ils seraient forcés de nous la rendre tôt ou tard ; nous sommes en bon chemin... Nos ennemis enragent... Il faut de notre part beaucoup d'énergie et de persévérance... Ils avaient envie de nous apaiser, quand ils nous voyaient trop mécontents, par de belles promesses et revenir ensuite avec plus de ruse et de despotisme nous tyranniser ; ils ne peuvent plus nous traiter comme cela si la Chambre se montre fermement décidée à ne pas voter de subsides et ne pas voter d'impôts, car tant qu'ils auront de l'argent dans les coffres ils pilleront impunément...

Ah ! Si elle était un homme ! Mais ses vœux seront comblés.

Le gouverneur annonce qu'en présence d'un refus « sec et péremptoire » de la Chambre, Sa Majesté « ne ranimera pas la discussion de la liste civile », mais subviendra aux dépenses « avec les fonds que la loi met à sa disposition ».

Papineau et Bourdages proposent le refus pur et simple — « sec et péremptoire » — des subsides. D'autres suggèrent un refus partiel. Ils manquent de courage, pense Papineau, à qui sa femme vient de demander : « Tu ne me dis pas un mot de la liste civile », et qui lui répond (11 février 1833) :

> Quant à la liste civile, tout le monde n'a pas le courage que j'ai de tout refuser. Il n'y a encore rien à conjecturer sur ce qui sera fait. Néanmoins, de front ou de biais, je pense que le gouverneur ne l'aura pas.

De front ou de biais. Le biais consiste à voter un bill des subsides tel que le rejet par le Conseil législatif soit inévitable, ce qui placera la responsabilité sur les épaules des vieillards malfaisants. Cette formule, adoptée, entraîne la conséquence prévue — et souhaitée : le Conseil législatif repousse le bill ; il n'y aura donc pas de subsides, et le gouverneur doit, une fois de plus, recourir à des expédients pour faire fonctionner l'administration.

La presse, de part et d'autre, soutient les combattants. Étienne Parent ne voit qu'un remède : l'application du principe de la responsabilité ministérielle. « Jamais nous ne pourrons espérer de paix et d'harmonie dans le gouvernement, tant que la constitution n'entourera pas le représentant du roi d'hommes responsables de tous les actes administratifs et jouissant de la confiance des Chambres, comme c'est le cas de tout gouvernement représentatif bien organisé... » Il voudrait « un conseil ou ministère provincial, composé d'hommes influents dans les deux Chambres ». *La Minerve* imprime à ces polémiques un caractère plus personnel. Duvernay et son journal sont pierre d'angle du bloc réformiste. Les circonstances poussent au premier rang un homme qui ne paraissait pas doué à ce point. La rupture Papineau-Neilson consterne Édouard-Raymond Fabre, commanditaire de la presse réformiste et dont la librairie sert d'agence à la *Gazette de Québec*. Dans le camp opposé, *L'Ami du Peuple* ferraille. Le décès d'Alexis Demers, député de Vaudreuil, occasionne une élection complémentaire. Le vainqueur est Charles Rocbrune dit Larocque, réformiste intégral. Tout cela passionne Julie Papineau autant que son mari : « ... Mercredi dans la nuit, je me suis trouvée bien malade... Il n'y a que la politique qui m'amuse et m'intéresse... »

* * *

Mgr Panet est mort le 14 février 1833, avec, écrit Mgr Signay, « la même douceur et tranquillité qu'il avait toujours fait paraître ». Le gouverneur, les membres des Conseils et les membres de la Chambre d'Assemblée assistent aux obsèques. Lord Aylmer a communiqué à Mgr Signay la réponse du ministre, au sujet de la nomination du coadjuteur. L'évêque en remercie le gouverneur (5 mars 1833) :

> ... Nous ne saurions, mon coadjuteur et moi, assez apprécier les termes flatteurs dans lesquels cette dépêche est conçue ; et nous nous faisons un devoir de témoigner à Votre Excellence notre gratitude la plus sincère pour l'intérêt particulier qu'elle prend à tout ce qui peut favoriser la religion catholique dans cette Province, et pour l'appui qu'elle a bien voulu prêter à nos observations au sujet du mode d'approbation des coadjuteurs à l'avenir. L'absolue nécessité où se trouve l'évêque de Québec de proclamer son coadjuteur dès le moment qu'il prend possession du siège épiscopal nous avait fait désirer que cette approbation pût être irrévocablement donnée par le chef de l'Exécutif. Quoique les termes de la dépêche ne semblent pas donner au gouverneur toute la latitude possible à ce sujet, nous aimons à croire néanmoins, nous avons même la ferme confiance que ce qui a été fait jusqu'à présent sera uniformément observé à l'avenir. Et nous n'hésitons pas à assurer Votre Excellence que les évêques catholiques de Québec, ainsi que leur clergé ne dévieront jamais des principes de loyauté dont ils se sont fait gloire jusqu'à présent.

Ce n'est pas à Londres, mais à Rome, que la nomination de l'abbé Turgeon comme coadjuteur de Mgr Signay rencontre des obstacles. L'abbé Turgeon passe pour un adversaire — le mot « ennemi » ne siérait pas à ces hauts personnages ecclésiastiques — du Séminaire de Saint-Sulpice. Et les Sulpiciens, influents à Rome, lui opposent la candidature du curé Jean-Baptiste Saint-Germain, de Saint-Laurent, qui, avec le curé Chaboillez, de Longueuil, a pris leur parti dans leurs démêlés avec Mgr Lartigue. M. Quiblier, appuyé par ses confrères de Paris, jouit d'une influence considérable à Rome, où ses démarches tiennent parfois en échec les requêtes de Monseigneur de Québec. L'abbé Thomas Maguire, délégué de Mgr Signay, et l'abbé Jean-Baptiste Thavenet, agent des communautés canadiennes, qui est surtout l'agent officieux des Sulpiciens, s'affrontent à Rome.

Mgr Lartigue n'est pas au bout de ses tribulations. Il a déjà éprouvé des difficultés avec un de ses prêtres, l'abbé Étienne Chartier, curé de Sainte-Martine, qu'il considère comme indocile. Il le transfère dans la paroisse plus considérable de Saint-Benoît, au printemps de 1833. L'abbé Chartier accepte, et Mgr Lartigue désigne l'abbé Jean-Olivier Giroux à la cure de Sainte-Martine. Mais l'abbé Chartier se ravise ; il ne veut plus changer de paroisse. Mgr Lartigue révoque les nominations déjà faites. Mais il souhaite voir l'abbé Chartier partir du diocèse de Montréal. Il l'écrit à Mgr Signay le 28 avril. Et de nouveau le 6 mai : « Il n'est plus dans les voies de Dieu ».

Mgr Lartigue, qui a visité la Petite-Nation au mois de janvier, n'éprouve pas moins de troubles avec les Papineau. Les syndics de la paroisse ont prélevé des fonds de la fabrique pour la construction d'une école sans en référer à l'évêque. Mgr Lartigue s'en formalise. Il interdit le versement de cet argent. Denis-Benjamin Papineau en est mécontent, et fait retomber sa mauvaise humeur sur le curé Power, qui redemande son transfert. L'abbé Power se plaint que les paroissiens, ne trouvant pas assez d'argent pour faire vivre leur curé, en trouvent d'abondance pour boire. Denis-Benjamin Papineau défend « ses » paroissiens. Les rapports sont tendus entre, d'une part l'évêché, et d'autre part Denis-Benjamin Papineau, frère et fondé de pouvoirs du seigneur Louis-Joseph Papineau et porte-parole, un peu mécréant sur les bords, des catholiques de la Petite-Nation.

Il y a encore l'incorporation du Séminaire de Saint-Hyacinthe, que lord Aylmer, si bienveillant envers Nos Seigneurs Signay et Turgeon, a réservée à la sanction royale. « C'est parce qu'il est entouré d'anticatholiques et d'anticanadiens », écrit Mgr Lartigue à Mgr Signay. Les « anticatholiques et anticanadiens » ont pu tirer argument de la réception trop chaleureuse faite à Papineau par le Séminaire. Mgr Lartigue rencontre partout l'ombre de son trop voyant cousin. Est-il avantageux de demander l'appui de Viger à Londres, pour l'incorporation du Séminaire ? Mgr Lartigue s'y résout, mais en recommandant la prudence, « car des préjugés politiques peuvent fortifier l'Opposition ».

La question de sa propre reconnaissance dépasse de beaucoup, pour Mgr Lartigue, tous ces ennuis. Elle piétine depuis douze ans. Il y aurait de quoi rendre hypocondriaque un évêque même qui n'aurait pas tendance à l'être. L'abbé Ignace Bourget, son unique confident, endure ses sautes d'humeur parce qu'il le sait mû par une haute conception de la dignité épiscopale. Mgr Lartigue se débat — se bat — contre des adversaires de haute tenue. Il est, depuis le début de son épiscopat, à couteaux tirés avec les Messieurs de Saint-Sulpice, instruits, dignes, respectés — et tellement identifiés à Montréal! Il sympathise avec le nouveau coadjuteur de Québec, mais non pas avec le nouvel évêque, ce qui serait plus important. Enfin il ne cesse d'attribuer son échec prolongé à Londres à sa parenté avec Papineau et Viger. Il écrit à Mgr Alexander McDonell, évêque de Kingston (23 mars 1833). Il le prie de persuader le Bureau colonial, de Londres.

> que je n'entre pour rien dans la politique de mes cousins Viger et Papineau ; qu'au contraire j'ai souvent occasion de les contredire ; mais que j'ai peu d'autorité sur leurs opinions. Il est cruel que mon district souffre pour une chose qui m'est totalement étrangère, et qui a toujours empêché le gouvernement de me reconnaître en ma qualité présente, malgré la promesse qu'en avait fait lord Bathurst à Mgr Plessis en 1820... Si le gouvernement at home a quelque répugnance pour moi personnellement ou à cause de ma famille, je suis prêt à résigner ma place à un prêtre contre lequel on ne saurait avoir aucune objection politique, non plus que contre sa parenté, pourvu que le gouvernement britannique le reconnaisse comme évêque de Montréal. Cela est très important pour achever de pacifier notre Église du Bas-Canada.

Mgr Lartigue, victime, pense-t-il, de l'attitude politique de Papineau, offre sa démission au Saint-Siège.

* * *

Mackenzie prolonge le séjour à Londres qu'il avait d'abord prévu pour six mois. Les libéraux avancés qu'on appelle les radicaux ont remporté un succès, à l'automne de 1832, en faisant élire John Arthur Roebuck, désigné et soutenu par Joseph Hume, député de Bath. Mackenzie publie à Londres un livre de 250 pages, *Sketches of Canada and the United States*, décrivant le gouvernement du Haut-Canada — gouvernement indépendant de la volonté des gouvernés — comme le despotisme incarné. Mackenzie dénonce en même temps au ministre le procureur général John Boulton et le solliciteur général Christopher Hagerman, qui sont aussi députés et qui ont été, à ce titre, parmi les principaux artisans de son expulsion. Mackenzie obtient l'appui sans réserve de Hume dans cette affaire. Goderich écrit à Colborne, en demandant que les hauts fonctionnaires qui l'entourent ne se trouvent pas impliqués, à l'avenir, dans une procédure aussi discutable.

Les « constitutionnels » du Haut-Canada entrent en fureur contre le ministre. Boulton et Hagerman cherchent à le faire censurer par l'Assemblée. Mackenzie soulève la question dans une longue entrevue avec lord Howick, sous-secrétaire d'État aux Colonies, le 7 mars, puis dans une entrevue avec lord Goderich lui-même, le 10 mars. Le ministre lui répond, laconique : « They are removed. » Il a en effet révoqué Boulton et Hagerman, par dépêche du 6 mars. Ces messieurs, dit-il en substance, peuvent, comme députés, entretenir et émettre l'opinion qu'ils veulent ; « mais si, dans les questions de grande importance politique, ils diffèrent malheureusement d'opinion avec le gouvernement de Sa Majesté, il est évident qu'ils ne peuvent pas continuer à détenir des postes de confiance au service de Sa Majesté ». La révocation tend à leur rendre, « comme membres de la Législature, la pleine liberté de suivre leur propre jugement ».

Hagerman, qui pressentait la foudre, est parti pour Londres, avant l'arrivée de la dépêche le révoquant, pour défaire la trame ourdie par son ennemi. En entrant au ministère, il croise Mackenzie, qui en sort. Boulton vient à Londres, à son tour.

La dépêche annonçant la double révocation attise la colère des constitutionnels. L'*Upper Canada Courier*, déchaîné contre le ministre, menace d'envisager « quelque nouvel état d'existence politique ».

Quand notre Législature est prorogée, le 3 avril 1833, on peut de nouveau se demander si la crise fatale éclatera d'abord dans le Haut-Canada ou dans le Bas-Canada. Ou même dans les provinces Maritimes. L'Assemblée du Nouveau-Brunswick, où la question des terres de la Couronne soulève des discussions acharnées, a formé un comité des griefs et dressé une liste de doléances que deux délégués, Charles Simonds et Edward B. Chandler, iront porter à Londres.

La *Gazette de Québec*, de Neilson, apprécie la session en termes pessimistes : « Elle a laissé les affaires du pays dans un état pire qu'elles ne l'ont jamais été depuis que la Chambre d'Assemblée a été chargée de voter les subsides pour le soutien du gouvernement. » L'enquête sur la fusillade du 21 mai n'est pas terminée, et il paraît bien probable que Papineau voudra la reprendre et la conduire à son terme, à la session suivante. Mgr Panet prévoit aussi, dans une lettre à Mgr Joseph-Norbert Provencher, évêque à Saint-Boniface, une reprise du bill des fabriques : « On pense que

M. Bourdages reviendra encore l'année prochaine avec un nouveau bill, et qu'il l'introduira chaque année jusqu'à ce qu'il parvienne à le faire passer. »

33

Les "Paroles d'un Croyant"

Théophile Bruneau écrivait à son beau-frère Papineau, vers la fin de la session :

> J'ai enfin vu le Dr Nelson, qui me jure que Julie n'a rien autre chose que les nerfs attaqués ; il dit que si, quand elle se trouve étourdie, on ne faisait pas semblant de la plaindre, elle ne se frapperait pas comme elle le fait... Julie s'imagine que ce sont des attaques d'apoplexie, elle se met dans des états de frayeur terrible...

Denis-Benjamin réclame la présence de son frère pour prendre vingt décisions à la Petite-Nation, dont il est, après tout, le seigneur :

> Je ne veux rien commencer en fait de réparations à la digue sans ton avis... Il y a plusieurs moyens à adopter, et, comme le maître, tu dois avoir le choix...

Julie refuse de quitter la ville. Papineau se rend à la Petite-Nation, où il passe les mois de mai et de juin 1833. Denis-Benjamin, qui, ostensiblement, ne pratique pas, se mêle sans arrêt de la situation religieuse. C'est lui qui, en théorie, se charge de ramasser la trentaine de louis promis par les habitants pour contribuer à l'entretien de leur curé. Mais les colons, invoquant tantôt la sécheresse et tantôt la pluie, ne paient ni le curé, à titre de paroissiens, ni le seigneur, à titre de censitaires. Denis-Benjamin Papineau n'arrive à faire rentrer que le quart de ce qui est dû, tant en cens et rentes qu'en lods et ventes. Les arrérages accumulés depuis l'acquisition de la seigneurie formeraient une petite fortune.

L'abbé Michael Power n'a pas de logement convenable, pas de revenu décent, et Denis-Benjamin Papineau, qui prétend lui donner des ordres, lui porte sur les nerfs. L'abbé Power n'en peut plus, et veut s'en aller. Louis-Joseph Papineau, que sa femme n'a pas voulu suivre, n'est guère plus enthousiaste. Il est plus facile et plus réjouissant de soulever des foules en lançant les mots comme des projectiles contre les vieillards malfaisants du Conseil législatif que d'extirper des piastres de la bourse, vide ou fermée, des colons. Papineau n'ose poursuivre devant les tribunaux, soit en raison du coût des procès, soit en tenant compte de la pauvreté de ses débiteurs, soit encore par la crainte de répercussions politiques. Il est pressé de revenir à sa tâche habituelle.

La presse réformiste chauffe l'opinion. O'Callaghan, avec le *Vindicator*, cherche à soulever les Irlandais, sans y parvenir. Les Irlandais sont d'immigration récente. Le plus souvent faméliques, à peine vêtus, ils font pitié à leur arrivée. Un certain nombre d'entre eux s'agglomèrent dans l'ouest de Montréal, dans le quartier qu'on appelle Griffintown, d'après le nom du propriétaire qui l'a loti. Les Irlandais de Griffintown et des autres quartiers sont en grande majorité catholiques. Mais, malgré le *Vindicator*, ils ne font pas cause commune avec les Canadiens français. Loin de là ; ils demandent une église à eux, pouvant les contenir tous et les desservir en anglais. Ils souhaitent l'érection d'une paroisse nationale, qui échapperait à la juridiction du Séminaire et de la fabrique. O'Callaghan ne parvient pas à les soulever. O'Callaghan est maigre, pâle et passionné. Il est négligé de tenue, malgré ses lunettes cerclées d'or, peu attirant au physique, mais c'est un causeur étincelant et un écrivain corrosif. Il collabore, au *Vindicator* avec Édouard-Raymond Fabre, ami et aux heures de difficulté souscripteur du journal. Le publiciste efflanqué et le libraire ventripotent, l'Irlandais et le Canadien français communient dans l'idolâtrie de Papineau, qu'ils admirent par-dessus tout. Ils consolident leur amitié dans cette collaboration constante et dans cette ferveur commune. Des réformistes irlandais comme O'Callaghan, des réformistes anglais comme Wolfred Nelson et des réformistes écossais comme William Henry Scott reconnaissent Papineau, sans hésiter, pour chef.

Ludger Duvernay est défait de justesse par François Rainville, dans une élection complémentaire du comté de Rouville, en février 1833. Il perd en même temps le fils, apparemment bien doué, auquel le génial Morin offrait son préceptorat. Duvernay ne sera pas député, mais les patriotes se réjouissent presque d'un échec qui rive le journaliste à sa tâche essentielle. Duvernay fait imprimer, à Montréal, mais par précaution dater de Paris, les *Paroles d'un Croyant*, où Lamennais, dans un style séduisant, lance, au nom de la charité et de la fraternité, des appels à la révolution :

> Les rois et les princes, et tous ceux que le monde appelle grands, ont été maudits... Ils sont forts contre vous parce que vous n'êtes point unis...
>
> Ne soyez pas comme les moutons qui, lorsque le loup a enlevé l'un d'eux, s'effraient un moment, puis se remettent à paître...

Les rois, « vêtus de pourpre et la tête ceinte d'une couronne », boivent du sang humain dans des crânes, après quoi ils s'écrient « Maudit soit le Christ, qui a ramené sur la terre la liberté ! »

Pour « plonger les hommes dans l'abrutissement », ce qui est leur but essentiel, les rois prennent les prêtres comme auxiliaires, en les gagnant « avec des biens, des honneurs et de la puissance ».

> Quand donc on vous dira de ceux qui possèdent sur la terre une grande puissance : Voilà vos maîtres, ne le croyez point. S'ils sont justes, ce sont vos serviteurs ; s'ils ne le sont pas, ce sont vos tyrans...
>
> Tous naissent égaux ; nul, en venant au monde, n'apporte avec lui le droit de commander...
>
> C'est le péché qui a fait les princes...
>
> Et c'est pourquoi, lorsqu'on n'a pas à craindre qu'il en résulte plus de mal, chacun peut et quelquefois doit en conscience leur résister...
>
> Tenez vous prêts, car les temps approchent...
>
> Les rois hurleront sur leurs trônes ; ils chercheront à retenir avec leurs deux mains leurs couronnes emportées par les vents, et ils seront balayés avec elles...

Lamennais prophétise : Quand les hommes auront balayé les rois, les riches, les puissants, leurs ministres, leurs flatteurs et leurs serviteurs, ils bâtiront la cité de Dieu, où tous seront égaux, bons et heureux.

Ce déisme anticlérical convient à Papineau, qui cependant respecte la dévotion de sa femme et l'éducation chrétienne de ses enfants. Julie prodigue à ses fils les conseils de sagesse, de travail, mais par-dessus tout de piété. Papineau ne prononcerait pas, devant eux, une parole de critique à cet égard.

Et le républicanisme ! Les lecteurs canadiens de Lamennais, qui sont des partisans de Papineau, rendent encore hommage à la « mère-patrie », à « notre gracieux souverain », mais du bout des lèvres. C'est de plus en plus la constitution des États-Unis qu'ils admirent et envient, comme ayant porté à leur point de perfection les principes britanniques de liberté. Ils rêvent de chambardements où ils s'immortaliseraient dans des poses historiques et qui rendraient tous les Canadiens libres, égaux, bons et heureux. Ludger Duvernay, Édouard-Étienne Rodier, le jeune docteur Cyrille-Octave Côté, d'autres encore, se déclarent républicains et s'appellent entre eux « citoyens ». Ainsi se répand au Canada français, parmi les anciens élèves du Séminaire de Québec ou du Collège des Sulpiciens, l'utopie révolutionnaire qui, dans l'Europe occidentale, enflamme des cœurs généreux et des têtes de linotte.

Des réactions sont inévitables. La charte accordée à la ville de Montréal en 1832 pour quatre ans entre en vigueur le 3 juin 1833. Les propriétaires de biens-fonds âgés d'au moins 21 ans et résidant en ville depuis au moins un an, élisent ce jour-là leur premier conseil municipal. Ils choisissent neuf Anglais et sept Canadiens français. L'ensemble fait très sérieux. Le tempérament le plus vif est celui du Dr Robert Nelson, député de Montréal-Ouest et médecin de la famille Papineau. Les conseillers élisent leur premier maire : Jacques Viger, qui mérite cet honneur. Jacques Viger, inspecteur des voies et chemins de Montréal depuis longtemps, rassemble, accumule, compile, annote et réunit en solides cahiers à couverture rouge, notes, souvenirs, plans, cartes, portraits, autographes, circulaires, statistiques, documents officiels, dessins sur bois et reproductions de tableaux sur tout ce qui touche à l'histoire de la ville. Il ne prend pas de part active à l'agitation, mais il sympathise avec la cause réformiste, comme tous les membres de sa famille. Sa provision d'anecdotes et sa perpétuelle bonne humeur délassent Louis-Joseph Papineau, son voisin et ami. Et c'est chez cet archiviste gai que Julie Papineau, quand son mari est en session à Québec, aime à faire sa partie de whist.

À Québec, qui élit aussi son conseil municipal, le premier maire est Elzéar Bédard, député réformiste de Montmorency.

Le premier conseil municipal de Montréal, malgré la présence de Robert Nelson et de plusieurs autres réformistes, n'est pas effervescent. L'agitation politique inquiète les esprits modérés. Des commerçants anglais et français, hommes d'ordre, se réunissent au British American Hotel, sous la présidence d'Horatio Gates, président de la Banque de Montréal. Il y a Jules Quesnel, frère du député de Chambly et lui-même ancien compagnon de Simon Fraser dans son voyage de découverte au Pacifique ; Pierre Bibaud, frère du rédacteur de *L'Ami du Peuple ;* Augustin Perrault, qui fut de 1820 à 1824 député du comté d'York, maintenant transformé en comtés de Vaudreuil et des Deux-Montagnes ; Joseph Masson seigneur de Terrebonne et qui passe pour le plus riche des Canadiens français. Ils rédigent une adresse de ton très loyaliste, et qui ne demande pas de changement constitutionnel. Augustin Cuvillier, que les conséquences économiques d'une agitation politique préoccupent, tend à se rapprocher de ce groupe. Les réformistes songent à contrecarrer cette équipe en organisant une Banque du Peuple. Mais la Maison canadienne de Commerce démarre très péniblement.

La réaction de *L'Ami du Peuple* est plus vive. Les propriétaires du journal adjoignent à Michel Bibaud, avec le titre de rédacteur en chef, un Français récemment arrivé, Alfred Rambeau, qui imprimera sa marque au journal. Rambeau est bel homme ; mais ses adversaires, affirmant qu'il a hésité entre le service de la cause réformiste et celui de la cause constitutionnelle, et qu'il a opté pour le plus offrant, lui attribuent immédiatement une totale absence de principes.

William Lyon Mackenzie a quitté Londres le 25 juillet 1833. Il y a rencontré John Arthur Roebuck, le nouveau député de Bath, grand dévoreur de livres, lancé dans le romantisme politique et qui s'intéresse au Canada puisqu'il y a passé, sur la ferme maternelle, non loin d'York, ses plus belles années d'adolescence. Mackenzie a dû aussi rencontrer à Londres Charles Simonds et Edward Chandler, délégués de l'Assemblée néo-brunswickoise, arrivés en juin. Il débarque à Québec le 18 août. Les réformistes veulent lui organiser des banquets, à Québec et à Montréal. Mackenzie s'excuse sur sa hâte de retourner à York, où la marmite bout.

Elle est bien près de bouillir aussi dans le Bas-Canada. Un groupe d'Écossais entreprenants, comparables aux fondateurs de la Compagnie du Nord-Ouest, a formé, à Londres, une Compagnie foncière de l'Amérique britannique — British American Land Company. L'animateur est John Galt, publiciste et romancier de renom, ce qui ne le prive pas d'esprit pratique. John Galt a fait un voyage au Canada en 1824, puis un séjour de trois ans, au cours duquel il a fondé le village de Guelph, de 1826 à 1829. Il est le secrétaire de la Compagnie foncière, ou Compagnie des Terres, dont l'objet est de coloniser les cantons de l'Est, cette riche région de la province que l'on réserve, autant que possible, aux émigrés de Grande-Bretagne. La Compagnie foncière achète presque tout ce qui restait des terres de la Couronne dans les cantons de l'Est. Les Canadiens soupçonnent la Compagnie de nourrir des desseins plus ambitieux encore — et plus noirs. Des colons se sont établis comme *squatters* — sans titre — sur des terres dont ils ne savent même pas qui est propriétaire. Ils craignent d'être évincés — après avoir défriché. Bref, on soupçonne la compagnie anglaise de vouloir déposséder des colons pour agioter sur les terres. Le souvenir du Grand Dérangement, qui ne date pas de cent ans, revient comme une obsession.

Un argument de plus pour la campagne du parti réformiste ! Papineau mène le bal. Ses partisans l'accueillent partout en triomphe. Des députés l'escortent : Louis-Michel Viger, Jean-Joseph Girouard, Augustin-Norbert Morin, Louis-Hippolyte La Fontaine, Charles-Clément Sabrevois de Bleury, Joseph-Toussaint Drolet, Charles Rocbrune dit Larocque. Le Dr Wolfred Nelson, bien qu'il soit sorti de la politique active, apporte parfois le concours de sa forte, de sa massive personnalité. Edmund Bailey O'Callaghan se joint au groupe quand on prévoit des auditeurs de langue anglaise. O'Callaghan, tout dévoué à Papineau, et qui tend à prendre auprès de lui la place de conseiller de langue anglaise, abandonnée par Neilson, est très attiré par les États-Unis. Le docteur — ou citoyen — Cyrille-Octave Côté, le jeune avocat Charles-Ovide Perrault, beau-frère d'Édouard-Raymond Fabre, et des notaires — François-Marie de Lorimier et Joseph-Augustin Labadie, de Montréal ; Louis Lacoste, de Boucherville ; André Jobin, de Sainte-Geneviève ; Joseph-Narcisse Cardinal, de Châteauguay, — suivant l'exemple donné par leurs confrères Louis Bourdages et Jean-Joseph Girouard, sont de toutes les manifestations, au moins dans leurs régions respectives. Le Suisse Amury Girod milite aussi parmi ces patriotes. Une dose de mystère plane sur sa personnalité. On ne connaît pas sa date de naissance. Il professe la religion protestante et parle plusieurs langues, dont le français et l'allemand. Cultivé, d'esprit versatile, Girod s'intitule « spécialiste en agriculture ». Ce précurseur de nos agronomes a géré une ferme expérimentale, doublée d'une école d'agriculture, à Québec. Cette ferme-école n'a pas duré. Girod, qui a refusé la direction de *L'Ami du Peuple*, collabore à *La Minerve* et rédige des opuscules, dans un esprit avancé, sur les questions de politique et d'instruction publique. Il s'établit cette année même à Verchères, où il épouse la fille du seigneur.

C'est une équipe jeune, vivante et brillante. Papineau la fanatise. Son intégrité, ses mœurs strictes, son attachement à ses devoirs d'état confirment l'impact des maximes fondamentales qu'il ne cesse d'invoquer. Quand des jeunes hommes, députés compris, l'appellent « l'homme-principe », c'est comme s'ils l'appelaient leur maître.

On pense si les étudiants, les collégiens, brûlent de les suivre. Georges-Étienne Cartier a terminé ses études au Collège de Montréal l'année dernière. Il est maintenant stagiaire au bureau d'Édouard Rodier — à bonne école! Cartier est un petit homme agité, aux cheveux en brosse, un vrai coq de combat. Louis-Antoine Dessaulles, qui a seize ans, et Amédée Papineau, qui en a quatorze, sont au Collège de Saint-Hyacinthe. Ce collège attend encore la sanction royale de son « incorporation ». Mgr Lartigue a cru de bonne politique d'inviter lord Aylmer aux exercices littéraires du Collège, comme l'année dernière. Mais le gouverneur a maintenant les nerfs à vif et le soupçon facile. Il croit discerner une critique de son gouvernement dans l'adresse présentée par un élève et dans une analyse des Verrines de Cicéron.

Mgr Lartigue s'est débarrassé de l'abbé Étienne Chartier, que l'évêque de Québec a pris dans son district, comme curé de Saint-Pierre-les-Becquets. L'abbé Michael Power, curé de la Petite-Nation, heureux de s'éloigner de cette paroisse pauvre et de la famille Papineau, succède à l'abbé Chartier à Sainte-Martine, et Mgr Lartigue envoie l'abbé Thomas Moore à la Petite-Nation, non comme curé, mais comme simple desservant. L'abbé Moore tâchera d'obtenir, par l'entremise de M. Denis-Benjamin Papineau, les trente louis promis par les habitants. Il demandera aussi à M. Papineau des renseignements sur la situation de son frère l'abbé, à qui l'évêque de Québec a retiré ses pouvoirs et qui demeure à la Petite-Nation. L'affaire du Séminaire de Saint-Hyacinthe est plus épineuse. Mgr Lartigue confie à Denis-Benjamin Viger, dans une longue lettre du mois de septembre : « Tu auras beaucoup d'influence si tu réussis à faire sanctionner ce bill». Il écrit aussi à lord Aylmer. Il proteste d'avoir voulu, en l'invitant aux exercices littéraires du Collège de Saint-Hyacinthe, honorer en sa personne le représentant du souverain, et nullement lui faire entendre des allusions désagréables, ce qui n'est pas dans son caractère et eût été très inconvenant. Monseigneur Lartigue, ancien Sulpicien, explique longuement que les discours de Cicéron contre Verrès, aussi bien que les Catilinaires et les Philippiques, sont étudiés seulement comme modèles d'éloquence. Et, toujours obsédé par le tort que ses cousins doivent lui causer, il rappelle : « Je me suis élevé contre mes parents aussi hautement que contre les autres quand leurs principes ou leurs excès m'y ont obligé ».

D'autres incidents, impliquant, non plus un évêque et un collège, mais le populaire, prennent tournure plus brutale. Aux courses de la rivière Saint-Pierre, des soldats ont, par jeu, graissé la queue d'un cochon, et l'animal doit appartenir à qui aura l'habileté de l'attraper par là et de le retenir. Un Canadien réussit à s'en emparer, mais les soldats le lui refusent ; pris de boisson, ils s'excitent et frappent le vainqueur du tournoi. Une échauffourée s'ensuit. Elle se prolonge sur plusieurs jours entre la foule et les soldats, qui dégaînent leurs baïonnettes. On compte des blessés, et l'un d'eux, nommé Barbeau, meurt de ses blessures (septembre 1833). On a bien failli revoir la bagarre sanglante du 21 mai 1832.

Le district des Trois-Rivières, malgré la propagande du Dr Kimber et de l'avocat Barnard, et le district de Québec, malgré l'élection d'Elzéar Bédard à la mairie, ne participent guère à cette agitation. On n'y veut pas d'extrémisme, de révolution. On prétend y garder le « juste milieu ». Le bouillant Pierre Winter va jusqu'à souhaiter des catastrophes qui réveilleraient ses concitoyens. Il l'écrit à Ludger Duvernay (30 septembre 1833) :

> Nous avons malheureusement trop de gens du juste milieu. Mais prenons patience et espérons qu'il y aura des hommes parmi ceux qui poussent, et même parmi ceux qui entrent dans le monde à présent. Il faudrait pour émoustiller ces gens-là que James Stuart reviendrait ainsi que Dalhousie et toute sa clique, qu'il y aurait à Québec et aux Trois-Rivières un 21 mai, un ou deux éditeurs et imprimeurs libéraux d'emprisonnés, et pour comble, qu'on nous enverrait la compagnie des terres l'an prochain et quelque chose de pis s'il se peut. Et de plus qu'on en ferait autant dans le Haut-Canada. Je crois que c'est le meilleur souhait qu'on puisse faire, et alors, j'espère qu'on cessera de pétitionner humblement, et que nous parlerons en hommes libres ou du moins nés pour la liberté. Alors j'espère que le cri universel et d'un bout à l'autre du pays sera « la liberté ou la mort » et que nous chanterons « Vivre libres ou mourir... »

Winter ajoute que sa femme est une bonne citoyenne, « mais elle craint la révolution ».

* * *

Dans cette effervescence s'élabore peu à peu une sorte de programme. Il comprend trois points essentiels : la responsabilité des ministres, ou conseillers exécutifs, devant la Chambre d'Assemblée ; le contrôle intégral du budget par la Chambre ; et l'élection des conseillers législatifs par le peuple. Et, en second plan, la concession d'un régime municipal, ayant juridiction sur les affaires locales et sur la police, dans les villes et dans les paroisses ; l'administration des terres publiques et la disposition de leurs revenus par la Chambre ; l'abolition de la Loi des tenures et de la Loi du commerce, qui restreignent l'application des lois civiles françaises ; la restitution à la province du service postal, dont les revenus sont attribués au gouvernement impérial ; l'affectation des biens des Jésuites à l'éducation ; le perfectionnement du régime scolaire ; une réforme du système judiciaire, pouvant aller jusqu'à l'élection des juges.

Le programme se présente à l'esprit de Papineau et de beaucoup d'autres sous la forme de griefs. L'orateur décide de coucher sur le papier la liste des griefs de la province. Elle est longue, plus longue encore que celle de Mackenzie, avec laquelle elle concorde sur toute la ligne. Papineau la communique à quelques amis.

Papineau a quarante-sept ans. Il est incorruptible et d'une vie privée impeccable. Il prélève une part de son indemnité de mille livres pour aider les journaux réformistes. Les gouverneurs successifs, et ceux mêmes qui l'ont détesté, n'ont pu se défendre d'un certain respect et d'une certaine admiration envers lui. Il possède plus que de l'ascendant : un véritable pouvoir magique sur ceux qui l'entourent. Il est, pour son parti, un chef apparemment sans faille. Il n'y a plus, dans ce parti, John Neilson, le « Nestor des Canadiens », le « Franklin du Canada » ; et Cuvillier, qui n'est pas davantage suspect d'opportunisme, s'éloigne aussi. Le parti réformiste comptait trois « sages » : John Neilson, Augustin Cuvillier et Denis-Benjamin Viger, qui ont accompli ensemble la mission de 1828 en Angleterre. Neilson perdu, Cuvillier s'écartant et Viger séjournant à Londres, il n'y a plus de sage pour freiner. Et la troupe des jeunes députés et aspirants députés grossit toujours. Les jeunes « citoyens », la cervelle en ébullition, connaissent par cœur les passages les plus explosifs des *Paroles d'un Croyant*, dont Duvernay a dû refaire plusieurs éditions. Grisés de lectures et d'éloquence, et férus d'attitudes un peu théâtrales, ils sont avides de jouer un rôle dans la fermentation universelle. Les grands précédents historiques les hantent. Le réquisitoire de Papineau, un peu décousu, où voisinent les méfaits du gouverneur, ceux du choléra, et l'éloge des institutions américaines, leur paraît splendide. Il leur fait penser à la Déclaration d'indépendance américaine et à la Déclaration des droits de l'homme française : gestes solennels, où la philosophie et l'action se complètent pour fonder la liberté d'un peuple et donner au monde d'illustres exemples.

On décide de donner à la liste des griefs établie par Papineau la forme de résolutions, à faire adopter par la Chambre à sa prochaine session. Un comité dont Papineau lui-même, Morin, Bédard, Bourdages et quelques autres font partie, siège cinq nuits — ce qui est plus impressionnant, plus révolutionnaire que cinq journées — consécutives. Et l'on charge Augustin-Norbert Morin, député de Bellechasse, collaborateur de *La Minerve*, de rédiger ce texte capital.

Augustin-Norbert Morin, à qui l'on attribue la prouesse, typique de cette époque et de ce milieu, d'avoir appris l'hébreu seul, à la lueur de la chandelle, prend de l'autorité, dans le parti réformiste, par ses connaissances, sa haute conscience, sa puissance de travail et sa franchise de caractère. À la Chambre, il parle peu, mais toujours à bon escient. La plume à la main, il fera merveille, dans l'esprit du temps. Le notaire Girouard, son ami intime, l'aidera dans cette tâche.

* * *

Une session s'est ouverte, dans le Haut-Canada, le 31 octobre 1833. Allan Napier MacNab fait réitérer par la Chambre l'inégibilité de Mackenzie, et donc son expulsion. C'est la troisième expulsion de Mackenzie, motivée uniquement par les deux précédentes.

Les électeurs sont de nouveau convoqués. Le mouvement est si général et si puissant que personne n'ose poser sa candidature pour le parti ministériel. Mackenzie est réélu par acclamation. Les autorités considèrent comme nulle cette élection d'un inéligible, et, les électeurs ayant clairement manifesté leur intention de n'élire personne d'autre, le comté d'York est virtuellement défranchisé. Une assemblée populaire demande une enquête sur la conduite de sir John Colborne, lieutenant-gouverneur, accusé d'empiétement sur les droits constitutionnels du peuple. Une foule surexcitée accompagne Mackenzie jusqu'à l'Assemblée.

William Lyon Mackenzie se présente à la barre de la Chambre, pour être assermenté. Le sergent d'armes, qui est le père du député MacNab, le saisit au collet, et prétend l'expulser. Des costauds, partisans de Mackenzie, l'en empêchent. La foule se précipite pour envahir la salle des séances, que les huissiers barricadent avec des bancs. Des députés parlent dans le tumulte, en gesticulant. D'autres sortent et haranguent la foule. Le président décide que Mackenzie est un étranger à la Chambre et n'a pas le droit de rester à la barre. Mais les partisans de Mackenzie défient le sergent d'armes. Un géant écossais, qui s'est constitué le garde du corps de Mackenzie, tient le sergent d'armes en respect. Dans ce désordre, la majorité vote une nouvelle motion d'expulsion.

Mackenzie adresse au lieutenant-gouverneur une requête, pour prêter serment devant lui (7 décembre 1833). Des pétitions sont envoyées au lieutenant-gouverneur. L'une d'elles déclare : « Si loyalistes qu'ils soient, les habitants de ce pays ne peuvent cacher à Votre Excellence qu'ils considèrent qu'endurer l'oppression actuelle ne serait ni une vertu ni un devoir ». Des assemblées demandent la dissolution de la Chambre. Des électeurs du comté d'York décident de ne plus payer leurs taxes, puisqu'ils sont mis virtuellement hors la loi.

34

Les 92 Résolutions

Avant la session, lord Aylmer nomme François Quirouet, député de l'île d'Orléans depuis 1820, conseiller législatif (25 octobre 1833). Quirouet prendra donc siège dans cette assemblée où, d'une galerie et hérissé d'horreur, il a entendu Richardson traiter les députés réformistes de révolutionnaires et de sans-culottes. François Quirouet est un réformiste, comme Pierre-Dominique Debartzch, comme Denis-Benjamin Viger, comme Louis Guy, comme François-Xavier Mailhiot, comme Jean Dessaulles, dont il devient le collègue. Il a été l'un des principaux signataires de la requête contre le projet d'Union. Il a fort admiré Papineau et l'a longtemps suivi. Lord Aylmer ne lui demande pas plus de reniement qu'il n'en a demandé à ses prédécesseurs. Mais Quirouet est de ces Québécois qui commencent à trouver à Papineau et à ses disciples montréalais des allures de révolutionnaires et de sans-culottes. Un de ces Québécois que Pierre Winter, dans ses lettres impatientes à Duvernay, appelle avec dédain « des gens de juste milieu ». Il peut y avoir cependant des révolutionnaires et des sans-culottes à Québec même, et jusqu'au conseil municipal qu'Elzéar Bédard préside, et qui s'abstient d'aller présenter ses hommages à lord Aylmer, le 1er janvier 1834.

* * *

La Déclaration d'indépendance américaine comprenait 27 articles, et la Déclaration des droits de l'homme, quinze. Les résolutions auxquelles Morin et ses amis ont donné forme parlementaire, en un temps d'inflation verbale, sont au nombre de quatre-vingt-douze. Et leur adoption devra frapper d'un sceau historique la session de 1834.

Morin ne les présentera pas lui-même. Morin, de l'avis unanime, a du génie. Mais il manque d'éloquence. Il semble lire son texte même quand il l'improvise. Il n'a pas l'allure d'un chef. Les jeunes bagarreurs lui trouvent l'air d'un religieux plutôt que d'un combattant politique, et le surnomment parfois « le Révérend M. Morin ». Cet homme remarquable a des scrupules, ce qui équivaut, pour certains esprits, à manquer de décision. Puis, Morin, dévoré d'un feu intérieur, paraît ne tenir à la vie que par un fil. Étienne Parent écrit à son confrère Ludger Duvernay (10 décembre 1833) :

> ... Vous m'affligez en m'apprenant la maladie prolongée de Morin. Je crois bien que nous le perdrons jeune. Ce n'est pas de la cervelle qu'il a dans la tête, c'est de la lave brûlante. Il faudrait à ce génie une sphère où il pût s'ébattre à son aise. Cette imagination n'ayant pas d'aliments extérieurs à consumer dévorera son enveloppe. Toujours, faites à Montréal ce que vous pourrez pour le conserver longtemps au pays, nous ne mettrons pas la main de sitôt sur son pareil.

Les 92 Résolutions sont un réquisitoire en règle et complet. Des Québécois — naturellement ! — révoquent en doute la sagesse d'un geste aussi éclatant — aussi provocant. Papineau juge plus habile de faire présenter les 92 Résolutions par Elzéar Bédard, député du district de Québec, maire de la ville de Québec et que l'on dit un peu vaniteux. Bédard, ainsi retenu, en retiendra d'autres. Mis à l'honneur, il défendra plus vigoureusement des résolutions dont il sera le parrain.

La session est convoquée pour le 7 janvier. Papineau prend la diligence avec Louis-Michel Viger, La Fontaine et Girouard. Le « vieux Romain », qui les attendait à Berthier, monte avec eux. On se rend de Montréal à Québec en diligence, ou chaise de poste, en trois jours, au prix de 12 à 15 dollars. La voiture chavire plusieurs fois sur la route verglacée, et les voyageurs roulent pêle-mêle les uns sur les autres. De Bleury arrive en même temps qu'eux dans une autre voiture, avec sa femme. Les de Bleury forment un beau couple et mènent la vie à grandes guides. De Bleury conduit, à Montréal, un cabriolet découvert, attelé de deux chevaux anglais, et d'un modèle nouveau qui fait sensation. Papineau, qui dispose d'un salon dans sa maison de pension l'offre à madame de Bleury pour recevoir ses amies, ce qui lui procure une petite cour de dames.

L'orateur reçoit la visite du secrétaire civil du gouverneur, qui vient demander pour son fils une place de greffier, vacante à la Chambre. Papineau rend compte à sa femme (6 janvier 1834) :

> J'ai dit non. Il est resté une demi-heure sans me dire un mot d'affaires, et mille de neige et de cahots. Je l'ai laissé jaser, sans lui dire un mot d'affaires ni un mot de son maître.

Le gouverneur invite cependant l'orateur à un dîner officiel, pour le seize janvier. Papineau répond longuement, à son habitude :

> Dans sa dernière session, la Chambre d'Assemblée a résolu que le gouverneur en chef avait agi en violation de la constitution et des lois de la province et en infraction des privilèges de la Chambre ; que ces circonstances doivent détruire tout sentiment de confiance entre Son Excellence et l'Assemblée ; que Son Excellence a grandement empêché cette Chambre de procéder avec efficacité aux affaires publiques et ce, au détriment du bon gouvernement de Sa Majesté en cette Province et de ses fidèles sujets en icelle. L'orateur partage pleinement et entièrement les convictions qui ont fait adopter ces résolutions.
>
> Dans ces circonstances, l'Orateur croit que, hors les occasions où les ordres de la Chambre demandent qu'il se rende auprès de Son Excellence, ou hors celles où Son Excellence, pour affaires publiques, requerrait la présence de l'Orateur, ou celui-ci, audience de S.E. (auxquels cas il ne la verrait qu'avec tout le respect dû à son rang), il doit aux décisions du corps sur lequel il préside et à ses propres sentiments, publiquement connus et avoués, sur le résultat malheureux pour le Bas-Canada que produit chaque jour l'administration de Son Excellence, de ne la pas rencontrer.
>
> L'Orateur ne se rendra pas à l'invitation de Son Excellence le gouverneur en chef, à dîner, jeudi le seize du présent mois.
>
> 11 Janv. 1834. A monsieur l'Aide de camp du jour, au Château Saint-Louis.[1]

* * *

La session commence dans une atmosphère orageuse. Le discours du Trône signale l'embarras causé par le défaut de subsides, et la nécessité d'y remédier. Ce discours à peine lu, Bourdages se lève, plus « vieux Romain » que jamais, et propose que la Chambre « prenne en considération l'état de la province ». Cette formu-

---

1. Papineau a reproduit cette lettre dans sa lettre du 12 janvier 1834 à sa femme. (Rapport de l'Archiviste de la Province de Québec, 1953-1955).

le fatidique rompt les ponts entre la Chambre et l'Administration, avec laquelle la Chambre refuse de traiter. Bourdages, dans son discours, met les points sur les i : la Chambre ne doit accorder son concours à aucune initiative de l'Exécutif, à l'exception de celles qui concerne l'épidémie de choléra.

Les modérés, groupés autour de Neilson et qui sont surtout des Québécois, appréhendaient cette intransigeance. Étienne Parent, dans sa lettre à Duvernay, souhaitait quelque modération de la part de la Chambre : le refus des subsides retirerait de la circulation une somme importante, utile au commerce. La Fontaine et de Bleury approuvent la proposition Bourdages ; mais Gugy, Stewart, Quesnel, Duval, Neilson, Vanfelson et Kimber lui-même la combattent — et la font repousser par 35 voix contre 17.

Neilson, voulant poursuivre cet avantage, propose la nomination d'un comité de correspondance avec le Conseil législatif. C'est lui, cette fois, qui exagère, si l'on tient compte de l'aversion de la Chambre à l'égard du Conseil. Bourdages prend sa revanche en forçant Neilson à retirer sa motion.

Le gouverneur communique à la Chambre des extraits de dépêches du ministre.

Lord Stanley a succédé à lord Goderich comme secrétaire des Colonies. Les ministres whigs, satisfaits de la réforme, ont répudié l'alliance radicale et se trouvent aux prises avec des grèves ouvrières. L'arrivée au pouvoir, selon le processus habituel, a transformé ces libéraux, en a fait des autoritaires. Denis-Benjamin Viger a soumis à lord Stanley l'adresse adoptée par la Chambre, à la fin de la dernière session, pour demander la réforme du Conseil législatif. Mais les commerçants anglais de Montréal représentent qu'un Conseil électif les livrerait pieds et poings liés à une majorité française. Ils ont, eux aussi, des soutiens à la Chambre des communes.

Le gouverneur communique à la Chambre d'Assemblée une dépêche du nouveau ministre. Lord Stanley conteste à la Chambre le droit qu'elle s'est arrogé, d'expulser Mondelet en raison de son entrée au Conseil exécutif. Il approuve lord Aylmer, qui a refusé d'émettre un mandat d'élection pour remplir le siège déclaré vacant par la Chambre. Il s'étonne de la prétention de la Chambre demandant, par adresse, la convocation d'une convention nationale pour décider du mode de composition du Conseil législatif. Le gouvernement de Sa Majesté est cependant encore disposé à donner effet aux recommandations contenues dans le rapport du Comité de la Chambre des communes, en date du 22 juillet 1828...

Papineau fulmine. Il enferme le ministre et le gouverneur dans le même sac, bon à jeter aux chiens.

Hector-Simon Huot, député de Portneuf, propose de demander au gouvernement l'émission d'un mandat de 7,000 livres, pour le paiement de certaines dépenses et de certains arrérages. Le gouverneur répond que, le bill des subsides n'ayant pas été adopté à la session précédente, il a déjà fallu autoriser des avances pour payer des dépenses urgentes. Il lui répugne de continuer dans cette voie. Huot propose alors la nomination d'un comité spécial. Bourdages critique. Le comité est cependant nommé ; il conclut à l'adoption d'un bill régularisant la situation, au sujet des 7,000 livres.

Papineau descend de son fauteuil, et prononce une nouvelle diatribe — un de ces discours qui doivent enlever le morceau. Il traite lord Aylmer comme il a traité Craig et Dalhousie. Il taxe le gouverneur de lâcheté, l'accuse de corrompre les juges, de se moquer des lois les plus sacrées. Il attaque aussi les membres du comité spécial, qui, pour plusieurs, sont de ses amis, les traite de complaisants, de faibles, d'aveugles, prêts à sacrifier leurs droits et leur honneur pour dissimuler les fautes du gouverneur. Papineau tempête pendant deux heures.

Elzéar Bédard et d'autres membres du comité défendent leur rapport, mais timidement, devant Papineau qui les impressionne, qui les annihile. Mais Gugy, qui n'est pas soumis à Papineau, répond au discours de l'orateur en lui rendant coup pour coup. Gugy est, comme Papineau, éloquent et fanatisé. M. Papineau attaque tout le monde, souligne-t-il, et se croit infaillible ; il accuse les gens sans fournir de preuves ; il veut soumettre la Chambre à son joug...

* * *

Papineau éprouve moins de rancune envers l'opposition de Gugy, adversaire prévu, que d'impatience envers les réformistes qui cessent de le suivre ou hésitent à le suivre jusqu'au bout. Et d'abord, tous ne devraient-ils pas, comme lui, refuser les invitations au Château Saint-Louis ? Les Canadiennes — françaises — invitées plus nombreuses d'année en année, y exhibent volontiers leurs toilettes. Elzéar Bédard, maire de Québec et député de Montmorency, qui s'est abstenu d'aller saluer le gouverneur, à la tête du conseil municipal, le 1er janvier, est allé à une réception du même gouverneur, avec sa femme, et sans doute sous la pression de cette mondaine ! Les aides de camp ont fait des mamours à madame Bédard, qui se rengorgeait. Quelle frivolité, indigne de l'épouse d'un représentant du peuple ! Quand les gouverneurs invitaient peu de Canadiens, Papineau en marquait de l'humeur. Maintenant que lord Aylmer en invite beaucoup, Papineau en marque du dépit. Il écrit à sa femme (12 janvier 1834) :

> La vanité est l'âme de tous les mouvements que l'on se donne dans Québec pour paraître au Château d'un doigt plus grand que sa voisine... Au bal du 31, madame la mairesse a eu tous les honneurs ; toutes les Canadiennes ont eu tous les honneurs. Les aides de camp leur ont bien dit que le gouverneur chérissait par-dessus tout les Canadiennes. Comment une femme ainsi coiffée, ainsi flattée, ne finirait-elle pas par coiffer aussi le mari.

On dit à Papineau : le gouverneur va peut-être revenir sur ses pas... Il a peut-être des instructions favorables... Il faut attendre... « De maison en maison, j'entends la même chanson ! »

Papineau s'emporte contre les députés qui veulent freiner, et surtout contre Neilson, qu'il a tant estimé et dont l'exemple peut entraîner des collègues. Neilson jouit d'une forte réputation à Londres même. On a dû y conserver le souvenir de sa mission conjointe avec Papineau. On va se dire : « Neilson, qui est un honnête homme, répudie une cause dont il s'aperçoit qu'elle était mauvaise ». Papineau écrit à sa femme (16 janvier 1834) : « Je le crois assez affaibli ou assez malhonnête pour déserter la cause entièrement et entraîner avec lui tous les townships et la valetaille qui veut se placer sous la protection spéciale de l'administration ».

Cuvillier, sans doute renseigné par l'entourage du gouverneur, blâme Papineau d'avoir refusé l'invitation au dîner d'apparat : « Cuvillier intriguerait bien volontiers contre moi s'il le pouvait. » Le temps n'est pas si éloigné, où Bourdages, proposant Vallières à la présidence de la Chambre, était un « aveugle instrument », et Cuvillier, présentant Papineau, un modèle de jugement. Les imprévus de la politique ont changé les rôles : Bourdages est aujourd'hui un vieux Romain et Cuvillier un intrigant.

Et Parent, le journaliste, qui conseille la modération ! Parent vit de peine et de misère, d'un métier qui ne nourrit pas son homme. Son attitude ne peut être dictée que par l'intérêt. Or, Parent

« maîtrise Bédard et Huot, et ceux-ci une partie des membres de Québec ». Tel est, d'après Papineau, « le dessous des cartes ».

La session doit être celle des 92 Résolutions. Elzéar Bédard fait adopter, le 14 janvier, une motion, analogue à celle que Bourdages n'a pu faire passer quelques jours plus tôt, décrétant que la Chambre, le mois suivant, « prendra en considération l'état de la province », ce qui signifie qu'elle formulera de nouveau ses griefs au complet.

Papineau hume l'odeur de la poudre. Il est, à la veille de cette manifestation solennelle, historique, sa santé de fer aidant, plus combatif que jamais :

> L'administration est la plus incapable que nous ayons eue, et en même temps la plus intrigante et la plus corrompue qu'il soit possible d'imaginer...
>
> J'ai assez de contradiction et de dépit pour me bien porter... J'ai la dent et l'appétit assez aiguisés pour mordre et digérer bien... Il y a force danses et amusements dans Québec... Les robes des belles sont un peu plus décolletées que de coutume, afin de toucher notre sensibilité, mais malgré tout cela je souhaiterais pouvoir avancer toujours droit, inflexible...
>
> M. et Mme de Bleury partent demain. C'est elle qui pourra te parler des fêtes... Elle n'en a pas perdu... Elle a été généralement admirée... De Bleury s'est montré très ferme, malgré toutes les prévenances du Château. Ils haïssent les maris de Montréal de toutes leurs forces, quoique ils aimeraient assez leurs femmes, ces messieurs du Château. »

De Bleury est patriote, mais avant tout admirateur de Papineau qui, de son côté, aime son aspect et son caractère bretteurs — qu'il mépriserait chez un adversaire — et témoigne de l'indulgence aux mondanités de sa femme.

Julie Papineau répond à son mari (25 janvier 1834) :

> Je vois par ta dernière lettre que les affaires vont en s'empirant, et je m'en afflige, mais je n'en suis pas surprise, car je n'ai nulle confiance dans la plus grande partie des membres de la Chambre, et ne sais où en trouver en qui on puisse reposer confiance, après les apostasies que nous voyons tous les jours. Il y a longtemps que je me dis que c'est le manque d'hommes honnêtes et éclairés, sincèrement attachés à leur pays, qui nous manque ; et c'est toujours ce qui m'a fait craindre, et me fait bien plus que jamais redouter si nous parviendrons à redresser une partie des griefs dont nous nous plaignons, car pour une pleine et entière justice, nous ne l'obtiendrons

pas de nos jours. Les gazettes devraient tonner contre ces membres ; cela les ferait peut-être craindre, à l'approche d'élections. ... M. Debartzch est en ville ; il est venu me voir et m'a chargée de te faire ses saluts et de te souhaiter du courage et de la patience. Je l'ai revu hier soir chez M. Jacques Viger...

Debartzch souhaite à Papineau du courage et de la patience. Le courage ne lui manque pas, mais la patience ! Papineau s'emporte contre Neilson, à la Chambre même, « avec un éclat qui a fait un grand effet », écrit-il à sa femme (29 janvier 1834) :

> Les Mercury, les Herald, les Settler sont moins funestes au pays que la Gazette de Québec, dont l'éditeur, abâtardi et dégénéré, combat les doctrines de celui qui ci-devant aima la liberté, aima la justice, aima les Canadiens dans le même journal... On croit au Bureau colonial et dans le pays, que c'est toujours l'homme dont, dans leur confiance et leur amour, les Canadiens voulaient faire le premier homme du pays, puisqu'ils l'ont choisi pour les représenter deux fois et à l'unanimité, alors que leurs suffrages s'étaient partagés sur le choix des Papineau et des Viger, ainsi que sur le choix de M. Cuvillier...

> Il n'a pas osé me répliquer sur-le-champ. Peut-être cela provoquera-t-il une guerre de papiers, à laquelle, comme de coutume, je ne ferai nulle attention : mon temps vaut mieux que cela.

Julie Papineau exprime les mêmes sentiments avec la même véhémence (30 janvier 1834) :

> Dans le passé, nous avons souffert de la mauvaise volonté du gouvernement d'Angleterre et du gouvernement local, mais nous avions la consolation de voir la Chambre unie.

> La chute scandaleuse de cette année est décourageante et laisse beaucoup à craindre pour l'avenir ; le triomphe de nos ennemis est plus grand que jamais et les enhardit... Les malheureux Canadiens qui ont déserté la cause des leurs pour leur ambition d'intérêts personnels et qui sont malheureusement en grand nombre, surtout à Québec...

Voilà un ménage que la politique ne désunira pas.

* * *

Colborne a fini par ordonner au greffier du Conseil exécutif du Haut-Canada de recevoir le serment de W.L. Mackenzie, député d'York. Mackenzie hésite un peu devant cette invitation. Il se décide le 11 février (1834), prête serment, pénètre dans la salle des séances et prend son siège. Le sergent d'armes, qui avait des ordres, vient lui frapper sur l'épaule : « Vous êtes un étranger, Monsieur, il faut sortir. »

— Je suis membre de la Chambre, dûment élu et assermenté, répond Mackenzie, exhibant son certificat d'assermentation.

Une nouvelle scène de désordre s'ensuit. Mackenzie est traîné hors de la Chambre, malgré sa résistance, au milieu d'une tempête d'approbations et de protestations. MacNab souhaite l'emprisonnement de Mackenzie, et critique vertement le lieutenant-gouverneur, qui a fait recevoir le serment du député invalidé.

À Québec, le 15 février, Elzéar Bédard propose que la Chambre se forme en comité, pour prendre en considération l'état de la province : il a des résolutions à présenter. Les adversaires combattent en vain cette proposition, adoptée par une forte majorité.

Le 17 février, le député de Montmorency, conscient et fier d'accomplir un geste historique, propose à la Chambre d'Assemblée plus attentive que de coutume, la formidable série des 92 Résolutions.

Ce manifeste a pu s'inspirer d'une série de résolutions présentées par W.L. Mackenzie à l'Assemblée du Haut-Canada en 1829. Il débute par une affirmation de loyalisme, rappelant que le peuple du Bas-Canada n'a pas seulement résisté à l'invitation des colonies du Sud, mais repoussé une tentative d'invasion en 1812. Suit un long, très long réquisitoire contre le Conseil législatif, composé d'hommes « hostiles au pays », et qu'il faut réformer en le rendant électif. Un passage particulièrement déclamatoire oppose les deux partis qui luttent en Europe, « l'un sous le nom de Serviles, Royalistes, Tories et Conservateurs, l'autre sous le nom de Libéraux, Constitutionnels, Républicains, Whigs, Réformateurs, Radicaux ». Le premier parti, hors quelques vieilles personnes routinières, n'a d'importance en Amérique que par ses protecteurs européens ; le second embrasse tout le peuple. De sorte que : « Le secrétaire d'État de Votre Majesté se trompe s'il croit que l'exclusion de quelques fonctionnaires salariés suffira pour mettre ce corps (le Conseil législatif) en harmonie avec les besoins, les désirs et l'opinion du Peuple, tant que les gouverneurs coloniaux conserveront le pouvoir d'y maintenir une majorité de membres rendus serviles par leur antipathie pour toutes les idées libérales. »

Les résolutions contiennent ensuite une réclamation d'institutions plus populaires ; une affirmation des droits de la Chambre que le secrétaire des Colonies ne peut ni définir ni discuter ; et des menaces à peine voilées : la Chambre, seule autorité pouvant légitimement exprimer les sentiments du peuple, n'hésite pas à faire remarquer que, dans moins de vingt ans, la population des États-Unis d'Amérique sera aussi grande ou plus grande que celle de la Grande-Bretagne ; que celle de l'Amérique britannique sera aussi grande ou plus grande que ne l'était celle des ci-devant colonies anglaises lorsqu'elles jugèrent que le temps était venu que l'avantage inappréciable de se gouverner, au lieu d'être gouvernées, les engageait à répudier un régime colonial qui fut généralement parlant, beaucoup meilleur que ne l'est aujourd'hui celui de l'Amérique britannique.

Cinq résolutions — de la 51e à la 55e — se plaignent de « l'infériorité politique » en laquelle les Canadiens français sont tenus. La 52e affirme :

> La majorité des habitants du pays n'est nullement disposée à répudier aucun des avantages qu'elle tire de son origine et de sa descendance de la nation française qui, sous le rapport des progrès qu'elle a fait faire à la civilisation, aux sciences, aux lettres, aux arts, n'a jamais été en arrière de la nation britannique, et qui aujourd'hui, dans la cause de la liberté et de la science du gouvernement, est sa digne émule ; de qui ce pays tient la plus grande partie de ses lois civiles et ecclésiastiques, la plupart de ses établissements d'enseignement et de charité, et la religion, la langue, les habitudes, les mœurs et les usages de la grande majorité de ses habitants.

Des résolutions traitent de la tenure des terres. Une dizaine traitent de la question financière et réclament pour la Chambre le contrôle du budget, point essentiel. Des résolutions revendiquent, toujours pour la Chambre, d'autres pouvoirs : « Envoyer quérir tous papiers et documents, ordonner la comparution de toutes personnes civiles ou militaires résidant dans la province, sur tout sujet d'enquête dont s'occupe cette Chambre, requérir de tels témoins la production de tous papiers et documents mis sous leur garde... » Des résolutions s'occupent des juges, de leur choix, de leur immixtion dans la politique, de leur attitude dans les poursuites criminelles. Et ainsi de suite. Une résolution, où l'on reconnaît la griffe de Papineau, réclame la mise en accusation de lord Aylmer « et des conseillers méchants et pervers qui l'ont guidé ». Des députés ont voulu faire retrancher cet article, en disant : « Aylmer n'est pas méchant ; il est bête, et il est lié par ses instructions ; c'est au Bureau colonial qu'il faut s'en prendre ». Mais Papineau de se récrier : « Comme s'il n'avait pas sollicité ces instructions ! Comme si un honnête homme ne devait pas renoncer à sa charge plutôt que de l'exercer quand il faut le faire en malhonnête homme ! Comme s'il n'avait pas fait plus de mal au pays que tous ses prédécesseurs ensemble ! » Des résolutions remercient O'Connell et Hume pour leur appui à la Chambre des communes. Des résolutions, parmi les dernières, endossent, au nom de la Chambre, les dépenses « justes et raisonnables » des comités de correspondance et préconisent une sorte de réseau de ces comités, se tenant en liaison avec Denis-Benjamin Viger, que l'on prie de rester à Londres.

La dernière résolution, injurieuse pour le gouverneur général, décide de biffer des journaux de la Chambre son message du 13 janvier relatif aux subsides et son message du même jour relatif au bref d'élection pour le comté de Montréal.

Augustin-Norbert Morin, le littéraire du parti, n'a pas évité la grandiloquence qui ne caractérise pas seulement Papineau, car elle est la mode de ce temps et de toutes les périodes révolutionnaires. La lecture est interminable. Une discussion d'une semaine presque entière la suit. Les « bureaucrates » sont enragés. Il est sans doute maladroit, et il paraît provocant, d'opposer la démocratie américaine à la monarchie à laquelle on s'adresse. Ce rappel de la révolution américaine et l'éloge des institutions du pays voisin sont de nature à brûler les yeux, à écorcher les oreilles, à déchirer le cœur, non seulement du gouvernement impérial, mais des loyalistes ou des fils de loyalistes qui ont émigré plutôt que de participer à cette révolution et d'accepter ces institutions. Les modérés — Neilson, Cuvillier, Quesnel, Duval — sont mal à l'aise.

Sur l'importance de ce texte, au moment où il paraît, nul ne se méprend. Neilson demande l'ajournement des débats : les députés, qui n'ont pas eu communication préalable des résolutions, sont surpris et demandent le temps de les étudier à loisir. Papineau descend du fauteuil présidentiel pour lui donner la réplique. Tout le monde connaît le texte des résolutions, affirme-t-il. Et cet argument décisif : « Elles représentent les vœux de la masse du peuple ».

Papineau parle longtemps, très longtemps, en faisant une fois de plus, un exposé de la situation plutôt qu'un commentaire des résolutions : « Nous avons à examiner si nous ne sommes pas rendus à cette époque où il faut que la première magistrature de l'État recouvre le respect qu'elle a perdu, et que l'honneur, la fortune, la liberté et l'existence du peuple soient mises en sûreté... »

Il brosse l'histoire du Canada depuis la Conquête. Il énumère — encore une fois ! — les abus de toutes sortes, les revendications insatisfaites. Le gouvernement impérial, les gouverneurs, les bureaucrates n'ont cessé d'empiéter, de persécuter, de menacer ou de corrompre. Mais « l'opinion publique marche, s'avance... Il faut un changement radical... » Les conseillers législatifs et les hauts fonctionnaires sont, affirme Papineau, méprisables et méprisés, détestables et détestés.

Il y met toute son âme, toute sa conviction passionnée, toute son altière intransigeance — et ce sentiment exigeant du devoir qui le force d'aller jusqu'au bout, — toute la facilité et toute la force accumulées depuis des années qu'il ressasse les mêmes griefs. Les phrases ruissellent de source. C'est le Papineau des grands jours, emporté, enflammé, sarcastique, sans mesure, un peu confus et chargé de répétitions, mais le torrent emporte tout. Il n'omet pas une tirade républicaine et pro-américaine, la plus susceptible d'exaspérer ses adversaires :

> Il existe des signes certains qu'avant longtemps toute l'Amérique sera républicaine. S'il est nécessaire de changer notre constitution, faut-il le faire en vue de ces présages ? Est-ce un crime que de le demander ? Tout membre de cette Chambre se doit au peuple qu'il représente, et dût-il être égorgé ensuite par les soldats, il ne peut hésiter à se prononcer pour le changement, s'il y voit le bien de son pays. Il ne s'agit que de savoir comment nous vivons en Amérique et comment on y a vécu. L'Angleterre, oui, l'Angleterre elle-même, y a jeté les fondements d'une puissante république, où fleurissent la liberté, la morale, le commerce et les arts. Les colonies espagnoles et françaises, avec des institutions politiques moins libres, ont été plus malheureuses. Le régime anglais, dans les colonies, a-t-il donc été plus aristocratique que démocratique ? C'est une grande erreur de la part de M. Stanley que de nous parler du gouvernement monarchique de l'Angleterre, en 1834. Du temps des Stuart, ceux qui ont soutenu le pouvoir monarchique ont perdu leur tête sur les échafauds. Depuis cette époque, la constitution de l'Angleterre a été mixte...

Il n'omet pas non plus une critique du clergé, auquel l'Acte de Québec a conservé ses privilèges et qui, trouvant cette constitution bonne parce qu'elle l'avantageait, « a négligé la cause du peuple pour s'attacher à celle du gouvernement ». Sa péroraison prend une certaine hauteur. Elle exalte la Chambre d'Assemblée, où les plaintes et les remontrances du peuple aboutissent et ne doivent pas être étouffées par une poignée d'immigrants. Elle s'élève à l'ensorcelante Utopie : nous détruirons les distinctions, les privilèges, les animosités nationales, les haines, nous serons un peuple de frères. Une fois ces réformes accomplies : « La Législature, au lieu de s'occuper d'accusations et de débats politiques, n'aura en vue que des objets de législation utile. Le but et l'ambition de tous sera le bien commun ».

Les jeunes députés — les La Fontaine, les Rodier, les de Bleury — trépignent. Bourdages, le doyen à cheveux blancs, aussi enthousiaste qu'eux, appuie les résolutions. C'est la première fois depuis longtemps que Bourdages, porte-drapeau du parti dont Papineau est le chef, doit céder à un autre l'honneur de présenter une motion retentissante. Mais il est assez vieux routier pour comprendre la nécessité de la manœuvre. Un député de Québec, George Vanfelson, appuie également les résolutions, ce qui est précieux. Louis-Hippolyte La Fontaine, félicitant Elzéar Bédard, évoque le souvenir de son père, Pierre Bédard, l'apôtre de la liberté qui, s'il était encore parmi nous, ferait entendre sa voix pour demander, non pas l'élection du Conseil législatif, mais sa suppression. La Fontaine est plus logicien que Papineau, mais moins entraînant.

Elzéar Bédard défend ses résolutions contre les objections des modérés :

> Quand un gouvernement se met au-dessus des lois et qu'il règne par l'arbitraire et le caprice, le peuple est justifiable d'employer les moyens violents pour s'y soustraire, et il est de son devoir de ne pas s'y soumettre. Mais si l'opposition du gouvernement a une apparence de légalité, si cette opposition est fondée sur des moyens constitutionnels, le peuple doit aussi la repousser par des moyens constitutionnels.
>
> Mais, dira-t-on, nos représentations ne seront pas écoutées. En serons-nous plus mal ? On nous enlèvera le contrôle des deniers publics. L'avons-nous jamais eu ? On emploiera contre nous le système coercitif mis en opération en Irlande par le ministère actuel ? Dans ce cas, ne vaut-il pas mieux périr que de vivre en esclaves ?...

Les modérés doivent se rassembler autour d'un chef, comme leurs adversaires autour de Papineau. C'est Neilson qui jouera ce rôle. Il accuse ainsi la rupture, et les patriotes, furieux, le traitent en renégat. La Fontaine lui lance au visage : « Dans un temps, on a des convictions, dans un autre, on en a d'autres ».

Neilson ne s'émeut pas — du moins, en apparence. Il trouve dans les résolutions du bon, du douteux et beaucoup de mauvais. Il leur reproche d'attaquer le gouverneur, représentant du roi, et le Conseil législatif, qui fait, comme la Chambre, partie de la Législature. On attaque la constitution, on déchaîne les passions populaires...

De Bleury lui répond. Il s'efforce de mettre le Neilson d'aujourd'hui en contradiction avec le Neilson d'hier : « Quand je me rappelle avec quelle force l'honorable membre du comté de Québec défendait jadis nos droits constitutionnels, je dois avouer que ma surprise a été grande quand je l'ai entendu, il n'y a qu'un instant, nous dire qu'il s'opposait à toutes et à chacune des résolutions ». À quoi attribuer pareil changement ? De Bleury est méprisant : « Je le renvoie à sa conscience... Pour moi, je trouve que voilà trop longtemps que les habitants de ce pays souffrent, qu'il est temps de chercher à leur procurer un sort plus favorable... » De Bleury rappelle le mot de La Fayette à son père, fait prisonnier pendant la guerre de l'Indépendance américaine et recherchant un arrangement, peut-être un transfert dans l'armée victorieuse : « Vous vous êtes battus pour être esclaves, restez-le ! » La métropole, demande Bleury, souffrira-t-elle que cette prophétie se réalise ?

Andrew Stuart, dans l'autre camp, est habile, et touche un point sensible : « Ce n'est pas le peuple qui est mécontent, ce sont ceux qui se mêlent des affaires ».

Frédéric-Auguste Quesnel, porte-parole des députés canadiens-français d'opinion modérée, qui refusent de voter les résolutions, met dans son discours une retenue très noble, et salue la bonne foi de ses adversaires :

> J'ignore où ces Résolutions peuvent nous conduire. Si elles n'excitent pas de grands troubles, il en résultera au moins une grande réaction. Quoique je ne partage pas l'opinion de la majorité, si elle obtient un succès réel et durable par les moyens qu'elle emploie aujourd'hui, je me réjouirai de ses succès avec les hommes éclairés qui auront formé la majorité. Je regretterai de n'avoir pas eu comme eux assez d'énergie pour braver le péril et pour entreprendre une chose que je regarde comme dangereuse, ou du moins comme très incertaine. Si au contraire mes craintes se réalisent, si la Chambre succombe, je ressentirai avec les autres les maux qui pèseront sur ma patrie. Je dirai : C'étaient sans doute les meilleures intentions qui animaient la majorité. Et l'on ne me verra point me joindre à ses ennemis pour lui reprocher d'avoir eu des desseins malheureux. Voilà ce qui fera ma consolation.

Il y a les mots. Et sous les mots, il y a la qualité des âmes. L'élocution de Quesnel est lente et majestueuse. Un court silence solennel suit son discours. De son avertissement, de son hommage, de sa promesse, on a senti la grandeur.

Le ton change avec Gugy, le plus impressionnant des adversaires des résolutions, auxquelles il reproche de contenir une foule d'accusations vagues et hasardées, une multitude d'expressions peu mesurées et injurieuses, de l'exagération dans les sentiments, des erreurs dans les faits. Les partisans des Résolutions agissent par passion ou par ambition : « Ôte-toi de là, que je m'y mette ! » Les Résolutions qu'on nous présente comme le fruit de tant de recherches sont un chef-d'œuvre de démence. « Il est clairement énoncé que si l'on n'obtient pas ce que l'on désire, on veut la guerre, et on en appelle aux États-Unis... Je conviens qu'il faut une réforme, mais sans précipitation, sans étourderie. Avec ces résolutions incendiaires, on n'obtiendra rien du tout... »

Gugy reprend l'argument de Stuart : « Les flatteurs du peuple veulent lui faire croire qu'il est malheureux. Comment le peuple, composé de cultivateurs pour les neuf dixièmes, souffrirait-il des petites injustices et des cabales entre la Chambre et le Conseil ? » Gugy prononce un fort discours, bien enchaîné. Mais surtout, il s'érige en adversaire de Papineau, qu'il prend personnellement à partie. Augustin Cuvillier a déjà reproché à Papineau de se battre contre des moulins à vent (à propos du renouvellement de la charte de la Banque de Montréal, en 1831). Gugy utilise la même image, mais en apportant une nuance. Don Quichotte combattait des moulins à vent existants, tandis que Papineau les édifie pour les combattre. Et Gugy, plus brutal que Quesnel, avertit : « Tout cela sent la Révolution française... On commence par le règne de la liberté, on finit par celui de la terreur et de l'anarchie ».

La discussion terminée, après cinq jours de débat, Bédard, appuyé par Morin, demande l'adoption des résolutions. Neilson, appuyé par Duval, propose un amendement, conçu en termes modérés. Il substituerait aux résolutions Bédard une autre série de résolutions.

John Neilson a conservé les convictions que Papineau partageait avec lui lors de leur mission en Angleterre. Tous deux, nouant une amitié fraternelle dans cette communion d'idées, faisaient confiance à la constitution britannique, dont ils demandaient l'application intégrale au Canada. Papineau, entouré par une troupe de jeunes irresponsables, se tourne maintenant vers les institutions et même vers la révolution américaine. Neilson trouve une forte raison de ne pas le suivre : un document récent, le rapport d'un comité de la Chambre des communes, endossé par le secrétaire d'État dans son dernier message, promet ou tout au moins fait espérer une large mesure de satisfaction ; il suffit d'en demander, d'un ton ferme et respectueux, la réalisation aussi prompte et complète que possible. C'est à quoi les résolutions de Neilson s'appliquent :

> ... La réponse du secrétaire d'État de Sa Majesté pour les Colonies... contient une promesse solennelle de la part du gouvernement de Sa Majesté de son consentement empressé et de sa coopération au redressement des principaux griefs et abus dont on se plaint dans ces adresses ; et il est du devoir de cette Chambre de procéder dans l'esprit de ladite dépêche et de coopérer à promouvoir la paix, le bien-être et le bon gouvernement de la province, conformément à l'Acte du Parlement britannique qui la constitue.
>
> L'extrait de la dépêche du Secrétaire colonial communiqué à cette Chambre par le message du 14 janvier dernier démontre que le gouvernement de Sa Majesté est encore disposé à donner effet aux recommandations contenues dans le rapport du Comité de la Chambre des communes en date du 22 juillet 1828, rapport fait après un examen approfondi des pétitions signées par toutes les classes des sujets de Sa Majesté en cette province ; et cette Chambre doit y trouver un nouveau motif de procéder avec énergie, promptitude et persévérance, autant qu'elle le peut, à assurer à ses constituants les avantages que comportent lesdites recommandations, tout en cultivant l'harmonie et la bonne volonté dans toute la province, et le bien-être général.

La suite des résolutions Neilson énumère les mesures nécessaires au progrès de la province : protection des colons, indépendance des juges et meilleure administration de la justice ; surveillance des fonctionnaires ; enquête sur tous les salaires et toutes les dépenses publiques, en vue de réaliser des économies...

L'amendement Neilson recueille 24 voix. Les 92 Résolutions sont adoptées par 56 voix contre 23. Parmi les partisans des résolutions Neilson figurent six Canadiens français : Olivier Berthelet, Charles-Eusèbe Casgrain, Augustin Cuvillier, Jean-François-Joseph Duval, François Languedoc et Frédéric-Auguste Quesnel.[2]

---

2. M. Gérard Filteau, dont le livre, documenté et intéressant, est un pamphlet en faveur des patriotes, trouve quelque motif secret à chacun de ces députés : Duval avait pour mère une Anglaise convertie : Berthelet était en rapport d'affaires avec des Anglais : Cuvillier siégeait au conseil d'administration de la Banque de Montréal (en réalité, il n'y siégeait plus depuis assez longtemps), et ainsi de suite.

Le 1ᵉʳ mars, la Chambre charge Augustin-Norbert Morin de porter les Résolutions à Denis-Benjamin Viger, et de les appuyer avec lui à Londres. Une souscription publique, sur laquelle les députés réformistes s'inscrivent les premiers, couvrira ses frais de voyage.

* * *

La session, après ce grand geste, se traîne. Des députés rentrent chez eux. Papineau fait des recherches à la bibliothèque, pour documenter Morin qui va partir. Il reçoit la visite de l'abbé Étienne Chartier, curé de la Rivière-du-Loup, qui est encore plus libéral que lui. L'orateur de la Chambre en conclut, dans une lettre du 13 mars 1834 à sa femme : « Il y a encore de bons prêtres... Je le crois disposé à prendre de temps à autre une des 92 Résolutions pour texte de ses sermons, ou même quelques-uns des couplets que les écoliers au séminaire, les petites filles au couvent et les grandes en société s'avisent de chanter avec le refrain : C'est la faute à Papineau ! »

Lord Aylmer proroge la Législature, le 18 mars. Il fait ressortir le contraste entre le ton des 92 Résolutions et la paix qui règne dans le pays :

> Cet appel au Parlement impérial s'éloigne tellement de la modération et de l'urbanité si bien connues du caractère canadien, que ceux qui ne connaîtraient point l'état réel de la province auraient de la peine à se persuader que ce langage ne doit pas être attribué à une fermentation extraordinaire et générale de l'esprit du peuple. Je profite donc de cette occasion pour observer, en appelant votre attention particulière sur ce fait, que, quels que soient les sentiments qui ont prévalu dans l'enceinte de la Chambre d'Assemblée lors de l'adoption de vos 92 Résolutions, tout le peuple, hors de cette enceinte, jouissait au même moment de la tranquillité la plus profonde ; et je compte avec trop d'assurance sur son bon sens pour croire qu'il souffrira que sa tranquillité soit troublée par les manœuvres qui vont évidemment être mises en jeu à cet effet...

De Londres, où les Résolutions de l'Assemblée bas-canadienne ne sont pas encore connues, Hume écrit à Mackenzie (29 mars 1834) :

> Votre élection triomphale et votre expulsion de l'Assemblée doivent hâter la crise qui approche rapidement dans les affaires du Canada, et qui aboutira à l'indépendance et à la libération de la mère-patrie et de la conduite tyrannique d'une méprisable faction dans la colonie... Votre cause est celle du peuple ; votre défaite se-

rait son asservissement. Continuez donc, je vous en prie, et le succès — un glorieux succès — couronnera nos efforts conjoints.

Mackenzie publie cette lettre dans le *Colonial Advocate* (2 mai 1834).

35

La Saint-Jean-Baptiste

Les 92 Résolutions établissent définitivement la doctrine et le programme du parti réformiste dans le Bas-Canada. Leur adoption par une belle majorité porte à son comble l'admiration des partisans de Papineau pour leur chef. Pierre-Dominique Debartzch — conseiller législatif ! — écrivant à Jacques Viger, appelle Papineau « le génie qui a réussi par son audace à placer les droits de l'homme au fronton de l'édifice social ». L'Assemblée bas-canadienne refusant le vote des subsides, le gouvernement britannique prend sur lui de payer les fonctionnaires. Un traitement de 4,000 livres est prévu pour le président de la Chambre d'Assemblée. Le mandat de paiement est signé comme les autres. Mais Papineau refuse de toucher cet argent tant que l'Assemblée, « seule autorité constitutionnelle », ne l'a pas voté.

Geste à l'antique ! Geste sublime, aux yeux des patriotes. Papineau suscite plus que jamais des admirations et des haines. Pour les « bureaucrates », il est le gros méchant loup, auquel on impute tous les ravages. Des couplets ironiques, inspirés d'une chanson de Béranger, circulent, jusque dans les collèges, sur le thème : « C'est la faute à Papineau » :

> Tous les maux nous sont venus
> de tous ces gueux revêtus
> Qui s'emparent des affaires
> Intérieures, étrangères ;
> Si tout s'en va-t-à vau-l'eau,
> C'est la faute à Papineau (ter)

....

Si le clergé canadien
est redevenu chouayen,
Si le bill de la fabrique
A changé la politique
Du curé jusqu'au bedeau,
C'est la faute à Papineau

....

Si les Français Sulpiciens
Trahissent les Canadiens,
S'ils vendent à l'Angleterre
Tous les biens du Séminaire,
S'ils emportent le magot,
C'est la faute à Papineau

....

Si le juge Jonathan
Nous fut donné par Satan...
Si Mondelet est renégat...
C'est la faute à Papineau...

La presse réformiste — *Canadien*, *Minerve* et *Vindicator* — présente les 92 Résolutions comme une charte, un Évangile, une Bible nationale. Étienne Parent oublie ses restrictions de naguère. À *La Minerve*, Le Blanc de Marconnay remplace Léon Gosselin, qui s'est brouillé avec Duvernay. Le ton du journal n'en est pas adouci. Le Conseil législatif est devenu « un moribond pestiféré qui serre le Canada dans ses funestes embrassements ». On a fait des progrès depuis la « nuisance publique » et « l'incube oppressif ».

Ce n'est pas assez violent pour les patriotes de pointe. Le Dr André Lacroix, de Châteauguay, écrit au directeur de *La Minerve* : « Courage, citoyen Duvernay, un peu moins de modération. Bûchez de toutes vos forces ; l'arbre de la tyrannie doit tomber ».

Encouragement superflu ! Les réformistes hauts-canadiens ont, sous le nom de Hunters' Lodges, une organisation secrète. Duvernay fonde, avec A.-N. Giard, Georges-Étienne Cartier et le jeune avocat Louis-Victor Sicotte, une société secrète, *Aide-toi, le Ciel t'aidera*, sur le modèle d'une société française du même nom, qui a contribué à la Révolution de juillet. Louis-Victor Sicotte, qui a 22 ans, est nourri de Voltaire et de Béranger. Duvernay préside la société, avec Louis Perrault, beau-frère et associé de Fabre, pour le vice-président. Le banquet de fondation se tient à l'hôtel Nelson le 8 mars — quelques jours avant la fin de la session. Les membres de la société doivent fournir, à tour de rôle, un essai sur la politique ou la littérature, mais ils parlent de politique beaucoup plus souvent que de littérature. Une discussion suit la lecture des essais, et la demande d'un seul membre oblige au secret.[1]

Les 92 Résolutions fournissent le thème essentiel; inépuisable.

Des pétitions circulent aussi, à l'appui des 92 Résolutions. Celles du district de Montréal sont rassemblées, comme d'habitude, à la librairie Fabre. On signe aussi des pétitions contre l'octroi d'une charte à la Compagnie des Terres, que Morin et Viger doivent combattre à Londres. O'Callaghan les porte lui-même jusqu'au courrier de New York, pour être plus sûr qu'elles partiront à temps.

Les chefs patriotes lancent aussi une campagne d'assemblées, qui doit couvrir toute la province. Ils y font acclamer Papineau et conspuer les « traîtres » Neilson, Cuvillier, Berthelet, Casgrain, Duval, Languedoc et Quesnel. Dans ces assemblées, dans le district de Montréal, se distingue Édouard-Étienne Rodier, député de L'Assomption depuis les dernières élections, le « citoyen Rodier », hennissant et brouillon, qui serait un second Papineau, affirme-t-on, sans ses écarts de conduite. *L'Ami du Peuple* du 26 avril 1834 accuse Cherrier, Rodier et Perrault d'avoir payé une claque pour les applaudir dans une assemblée à Saint-Philippe, ou plutôt de ne pas avoir payé la claque, bien que Rodier ait reçu les fonds nécessaires. Les patriotes en général, et Rodier en particulier, sont à cheval sur le point d'honneur. Rodier charge son ami l'avocat John McDonnell de Belestre de porter une sommation à Pierre-Édouard Leclère, propriétaire du journal. Rodier exige de connaître le rédacteur ou correspondant anonyme, faute de quoi McDonnell provoquera Leclère en duel. « Le secret de mes correspondants est inviolable pour moi », répond Leclère ; « le découvrir serait à mes yeux, et aux vôtres aussi sans doute, une lâcheté dont je me sens incapable. Propriétaire de *L'Ami du Peuple*, je me regarde comme entièrement responsable de tout ce que l'on y insère, et je suis prêt à vous donner la satisfaction que vous pourrez désirer ».

---

1. Une communication de Montarville Boucher de La Bruère à E.-Z. Massicotte, publiée dans le *Bulletin des Recherches historiques* de 1928, fournit des renseignements, tirés de papiers de famille, sur la société « Aide-toi, le Ciel t'aidera ».

Rodier et Leclère ont été amis intimes. Ils se tutoyaient jusqu'à ce jour, mais c'est bien fini. Leclère choisit Alfred Rambeau, éditeur de *L'Ami du Peuple*, pour témoin. Un duel au pistolet est convenu. Les duellistes se rencontrent au pied de la Montagne, près du Fort des Messieurs. Rodier tire sans atteindre son adversaire. Leclère tire ostensiblement à côté. Rodier le lui reproche. Leclère refuse de tirer sur son ancien ami. Les témoins s'entremettent. En fin de compte, Leclère reconnaît que, personnellement, il ne croit pas fondée l'accusation de son correspondant.

* * *

Le bill accordant une charte à la Compagnie des Terres est passé, à Londres, avant l'arrivée de Morin. Le président de la Compagnie est lui-même membre du Parlement, en bons termes avec le ministre. Le bill a été voté sans discussion, par un tour d'escamotage, comme simple mesure d'intérêt privé.

Par contre, les journaux anglais consacrent de longs articles aux Résolutions canadiennes, qui semblent destinées à un grand retentissement. Hume, Roebuck, Labouchère et O'Connell se disposent à les appuyer. Hume pousse Viger, dans leurs entrevues, comme il pousse Mackenzie dans ses lettres, à la résistance intégrale. Entre deux rencontres, il écrit à Viger :

> La Couronne ou ses représentants ne doivent pas avoir la disposition d'un chelin dans la province sans l'approbation de la Chambre. Celle-ci doit être le seul juge du montant des salaires, aussi bien que de la convenance de chaque office.

Le 15 avril 1834, à la Chambre des communes, Roebuck demande la formation d'un comité d'enquête sur les affaires du Canada. Il invoque le grave malaise — il va jusqu'à parler de rébellion — existant dans les deux provinces du Haut et du Bas-Canada. Ses admirateurs disent de Roebuck qu'il est, comme orateur, véhément, sans être bruyant, carré sans être grossier, méprisant sans être insolent. Hume et O'Connell l'appuient. Lord Stanley répond qu'il s'agit d'une « révolte de mots », mais accepte la formation d'un comité d'enquête, ou plutôt la re-formation du comité de 1828.

Le Comité examine la correspondance échangée entre le gouverneur et le ministre depuis 1828. Viger, Morin, Kempt, Ellice, Stuart, Elliott sont admis à témoigner. Viger et Morin défendent les 92 Résolutions. Hume les soutient à fond. Il écrit encore à Mackenzie : « Se soumettre tranquillement à une telle domination serait accepter une servitude de la plus odieuse nature, indigne du peuple du Canada, disgracieuse et injurieuse pour la Grande-Bretagne » (14 juin 1834). Mais Mackenzie subit un démenti, dans sa province. La Conférence méthodiste, dont il soutient les revendications contre les privilèges de l'Église anglicane, réunie à Kingston, répudie « avec une vive indignation les principes et les objectifs révolutionnaires ».

Le Comité de la Chambre des communes remet son rapport le 3 juillet. Il constate que le gouvernement a fait des efforts méritoires pour suivre les recommandations du comité de 1828, et réussi sur certains points. Il reste des points faibles. Le différend perpétuel entre la Chambre d'Assemblée, d'une part, le gouverneur et ses Conseils d'autre part, paralyse l'administration du Bas-Canada. Le Comité déplore ces « malentendus » et souhaite que le gouvernement réussisse à les dissiper.

C'est un coup d'épée dans l'eau. Une crise ministérielle, sévissant là-dessus, ne permet pas d'accorder grande attention aux événements canadiens. Spring Rice, successeur de Stanley, est un homme conciliant. Il parle de son « chagrin ». Hume et Roebuck engagent les Canadiens à lui accorder un délai, tout en restant sur leurs gardes. Mais Papineau et ses partisans n'accordent rien. Étienne Parent, qui n'est pas des plus exaltés, écrit dans son journal : « Si M. Rice veut que ce pays croie à ses bonnes dispositions, il doit rappeler milord Aylmer ».

* * *

La campagne en faveur des 92 Résolutions est sérieusement articulée. Un « Comité national et permanent » siège à Montréal. Les comités de correspondance se tiennent en liaison avec lui. La maison de William Henry Scott, à Saint-Eustache, celle du Dr Wolfred Nelson à Saint-Denis, celle du notaire Jobin à Sainte-Geneviève, celle du notaire Lacoste à Boucherville, celle du notaire Cardinal à Châteauguay sont quasiment transformées en quartiers généraux pour leurs régions respectives. On signe en même temps des protestations contre l'octroi de la charte à la Compagnie des Terres. Les assemblées se multiplient.

Le clergé cherche à freiner. On dit *L'Ami du Peuple* soutenu par les Sulpiciens. L'abbé Chartier, oiseau rare, n'a pas dit à Papineau que, en délicatesse avec ses paroissiens et avec son évêque, il venait d'être changé de cure, à titre de réprimande. P.-H. Boucher-Belleville écrit à Duvernay que son oncle, curé de Laprairie, désapprouve ses principes. Il n'y a rien à espérer des prêtres, conclut le correspondant de Duvernay ; « c'est une caste privilégiée, comme la gent ministérielle ». D'intrépides orateurs, du modèle de Rodier, provoquent ou attisent cette méfiance. Rodier ne perd pas une occasion de railler la religion et les prêtres. Et Rodier, à cet égard, est presque modéré auprès du Dr Côté, de l'Acadie.

Rome a fini par nommer Mgr Turgeon coadjuteur de Québec. Le cardinal C.M. Pelicini en a informé Mgr Signay, en regrettant qu'on ait un peu forcé la main du Saint-Siège, usurpé une initiative du Pape. Le cardinal rappelle d'autre part à Mgr Turgeon que la communauté de Saint-Sulpice « a établi le christianisme au Canada » et mérite une éternelle reconnaissance. L'abbé Turgeon est ancien condisciple de Papineau, mais il n'a pas caché à madame Papineau qu'il trouvait son mari « trop chaud ». L'abbé Moore, à la Petite-Nation, ne s'entend pas mieux que son prédécesseur avec Denis-Benjamin Papineau. Mgr Lartigue, écrivant à Denis-Benjamin Viger au sujet du bill du collège maskoutain, qui n'a toujours pas reçu la sanction royale, se plaint des accusations de l'orateur, aussi véhémentes que maladroites, contre le clergé et les droits de l'Église. Les assemblées tenues à l'appui des 92 Résolutions deviennent tumultueuses, constate Mgr Lartigue, et les prochaines élections pourront être chaudes, peut-être sanglantes.

* * *

Cette effervescence, propre à démentir lord Aylmer constatant la tranquillité du pays, se manifeste toujours dans le district de Montréal. Quand l'abbé Turgeon a conseillé la modération, Julie Papineau l'a trouvé « trop québécois ». Le district de Québec ne bouge pas. Des prêtres ont félicité Neilson. Des élections municipales se sont tenues à Québec au mois de mars, et les conseillers municipaux ont substitué René-Édouard Caron à Elzéar Bédard, comme maire, par dix voix contre huit. Caron peut être considéré comme un réformiste modéré — plus modéré que le parrain des 92 Résolutions.

Ludger Duvernay, qui a le goût de fonder — des journaux, des sociétés, des traditions, — conçoit l'idée d'une fête annuelle, groupant les Canadiens français, et choisit le jour de la Saint-Jean-Baptiste.

Le prénom de Jean-Baptiste est répandu dans la province, au point que le surnom de Jean-Baptiste s'applique aux Canadiens français comme celui de Patrick aux Irlandais, celui de John Bull aux Anglais et celui de Jonathan aux Américains. La fête de la Saint-Jean-Baptiste renouerait une tradition, celle des fêtes de la Saint-Jean, célébrées à Québec aux premiers temps de la colonie. Elle aurait l'avantage de tomber en plein solstice d'été, pendant les plus longs et les plus beaux jours de l'année, que l'antiquité consacrait au culte du soleil.

Il semble bien que Duvernay ait tout de suite conçu le projet d'une fête nationale. Mais il faut courir au plus urgent, qui est d'appuyer les 92 Résolutions. Duvernay commence par organiser, pour le soir du 24 juin 1834, un banquet de notables, doublé d'une manifestation politique. *La Minerve* ne fait aucune publicité au projet.

Les propriétaires montréalais viennent de réélire leur conseil municipal. John McDonnell et Robert Nelson conservent leur mandat. Le jeune député Louis-Hippolyte La Fontaine entre à son tour au Conseil. Et les conseillers maintiennent Jacques Viger à la mairie.

Autant de « réformistes », de « patriotes ». L'avocat John McDonnell, fils d'un officier écossais et de Marie-Anne Picoté de Belestre — et qu'on appelle souvent Belestre-McDonnell ou McDonnell Belestre — a son bureau rue Saint-Vincent, à deux pas de l'atelier où *La Minerve* s'imprime.[2] Il voisine avec Duvernay et participe aux conciliabules réformistes. Il a servi de témoin à Rodier dans son duel avec Leclère.

McDonnell a hérité de sa mère une belle propriété rue Saint-Antoine.[3] Il met son jardin à la disposition de Ludger Duvernay, organisateur du banquet de la Saint-Jean-Baptiste. Le maire Viger accepte la présidence.

Les convives — les manifestants — se recrutent de vive voix. Un Irlandais, John Turner, membre du Conseil municipal, accepte la vice-présidence. Soixante personnes se réunissent autour des tables, dans le jardin de McDonnell, éclairé par des lanternes vénitiennes. Il y a là Duvernay et O'Callaghan, les deux journalistes ; Thomas Storrow Brown ; Ovide Perrault ; les députés La

---

2. Presque tous les renseignements que nous possédons sur John McDonnell sont dus aux recherches d'E.-Z. Massicotte. Ils ont fait l'objet d'une notice, dans le XVe volume des *Mélanges historiques* de Benjamin Sulte.

3. A l'emplacement actuel de la gare Windsor.

Fontaine, de Bleury et Rodier ; et les dirigeants de la société Aide-toi, le Ciel t'aidera. Les toasts, la musique, les chants et les discours alternent. Le compte rendu de *La Minerve* énumère une douzaine de « santés », qui donnent le ton, indiquent le caractère de la manifestation. Entre autres :

> Le Peuple, source primitive de toute autorité légitime...
>
> La Chambre d'Assémblée du Bas-Canada, l'organe fidèle du Peuple canadien.
>
> L'honorable Louis-Joseph Papineau, Orateur de la Chambre d'Assemblée, habile et zélé défenseur des Droits du Peuple.
>
> Louis Bourdages, écuyer. Doyen de la Chambre d'Assemblée, le Nestor canadien.
>
> Elzéar Bédard, écuyer. Représentant du comté de Montmorency, premier maire de Québec, moteur des 92 Résolutions sur l'état de la province ; et les 56 membres qui ont formé la glorieuse majorité qui les a votées.
>
> O'Connell et nos compatriotes irlandais.
>
> Jocelyn Waller (en silence).
>
> Daniel Tracey et les victimes du 21 mai (en silence).
>
> MM. D.-B. Viger et A.-N. Morin, nos agents en Angleterre.
>
> MM. W.L. Mackenzie et Bidwell, et les autres réformistes du Haut-Canada.
>
> Le Gouvernement des États-Unis (il excite l'admiration de l'univers).
>
> Le général Lafayette (en silence).

Ces toasts résument les pages d'histoire que nous esquissons. Ils affirment le principe essentiel (« Le peuple, source primitive de toute autorité légitime »), endossent les 92 Résolutions, glorifient Papineau, exaltent la mémoire de Jocelyn Waller, de Daniel Tracey et des victimes du 21 mai, saluent le chef irlandais O'Connell, les agents de la province à Londres, les libéraux anglais qui les appuient, et les réformistes hauts-canadiens, groupés autour de Mackenzie. Ils rappellent, à leur tour, l'exemple des États-Unis. Le banquet du 24 juin 1834 est bien une manifestation politique. Deux toasts, à la fois pittoresques et significatifs, concernent le clergé : « Le Clergé canadien et ses Évêques. Puissent-ils toujours être unis, et donner le bon exemple à leurs ouailles. Ils seront soutenus et respectés en faisant cause commune avec la Chambre d'Assemblée et le peuple » ; et « Les prêtres libéraux de ce district. Ils sont, heureusement pour le pays, en grande majorité ».

O'Callaghan et Rodier prennent la parole à plusieurs reprises. L'étudiant Georges-Étienne Cartier, stagiaire au bureau de Rodier et membre de la société Aide-toi, le Ciel t'aidera, chante des couplets de sa composition — tout probablement *Ô Canada, mon pays, mes amours*. Le maire Viger chante trois couplets d'un auteur anonyme, évoquant « les Français dont nous descendons » :

> Ils ont frappé la tyrannie,
> Nous saurons l'abattre comme eux.
> Si le sort désignait une race ennemie,
> Veille sur nous, Saint-Jean, fais nous victorieux.

Les participants décident une célébration annuelle de la Saint-Jean-Baptiste, adoptée comme fête nationale. *La Minerve* du surlendemain fournit un compte rendu copieux. *Le Canadien* de Québec applaudit : « C'est avec attendrissement que nous avons lu le rapport d'une réunion patriotique à Montréal, à l'occasion de la fête de Saint-Jean-Baptiste, qu'on a érigée en fête patronale. Il y a longtemps qu'on donne au peuple de ce pays l'appellation de Jean-Baptiste comme on donne à nos voisins celle de Jonathan, aux Anglais celle de John Bull et aux Irlandais celle de Patrick. Nous ignorons qui a pu donner lieu à ce surnom familier des Canadiens, mais nous ne devons pas le répudier, non plus que la patronisation que viennent d'établir nos amis de Montréal. C'est d'un bon augure pour les Patriotes canadiens que d'avoir pour patron le précurseur de l'Homme-Dieu, qui est venu prêcher l'égalité des hommes aux yeux du Créateur et délivrer le monde de l'esclavage des puissances ennemies d'un autre monde ».

* * *

Cette manifestation réussie ne peut que stimuler la campagne en faveur des 92 Résolutions, mais une recrudescence de l'épidémie de choléra la ralentit. Pour Papineau et ses amis, pour le Comité central et permanent qui se tient à la librairie Fabre et dont O'Callaghan est le secrétaire, aucun doute n'est possible : les responsables de l'épidémie sont, comme en 1832, le gouverneur et les conseillers législatifs. La presse supplée aux assemblées décommandées. *La Minerve* et *L'Ami du Peuple* polémiquent de bon cœur. *La Minerve* ne ménage pas les « traîtres », à commencer par le confrère Rambeau, auquel elle décerne, dans des couplets :

> « Le titre de renégat
> D'intrigant ou d'apostat ».

Le gouverneur n'est pas épargné. Lord Aylmer venant à Montréal, *La Minerve* et le *Vindicator* paraissent, ce jour-là, encadrés de noir.

36

Les « 92 » plébiscitées

La ville d'York est « incorporée » sous le nom de Toronto, ce qui entraîne des élections municipales, fixées au 27 mars 1834 et qui pourraient servir de prélude aux élections provinciales, prévues pour le mois d'octobre. Les réformistes gagnent ces premières élections municipales, et les conseillers élisent William Lyon Mackenzie à la mairie. Cette élection est de toutes façons retentissante, puisque Toronto est le siège du gouvernement provincial, le siège de l'administration entre les mains du Family Compact. Les fonctions de maire sont d'ailleurs bénévoles, et hérissées de difficultés, car la Bank of Upper Canada refuse de prêter à la ville.

La publication de la lettre de Hume, souhaitant « l'indépendance et la libération » du Canada dans le *Colonial Advocate* — dans le journal du maire de Toronto ! — du 2 mai soulève d'autant plus de vacarme. Les tories en sont indignés. Mackenzie se démasque, s'écrient-ils ; Mackenzie ne recherche pas seulement la mise à l'écart du Family Compact ou l'application du principe de la responsabilité ministérielle ; il veut et prépare la séparation d'avec l'Angleterre ! Des réformistes même, sommés de se joindre à la vague d'indignation, se sentent gênés.

La vague n'est pas apaisée lors des élections provinciales d'octobre. Et cependant les réformistes font coup double. Des catholiques et une bonne proportion des immigrants se joignant à eux, ils réalisent des progrès. Mackenzie est réélu député du comté d'York ; son disciple le forgeron Samuel Lount est élu député du comté de Simcoe.

Au Nouveau-Brunswick, l'Assemblée demande communication de la correspondance échangée entre le lieutenant-gouverneur et le gouvernement impérial. Le lieutenant-gouverneur sir Archibald Campbell, soldat qui ne farde pas ses sentiments, refuse en termes que les députés jugent offensants. L'Assemblée vote, par 18 voix contre 8, un blâme au lieutenant-gouverneur.

Dans le Bas-Canada, la réapparition du choléra, ralentissant le rythme des assemblées, n'a pas refroidi toutes les ardeurs. Lord Aylmer, à la retraite du juge Uniacke, nomme Samuel Gale juge à la Cour du Banc du Roi pour le district de Montréal. Samuel Gale est cet avocat montréalais que les partisans du projet d'Union ont délégué à Londres, en 1828, pour contrecarrer la mission Neilson-Viger-Cuvillier. Il a été, assure-t-on, le confident, peut-être le conseiller du gouverneur Dalhousie dans sa querelle avec la majorité de la Chambre d'Assemblée. Autant de titres sûrs à la rancune de Papineau. Le secrétaire des Colonies prévoit du chahut, et déconseille cette nomination. Mais lord Aylmer a graduellement perdu ses bonnes dispositions.[1] Il nomme Samuel Gale, dont les titres juridiques sont incontestables. La tempête de protestations s'élève aussitôt. Denis-Benjamin Viger rentre de Londres. Une foule enthousiaste l'acclame, se forme en cortège pour l'escorter. James Stuart rentre aussi, et s'en prend à lord Aylmer, auquel il reproche de ne pas l'avoir soutenu. Il le provoque en duel. Le geste est insolite, puisque le représentant du roi ne peut être défié, ni se battre en duel. Stuart déclare que son cartel restera valable jusqu'à la retraite de lord Aylmer que ses fonctions n'empêcheront plus, alors, de se battre.

La nouvelle éruption de choléra, moins meurtrière que celle de 1832, est aussi plus courte. L'une de ses dernières victimes est l'abbé Augustin Chaboillez, curé de Longueuil depuis 28 ans, mort le 29 août 1834. La campagne d'assemblées peut reprendre à l'automne. Des élections générales devront se tenir en novembre. Le succès des réformistes hauts-canadiens est encourageant pour leurs homologues bas-canadiens. Des patriotes approuvent et au besoin stimulent le directeur de *La Minerve* et le directeur du *Vindicator*, qui n'ont guère besoin d'être stimulés. D'autres correspondants conseillent la modération — parfois sur un ton violent.[2] Charles Mondelet, frère cadet de Dominique et son associé au barreau, craint un soulèvement armé, tempère son opinion et le fait savoir. Il censure, comme ont fait Neilson, Cuvillier,

---

1. Le journal de lady Aylmer s'arrête malheureusement en 1832.
2. Correspondance dans les papiers Duvernay, aux archives de la province de Québec.

Quesnel et d'autres, les 92 Résolutions, jugées séditieuses et révolutionnaires. La Fontaine rompt immédiatement son amitié avec les Mondelet et rédige, d'une plume vengeresse, un pamphlet un peu long, un peu touffu, intitulé « Les deux Girouettes » et dont la force principale est de mettre les Mondelet en contradiction avec leurs articles de *L'Argus*. Il termine en leur demandant — en les sommant — de sonder leur cœur et leur conscience : « Vos compatriotes vous regardent et votre ancien ami vous attend ». Chaque souhait de modération est ainsi couvert de honte. De vieux amis se séparent ; des familles mêmes se divisent.

* * *

Les élections doivent être « les élections des 92 » — des 92 Résolutions, s'entend. Le Comité central et permanent, qu'on appelle aussi la Convention, décide l'anéantissement des adversaires des 92. Papineau tient à la défaite de Cuvillier — qui le présentait à la présidence de la Chambre quand Louis Bourdages présentait Vallières de Saint-Réal ! Berthelet, Cuvillier, Duval et Quesnel renoncent, devant cette menace, à se présenter. Neilson renoncerait également si des curés n'insistaient auprès de ce protestant sympathique.

Les réformistes ont organisé un véritable réseau, dont le Comité central et permanent, siégeant toujours à la librairie Fabre, rue Saint-Vincent, est le foyer. Edmund Bailey O'Callaghan, secrétaire du Comité, est lui-même candidat dans le comté d'Yamaska. Le colistier de Papineau dans la division de Montréal-Ouest sera le Dr Robert Nelson, son médecin et ami. Le Dr Cyrille-Octave Côté arrachera le comté de L'Acadie à François Languedoc, qui a voté contre les 92. Ovide Perrault, beau-frère de Fabre et l'un des orateurs au banquet du 24 juin, sera le colistier de Charles Rocbrune dit Larocque dans le comté de Vaudreuil. La vallée du Richelieu est en mains sûres : Saint-Denis, résidence des Cherrier, de Louis Bourdages et surtout, peut-être, du Dr Wolfred Nelson, est un foyer de propagande réformiste. William Henry Scott et Jean-Joseph Girouard tiennent le comté des Deux-Montagnes et influencent la région environnante. Le commerçant, maître de poste et magistrat Marcus Child, originaire du Massachusetts et ardent réformiste, a repris au mois de février, dans une élection complémentaire, le comté de Stanstead qu'il avait représenté de novembre 1829 à septembre 1830. Il compte bien s'y maintenir, et d'autres réformistes originaires des États-Unis, comme John Barry et Baruch Burpee, le secondent sans répit. Aux

Trois-Rivières, Edward Barnard est le coéquipier de René-Joseph Kimber. À Québec, où l'aubergiste irlandais Michael Connolly préside le Comité permanent, l'atmosphère est beaucoup plus calme et les chances, pour les réformistes, sont beaucoup plus minces.

Papineau prononce un discours de trois heures, destiné à donner le ton (1er novembre 1834) :

> Je déclare solennellement qu'aucune harmonie ne peut exister dans ce pays tant que le principe électif n'aura pas été appliqué à toutes les parties de l'administration. Il doit surtout être appliqué au Conseil législatif, où un groupe de vieillards paralyse, par son opposition incessante, tous les efforts des représentants du peuple.

De grands hommes d'État d'Angleterre partagent cette opinion et nous promettent le succès au prix de la persévérance :

> O'Connell, ce grand ami de la race humaine, nous a promis qu'en persistant nous obtiendrions cette réforme. O'Connell promit l'émancipation de sept millions de ses compatriotes. Ne la gagna-t-il pas ?

Papineau réfute l'accusation, lancée contre lui par le Conseil législatif, d'être opposé à toute immigration. Nous avons tout fait, affirme-t-il, pour protéger les immigrants contre les mauvais traitements des armateurs ; nous aidons, à leur arrivée, ceux qui ont besoin d'être aidés. Le Conseil législatif a d'abord rejeté nos projets. Là-dessus est arrivée d'Angleterre une dépêche ministérielle, recommandant la levée d'une taxe pour venir en aide aux immigrants. Le Conseil a pris alors en considération le bill qu'il avait repoussé deux jours plus tôt ...

Le Conseil législatif a refusé des poursuites contre le receveur général, qui avait détourné des sommes énormes de l'argent de la province.

Les shérifs touchent une commission de 2½ pour cent sur les ventes auxquelles ils président en exécution de la loi. C'est abusif. La seigneurie de Terrebonne ayant été vendue pour 20,000 livres, le shérif a touché deux et demi pour cent de cette somme. L'Assemblée a voulu faire cesser cet abus. Le Conseil législatif s'y est opposé, parce que le shérif de Montréal est conseiller législatif et que le shérif de Québec est le père d'un conseiller législatif ...

La liste des griefs contre le Conseil législatif, réactif de choix des réformistes, se poursuit, occupant une partie majeure du discours. Un siège se trouvant vacant au Conseil législatif, le gouverneur y nomme un Canadien français, Joseph Masson, seigneur de Terrebonne, qui se recommande par sa fortune et par sa tenue, et dont la femme est une amie de Julie Papineau. La « Chambre haute » comprend treize membres canadiens-français — Pierre-Dominique Debartzch, Toussaint Pothier, Denis-Benjamin Viger, Louis Guy, Roch de Saint-Ours, M.-P. de Sales Laterrière, François-Xavier Malhiot, Jean Dessaulles, Barthélemy, Joliette, Pierre de Rocheblave, A.-G. Couillard, François Quirouet, Joseph Masson — sur trente-quatre, et plusieurs d'entre eux, de Pierre-Dominique Debartzch à Jean Dessaulles en passant par Denis-Benjamin Viger, sont loin d'être hostiles aux idées réformistes. La proportion est encore injuste, sans doute. Mais ce n'est pas un Conseil législatif canadien-français, ni même un Conseil législatif réformiste, que veut Papineau, c'est un Conseil législatif élu par le peuple. Il faut réduire ce Conseil nommé par le gouverneur. Les « élections des 92 » se feront donc, dans une bonne mesure, là-dessus.

Le gouverneur général n'est pas ménagé non plus. Le Comité central et permanent se réunit le 3 novembre. Papineau, Denis-Benjamin Viger, Louis-Hippolyte La Fontaine, Augustin-Norbert Morin et le notaire Joseph-Narcisse Cardinal, de Châteauguay, candidat dans le comté de Laprairie, participent à cette réunion. On décide la nomination d'un Comité constitutionnel, « pour s'enquérir des ravages commis par le choléra l'été précédent, des causes de son introduction et de la participation du gouverneur général actuel et de l'Exécutif provincial à ces causes, par action ou omission coupable et volontaire ».

La lutte est partout acharnée. Dans les comtés ruraux, les patriotes — des gaillards comme François Jalbert, capitaine de milice à Saint-Denis, et Joseph Vincent, capitaine de milice à Longueuil — ne tolèrent et ne rencontrent pas d'opposition. Les modérés, taxés de trahison et découragés, parfois paralysés par la crainte, s'abstiennent. Les ministériels accomplissent cependant un effort particulier contre Scott et Girouard, et surtout contre Scott, dont l'influence s'étend, dans le comté des Deux-Montagnes.

Dans les villes, on se bat, à la lettre.

Toute cette fermentation oppose des idéologies, beaucoup plus que des races, ainsi que l'établit la participation, à des postes de commandement, d'anglophones tels que Scott, Nelson, O'Callaghan, Brown, Child, Barnard, Connolly et d'autres. William Henry Scott, qui parle peu en Chambre mais suit fidèlement Papineau, est le chef incontesté des patriotes des Deux-Montagnes, bien que le bouillant Dr Chénier ne le trouve pas assez violent. Dans le comté de William Henry, la lutte oppose deux Anglais, John Jones, candidat ministériel, et John Pickel, candidat réformiste. On rencontre cependant une plus forte proportion de « Canadiens » parmi les patriotes et d'« Anglais » parmi leurs adversaires.

William Henry est le nom officiel de Sorel. Lord et lady Aylmer y possèdent une petite maison de campagne, avec, écrit lady Aylmer, « un semblant de jardin carré, enclos par une palissade basse peinte d'une couleur blanche aveuglante, comme d'ailleurs les ailes basses de la maison ». Lady Aylmer n'a pas osé faire changer cette couleur « aveuglante », pour ne pas causer de peine au voisin obligeant qui s'était chargé de surveiller la peinture. Mais lord et lady Aylmer seraient imprudents d'utiliser leur maisonnette de Sorel en ce mois de novembre.

La famille du candidat ministériel est l'une des plus anciennes, la plus connue et la plus ramifiée de la ville. Un Jones, maintenant conseiller législatif, a déjà représenté le comté, de 1814 à 1824. Mais les loyalistes n'y sont plus sûrement en majorité. Les deux candidats tiennent table ouverte, et l'on recourt, de part et d'autre, aux expédients pour écarter les adversaires des urnes. Le Dr Wolfred Nelson, ancien député du comté, vient de Saint-Denis pour soutenir Pickel. Le sixième jour du scrutin, se présente un nommé Dumas, qui déclare voter pour Jones. Les « patriotes », représentants de Pickel, s'y opposent : Dumas, dont la maison, en cours de construction, n'a pas encore de cheminée, ne tient pas « feu et lieu » comme la loi l'exige. Les partisans de Jones se mobilisent pour construire, dès la nuit suivante, la cheminée manquante. La maison, par malheur, fait face à l'établissement d'une veuve Paul, qui est le rendez-vous des patriotes. Le maître boulanger Louis Marcoux, homme de confiance du Dr Nelson et qui tient du fort-à-bras, sort à la tête d'un petit groupe, pour interpeler les travailleurs. Une courte altercation s'ensuit. Isaac et James Jones, frères du candidat ministériel, sont armés. L'un des Jones tire, et blesse Marcoux qui, malgré les soins du Dr Nelson, meurt le surlendemain (8 novembre 1834).

On pourrait voir pis dans la division de Montréal-Ouest, où Papineau se représente, avec le Dr Robert Nelson pour coéquipier. Les candidats gouvernementaux sont l'Irlandais Donnelan et l'avocat écossais William Walker, qui a des intérêts dans la firme Forsyth, Richardson & Co. Thomas Storrow Brown, ardent partisan de Papineau, est insulté dans la rue par George Auldjo, gendre de Richardson. Des Écossais en bandes, armés de pierres, de triques, de manches de hache, entourent et accaparent les urnes ; ils ne doivent pas être bénévoles. Il faut attribuer à chaque parti une urne et une entrée différentes dans la salle. Les élections durent encore plusieurs jours. Une après-midi, les adversaires de Papineau débusquent soudain sur la place et entreprennent de chasser les réformistes. Ils frappent à tort et à travers. On compte déjà des blessés quand Papineau sort de la salle de vote. Son sang-froid et son ascendant sont tels que les plus furieux n'osent le toucher ni s'opposer à son passage.

Les Écossais ministériels ont établi leur quartier général à la taverne T. B. English, rue McGill. Bon endroit pour se surexciter. Ils sortent en trombe, vociférant, molestant les passants, brisant les vitres, rossant le guet, et terminent en lapidant les volets de Papineau, rue Bonsecours. Les autorités, pour ne pas sévir, se retranchent derrière la présence de fils de famille — de « gentlemen » — parmi les manifestants.

Montréal, chaque soir, est comme en état de siège. Des incidents irrémédiables sont à redouter. L'officier rapporteur, qui est le conseiller municipal Charles-Alexandre Lusignan, ne pouvant continuer sans danger pour lui-même et pour la paix publique, déclare le scrutin clos et proclame l'élection de Papineau et de Nelson, qui totalisent le plus de voix. La proclamation est lacérée aussitôt qu'affichée, mais on la sent juste, et les officiels l'acceptent.

Les réformistes remportent un complet triomphe, à Montréal et dans toute la province. À Montréal-Est, le successeur d'Olivier Berthelet est Joseph Roy, le magistrat destitué par lord Aylmer, en 1832, pour avoir fait arrêter le colonel Mackintosh et le capitaine Temple. Aux anciens députés réformistes — Louis Bourdages, Pierre Amiot, Louis-Michel Viger, Louis-Hippolyte La Fontaine, Augustin-Norbert Morin, William Henry Scott, Jean-Joseph Girouard, Jacques Dorion, René Kimber, Sabrevois de Bleury, Édouard-Étienne Rodier, Charles Rocbrune dit Larocque — tous réélus — s'ajoutent Robert Nelson, Joseph Roy, Ovide Perrault (Vaudreuil), Jean-Baptiste Meilleur (L'Assomption), Cyrille-Octave Côté (L'Acadie), Joseph-Narcisse Cardinal (Châteauguay),

Louis Lacoste qui prend le siège de Quesnel dans le comté de Chambly, Marcus Child (Stanstead), Edmund Bailey O'Callaghan, le rédacteur du *Vindicator*, élu dans le comté en majorité canadien-français d'Yamaska, Edward Barnard (colistier de René Kimber aux Trois-Rivières) et John Pickel, élu dans le comté en majorité anglais de William Henry.

Les patriotes emportent 77 sièges et leurs adversaires tombent à 11. Gugy est réélu à Sherbrooke ; mais l'élection de Marcus Child marque un recul pour l'influence politique de Paul Holland Knowlton dans les cantons de l'Est. Dans le district même de Québec, John Neilson est défait, Andrew Stuart et Jean-François-Joseph Duval disparaissent comme députés de la haute ville. Elzéar Bédard succède à Neilson dans le rôle de chef de file des réformistes québécois. Les élections de novembre 1834 ont plébiscité les 92 Résolutions, dont les adversaires canadiens-français sont virtuellement éliminés de la Chambre. Elles ont, au moins dans le district de Montréal, plébiscité Papineau, élu à la fois dans la division de Montréal-Ouest et dans le comté de Montréal où son colistier, élu avec lui, est Côme-Séraphin Cherrier, déjà renommé au barreau mais qui vient de poser, à 36 ans, sa première candidature politique. Des élections tenues dans le Haut-Canada, peu avant les nôtres, ont été aussi fructueuses pour Mackenzie et ses réformistes.

Les députés patriotes de la nouvelle couvée sont jeunes, ardents, grisés de mots et d'abstractions. Ce sont en partie de jeunes avocats ou de jeunes notaires, chez qui la clientèle n'afflue pas et ne paie pas plus facilement que les censitaires de la Petite-Nation. Ils tendent, comme O'Callaghan, à glorifier les États-Unis, « terre classique de la liberté ». Plusieurs d'entre eux côtoient, ou même, comme Rodier et Côté, professent l'anticléricalisme. La collaboration du clergé avec le pouvoir n'est à leurs yeux que servilité. Il n'y a plus, auprès de Papineau, un Neilson, un Cuvillier ou un Quesnel pour conseiller la modération.

Papineau remercie ses électeurs dans une longue adresse. Il rappelle le 21 mai, le meurtre de Barbeau et celui de Marcoux. Il nomme et secoue ses principaux adversaires, qu'il appelle haineux, menteurs, vils escrocs, brutes fanatisées, etc. Les réunions de la taverne English sont qualifiées de bacchanales ordurières. Il est question pêle-mêle, dans cette adresse, de quatre vidangeurs qui auraient porté Donnelan et Walker en triomphe, au milieu d'une foule ivre, et de « parvenus qui commencent par décrotter des souliers et balayer des comptoirs, pour plus tard siéger au Conseil législatif ». Le tout sous la présidence de lord Aylmer.

Papineau s'en prend aussi aux banques — c'est-à-dire à la Banque de Montréal, — qui n'aident que le gros commerce anglais et financent les élections du parti bureaucratique. Enfin il commence à préconiser l'usage des étoffes du pays et le boycottage des produits anglais. Déjà, de part et d'autre, on évite de se fournir chez des commerçants d'opinion adverse. Et plus d'un ouvrier congédié attribue son licenciement à ses opinions.

Papineau termine : « Soyez assurés que ces moyens, au bout de quelque temps, suffiront, avec l'opposition constitutionnelle que vos Représentants feront au gouvernement corrompu, pour le voir bien vite remplacé par celui que vous avez demandé. Vos Représentants ne reculeront devant aucun obstacle afin d'obtenir toutes les réformes demandées dans les 92 Résolutions ».

Ce qu'il y a de doctrinaire chez Papineau contribue à son ascendant. « Cette adresse », écrit Étienne Parent, « est dans le genre de celles que le grand O'Connell publie de temps à autre, dans les grandes occasions. Elles sont faites pour dérouler aux yeux du monde les maux et les injustices dont souffrent les peuples, réveiller s'il est possible les autorités engourdies, ouvrir les yeux au Souverain qu'on abuse. Ce n'est pas O'Connell, ce n'est pas Papineau qui parlent ; ce sont les peuples qu'ils représentent et personnifient. »

* * *

Le petit monde qu'est Montréal reste en ébullition. On ne s'est jamais tant provoqué et battu en duel. Papineau, dans *La Minerve*, accuse le Dr William Robertson d'avoir, comme juge de paix, le 21 mai 1832, outrageusement abusé de ses pouvoirs. Le Dr Robertson, chirurgien au 3e bataillon des Loyal Montreal Volunteers, est un fort loyaliste. Il charge son ami Sydney Bellingham d'aller défier son accusateur. Papineau répond qu'il n'a pas de satisfaction à donner au Dr Robertson. Le *Herald* taxe Papineau de poltronnerie. Papineau relève, dans *La Minerve* du 8 décembre :

> Je vois par les colonnes du Herald que le Dr Robertson, non satisfait de la déshonorante notoriété qui s'attache à son nom pour avoir abusé de sa charge de juge de paix et avoir fait répandre par le militaire le sang innocent du citoyen désarmé, en cherche une d'un autre genre en envoyant des cartels à ceux qui se permettent de croire que cette conduite est digne de censure.

Le Dr Robertson ne songe-t-il pas que, parce que l'amour du meurtre a été dans son cœur, le meurtre, et en particulier celui du 21 mai 1832, est en exécration dans les cœurs de 99 pour cent des habitants de la province et que si, après sa conduite, il a le droit d'appeler en duel un seul de ceux qui le lui reprochent, il se montre disposé à exterminer 99 pour cent des habitants du pays par la même voie, si faire se peut...

Mais William Walker, offensé dans le même écrit de Papineau — dont il a été l'adversaire aux dernières élections, — lui envoie à son tour son témoin. Et ce témoin, Benjamin Holmes, ancien combattant de 1812, n'est pas le premier venu. Il fut l'un des magistrats chargés d'administrer Montréal avant l'inauguration du régime municipal. Caissier de la Banque de Montréal, il introduit des innovations et perfectionnements techniques qui lui valent une réputation de financier. Papineau répond que Walker a perdu tout droit à sa considération, par les discours qu'il a prononcés contre lui, devant une foule ivre, pendant la campagne électorale.

Thomas Storrow Brown envoie son témoin à George Auldjo, qui l'a insulté pendant la même élection de Montréal-Ouest. Auldjo lui ferme sa porte, et écrit ses raisons au *Herald* : le cartel est envoyé trop tard, six semaines après l'incident. Brown répond dans *La Minerve* (décembre 1834).

L'Ami du Peuple a copieusement injurié Louis-Victor Sicotte, qui envoie son témoin, l'avocat Norbert Dumas, réclamer excuse ou satisfaction. Alfred Rambeau choisit — exige — de se battre à l'épée. C'est contraire à la coutume canadienne, qui est de se battre au pistolet, et dangereux pour Sicotte, qui n'a jamais manié une lame. Dumas cherche vainement à faire changer cette condition. Le témoin de Sicotte refuse un combat qui serait, pour son ami, un massacre. Sicotte veut passer outre et se battre, aux conditions de son adversaire. Rambeau répond qu'il est trop tard : il fallait accepter quand il l'a offert.

Il y a donc, à vrai dire, plus de défis que de duels. Mais O'Callaghan, assailli rue Saint-Paul, est frappé et blessé à la tête.

* * *

Mgr Lartigue s'applique à maintenir son clergé hors de l'agitation. Il ne se fait certes pas d'illusion. Il écrit à Mgr B. Flaget, évêque de Bardstown dans le Kentucky (4 décembre 1834). Vous avez les mains libres, dit-il en substance, « tandis qu'ici, où l'établissement légal de notre sainte religion semble nous assurer de plus grands avantages, les entraves du Civil tiennent notre Église en esclavage, sous prétexte de protection ». Mais toute participation à la mêlée aggraverait cette situation. L'abbé Moore ne veut plus rester à la Petite-Nation. L'« incorporation » du Collège de Saint-Hyacinthe est enfin sanctionnée. Elle entraînera le versement d'une indemnité au seigneur Dessaulles. Mgr Lartigue conseille à l'abbé Prince, directeur du collège, d'éviter les Papineau père et fils, notaire et avocat, s'il y a contestation, « car ils ont trop d'intérêt pour leur fille et sœur ». Et il affirme à Mgr Signay sa résolution, non seulement de rester en dehors des querelles politiques, « mais de se prémunir contre les divers partis qui voudraient nous y entraîner ; toute autre marche dans le clergé, en y jetant la division, donnera tout le lieu et le temps de s'en repentir amèrement ».

Au Nouveau-Brunswick, le lieutenant-gouverneur dissout l'Assemblée avant que Lemuel Allan Wilmot, avocat à l'éloquence dévastatrice, élu dans une élection complémentaire, ait eu le temps de siéger.

Dans le Haut-Canada, Mackenzie renonce au journalisme, qui paraissait sa vocation. Le *Colonial Advocate* publie un dernier numéro le 4 décembre, et se fusionne avec le *Correspondent*, journal publié par un prêtre catholique irlandais en querelle avec son évêque, sous le nom de *Correspondent and Advocate*. Mais une Canadian Alliance Society, de tendance radicale, se forme à Toronto, avec James Leslie comme président et Mackenzie comme secrétaire (9 décembre 1834). Cette société réclame le « gouvernement responsable », l'élection du Conseil législatif, la séparation de l'Église et de l'État, la sécularisation des réserves du clergé, le contrôle de tous les revenus provinciaux par les représentants du peuple, la fin de toute intervention « indue » du gouvernement de Londres dans les affaires de la colonie, et ainsi de suite. Les adversaires décrivent ce programme comme révolutionnaire.

La Canadian Alliance Society projette « une étroite association avec toute société analogue qui pourrait être formée dans le Bas-Canada ou dans d'autres colonies.

Lord Aylmer écrit à Spring Rice, secrétaire colonial : « Une crise est évidemment imminente. »

37

Session "révolutionnaire" de 1835

Louis Bourdages, sa santé déclinante, n'a pas pris une part active à la fermentation de ces derniers mois. Le doyen de la Chambre meurt le 20 janvier 1835, à 70 ans.

La session est convoquée pour le 21 février. À Londres, la situation politique est confuse. Lord Melbourne a succédé à lord Grey, et sir Robert Peel à lord Melbourne. Des élections ont laissé le gouvernement conservateur en minorité. Peel se cramponne, soutenu par le roi. Lord Aberdeen est secrétaire des Colonies.

Papineau se rend à Québec en voiture, comme d'habitude, avec plusieurs de ses collègues. René Kimber les reçoit aux Trois-Rivières dans sa maison décorée de transparents : « Vive Papineau ! », « Vivent Papineau et Viger ! », « Vivent le peuple souverain, la liberté, l'égalité ! »

À Québec, Papineau distribue les consignes à ses députés. Elzéar Bédard propose Papineau pour la présidence de la Chambre. Papineau et ses amis souhaitent que le gouverneur refuse de sanctionner ce choix, ce qui ferait retomber sur lui la responsabilité du désordre où la session doit fatalement sombrer.

Elzéar Bédard propose donc l'élection de Louis-Joseph Papineau, député de Montréal. Louis-Hippolyte La Fontaine « seconde » cette proposition. Conrad Gugy propose La Fontaine. Celui-ci proteste : il démissionnerait comme député plutôt que de se laisser substituer à son chef. Papineau est élu — réélu — par 70 voix contre 6. L'initiative de Gugy a déjoué le plan des réformistes : le gouverneur, constatant la faiblesse de l'opposition à Papineau, ne tentera pas de lui barrer la route.

Lord Aylmer, dans le discours du Trône, évoque les changements qui se sont produits dans le gouvernement impérial. Puis il attire l'attention de la Chambre sur la situation financière. Il a fallu avancer 31,000 louis, pris dans la caisse militaire, pour payer des traitements et quelques dépenses urgentes. Le gouverneur exprime l'espoir que cette avance sera remboursée.

Augustin-Norbert Morin, porte-parole de Papineau pendant cette session, demande la prise en considération de l'état de la province. Cette précipitation est insolite. Morin est essentiellement homme de plume. Orateur, il a le débit monotone. Admiré pour ses connaissances, estimé pour sa franchise, aimé pour son affabilité, il sera un jour un modèle de réserve et de sérénité. Pour l'heure, il violente son tempérament pour se modeler sur Papineau, qui les hypnotise tous :

> Je propose que la Chambre se forme en comité pour examiner l'état de la province, mesure que je tiens pour nécessaire, pour savoir si nous devons être gouvernés conformément aux lois et aux droits de sujets britanniques, et si nous devons réellement jouir des avantages de la liberté constitutionnelle, ou rester courbés sous le joug de la tyrannie qui nous opprime et qui répand son infection parmi nous sous la forme la plus odieuse.

Conrad Gugy, porte-parole des adversaires de Papineau, s'étonne : la prise en considération du discours du gouverneur, que nous venons à peine d'entendre, doit, suivant l'usage, avoir priorité. Gugy, homme d'autorité, est à l'aise dans les deux langues :

> Le gouverneur nous dit qu'il a reçu des dépêches, nous ne savons pas s'il a reçu des ordres pour redresser les griefs que la majorité a soumis l'année dernière, et nous demandons la formation d'un comité. C'est aller vite !

Gugy discute ensuite les 92 Résolutions. Il touche ainsi à l'Arche sainte. Il réduit les motifs de l'opposition à la convoitise des places, « sans s'occuper de savoir si l'on trouverait assez de Canadiens pour les remplir ». Il compare l'Assemblée à la Convention, Papineau et ses partisans à Danton et à Robespierre. Gugy exècre la Révolution, qui a chassé de France son grand-père, colonel des Gardes suisses, et son père, lieutenant au même régiment. Mais les jeunes députés montréalais, encore chauds de leur première campagne électorale, sont plutôt flattés d'être comparés aux conventionnels.

Papineau répond. Il ridiculise la prédiction d'une guerre civile, faite par le « militaire » qu'est Gugy, lieutenant de milice fraîchement promu major, mais qui n'a encore exercé, à ce titre, que sur les champs de parade et dans les salles de bal. Ses craintes sont le fruit d'une imagination déréglée. Notre constitution a été conçue par M. Pitt, champion des privilèges de l'aristocratie, ennemi des institutions libérales, et qui n'était pas plus favorable à la liberté au Canada qu'en Angleterre. Nos adversaires parlent de *révolution* quand nous demandons des *réformes*.

Gugy a trouvé le geste de Morin prématuré. Il n'y a pas de temps à perdre, réplique Papineau :

> Sous la férule d'un soldat qui nous gouverne avec ignorance, passion et partialité en faveur des militaires, au point de les protéger quand ils massacrent nos compatriotes, il est nécessaire de nous adresser une fois de plus au Parlement britannique. Cette pétition énumère les griefs qui se sont accumulés depuis l'année dernière sous ce gouverneur militaire. L'honorable député de Sherbrooke dit que le gouverneur a reçu des dépêches et que ces dépêches rempliront sans doute nos cœurs de joie et de bonheur. Mais le bonheur ne peut nous venir de ceux qui nous ont infligé tant de maux. Le plus grand bonheur serait le départ des hommes qui ont été le fléau de cette colonie. Nous sommes gouvernés par une faction corrompue...

Morin a dit qu'il ne soumettrait au comité rien d'autre que sa pétition. Il a, sous le regard de Papineau, forcé un peu son naturel pour dénoncer « le joug de la tyrannie qui nous opprime et qui répand son infection parmi nous ». Il faut aussi, déclare Papineau, prendre en considération « le discours insultant prononcé par Mathieu, lord Aylmer, à la fermeture de la session précédente ». Le gouverneur a fait ressortir le contraste entre le ton des 92 Résolutions, « tellement éloigné de la modération et de l'urbanité si bien connues du caractère canadien », et la tranquillité régnant parmi le peuple de la province. Il a ainsi insulté la Chambre, affirme Papineau, donc insulté le peuple en la personne de ses représentants, « et notre devoir est de venger une insulte jetée à la face de la nation tout entière ».

Papineau commence donc par faire biffer des journaux de la Chambre le discours prononcé par le gouverneur à la clôture de la session précédente. O'Callaghan, à peine remis de la blessure infligée par ses agresseurs, est encore plus violent à l'égard du gouverneur. Il est insolent jusqu'à la grossièreté. Gugy lui répond sur le même diapason, en le traitant de vilain oiseau, d'agitateur de bas étage.

Denis-Benjamin Viger étant rentré d'Angleterre, Morin propose la nomination de Roebuck comme agent de la Province à Londres. Roebuck connaît et aime le Canada, auquel sont liés ses souvenirs d'enfance ; sa mère y vit toujours, retirée chez un autre de ses fils, le colonel John Simpson (demi-frère de Roebuck), percepteur des douanes à Coteau-du-Lac. Un député anglais suggère de nommer plutôt un collègue canadien, qui sera responsable devant la Chambre. Papineau intervient. Il décrit l'offre faite à Roebuck comme un geste de reconnaissance pour les services qu'il a rendus : « Nous n'avons pas besoin d'un agent qui importune sans cesse les ministres de détails et de prières, puisque cela est inutile. Il nous faut un homme qui en appelle à la justice du peuple anglais ». La proposition est votée.

Il faut qu'elle passe au Conseil législatif. Des conseillers combattent ce projet : l'agent « de la province » exprimerait essentiellement les vœux de l'Assemblée, dont le principal est la transformation du Conseil législatif en corps électif ! Denis-Benjamin Viger, fort de son expérience londonienne, leur répond longuement : « Les ministres sont mal informés, puisque leurs renseignements sont fournis par des fonctionnaires constamment en lutte avec les habitants du pays ». Viger prononce un discours de deux heures, que Duvernay imprime en fascicule.

À la Chambre, Morin présente une série de résolutions protestant contre le maintien de lord Aylmer à la tête du gouvernement provincial, contre la nomination du juge Gale, contre la charte de la Compagnie des Terres, contre l'avance des 31,000 louis, considérée comme un empiétement sur les prérogatives de l'Assemblée : le gouverneur n'a pas le droit, en l'absence d'un vote des subsides, de contourner la situation et de payer les fonctionnaires, sans autorisation législative.

Papineau reçoit des lettres toujours moroses de sa femme : « Dans ma solitude, je vois tout en noir ... » La solitude de Julie est toute relative, car elle joue aux cartes chez Jacques Viger, leur voisin, elle reçoit sa mère, son frère le curé, ses parents les Cherrier et d'autres amis. Des députés faisant la navette entre Québec et Montréal, comme de Bleury, viennent la saluer. De toute façon, Papineau n'a pas le temps de se laisser amollir. Cet ennemi des militaires conduit la session tambour battant. Deux députés réformistes de la fournée du 22 novembre, Hippolyte Dubord (Basse ville de Québec) et Jean-Baptiste Taché (Rimouski), se plaignent qu'on veut leur faire adopter, à la vapeur, des textes qu'ils n'ont pas eu le temps d'étudier. Papineau le prend de haut : « Il y a des députés qui se disent réformistes et qui, en Chambre, ont toujours des objections devant les projets de réforme ». Dubord proteste : il est partisan des réformes, mais il veut lire les textes avant de les voter.

La situation est cependant inextricable, puisque la Chambre elle-même a des dépenses à payer. Elle demande au gouverneur une avance de 18,000 livres, qu'elle régularisera s'il y a lieu.

Lord Aylmer, devant une situation constitutionnelle imprévue, prend quelques jours de réflexion, et refuse d'émettre un mandat pour les dépenses de la Chambre, s'il n'est pas couvert pour les avances précédentes. L'Assemblée, avant même d'avoir reçu cette réponse, adopte de nouvelles résolutions. Morin, dénonçant l'attitude du gouverneur :

> Cette Chambre, n'attendant des autres branches de la Législature nulle coopération dans les travaux d'une session propre à promouvoir le bien du pays, et mise dans l'impossibilité de continuer ses travaux... persiste à demander la mise en accusation de Son Excellence le gouverneur de cette province, et persévère dans ses déclarations et demandes contenues dans ses adresses et pétitions au roi et aux deux Chambres du Parlement du Royaume-Uni et ses résolutions sur lesquelles lesdites adresses et pétitions étaient basées.

Papineau, aux antipodes du rôle modérateur — normal — d'un président, intervient sans cesse. Il veut la tête d'Aylmer comme il a eu celle de Dalhousie. Il lance des attaques au vitriol — « Craig jetait seulement les gens en prison ; Aylmer les massacre » — que La Fontaine, Rodier, Côté, O'Callaghan, Perrault et d'autres trouvent sublimes. Mais des députés de Québec, à commencer par Elzéar Bédard, pensent qu'il va trop fort et trop loin. Du coup, Papineau n'appelle plus Elzéar Bédard que « le père putatif des 92 Résolutions ». Mais René-Édouard Caron et Amable Berthelot, qui ont supplanté Andrew Stuart et Jean-François-Joseph Duval comme députés de la haute ville de Québec, blâment aussi la violence, l'acharnement déployés contre le gouverneur. René-Édouard Caron, successeur d'Elzéar Bédard à la mairie de Québec, n'est pas seulement un esprit réfléchi : il subit, comme maire, les pressions des commerçants de sa ville qui, tout comme ceux de Montréal, craignent que l'arrêt des sessions, la suspension des subsides, l'interruption des travaux législatifs et l'agitation persistante ne nuisent aux affaires, en ce moment gênées. Caron et Berthelot accepteraient la proposition de lord Aylmer, relative aux avances à couvrir. Etienne Parent, dans son *Canadien*, les approuve.

La Fontaine, O'Callaghan, Rodier, Perrault et le groupe des Montréalais débridés poussent Papineau, déjà tout disposé, à considérer les députés québécois — Bédard, Caron, Berthelot, Huot, Vanfelson, Dubord et Taché — comme des aigris, voire des insignifiants. Ovide Perrault écrit à Édouard-Raymond Fabre, son beau-frère : « Nous pouvons nous vanter d'avoir les talents de notre côté : Papineau, Morin, Cherrier, La Fontaine, O'Callaghan et les autres. » *La Minerve* publie des couplets d'un lyrisme facile à la gloire de Papineau, « l'aigle olympique » auprès duquel Neilson n'est plus qu'un « timide oison ». Papineau, dans sa correspondance avec sa femme, et à l'Assemblée même, n'appelle plus lord Aylmer que « Mathieu », pour afficher son irrespect : « Plusieurs membres voulaient se soumettre à la condition de Mathieu et lui donner un bill d'indemnité. D'autres voulaient que la Chambre empruntât des particuliers, et pour refuser ces propositions inconsidérées, il a fallu bien du temps et des paroles ». Papineau s'emporte aussi contre le clergé : « De quoi servent au clergé ses lâches complaisances pour l'autorité persécutrice qu'il ménage ? »

Lord Aylmer se décide à clore une session devenue inutile. Il vient proroger la législature le 18 mars.

À Toronto, la nouvelle assemblée rend la présidence à Marshall Spring Bidwell, par 35 voix contre 27. Mackenzie ne risque donc plus l'expulsion. Mais la houle produite par la publication de la lettre de Hume n'est pas entièrement retombée. Des loyalistes crient encore au séparatisme, à la trahison, à la provocation révolutionnaire. Des députés réformistes ne veulent pas subir le soupçon infamant de « déloyauté ». Bidwell est lui-même un réformiste convaincu, mais modéré, hostile à l'emploi de la violence. La Chambre vote une adresse exprimant son loyalisme, son vif désir de voir le Canada rester « dans le grand Empire dont il forme une partie si importante ». On ne saurait toutefois, affirme l'adresse, suspecter le patriotisme et la fidélité de ceux qui ont fait de l'opposition :

> Si le gouvernement est administré conformément à l'esprit et aux intentions de notre glorieuse constitution, si les justes désirs et les droits constitutionnels du peuple sont dûment respectés, si les honneurs et les faveurs de Sa Majesté sont accordés sans favoritisme aux personnes de mérite et de talent ayant la confiance du peuple,

sans égard à leurs opinions politiques ou religieuses, si les Conseils de Votre Excellence sont remplis par des personnes modérées et sages, respectant la voix publique et influencées par elle, nous n'avons pas la moindre crainte que le lien entre cette province et la mère-patrie subsistera longtemps, pour leur mutuel avantage.

Ce sont bien des conditions !

Mackenzie demande et obtient la nomination d'un Comité des griefs. Il dit, à l'Assemblée :

> Je voudrais faire ressortir l'importance de deux choses : la nécessité d'obtenir le contrôle du revenu prélevé dans ce pays ; et la nécessité de contrôler les hommes qui sont envoyés pour nous gouverner, en les plaçant sous la direction de conseillers responsables.

Mackenzie, comme Papineau, poursuit un objectif invariable, avec ténacité.

L'Assemblée du Haut-Canada prie le lieutenant-gouverneur de la renseigner « sur les pouvoirs, fonctions et responsabilités du Conseil exécutif ». Dans quelle mesure ce corps est-il responsable des actes du gouvernement ? Dans quelle mesure le lieutenant-gouverneur est-il autorisé à agir avec ou contre ses Conseils ?

Le lieutenant-gouverneur Colborne répond que le Conseil exécutif n'a d'autres pouvoirs « que ceux qui lui sont expressément conférés par les lois britanniques ou coloniales », connues de la Chambre aussi bien que de lui-même. Le lieutenant-gouverneur revendique le droit d'exercer son jugement sur le point de savoir s'il doit ou non consulter son Conseil — à moins, bien entendu, d'instructions spécifiques de Sa Majesté.

Le Comité des griefs rédige un volumineux rapport. Il réclame le pouvoir effectif pour la Chambre élue : « L'excellence de la constitution britannique consiste dans les limites qu'elle impose à la volonté du roi, en exigeant la responsabilité des hommes chargés de la mettre en vigueur. Dans le Haut-Canada, cette responsabilité n'existe pas. Le lieutenant-gouverneur et le ministère britannique... détiennent seuls le gouvernement du pays et laissent la branche représentative de la Législature sans pouvoir et indépendance ».

À Londres, la Chambre des communes a consacré une séance entière, celle du 9 mars, aux affaires du Canada. Le député Robinson, qui est président de la Compagnie des Terres, se plaint des insultes à lui prodiguées par l'orateur de l'Assemblée bas-canadienne. Lord Stanley affecte de tenir Papineau pour un chef de faction sans importance. Hume rétorque qu'il est suivi par les dix onzièmes des habitants du Canada. L'impétueux Roebuck, intervenant dans le débat, est desservi par une voix sans portée. Sir Robert Peel déclare, avec une gentillesse indiscutable, qu'aux menaces de rébellion transmises par M. Roebuck, il répondra en tendant une main de paix et d'amitié. On rit ; on applaudit ; et l'on part dîner.

Cependant Roebuck, recevant les résolutions de l'Assemblée bas-canadienne, revient à la charge. Il apporte ces résolutions au ministre, à titre d'agent de l'Assemblée « qui représente la grande majorité du peuple ». Le ministre lui répond en lui annonçant la prochaine nomination d'un commissaire enquêteur. Le gouvernement, informé par lord Aylmer, a pris cette décision dès la mi-février. Et ce changement, d'après le ministre, rend le mandat de M. Roebuck caduc.

* * *

L'intelligentsia montréalaise est en fermentation continuelle. La librairie Fabre ne désemplit pas. On y fonde l'Union patriotique, avec Denis-Benjamin Viger pour président, Jacob DeWitt et Joseph Roy pour vice-présidents, Augustin-Norbert Morin et Edmund Bailey O'Callaghan pour secrétaires-correspondants, Édouard Raymond-Fabre pour trésorier, Léon Asselin et André Ouimet pour secrétaires. L'Union patriotique devra soutenir les revendications du parti patriote.

Le même milieu forme aussi des projets d'émancipation économique. Louis-Michel Viger et Jacob DeWitt fondent une banque qui porte leurs noms, en attendant de s'appeler la Banque du Peuple. Ils reprochent à la Banque de Montréal du favoritisme dans sa politique de prêts : elle soutient le commerce d'importation, les entreprises de navigation et quelques monopoles ; elle néglige « l'agriculture, le commerce et les manufactures dont les bienfaits s'étendent à toutes les classes de la société indistinctement ». Papineau n'approuve pas ce projet, et prédit l'échec : « Ce sera le tombeau de votre popularité ». Il semble craindre que cette initiative ne jette définitivement les banques — la puissante Banque de Montréal — contre le parti.[1] Mais il doit y avoir autre

---

1. D'après les déclarations faites par Papineau à l'abbé Chartier à Paris en 1840 et relatées par l'abbé Chartier dans une lettre au Dr Nelson. Les raisons de Papineau, dans ce récit, n'apparaissent pas très clairement.

chose. Papineau vient d'exprimer son mépris pour les « parvenus qui commencent par décrotter des souliers et balayer des comptoirs pour plus tard siéger au Conseil législatif ». Il partage le préjugé en vertu duquel l'instruction classique confère une supériorité, et les professions dites libérales constituent la nouvelle aristocratie. Les jeunes Canadiens français sortis du moule classique végètent comme avocats ou notaires plutôt que de s'abaisser à la roture du commerce ou de l'industrie. Cependant Viger et DeWitt sont optimistes et décidés. La constitution de la Banque Viger, DeWitt et Cie est assez particulière. Douze des associés assument le contrôle de toutes les transactions et la responsabilité de toutes les dettes. Les autres associés, sans contrôle sur l'administration, ne sont responsables que de leur apport. La Banque Viger, DeWitt et Cie, sans charte, n'est pas soumise à l'inspection — d'ailleurs très rudimentaire, très lâche — du gouvernement. Le capital payé, au montant de 15,000 livres, est déposé entre les mains d'Édouard-Raymond Fabre, trésorier de la banque.

Autour d'Édouard-Raymond Fabre, on rêve aussi de lancer un bateau à vapeur, qui s'appellerait *Le Patriote*.

Le tout, sans préjudice des palabres proprement politiques. La phalange des députés réformistes chauffe les esprits. On « placote » à la sortie de l'église, dans les auberges, sur la place du Marché. La plaquette imprimée par Duvernay et reproduisant le discours prononcé par Denis-Benjamin Viger à l'appui de la nomination Roebuck est pleine d'ennuyeuses considérations historico-politico-philosophiques. Ces tirades interminables ne peuvent guère influencer une population comprenant encore une forte proportion d'illettrés, mais les propagandistes s'en régalent de confiance, et le public peut toujours conclure à la malfaisance du Conseil législatif.

Le procès des frères Isaac et James Jones, accusés du meurtre de Louis Marcoux à Sorel, a commencé le 4 mars. Le Dr Wolfred Nelson est témoin à charge. Le jury, en majorité canadien-français, acquitte les accusés. Wolfred Nelson décide, en signe de protestation, de faire ériger un monument à la mémoire de Marcoux dans le cimetière de Sorel.

Il faut en même temps remplacer Louis Bourdages dans le comté de Nicolet. Jean-Baptiste Proulx, qui était le colistier de Bourdages, est influent dans le comté, qu'il représente depuis 1820 sans interruption. Il décide son beau-frère Jean-Baptiste Hébert, député de 1808 à 1814 et rentré ensuite dans la vie privée, à reprendre le bon combat réformiste. Hébert est un cultivateur prospère, doublé d'un architecte. Il est influent, lui aussi. Il accepte, et il est élu (3 avril 1835).

Des gens bougent, à Québec même. On n'a pas oublié l'arpenteur général Joseph Bouchette, ami et protégé du gouverneur Robert Shore Milnes, dont il a donné les noms comme prénoms à son fils. Robert Shore Milnes Bouchette a étudié le droit au bureau d'Andrew Stuart, puis voyagé, en fils de famille. Il a longtemps vécu en Angleterre, et s'y est marié. Il est donc de forte tradition loyaliste, et plus qu'aux deux tiers anglicisé. Il est rentré au Canada en 1834, avec sa jeune femme, mais elle est morte presque aussitôt, dans la recrudescence d'épidémie de choléra. Robert Shore Milnes Bouchette est un studieux, d'une grande curiosité intellectuelle. La mort de sa femme l'a bouleversé. Il se jette soudain dans la propagande libérale.

Les loyalistes, de leur côté, ont fondé une Association constitutionnelle à Montréal. Le conseiller législatif et gros homme d'affaires George Moffat, président de l'Association, envoie une sorte de questionnaire à l'évêque de Québec. Mgr Signay répond prudemment : « Je suis flatté de pouvoir vous dire que, sous le rapport des opinions religieuses, les habitants du Bas-Canada, protestants et catholiques, vivent dans la plus heureuse harmonie » (18 mai 1835).

38

Rappel de lord Aylmer

Duvernay organise un deuxième banquet de la Saint-Jean-Baptiste. Fabre offre sa librairie pour la vente des billets. Le banquet réunit cette année plus de cent convives, à l'hôtel Rasco, l'un des endroits fashionables de Montréal.

Denis-Benjamin Viger, « ce Nestor de nos conseils », préside, avec F.-A. Larocque, Peter Dunn, Thomas Storrow Brown, Édouard-Raymond Fabre pour vice-présidents.

Le banquet de 1835 est, comme celui de 1834, une manifestation politique. Denis-Benjamin Viger, sexagénaire, doit un grand prestige à sa situation de fortune, à sa carrière bien remplie, à son titre même de conseiller législatif, enfin à la mission exécutée en Angleterre « pour la défense de nos droits politiques ». Il prononce un discours sur la nécessité de l'union. Le premier toast est porté, comme l'année précédente, « au Peuple, source de tout pouvoir légitime ».

Édouard-Étienne Rodier est chargé de la réponse. Quel tribun ! On l'imagine, et il s'imagine sans doute lui-même en Mirabeau, en Danton ou en Robespierre. Il dénonce « l'absurdité du droit divin de la Royauté, que l'auteur des *Paroles d'un Croyant* a combattu avec tant de talent et de succès ». Duvernay, aussi bon républicain, entonne une chanson de circonstance dont un couplet soutient la même idée :

> Peut-être un jour notre habitant paisible
> Se lassera du joug pesant d'un roi...

De Bleury, appelé à répondre à la santé du roi — après ce couplet ! — se montre plus modéré. Mais Ovide Perrault, le jeune député de Verchères, répondant à la santé des institutions électives, et Louis-Michel Viger, député de Chambly, répondant à la santé des communes de la province, prononcent des discours très républicains, très révolutionnaires. En l'absence d'O'Callaghan, retenu au chevet de malades, le Suisse Amury Girod répond à la santé d'O'Connell. Les convives saluent Papineau, « le noble défenseur des droits du peuple », que le décès de son beau-frère Jean Dessaulles fait excuser. Puis, Hume, Roebuck et la mémoire de Bourdages. Denis-Benjamin Viger répond à un toast ainsi libellé : « Le procès par jury ; dans sa pureté, idée sublime. La terreur du coupable, le refuge de l'innocent, le rempart contre l'oppression ; pour le citoyen, l'école de ses droits comme de ses devoirs. Sans lui, la liberté, comme l'autorité, n'a point d'appui ». Thomas Storrow Brown, qui a vécu aux États-Unis, répond à la santé de la grande République, toujours citée en modèle.

Georges-Étienne Cartier, petit homme électrique, tout fraîchement reçu avocat, remporte le plus vif succès avec sa chanson :

> Comme le dit un vieil adage,
> Rien n'est plus beau que son pays.
> Et de le chanter c'est l'usage.
> Le mien je chante à mes amis (bis).
> L'étranger voit avec un œil d'envie
> Du Saint-Laurent le majestueux cours.
> À son aspect le Canadien s'écrie (bis)
> Ô Canada, mon pays, mes amours,
> Mon pays, mon pays, mes amours (bis).

Reproduite par *La Minerve* du lendemain, la chanson de Cartier fait le tour de la province et devient vite populaire. Mais elle prend figure d'intermède dans une série de discours politiques. Denis-Benjamin Viger lance un appel aux dissidents. Mais les discours républicains, l'allusion à Lamennais contenue dans l'allocution de Rodier et l'air de La Marseillaise — alors considérée comme un hymne révolutionnaire — qui accompagnait le toast « aux institutions électives » ne sont pas de nature à ramener les modérés, les loyalistes et la partie méfiante du clergé.

Les comparaisons avec l'histoire romaine fleurissent les discours, suivant la mode jacobine. Les convives portent un toast au clergé, mais avec ce commentaire de tournure philosophique : « Qu'il continue à mériter nos respects et notre affection par les exemples des vertus qu'il nous enseigne, et en nous prêchant cette religion, la grande charte de l'émancipation, une loi de liberté morale et politique de l'espèce humaine ».

Trois membres de la famille Viger participent à la fête de 1835 : Denis-Benjamin, son neveu Louis-Michel et son cousin Jacques, maire de Montréal. Jacques Viger propose la santé de Ludger Duvernay « à qui l'on doit l'idée de cette fête et l'ordonnance de tous ses détails ». Duvernay, à son tour, lève son verre « À nos amis de la campagne qui célèbrent à ce moment la Saint-Jean-Baptiste ».

L'idée s'est répandue, en effet. Les patriotes célèbrent la Saint-Jean-Baptiste au village Debartzch, à Saint-Denis, à Saint-Eustache, à Terrebonne et à Berthier. Autrement dit, dans les localités les plus effervescentes. Dans tous ces villages, la fête revêt aussi un caractère de manifestation politique. Au village Debartzch, les portraits de Papineau, de Bourdages et de Viger ornent la salle, « couronnés de fleurs comme autrefois on couronnait les anciens Romains lorsqu'ils revenaient victorieux des ennemis de la République ». Les convives portent feuille d'érable à la boutonnière. Ils boivent en l'honneur « du Peuple, source de tout pouvoir légitime », en l'honneur de Papineau, de Viger, de Roebuck, de Hume, d'O'Connell, des États-Unis, de Waller, de Tracey, de Marcoux et des trois victimes du 21 mai. Un coup de canon ponctue la fin de chaque toast.

À Saint-Denis, c'est un Canadien de langue anglaise, le Dr Wolfred Nelson, qui organise la fête.

Saint-Denis est la localité la plus effervescente de tout le district de Montréal, et donne le ton à toute la vallée du Richelieu — à la grappe de beaux villages échelonnés de part et d'autre du Richelieu. La vocation révolutionnaire de cette heureuse région étonnerait si l'on ne se rappelait que des cultivateurs à l'aise ont envoyé leurs fils au collège, où ils ont célébré les Trois Glorieuses, et si l'on négligeait l'influence de quelques hommes. Saint-Denis est le berceau des Cherrier et par conséquent, en lignée maternelle, des Papineau et des Viger. C'est la ville de Bourdages et celle de François Jalbert, le capitaine de milice dont le sabre est tout affilé pour défendre les autorités ou — plutôt — pour les combattre. C'est surtout la ville du Dr Wolfred Nelson, médecin, agriculteur et industriel. Wolfred Nelson possède à Saint-Denis une ferme, qu'un cultivateur, Joseph Charpentier, exploite en lui versant la moitié des bénéfices. Il y a fondé en 1830 une distillerie, seule et prospère usine de la région, qui emploie une douzaine d'ouvriers et qui émet des billets reçus, dans le district, à l'égal des billets de banque. Wolfred Nelson a épousé une Canadienne de bonne famille, Charlotte Fleurimont de Noyelles, et parle le français, à peu de chose près, comme sa langue maternelle. Il est physiquement et moralement puissant. Admirateur intégral de Papineau, ancien député à la Chambre d'Assemblée, il est populaire dans toute la vallée du Richelieu et véritablement prophète à Saint-Denis qui lui doit, entre autres initiatives, la création d'un marché en 1832. Wolfred Nelson organise, pour la Saint-Jean-Baptiste de 1835, une fête qui commence par une messe et finit par un banquet, dans une salle ornée des portraits des Papineau, père et fils, de Bourdages et de Viger. Le conseiller législatif François-Xavier Malhiot préside le banquet. Le député Jacques Dorion l'assiste, comme vice-président. Les cent convives portent les mêmes toasts que leurs amis de Montréal et du village Debartzch, en commençant par « le Peuple, source de toute autorité légitime ».

Un autre pôle de l'agitation est Saint-Eustache, où William Henry Scott exerce l'influence dominante. Le caractère politique de la fête s'accuse plus encore qu'à Montréal et à Saint-Denis. On ne se contente pas de toasts ; on adopte des résolutions réclamant la suppression de la Compagnie des Terres, la revision des droits seigneuriaux, l'abolition du Conseil législatif et son remplacement par un corps électif. La « revision des droits seigneuriaux » n'est pas de nature à réconcilier Scott avec les Globensky et autres seigneurs de la région.

Le député Séraphin Bouc préside le banquet de Terrebonne ; le député Pierre-Martial Bardy préside celui de Berthier.

Le rassemblement des Canadiens français adoptant la Saint-Jean-Baptiste comme fête nationale provoque l'émulation, pour ne pas dire la réaction des Montréalais d'autres origines. La Saint George's Society, qui réunit les Anglais, la Saint Andrew's Society, qui réunit les Écossais, et la Saint Patrick's Society, qui réunit les Irlandais, se forment simultanément. Ce sont des associations philanthropiques, destinées à secourir leurs compatriotes dans le besoin, mais les arrière-pensées politiques sont inévitables. George Moffat, président de la Commission du port de Montréal et conseiller législatif, qui tend à jouer, au Conseil, le rôle de chef de parti naguère joué par Richardson, préside la Saint George's Society, dont les membres sont fort attachés à la Couronne britannique, à l'Empire britannique, aux lois britanniques et aux coutumes britanniques. Un autre grand homme d'affaires doublé d'un conseiller législatif, Peter McGill, président de la Banque de Montréal, préside la Saint Andrew's Society, fondée sur le modèle d'une association new-yorkaise et qui aidera les immigrants écossais. Un troisième conseiller législatif, Louis Gugy, d'origine suisse, fonde et préside une German Society, qui aidera les immigrants d'origine allemande.

* * *

Dès le 14 février 1835, lord Aberdeen a écrit à lord Aylmer pour lui annoncer la prochaine nomination d'un commissaire royal, chargé d'enquête. Le ministre disait :

> L'exaspération qui prévaut dans l'Assemblée et l'hostilité de ce corps législatif contre le gouvernement exécutif ont rendu la position de Votre Seigneurie tellement difficile qu'elles vous interdisent tout espoir de réussite avec des paroles de conciliation et de paix.

Papineau est très monté, et monte ses amis contre les militaires depuis la fusillade de mai 1832. Le gouvernement britannique décide de confier la nouvelle mission à un civil. Il est question de lord Canterbury. Puis de lord Amherst, mais il est allié à la famille du receveur général Hale, du Bas-Canada, et par là suspect de partialité. On pense à Edward Ellice, seigneur de Beauharnois, mais il a trop d'intérêts au Canada. La dépêche du 14 février ajoutait : « Le roi a été respectueusement avisé de choisir quelqu'un qui possède l'entière confiance de Sa Majesté, et qui n'ait absolument rien eu à faire dans le passé avec les affaires canadiennes ».

Le gouvernement tombe sur ces entrefaites. Melbourne reprend le pouvoir, et Charles Grant, promu lord Glenelg, est le nouveau ministre des Colonies.

Lord Gosford est nommé gouverneur en chef et haut commissaire le 1er juillet 1835. C'est un homme de soixante ans, Irlandais portestant sans fanatisme, en bons termes avec O'Connell et qui s'est même opposé aux orangistes. On lui attribue de la largeur d'esprit. Mais Guillaume IV l'a prévenu qu'il ne consentirait jamais à rendre le Conseil législatif électif, ou à céder les terres de la Couronne. Deux autres commissaires, sir Charles Grey et sir George Gipps, personnages peu connus, sont adjoints à lord Gosford. Ils devront « faire une enquête complète et impartiale sur toutes les plaintes qui leur seront soumises au sujet de l'administration de la province ». Le ministre, dans ses instructions, tient compte de la volonté royale. Il recommande aux commissaires d'être accueillants et bienveillants, de faire des concessions de détail, mais rien sur l'essentiel : élection du Conseil législatif et revenu des terres. Les revenus de la province pourront être abandonnés au contrôle de la Chambre, sauf certaines exceptions et moyennant le vote d'une liste civile pour la vie du roi.

On en revient en somme aux propositions Goderich. Cependant quelques concessions prévues dans les instructions ministérielles ne sont pas négligeables : impartialité dans les nominations de fonctionnaires ; préférence donnée, à compétence égale, au candidat canadien ; égalité de la langue française et de la langue anglaise dans les affaires publiques ; neutralité des membres des deux Conseils dans les luttes électorales ; communication des documents publics à la Chambre, sauf pour la correspondance confidentielle... Quant aux biens des Jésuites, le ministre invoque prescription : il céderait le collège de Québec à la province contre compensation. Plusieurs instructions donnent raison à l'Assemblée sur divers points : Caldwell démissionnera du Conseil législatif ou sera révoqué.

En somme, le gouvernement impérial accepte toutes les réclamations des 92 Résolutions, sauf celles que Papineau et ses amis jugent primordiales. Ces instructions, de toute façon, sont confidentielles.

La Pique, portant lord Gosford flanqué de ses deux adjoints, remonte le Saint-Laurent par de chaudes journées du mois d'août 1835. Le commandant du bord, conscient de la classe de ses voyageurs, passe sans s'arrêter devant la Grosse Isle, où les règlements de quarantaine prévoient une visite médicale. L'officier de santé du port saute en vedette et rattrape la frégate. Il en impose au commandant, ou lord Gosford donne un bon conseil : *La Pique* fait demi-tour et se soumet aux formalités.

La Pique arrive à Québec le 23 août. Lord Aylmer vient, à la tête de son état-major, à la rencontre de son successeur, reçu en grande pompe. Le Conseil municipal de Québec, qui s'est abstenu de présenter ses vœux de nouvel an à lord Aylmer, présente une adresse de bienvenue à lord Gosford, qui paraît sensible à ce geste. Le nouveau gouverneur donne une grande réception, et se montre aimable avec tous. Il reçoit Papineau et Viger à dîner, sans témoins. Il visite les classes du Séminaire et les couvents. Le

1er septembre, il annonce la nomination de nouveaux juges de paix ; la fournée comprend une bonne majorité de Canadiens français. Lord Gosford, sans aucun doute, est bien disposé. Comme l'a été lord Aylmer. Il n'y a, dans la période que nous essayons de faire revivre, autant dire pas un gouverneur qui n'ait, à son arrivée, conçu et donné des illusions, et ne soit reparti, peu d'années après, écœuré, sous une volée de malédictions.

Lord Aylmer ne quitte Québec qu'un mois après l'arrivée de son successeur. James Stuart lui rappelle vainement qu'il lui a lancé un cartel, valable pour le jour où, cessant d'être le représentant du roi, il pourrait être provoqué en duel. Lord Gosford s'abstient d'accompagner ou d'aller saluer lord Aylmer à son départ. Il y a peu de monde à l'embarcadère. *Le Canadien* évalue à cent personnes au plus l'escorte de « l'autocrate du Château Saint-Louis ». Lord Gosford, dans son jardin, muni d'une longue vue, regarde *La Pique* lever l'ancre et s'éloigner. Un correspondant écrit à *La Minerve* : « Nos bureaucrates sont bien mécontents de lord Gosford ». *Le Canadien*, évaluant à cent personnes au plus l'escorte de lord Aylmer à son départ, ajoutait : « Il y a peut-être plus de cent personnes dans Québec capables d'approuver lord Aylmer, mais elles avaient honte sans doute, et certes il y avait de quoi ».

Lady Aylmer aura ample temps, pendant la traversée, d'évoquer le ravissement de son arrivée, le cours de danse de mademoiselle Aspinal, si gracieux avec les jeunes filles en robe de mousseline et les garçons en surtout espagnol, l'après-midi passée à la ferme des Sulpiciens, la soirée dansante chez les Papineau, où les gâteaux reproduisaient, en sucre, les armoiries du gouverneur, les plaisirs et les tracas de son séjour dans ce pays qu'elle a sincèrement aimé.

* * *

À Fredericton, les élections ont confirmé Lemuel Allan Wilmot dans la possession de son siège. Wilmot soutient les thèses habituelles des réformistes — responsabilité ministérielle devant la Chambre et contrôle des fonds publics par la Chambre — en flots de paroles brûlantes qui le font comparer à Papineau. Il conduit le parti réformiste dans sa province.

À Halifax, un journaliste réformiste, Joseph Howe — fils d'ultra-loyalistes, comme Wilmot, — attaque les magistrats nommés par le lieutenant-gouverneur pour administrer la ville. Il les taxe de négligence, incompétence et corruption. Les magistrats le poursuivent en diffamation. Joseph Howe plaide sa cause lui-même, pendant six heures d'affilée. Le jury l'acquitte et la foule le porte en triomphe. Joseph Howe, devenu héros populaire, s'érige en défenseur des opprimés, en champion du petit peuple.

À Toronto, Mackenzie a perdu les nouvelles élections municipales. Ses adversaires en sont encouragés. Le ministre, accusant réception du rapport de l'Assemblée haut-canadienne, assure que Sa Majesté l'étudiera très attentivement. Mais une expression, traduisant une opinion générale, court les milieux politiques d'Angleterre : « Responsible Government is responsible nonsense ; it is independance ». Céder sur le principe serait virtuellement accorder l'indépendance à la colonie. Ce qui est en 1835, pour tout Anglais de bonne mère, impensable.

* * *

Dans le Bas-Canada, lord Gosford multiplie les prévenances. Il reçoit volontiers Pierre-Dominique Debartzch, le conseiller législatif qui, avec Denis-Benjamin Viger, exprime le plus sûrement — sobrement et franchement — l'opinion des réformistes. Il donne un grand bal le jour de la Sainte-Catherine, fête canadienne par excellence. Encore un appât à la vanité des jeunes — et moins jeunes — femmes ! Les valses et les quadrilles se succèdent jusqu'aux petites heures. Papineau est un peu méfiant. Il écrit à Roebuck : « Les belles figurantes qui paradaient pour la première fois dans le palais enchanté trouvaient que lord Gosford était un grand homme et le Canada un pays heureux... »

Une session est prévue pour la fin d'octobre. Papineau convoque les conseillers législatifs et les députés de son parti aux Trois-Rivières — à mi-chemin entre Québec et Montréal — au début de septembre, pour leur communiquer une lettre de Roebuck, agent de la province à Londres, et pour faire un tour d'horizon — s'il y a lieu, pour décider l'attitude à prendre pendant la session.

La réunion se tient chez le Dr René Kimber, dont la vaste maison est accueillante. Mais les députés du district de Québec ne sont pas venus, et cette abstention, collective et concertée, est significative.[1] Roebuck écrit à Papineau, dans l'esprit même où Hume écrit à Mackenzie :

---

1. François-Xavier Garneau, dans son *Histoire du Canada*. Garneau habitait alors Québec.

Que l'Assemblée continue ferme vers son but, qu'elle poursuive avec énergie la ligne de conduite qu'elle s'est tracée, et nous pourrons délivrer le Canada de cette tyrannie harassante quoique misérable, qui depuis si longtemps entrave ses progrès et qui est une honte pour la mère-patrie.

Bravo! O'Callaghan, Rodier, Perrault et d'autres, auxquels l'absence des Québécois laisse le champ libre, ne reculeraient devant aucune violence. Dans l'autre camp, un jeune Écossais, Adam Thom, venu au Canada en 1832 et rédacteur au *Herald*, n'a pas été long à relever les menaces du 24 juin :

> Peut-être un jour notre habitant paisible
> Se lassera du joug pesant d'un roi.

Adam Thom a l'âme de ces chefs de bande, qui ne reculent devant rien. Il a formé un corps de « Carabiniers bretons », sorte de milice volontaire « pour aider, autant qu'il dépendrait d'eux, à maintenir l'union existant entre la Grande-Bretagne et le Canada ». Lord Gosford, informé, a répondu que cette union n'est pas en danger et que, le serait-elle, il appartiendrait au gouvernement et non à des particuliers de prendre les mesures convenables. Lord Gosford a institué une enquête sur la fonction publique, avec, entre autres objectifs, celui de faire cesser les cumuls, conformément à ses instructions. Frederick Elliott, haut fonctionnaire du Bureau des colonies, venu comme secrétaire de la Commission, reçoit des députés à dîner. Adam Thom manifeste sa mauvaise humeur. Il est de jour en jour plus provocant. Mais Papineau conseille à ses jeunes amis de rester sur le terrain constitutionnel.

L'affaire Marcoux rebondit à ce moment. Wolfred Nelson s'est mis en tête d'ériger un monument à la mémoire de Louis Marcoux dans le cimetière de Sorel. Et quand Wolfred Nelson s'est mis quelque chose en tête ... Mais le curé Jean-Baptiste Kelly veut une autorisation de l'évêché. Wolfred Nelson s'adresse à Mgr Lartigue (octobre 1835).

* * *

Encore une affaire en provenance du groupe Papineau ! Mgr Lartigue est en train de se rapprocher de ses vieux ennemis les Sulpiciens. Il favorise l'agrégation de deux prêtres canadiens à Saint-Sulpice. Le Séminaire invite Monseigneur à dîner, à sa maison de campagne, au fort de la Montagne. M. Quiblier accompagne son hôte en promenade sous les grands ormes du jardin. Mgr

Lartigue, toujours un peu revêche, évoque devant M. Quiblier, toujours très affable, ses épreuves auxquelles le Séminaire n'est pas étranger. Ne dit-on pas que l'opposition du Séminaire retarde seule l'érection du diocèse de Montréal, à laquelle Rome et Londres consentiraient aujourd'hui :

— Il dépend de vous qu'il y ait un évêque à Montréal.

— J'en suis convaincu. Il y en aura un, et vous serez le premier évêque de Montréal.

— Non, mettez-moi de côté pour ne pas entraver la mesure.

— Il faut, Monseigneur, que vous soyez le premier évêque de Montréal.

— Comment vous y prendrez-vous ?

— C'est mon affaire. Je vous le dirai dans deux jours.[2]

M. Quiblier rédige une supplique au Saint-Siège, la fait signer par ses Sulpiciens et par les curés. Il est assez diplomate pour obtenir même la signature du curé Saint-Germain, de Saint-Laurent. Il envoie la requête à Mgr Signay, qui promet de la transmettre à Rome, avec l'appui de son coadjuteur. Cependant le temps passe, et Mgr Signay ne remplit pas cette promesse. Mgr Lartigue a l'impression qu'il y met de la mauvaise volonté, et la correspondance des deux évêques, à ce moment, est aigre-douce. Mgr Lartigue adresse à Mgr Turgeon, coadjuteur, plutôt qu'à Mgr Signay, sa proposition de présenter au gouvernement « un bon mémoire pour réclamer les biens des Jésuites en faveur de la religion catholique, même à la barbe de notre Législature, qui ne devrait pas y mordre ». Mgr Lartigue ne veut pas d'une réédition du bill des fabriques, dans la Législature dominée par son cousin.

Mgr Lartigue doit en même temps faire face aux tracas inévitables d'un chef de diocèse. Il manque de prêtres. Il accepte le retour de l'abbé Chartier, après « rétractation verbale », et lui donne la cure de Saint-Benoît. Il faut aussi régler la situation de la Petite-Nation. Curieux pays que cette Petite-Nation ! L'abbé Moore, aussi las que naguère son prédécesseur de « courir les bois et gratter les souches pour y trouver sa subsistance », s'en va déci-

---

2. M. Quiblier a rédigé le compte rendu de cette conversation et des événements suivants. (Archives du Séminaire de Saint-Sulpice). Il a aussi confié son secret dans des confidences que M. Olivier Maurault a utilisées dans « Nos Messieurs ».

dément. L'abbé Toussaint Papineau remplace l'abbé Moore pendant deux ou trois mois, sans succès, et Mgr Lartigue ne veut pas de lui. Les habitants ne sont pas seulement intempérants, mais, pour certains, de mœurs relâchées : on attribue à une femme, surnommée La Codote, trois maris vivants. Et cependant ces colons de la Petite-Nation demandent un curé résident. Ils promettent de lui fournir des pommes de terre, du blé, du maïs, des pois et un peu — très peu — d'argent. Mgr Lartigue envoie l'abbé Pascal Brunet, vicaire à Longueuil, qui aura juridiction au sud de l'Ottawa, depuis Rigaud jusqu'à Bytown. À Longueuil, le curé Manseau, successeur du curé Chaboillez, est aux prises avec la forte tête de Joseph Vincent. À la Petite-Nation, ce sont les Papineau — types des incroyants prétendant en remontrer à leur curé, et même à leur évêque, en matière religieuse — qui tracassent le curé. Il faut cependant en passer par eux. Mgr Lartigue écrit à Denis-Benjamin Papineau, pour lui demander de faire assurer un revenu de 150 louis, pour le curé et pour un vicaire irlandais.

Mgr Lartigue ne s'y trompe pas : l'affaire Marcoux, la requête du Dr Nelson, peuvent être parmi les plus épineuses de toutes. Il consulte le grand vicaire François-Xavier Demers, et permet l'érection d'un monument, pourvu qu'il n'y ait pas de discours, pas de manifestation politique, « et que l'inscription ne renferme que des paroles de paix ».

Les paroles de paix ne sont pas à la mode. Le curé Kelly, de Sorel, informe Mgr Lartigue que le monument presque achevé, qui est une pyramide, doit porter l'inscription : « Marcoux, mort pour la défense des droits de la patrie » ou : « Marcoux est mort ; vive la patrie ». Or, Mgr Lartigue ne tolérera aucune allusion aux causes politiques de la mort de Marcoux. Il n'accepterait qu'un texte très sobre : « Ci-gît Louis Marcoux, décédé le . . . ; il mourut en chrétien et pardonna ». L'évêque l'écrit en même temps au Dr Vallée, qui s'est entremis de la part de son confrère de Saint-Denis.

Wolfred Nelson passera outre.

39

Mackenzie établit la liaison

Les deux commissaires qui flanquent lord Gosford sont des personnages assez falots, mais le secrétaire Elliott est un homme intelligent, « français dans ses manières et dans sa conversation », au témoignage de Papineau, et qui ouvre grand les yeux. Elliott fréquente des députés, les invite à dîner. Il observe ; il jauge. Papineau, à qui ce trait n'échappe pas, en est, certain jour, gêné :

> J'ai dîné hier chez M. le Maire. Nous étions une vingtaine à table. Walcott, secrétaire, et le capitaine Clements, aide-de-camp, puis M. Elliott, secrétaire de la Commission, français dans ses manières et dans sa conversation, en étaient tous trois ; les autres représentant, mais en trop forte proportion, des hommes incapables de conversation instructive et peu solide. Il a fallu se jeter dans les habitudes un peu bruyantes du pays, par les chansons. Elliott était sur ses gardes, froid observateur et censeur, je crois, de ce qu'il voyait et entendait. J'avoue qu'en effet c'est laisser paraître trop l'absence de talents solides chez nous. Les deux autres Anglais ont été au contraire aussi gais et coiffés que les autres, et n'ont en conséquence rien à redire. Je comprends que le gouverneur et M. Elliott sont les plus libéraux d'eux tous et sympathisent ensemble et avec nous, bien mieux que ne le font les autres.

Elliott répartit le personnel politique entre trois partis : le parti officiel, que les « patriotes » appellent bureaucratique ; le « vrai parti anglais », et le parti français, si l'on veut appeler ainsi l'équipe dirigeante à la Chambre. Le parti officiel comprend de vieux prébendiers, avides de privilèges, jaloux de leur autorité, qui ont pu exercer quelque influence sous des gouverneurs faibles, mais sont aujourd'hui sans relations en Angleterre et sans poids dans la province. Le « vrai parti anglais » se compose de presque tous les marchands, de grands propriétaires fonciers et des plus jeunes parmi les fonctionnaires civils. Ca parti possède « beaucoup d'intelligence, de grands moyens et un crédit plus grand encore ». Le parti « français » est dominé par l'orateur Papineau, qui est, par sa nature et par sa position, « le premier de la race canadienne-française » et que Frederick Elliott juge affable, de bon ton dans les relations sociales, mais violent, sans mesure et semant des préjugés. Ce qui ne justifierait pas de priver les Canadiens français de leur libre constitution. Aux yeux de Frederick Elliott, le phénomène Papineau — son emprise sur l'opinion et le caractère excessif de l'opposition qu'il conduit — traduit l'inexpérience des Canadiens français, qui se jettent à l'étourdie dans l'exercice, pour eux tout nouveau, des libertés parlementaires. Folies de jeunesse que de sages précepteurs sauront corriger : « Je ne vois aucune raison de désespérer que les Canadiens français apprennent à exercer discrètement leurs privilèges. Voilà donc quel est le résumé de mon credo : se concilier les Canadiens français et les former dans l'art de gouverner est la politique la plus sûre et la plus convenable pour le présent, et aussi celle qui conduira à des avantages solides et durables dans l'avenir ».[1]

Des ministres ont un moment envisagé, ou réenvisagé, d'ouvrir le Conseil exécutif à trois membres de l'Assemblée, qui auraient dû démissionner comme conseillers s'ils ne réussissaient pas à faire adopter le budget. Elliott regrette l'abandon de ce projet, ébauche de reconnaissance de la responsabilité ministérielle, qui eût commencé d'associer les Canadiens à l'exercice du pouvoir et du même coup « mis un frein dans la bouche de Papineau » : le fougueux orateur, sous la double pression de ses propres députés et des réformistes hauts-canadiens dont il souhaite la collaboration, aurait accepté, bon gré, mal gré, ce compromis.

La théorie de Frederick Elliott, d'après laquelle le phénomène Papineau traduit l'inexpérience des Canadiens dans l'exercice des libertés parlementaires, rencontre quelque faveur en Angleterre. Et lord Gosford peut en être influencé.

Lord Gosford convoque la session pour le 27 octobre 1835. Il reçoit Papineau et Debartzch avec une prévenance marquée et, d'après une lettre d'Ovide Perrault, leur confie « bien des se-

---

1. Rapport sur les archives canadiennes, 1883.

crets ».[2] Il ne va pas cependant jusqu'à leur communiquer le texte de ses instructions, et Perrault ajoute, circonspect : « Le vent ne paraît pas mauvais ; cependant, attention. » Le *Herald* insère des lettres de lecteurs, très hostiles au gouverneur qui se soumet à une « faction française ».

Lord Gosford prononce un discours du Trône d'une longueur inhabituelle. La correspondance d'Elliott nous en livre une raison : il multiplie les détails pour éviter la communication du texte intégral. Gosford commence par déclarer qu'il n'a pas été envoyé seulement comme gouverneur, mais comme commissaire, pour enquêter sur les sujets de plainte et soumettre des suggestions. Il peut lui-même procéder à certaines réformes et, s'il y a lieu, il n'y manquera pas :

> Comme gouverneur, j'exécuterai avec promptitude, impartialité et fermeté ce que je suis autorisé à faire moi-même. Comme chef de la Législature provinciale, je collaborerai volontiers avec ses autres membres au redressement de chaque défectuosité que je pourrai trouver. Comme commissaire, je m'engage solennellement à faire un examen attentif et soigneux des importantes questions qui relèvent des plus hautes autorités de l'Empire.

Les Canadiens français ne doivent pas appréhender l'enquête de la Commission :

> Je leur dirai : Ne craignez pas que l'on médite de troubler l'ordre de société dans lequel vous avez si longtemps vécu heureux et contents. Quoique vous différiez des colons anglais des autres parties du monde, l'Angleterre ne peut qu'admirer l'ordre social qui a transformé un petit nombre de colons entreprenants en un peuple d'agriculteurs, bons, religieux et heureux, remarquable par ses vertus domestiques, son endurance dans le travail et les privations, son courage et ses prouesses dans la guerre. Personne ne pense à briser un système qui maintient une nombreuse population agricole, sans qu'on y trouve une classe de pauvres. L'Angleterre protégera et soutiendra ces prêtres bienveillants, actifs et pieux, dont les noms et les exemples ont créé et transmis, de génération en génération, tant d'ordre, de morale, de tranquillité et de bonheur.

Lord Gosford promet une complète impartialité dans la distribution des postes, qui seront attribués, non pas suivant la nationalité, mais suivant le mérite. Il est hostile aux cumuls. Ses instructions, dit-il, lui enjoignent de ne réserver des bills pour la

---

2. A.-D. Decelles (Mémoires et correspondance de la Société royale du Canada, 1913.)

sanction royale que dans des cas exceptionnels. Elles lui enjoignent aussi de mettre les deux langues sur pied d'égalité. Et surtout :

> J'ai reçu ordre de Sa Majesté de vous informer qu'Elle est disposée à placer sous le contrôle des représentants du peuple tous les deniers publics payables à Sa Majesté ou à ses Officiers en cette province, que ces sommes proviennent des taxes ou de toute autre ressource canadienne, mais que cet abandon ne peut s'effectuer que dans des conditions mûrement pesées.

Le gouverneur termine par un appel à la concorde, ainsi justifié :

> Canadiens d'origine française et anglaise, de toute classe et de toute condition, considérez les biens dont vous pourriez jouir, la situation favorable où vous vous trouveriez placés, sans vos dissensions. Enfants des deux premières nations du monde, vous possédez un vaste et beau territoire, vous avez un sol fertile, un climat salubre, et le plus beau fleuve de la terre, qui fait de votre ville la plus éloignée un port pour les vaisseaux de mer. Votre revenu est le triple des dépenses correspondant aux besoins ordinaires de votre gouvernement. Vous n'avez point de taxes directes, point de dette publique, nul pauvre demandant au delà de ce que prescrit l'impulsion naturelle de la charité. Si vous étendez vos regards au delà de la terre que vous habitez, vous trouverez que vous participez au beau patrimoine de l'Empire britannique, qui vous constitue dans toute la force du terme citoyen du monde entier, et vous donne une patrie sur tous les continents et sur tous les océans de monde. Deux routes sont ouvertes devant vous. L'une vous mènera à la jouissance de tous les avantages dont vous avez la perspective ; par l'autre vous vous en priverez et vous vous engagerez, ainsi que ceux qui n'ont en vue que votre prospérité, dans la voie la plus sombre et la plus difficile.

« Notre session s'est ouverte avec quelque succès et éclat », écrit Frederick Elliott. « Ce discours n'a pas mal rempli son but. Le parti anglais... l'a pris d'une bien meilleure part que je ne m'y attendais. »

Augustin-Norbert Morin rédigera l'adresse en réponse au discours du Trône. Papineau, prêt à témoigner d'égards pour le gouverneur, refuse de le reconnaître à titre de commissaire. L'adresse, réaffirmant les principes immuables de la majorité, évitera toute reconnaissance implicite de la Commission. Des députés réformistes, et de Bleury lui-même, regrettent cette réserve : Collaborons avec les commissaires, pour tirer parti de leur mission ! Mais Papineau reste inflexible : la nomination même de la Commission est une insulte à la Chambre, dont elle paraît mettre en doute la sincérité et la véracité. L'orateur souhaite bon succès à lord Gosford et à ses adjoints ; il présume que des députés, individuellement, les aideront dans leur tâche ; mais il ne veut pas reconnaître la Commission comme telle.

Une insulte à la Chambre ! Papineau, cabré, a belle allure. Il y a, parmi ses députés, la phalange des jeunes avocats et notaires montréalais, irresponsables, ivres de mots, toujours prêts à partir pour de joyeuses conquêtes : tel, Ovide Perrault, qui a « sauté de colère » en entendant de Bleury formuler des restrictions. Et des cultivateurs sans instruction, vaniteux de leur titre, contents des deux piastres par jour de session pendant que leur femme conduit la ferme, et que Papineau, fort de son intégrité et du caractère impeccable de sa vie privée, domine absolument. L'adresse, d'ordre de Papineau, évite toute reconnaissance implicite de la Commission.

Papineau, suivi de ses partisans, la présente au gouverneur. Or, Frederick Elliott, sans doute d'accord avec son chef, juge la réserve voulue par Papineau sans importance, et peut-être justifiée : le gouverneur seul, et non la Commission, a qualité pour communiquer avec la Chambre. Gosford reçoit bien Papineau, lui serre ostensiblement la main, et prononce, en français, une brève allocution qu'il répète en anglais. En français d'abord. Les ultraloyalistes sont offusqués. La *Gazette* proteste contre cette concession, « premier pas vers la dégradation de la mère-patrie, qui a eu le tort de ne pas proscrire la langue française dès le début ». Un médecin militaire, nommé Henry, avertit le gouverneur, par lettre ouverte, qu'il butera contre un obstacle, ou plutôt contre un homme : Papineau, « réfractaire à toute conversion, en raison de son esprit croche et de ses dispositions malveillantes. Il va se servir de toute concession pour demander de nouvelles faveurs, et fera tourner votre bourgogne en vinaigre ».

Le 7 novembre, la Chambre vote une motion d'Hector-Simon Huot, député de Portneuf, demandant l'émission d'un mandat spécial de 88,000 livres, pour défrayer ses dépenses « contingentes », c'est-à-dire, imprévues. Ce genre de concession est conforme aux instructions ministérielles. Lord Gosford accède « avec plaisir » à la requête de la Chambre.

* * *

En dehors de la Chambre, Papineau reçoit des visites. Et d'abord, celle de Mgr Signay, évêque de Québec.

Les évêques ont toutes les raisons de ne pas aimer Papineau et ses patriotes. Il est curieux de voir les Bruneau, dans la dévotion jusqu'au cou, professer une admiration béate pour l'impie génial entré dans leur famille. Julie Papineau, son frère le curé et son autre frère Théophile ne cessent d'exhorter Amédée et Lactance, pensionnaires au Collège de Saint-Hyacinthe, à la sagesse, sans aucun doute, au travail, il va sans dire, mais par-dessus tout à la piété. Théophile Bruneau leur écrit, en ce moment même (4 novembre 1835) :

> J'ose me flatter que mes neveux sont sages, studieux, et surtout qu'ils sont religieux. Car c'est là le point essentiel de toute prospérité ici-bas. Veut-on qu'une famille soit heureuse : qu'elle soit pieuse, elle le sera ; un citoyen ne sera respecté qu'en autant qu'il sera pieux...

Ces excellents conseils contrastent avec l'attitude du prestigieux chef de la famille. L'exemple paternel frappe l'esprit d'Amédée d'une plus forte empreinte que les conseils de sa mère et de la famille de sa mère. Mgr Lartigue sait tout cela, et d'autres choses, d'intérêt plus général. Julie Papineau écrit à son mari, après une visite de son frère le curé (5 novembre 1835) :

> Le curé Bruneau, qui arrive de chez l'Évêque, dit que ce dernier dit que ces despotes de patriotes vont avoir à se soumettre, eux qui veulent soumettre les autres, qu'ils envoient un agent en Angleterre pour faire pis que la rabote du diable, puisqu'il avait outrepassé ses pouvoirs en voulant empêcher la Commission... et en assurant qu'ils ne feraient rien en Canada s'ils y allaient sans pouvoir ni instruction de rendre le Conseil électif... Le curé lui dit qu'il espère que la majorité de la Chambre sera raisonnable et fera marcher les affaires et votera la liste civile, et qu'il ne sera plus question de cette souveraineté du peuple qui tend à détruire la collaboration...

Papineau répond par cette tirade (9 novembre 1835) :

> Quant au bigotisme des prêtres, qui voient dans la déclaration de la souveraineté du peuple le renversement du catholicisme, c'est démence à eux de raisonner aussi mal au milieu d'un peuple catholique, dominé par un gouvernement protestant. L'obéissance passive à ce gouvernement serait la ruine de leur culte. Que par leurs vertus, leurs lumières et surtout leur affection et leur respect pour le peuple souverain, ils le conservent au catholicisme, ils en assurent la perpétuité. Mais s'ils veulent que leur ordre et leur robe commandent une aveugle obéissance, ils la perdront bien vite pour eux-mê-

mes comme pour leurs alliés protestants. Ils sont ou fourbes ou inconséquents, quand ils ne voient pas que c'est une maxime à laquelle le gouvernement anglais ne renoncera jamais, que celle qui doit nous dénationaliser pour nous anglifier, et que pour parvenir à ce but, il n'a pas moins d'ardeur à attaquer le culte que les lois, les mœurs, la langue du pays. Quand il ne le fait pas ouvertement, c'est par pure hypocrisie et crainte des résistances ; mais il n'est pas aussi inepte que nos politiques clercs ; n'est pas en contradiction avec lui-même ; et puisqu'il veut nous assaillir dans notre nationalité, il le veut dans tout ce qui en fait partie. M. Provencher a dit qu'il déplorait les erreurs du clergé qui s'aliénait, par son opposition trop fréquente à l'Assemblée, les affections des Canadiens. Les prêtres n'ont pas assez d'élévation de sentiment pour comprendre combien est plus honorable l'influence qui découle de la persuasion que celle qui découle du commandement.

Mgr Lartigue souhaite soustraire le plus possible les questions ecclésiastiques à la curiosité de la Chambre. Mais il existe de multiples questions où la collaboration du clergé avec le gouvernement, et même avec la Chambre, est inévitable — ou préférable. Des commissaires ont été nommés pour la reconnaissance civile des paroisses. Consulté par l'abbé Ignace Bourget, secrétaire de Mgr Lartigue, Mgr Signay répond que l'autorité ecclésiastique a tout avantage à ménager ces commissaires, à profiter de leur enquête pour renforcer les décrets canoniques qui peuvent avoir besoin de l'être. « Au reste, les commissaires n'étant réellement pas obligés par les dispositions de la loi d'avoir égard aux remarques de l'évêque ou de son délégué, il faut bien se prêter, autant que possible, à leurs désirs, afin qu'il n'en advienne point plus de mal ». Bref, Mgr Signay engage son collègue à collaborer avec les commissaires, qui ne prendront pas plaisir à bouleverser les décisions de l'évêque. Il y a aussi la loi d'Éducation, qui doit expirer le 1er mai 1836, et que la Chambre remplacera d'ici là par une autre. Il y a encore la question des associations américaines qui introduisent des « ministres d'une secte quelconque » comme maîtres d'école dans des missions de Sauvages catholiques — Iroquois de Saint-Régis et Abénaquis de Saint-François. Mgr Signay demande l'aide du gouverneur pour les déloger, car leur présence « ne peut que nuire au bon ordre ». Il souhaite que les fonctionnaires consultent les missionnaires pour le choix des maîtres d'école dans les missions. Le secrétaire civil Walcott répond, de la part du gouverneur, d'une manière très encourageante. Il existe donc un réel degré de collaboration entre l'évêque et le gouverneur.

Il y a la question bes biens des Jésuites et celle des biens du Séminaire de Saint-Sulpice. La grosse affaire est évidemment l'érection du diocèse de Montréal. Des prêtres pensent soumettre la question à la Commission royale. Mgr Lartigue n'est pas de cet avis, et l'écrit au coadjuteur de Québec. La Commission n'est pas venue pour régler ce genre de questions, dit-il, mais pour recueillir les griefs des partis politiques. Et il faut laisser le Saint-Siège décider d'abord ; autrement, nous donnerions l'impression de faire trancher une question ecclésiastique par le pouvoir civil, et le Saint-Siège n'aurait plus qu'à ratifier. Un gouvernement protestant n'est pas compétent pour juger de la nécessité d'un nouveau diocèse ou de nouvelles paroisses (18 novembre 1835). Mais Mgr Signay, moins négligent dans cette affaire que Mgr Lartigue ne le croit, fait agir l'orateur de la Chambre, qui semble assez bien en cour au Château. Papineau trouve que Monseigneur « manque de lumières en politique », mais accède à sa requête. Il l'écrit à sa femme :

> Aux yeux du gouverneur et des commissaires, je dois passer pour un dévot à toute outrance parce que, jusqu'à présent, je leur ai parlé des droits des prêtres et de la protection qu'on devait leur donner plus que de tout autre sujet. Ma réputation pourrait en souffrir. C'est quant à la défense des droits du Séminaire et à la division du district de Montréal en un diocèse séparé de celui de Québec que j'ai eu le plus de rapports avec messieurs les nouveaux venus. C'est à la demande de Nos Seigneurs les Évêques que je l'ai fait, pour leur aider à résoudre les objections de fond et légales qu'on leur propose. Et je m'y emploie avec zèle et sincérité. Partout où la cause de la justice demandera mon aide, je la donnerai de même. Mais parce que je voudrais inflexiblement que le catholique ne gêne pas le protestant, ni le protestant le catholique, je serai mal vu et mal voulu par les uns et par les autres. Mais n'importe, le devoir avant tout...

Lord Gosford témoigne de ses bonnes dispositions et de son désir d'aider auprès des autorités impériales.

* * *

Papineau reçoit également la visite de William Lyon Mackenzie (novembre 1835).

Mackenzie et le Dr W.J. O'Grady sont envoyés par les réformistes du Haut-Canada pour se concerter avec ceux du Bas-Canada. Mackenzie pense que les commissaires, leur tâche remplie dans le Bas-Canada, la poursuivront dans le Haut-Canada, où les problèmes sont analogues, presque identiques. Mais Mackenzie est en ce moment obsédé par l'affaire du canal Welland.

La construction et l'administration de ce canal, jugé d'une extrême importance pour le Haut-Canada, seraient truffées de scandales. Mackenzie a obtenu l'ouverture d'une enquête, confiée à Francis Hincks, caissier de la People's Bank nouvellement fondée. Francis Hincks est un Irlandais de 27 ans, qui s'est lié d'amitié avec William Baldwin et son fils Robert, ses voisins, et qui adopte leurs idées réformistes. C'est un homme de chiffres, honnête et compétent, d'une grande puissance de travail. Son enquête l'a conduit à Montréal, où il a rencontré Morin, La Fontaine et d'autres chefs réformistes, avec lesquels il a sympathisé. L'enquête de Francis Hincks révèle une série de concussions. Mackenzie croit tenir une bombe, est résolu à l'exploiter, et recherche l'appui des réformistes bas-canadiens. Il leur promet la réciproque. « Mackenzie », écrit Papineau à sa femme, « nous assure que le parti libéral est de plus en plus fort, et bien disposé à nous seconder en tout ». Mackenzie est toujours en correspondance avec Hume.

Mackenzie et son compagnon sont magnifiquement reçus et entourés. Le *Vindicator* leur promet un concours actif, et cette collaboration, « ayant la force irrésistible d'une marée », emportera le gouvernement, s'il ne cède pas avant longtemps. O'Callaghan préside une sorte de comité de liaison avec les deux chefs hauts-canadiens. Les deux Chambres d'Assemblée nommeront des commissaires pour préparer le règlement à l'amiable des questions d'intérêt commun : frontières, commerce, immigration, droits de douane.

Papineau justifie auprès de Mackenzie son refus de reconnaître la commission d'enquête. Mackenzie l'approuve, le dépasse : les commissaires ont de la chance d'avoir commencé leur mission dans le Bas-Canada, où la population française conserve une urbanité héritée de ses ancêtres ; aucun député libéral, dans le Haut-Canada, n'eût consenti à les rencontrer. Mackenzie proclame, « à la bouche des canons qui bordent les remparts et à quelques pas des soldats », que la Colonie est adulte, que l'Angleterre doit, de bonne volonté, lui concéder des institutions républicaines, sans quoi le Canada se joindra aux États-Unis, où des hommes influents — qu'il connaît — « nous accueilleraient avec tant de joie ». Il crie, constate Papineau, « plus fort que nous le faisons ». Il parle ainsi au gouverneur même, qui n'en paraît pas fâché, et qui l'engage à répéter ses propos aux autres commissaires. Mackenzie ne s'en prive pas. Les commissaires renoncent à enquêter dans le Haut-Canada ; ils abrégeront leur mission, qui s'occupera de relations commerciales plus que de relations politiques.[3] « Je vois dans cette occasion comme dans plusieurs autres des traces de division entre le gouverneur et les commissaires », écrit Papineau à sa femme, et il ajoute : « Tout cela est très secret, et je ne le mentionne que pour mon père et toi. »

Mackenzie promet de faire soutenir la Chambre de Québec par celle de Toronto « en tout ce qu'elle demandera ». Il constate que Papineau, à la Chambre d'Assemblée, n'est pas seulement l'orateur, mais l'oracle. Papineau, qui s'apprête à prendre en chasse plusieurs juges et hauts fonctionnaires du Bas-Canada, ne s'excite pas outre mesure sur l'affaire du canal Welland. Mackenzie et Papineau se trouvent mutuellement trop autoritaires et fougueux. Papineau rend compte à sa femme — pour verser à ses archives :

> M. Mackenzie a travaillé sans relâche depuis qu'il est ici sur deux sujets très importants : les coquineries qui ont été commises par les employés dans la construction du canal de Welland et celles qui sont commises dans le département des postes. Il dit que des plaintes contre ces abus nous donneront un nombre additionnel d'amis dans le Haut-Canada... Mais l'impétuosité de tempérament de quelques hommes sont un autre obstacle. M. Mackenzie, qui est venu pour nous aider, est au moment de nous nuire, peut-être beaucoup. Il a demandé hier que nous fissions tirer à mille copies son rapport sur le canal Welland. Je lui ai objecté que nous étions dans l'habitude de ne publier qu'à trois ou quatre cents nos rapports, et que sa proposition pourrait peut-être éprouver quelque opposition à cause de sa nouveauté. Ou plutôt c'est O'Callaghan qui lui faisait cette objection en s'appuyant de mon nom, parce qu'en effet je l'avais faite à M. Mackenzie. Ne s'est-il pas emporté à l'excès et dit qu'il était joué, qu'il regrettait d'être venu, puis il a emporté tous ses papiers, qui ne sont plus à lui, mais sont au comité, et ne veut plus les rendre. Son compagnon de voyage, le Dr O'Grady, lui reproche cette impétuosité. O'Callaghan, qui est le président de ce comité, est au désespoir du rôle ridicule que Mackenzie joue en réalité, mais qui, en apparence, serait joué par O'Callaghan, à qui nos ennemis diraient : « Vous et votre comité étiez les instruments et les dupes dont Mackenzie s'est servi pour faire faire une enquête par laquelle il veut noircir ses ennemis, et qu'il va publier dans le Haut-Canada, dont la législature n'aurait pas permis qu'il prît de pareilles démar-

---

3. Les lettres de Papineau à sa femme, et surtout celle du 19 novembre 1835, permettent de reconstituer le séjour de Mackenzie à Québec.

ches, plus dans l'intérêt de ses vengeances privées que dans l'intérêt public. O'Grady nous apprend que plusieurs fois déjà, une pareille fougue, excitée par la plus légère contradiction, a pensé brouiller ensemble les amis de la Réforme dans le Haut-Canada. J'ai passé hier beaucoup de temps avec M. Mackenzie, et j'avais cru l'avoir fait revenir de son travers. Il y tient ce matin. Il faut retourner faire une dernière tentative pour le rendre raisonnable. Tiens cette triste anecdote absolument secrète. Je la note ici pour en conserver le souvenir...

De son côté, Mackenzie, rentrant chez lui, envoie à O'Callaghan une lettre que nous ne possédons pas, mais qui doit être assez vive, puisqu'il exprime ensuite à Papineau — assez sèchement — le regret, non pas, à vrai dire, d'avoir écrit cette lettre, mais d'avoir eu lieu de l'écrire :

17 novembre 1835

Monsieur,

Après mûre réflexion, j'ai envoyé au Dr O'Callaghan, aux soins de M. DeWitt, une lettre dans laquelle j'exprimais mes sentiments délibérés au sujet de choses qui se sont passées dernièrement à Québec, et je regrette d'avoir eu lieu d'écrire cette lettre.

Je suis Monsieur,

Votre obéissant serviteur.[4]

Une liaison, assez lâche, est tout de même établie. Joseph Howe, qui conduit le mouvement réformiste en Nouvelle-Écosse, correspond avec H. S. Chapman, l'un des chefs réformistes du Haut-Canada.

---

4. « I regret having had cause to write such letter. » Archives publiques du Canada. Dossier O'Callaghan.

40

Adam Thom et ses Carabiniers

L'absolutisme de Papineau, constaté par Mackenzie, pèse à plusieurs députés, Ovide Perrault écrit à Fabre : « Les membres de Québec continuent à jalouser ceux de Montréal. » Et Papineau écrit à sa femme (16 novembre 1835) :

> Il y a toujours quelque menace de division entre nous, prête à éclater. La rivalité entre Québec et Montréal est toujours prête à renaître, par la faiblesse de quelques-uns des messieurs d'ici. L'étourderie de Bédard et l'artifice de Vanfelson nous tiennent toujours au bord d'un abîme...

Cependant une élection complémentaire se déroule dans le comté de Montréal. Papineau, qui a fait élire Joseph Roy à Montréal-Est en novembre 34, fait élire André Jobin, l'autre magistrat destitué par Aylmer après l'arrestation — et l'acquittement — du colonel Mackintosh et du capitaine Temple, en novembre 35. À la rigueur, le camouflet est infligé à lord Aylmer, non pas au gouverneur actuel.

Papineau et ses partisans ne peuvent pas, en ce moment, s'en prendre au gouverneur. Ils s'en prennent à des juges : Samuel Gale et James Kerr, bien entendu ; Edward Bowen, président du Conseil législatif depuis le 20 février 1835 ; John Fletcher, déjà mis en accusation par la Chambre en 1831, et John Gawler Thompson qui, élevé dans la ville de Québec, y compte Philippe Aubert de Gaspé, l'ancien condisciple de Papineau, parmi ses nombreux amis canadiens-français.

Conrad Gugy a pris en chasse le juge Kerr, gibier de choix puisque c'est un ancien président du Conseil législatif, auquel il reproche bizarrerie, partialité, injustice dans ses jugements. La

Chambre a fait siennes ces accusations, et Kerr est parti en Angleterre pour tenter de se défendre. Cette collaboration de Gugy avec ses adversaires du groupe Papineau n'empêche pas la majorité de la Chambre, qui traque aussi quelques hauts fonctionnaires, de s'attaquer à Louis Gugy — père du député de Sherbrooke, — à la fois conseiller législatif et shérif bien rétribué de Montréal.

Les accusations de Papineau, sauf en ce qui concerne les cumuls, sont cependant indéterminées. Elzéar Bédard demande des précisions. L'orateur prend mal cette observation, venue, non pas d'un adversaire normal, mais d'un dissident, et lance une violente tirade contre « ceux qui voudraient couler l'enquête ». Mais Bédard s'est libéré du joug. Il n'est plus un partisan soumis de Papineau, et relève l'insinuation : « L'honorable Orateur, qui partout et en toute occasion proclame la pureté de ses motifs et de ses actes, n'est pas disposé à accorder aux autres ce qu'il croit être son droit inhérent. Du moment que nous osons différer avec lui, nos motifs sont en butte à ses observations sévères et irréfléchies. Il cherche et allègue tantôt la crainte, tantôt un autre motif aussi peu généreux comme la cause de notre diversité d'opinion, comme s'il était impossible de différer avec lui pour de bons motifs et consciencieusement. Il ne suffit pas de rendre justice ; il faut encore observer la forme et les règles de la justice. »

Cependant lord Gosford a promis, conformément aux instructions ministérielles, de supprimer les cumuls. Il opère des destitutions.

Debartzch, au Conseil législatif, va jusqu'à inviter ses collègues à se sacrifier, en acceptant le principe électif. Les « bureaucrates » englobent Papineau, Gosford et Debartzch dans leur fureur. Les associations constitutionnelles sont aussi violentes que Papineau et ses disciples ont pu l'être. Adam Thom et ses « carabiniers volontaires » constituent à Montréal une formation paramilitaire, forte de huit cents hommes, dit-on.

Gosford, dans cette période de crise, reçoit assez souvent l'orateur de la Chambre, qui lui parle avec franchise. Il lui répond : « Votre politique est sans doute la meilleure, mais vous n'appréciez pas assez les obstacles qui sont sur ma route ». Il reçoit aussi Debartzch, et lui dit : « M. Papineau me fait toujours plaisir quand il vient me voir ». Puis, mi-souriant, mi-admiratif : « C'est un homme bien ferme, qu'il n'est pas facile de détourner de ses desseins ».

* * *

Le gouverneur est pris en effet entre ses instructions, les « patriotes » exaltés et les « constitutionnels » non moins fanatisés. Les carabiniers d'Adam Thom manifestent l'envie de se battre. Papineau envisage, dans une lettre à sa femme (19 novembre 1835), « une perspective pleine de trouble, sans vouloir reculer d'un pas, même devant les plus grands dangers ». Et Papineau reçoit, de la Petite-Nation les récriminations de son frère, et de Montréal les perpétuels gémissements de sa femme. Denis-Benjamin lui écrit :

> Tu te trouves de mauvaise humeur à cause que je te demande de l'argent pour payer les gens qui travaillent au moulin. Lorsque je t'ai dit que l'argent retiré de Charlebois pourrait payer tout cela, tu m'as répondu tout net : je le paierai moi-même cet automne, et je veux avoir cet argent-là. Tu me dis que ceux qui doivent sont tenus de payer...

Et Julie :

> 18 novembre 1835
>
> Tu te plains de la vie publique et des dégoûts que l'on y éprouve. Il est certain que personne, au moins peu de personnes ont sujet de s'en plaindre et d'en être plus lassé que toi ; et personne non plus n'est plus disposé que moi à le croire. Je suis fatiguée de l'une et de l'autre, je ne vois aucun beau côté même dans la vie privée où toi tu crois que tu y coulerais des jours plus sereins. Non, tu te trompes, tu aurais plus de loisir à voir et à sentir tous les petits embarras de la vie privée. Est-ce que tu ne l'éprouves pas ? Quand tu es à la maison, es-tu de meilleure humeur ? Le séjour et les occupations que tu as ici sont-elles propres à te satisfaire ? Non. Je ne suis qu'une femme, mais je suis ennuyée et fatiguée de tous ces détails minutieux et fatigants qu'entraînent inévitablement le soin d'une maison, tracas de domestiques et bien plus encore la grande tâche d'élever une famille et encore pis la pensée de l'avenir à mesure que cette famille avance dans la vie. Quelle inquiétude et quels chagrins tout cela nous prépare, j'ai tout le temps de réfléchir à cela, moi, dans ma triste maison où je suis sans aucun délassement d'esprit, où je puise des idées de dégoûts de cette vie, de craintes et d'alarmes pour l'autre, puisque je n'ai pas assez de vertus pour supporter mes peines avec patience et les offrir à la Providence. Je n'aime pas la vie et je crains la mort...

Papineau, au beau milieu des négociations, des critiques, des intrigues, des accusations, doit encore discuter avec son frère et réconforter sa femme. Dans sa réponse à Julie, aussi longue que ses autres lettres, il ne lui parle exceptionnellement pas de politique :

Chère amie,

Je te remercie de ta lettre du 18, mais te reprends de la faiblesse et du découragement trop grands que tu y montres. Tout t'inquiète, tout t'attriste. Ce n'est que dans les moments de mauvaise humeur et de difficultés réelles que la plainte m'échappe. Chez toi, elle deviendrait habituelle, si tu ne t'appliques pas à voir les événements de la vie sous un jour moins sombre... Pourquoi se chagriner d'avance de malheurs qui n'arriveront pas ou qui, s'ils arrivent, ne nous auront peut-être pas pour témoins, puisque nous ignorons si nous vivrons ou ne vivrons pas. Je crois qu'il est peu d'hommes chez qui les sentiments d'amour de la famille et d'amour du pays soient plus forts que chez moi... Je crois que je serai toujours malheureux dans la vie publique, alors que mon goût pour la médiocrité, la solitude et l'étude me rendraient plus heureux dans la vie privée. Quoi qu'il en soit, je suis demeuré dans la vie publique, en butte à plus d'animosité et de contradiction qu'aucun autre homme, pendant plus d'années qu'aucun autre de mes compatriotes... Je suis représentant depuis vingt-huit ans ; il est excusable de désirer la retraite après ce temps, mais je ne la demande encore que conditionnellement, si je puis le faire sans nuire à la cause que j'ai servie avec quelque utilité et quelque honneur. Tout cela veut dire, ma bonne maman, que je veux te voir plus de force et de courage que ta dernière lettre n'en montre...

Cette lettre écrite, Papineau se rend au bal du gouverneur. Tous les membres de l'Assemblée, à l'exemple de leur orateur, acceptent les invitations du gouverneur et même s'empressent à ses réceptions. Le bal de la Sainte-Catherine a été, reconnaît Papineau dans une lettre à sa femme, « une réunion aussi nombreuse, aussi brillante et plus gaie que j'y aie jamais vue ». De jeunes députés, sortant de ces réceptions, sont enclins à l'indulgence pour lord Gosford, dont ils reconnaissent les bonnes intentions. Ovide Perrault le laisse percer dans ses lettres à son beau-frère Fabre, qui lui en fait reproche.

Jusqu'où la conciliation ira-t-elle ? Papineau écrit : « Tout ce que les réformistes désirent, les changements les plus étendus dans la constitution, pourraient s'obtenir sans violence si le parti anglais pouvait être une fois convaincu qu'il est et ne doit être que sur un pied d'égalité avec nous ». Mais la violence n'est-elle pas inévitable ? Les carabiniers d'Adam Thom paraissent sur le point d'en prendre l'initiative. Ils défilent sous les fenêtres de Papineau. Ils demandent au gouverneur de leur fournir des armes, pour la défense, qu'ils prétendent assumer, de la paix publique et du lien britannique. Pour Papineau, ces manifestations bruyantes devant sa maison sont d'autant plus alarmantes que sa femme est toujours malade. Théophile Bruneau vient de lui écrire (15 décembre 1835) : Mon cher frère, il m'est pénible de vous entretenir de maladies dans presque toutes mes lettres. La pauvre Julie a encore eu une secousse... » Papineau et un de ses députés de langue anglaise, James Leslie (Montréal-Est) vont trouver le gouverneur au sujet des carabiniers. Ovide Perrault en fait un bref compte rendu à Fabre (16 décembre 1835) : « MM. Papineau et Leslie viennent d'avoir une entrevue avec le gouverneur sur l'armement des 800. Lord Gosford paraît prendre les choses au sérieux ». Lord Gosford répète en effet que la paix publique et le lien britannique ne sont pas menacés et que, s'ils l'étaient, leur défense n'incomberait pas à des particuliers, mais au gouvernement. Autour de Gosford, plus d'un « constitutionnel » influent, conseiller exécutif ou conseiller législatif, blâme Adam Thom et ses têtes chaudes. Le gouverneur ordonne la dissolution des carabiniers volontaires, dont l'existence est contraire à la constitution. Papineau écrit à sa femme :

> Québec, 17 décembre 1835
>
> Chère amie,
>
> Il faut avouer que tu es soumise à de bien grandes épreuves pour ta part, puisque, outre celles qui sont naturelles et attachées à la condition humaine généralement, tu as une plus large part des inquiétudes qui naissent de l'extrême agitation du pays, laquelle soulève contre moi et les miens une rage bien injuste, mais qui après tout pourrait être accompagnée de quelques risques. Si c'était le cas au jugement de tous nos amis de Montréal, qui par la proximité des lieux peuvent mieux voir que moi, il faudrait ma bonne maman que tu me donnasses la consolation de te mettre, avec nos chers enfants, en lieu de sûreté, te rendre avec eux à Verchères, ou ailleurs dans la famille. Une visite à tes parents ou à nos enfants, au temps des fêtes, n'a rien que de naturel. S'il était possible, ce que je ne crois nullement, que des actes de violence fussent tentés contre les maisons, j'aimerais mieux tous les malheurs imaginables pour moi et mes propriétés que de savoir exposés ma femme et mes enfants...

Julie Papineau tranquillisera ses fils, Amédée et Lactance, qui sont au Collège de Saint-Hyacinthe et qui peuvent craindre des attentats contre leurs parents.

* * *

La question des subsides, qui est la question cruciale, mettra les bonnes volontés à l'épreuve. Le Comité permanent des comptes publics prépare une série de résolutions, qui s'inspirent des 92. Julie Papineau, la femme de santé fragile, toujours gémissante, se transforme en lionne quand on aborde la politique. Elle engage son mari à la fermeté, à l'intransigeance même :

Montréal 26 décembre 1835

...Tu n'as pas l'air d'avoir plus d'espérance dans l'administration que tu n'en avais avant la session. J'avoue que j'en avais un peu il y a quelque temps, mais l'inaction du gouverneur commence à me faire croire qu'il ne fera pas grand chose, et il y a bien du monde ici qui pense de même. Je me repose sur la Chambre : au moins elle doit faire son devoir, forcer le gouverneur à se prononcer avant de donner de l'argent, car si vous avez le tort de donner les subsides sans avoir rien obtenu de vos prétentions, c'est vraiment nous mettre pis que nous n'étions auparavant. Tu ne me dis pas un mot des commissaires que l'on dit au moment d'arriver à Montréal. On dit qu'ils préparent la maison du Gouvernement pour les recevoir. Je n'augure rien de bon de cette démarche ; ils seront encore pis après avoir fait quelque séjour ici, où ils ne verront que nos ennemis ; les principaux citoyens canadiens étant à Québec dans ce temps, ils n'ont pas besoin de la mauvaise compagnie ; ils ne valent déjà pas grand chose ; nous avons déjà des preuves et nous en avons tous les jours de nouvelles, qu'il faut les forcer à nous rendre justice et que nous ne l'aurons pas autrement. L'inaction du gouverneur, depuis toutes les insultes que les constitutionnels lui ont prodiguées et violences auxquelles ils ont voulu se livrer et qui demeurent impunies leur donne l'espérance. Je vois leurs gazettes chez madame Viger, qui se les procure, et elles ont tout à fait changé de ton et ils ont l'air de croire que leur gouverneur a eu peur d'eux et que, puisqu'il ne fait rien pour nous, il pourra revenir sur ses pas et faire quelque chose pour eux ; et sa conduite a l'air de cela...

Julie Papineau, qui rassure ses fils, n'est pas elle-même tellement rassurée, quant aux risques d'attentats.

Le comité organisé par Adam Thom a répondu au décret de dissolution en exprimant ses regrets que « dans une colonie conquise par les armes britanniques, un corps de loyaux sujets soit traité comme des traîtres par un gouverneur général britannique, pour le seul crime de s'être levés pour protéger leurs personnes et leurs biens et pour aider au maintien des droits et privilèges que la constitution leur accorde ». Les dirigeants du corps de carabiniers se réunissent, réaffirment leur volonté de défendre la Couronne britannique, réellement en danger dans le Bas-Canada, et constituent le Doric Club, société à demi secrète. Julie Papineau peut bien écrire, dans sa lettre du 26 décembre :

Je n'ai point de vaine frayeur, mais je sais apprécier à leur juste valeur la rage et la haine que ce parti nous porte, et que l'état dans lequel nous sommes est bien déplorable, qu'ils veulent tout de bon dominer ou nous écraser, et si nous n'avons pas l'énergie de nous soustraire de leur pouvoir, ils trouveront bien des moyens, eux, de nous faire bien du mal. Je suis certaine qu'ils y sont bien décidés et que c'est sérieux ; que la Chambre y pense bien, si elle ne fait rien dans cette session. Si le roi venait à mourir, qu'il faudrait faire d'autres élections, nous aurions une guerre civile ; c'est certain, quand on pense que l'on ne peut pas seulement obtenir une nouvelle magistrature, c'est une infamie. J'aurais encore bien des choses à te dire...

Julie écrit encore, trois jours plus tard : « J'ai de bons amis qui m'avertiraient au moindre risque, et je prendrais un parti propre à te rassurer sur notre sort... Je suis plus affligée de mon mauvais état de santé ».

Et pour finir l'année (31 décembre) : « La mort, la terrible mort qui moissonne nos proches à tous les âges... »

Julie Papineau n'est pas seule à sentir le danger, puisque Ovide Perrault écrit à Fabre : « Qu'importe notre vie, si nous sommes assurés que notre mort sera vengée. »

Papineau pense comme sa femme, et veut exploiter son avantage sur les carabiniers. Il demande au gouverneur de se procurer les noms de ces volontaires et de révoquer tous ceux qui tiennent une commission du gouvernement. C'est ce que l'on ferait pour nous, affirme-t-il, si nous avions pris l'initiative de nous armer.

Une démarche de Wolfred Nelson appuie celle de Papineau, auprès du gouverneur. Le Dr Nelson expose, avec sa franchise qui confine à la brutalité, « les dangers de la temporisation, le vice de la magistrature, la corruption des tribunaux et de tous les employés publics, tout cela à propos des complots secrets qui se trament à Montréal ». Il avertit le gouverneur que si les chefs réformistes continuent d'être insultés sans que le gouvernement sévisse, les habitants se feront eux-mêmes justice : « Ce serait le signal d'une guerre d'extermination. »[1]

Les Carabiniers volontaires se sont mués en Doric Club, sans rien changer d'autre que leur nom. Ils font un charivari devant la maison des Papineau, le 7 janvier. Julie s'est barricadée avec son frère Théophile, ses enfants et la bonne. Jacques Viger, son voisin,

---

1. Lettre d'Ovide Perrault à E.-R. Fabre.

vient la voir le soir même. Julie envoie à son mari un compte rendu beaucoup plus indigné qu'effrayé (9 janvier 1836) :

> Aujourd'hui M. Walker était annoncé comme devant arriver ; on a fait sortir des affiches pour s'assembler et aller au-devant de lui en procession. Je ne sais s'ils feront du bruit, mais tout cela démontre comme ils sont exaltés, car ce n'est nullement l'estime ni le cas qu'ils font de M. Walker, mais l'esprit de parti qui les fait agir ainsi.
>
> C'est une honte pour le gouverneur d'être joué et insulté par eux et de n'avoir pas l'énergie de se montrer, de reformer d'abord notre magistrature. Il y a assez de preuves que la ville n'est pas en sûreté, avec des magistrats qui les encouragent au lieu de les arrêter. Il n'y a pas besoin d'autres preuves que celles-là, que la paix publique est troublée par leurs cris, leurs menaces, leurs rassemblements sous aucun prétexte, la crainte et l'alarme que cela répand dans nos faubourgs. Ils font circuler différents rapports qui effraient les uns, irritent les autres et aigrissent de plus en plus les esprits, et nous préparent des troubles sérieux. Si nous n'obtenons pas dans cette session des réformes qui puissent nous mettre en état de repousser leurs attaques, nous serons dans une situation sérieuse ; ils se préparent en attendant la fin du Parlement. Si nous n'avons pas une autre magistrature et si la corporation n'est pas établie sur un pied qui lui donne le pouvoir de se faire respecter et de maintenir le bon ordre et pouvoir défendre la ville en cas d'attaque de ces brigands. Ils profiteront du moment que vous serez sans protection pour assouvir leur rage en cas que de nouvelles réclamations en Angleterre de votre part ne vous obtiennent les réformes que vous demandez depuis si longtemps sans succès. Ils calculent que c'est le moment favorable et ils ne se préparent pas en vain. C'est s'abuser que de croire qu'ils ne veulent qu'effrayer ; cela serait le cas si l'on voulait raisonner et calculer de sang froid ; mais des gens qui ont pu se porter aux excès et aux folies qu'ils viennent de faire ne calculent pas les suites, et ils se disent faisons tout le mal qu'il est en notre pouvoir de faire, et cela satisfait la vengeance et la haine qu'ils portent à tout ce qui est canadien, et c'est la faiblesse de notre gouverneur qui en sera la cause ; il n'a pas seulement le courage de remplacer un juge. Quelle hésitation ! Quel laps de temps ! Pour cela seulement si la Chambre n'a pas plus d'énergie et ne procède pas avec plus de célérité, le pays sera dans un état plus déplorable qu'il ne l'a été à aucune époque précédente...

Papineau, dans sa réponse, prévoit « l'effusion du sang ». Mais il en attribue la responsabilité à ses adversaires.

* * *

Les ministres ont étudié le rapport du Comité des griefs de l'Assemblée de Toronto. Lord Glenelg, ministre des Colonies, répond à ce rapport le 15 décembre 1835, sous la forme d'une lettre à sir John Colborne, lieutenant-gouverneur.

Le ministre croit inopportun de transférer à la Chambre le contrôle du « patronage » — nomination et révocation aux emplois publics ; pareille mesure, nuisible à la discipline, serait dangereuse. Le lieutenant-gouverneur et ses conseillers sont responsables — mais devant Sa Majesté, c'est-à-dire devant le gouvernement impérial. Si la Chambre d'Assemblée veut se plaindre d'eux, elle doit s'adresser au gouvernement impérial. Le ministre ne cède pas non plus sur la question du Conseil législatif. Enfin, des membres du gouvernement local peuvent conserver leur siège à la Chambre d'Assemblée ; dans leurs fonctions administratives, ils doivent obéissance aux ordres du lieutenant-gouverneur, sous peine de révocation immédiate.

Bref, tout le pouvoir est concentré Downing Street.

Cette dépêche n'est pas encore arrivée quand sir John Colborne ouvre la session, le 11 janvier 1836.

Le lieutenant-gouverneur insère dans sa harangue des allusions à la situation dans le Bas-Canada. William Lyon Mackenzie, qui vient d'établir la liaison avec l'Assemblée bas-canadienne, et à sa suite la majorité des députés, s'en scandalisent. La Chambre adopte une adresse :

> Regrettant profondément que Son Excellence ait été avisée de commenter les affaires de la province-sœur, qui se trouve engagée dans un combat long et périlleux pour obtenir une indispensable amélioration de ses institutions et de son mode d'administration. Nous exposons respectueusement mais fermement notre respect pour ses efforts patriotiques, et la disculpons de tout soupçon d'être la cause des difficultés et des discussions qui existent dans le pays.

Mackenzie fait encore adopter la motion convenue lors de son séjour à Québec :

> Que cette Chambre désire cultiver de bonnes relations avec le Bas-Canada, et qu'un comité soit nommé pour préparer un bill prévoyant la nomination de commissaires, pour rencontrer les commissaires qui pourront être nommés par la Législature du Bas-Canada, afin de considérer les questions d'intérêt commun aux deux provinces, particulièrement les questions de frontières, commerce, immigration, droits de douane et revenu.

Mackenzie fait censurer les cumuls, en particulier celui du juge en chef, qui est en même temps président du Conseil législatif. Il prend sa revanche sur le solliciteur général Hagerman, qui, député de Kingston, l'a fait réexpulser de la Chambre, au début de 1832, en le qualifiant de « criminel en puissance », « prêt à marcher sur les corps sanglants de ses victimes ». Mackenzie fait censurer le gouverneur qui maintient en place Hagerman et d'autres conseillers ou fonctionnaires « connus pour leur opposition aux désirs du peuple et aux recommandations de Sa Majesté sur les grands sujets de réforme, qui ne possèdent pas la confiance du peuple et ne partagent pas les vues générales du peuple, exprimées par ses représentants ».

À Montréal, les charivaris à la porte des Papineau se reproduisent, surtout le samedi soir, où le Doric Club recrute, dans les auberges, les ouvriers qui s'y rassemblent après leur paie. Julie Papineau remercie la Providence de l'avoir dotée « d'un caractère assez énergique et réfléchi pour ne pas succomber et manquer de force dans ces moments d'épreuves ». Elle espère fermement « que nous aurons un jour justice, qui n'est peut-être pas éloigné » :

> Il faut bien que le gouverneur se décide à agir, d'une manière ou d'une autre. J'ai vu le Herald aujourd'hui, que ma voisine m'a envoyé. Il est toujours très violent. Je te prie de n'avoir pas d'inquiétude à mon sujet ; je suis prudente, et j'ai chargé plusieurs de mes amis de m'avertir s'il y avait le moindre danger ; pour te tranquilliser, j'irai à Verchères. Je crains plus d'imprudence de ta part ; ne sors pas le soir sans escorte...

Julie Papineau se réfugie chez son frère le curé de Verchères, comme elle a fait pendant l'épidémie de choléra. Elle emmène Azélie, la plus jeune de ses filles. Amédée et Lactance sont au Collège de Saint-Hyacinthe ; Ézilda est pensionnaire ; Gustave reste à la maison, avec la vieille bonne Marguerite. Théophile Bruneau, frère de Julie, viendra tous les soirs coucher chez les Papineau ; en cas de troubles, il conduirait Gustave à Verchères. Le vicaire du curé Bruneau est le fils de Jacques Deligny, député de Berthier.

* * *

À Québec, lord Gosford multiplie les prévenances envers les députés réformistes. Il les invite à venir le voir, même à l'improviste : « Whenever you are at leisure, call upon me. I'll be glad to see you ». Ovide Perrault se rend à l'invitation, mais en se demandant si le gouverneur ne veut pas lui soutirer des renseignements.

À la Chambre d'Assemblée, les résolutions du Comité permanent des comptes publics sont prêtes. Elles sont du pur Papineau :

> Cette Chambre, réitérant les déclarations des sessions antérieures, avant de procéder à l'octroi des subsides, et déterminée à tenir pour responsables et à amener à comptabilité ceux qui auront participé à l'emploi illégal du revenu de la province, est disposée à accorder durant la présente session la partie des arrérages qui lui paraîtra juste et conforme aux principes d'après lesquels elle a résolu de procéder, et à pourvoir de même aux besoins du service durant l'année courante.

En langage clair, la Chambre veut contrôler l'emploi des subsides, en obligeant les fonctionnaires à lui rendre des comptes. Elzéar Bédard voudrait substituer à ces phrases revendicatives et menaçantes un texte adouci, pour tenir compte des efforts du gouverneur. Amable Berthelot, député de la haute ville de Québec, qui l'appuie, s'écrie : « Lord Gosford nous tend une main secourable et nous offre la paix que nous désirons tant. Serons-nous toujours comme des chiens hargneux ? » Morin lui-même, qui est un des fidèles de Papineau, convient que « les dispositions conciliatrices de la présente administration méritent l'attention du peuple et de la Chambre ».

Papineau refuse. Papineau ne transige pas. Papineau ne se contente pas de concessions partielles, de bribes de réformes. Le gouverneur, les commissaires, les conseillers, les députés, tout le monde devra comprendre que le seul principe essentiel est « le contrôle absolu de la Représentation sur le revenu, et son influence prépondérante et directe sur les actes de l'Exécutif ». Papineau, rencontrant sir George Gipps dans un dîner, le lui jette à la tête,[2] en ajoutant : « Le Haut-Canada ira aussi loin que nous dans ses demandes de réformes ».

Amable Berthelot, avec son expression imagée, a frappé juste, et plus d'un réformiste pense comme Bédard et comme lui. Pierre-Dominique Debartzch, le conseiller législatif qui a soutenu les 92 Résolutions ainsi que toutes les thèses réformistes, croit à la sincérité de lord Gosford, qui le reçoit volontiers. Dieu sait si Debartzch aime et admire Papineau, le colistier de sa première élection dans le comté de Kent, qu'il décrivait à Jacques Viger, dans une lettre après l'adoption des 92 Résolutions, comme « le génie

---

2. Selon sa propre expression, d'après une lettre à sa femme, du 1er février 1836.

qui a réussi par son audace à placer les droits de l'homme au fronton de l'édifice social ». Et Pierre-Dominique Debartzch, ancien combattant de Châteauguay, gendre de Charles-Louis de Saint-Ours et seigneur de Saint-Charles, est un personnage estimé dans les milieux réformistes. Mais il craint que l'intransigeance de son chef et ami ne sabote une chance, une grande chance d'arrangement à l'amiable. Son collègue F.-X. Malhiot subit son influence et partage son avis. On en parle dans les cercles montréalais. Julie Papineau écrit de Verchères à son mari (1er février 1836) :

> On parle beaucoup de la différence d'opinion de M. Debartzch d'avec la tienne au sujet des subsides. M. Malhiot ne jure que d'après M. Debartzch, et dit que sans lui il y aurait déjà rupture ouverte avec le gouverneur et la Chambre, que les membres influents de la Chambre sont d'une violence qu'il n'y a pas à raisonner avec eux.

Debartzch et Malhiot sont conseillers législatifs. Mais de Bleury, qui est député — et dont le discours, au dernier banquet de la Saint-Jean-Baptiste, a étonné par sa modération — commence à penser comme eux, et le dit. Ovide Perrault le lui reproche. De Bleury, duelliste intrépide, a l'épiderme chatouilleux. Dans une discussion avec Perrault, à la Chambre, il dit assez haut pour se faire entendre : « Voilà ce que c'est que d'avoir affaire à de la crasse ». Perrault consulte ses amis O'Callaghan, Morin et Girouard : faut-il faire censurer de Bleury par la Chambre, ou régler l'affaire au dehors ? La question va jusqu'à Papineau, le grand chef. En fin de compte, Perrault attend la sortie, se jette sur de Bleury, le frappe à coups de poing. Les deux hommes roulent à terre. O'Callaghan et quelques autres les séparent. Le lendemain, de Bleury envoie son témoin.

Les deux députés descendent sur le pré, à l'Ancienne-Lorette. O'Callaghan, pressenti par Perrault pour être son témoin, a préféré servir en qualité de médecin. Les témoins arrangent l'affaire au tout dernier moment. Ils ordonnent aux adversaires d'avancer l'un vers l'autre. Puis : « Donnez-vous la main. Monsieur de Bleury, dites à M. Perrault : Je suis fâché de vous avoir traité de crasse. Monsieur Perrault, dites à M. de Bleury : Je suis fâché de vous avoir frappé. » Les pistolets sont déchargés, et les deux groupes regagnent leurs voitures respectives.

Constitutionnels et modérés se coalisent. Papineau s'en irrite. Après un nouvel effort, il ne l'emporte que par une voix : 29 contre 28. Papineau espace ses visites au Château. « Il laisse le gouverneur à lui-même », écrit Ovide Perrault à Édouard-Raymond

Fabre. Mais lord Gosford ne désespère pas de voir la Chambre, en fin de compte, voter les subsides.

Mais un terrible orage éclate.

41

Lord Gosford a échoué

Le gouvernement britannique prévoit-il une crise au Canada ? Sir John Colborne, lieutenant-gouverneur à poigne du Haut-Canada, est nommé commandant en chef des forces britanniques en Amérique du Nord. Et comme il a fait avec Gosford, le gouvernement choisit un chef civil, sir Francis Bond Head, pour lui succéder.

Joseph Hume, l'ami de la première heure, n'a pas cessé de s'intéresser au Canada depuis la mission de Papineau et Neilson en 1822. Il est devenu le correspondant le plus régulier de Mackenzie à Londres. Il a toujours poussé Mackenzie et Viger à la résistance intégrale. Il écrivait à Mackenzie, en 1834 : « Se soumettre tranquillement à une telle domination serait accepter une servitude de la plus odieuse nature, indigne du peuple du Canada, disgracieuse et injurieuse pour la Grande-Bretagne ». Mais Hume connaît le nouveau lieutenant-gouverneur. Il le documente : il lui soumet les rapports du Comité des griefs de l'Assemblée haut-canadienne. Il lui communique même des lettres de Mackenzie, pour le mettre au courant de la situation — dans le bon sens. Hume en informe Mackenzie (5 décembre 1835) :

> Mon cher Monsieur,
>
> Vous apprendrez avec autant de plaisir que de surprise le rappel de votre lieutenant-gouverneur actuel et la nomination de sir Francis Head pour lui succéder.
>
> Sir Francis est connu comme l'auteur de « Observations on South America » et de « Bubbles of the Brunnen ». Il a été employé comme commissaire de la Loi des pauvres dans Kent, et sa conduite

et ses principes dans cet emploi ont été fort approuvés. Il a été choisi comme chef civil, car j'espère que c'est maintenant la détermination de choisir les gouverneurs dans le civil, au lieu de les prendre dans le militaire...

Je vous envoie une lettre d'introduction à sir Francis, auquel j'ai donné le 1er et le 7e rapports de votre Comité des griefs, afin qu'il puisse les étudier dans son voyage... Je lui ai donné quelques-unes de vos dernières lettres à mon adresse, afin qu'il puisse connaître les griefs dont vous avez à vous plaindre. J'ai donné ma propre copie à sir George Grey...

Je souhaite vivement que vous et tous les réformistes receviez sir Francis de la meilleure manière possible, et fassiez tout ce qui peut être consistant avec le principe pour rencontrer ses vues et ses désirs. Nous pensons que sir Francis fera tout ce qu'il est possible pour concilier et arranger les affaires...

Hume ne croit pas cependant que le gouvernement soit prêt « à accepter de faire pour les coloniaux ce qu'on doit laisser faire pour le peuple du Royaume-Uni ». Il y aura encore des batailles à livrer. Les ministres ne sont pas prêts à accorder le Conseil législatif électif : « Vous devez témoigner de patience et faire tout ce que vous pourrez pour rester tranquilles. J'approuve beaucoup l'esprit du discours de lord Gosford à la Chambre d'Assemblée du Bas-Canada, et j'ai confiance que sir Francis Bond en fera autant pour vous. Dans ce cas, vous aurez raison de demander justice égale, mais je souhaite que vous modériez vos exigences pour le Conseil législatif, et obteniez tous les autres droits bien établis. Si j'avais de l'influence sur M. Papineau et sur ses amis, je leur conseillerais d'accepter avec joie les concessions offertes par le gouvernement et de donner une belle chance au gouvernement sous le nouveau système colonial ».

Hume souhaite que la Chambre des lords devienne élective, mais ce n'est immédiatement possible : « Nous prendrons toutes les concessions que nous pourrons obtenir et nous nous en servirons ensuite pour obtenir davantage ». Il conseille d'en faire autant au Canada, et d'éviter les chocs entre les réformistes et le gouverneur. Il conseille en particulier d'accepter l'épuration du Conseil législatif par l'élimination des fonctionnaires :

Je désire que vous transmettiez à M. Papineau dans le Bas-Canada cette opinion et cet avis comme ceux que les meilleurs amis du Canada en ce pays peuvent leur offrir ; qu'il médite et mûrisse ce que Sa seigneurie a offert de donner. Mon ami Roebuck et quelques autres sont toujours trop ardents et disposés à demander trop, d'une manière à faire du tort au parti ici. Je serais heureux en conséquence de voir un ton de modération et de conciliation adopté par le parti populaire dans les deux pays, en réponse aux ouvertures du gouvernement whig actuel. Vous devez toujours songer que le parti libéral a toute la Cour, toute l'aristocratie et toute l'Église contre lui, et qu'il est d'une politique saine, pour les radicaux, de ne pas presser les whigs d'exigences qui donneraient fondement au roi de renvoyer les whigs et de remettre les tories au pouvoir...

Vous pouvez prendre mon avis comme celui d'un homme qui n'a jamais fléchi pour donner un honnête conseil aux Canadiens... Prenez tout ce que vous pourrez obtenir ; pétitionnez pour le reste, mais faites usage d'un langage froid et agissez avec modération...

Conseiller la patience, la modération — et un langage froid !
— à Mackenzie, à Papineau et à leurs amis !

* * *

Sir Francis Bond Head, nouveau lieutenant-gouverneur du Haut-Canada, croit-il accomplir un geste de franchise et de courtoisie, ou veut-il, comme des réformistes canadiens le soupçonnent, ruiner la politique conciliante de lord Gosford ? Il communique à son Assemblée le texte — secret — des instructions lancées par le ministre aux trois commissaires.

Les réformistes ne dominent pas seulement l'Assemblée par le nombre, mais par le talent. L'avocat Robert Baldwin est, comme Marshall Spring Bidwell, un réformiste convaincu, partisan décidé du principe de la responsabilité ministérielle, mais d'esprit très ouvert, très dépourvu de préjugés. Robert Baldwin est un chrétien, dont la religion influence toute la vie. Le Dr John Rolph, fils d'un médecin anglais de bonne réputation mais qui a dû émigrer parce qu'un père de dix-huit enfants ne peut pas élever sa famille en Angleterre, affirme sa personnalité, sa maîtrise. De stature moyenne, mais de port droit, il a la tête quasiment rasée, les yeux bleus très clairs, le menton nettement dessiné. Sa majesté de sphinx, contrastant avec la nervosité de Mackenzie, qui n'est jamais en repos, impressionne. Rolph est meilleur orateur que Mackenzie. Il excelle à dépiauter l'argumentation adversaire pour en découvrir et en exploiter le point faible. Les discours de Rolph sont des événements parlementaires. L'équipe qui contient des Baldwin, des Rolph et des Mackenzie, et qui vient de censurer le lieutenant-gouverneur — l'abrupt Colborne ! — le procureur général et le solliciteur général, est maîtresse de la manœuvre. Et les nouveaux conseils de Hume, en si criant contraste avec ceux de naguère —

avec ceux que l'on était si empressé de publier, — causent, dans ce milieu une surprise réprobatrice. Les réformistes d'Angleterre lutteraient-ils pour gagner ou conserver le pouvoir ? Les réformistes du Canada luttent pour le triomphe de leurs idées.

Marshall Spring Bidwell, ami et colistier de Mackenzie, préside la Chambre. Bidwell est un attentif. Il discerne tout de suite des divergences entre le document rigide que sir Francis Bond Head vient de communiquer et le discours lénitif prononcé par lord Gosford à l'ouverture de la session bas-canadienne. Il en envoie de larges extraits à Papineau ; et Mackenzie en fait autant de son côté. Mackenzie n'est pas disposé à suivre les conseils de Hume. Il fait ressortir les contradictions, souligne les points sensibles et écrit : « Ces instructions produiront sans doute beaucoup d'effets dans le Bas-Canada, car elles suivent des principes tout différents de l'esprit de la constitution anglaise et d'un gouvernement libre et responsable ».

La sensation est vive, en effet. Le tapage est immédiat : Gosford nous a trompés ! *La Minerve* engage la Chambre à la plus inébranlable fermeté : « Elle a son guide dans les 92 Résolutions. Qu'elle y tienne fermement. C'est la boussole qui doit la conduire dans l'orage... Nous recommandons aux membres de tenir aux principes avant tout ; advienne que pourra » (8 février 1836). *Le Canadien*, qui, reflétant les idées du groupe modéré — du groupe québécois, — commençait à s'écarter de Papineau, donne un vigoureux coup de barre :

> Ces instructions décèlent chez les ministres des dispositions peu propres à inspirer de la confiance dans la libéralité de leur politique à notre égard. Lord Glenelg fait le réformiste à Londres et le conservateur à Québec. On croit sans doute que le corps oligarchique est ici ce que le corps aristocratique est en Angleterre. Cette erreur, cette prévention, si elle ne disparaît pas et ne fait place à des idées plus conformes à l'état de la société, fera perdre bientôt à la couronne britannique un de ses plus beaux joyaux. Ce n'est qu'avec des idées et des principes d'égalité qu'on peut maintenant gouverner en Amérique. Si les hommes d'État de l'Angleterre ne veulent pas l'apprendre par la voie de remontrances respectueuses, ils l'apprendront avant longtemps d'une façon moins courtoise, car les choses vont vite dans le Nouveau Monde.

À regarder de près, les deux textes ne diffèrent pas d'une manière fondamentale. Les instructions ministérielles refusent d'appliquer le principe électif au Conseil législatif, ce qui n'est pas une nouveauté. Mais qui, dans ces périodes passionnées, regarde de très près ? L'affaire semble rapprocher de Papineau le groupe modéré qui est, pour l'essentiel, le groupe de Québec. Papineau dîne chez Bédard, et le rapprochement s'esquisse. L'appui de l'Assemblée haut-canadienne est aussi un atout. Les conseils de Hume tombent dans des oreilles de sourds. Papineau les attribue à l'esprit de parti : Hume, satisfait par l'arrivée des whigs au pouvoir, ne voudrait pas les embarrasser ; son arrière-pensée transperce quand il demande d'éviter les exigences « qui donneraient fondement au roi de renvoyer les whigs et de remettre les tories au pouvoir ». *La Minerve* et le *Vindicator* publient des lettres de Chapman, secrétaire de Roebuck, qui sonnent le tocsin plutôt que l'Angelus. Papineau écrit à sa femme (8 février 1836) :

> Les affaires du pays prennent un aspect de plus en plus grave, de plus en plus encourageant pour les âmes fortes, décidées à ne céder aucun de leurs droits. Le Haut-Canada formule les mêmes réclamations que nous. Il a déjà été bien plus loin que nous ne l'avons fait : il désavoue l'intervention de la Commission et du Bureau colonial. Il va, je crois, refuser les subsides à son tour...
>
> Les dépêches reçues aujourd'hui du Haut-Canada me donnent l'assurance qu'en répétant nos plaintes contre le Conseil, sa destruction est inévitable d'ici à deux ans...

Papineau envoie une longue lettre au président Bidwell, de l'Assemblée haut-canadienne. Il y dénonce la réponse de lord Glenelg au Comité des griefs et réclame, comme d'absolue nécessité, la responsabilité ministérielle et l'élection du Conseil législatif.

Papineau fixe à deux ans le délai dans lequel il compte triompher du Conseil législatif.

* * *

Papineau communique à la Chambre, le 13 février 1836, les documents transmis par son homologue de l'Assemblée haut-canadienne.

Cependant les modérés ont réfléchi, et craignent que l'agitation naissante autour de ces textes ne nuise à la politique conciliante du gouverneur. Lord Gosford ne subit-il pas les attaques continuelles du *Herald*, où des lettres ou prétendues lettres de lecteurs l'accusent, entre autres horreurs, d'être francisé ! Bédard et ses amis s'opposent à la réception officielle de ces documents, à leur reproduction dans les journaux de la Chambre. Dès les premières répliques, le ton s'élève :

Elzéar Bédard : — Ces documents, étant une communication privée, ne doivent être ni reçus ni reconnus par la Chambre.

Augustin-Norbert Morin : — Ce sont des documents d'une importance majeure pour le pays et qu'on doit recevoir avec reconnaissance, d'où qu'ils viennent. Je propose qu'ils soient couchés sur nos journaux.

Louis-Hippolyte La Fontaine approuve Morin : — Les règles parlementaires varient suivant l'équité et les circonstances. La législature peut établir des antécédents quand il n'en existe pas.

George Vanfelson, député de la basse ville de Québec et membre du groupe modéré, estime que l'Orateur se permet des initiatives abusives : — « Il est le serviteur, non le maître de la Chambre. Il ne s'agit pas d'établir des antécédents, mais de considérer si, en le faisant, on ne compromettrait pas la dignité de la Chambre ».

Edmund Bailey O'Callaghan : — Il était du devoir de l'orateur d'agir comme il l'a fait quand nos droits sont en danger, comme ils le sont évidemment. Il n'y a guère espérance de changer le Conseil, source de tous nos maux.. C'est insulter le pays que d'en venir à de telles conclusions ...

Louis-Michel Viger : — Les instructions sont de nature à nous faire croire qu'on ne veut pas nous rendre justice, pas plus qu'au Haut-Canada.

Bédard revient à la charge : — Le chiffon dont il s'agit ne mérite pas qu'on s'en occupe. Il est loin d'ébranler la confiance qu'on doit avoir dans le gouvernement de Sa Majesté. Ces documents ne nous sont pas transmis en vertu d'une résolution de la Chambre du Haut-Canada. Va-t-on donner à la communication du greffier de cette Chambre une autorité qu'il n'a aucun droit d'y attacher ?

Marcus Child, le député réformiste de Stanstead : — Ces documents sont d'une importance majeure pour la province, et la Chambre doit insérer sur ses journaux tout document lié aux intérêts du pays.

Bédard et La Fontaine échangent des arguments. La Fontaine pique son adversaire : « C'est la première réponse indirecte que l'on nous fait aux 92 Résolutions. L'honorable membre, comme père des 92 Résolutions, devrait être plus empressé qu'aucun autre à recevoir ces documents. ».

Conrad Gugy, en coup de théâtre, demande la même chose que les réformistes. Le juge Kerr vient d'être destitué, ce qui est un succès à la fois pour Gugy et pour Papineau. L'ancien président du Conseil législatif a dépensé beaucoup d'argent pour sa défense en Angleterre. Ruiné de fortune et de santé, il se retire de la vie publique. Le député de Sherbrooke est-il influencé par ce succès obtenu en commun avec la majorité de la Chambre ? Il observe :

> « La motion principale est parfaitement parlementaire. Les gazettes sont pleines de ces dépêches ; les écoliers s'en occupent ; nous seuls dans cette enceinte devrions les ignorer, lors même que nous les discutons dehors ? »

L'amendement de Vanfelson, proposant le renvoi au Comité des privilèges, qui déciderait si la motion est recevable, ne recueille que 24 voix — contre 53. Les députés de langue anglaise se sont à peu près également divisés entre les deux camps. La proposition de Morin est votée par 55 vois contre 20. Les documents explosifs sont officiellement enregistrés. L'affaire a réduit l'effectif du parti modéré. Les partisans de Papineau infligent à leurs adversaires le sobriquet de « petite famille ». Ce sont des mous, écrit Perrault à Fabre, « des faibles, des mous, des poules mouillées ».

Lord Gosford croit atténuer le mauvais effet de la publication partielle par un geste de franchise : la communication du texte intégral. Il l'accompagne d'un court commentaire, pour indiquer que ces instructions n'ont pas la portée que des agitateurs cherchent à leur attribuer :

> « Le gouverneur en chef doit simplement ajouter qu'il a déjà énoncé, dans sa harangue à l'ouverture de la session, le sens dans lequel ces instructions sont comprises par ceux qui devront les mettre en vigueur, et qu'il continue fermement d'adhérer à l'interprétation qui a alors été donnée à ces instructions et à chacune des déclarations qu'il a faites lorsqu'il a rencontré pour la première fois la Législature de cette Province ».

La mauvaise impression subsiste, cependant. Comme Gugy l'a fait observer, les gazettes sont pleines de cette affaire, les écoliers mêmes s'en occupent. La révélation des instructions ministérielles a mis le feu aux poudres. Les journaux patriotes omettent les titres devant les noms de leurs adversaires. Ils écrivent : Peel, Stanley, Spring Rice ; mais au contraire : M. Hume, M. Roebuck — moins souvent M. Hume, désormais, puisqu'il conseille la modération, ce qui le classe parmi les pusillanimes. Dans les banquets, les toasts se font menaçants. Dans les collèges, il n'est pas de rhétoricien qui n'ajoute son couplet aux chansons qui frondent l'autorité, en flagellant les « traîtes » :

> Si Mondelet est apostat,
> Cuvillier un renégat,
> Si Neilson est un Jésuite,
> Heney, Quesnel et leur suite,
> S'ils prêchent le statu quo,
> C'est la faute à Papineau.

Julie Papineau, écrivant de Verchères, prévoit la guerre civile à Montréal, si les députés patriotes n'arrachent pas au gouverneur, à bref délai, un succès politique complet sur leurs ennemis (8 février 1836). Elle ne reculerait pas, à défaut de ce succès, devant l'initiative de la violence :

> Le Haut-Canada nous aide beaucoup, et les autres colonies, car pour la métropole nous devons être de plus en plus convaincus de sa haine et de sa mauvaise foi à notre égard, et qu'elle ne concédera qu'avec force ce qu'elle ne pourra retenir... Il faut commencer par une ferme résistance... et si on ne peut rien obtenir, il faudra inévitablement l'avoir par la violence... (17 février 1836).

La violence s'apprête, des deux côtés, mais surtout, semble-t-il, du côté « constitutionnel ». C'est à Montréal, de toute évidence, qu'elle éclatera. Rosalie Dessaulles, seigneuresse de Saint-Hyacinthe, maintient son offre de recevoir la famille. Lactance, second fils de Papineau, élève au Collège de Saint-Hyacinthe, écrit à son père une lettre que ses professeurs ont pu lui souffler (15 février 1836) :

> Je crains bien qu'il y ait du danger à Montréal pour vous tous. Les constitutionnels font de grandes menaces. Et vous savez bien que maman ne consentira jamais à se retirer à la campagne sans vous. De sorte que ce serait trop vous exposer que de rester à Montréal. La Patrie a besoin de vous plus que jamais. Vous avez une épouse, des enfants. Je vous en conjure donc, cher Papa, venez à Maska immédiatement après la session, et maman vous y rejoindra après la session. Pardonnez-moi si je vous donne presque un conseil, mais mon amour me dit que vous ne serez pas en sûreté à Montréal. Mais enfin, si vous pensez que votre devoir vous appelle à Montréal, au moins prenez-y des précautions, ne sortez pas le soir, faites garder la maison et employez tels moyens que vous croirez propres à votre sûreté...

Il y a de quoi détraquer les nerfs d'un enfant !

Le gouverneur-commissaire Gosford, dont la bonne volonté, mise à rude épreuve, n'est pas encore épuisée, a décidé la nomination d'un juge canadien-français à la place de James Kerr, destitué. Il donne la place à Elzéar Bédard, qui a l'étoffe d'un bon juge (22 février 1836).

La nomination peut être louable. Le geste est doublement inopportun, parce qu'il prive le groupe modéré de son chef et parce qu'il jette un doute sur le désintéressement de Bédard dans sa toute récente opposition à la majorité. Pareille nomination ne tombe pas du ciel sur un plateau d'argent. Bédard devait être en pourparlers avec le gouverneur quand il invoquait, contre le « chiffon » transmis, non par le greffier comme il l'a dit, mais par le président de la Chambre haut-canadienne, « la confiance que l'on doit avoir dans le gouvernement de Sa Majesté ». Bédard n'est plus seulement, pour les partisans de Papineau, « un faible, un mou, une poule mouillée », voire un dissident, mais un transfuge, un renégat, un traître. Sa nomination soulève une clameur indignée. Julie Papineau y voit la preuve — une preuve de plus — que les Québécois, sans principes politiques, « ne sont dans la Chambre que pour faire leur avancement personnel, surtout ceux du Barreau ».

* * *

Julie Papineau vient d'écrire à son mari : « Le Haut-Canada nous aide beaucoup, et les autres colonies ». Les « autres colonies » sont la Nouvelle-Écosse et le Nouveau-Brunswick, cependant colonisées par des loyalistes.

En Nouvelle-Écosse, le lieutenant-gouverneur a dissous l'Assemblée et provoqué des élections. Le comté de Halifax élit Joseph Howe et son colistier William Annand par de fortes majorités.

Au Nouveau-Brunswick, l'Assemblée, entraînée par Wilmot, se forme en comité d'enquête sur l'état de la province. L'enquête aboutit à 26 résolutions, inspirées par Wilmot et condamnant le gouvernement colonial. La Chambre prépare une adresse, basée sur ces résolutions et que deux délégués, William Crane et Lemuel Allan Wilmot, iront porter à Londres.

Dans le Haut-Canada, c'est encore pis. Sir Francis Bond Head nomme trois nouveaux conseillers législatifs, dont deux réformistes : Robert Baldwin et, sur l'exigence de Baldwin qui ne veut pas entrer seul dans ce Conseil, John Rolph. Le lieutenant-gouverneur, cependant, ne cache pas son intention de gouverner sans être lié par les expressions d'opinion de ses conseillers. Les réformistes dénoncent la « duperie » et les deux nouveaux conseillers démissionnent, aussitôt nommés.

L'Assemblée du Haut-Canada — la majorité de l'Assemblée — censure le lieutenant-gouverneur, sans arrêt. Elle réclame le « gouvernement responsable ». — Ce serait la séparation d'avec la mère patrie, objectent les ministériels. Hagerman menace la Chambre « de la vengeance de plus de cent cinquante mille hommes, loyaux et fidèles ». Les esprits sont surexcités. Le moindre incident dégénère. La Chambre et le lieutenant-gouverneur s'accusent mutuellement d'insolence. Des assemblées publiques approuvent les démarches des députés réformistes. On arrive aux menaces : « Si Votre Excellence ne veut pas nous gouverner suivant ces principes, vous exercerez un pouvoir arbitraire, vous violerez notre charte, vous abrogerez virtuellement nos lois, et vous n'aurez plus droit à notre soumission à votre autorité ». Hume, à Londres, doit être bien déçu.

Les comptes rendus de ces scènes enthousiasment Julie Papineau, qui en oublie ses malaises, ses potions et ses purges. Elle rentre de Verchères et écrit à son mari :

Montréal 23 février 1836

Je suis de retour de Verchères...

Le Haut-Canada obtiendra ce qu'il demande, car le gouvernement les craindra ; s'ils n'obtiennent pas justice par des voies légitimes, ils l'obtiendront par la violence. L'administration est persuadée de cela, et c'est le même cas ici avec les constitutionnels : on les craint parce que l'on est certain qu'ils iront jusqu'au bout, et que les Canadiens sont incapables de lutter. Je n'ai presque plus d'espoir de succès. Tu ne connais pas les Canadiens, je te l'ai dit de tous temps et j'en suis de plus en plus convaincue à mesure qu'ils sont mis à l'épreuve. Ils sont légers et pas hommes d'affaires, égoïstes et par conséquent jaloux du succès même de leurs concitoyens ; point d'esprit public ; ils sont grands parleurs et grands braves quand ils n'ont rien à craindre ; si on leur montre les grosses dents, ils sont tout à coup sans courage... Au lieu de redoubler de violence accompagnée de persévérance, on répète les mêmes sottises : Nous savions bien et nous avions raison de dire que nous allions trop loin et trop vite... Ce sont les propos de M. Jacques et de bien d'autres misérables Canadiens, puisque l'on en a un bon nombre même dans la Chambre... La réforme s'opérera en Europe et dans le Haut-Canada, et dans ce petit coin-ci vous serez opprimés parce que l'on est de pâte à l'être, et ils nous connaissent mieux que nous ne nous connaissons nous-mêmes...

J'attendais l'arrivée de la poste afin de savoir si j'avais quelques nouvelles sur la question des subsides, mais en vain...

Croirait-on lire la correspondance d'une femme souffreteuse, toujours entre deux maladies, à une époque où la politique n'intéresse — ou ne regarde — pas les femmes ?

* * *

Le départ de Bédard affaiblit, mais ne ruine pas le groupe des modérés québécois, qui comprend encore René-Édouard Caron, Hector-Simon Huot et George Vanfelson, capables de soutenir leur opinion. Deux groupes vont s'affronter sur la question des subsides. Papineau, traité par ses partisans en génie national, reçoit une correspondance volumineuse. Il abrège ses repas et son sommeil pour recevoir partisans exaltés, faiseurs de projets, ourdisseurs ou dénonciateurs de complots. Sa propre famille et la famille de sa femme le soutiennent à fond. Théophile Bruneau lui écrit (23 février 1836) :

> Mon cher frère, Vous êtes, je ne puis me le dissimuler, sacrifié par des hommes qui vous ont lancé, ils vous vouent aujourd'hui à toute la haine, la fureur et le mépris de ces hommes iniques qui ont juré notre perte — et la leur, les insensés ! Dans cette calamité, une idée, que dis-je, un fait me console. Le Pays est avec vous, il n'y a aucun doute que tous les comtés vont s'assembler et s'organiser, on votera l'expulsion de chacun des membres qui auront eu l'audace, disons mieux la criminalité de voter la liste civile sans les conditions qui équivaudront à un refus jusqu'à ce que les griefs en général aient été redressés... C'est à nous, le Peuple, de nous faire justice, armons-nous, et gagnons de force ce que la raison et l'équité nous accordent de droit. Méfions-nous de tout, de nos élus mêmes puisqu'ils tergiversent si odieusement dans une crise comme celle-ci ; ils savaient pourtant que nous nous serions fait hacher pour soutenir leur décision. Quant à vous, je m'y repose, soyez ferme, vous êtes la seule ancre sûre, sur laquelle le vaisseau de Patrie peut se fier ; tonnez, vous trouverez de l'écho dans toute la province, et que les lâches qui vous déserteront soient assurés que le mépris et la haine de leurs compatriotes les attendent...

Papineau tient à ses députés la bride courte. Quelques-uns, réformistes sûrs, se permettent des absences. L'orateur s'impatiente. Il envoie chercher ceux qui se promènent à la campagne ou s'attardent auprès d'une belle amie. Ovide Perrault charge Fabre de rabattre Joseph Roy, Robert Nelson et William Henry Scott, restés, les deux premiers à Montréal et le troisième à Saint-Eustache : « Est-il possible que dans les circonstances où nous sommes nous soyons désertés par des amis du bien public ? »

Morin propose de ne voter les subsides que pour six mois, en affirmant « de la manière la plus solennelle, que ce vote ne saurait créer un précédent qui puisse s'invoquer contre les droits constitutionnels de cette Chambre et les libertés du peuple en cette province ». Il commente :

> Le pays est encore dans l'état où il était sous les administrations précédentes. Bien peu de griefs, et seulement des griefs secondaires, ont été redressés... La Chambre doit maintenir son attitude d'opposition à ce système, et employer le moyen constitutionnel de forcer les ministres à faire les concessions demandées : le contrôle des deniers publics et le Conseil législatif électif...

Les six mois sont un dernier délai, un délai de grâce accordé au gouvernement pour introduire les réformes exigées par les 92 Résolutions.

Vanfelson, succédant à Bédard comme principal porte-parole de la minorité, ne répudie pas les 92 Résolutions, mais prend argument de la détente, constatée depuis l'arrivée de lord Gosford, pour demander plus de souplesse à ses collègues. Il énumère les concessions obtenues : l'envoi d'un gouverneur civil, la communication des dépêches, la promesse de faire cesser les cumuls. Reste la question du Conseil législatif ; elle aussi sera prise en considération. Vanfelson suivrait le conseil de Hume : accepter toutes les concessions que nous pouvons obtenir et nous en servir ensuite pour obtenir davantage. Il invoque l'exemple d'O'Connell, le grand O'Connell, qui a consenti une trêve. Suivons ce modèle. « Si notre attente est déçue, nous serons libres de reprendre notre attitude première et d'y revenir ».

La Fontaine lui donne la réplique. Puis Papineau, toutes vannes ouvertes, prononce un discours de trois heures, en séance de nuit :

> Il faut considérer les principes par-dessus tout. Nous luttons contre un système colonial qui, tel qu'il vous est expliqué par lord Glenelg, contient dans son essence les germes de tous les genres de corruption et de désordre. Nous sommes appelés à défendre la cause et les droits des colonies anglaises. Le même génie malfaisant qui jeta les anciennes colonies dans les voies d'une juste et glorieuse résistance préside à nos destinées. Il a inspiré les instructions de la

Commission, qui changent nos relations avec le gouvernement, qui détruit les titres qu'il avait à la confiance des représentants du peuple. Elles renferment un refus formel de faire attention aux plaintes du Haut et du Bas-Canada...

Pouvait-on imaginer un plan plus défectueux que celui d'envoyer trois commissaires qui ne s'étaient jamais vus, et avec des communications, des correspondances secrètes ?...

Trois heures d'éloquence cyclopéenne, en séance de nuit, laissent les députés-avocats émerveillés et les députés-cultivateurs éblouis.

La bataille se poursuit le lendemain. Édouard-Étienne Rodier, Cyrille-Hector-Octave Côté et Joseph-Toussaint Drolet sont hommes à pousser Papineau plutôt qu'à le refréner. L'un des deux Taschereau qui représente la Beauce, fief électoral de leur seigneuriale famille, Joseph-André, tout récemment élu lors de la démission de son frère Pierre-Elzéar, parle et vote avec eux. Caron guerroie encore. Il reçoit le renfort d'un Montréalais, de Bleury, secouant la fascination que Papineau a longtemps exercée sur lui. Les modérés remontent la côte. Ils souhaitent procurer un mandat à John Neilson, à la première occasion, pour le remettre à leur tête.

L'amendement Vanfelson recueille 31 voix — mais contre 42. Les subsides, comme Papineau l'a voulu, ne sont votés que pour six mois.

* * *

Les comptes rendus de ces débats, publiés par la presse, échauffent encore les esprits. *La Minerve*, comme Théophile Bruneau dans sa lettre, menace les dissidents de représailles électorales : « La conduite de certains honorables membres de la minorité ne manquera pas sans doute d'être notée, pour s'en rappeler en temps et lieu, car le peuple un jour sera appelé à se prononcer sur ce procédé ». Mais on risque fort, de part et d'autre, de ne pas se borner aux représailles électorales.

Une atmosphère de guerre civile se diffuse dans le district de Montréal. Les plus ardents des patriotes intimident et à l'occasion molestent les modérés. Les membres du Doric Club sont encore plus menaçants, et Papineau est leur cible. On fait des gorges chaudes, dans ce club et ailleurs, du départ de Julie Papineau, « décampée » à Verchères auprès de son frère le curé. Mais tout pourrait bien ne pas finir par des railleries. Il y a des cliquetis d'armes dans l'air. Julie est à son tour inquiète pour son mari : « Maman et le curé sont inquiets à ton sujet, mais ils ne voient pas quel parti prendre... » Rosalie Dessaulles offre, depuis quelque temps déjà, de les recevoir à Saint-Hyacinthe. Un jeune homme bien content serait Louis-Antoine Dessaulles, fils aîné de la seigneuresse, qui a dix-huit ans et considère son oncle comme un dieu. Papineau envisage le refuge de la Petite-Nation, mais Julie n'en a jamais voulu et n'en veut toujours pas : « On n'approuve pas ton plan ; c'est trop isolé, si tu y étais attaqué sans défense. » Papineau a aussi suggéré que sa femme vienne passer les hivers à Québec. Ils loueraient leur maison de Montréal. Julie approuve ce plan. Mais à Québec même, on conseille à Papineau de s'en aller à la campagne. Ce qui indigne Julie :

> Si c'étaient de dignes citoyens, ils devraient s'enorgueillir de te posséder et se préparer à te défendre au cas où l'on eût l'infamie de t'attaquer, au lieu de chercher à te faire fuir pour dire que tu es un lâche ; ils ont bien dit pendant mon absence à la campagne que j'étais décampée, que l'on ne savait ce que j'étais devenue. Voilà les belles expressions dont on s'est servi à mon égard ; tu peux imaginer à quelles insultes tu serais exposé. Mais enfin, il faut boire le calice jusqu'à la lie, et je te le répète, j'ai moins de confiance en eux que jamais. Ainsi, il ne faut rien attendre d'eux et prendre le parti le plus sûr pour te soustraire à la rage de tes ennemis, sans attendre le secours de personne, pendant les deux années que tu as encore à lutter pour tâcher de rendre le bonheur à ton pays. Qu'ils en profitent pendant ce temps, sans égard et sans reconnaissance parce qu'ils en sont incapables. Mais, que tu obtiennes justice ou non, je ferai tous mes efforts pour te retirer de la vie publique après ce Parlement-ci.

Julie Papineau, si grandes que soient ses inquiétudes, ne suggère jamais à son mari de transiger sur les principes, de réduire ses revendications. Elle s'enrage contre les dissidents, contre Debartzch, à la conduite « si extravagante et si inattendue », et plus encore contre Étienne Parent et son *Canadien* qui, dans l'affaire des subsides, ont pris le parti de la minorité :

> Je viens de parcourir le misérable Canadien. Je suis indignée de la conduite de ces fous de Québécois, c'est-à-dire de M. L'Éditeur et ses amis de la minorité. Ils ont eu l'infamie d'intriguer de diviser la Chambre ; s'ils avaient eu la majorité, ils auraient perdu le pays... Je crains que ces étourdis-là ne poussent les choses aux excès. On dit ici aujourd'hui qu'ils veulent élire John Neilson, je ne

puis croire qu'ils se portent à une telle conduite. C'est désolant de faire des affaires avec les Canadiens... (10 mars 1836). »

Il n'y a pas, à Québec, que des trembleurs, ni même que des modérés. Des citoyens signent une adresse approuvant Papineau, et viennent la lui présenter, un dimanche à midi (6 mars 1836). L'orateur fait une longue réponse. René-Édouard Caron, qui est un scrupuleux, considérant la démarche des électeurs comme un désaveu de sa conduite, démissionne aussitôt.

Lord Gosford ne discerne plus d'issue. Papineau, estimant que le gouverneur « s'est engagé dans une politique tortueuse », a cessé d'aller le voir.[1] Lord Gosford fait venir l'orateur, lui exprime sa sympathie, son amitié même, et déplore l'excitation que le refus des subsides a exacerbée. Il aurait même appris qu'un complot vise à les faire assassiner tous les deux. Il conseille à l'orateur de ne pas sortir seul.[2] Papineau méprise ce qui peut lui apparaître comme un chantage. Mais la réalité du danger apparaît à tous. Frédéric-Auguste Quesnel voit s'approcher la catastrophe qu'il a prédite. Mais il a promis : « On ne me verra point me joindre aux ennemis de la majorité pour lui reprocher d'avoir eu des desseins malheureux ». Frédéric-Auguste Quesnel, l'un des dissidents raillés et parfois menacés par les patriotes, mais qui est un homme de cœur, et sans rancune, n'évite pas seulement toute parole d'amertume : il offre de recevoir chez lui Papineau et sa famille. Théophile Bruneau transmet l'offre à son beau-frère et la recommande (5 mars 1836) : « Son offre est sincère, et d'après un raisonnement appuyé sur des faits existants et des probabilités réelles. Je trouverais disgracieux de vous voir réfugiés dans un petit village de campagne ; on dirait : ses moyens sont épuisés, ou la crainte d'avoir à combattre le fait fuir... » Théophile Bruneau, qui peut être l'écho de sa sœur, combat le projet de se retirer à la Petite-Nation, que Papineau peut encore caresser : « Quelles dépenses ! Ensuite, les petits enfants perdront le temps précieux de l'éducation, ceux du collège en seront peinés, les patriotes d'ici en seront mortifiés, il n'y aura pas les mêmes voies faciles, promptes, de communication entre nous ; et si la haine invétérée de vos ennemis voulait absolument attenter à vos jours, ces lieux éloignés serviraient mieux leurs vues... »

---

    1. D'après O'Callaghan, confident de Papineau, dans sa brochurette de 1838.
    2. D'après les lettres de Papineau à Fabre.

Lord Gosford a encore réservé un accueil encourageant à Mgr Signay, venu lui parler de la grande question montréalaise. Mgr Signay en rend compte à, Mgr Lartigue :

> Ce bon lord est tout à fait aimable, et je crois sincèrement qu'il va franc jeu. J'ai eu samedi une longue entrevue tout entière sur le sujet, et je lui ai donné diverses connaissances qui ont paru le satisfaire. Il paraît même tenir à honneur de voir s'opérer l'érection désirée sous son administration. Il faut en profiter d'autant plus qu'il est en rapports très intimes avec lord Glenelg...

Mais le gouverneur ne contrôle pas les événements. Le Conseil législatif rejette presque systématiquement les bills adoptés par la Chambre, y compris le bill des subsides. La Chambre a voté une nouvelle loi, remplaçant et perfectionnant la loi d'éducation qui expire le 1er mai. La nouvelle loi accorde la constitution légale aux institutions enseignantes, établit la taxe scolaire, augmente le nombre des écoles et des subventions qui leur sont accordées, exige des qualifications pour les instituteurs. Le Conseil repousse cette loi comme les autres, ce qui risque de priver d'argent les 1,500 écoles, en chiffres ronds, soutenues par l'État.

Sans issue. Le gouverneur vient proroger, à la fin de mars. Il n'exprime aucun reproche, mais des regrets : « Je regrette sincèrement que les offres de paix et de collaboration que j'étais chargé d'apporter à ce pays n'aient pas conduit au résultat espéré. Je n'ose prédire les conséquences de leur rejet et des demandes qui ont été soumises à Sa Majesté. C'est aux autorités de la Grande-Bretagne à déterminer les mesures qu'il convient d'adopter pour remédier aux difficultés auxquelles la province a été réduite ».

Sa politique a échoué.

Dans le Haut-Canada, le lieutenant-gouverneur a nommé quatre nouveaux membres du Conseil exécutif (14 mars 1836). La majorité de la Chambre déclare « son entier manque de confiance dans ces hommes », et demande leur révocation. La solidarité, la liaison sont moralement bien établies entre les réformistes des deux provinces. Le forgeron-député Samuel Lount, qui est un des plus vigoureux lieutenants de Mackenzie, ne manque jamais, dans ses assemblées, de saluer « nos frères du Bas-Canada », ce qui soulève des applaudissements. La solidarité, à défaut de liaison formelle, s'étend aux provinces Maritimes : Nouvelle-Écosse et Nouveau-Brunswick, affligées de problèmes identiques. Papineau écrit à l'orateur Bidwell : « Dans la mesure où nous obtiendrons les bienfaits d'un système de gouvernement juste, peu coûteux et responsable, les habitants de l'Amérique britannique du Nord profiteront des mêmes bienfaits » (15 mars 1836).

Sir Francis Bond Head croit la politique des concessions — la politique de lord Gosford — radicalement funeste.

42

L'été de 1836

Une idée maîtresse d'Édouard-Raymond Fabre est l'indépendance économique des Canadiens français. Cette idée a inspiré Louis-Michel Viger, Jacob DeWitt et leurs associés, fondateurs de la Banque du Peuple ; et c'est à la librairie de la rue Saint-Vincent que les premiers dépôts à cette banque ont été effectués. La Banque du Peuple a émis des billets. Ceux de dix dollars portent l'effigie de Denis-Benjamin Viger. Ceux de cinq dollars portent l'effigie de Papineau ; près de lui, une déesse, sur un char antique, tient à la main une clef, symbolisant le triomphe de l'industrie. Au bas, dans un ovale, un vaisseau voguant à pleines voiles. Enfin des billets de deux dollars s'ornent du portrait d'O'Connell. Quatre réformistes maskoutains, le Dr Pierre de La Bruère, son beau-frère Charles-Adrien Pacaud, le commerçant Alexis-Arthur Delphos et Amable Archambault, fondent, dans le même esprit, la Banque canadienne de Saint-Hyacinthe — par abréviation : Banque de Saint-Hyacinthe (avril 1836).

Le mouvement réformiste canadien fait du bruit, non seulement en Angleterre, mais en France même. Il remplit d'espoir tous les démocrates, républicains et révolutionnaires, et tous les nostalgiques des conquêtes napoléoniennes, qui rêvent encore plaies et bosses. Un nommé Langlade écrit de Bordeaux à Duvernay (10 février 1836) :

> ...Je crois que vous ne serez vraiment libres que lorsque l'océan aura englouti l'Angleterre et les Englishmen. La France a en ce moment 400,000 hommes sous les armes, qui brûlent du désir de recueillir l'héritage que leur a laissé la vieille armée, mais nos doctrinaires n'aiment pas l'odeur de la poudre à canon. Si vous aviez

seulement la huitième partie de cette valeureuse armée, je suis bien sûr qu'avant la fin de l'année 1836, les Anglais et les Écossais auraient évacué votre beau pays...

Un autre Français, Ernest Caylus, visitant les États-Unis, écrit à Rodier (19 avril 1836) :

> ...Je fais des vœux bien sincères, mon cher monsieur, pour la réussite de votre lutte au Canada ; les démocrates de tous les pays doivent unir leurs efforts pour la cause commune, mais entre les patriotes français et canadiens il y a des liens plus étroits que ceux de l'amitié, il y a ceux de la parenté. Vous et vos amis, joignez aussi vos désirs à ceux que nous formons pour l'émancipation de la France.

C'est surtout à Papineau que tous les exaltés, tous les excentriques et tous les mécontents s'adressent. L'abbé Marcoux, missionnaire au Sault-Saint-Louis, lui recommande Un Sauvage, Oronhiatekha, qui se dit persécuté par le gouvernement et veut parler au grand Patriote. H.W. Miller, de Saint Johnsbury, États-Unis, écrit au « Père de la Nation », pour lui demander un chemin de fer entre les deux pays. Le Dr Pierre Beaubien, médecin très en vue à Montréal, demande des conseils « au plus sage des sages ».[1] L'instituteur B. Hoffray, de Saint-Michel d'Yamaska, « comme Français, soldat et admirateur de Napoléon Ier », lui recommande de ne pas trop s'exposer, car il est nécessaire à la cause. Ainsi parlent et écrivent des amis inconnus, tous les jours.

* * *

Les assemblées se multiplient, dès la saison propice, dans le district de Montréal. La présence de fortes personnalités aux idées avancées — Bourdages, Jalbert et surtout Wolfred Nelson dans Richelieu ; Scott, Girouard et Chénier dans les Deux-Montagnes — a fait de ces deux comtés les principaux foyers d'agitation.

Un des deux députés du comté de Richelieu est de Bleury, le dernier en date à rompre avec le chef des patriotes. Quand John Neilson s'est séparé de Papineau et de la majorité, de Bleury l'a traité, en pleine Chambre, de façon méprisante : « Je le renvoie à sa conscience ! » De Bleury rompant à son tour, *La Minerve* le traite de façon méprisante, le traite en renégat, comme elle fait

---

[1]. Louis Beaubien, fils du Dr Pierre Beaubien (né en 1837) a épousé une petite-fille d'Andrew Stuart, qui sera l'aïeule de la famille Beaubien, notoire dans l'histoire de la province de Québec et très importante dans l'histoire d'Outremont.

pour tous les dissidents. Or, de Bleury a le cartel facile ; il est descendu sur le pré contre Ovide Perrault, pendant la session. Les témoins ont arrangé l'affaire au tout dernier moment. Mais une rencontre de Bleury-Duvernay ne s'arrange pas au dernier moment. De Bleury prend pour témoin John McDonnell, avec lequel il s'est jadis battu en duel, mais qui partage son évolution politique. Duvernay prend pour témoin Édouard-Étienne Rodier, qui eut John McDonnell pour témoin dans son duel avec Leclère, en 1834. La passion politique brouille les meilleurs amis et réconcilie les pires adversaires. De Bleury, officier de milice et tireur exercé, loge une balle dans la cuisse du journaliste (7 avril 1836). La blessure est légère. Duvernay écrit dans *La Minerve :* « Le sang que M. de Bleury a versé n'efface pas ce qui est écrit, et le salpêtre et le soufre ne blanchissent pas ce qui est noir ».

De Bleury doit affronter d'autres sanctions. D'éclatantes ruptures jalonnent déjà la carrière de Papineau : celles de John Neilson, de Dominique Mondelet, de Charles Mondelet, d'Augustin Cuvillier, de Frédéric-Auguste Quesnel, d'Elzéar Bédard, de Pierre-Dominique Debartzch, d'Étienne Parent. Celle de Bleury, dont il aimait la cocarde, comme naguère celle de Neilson, dont il appréciait la sagesse, lui est particulièrement pénible. Papineau n'a pas dû oublier le temps, encore si proche, où il mettait son salon à la disposition de madame de Bleury, pour recevoir ses belles amies à Québec. Il n'a pas dû oublier non plus l'attitude résolue de Sabrevois de Bleury, l'un des premiers arrivés sur les lieux de la fusillade, le 31 mai 1832, et s'avançant vers le colonel Mackintosh pour exiger des explications. Mais Papineau s'est fait un rigoureux devoir, qui transcende tout sentiment personnel et qu'il poursuivra, inflexible, jusqu'au bout. De Bleury ne doit pas continuer de représenter le comté de Richelieu, qui est un des plus « patriotes » de la province. Papineau souhaite la démission de Bleury — que Wolfred Nelson remplacerait sans doute. Le Dr Jacques Dorion, colistier de Bleury et resté fidèle à Papineau, amorcera l'opération. Le Dr Dorion exerce son art à Saint-Ours, ce qui lui confère un avantage sur le Montréalais de Bleury. Des patriotes du comté de Richelieu, réunis à Saint-Ours, dénoncent le député de Bleury et, puisqu'il a « viré capot », réclament sa démission.

Le comté des Deux-Montagnes rivalise de « patriotisme » avec le comté de Richelieu. Ses députés sont William Henry Scott, de Saint-Eustache, et le notaire Jean-Joseph Girouard, de Saint-Benoît. Scott et Girouard jouissent du respect universel.

Mais à Saint-Eustache, le docteur Jean-Olivier Chénier trouve William Henry Scott trop pondéré ; à Saint-Benoît, le commerçant Jean-Baptiste Dumouchel, bien qu'il soit le beau-frère de Girouard, et plus encore le jeune docteur Luc-Hyacinthe Masson et son frère Damien font le même reproche à leur député-concitoyen. Des patriotes de l'école la plus avancée se rassemblent le 11 avril à Saint-Benoît, sous la présidence du notaire Ignace Raizenne, qui est aussi colonel de milice, avec les docteurs Chénier et Masson comme secrétaires, « pour prendre en considération l'état de la province ». Le curé de Saint-Benoît est l'abbé Chartier, qui affecte des allures indépendantes, proclame son admiration pour Papineau et donne de nouveau du fil à retordre à son évêque. L'assemblée décide :

> de poursuivre ses efforts pour obtenir un gouvernement responsable et protecteur, pour assurer le contrôle de tout le revenu public prélevé dans la province par les Communes d'icelle, la responsabilité de tous les fonctionnaires publics envers la même branche de la Législature, et l'exercice de l'autorité législative et constitutionnelle du Parlement provincial sur les terres du pays, pour mettre à la place du Conseil législatif une seconde branche constituée par le choix du peuple.

L'assemblée du comté des Deux-Montagnes décide encore :

> Que l'envoi d'une commission d'enquête ne pouvait avoir et n'a eu aucun effet que d'aggraver les dissensions dans la province, en donnant une importance indue à la portion de la population avec laquelle elle a pu se mettre en rapports, à savoir une faible minorité dans les villes de Québec et de Montréal, qui s'est montrée sans cesse fâcheusement hostile au peuple et à ses représentants.

Les instructions de lord Glenelg sont, aux yeux des patriotes des Deux-Montagnes « la continuation du système d'absolutisme et de domination par le Bureau colonial ». La Chambre d'Assemblée a « sagement et constitutionnellement travaillé à obtenir la réparation des griefs ». Le prélèvement sur les deniers publics, dont nous sommes menacés, « pour maintenir un gouvernement corrompu », serait « un acte d'hostilité violant le pacte social » et justifiant toutes les résistances.

Les patriotes du comté des Deux-Montagnes décident en conséquence :

> 1° — Que nous regardons comme sage et tutélaire la pratique adoptée par les ci-devant colonies anglaises d'Amérique dans un temps où les autorités de la Grande-Bretagne tenaient envers elles,

en matière d'impôts, la conduite qu'elles viennent de mettre de nouveau en règle par rapport à cette province, de s'abstenir de consommer les marchandises et les produits des manufactures britanniques, en particulier celles sur lesquelles pesaient les impôts perçus et appropriés sans la participation du peuple...

Enfin,

> Considérant les sujets dont cette assemblée s'est occupée comme d'une même importance pour toutes les classes du peuple de cette province et de celle du Haut-Canada, nous prions nos frères réformistes dans les deux provinces de s'assembler dans les divers comtés et villes pour prendre l'état des affaires publiques en considération ; nous serons disposés en tout temps à nous réunir de nouveau pour délibérer sur les communications que nous pourrons recevoir sur le même sujet, des différentes parties de l'une ou l'autre province, et pour nommer des députés à toute convention du peuple qui pourra y avoir lieu, et, dans l'intervalle, la correspondance aura lieu par l'entremise du président et du secrétaire de cette assemblée.

L'assemblée du comté des Deux-Montagnes et cette espèce de formation d'un comité de salut public donnent le branle. Partout les orateurs, bien lestés d'arguments, d'indignation et d'invectives, flagellent les « déserteurs » ou « traîtres à la cause », font acclamer le nom de Papineau, et ne se gênent pas pour menacer le gouverneur et pour rappeler l'exemple de la révolution américaine. L'idée du boycottage des produits anglais se répand aussi.

* * *

Des résistances se durcissent. Non pas seulement dans le district de Québec, mais dans le district même de Montréal. Le conseiller législatif Barthélemy Joliette, bâtisseur qui a le désordre en horreur, influence les ouvriers-colons de L'Industrie au milieu desquels il a fait construire son manoir seigneurial. Dominique Mondelet, à Montréal, publie un fascicule : *Traité sur la politique coloniale du Canada*. Il attribue l'opposition faite par Papineau à ses ressentiments personnels. Sa brochure, de ton philosophique, est divisée en deux parties. La première critique la liberté effrénée, la « licence » de la presse. La violence des journaux a, au moins en partie, provoqué « le tragique dénouement de l'élection de 1832 » :

> Ce sont vos exécrables doctrines qui ont fait fusiller les trois victimes de votre cupidité... Faut-il attendre que le sang coule encore une fois pour prendre la seule précaution efficace contre des écrits qui arment les citoyens contre le gouvernement et des doctrines qui attentent tous les jours à la religion dans ses ministres...

N'importe qui s'improvise journaliste et prend « la terrible responsabilité d'endoctriner tous les jours, en politique ». Dominique Mondelet rejoint les idées de son père, diamétralement opposées à celles qu'il a défendues dans *L'Argus*, avec son frère Charles, il n'y a pas si longtemps :

> Les Patriotes du jour vont jusqu'à prétendre que cette liberté illimitée d'écrire est une des libertés publiques, et la plus précieuse de toutes... Ils décorent du nom de liberté la tyrannie d'imposer leur opinion à la crédulité du public...

La liberté illimitée de la presse, « incompatible avec tout gouvernement régulier », est la cause de tous les maux qui affligent l'Europe et de tous ceux qui la menacent... « De jeunes écervelés discutent et jugent tous les jours les plus graves questions de politique et d'administration ».

Dominique Mondelet — membre du Conseil exécutif — réclame donc la censure de la presse, « établissement sanitaire fait pour préserver la société de la contagion des fausses doctrines », analogue aux mesures de prévention prises contre le choléra.

La deuxième partie de sa brochure, importante en raison de ses fonctions et de sa personnalité, traite du projet de rendre le Conseil législatif électif :

> Ils veulent un Conseil législatif à la disposition d'une faction. Ils veulent abattre l'influence de nos prêtres. Ils veulent la démocratie dans l'administration comme dans la constitution, ils en veulent partout, et malheur à nous, au ministre colonial, à l'Angleterre, au gouverneur, à la Province, si l'on cède à cette volonté, alors qu'il est si facile, si honorable et si sûr de lui résister.

La grande erreur de l'Assemblée, conclut Dominique Mondelet, est de présenter les fonctionnaires publics, les prêtres, les ministres comme les ennemis du peuple, alors qu'ils sont ses amis :

> Espérons donc, de la part de l'administration, une défense courageuse et éclairée, reposons-nous sur la fermeté et la prudence de notre gouverneur. Croyons qu'à présent comme par le passé, il s'acquittera honorablement de l'immense responsabilité dont il est chargé vis-à-vis de l'Angleterre, vis-à-vis de la colonie et vis-à-vis de la postérité, qui lui fera justice.

La résistance est plus vive, et surtout plus efficace, dans le district de Québec, malgré le renfort apporté aux patriotes par Robert Shore Milnes Bouchette et par un de ses amis anglais, Charles Hunter, qu'il a entraîné. La division des réformistes a permis à

Andrew Stuart d'enlever le siège abandonné par René-Édouard Caron dans la haute ville de Québec (25 mars 1836).

La loi d'éducation expire le 1er mai, comme prévu, et l'on se rappelle que le Conseil législatif a renvoyé, comme les autres bills votés par la Chambre, le bill destiné à la remplacer. *La Minerve* et le *Vindicator* du 1er mai paraissent encadrés de deuil. Duvernay ou l'un de ses collaborateurs écrit dans *La Minerve* :

> Le 1er mai 1836 est, pour le Bas-Canada, un jour où les tristes effets de la conduite de quelques tyrans, revêtus du caractère de législateurs sans responsabilité, commencent et préparent pour ce pays un avenir qui n'annonce que des malheurs. C'est aujourd'hui qu'expire une loi vitale et importante pour cette colonie. Le Conseil législatif, dans sa fureur et sa folie, a fermé 1,665 écoles élémentaires ; il en a chassé 40,000 enfants.

En style plus ramassé, pour la propagande : « Les vieillards malfaisants ont fermé les écoles aux enfants du peuple. »

Le *Vindicator*, d'O'Callaghan qui devient le confident de Papineau, ne s'en prend pas seulement aux conseillers législatifs, mais au gouverneur :

> Que sur leur tête aussi bien que sur la tête d'Archibald, comte de Gosford, retombe la terrible responsabilité d'avoir privé la génération naissante de cette province des bienfaits de l'instruction.

Étienne Parent, dans *Le Canadien*, de Québec, blâme cette attaque personnelle, qu'il estime injuste (16 mai 1836). Il admet que l'on dénonce l'oligarchie, que l'on fasse la guerre au ministère, avec énergie et persévérance :

> Mais, pour l'amour de Dieu, qu'on respecte l'honnête homme qui d'une main vient nous offrir la branche d'olivier et de l'autre nous présente la balance de la justice ; et qu'on ne perde pas par notre impatience un avantage, que nous n'aurons peut-être plus, d'arriver au terme de nos voeux par des voies constitutionnelles et pacifiques. Ces voies sont lentes, il est vrai, mais elles sont sûres et peu coûteuses ; souvent même, elles sont les plus expéditives.

Le genre d'articles qui plaît aux évêques, mais dont la lecture exaspère Julie Papineau — et son mari.

Sir Francis Bond Head a destitué trois réformistes. Robert Baldwin, George Ridout et J. E. Small, de diverses charges qu'ils occupaient. Les réformistes ont répliqué en envoyant Robert Baldwin porter leurs doléances à Londres. Le lieutenant-gouverneur, décrivant Baldwin — qu'il voulait naguère faire entrer au

Conseil exécutif — comme un agent du parti révolutionnaire, conseille au ministre de ne pas le recevoir.

* * *

La fête de la Saint-Jean-Baptiste s'insère dans la série des manifestations politiques. Duvernay, remis de sa blessure, réunit les organisateurs à la librairie Fabre. Le banquet rassemble l'élite des patriotes, sous la présidence de Denis-Benjamin Viger, à l'hôtel Rasco. Viger fait un panégyrique de l'érable, « le roi de nos forêts, l'emblème du peuple canadien ». Cartier entonne sa chanson, désormais populaire. Duvernay répond à la santé « du Peuple, source de tout pouvoir politique » par une chanson de circonstance. Côme-Séraphin Cherrier répond à la santé de Papineau, son cousin. Viger reprend la parole pour répondre à ce toast : « Le procès par jury, l'une des deux colonnes sur lesquelles repose tout l'édifice de nos droits ». Thomas Storrow Brown propose la santé des États-Unis, ce modèle des nations. O'Callaghan prononce deux allocutions, la première en l'honneur des réformistes hauts-canadiens, la seconde en l'honneur de Ludger Duvernay, « fondateur de notre fête nationale, la Saint-Jean-Baptiste » — ce qui semblerait en faire la fête, non pas des seuls Canadiens français, mais de tous les Canadiens.

La Saint-Jean-Baptiste se fête un peu partout dans le district de Montréal. Elle revêt un cachet particulier à Saint-Denis.

Wolfred Nelson, transgressant la consigne de Mgr Lartigue, a décidé d'ériger le monument à la mémoire de Louis Marcoux, avec une inscription de son goût. Et puisque Mgr Lartigue et le curé Kelly n'en veulent pas dans le cimetière de Sorel, Wolfred Nelson le fait ériger sur la place publique de Saint-Denis, où il est quasiment roi et maître. L'inscription — à la romaine, bien entendu — porte :

« Passant, rends hommage à la mémoire de Louis Marcoux, tué à Sorel le 8 novembre 1834, en défendant la cause sacrée du pays, âgé de 34 ans. Ses dernières paroles furent : Vive la Patrie ! »

La cérémonie est purement civile, ce qui favorise l'exubérance politique. Le Dr Nelson, le député Dorion, Siméon Marchesseau, de Saint-Charles, et quelques autres exaltent « les immortelles 92 Résolutions » et prononcent des discours républicains, après lesquels l'orchestre entame le God Save the King !

À Saint-Ours, dans le même comté, le Dr Dorion, le capitaine de milice Athanase Fréchette, le notaire C. Bazin et Louis Giard haranguent une foule moins dense.

Mais les indécis, ou dissidents, approbateurs d'Elzéar Bédard et de Sabrevois de Bleury, célèbrent à Montréal ce que *La Minerve* appelle « une espèce de Saint-Jean-Baptiste d'opposition ». John McDonnell leur prête son jardin, qu'il avait mis à la disposition de Duvernay pour le premier banquet de la Saint-Jean-Baptiste en 1834. De Bleury est le héros du jour, à ce banquet « d'opposition ».

Ces premières célébrations de la Saint-Jean-Baptiste sont donc de pures manifestations politiques, limitées au district de Montréal. On ne célèbre pas la Saint-Jean-Baptiste à Québec, mais des jeunes gens arborent une feuille d'érable à leur boutonnière, le 24 juin.

La série d'assemblées continue après les manifestations de la Saint-Jean-Baptiste. O'Callaghan, député d'Yamaska, convoque ses électeurs et fait blâmer Léonard-Godefroi de Tonnancour, l'autre député du comté, qui s'est rangé avec les modérés (3 juillet). Le Dr Côté convoque les francs-tenanciers du comté de L'Acadie. Côté traite les curés comme de vulgaires conseillers législatifs (4 juillet). O'Callaghan intervient encore dans une réunion à Vaudreuil.

Autour de Rodier, de Côté et de quelques autres, on évoque l'exemple américain, on parle de suppression des rentes seigneuriales et de la dîme, on prononce le mot de révolution. Et l'on ajoute : « Les États-Unis nous soutiendront ». Étienne Parent écrit dans *Le Canadien*, évidemment à l'adresse de Papineau : « Savoir marcher et s'arrêter à temps, voilà tout le secret de l'homme d'État » (8 juillet 1836). Papineau ne tolère pas facilement ce genre d'observation. Son frère Denis-Benjamin lui écrivait de la Petite-Nation, à la fin d'avril : « J'ai reçu ta lettre du 18 courant, et je vais tâcher d'y répondre, non pas de manière à te satisfaire, mais de manière à satisfaire un homme raisonnable ».

Les associations « constitutionnelles » assurent la contre-partie des manifestations « patriotes ». Mais, dominées par des anglophones, elles sont plus tournées vers les questions économiques.

* * *

La situation d'ensemble n'est pas très bonne, ce qui attise le feu politique. La fourrure compte encore dans les exportations canadiennes, mais la soie remplace le castor dans le goût européen, et ce changement de mode nuit à notre commerce. Mais les Écossais de Montréal conçoivent toujours quelque nouveau plan. George Moffat et surtout Peter McGill ont succédé à John Richardson dans le double rôle de grands hommes d'affaires et de chefs du mouvement loyaliste. Peter McGill est l'âme de l'Association constitutionnelle de Montréal, qui demande l'abolition de la tenure seigneuriale, l'amélioration continuelle du port de Montréal et des communications par canaux. Peter McGill mène à bien, avec des ingénieurs américains et de la main-d'œuvre canadienne, la construction de la voie ferrée de la Champlain and St. Lawrence Railroad, entre Longueuil et Saint-Jean, pour raccourcir la voie commerciale de Montréal à New York. Voie ferrée est une façon de parler, puisque les rails sont en bois, recouvert d'une mince plaque de fer. Saint-Jean est la tête de ligne d'un trafic fluvial, empruntant le lac Champlain et la rivière Hudson. Jacques Cartier, grand-père de Georges-Étienne, expédiait de Saint-Jean aux États-Unis, bon an, mal an, 500,000 boisseaux de blé achetés dans la vallée du Richelieu. (Son fils a dissipé sa fortune.) Aujourd'hui, le plus gros commerçant de Saint-Jean est Gabriel Marchand, d'inclination « patriote » bien qu'il ait épousé une Anglaise, qui expédie du bois à nos voisins du Sud. Saint-Jean sera désormais relié à Montréal, non seulement par la route, mais par le rail. Un quai est construit à Laprairie. Une locomotive, la *Dorchester*, est importée d'Angleterre en pièces détachées. Les wagons sont en cours de fabrication à Montréal, dans des ateliers appartenant à John Molson.

Le premier train canadien circule le jeudi 21 juillet 1836. Tous les députés résidant à Montréal sauf DeWitt et O'Callaghan sont invités à l'inauguration. D'après la *Gazette*, une invitation a été envoyée à DeWitt, de sorte qu'O'Callaghan, expiant ses articles du *Vindicator*, serait le seul ostracisé. La compagnie dont Peter McGill, président de la Banque de Montréal et conseiller législatif, est l'animateur, organise une grande fête pour cette inauguration. Le gouverneur, les commissaires royaux, l'honorable Louis-Joseph Papineau, président de la Chambre d'Assemblée, les députés − sauf DeWitt et O'Callaghan, − M. Quiblier, Supérieur du Séminaire de Saint-Sulpice, les officiers de la garnison et un essaim papillotant de belles dames en toilette d'été montent à bord du *Princess Victoria*, qui appartient à la compagnie de chemin de fer. Le *Princess Victoria* hisse son grand pavois. La fanfare du 15e Régiment prête son concours, de sorte que la traversée, qui dure cinquante minutes, s'effectue en musique. La locomotive, qui n'est pas trop sûre, ne traîne que deux wagons, et des chevaux traînent les autres. La gare de Saint-Jean, qui est un hangar, est transformée en salle de banquet pour 500 convives. Peter McGill prononce une allocution. Lord Gosford lui répond, et le champagne couronne la fête, de sorte que le retour est encore plus animé, plus bruyant que l'aller. L'honorable Louis-Joseph Papineau a amplement le temps de s'entretenir avec les « vieillards malfaisants » Moffat et McGill — plus volontiers qu'avec son collègue et ex-partisan de Bleury. Les Montréalais ne se trompent pas sur l'importance de l'événement. Le correspondant du *Canadien* écrit à son journal : « De ce jour date la mise en opération d'une des entreprises industrielles les plus considérables et les plus utiles que nous ayons encore vu se réaliser parmi nous ».

Une autre réalisation, dans un domaine tout différent, couronne seize années de démarches. Mgr Lartigue n'a plus à se débattre contre le curé Chaboillez, qui est mort, ni contre le curé Saint-Germain, aussi hostile que lui-même à l'agitation des patriotes. Les deux prêtres qui l'embarrassent sont de moindre envergure. L'abbé Étienne Chartier, prêtre unique à cet égard, jette de l'huile sur le feu dans l'effervescent comté des Deux-Montagnes. Il aurait bien reçu le monument à Marcoux dans sa paroisse, l'aurait béni, et tout. Il prend le contre-pied de son évêque, même en matières religieuses, et demande la convocation d'un synode où les prêtres, suivant les principes démocratiques, pourraient en remontrer à leur évêque. L'autre prêtre qui agace Mgr Lartigue est l'abbé Toussaint Papineau, son cousin. Ah ! Les Papineau ! Denis-Benjamin, qui est le premier à réclamer un prêtre quand la paroisse en manque, ne s'accorde avec aucun de ceux que l'évêque lui envoie. Il a, de son chef, fait déplacer les bornes et l'entourage du cimetière, ce qui a motivé une plainte de l'abbé Brunet (30 avril 1836). Ce mécréant s'est même fait élire marguillier. Quant à son frère Toussaint, Mgr Lartigue écrit à Mgr Signay : « Je n'ai rien à faire avec le prêtre Papineau, tant qu'il ne se sera pas soumis à mes ordres » (29 août 1836).

Mais un éclatant — tardif mais éclatant — bonheur dissipe ces ennuis. Grégoire XVI a érigé Montréal en siège apostolique, par bulle du 13 mai 1836. La cardinal préfet de la Sacrée Congrégation de la Propagande en informe Mgr Lartigue par lettre du 18 juin. Reste à obtenir la reconnaissance par le gouvernement britannique. Celui-ci ne peut sanctionner la nomination d'un évêque catholique dans un document officiel, mais le secrétaire d'État aux Colonies autorise lord Gosford, par dépêche, à reconnaître le diocèse et l'évêque de Montréal.

Mgr de Telmesse devient, après seize ans de sollicitations et de luttes, à Montréal, à Québec, à Londres et à Rome, Mgr de Montréal.

Cependant Mgr Signay ne se presse pas de vérifier les bulles de Mgr Lartigue et de proposer une date pour sa consécration. Mgr Lartigue craint « des intrigues » qui feraient tout remettre en cause. Il écrit à lord Gosford pour offrir de prêter serment à Sa Majesté, comme tous les évêques ont fait depuis 1766. Il fixe sa prise de possession au 8 septembre, dans l'église cathédrale Saint-Jacques.

Mgr Jean-Jacques Lartigue, enfin évêque de Montréal, est intronisé le 8 septembre 1836. Il n'a invité aucun membre du clergé de Québec, pour ne pas, écrit-il à Mgr Turgeon, « vous mettre en opposition de conduite avec votre chef ». Il prête serment de fidélité le 29, devant lord Gosford et plusieurs membres du Conseil exécutif. Il désigne l'abbé Ignace Bourget, son secrétaire, comme l'un de ses grands vicaires et souhaite l'avoir comme coadjuteur. Le nom de l'abbé Jean-Baptiste Saint-Germain, curé de Saint-Laurent, vient, à cet égard, à beaucoup d'esprits. Jacques Viger, maire de Montréal, est son ami intime. Les Sulpiciens ont éprouvé son dévouement. Mais il serait difficile d'adjoindre à l'évêque de Montréal, comme coadjuteur, un prêtre qui s'est vivement querellé avec lui — et qu'il a d'ailleurs empêché de devenir coadjuteur de Québec. M. Quiblier s'en rend compte et se rallie à la candidature de l'abbé Bourget. Puis, Mgr Lartigue envoie des réprimandes à l'irrépressible curé Chartier, qui se mêle d'un transfert de prêtres ne regardant pas sa paroisse et accuse l'évêque de partialité.

* * *

Ni l'inauguration du premier chemin de fer, ni l'intronisation du premier évêque de Montréal n'ont arrêté les querelles. Un détenu est mort de froid et de privations à la prison de Montréal. Le geôlier, accusé de négligence, comparaît devant un jury composé par les soins du shérif, son supérieur hiérarchique et son protecteur. *La Minerve* précise : devant un jury *trié*. Les articles de

La Minerve sont souvent envoyés par des correspondants occasionnels ou rédigés en collaboration dans les parlotes de la librairie Fabre. Ils ne sont pas signés. Duvernay — père de cinq enfants — assume la responsabilité de tous les articles publiés dans son journal. Il subit une nouvelle condamnation — la troisième, les précédentes datant de 1828 et de 1832 — : trente jours de prison et vingt louis d'amende. Il se rend à la prison en voiture fleurie. Côme-Séraphin Cherrier, Jacques Viger, Louis-Hippolyte La Fontaine et Edmund Bailey O'Callaghan — son confrère du *Vindicator* — figurent dans son cortège triomphal. Étienne Parent, qui est un scrupuleux et qui rédige lui-même une bonne partie de son journal, n'est pas loin de considérer son confrère Duvernay, éditeur d'articles anonymes dont il ne connaît pas toujours l'auteur, comme un homme de paille. Il était en polémique assez acerbe avec lui. Parent fait trêve à la dispute pour témoigner sa sympathie. Des correspondants de toute la province, à l'exemple du Dr Jean-Baptiste Meilleur, député de l'Assomption, envoient leurs compliments au journaliste emprisonné.[2] Une souscription s'ouvre, afin d'indemniser le directeur de *La Minerve* « des pertes et des sacrifices qu'il a soufferts pour la cause de la Réforme ». Les premiers souscripteurs sont, dans l'ordre :

Denis-Benjamin Viger
Édouard-Raymond Fabre
Louis-Hippolyte La Fontaine
Charles-Ovide Perrault
Louis-Michel Viger
Jacques Viger
Côme-Séraphin Cherrier
Louis-Victor Sicotte
Joseph Grenier
Charles Wilson
E. B. O'Callaghan
R.-A.-R. Hubert
André Ouimet
Chevalier de Lorimier
Georges-Étienne Cartier
Dr Nelson
Etc.

* * *

---

2. Dossier Duvernay aux Archives de la Province de Québec. La lettre du Dr Meilleur est du 14 septembre 1836.

La bataille fait rage aussi dans le Haut-Canada. Sir Francis Bond Head, dans une dépêche à lord Glenelg, prétend démasquer Mackenzie et les « républicains des Canadas », qui cachent leurs intentions véritables sous des protestations d'attachement à la mère patrie. Joseph Hume a dû se tromper sur les sentiments de ce lieutenant-gouverneur. John Arthur Roebuck poursuit, en redoublant d'efforts, le combat que Hume a peut-être abandonné. Il publie une étude sur la question canadienne : « Existing difficulties in the Government of the Canadas ». Il y décrit un peuple luttant pour obtenir un bon gouvernement : « À l'heure actuelle, le Bas-Canada est virtuellement sans gouvernement ; les fonctionnaires n'y sont pas payés depuis trois ans ; toutes communications ont cessé entre les différentes branches de la Législature ; et la Chambre d'Assemblée a voté des résolutions censurant le gouverneur. Un nombre considérable de lois absolument nécessaires pour l'existence même de la société sont expirées sans renouvellement... Le Haut-Canada côtoie la même situation... » Roebuck, faisant l'historique de la question, endosse tous les griefs de l'Assemblée dont il est l'agent. Il conclut qu'un Conseil législatif électif « couperait l'arbre du mal dans sa racine ». L'Angleterre ne conservera le Canada qu'à la condition de laisser les Canadiens se gouverner eux-mêmes, ce qu'ils ne pourront faire tant que le Conseil existera sous sa forme actuelle. Roebuck engage le Parlement et le peuple anglais à faire de bonne grâce cette concession, tôt ou tard inévitable. Un député aux Communes, sir John Hammer, demande s'il est conforme à l'étiquette parlementaire « qu'un de nos collègues soit en même temps l'avocat payé d'une partie des sujets de Sa Majesté ». Roebuck répond d'abord en invoquant un précédent, ensuite en signalant qu'il n'a, jusqu'ici, pas touché un sou des honoraires promis. Le correspondant du *Vindicator* à Londres, relatant les assauts répétés de Roebuck, écrit : « Si vous restez tranquilles, dociles et soumis, on vous bâillonnera ; mais si vous paraissez formidables, les ministres céderont ».

Lord Gosford est plus conciliant que sir Bon Head. Invité à présider les exercices littéraires du Collège de Saint-Hyacinthe, à la fin de l'année scolaire, il est revenu enchanté de l'accueil reçu. Il donne encore une preuve de bonne volonté. Il propose à Londres d'éliminer les éléments indésirables — au point de vue des réformistes — du Conseil exécutif. Il éliminerait quelques conseillers législatifs, comme Sewell, Ryland et Gugy, pour les remplacer par dix nouveaux membres, dont sept Canadiens français. Le Conseil législatif comprendrait ainsi 22 Anglais et 18 Canadiens, et comme une bonne proportion des conseillers anglais ne peuvent ou ne veulent assister aux séances, les Canadiens français contrôleraient, en fait, la Chambre haute... Lord Gosford n'a pas compris Papineau et ses démocrates, qui ne demandent pas un Conseil législatif canadien-*français*, mais un Conseil législatif *électif* (qui serait en majorité canadien-français). Londres demande des explications.

L'affaire traîne. Les colonies d'Amérique ne cessent d'importuner les ministres, puisque Robert Baldwin, délégué des réformistes hauts-canadiens, se trouve à Londres en même temps que William Crane et Lemuel Allan Wilmot, délégués de l'Assemblée néo-brunswickoise. Wilmot, qui est le plus haut parleur, réclame le « gouvernement responsable » que la métropole a toujours refusé et continue de refuser à ses colonies. Les Néo-Brunswickois obtiendront des concessions mineures. Quant au dernier incident survenu dans le Bas-Canada, lord Glenelg semble croire qu'un malentendu, imputable à une publication incomplète et maladroite, peut s'arranger par une explication très franche. Il recommande à lord Gosford de convoquer une nouvelle session, où l'on communiquerait à la Chambre du Bas-Canada les documents complets, et tâcherait d'obtenir le vote des subsides nécessaires au fonctionnement normal de l'administration. Lord Gosford convoque une session spéciale, pour le 22 septembre.

43

Les résolutions Russell

La saison le permettant, Papineau se rend à Québec par bateau. Sir Charles Grey, l'un des trois commissaires, monte sur le même bateau à Sorel. Papineau, selon sa propre expression, « le prend à la tâche ». Il lui reproche — « avec trop d'amertume peut-être », reconnaît-il dans une lettre à sa femme — « la politique inique du gouvernement anglais à notre égard dans le passé et dans le temps présent ».

Le seul but de la session, qui doit être courte, est le vote des subsides, pour le paiement des fonctionnaires. Papineau fait bien comprendre au commissaire qu'il n'est guère disposé à l'accorder. Sir Charles Grey fait part de cette conversation au gouverneur, qui est donc dûment averti quand il reçoit la visite de l'Orateur, la veille de la session. Gosford invoque les fonctionnaires impayés. Papineau non plus ne touche pas son indemnité ; Mgr Lartigue vient d'écrire à l'abbé Pascal Brunet, curé de la Petite-Nation : « Nous tâcherons de faire payer le plus tôt possible à l'Orateur ses dix livres, mais le gouvernement ne le paie pas lui-même et il vit tous les jours sur emprunt ». Mais les principes passent avant l'intérêt personnel. Papineau répond que les fonctionnaires sont, en majorité, une faction corrompue, et méritent d'être punis plutôt que payés. Papineau n'est pas enclin à laisser le gouverneur « prendre notre argent sans notre consentement », comme ont fait ses prédécesseurs. Il adoucit un peu ses reproches, « en considération des difficultés que vos prédécesseurs vous ont préparées ». Il a même un joli mot : « Nous pouvons avoir un bon gouverneur et un mauvais gouvernement. »

Joseph Papineau (1752-1841),
père de Louis-Joseph Papineau

Rosalie Cherrier, femme de Joseph Papineau,
mère de Louis-Joseph Papineau

Denis-Benjamin Viger (1774-1861),
conseiller législatif

Papineau relate la scène à sa femme, et ajoute :

> Si les représentants de Québec ne sont pas follement disposés à courir au-devant de la servitude, je pense que nous nous en tiendrons à la déclaration que nous ne sommes pas disposés à prendre en considération la question des subsides avant de savoir ce que l'on est prêt à nous accorder en réparation de nos griefs...

Papineau parle en maître. Ovide Perrault, reçu à son tour par le gouverneur, lui dit « qu'il faut gouverner d'après les principes, ou rien du tout ». C'est l'écho fidèle, c'est l'expression même de Papineau, qui demande à ses députés de servir « les principes » avant tout. D'autres députés ne parlent pas autrement. Mais Debartzch reproche à Papineau « de vouloir tout mener ».

Lord Gosford, ouvrant la session, affirme encore une fois sa bonne volonté :

> J'ai cherché à procurer le bien-être du pays et à gagner votre confiance. Si je réussis sur ce dernier point, je m'en réjouirai d'autant plus que cela me procurera le moyen de faire davantage de bien ; si je ne réussis pas, j'aurai la consolation de pouvoir me rendre le témoignage que j'ai travaillé sincèrement à la mériter.

Morin rédige une adresse, reflétant la volonté de Papineau. La Chambre, courtoise à l'égard du gouverneur, reste fidèle aux 92 Résolutions, sans rien en retrancher. Elle ne se contentera pas de réformes « mineures et inefficaces ». Elle exige des réformes sérieuses, sans lesquelles elle n'accordera pas un sou. Le gouverneur doit « remonter à la source des maux dont nous souffrons ». Et la source, si souvent dénoncée, est bien connue : Morin présente un bill destiné à rendre le Conseil législatif électif. Vanfelson fait ressortir que l'Assemblée coloniale n'a pas le pouvoir de modifier la constitution du Bas-Canada, décrétée par une loi impériale en 1791. Morin, La Fontaine et Berthelot répliquent, et le bill de Morin est adopté par 51 voix contre 12, le 27 septembre (1836).

Le même jour, lord Gosford soumet à la Chambre, de la part du ministre, une volumineuse correspondance du Bureau colonial, relative aux affaires canadiennes. Le ton en est très lénifiant, mais les patriotes n'y voient qu'hypocrisie. Étienne Parent, que sa politique oscillante rapproche, pour l'heure, de Papineau, traite ces documents de « paroles », de « sophismes ». Il écrit :

> L'état de choses qui règne depuis longtemps, sans espoir d'amélioration bien prochaine, remplit l'âme des hommes les moins exigeants, les plus pondérés, de douloureux pressentiments.

La majortié de la Chambre s'en tient, inébranlable, à ses deux revendications essentielles : contrôle absolu du budget et Conseil législatif électif. Elle adopte, en réponse à la communication des dépêches ministérielles, une adresse en onze points, qui ne retranche toujours rien de ses réclamations et se termine par un ultimatum et une menace de grève :

> Les circonstances nous font un devoir d'ajourner nos délibérations jusqu'à ce que le gouvernement de Sa Majesté ait, par ses actes et surtout en conformant la seconde branche de la Législature aux vœux et aux besoins du peuple, commencé le grand ouvrage de justice et de réforme, et créé la confiance qui peut seule le couronner.

Cette adresse est votée par 54 voix contre 9. Deux députés canadiens-français seulement, Louis Bertrand, du comté de Rimouski, et Pierre Canac dit Marquis, du comté de Kamouraska, ont voté contre.

L'adresse est présentée au gouverneur le 3 octobre. Lord Gosford exprime ses regrets d'une décision « qui doit causer les plus grands embarras jusqu'à ce que l'autorité suprême de l'Empire britannique puisse appliquer un remède convenable ».

Il vient proroger le lendemain. Il prononce un discours très modéré. Il déplore l'impatience des députés, qui n'attendent pas le mûrissement des réformes, et souhaite que « les éléments inhérents de contentement et de prospérité » triomphent « de toutes les causes accidentelles de difficultés ». La session spéciale n'a duré que douze jours.

Le gouvernement est laissé, pour la quatrième année, sans vote des subsides. Des fonctionnaires ne sont pas payés. Mais il y a 130,000 livres dans les coffres de la province.

* * *

Papineau, sa femme et ses amis montréalais veulent tenter un effort pour secouer l'inertie québécoise. Papineau décide Augustin-Norbert Morin à transférer son bureau à Québec. Et les partisans québécois reçoivent la consigne de se rassembler autour du député de Bellechasse, principal rédacteur des « immortelles 92 Résolutions ».

C'est, de la part de Papineau, une faute de jugement. Le studieux, le doctissime, l'omniscient et digne Morin serait sans doute un bon professeur, malgré son apparence minable, mais il n'a pas le nerf d'un chef de parti, la carrure d'un manieur d'hommes.

Lord Gosford donne encore, donne toujours des témoignages de bonne volonté, qu'Étienne Parent recommande vivement à l'indulgence de ses amis. En octobre, il destitue David Chisholme, greffier de la paix et coroner aux Trois-Rivières, incapable de répondre des comptes qu'il a perçus. En novembre, il révoque un fonctionnaire très important, William Bowman Felton, commissaire des terres de la Couronne, qu'il a suspendu au mois d'août, à la suite d'une enquête parlementaire. Mgr Signay signale au secrétaire Walcott que les commissaires pour l'érection civile des paroisses veulent donner à la paroisse de Saint-Roch-l'Achigan des limites différentes de celles que l'autorité religieuse a tracées. La paroisse, dépouillée d'une partie de son territoire, aurait peine à couvrir ses dépenses d'administration. Mgr Signay demande qu'on laisse la paroisse telle que l'autorité religieuse l'a circonscrite. Le gouverneur fait suspendre la proclamation d'érection civile.

Les commissaires, de leur côté, ont recueilli force témoignages et terminé leur enquête. Sir Charles Grey peut être encore sous l'impression de la scène que Papineau lui a faite sur le bateau de Sorel à Québec, mais il n'en laisse rien paraître. Il est classé « oligarchique ». Sir George Gipps, que l'on pense libéral, est aussi impénétrable. Le secrétaire Frederick Elliott, auquel on reconnaît du talent et du tact, s'est concilié des amitiés parmi les députés mêmes, malgré sa mise en quarantaine décrétée par les patriotes. Sir Charles Grey part le premier, en novembre 1836.

Dès le mois de décembre, des indiscrétions filtrent, à Londres, sur le prochain rapport des commissaires. Il en parvient quelques rumeurs au Canada. *La Minerve* publie la lettre d'un correspondant, d'après qui « l'on se prépare à tenter la coercition au Canada », ce qui « justifierait les Canadiens de rompre leurs liens avec la métropole ». Et le correspondant conclut rondement : « On me dira que c'est recommander la rébellion ; je m'en moque. »

La Gazette, en réplique, évoque les progrès accomplis par la province, « en population, en richesse et en intelligence » sous le régime britannique. Étienne Parent, dans *Le Canadien*, relève ces trois points :

> L'Irlande aussi est renommée pour l'accroissement de sa population. Dira-t-on que c'est dû à l'excellence de son gouvernement ?

> Attribuer la richesse au gouvernement dans un pays comme le nôtre, c'est tirer un éloge de ce qu'il ne défend pas à notre jeunesse industrieuse de convertir nos antiques forêts en champs de blé.

Quant à l'accroissement de l'intelligence en ce pays, il faut le fanatisme d'un nouveau converti pour en faire honneur à notre gouvernement, lui qui pendant si longtemps a pillé, gaspillé les revenus des plus vieilles dotations en faveur de l'éducation, et qui tient encore en casernes le plus beau collège de toute l'Amérique. (25 janvier 1837).

Sir Georges Gipps part au mois de février 1837.

* * *

Les revendications « réformistes » restent à peu près identiques dans le Bas-Canada, dans le Haut-Canada, au Nouveau-Brunswick, en Nouvelle-Écosse et même à la Jamaïque. Le « Family Compact » du Haut-Canada fait pendant aux « bureaucrates » du Bas-Canada.

Mais dans le Haut-Canada, sir Francis Bond Head agit avec succès. Il a révoqué George Ridout, membre de l'Alliance Society, de son grade de colonel de milice et de ses fonctions de juge de paix. Il a ordonné la dissolution de la Chambre, et de nouvelles élections, savamment orchestrées, avec défilés d'orangistes, bannières au vent. Les tories ont ameuté une partie de la population contre les « révolutionnaires ». La majorité bascule. Le parti réformiste est défait. William Lyon Mackenzie, Marshall Spring Bidwell et Peter Perry perdent leurs comtés respectifs. Mackenzie en pleure et en tombe malade. C'est dans l'ouest de la province que les réformistes ont le mieux résisté. Ils ont perdu la ville de London, mais emporté les six sièges des comtés d'Oxford, Middlesex et Norfolk. Le député Charles Duncombe, leur chef, crie au vol des élections et veut mettre le lieutenant-gouverneur en accusation pour avoir influencé le scrutin, mais des réformistes comme Bidwell, Robert Baldwin et le pasteur Ryerson le trouvent excessif. Et sir Francis Bond Head s'en moque. Il n'est pas loin de considérer lord Gosford — simple civil, après tout : un maître ès arts d'Oxford ! — comme une chiffe. À la session ouverte en novembre 36, il fait biffer, sur les procès-verbaux de la session précédente, les résolutions du Bas-Canada, transmises par Papineau à l'Orateur de l'Assemblée haut-canadienne.

En Nouvelle-Écosse, Joseph Howe, chef du parti réformiste, ou libéral, attaque le Conseil du gouverneur, qu'il voudrait rendre électif et dont il exige la responsabilité devant la Chambre. La question religieuse est sous-jacente dans cette province comme la question raciale dans le Bas-Canada : les Anglicans, ne formant qu'un cinquième de la population, comptent neuf des douze conseillers. Howe présente 12 résolutions et les fait adopter, après de rudes débats. Ces 12 résolutions retentissent en Nouvelle-Écosse comme les 92 dans le Bas-Canada. Elles contiennent ce passage : « Les membres du Conseil de Sa Majesté ont pris des mesures pour protéger leurs propres intérêts et émoluments aux dépens du public. » Le Conseil enjoint à l'Assemblée de biffer ce passage, en laissant planer d'obscures menaces. Des députés hésitent. Howe retire ses résolutions, ce qui ne calme pas l'agitation.

Au Nouveau-Brunswick, les heurts sont vifs entre le lieutenant-gouverneur et l'Assemblée. William Crane et Lemuel Allan Wilmot, rentrés de Londres à l'automne, y retournent, avec une nouvelle adresse, en février, parmi les manifestations enthousiastes de leurs partisans. Sir Archibald Campbell proroge la législature le 1er mars et envoie sa démission.

La *Michigan City Gazette* s'étonne que le public américain ne s'intéresse pas davantage à « la lutte qui se poursuit au Canada, sur le modèle de notre grande révolution ».[1] *L'Écho de la Louisiane* évoque le même parallèle entre le mouvement en cours au Canada et « la grande révolution américaine ». *La Minerve* reproduit ces articles et d'autres textes de journaux américains, et conclut, d'un ton encourageant : « Nos voisins ont les yeux sur nous. »

* * *

Le rapport des commissaires est déposé devant la Chambre des communes le 2 mars 1837.

Ce rapport résume de façon précise les demandes de l'Assemblée bas-canadienne. Ce sont, dit-il :

1°- L'élection populaire du Conseil législatif ;

2°- La responsabilité directe du Conseil exécutif devant la Chambre ;

3°- La cession immédiate à la Chambre d'Assemblée de tous les revenus de la province, sans aucune stipulation préalable pour une liste civile ;

4°- La révocation de certaines lois du Parlement impérial, comme la loi des tenures et la loi plus récente autorisant une compagnie à posséder des terres dans le Bas-Canada ;

---

1. Article du 16 octobre 1836, reproduit par *La Minerve* du 31.

5°. Le contrôle de la Législature provinciale sur l'administration et la colonisation des terres incultes.

Il conclut qu'accorder ces réformes équivaudrait à créer une république française au Canada. Les commerçants anglais n'y consentiraient pas sans résistance, ce qui entraînerait une guerre civile.

Dans ces conditions, il n'est pas opportun de céder à ces réclamations. Les commissaires reconnaissent et déplorent quelques erreurs, comme la trop faible proportion des Canadiens français dans le Conseil exécutif. Mais ils ne recommandent que des réformes de détail. Ils condamnent le projet d'Union, mais jugent la protection britannique utile aux Canadiens français : « Si le Canada était devenu, en 1776 ou en 1812, un État de l'Union américaine, il n'y a pas de doute qu'il serait moins français qu'il ne l'est aujourd'hui. »

Lord John Russell, ministre de l'Intérieur, présente une série de dix résolutions, le 6 mars.

Les trois premières résument la situation.

La quatrième repousse le principe du Conseil législatif électif, mais souhaite des mesures propres à lui procurer une plus grande confiance de la population.

La cinquième reconnaît l'utilité de renforcer le Conseil exécutif, mais sans lui imposer la responsabilité devant la Chambre.

La sixième maintient les titres et privilèges de la Compagnie des Terres.

La septième souhaite la suppression des droits seigneuriaux et, « pour qu'il ne subsiste aucun doute dans la province sur la libre jouissance des terres tenues en franc et commun soccage », prévoit l'abrogation de la Loi des tenures du Canada et de la Loi du commerce du Canada, en sauvegardant toutefois les droits acquis.

La huitième autorise le gouverneur à prélever sur le revenu de la province le montant nécessaire pour payer les arrérages dus aux fonctionnaires.

La neuvième prévoit la mise à la disposition de la Législature « des sommes nettes provenant des revenus héréditaires, territoriaux ou extraordinaires de Sa Majesté », si la Législature veut accorder une liste civile permettant de faire face aux frais de justice et d'administration.

La dixième souhaite que les législatures du Haut et du Bas-Canada s'entendent pour régler leurs intérêts communs.

Lord Russell, en présentant ses résolutions, rappelle les concessions déjà faites. Le gouvernement s'achemine vers la fin de la prépondérance anglaise au Conseil législatif. Mais les autres exigences de la Chambre sont incompatibles avec le lien de métropole à colonie. Celle-ci deviendrait virtuellement indépendante. Il s'agit de savoir si le Parlement veut maintenir le Canada dans l'état de colonie britannique, ou lui concéder virtuellement l'indépendance.

Conservateurs et libéraux approuvent les résolutions ministérielles. Les protecteurs habituels des réformistes canadiens, qui sont les radicaux — Hume, Roebuck, O'Connell, Wason et Leader, entre autres, — les combattent. Roebuck, le plus violent — désigné par Papineau pour être l'agent de la Province à Londres, — accuse le gouvernement de vouloir faire du Canada une nouvelle Irlande. Wason et Leader présentent un amendement tendant à soumettre le Conseil législatif à l'élection populaire. Un jeune député d'avenir, William Ewart Gladstone, est du côté ministériel. Le futur champion du Home Rule à 27 ans. Il n'est pas encore l'indomptable défenseur de tous les opprimés. Siégeant parmi les tories et les protestants les plus absolus, il préconise une religion d'État, seule officielle, seule reconnue, et même seule permise. En 1837, ce n'est pas à Gladstone, c'est à Hume et à Roebuck que réformistes et contestataires s'adressent.

Labouchère réclame aussi le Conseil législatif électif, mais quant à la responsabilité du Conseil exécutif, il trouve insolite la prétention de ses amis — ou anciens amis — canadiens. Lord Stanley introduit cette distinction que les Canadiens sont libres, mais non pas indépendants.

L'argument des commissaires, endossé par le ministre, a porté : accorder les concessions demandées serait concéder l'indépendance au Canada. Gladstone l'utilise en répliquant à Hume, qui énumérait les griefs des Canadiens : « La question n'est pas là ; la question est de savoir si l'on doit consentir au Canada une séparation virtuelle d'avec l'Angleterre ». Et quel député anglais serait disposé, en 1837, à concéder de bon gré l'indépendance à une colonie ?

La huitième résolution, autorisant le gouverneur à puiser dans les coffres de la province sans vote de la Chambre, a fait sensation. Wason et Leader observent : l'Assemblée bas-canadienne, en refusant les subsides, en se mettant en grève, a pris le seul moyen constitutionnel à sa portée pour obtenir le redressement des maux dont elle se plaint avec raison. Mais la plupart des députés trouvent les Canadiens déraisonnables et insatiables. L'amendement de Wason et Leader est écrabouillé par 318 voix contre 56. Les résolutions de lord Russell sont adoptées ensuite. À la Chambre des lords, seul lord Brougham parle et vote contre les résolutions.

L'Angleterre, presque unanime, repousse les prétentions des réformistes ou patriotes canadiens. Il reste à traduire les résolutions Russell en un texte de loi. Une maladie du roi, suspendant les travaux de la Chambre, en empêche l'adoption.

La décision de disposer des revenus sans vote de la Chambre d'Assemblée risque de provoquer des réactions. Le gouvernement le sait. Il envisage, dès le mois de mars, avant même l'adoption des résolutions, l'envoi de deux régiments avec pièces de campagne. Glenelg en avertit Gosford. Mais ce geste lui-même n'aura-t-il pas un cachet de provocation ? Le ministère se ravise, et conseille à Gosford de faire venir du Nouveau-Brunswick les renforts dont il pourrait avoir besoin.

44

L'assemblée de Saint-Laurent

La nouvelle de l'adoption des résolutions Russell arrive à Québec et à Montréal à la mi-avril. Lord Gosford écrit au ministre, le 18 avril, qu'il ne prévoit pas de « commotion sérieuse ». Le gouverneur est bien optimiste. La nouvelle produit l'effet d'une bombe.

Étienne Parent, dans *Le Canadien*, estime toute résistance justifiée. Or, Étienne Parent exprime l'opinion modérée. Duvernay, dans *La Minerve*, et O'Callaghan, dans le *Vindicator*, expriment une opinion déchaînée. O'Callaghan flétrit « la combinaison déshonorante des whigs et des tories » qui, en votant les résolutions Russell, « annihile le lambeau de liberté laissé aux législatures coloniales ». De la Chambre des lords, on ne pouvait attendre autre chose, « puisque son principe fondamental est hostile à la liberté humaine ». L'emploi des fonds publics sans autorisation de la Législature est un vol. Il faut pousser, d'un bout à l'autre de la province, « un hurlement d'indignation contre les voleurs ». O'Callaghan, le plus sûr confident de Papineau depuis la rupture avec Neilson, lance le mot d'ordre : « Agitation ! Agitation ! » Le choc se répercute jusque dans le Haut-Canada, où l'Alliance Society exprime sa sympathie pour les réformistes du Bas-Canada et condamne les exigences du gouvernement impérial.

Lord Gosford, que rien ne décourage, attend la réponse ministérielle à sa suggestion d'assurer une prépondérance française dans le Conseil exécutif et dans le Conseil législatif. Il nomme François-Roch de Saint-Ours, ancien député de Richelieu, shérif à Montréal. C'est le premier Canadien français recevant cette charge importante. Le geste est sans doute calculé pour contrebalancer, par l'influence de la famille de Saint-Ours, l'influence de Wolfred Nelson et de quelques autres dans la vallée du Richelieu, qui apparaît comme un point névralgique. Lord Gosford annonçant à Roch de Saint-Ours sa nomination, lui écrit : « Je vois qu'il se fait des efforts pour tenir une assemblée sur le Richelieu. Ceux qui poussent cette affaire sont les mêmes gens qui ont conduit le pays dans le malheureux état où il est à présent. Si le peuple pouvait s'en rendre compte, tout irait bien, la paix et l'harmonie seraient bientôt rétablies » (26 avril 1837).

Lord Gosford propose Augustin-Norbert Morin comme successeur de William Bowman Felton à la charge, plus importante encore et comportant de forts émoluments, de commissaire des terres. Morin, principal rédacteur des 92 Résolutions, est le premier lieutenant de Papineau, son représentant dans le district de Québec. Gosford le recommande à la fois pour « ses grandes capacités, sa connaissance approfondie du système de concession des terres, sa connaissance intime des sentiments de ses compatriotes et la confiance qu'il leur inspire ».

C'est le genre de concession dont John Neilson, Étienne Parent, George Vanfelson et d'autres ont demandé que l'on tienne compte, pour temporiser. Mais elles tombent dans le plus mauvais moment. La nomination de Morin n'est d'ailleurs qu'un projet. Et quant à celle de Roch de Saint-Ours, *Le Canadien* observe : « Le nouveau fonctionnaire appartient à une classe d'hommes dont, à peu d'exceptions près, les habitudes et les idées traditionnelles l'ont isolée de la masse du peuple, en la rapprochant de l'oligarchie bretonne qui, par ses idées d'ascendance et d'exploitation, s'est aussi séparée de la masse du peuple. »

Donc, « Agitation ! Agitation ! » Le refus des subsides ne suffit plus. Puisque les « voleurs » veulent puiser dans la caisse publique, le moyen de les contrecarrer est de tarir cette caisse, essentiellement alimentée par les droits de douane. Malgré les *Colonial Trade Acts* de 1822 et de 1825 qui adoucissent les règlements du commerce extérieur, les importations — vins, alcools, sucre, café, thé, sel, tabac, tissus — proviennent surtout d'Angleterre, comme les exportations — bois de charpente, farine, potasse, fourrure, un peu de blé — se font surtout vers l'Angleterre. Papineau et ses amis systématisent un projet qui courait depuis quelque temps : le boycottage des produits importés, payant des droits de douane. L'idée peut être inspirée du précédent américain, dont plusieurs chefs patriotes sont obsédés : le boycottage et la contrebande, dont la célèbre « partie de thé » de Boston est un épisode, ont précédé l'insurrection chez nos voisins du sud. Donc : boycottage des produits importés ; fabrication domestique, autant que possible ; et, pour le reste, importation en fraude d'articles américains. *La Minerve* lance la directive (27 avril 1837) :

> Les objets que nous ne pouvons fabriquer ici, l'ami Jonathan nous les fournira. Pour cela, donnons la main au contrebandier : désormais c'est un brave que chacun de nous encouragera. Il faut former à son métier une vigoureuse jeunesse, bien organisée et déterminée. C'est en grand qu'il faut faire la contrebande. Plus de ménagement ni de temporisation. À de grands maux, de grands remèdes. Il faut tarir la source du revenu. Les coffres se videront, les voleurs n'y trouveront plus rien. Alors, l'Angleterre entendra raison. Jamais lutte n'a été plus juste. Nous avons retenu les subsides ; on nous ôte ce moyen, on nous met dans la nécessité d'en chercher de plus efficaces.

L'idée était dans l'air. La Maison Canadienne d'Édouard-Raymond Fabre n'a pas duré ; les actionnaires y ont perdu leur mise. Le boycottage des articles importés ne gêna donc pas des patriotes ; il ne gêna que des Anglais. Lactance Papineau, élève au Collège de Saint-Hyacinthe, n'a peut-être pas lu l'article de *La Minerve* quand il écrit à son frère aîné Amédée qui, son cours classique terminé, étudie le droit à Montréal :

> Tu me sembles tout à fait républicain. Pour moi, quand même on me traiterait de constitutionnel, je n'en penserais pas moins, avec bien des gens ici, qu'il serait beaucoup mieux de commencer par ne pas recevoir ou recevoir bien peu de choses d'Angleterre, à nous priver de soieries, de velours, de rhum, de thé. On ne s'habillerait qu'en produits du pays. Les dames ne s'achèteraient plus de robes de soie, de gros de Naples, de châles. Des robes d'Indienne seraient leur vêtement, et les robes de soie se mettraient cinq à six fois dans l'année. Il y a ici un écolier, Holmes, qui a des culottes de drap gris fait à Chambly, qui égale les draps d'Angleterre... Par ce moyen, on verrait bientôt tout le monde crier à la réforme, et l'Angleterre, qui ne tirerait plus d'avantage du Canada, serait forcée de nous accorder nos demandes. Puis nous atteindrons une population nombreuse et de plus grandes richesses pour nous délivrer sans danger du pouvoir britannique. Si au contraire on veut employer la force des armes, au moins pourrait-on dire que ce ne serait qu'après avoir épuisé tous les autres moyens...

Ce ne sont pas de vaines paroles. Les chefs patriotes donnent l'exemple en se vêtant d'étoffes fabriquées au pays. L'innovation n'est pas, en 1837, tellement radicale. L'étoffe du pays est la règle à la campagne. Les « habitants » construisent leur maison, fabriquent leurs meubles et leurs outils ; les femmes tissent les étoffes, taillent les vêtements et font les chandelles. Les citadins presque seuls portent des tissus manufacturés. Ce serait signe de prétention, de snobisme, pour un « habitant » que de porter un complet acheté à la ville. En se limitant à l'étoffe du pays, les messieurs de la ville décident simplement de s'habiller comme les campagnards.

L'adversaire assure la riposte. Et l'adversaire n'est pas seulement le *Herald*, où Adam Thom vomit l'insulte à longueur de colonnes, et les belliqueux du Doric Club, mais les modérés, pour beaucoup d'entre eux réformistes dissidents, fort malmenés par les patriotes inconditionnels. Un groupe dont les animateurs sont Sabrevois de Bleury, député contesté par ses anciens amis, et Léon Gosselin, ancien rédacteur de *La Minerve* brouillé avec Duvernay, fonde *Le Populaire*, confié à Leblanc de Marconnay (avril 1837). *Le Populaire* dénonce Papineau comme « l'auteur de tous nos maux » : « M. Papineau a pris un tel ascendant sur ses collègues qu'il est parvenu à en égarer la majorité et à les faire ployer sous sa verge de fer. Il n'entend permettre aucune concession du gouvernement, il veut que le Trône s'abaisse jusqu'à lui... Alors, nouveau Cromwell, il rêvera peut-être, si ce rêve n'est pas déjà venu le faire sourire dans son sommeil, d'asservir son propre pays à une république dont il serait le dictateur... »

Papineau et ses amis donnent la consigne de boycotter *Le Populaire*, qui, encouragé par le clergé, n'en dépasse pas moins *La Minerve* et le *Vindicator* en tirage, avec 1,500 exemplaires.

Lord Gosford écrit encore au ministre, le 6 mai, qu'il juge inutile « d'augmenter maintenant les forces militaires dans la province ».

* * *

De la presse loyaliste (ou « bureaucrate ») à la presse « patriote », on se traite de tous les noms. Mais les journaux, dont le prix d'abonnement est élevé, ne touchent directement qu'une minorité de personnes. Les chefs patriotes décident une campagne d'assemblées. Le Comité central et permanent, dont Georges-Étienne Cartier et le notaire François-Marie-Thomas-Chevalier de Lorimier sont les secrétaires-conjoints, et ses sous-comités l'organisent. Le Comité se réunit à la librairie Fabre, où la Maison Canadienne a vécu sa chétive et brève existence. Papineau y apparaît quelquefois. O'Callaghan et Duvernay, dont les bureaux respectifs sont à deux pas, viennent en voisins. Rodier, La Fontaine, Ovide Perrault, les Viger, Côme-Séraphin Cherrier, Jean-Louis Beaudry, André Ouimet, Rodolphe Desrivières, le jeune Georges de Boucherville sont assidus. Le notaire Girouard vient de Saint-Benoît et Siméon Marchesseau de Saint-Charles. Le notaire Philippe-Napoléon Pacaud, l'un des fondateurs de la Banque de Saint-Hyacinthe — qu'il placera volontiers au service de la cause « patriote », — vient avec Louis-Antoine Dessaulles, étudiant en médecine. On voit certains jours l'imposante silhouette du Dr Wolfred Nelson, qui partage son temps entre Saint-Denis et Montréal. Tous reconnaissent à de Lorimier de véritables aptitudes d'organisateur.

La vallée du Richelieu mérite l'honneur d'ouvrir le feu.

Dans la vallée du Richelieu s'égrène, se faisant face sur l'une et l'autre rive, une grappe de beaux villages jumelés : Saint-Marc et Saint-Charles, Saint-Antoine et Saint-Denis, Saint-Roch et Saint-Ours. Nobles par leur ancienneté, par leur passé déjà chargé d'histoire. La paroisse de Saint-Antoine, fondée en 1741, est une des plus anciennes de la province ; l'histoire de Saint-Denis remonte plus loin encore, à la seconde partie du dix-septième siècle ; et la fondation de Saint-Ours par Pierre de Saint-Ours, officier du régiment de Carignan, recevant une concession de l'intendant Talon, date des environs de 1672. Et les beaux villages agricoles, qui expédient du blé aux États-Unis par la voie du lac Champlain et ne souffrent pas trop de la gêne générale. Des chevaux au poil luisant garnissent les écuries, et l'on n'est pas embarrassé pour les nourrir. Car les Canadiens ont la passion du cheval comme leurs descendants auront la passion de l'automobile.

Nulle région de la province ne respire à un tel degré l'aisance, l'agrément de vivre. Les travaux domestiques, les services religieux, les réunions, les visites et les bons repas occupent les journées d'hiver. La ménagère tisse l'étoffe nécessaire à l'habillement ; le fermier fabrique sa charrette et répare lui-même les harnais. On n'a pas, comme dans les pays arides, de continuelles raisons de s'aigrir. Les Canadiens de ce temps ne connaissent pas — ne toléreraient pas — la harassante ingérence de l'État dans leurs affaires que le socialisme réserve à leurs descendants. Le fisc ne perçoit d'impôt — encore est-il minime — que sur les marchandises importées, dont les habitants — à part le rhum de la Jamaïque — usent peu. Avec la dîme et la redevance seigneuriale, le fermier est libre de toutes charges. La privation des libertés politiques ne l'incommode pas. C'est pourtant là qu'on va mourir pour tenter de rendre le Conseil législatif électif.

On s'en étonnerait si l'on ne savait que les révolutions ne couvent pas forcément, et loin de là, parmi les populations les plus pauvres, qui cherchent plutôt la protection d'un bras fort, d'un dictateur. L'aisance même de la vallée du Richelieu, où les cultivateurs enrichis envoient leurs fils au Collège de Montréal pour en faire « des Messieurs » — c'est-à-dire, le plus souvent, des avocats ou des notaires —, favorise l'effervescence intellectuelle et politique. Avocats et notaires substituent leur influence à celle de la noblesse — à celle des Saint-Ours, par exemple. Quelques fortes personnalités font le reste. Siméon Marchesseau, ancien instituteur devenu huissier, né à Saint-Ours et qui habite maintenant Saint-Charles, passe pour un « patriote de fer ». À Saint-Ours, les commerçants Antoine Daigle et Louis Mogé, qui sont respectivement lieutenant et capitaine de milice, rivalisent avec leur ami et ex-concitoyen Marchesseau en ardeur patriotique. Saint-Antoine est le pays de Georges-Étienne Cartier, et Saint-Denis, un vrai repaire de patriotes. Si l'influence de Wolfred Nelson ne suffisait pas à Saint-Denis, celle des Cherrier, des Bourdages et du capitaine François Jalbert, ancien combattant de 1813, y suppléerait.

La première assemblée se tient donc à Saint-Ours, le dimanche 7 mai, après les vêpres.[1] Les patriotes du comté se sont déjà réunis à Saint-Ours pour exiger la démission d'un de leurs députés, Sabrevois de Bleury, désormais classé parmi les « chouayens ». Le capitaine Mogé et le lieutenant Daigle assureront l'ordre, si nécessaire. Côme-Séraphin Cherrier, qui habite Saint-Denis, paroisse voisine, préside la réunion. Le vapeur *Le Cygne* débarque un contingent d'étrangers à la paroisse. Le Dr Wolfred Nelson et Siméon Marchesseau prononcent des discours corrosifs. Ils regrettent que les Canadiens n'aient pas aidé les Américains en 1775.

Nelson, Marchesseau, le capitaine Jalbert et d'autres à peine moins emportés présentent et font adopter des résolutions dénonçant les résolutions Russell comme « une violation du contrat social » — l'expression, qui peut passer par-dessus la tête des habitants, est familière aux lecteurs des encyclopédistes. Le gouverne-

---

1. Signalons l'utile chronologique des événements de 1837 établie par monsieur Leclerc.

ment qui recourt à de pareils moyens est « méprisable, indigne de tout respect et même de soumission ». Le peuple du Bas-Canada « ne peut plus compter que sur son énergie et sur ses alliés naturels, qui sont les citoyens de la république voisine ». L'assemblée décide la contrebande :

> Nous nous abstiendrons autant qu'il sera en notre pouvoir de consommer les articles importés, particulièrement ceux qui paient des droits plus élevés, tels que le thé, le tabac, les vins, le rhum, etc., etc. Nous consommerons de préférence les produits manufacturés dans notre pays. Nous regarderons comme bien méritant de la patrie quiconque établira des manufactures de drap, de soie, de sucre, de spiritueux, etc., etc. Considérant l'Acte du Commerce au Canada comme non avenu, nous regarderons comme très licite le commerce désigné sous le nom de contrebande, jugerons ce trafic très honorable, tâcherons de le favoriser de tout notre pouvoir, regardant ceux qui s'y livreront comme méritant bien du pays, et comme infâme quiconque se porterait dénonciateur contre eux.

L'assemblée de Saint-Ours proclame son admiration et sa totale fidélité à Papineau, marqué par Dieu :

> Pour opérer plus efficacement la régénération du pays, il convient, à l'exemple de l'Irlande, de se rallier autour d'un homme. Cet homme, Dieu l'a marqué comme O'Connell pour être le chef politique, le régénérateur du peuple. Il lui a donné une force de pensée et de parole qui n'est pas surpassée, une haine de l'oppression, un amour du pays, qu'aucune promesse, aucune menace du pouvoir ne peut fausser. Cet homme, déjà désigné par le pays, est Louis-Joseph Papineau. Cette assemblée, considérant les heureux résultats obtenus en Irlande du tribut appelé O'Connell, est d'avis qu'un semblable tribut, sous le nom de tribut Papineau, devrait exister dans ce pays.

À l'énoncé du nom de Papineau, les chapeaux se lèvent.

* * *

Les résolutions de Saint-Ours doivent donner le ton, et le donnent en effet. Papineau est un sauveur pour les uns, un fléau pour les autres. *La Minerve* du lendemain, sous la signature d'un comité qui comprend Denis-Benjamin Viger (conseiller législatif !), Jacob DeWitt, Côme-Séraphin Cherrier, Joseph Roy, Édouard-Raymond Fabre et quelques autres, annonce une grande assemblée à Saint-Laurent, avec participation de Papineau, pour le 15.

Le nom de Papineau est une flamme. Le *Herald* publie cette annonce :

> Tir à la carabine
>
> Avis — Personnage en plâtre figurant certain grand agitateur tiendra lieu de cible dans les premiers jours du mois prochain. Un prix sera décerné au tireur qui abattra la tête du personnage à 50 yards de distance. Les membres de la Légion bretonne et du Doric Club qui s'estiment bons tireurs sont priés de se tenir prêts

Papineau rédige son testament le 10 mai. Il n'avait pas encore éprouvé le besoin de cette précaution. Il constitue sa femme sa légataire universelle.

Ces événements se produisent à une époque de crise économique. L'Angleterre et les États-Unis traversent un malaise, moins sensible dans le Bas-Canada. Les fonds canadiens font prime aux États-Unis. Puis les banques new-yorkaises suspendent leurs paiements en espèces, le 10 mai 1837. Les détenteurs américains de billets de la Banque de Montréal les font présenter au remboursement. Peter McGill réunit les administrateurs de la banque, qui décident de suspendre, eux aussi, le paiement en espèces (13 mai). Peter McGill et son équipe, soutenus par les Molson, possèdent la confiance du commerce montréalais. La charte de la Banque de Montréal vient justement à expiration le 1er juin 1837. Joseph Masson est devenu vice-président de la banque. Seigneur de Terrebonne, il prie son député, Louis-Hippolyte La Fontaine, de demander le renouvellement. La Fontaine accepte, et prépare un texte, rédigé en français.

Les campagnes souffrent aussi. Le comté de Rimouski est menacé de famine. Dans la Beauce, où règnent la picote et la scarlatine, des inondations ont rendu les chemins impraticables. Dans le comté de Saguenay commence l'émigration de familles canadiennes vers le « Far West ». À la Petite-Nation, Joseph Papineau écrit à son fils Louis-Joseph :

> Il manque absolument de provisions de toute espèce dans l'endroit. Dodo lui-même est à bout de tout. Déjà, plus de vingt sont venus me demander des vivres, mais je n'en veux pas recéder ; cependant j'ai été obligé de céder du riz, de la farine, du biscuit. Si tu veux venir faire quelque chose ici, je crois que la meilleure monnaie que tu puisses apporter sera des provisions : lard, pois, farine, biscuit, riz...

Or, de bonnes terres vacantes sont fermées à la colonisation, cédées à vil prix à des favoris ou affermées au commerce des pelleteries. On peut ainsi faire remonter au Château Saint-Louis et à Londres la responsabilité du pénible hiver que l'on vient de traverser. Le motif principal de l'agitation n'en reste pas moins politique, et des gens très à l'aise — de Wolfred Nelson à William Henry Scott, en passant par les Viger — figurent parmi ses chefs.

Des réformistes irlandais s'assemblent à Québec le 15 mai. Le même jour, assemblées à Saint-Marc et surtout à Saint-Laurent. L'assemblée de Saint-Laurent doit se tenir sous la présidence conjointe de Louis-Joseph Papineau et de Denis-Benjamin Viger — les deux cousins de Mgr Lartigue.

* * *

Mgr Lartigue soumet encore une requête à lord Gosford. Le diocèse de Montréal est reconnu, mais il n'est pas encore « incorporé ». L'évêché n'a pas encore la faculté légale d'acquérir des biens. Mgr Lartigue envoie une pétition au gouvernement impérial et demande l'appui du gouverneur. Il expose qu'il devra soutenir un coadjuteur, achever une cathédrale, soutenir un séminaire, pourvoir aux frais des missions sauvages, procurer des ecclésiastiques aux immigrés irlandais et autres. Il demande l'amortissement des biens à acquérir jusqu'au montant d'un revenu de 2,000 livres, égal au revenu de l'évêque de Québec, dont le diocèse et les frais sont moins considérables. Cette requête est en bonne voie, et Mgr Bourget, nommé coadjuteur, doit prêter le serment de fidélité au roi, devant le Conseil exécutif de Québec, le 17 mai.

Les difficultés de détail rencontrées par Mgr Lartigue sont toujours suscitées par les mêmes personnes. Monseigneur envoie un véritable ultimatum au curé Chartier, de Saint-Benoît, qui refuse de lire ses ordonnances au prône. Et l'abbé Chartier, brebis galeuse du clergé, est le seul partisan déclaré de Papineau parmi les prêtres du diocèse de Montréal et sans doute de toute la province. Les Papineau eux-mêmes font toujours les fortes têtes. Le curé Pascal Brunet, de la Petite-Nation, écrit à son évêque : « À croire M. Papineau, il faudrait prendre tout le bon terrain pour la place publique et les écoles et ne laisser qu'une grenouillère pour le cimetière. » Et Mgr Lartigue, le jour même où il envoie sa requête à lord Gosford, écrit à l'abbé Brunet : « Tâchez d'amener à se confesser M. Toussaint Papineau, son père M. Joseph Papineau qui a plus de 80 ans, et même M. Denis-Benjamin Papineau. » Il lui conseille le recours aux moyens légaux pour recouvrer l'argent promis, dû et non payé par les paroissiens pour le soutien du prêtre (5 mai 1837).

On imagine l'état d'esprit de Mgr Lartigue, au mois de mai 1837, quand il vient, en grand apparat, présider la consécration d'une nouvelle église à Saint-Laurent. Une quarantaine de prêtres et de nombreux séminaristes l'accompagnent. Les fidèles accourent. Saint-Laurent n'a jamais reçu tant de personnages. C'est une grande journée.

C'est aussi quelques jours avant la grande journée que Louis-Joseph Papineau et Denis-Benjamin Viger doivent présider, après la messe. Mgr Lartigue et le curé Saint-Germain, leurs querelles un peu estompées, ne peuvent pas s'abstenir d'en parler — c'est un sujet sur lequel ils tombent d'accord — et peut-être d'ourdir un plan.

Le curé Saint-Germain change l'heure de la messe, pour le 15 mai, afin de déjouer le plan des organisateurs.

Cette ruse réussit en partie, et l'assistance n'est pas aussi nombreuse que les organisateurs l'avaient espéré. Il arrive tout de même des carrioles des quatre points cardinaux. Elles déversent des curieux, des frondeurs, des turbulents, des friands de politique et des patriotes exaltés. Et Papineau, irrité, prononce le discours le plus violent de cette campagne, l'un des plus importants de sa carrière :

> Nous sommes en lutte avec les vieux ennemis du pays — un temps — le gouverneur, les deux Conseils, les juges, la majorité des fonctionnaires publics et leurs instruments, dénoncés depuis longtemps par vos représentants comme une faction corrompue, hostile aux droits du peuple... Le gouverneur a le miel sur les lèvres et le fiel dans le cœur.
>
> La circonstance nouvelle est que le Parlement britannique est contre nous. Cette difficulté est grande, mais non pas insurmontable. Les Américains ont glorieusement vaincu ce tout-puissant Parlement il y a quelques années...

Suit un éloge du système fédéral américain :

> La place de qui désire entrer dans l'Union est marquée d'avance. Elle est sur un pied d'égalité et de fraternité avec les institutions les plus libres du monde. (Applaudissements).
>
> Cette union est désirable. La nôtre à l'heure actuelle est humiliante. Est-ce à dire que nous devrions de suite répudier l'une et épouser l'autre ? Doucement...

Mais la suite du discours insiste sur la suggestion. Il semble que Papineau soit alors bien près de l'annexionnisme.

La question constitutionnelle dépasse plus d'un auditeur, mais Papineau domine par sa haute stature, par la sonorité de son verbe, par la puissance de ses sarcasmes. Et quand il lance, comme une lave brûlante : « L'argent qu'a pris lord Gosford, l'argent qu'il a fait prendre par l'entremise de lord Russell, l'argent que celui-ci ne lui permet pas de prendre quoique il ait demandé de le faire, sont des motifs pour lesquels, si vous avez eu raison de haïr une fois Dalhousie et Aylmer, vous aurez trois fois raison de haïr Gosford... », les maraîchers de Saint-Laurent comprennent que d'après M. Papineau, qui est le plus grand homme du Canada et l'un des plus grands hommes du monde — il aurait son égal en Irlande, un nommé O'Connell, paraît-il — lord Gosford est un voleur, qu'il faut haïr puisqu'il a pris leur argent. Mais le discours continue, et le mot d'ordre se répète, s'amplifie :

> Le gouvernement des aristocrates anglais vous hait à jamais. Payez-les de retour !

Papineau rappelle les morts du 21 mai 1832. Gosford n'est pas seulement un voleur, mais un assassin. Papineau énumère une fois de plus la corruption, le favoritisme, l'injurieux mépris. Il propose de frapper l'adversaire à sa bourse. S'abstenir des articles taxés : vins, liqueurs et thé. Se vêtir de tissus nationaux. Des décisions analogues ont servi de prémices à la révolution américaine :

> Les économies réalisées en se privant de thé, de vin et de soie permirent aux Américains, dix ans plus tard, d'acheter la poudre et les canons dont ils eurent besoin. Nous pouvons espérer que la métropole, instruite par cet exemple, ne nous réduira pas aux mêmes extrémités. Mais c'est un espoir, non une certitude...

Il faut se rappeler l'immense prestige de Papineau, entouré d'une cour de députés, pour évaluer la portée d'un pareil discours.

Le notaire André Jobin, de Sainte-Geneviève, député du comté de Montréal et l'un des organisateurs de l'assemblée, donne lecture des résolutions, dont la deuxième, présentée par lui-même et « secondée » par Côme-Séraphin Cherrier, impute « au gouverneur actuel et à ses associés » la responsabilité « de tout ce qui est injuste et atroce dans le plan de coercition projeté par le ministère britannique ».

Ces résolutions sont adoptées sans dissidence. Qui donc oserait protester, ou simplement hésiter ?

Et tous les chapeaux se lèvent au départ du tribun, qui va tenir, le même jour, une assemblée dans le comté des Deux-Montagnes, qui ne sera pas sabotée par une ruse du curé.

Étienne Parent calcule bien le retentissement de pareilles assemblées, que d'autres doivent suivre. Il en entrevoit les suites possibles — et terribles. Il blâme dans *Le Canadien*, le ton et le texte du discours et des résolutions de Saint-Laurent. Il met en garde :

> A-t-on bien pensé qu'il y a dans ce peu de lignes une déclaration de guerre contre l'Angleterre, et de plus un appel non équivoque aux États-Unis ?... Et l'on n'a pas senti l'extrême imprudence qu'il y avait à nous mettre dans une position décidément hostile vis-à-vis de l'Angleterre, lorsque l'horizon politique le plus lointain ne nous offre aucun espoir solide de nous faire craindre dans cette position... Nous prierons les assemblées qui vont probablement se tenir dans d'autres comtés de ne faire aucune déclaration qui ne porte le cachet de la sagesse en même temps que celui d'une énergique dignité...

Étienne Parent souhaite « une déclaration énergique, unanime de tout le pays » contre les résolutions de lord John Russell, « et surtout contre la disposition de nos deniers », qui élèverait « un puissant rempart contre la répétition d'un pareil attentat » et qui serait préférable « aux hasards et aux calamités d'une résistance ouverte, ou même encore aux malheurs et aux privations d'une opposition constitutionnelle systématique ».

Quant au boycottage des produits importés, Parent juge : « L'émission de propositions étranges, absurdes, inexécutables, dans une circonstance aussi solennelle que l'assemblée d'un comté, fait plus de tort qu'on ne pense. »

Et quant au parallèle O'Connell-Papineau et à la levée d'un tribut Papineau, imité du tribut O'Connell : « Quand M. Papineau aura réussi à rétablir parmi le peuple canadien l'unanimité que M. O'Connell a établie parmi le peuple irlandais, il vaudra la peine d'en parler ; jusque-là, nous n'en attendons pas merveille. »

À Saint-Laurent, le dimanche suivant, le curé Saint-Germain, en chaire, exhorte ses paroissiens à demeurer calmes. Il leur démontre, en réaliste, la vanité d'une révolte armée quand on manque de ressources et d'organisation.

À Montréal, le 16 mai, lendemain de l'assemblée de Saint-Laurent, George Moffat préside une réunion de « marchands, négociants et autres citoyens de la ville de Montréal », au marché Saint-Jacques. Tous approuvent la décision des administrateurs de la Banque de Montréal. Les affaires reprennent leur cours, avec plus de prudence. Les archives de la Banque de Montréal ne révèlent pas d'indice de difficultés financières, à cette époque ; elles reflètent une « activité commerciale réelle ».

45

L'été de 1837 est un long tumulte

La mort de Jean-Marie Rochon, député de Lachenaie, entraîne une élection complémentaire, dans cette ambiance surchauffée. Il y a longtemps que Duvernay a envie d'un mandat parlementaire. Il l'a manqué de justesse, dans le comté de Rouville, en février 1833. Les patriotes n'ont pas été marris d'un échec qui rivait Duvernay à sa tâche indispensable de journaliste. Mais on ne peut refuser cette satisfaction à l'organisateur des banquets de la Saint-Jean-Baptiste, au patriote qui a subi trois emprisonnements et une blessure pour la cause. La campagne de Duvernay s'insère dans la série des assemblées « anticoercitives ». Duvernay est facilement élu, le 26 mai.

Et la campagne continue. Les patriotes maskoutains, réunis à Saint-Hyacinthe le 1er juin, endossent le projet de « tribut Papineau ». William Henry Scott et Jean-Joseph Girouard, députés du comté des Deux-Montagnes, organisent, pour le même jour, une assemblée d'hommage à Papineau, à Sainte-Scholastique. Le comté des Deux-Montagnes est, avec la vallée du Richelieu, la région la plus bouillonnante. Le Dr Chénier, de Saint-Eustache, le docteur Masson et le curé Chartier, de Saint-Benoît, dépassent Scott et Girouard en ardeur révolutionnaire. Papineau se rend l'avant-veille à Saint-Benoît, où il descend chez Girouard. Le village s'est pavoisé pour le recevoir. Des calicots tendus en travers de la rue principale lui rendent hommage ou portent des inscriptions de style jacobin : « Plutôt la mort que l'esclavage », « Fuyez, tyrans, le peuple se réveille ». On pense si Girouard, et plus encore Dumouchel, Masson — et le curé Chartier ! — ont chauffé les esprits. Un cortège se forme devant la maison de Girouard pour accompagner le tribun à Sainte-Scholastique. Le fier cavalier qui ouvre la marche tient un drapeau vert, blanc et rouge, orné d'un castor, d'une feuille d'érable et d'un maskinongé. Papineau et Girouard prennent place dans une voiture qu'escortent des cavaliers dont les fanions rappellent les noms des morts « assassinés par les bureaucrates ». De Sainte-Scholastique, une procession de 92 voitures vient au-devant de Papineau. Les cavaliers escortant la procession portent drapeaux et bannières où l'inscription « Contrebande » surmonte une caisse de thé, un baril de whisky et un paquet de tabac. Sur d'autres bannières, on lit les noms des tués du 21 mai 1832 et ce texte : « Le sang innocent crie vengeance. » Un drapeau proclame : « Honneur à l'O'Connell du Bas-Canada ! » Un grand drapeau blanc s'orne, au centre, d'une tête de mort entourée par ces mots « Conseil législatif ». William Henry Scott et le Dr Chénier conduisent une délégation de Saint-Eustache dans un déploiement analogue. Jacob Barsalou préside l'assemblée. Scott, Girouard, Dumouchel et Masson prononcent des discours devant 20,000 personnes. Papineau parle dans les deux langues. Il répète son discours de Saint-Laurent. Il fait appel aux femmes, pour la mise en quarantaine des produits importés. C'est là surtout, désormais, que doit porter l'effort des patriotes. Papineau conseille la substitution, accomplie à sa table de famille, du sucre d'érable au sucre raffiné.

Le Dr Chénier promet de donner l'exemple, mais il ne se bornera pas, s'il le faut, à la contrebande. Chénier est un enthousiaste aux traits virils, assez court de taille, mais les épaules larges et le buste cambré. De physionomie ouverte, il respire la franchise. Un exalté sympathique. La substitution du sucre d'érable au sucre raffiné ne comblera pas son impatience. Il promet de se battre, et s'écrie, la main crispée sur un fusil invisible : « Vous me suivrez, et je vous permets de me tuer si vous me voyez fuir. »

On adopte les résolutions de Saint-Ours.

L'assemblée de Sainte-Scholastique est triomphale. Mais il y a, dans le comté des Deux-Montagnes, une famille influente, celle des Globensky, restée très loyaliste. Hortense Globensky, devenue madame Prévost, de Sainte-Scholastique, fait signer une adresse de fidélité, envoyée au gouverneur.

Les assemblées de Saint-Laurent et de Sainte-Scholastique, partout imitées, créent une exaltation collective, en même temps qu'un véritable culte à Papineau. Le district de Québec est beaucoup plus calme. Les constitutionnels y ont même convoqué une assemblée, dite de la Garderobe parce qu'elle se tiendra dans la salle du vestiaire de l'Assemblée législative, à l'appui des résolutions Russell. Or, ces résolutions ont porté l'indignation de Robert Shore Milnes Bouchette à son comble. Bouchette rameute des patriotes à la sortie des vêpres à l'église Saint-Roch et, à leur tête, empêche l'assemblée en occupant la salle avant l'heure prévue. Juché sur une table il harangue ses amis (31 mai 1837).

C'est là un exploit isolé. Il impressionne assez George Vanfelson, député modéré, pour entraîner sa démission. Mais pour la majorité des Québécois, Bouchette fait figure d'exalté. Augustin-Norbert Morin convoque une assemblée au marché Saint-Paul, pour le 4 juin. Morin, respecté comme doctrinaire, mais qui n'a pas l'emprise d'un chef, doit céder aux conseils de prudence de son entourage. Les résolutions adoptées sont beaucoup plus tempérées que dans les assemblées du district de Montréal. Papineau et ses lieutenants sentent le besoin de réchauffer le district de Québec.

Papineau descend lui-même à Québec. La Fontaine et Girouard l'accompagnent. Ils rassemblent des patriotes à Saint-Thomas de Montmagny, puis se rendent à Kamouraska, où Papineau descend chez Amable Dionne, ancien député du comté. Mais dans cette région des réticences s'expriment. Amable Dionne, hôte courtois, empressé même, ne cache pas sa désapprobation de la tournure prise par la campagne. Les notables de Kamouraska veulent imposer une assemblée contradictoire à Papineau qui, dans ces conditions, renonce.

Le Canadien, encouragé par le clergé, doit influencer ces réticences. Étienne Parent, comme naguère John Neilson, refuse de suivre Papineau dans ses outrances, dont il redoute les suites. Les patriotes le dénoncent, avec leur violence habituelle, comme un renégat. Le Comité central et permanent de Montréal invite « tous les réformistes de la Province » à refuser leur appui au *Canadien* et à son éditeur, « qui a trahi et continue de trahir les intérêts du pays ». Voilà les patriotes de Québec, déjà peu soutenus par la population, privés de journal.

Robert Shore Milnes Bouchette relève cette espèce de défi. Il réunit des réformistes de langue anglaise et lance, avec son ami Charles Hunter, un brûlot bilingue, *The Liberal — Le Libéral*, pour mettre le feu au district de Québec. Hunter dirigera la partie anglaise ; Bouchette se charge de la partie française, avec l'aide de Joseph Laurin — et de François-Xavier Drolet, à l'occasion.

Dans le district même de Montréal, tout le monde n'est pas d'accord avec Papineau et ses patriotes. Barthélemy Joliette croit rendre plus de services à son peuple que son ami — mais est-il toujours son ami ? — Papineau, en développant son village de L'Industrie, qu'il dote d'un marché public, où les fermiers des paroisses voisines viendront vendre et s'approvisionner.

Papineau tient une assemblée à Berthier, à la mi-juin. Un cortège de 105 voitures l'accompagne. Un arc de triomphe porte l'inscription : « Honneur à Papineau ! », et un drapeau blanc, l'inscription :

> Vive Papineau,
> Principe de liberté !

Papineau parle pendant deux heures et fait adopter les résolutions habituelles. Mais des assemblées de protestation contre son mouvement se tiennent à Napierville et à Saint-François d'Yamaska. Pierre-Benjamin Dumoulin, ancien député des Trois-Rivières, qui s'est séparé de Papineau sur la question des fabriques et a démissionné à la veille de la session d'automne de 1832, et le capitaine de milice Manseau sont les principaux orateurs à Saint-François d'Yamaska — dans le comté canadien-français qui élit O'Callaghan. Ils font adopter des résolutions blâmant « la contrebande, la résistance aux lois, le mécontentement contre la mère patrie, le recours aux sympathies étrangères... le mépris de notre clergé justement vénéré et autres désordres de cette nature ». Ces actions et ces sentiments, affirment les résolutions, « sont entièrement contraires à la presque totalité des habitants d'Yamaska ».

Le gouverneur interdit, par proclamation du 18 juin, les assemblées « anticoercitives ». Il ordonne aux magistrats et aux officiers de milice de les empêcher. Le Comité central et permanent réplique par une contre-proclamation : « Toute tentative de la part des autorités de cette province, tant par l'emploi de la force que par celui d'injonctions officielles, de proclamations ou autrement, pour prohiber de semblables assemblées ou détourner de s'y rendre, est inconstitutionnelle et une infraction aux droits et privilèges du peuple de cette province... » La contre-proclamation accuse les autorités de « violer le contrat primitif entre le roi et le peuple ».

La proclamation du gouverneur doit être affichée à la porte des églises. À Montréal, des soldats escortent les afficheurs. En plusieurs endroits, des patriotes lacèrent les affiches. Le Dr Eugène-Napoléon Duchesnois donne l'exemple à Varennes. Et O'Callaghan a convoqué ses électeurs pour répliquer à Dumoulin, à Saint-François d'Yamaska. Il transgresse l'ordonnance de lord Gosford. Joachim Charpentier, capitaine de milice à la Baie-du-Febvre, loin d'empêcher l'assemblée, la préside. On a cependant la prudence d'adopter des résolutions acceptables, demandant en particulier la réforme des droits seigneuriaux. Aux yeux des autorités, ces résolutions adoucies cachent un moyen, pour les chefs patriotes, d'entretenir l'agitation et de tenir leurs gens en haleine.

L'élan est donné, en effet. Duvernay, nouveau député, et ses amis, réunis à la librairie Fabre pour organiser la fête nationale, reculent la célébration au 26 juin, le 24 étant jour d'abstinence. Mais ils décident l'abstention des articles prohibés. Pas de vin ni de thé, mais du cidre et du whisky canadiens. Le banquet se tient à l'hôtel Nelson, dont un jeune patriote vient de prendre la direction. Denis-Benjamin Viger préside. Cartier entonne sa chanson, désormais célèbre. Duvernay, Cherrier, Brown, O'Callaghan, Rodier, Perrault portent les toasts et prononcent les discours habituels, en l'honneur « du Peuple, source de tout pouvoir légitime », de Papineau, d'O'Connell, de Hume, de Roebuck, des États-Unis, des institutions électives. Le président propose aussi : « Le clergé du Canada ». Des convives acclament alors le nom de messire Étienne Chartier, curé de Saint-Benoît, qui brave les instructions de Mgr Lartigue en encourageant les patriotes.

À Verchères, le conseiller législatif François-Xavier Malhiot et le député Pierre Amiot conduisent le défilé des convives, portant feuilles et rameaux d'érable. À Saint-Denis, le curé Demers célèbre la messe et Mme Nelson fait la quête. Après la messe, les patriotes, feuille d'érable à la boutonnière, se rendent à la salle du banquet, en s'arrêtant devant le monument élevé à la mémoire de Marcoux. Wolfred Nelson prononce une allocution devant ce monument ; d'autres orateurs répondent aux « santés » pendant le banquet. À Varennes, le Dr Duchesnois, Amury Girod son beau-frère et Georges de Boucherville organisent la fête, comprenant grand'messe et banquet de 74 couverts, avec boissons du pays. Aux Trois-Rivières, les notables se réunissent à l'hôtel Plamondon, au début de l'après-midi, pour préparer une assemblée anti-coercitive, et se mettent à table à cinq heures, au même endroit, pour célébrer la Saint-Jean-Baptiste, « fête patronale des Canadiens français ». Dans plusieurs comtés, la fête de la Saint-Jean-

Baptiste se confond avec l'assemblée anticoercitive tenue pour protester contre les résolutions Russell. Papineau et trois députés : Augustin-Norbert Morin, Louis-Hippolyte La Fontaine et Jean-Joseph Girouard paraissent dans une grande assemblée des comtés de Bellechasse et de l'Islet, à Saint-Thomas. Tous les orateurs, partout, consacrent une partie de leurs discours à la louange de Papineau, traité en héros national. Mais au banquet qui suit l'assemblée, Papineau s'aperçoit, ou quelqu'un lui signale que des flacons de liqueurs importées se sont glissés sur la table. Le chef insiste, dans son discours, sur l'abstention de tout alcool importé.

Un banquet des modérés, à Québec, réunit moins de monde. Édouard-Raymond Fabre, assisté de Joseph Roy, préside une assemblée anticoercitive à Montréal, le 28 juin. Le but de l'assemblée est de « protester contre les résolutions monstres du gouvernement, maintenir les droits du peuple et sauver le pays de l'affreuse tyrannie dont on le menace ». Des francs-tenanciers du comté de Missisquoi, presque tous de langue anglaise, tiennent une assemblée à Stanbridge, le 4 juillet. Ephraïm Knight, Américain du Vermont établi commerçant à Stanbridge et député de Missisquoi, qui vote régulièrement avec la majorité réformiste, y prononce un discours. Les francs-tenanciers décident « que le gouvernement de lord Gosford est un des plus méprisable qui aient existé en ce pays ».

Les constitutionnels esquissent la contre-partie. George Moffat préside une assemblée sur la place d'Armes de Montréal, le 6 juillet. Quesnel et de Bleury sont les vice-présidents. Les participants brandissent des étendards britanniques et des pavillons portant ces mots : « Union » — « Point de contrebande » — « Le Roi et la Constitution » — « Vive le Canadien loyal ». Peter McGill, George Moffat, le trop fameux Adam Thom prononcent des discours. Gugy parle en français, mais l'assistance est en majorité anglaise. Papineau, invité à la discussion, n'a pas relevé le gant.

L'été est un long tumulte, une vraie mêlée confuse, chargée de lourds présages. Étienne Parent prévoit le pire : l'effusion de sang, et voudrait l'éviter. Il conseille le calme, la patience :

> Attendons : le mal qui nous tourmente se manifeste aussi dans les colonies voisines ; bientôt il aura atteint un degré de gravité qui les fera se réunir à nous ; alors nous insisterons sur les réformes demandées, et nous les obtiendrons sans une goutte de sang (7 juillet 1837).

Étienne Parent écrit et publie son journal à Québec, où l'on est disposé à l'écouter. La démission de George Vanfelson entraîne, dans la Basse-Ville, une élection complémentaire qui oppose deux Irlandais. John Munn l'emporte sur l'aubergiste Michael Connolly, « candidat de Papineau ». Mais les conseils d'Étienne Parent tomberaient à plat dans le district de Montréal. Papineau, O'Callaghan et Thomas Storrow Brown tiennent une assemblée à Napierville le 17 juillet. Ils recommandent la contrebande, et *Le Populaire* appelle Papineau « le chef des contrebandiers » : « Il s'est fait professeur émérite dans l'art du contrebandier, comme Cartouche était passé maître dans l'art du vol ». Mais O'Callaghan, comme Chénier, ne se bornerait pas à la contrebande. Il rêve d'annexion aux États-Unis, et l'une de ses formules favorites est : « Ils veulent faire de la province une nouvelle Irlande ; ils en feront un nouveau Massachusetts ».

Au village Debartzch, des patriotes pendent lord Gosford en effigie. Les patriotes sont, dans chaque paroisse, les tempéraments les plus combatifs. Ils prennent facilement le haut du pavé, et leur propagande se fait provocante. Dans le comté des Deux-Montagnes, les loyalistes sont molestés, les patriotes brûlent leurs clôtures, quand ils ne mettent pas le feu à leur grange, et coupent la queue de leurs vaches, quand ils ne mutilent pas les animaux. Des processions nocturnes défilent devant les maisons en proférant des menaces. Les frères Cheval, loyalistes affichés — l'un d'eux est capitaine de milice — sont particulièrement visés. La propriété de Guillaume Cheval dit Saint-Jacques, au Petit-Brûlé, est endommagée. La grange du curé Jacques Paquin, de Saint-Eustache, est saccagée. Des modérés, ainsi importunés, demandent protection. Le clergé les appuie. Le secrétaire civil Walcott écrit aux magistrats et juges de paix (6 juillet 1837) :

> Son Excellence est résolue à protéger les sujets paisibles de Sa Majesté, en faisant observer la loi du pays, et pour cette fin elle compte recevoir la collaboration et l'assistance de tous les magistrats et des membres bien disposés de la communauté.

Le grand connétable vient à Saint-Eustache, arrête des coupables et, menacé par la foule, a grand peine à les conduire jusqu'à Montréal. Mais Hortense Globensky Prévost, amazone loyaliste, entre en lutte ouverte, sans demander le secours des magistrats. Elle s'interpose et elle en impose. Elle discute à la porte de l'église, le dimanche après la messe. Avertie que sa maison doit être attaquée le 6 juillet au soir, elle refuse de l'évacuer. Elle arme ses fusils et, à l'arrivée des assaillants, se montre à la fenêtre, si évidemment résolue à tirer que les manifestants, effrayés, s'en vont. *Le Populaire* relate et exalte ses actions d'éclat :

> Honneur ! Cent fois honneur à la mère de famille, à la femme de cœur qui a pu concevoir et exécuter une action aussi héroïque... Dans tout autre temps, cette femme mériterait des couronnes civiques... M. Papineau ne devrait-il pas employer son influence pour que des hommes de la même origine que la sienne ne deviennent les victimes des monstres que ses paroles ont excités à la révolte ?

* * *

Le curé Chartier, de Saint-Benoît, appelle Papineau « le sauveur du pays » et applaudit aux excès des patriotes. Mais le curé Chartier, en démêlés depuis une dizaine d'années avec les quatre évêques auxquels il a dû obéissance, est bien le mouton noir du diocèse. Mgr Lartigue reçoit des dénonciations, le plus souvent anonymes, confuses et contradictoires. Le curé Paquin, adversaire notoire des patriotes qui ont saccagé sa grange, tend à excuser son confrère, à réduire l'importance de ses écarts. Mgr Bourget, nouveau coadjuteur de Mgr Lartigue, connaît bien l'abbé Chartier, puisqu'ils ont été condisciples. Mgr Lartigue le charge d'écrire au curé de Saint-Benoît, pour le conjurer de rester tranquille (10 juillet 1837).

L'occasion d'un test se présente, d'ailleurs. Trois paroissiens de Saint-Benoît, recevant une assignation, résistent. Mgr Lartigue engage le curé Chartier à persuader ses paroissiens d'obéir paisiblement à la loi, pour ne pas envenimer l'affaire. Le curé s'en garde bien. Mgr Lartigue le fait demander à l'évêché pour le 25. Il l'engagera, s'il se rend à Québec pour les noces d'or de ses parents, à s'excuser auprès du gouvernement.[1]

Mgr Lartigue, assisté par Mgr Rémi Gaulin, évêque de Kingston, et par Mgr Pierre-Flavien Turgeon, coadjuteur de Québec, consacre Mgr Bourget dans l'église cathédrale Saint-Jacques, le 25 juillet 1837. L'événement attire un grand concours de prêtres. Mgr Lartigue prononce une allocution, au banquet suivant le sacre. *L'Ami du Peuple* du lendemain en publie – ou résume – le texte. L'évêque de Montréal a dit :

> que les pasteurs devaient représenter à leurs ouailles qu'il n'est jamais permis de se révolter contre l'autorité légitime, ou de trans-

---

1. Lettre de Mgr Lartigue à Mgr Turgeon, du 12 juillet 1837.

gresser les lois du pays, qu'ils ne doivent point absoudre dans le tribunal de la pénitence quiconque enseigne que l'on peut se révolter contre le gouvernement sous lequel nous avons le bonheur de vivre, ou qu'il est permis de violer les lois du pays, particulièrement celle qui défend la contrebande ; bien moins encore est-il permis d'absoudre ceux qui violeront ces lois.

La Minerve émet des doutes sur l'authenticité des paroles prêtées à Mgr Lartigue. Mais celui-ci ne dément pas. Il écrit à Mgr Signay qu'il a profité de la présence d'un nombreux clergé pour donner à ses prêtres « quelques avis sur la conduite qu'ils doivent tenir dans le tribunal de la pénitence relativement aux affaires publiques ».

« Le gouvernement sous lequel nous avons le bonheur de vivre » soulève l'ironie ou l'indignation de patriotes, députés compris, qui retrouveraient, si les gens et les peuples avaient quelques années de mémoire, des expressions toutes voisines dans certains discours de Papineau et la même expression, très exactement, dans une adresse de la Chambre d'Assemblée en 1823.

Les « constitutionnels » n'avaient pas besoin de cet encouragement pour répliquer aux « patriotes ». Ils tiennent à leur tour une assemblée à Napierville le 24 juillet. Puis une assemblée aux Trois-Rivières le lendemain et une autre, considérable — 8,000 personnes d'après la *Gazette de Québec* — sur l'Esplanade de Québec, le 31. À Québec comme à Montréal, un « Anglais » préside, avec deux « Canadiens », dont Joseph-François De Blois, député de Bonaventure, pour vice-présidents. Jean-François-Joseph Duval y prononce un discours.

Deux camps sont dressés face à face.

* * *

Le Courrier des États-Unis, journal publié par des Français à New York, écrit le 29 juillet 1837, sous le titre « Canada » :

> Le malheur a voulu que les gouverneurs que le Bas-Canada a eu depuis quelques années manquaient tous d'énergie, et que la métropole a hésité à sévir contre des malfaiteurs qui, encouragés par cette fatale indulgence, ont obtenu par la crainte inspirée par des actes de bandits une influence désastreuse sur une partie de la population.
>
> Une fois les scènes scandaleuses qui se sont passées récemment au Bas-Canada connues en Angleterre, elle ne tardera pas à prendre des mesures pour punir les perturbateurs de l'ordre public. Il n'y a

point au Bas-Canada de parti révolutionnaire, mais bien quelques hommes ambitieux qui, aux dépens du bien-être général, cherchent leur agrandissement personnel. À eux se sont joints tout ce que le Bas-Canada compte de mauvais sujets et quelques personnes de bonnes intentions mais de peu de cervelle. Ceux qui ne lisent que les journaux croiraient, en recevant les rapports des grandes assemblées tenues par les perturbateurs sous l'influence de M. Papineau, que réellement il y a au Bas-Canada un parti révolutionnaire ; c'est qu'ils ignorent les moyens infâmes que ces gens emploient. Ces hommes sans foi ni loi prêchent la liberté et emploient tous ce que la tyrannie a inventé de plus infâme pour avoir des auditeurs, et pour forcer les citoyens craintifs à paraître de leur parti.

L'article du *Courrier des États-Unis* ne se rapporte qu'au Bas-Canada, qui l'intéresse davantage en raison de son caractère français. Mais la situation est-elle différente dans les autres colonies anglaises ? Étienne Parent est-il justifié de compter sur « les colonies voisines », comme il le fait dans son article du 7 juillet ?

Lord Glenelg annonce au lieutenant-gouverneur de la Nouvelle-Écosse quelques concessions faites aux partisans de Joseph Howe : le Conseil de 12 membres, où le juge en chef ne siégera pas, qui remplissait fonctions à la fois de Conseil exécutif et de Conseil législatif, se bornera désormais au rôle exécutif. L'Assemblée recule, va jusqu'à révoquer des résolutions antérieures, hostiles à l'administration coloniale.

Une concession plus importante, qui doit être le fruit de la mission Crane-Wilmot, est faite au Nouveau-Brunswick. Le Bureau colonial concède à l'Assemblée le contrôle des subsides. Sir John Harvey, successeur d'Archibald Campbell comme lieutenant-gouverneur, sanctionne, le 17 juillet 1837, un bill assurant à la Législature le contrôle des revenus provenant de sources telles que les terres de la Couronne. (Ce qui est conforme à la neuvième des dix résolutions soumises par lord John Russell à la Chambre des communes le 6 mars.) Le Nouveau-Brunswick est la première province, ou colonie, obtenant la reconnaissance de ce principe essentiel, de ce principe tant revendiqué : le contrôle des fonds publics par l'Assemblée. Glenelg engage aussi le lieutenant-gouverneur à faire entrer des membres de l'Assemblée dans le Conseil exécutif.

Ces concessions majeures calment les provinces Maritimes, d'ailleurs prospères grâce aux exportations de bois — grâce à la préférence britannique. Et dans le Haut-Canada, où Mackenzie lui-même a perdu son siège, les réformistes ne dominent plus l'Assemblée. Le Bas-Canada — l'Assemblée du Bas-Canada — risque de perdre les alliances, tacites du côté des provinces Maritimes et formelles dans le Haut-Canada, qui l'ont soutenu.

Non pas dans le Haut-Canada, où les nouvelles de l'agitation bas-canadienne encouragent les réformistes, plus que les nouvelles de l'agitation haut-canadienne n'ont encouragé les réformistes du Bas-Canada. Mackenzie, qui est, au fond, journaliste dans les moelles — comme Duvernay —, est allé à New York au printemps, pour acheter du matériel d'imprimerie. Il ranime son journal sous le nouveau nom *The Constitution*, et il y commente, en la déformant curieusement, l'agitation bas-canadienne (5 juillet 1837) :

> Les Canadiens vont-ils déclarer leur indépendance et épauler leurs mousquets ?
>
> Deux ou trois mille Canadiens rassemblés à vingt-cinq milles de la forteresse de Québec, au défi de la proclamation, le fusil à l'épaule et le président de la Chambre à leur tête, pour adopter des résolutions affirmant leur horreur de la tyrannie coloniale britannique et leur détermination de lui résister et de s'en débarrasser, constituent un signe facile à comprendre...

Mackenzie demande : « Les Canadiens peuvent-ils vaincre ? » Et, fort des observations qu'il a pu glaner pendant son séjour à Québec en novembre 35, il répond : les Canadiens peuvent tout emporter, sauf la citadelle de Québec, virtuellement imprenable :

> Leurs chefs sont résolus, froids et calculateurs, pleins de feu et d'énergie. Comme tireurs, les Canadiens sont au moins les égaux des soldats britanniques. Leur organisation est meilleure que lord Gosford ne l'a pensé. Ils ont de nombreux officiers parmi eux et reçoivent constamment de France des officiers qui ont gagné leurs lauriers dans les guerres de Napoléon. La garnison de Québec désertera plutôt que de combattre ses compatriotes. Des milliers d'Anglais, d'Écossais et d'Irlandais des États-Unis se rallieraient rapidement aux étendards des Canadiens, surtout si on leur offrait à chacun trois ou quatre cents acres de terres du clergé. Le gouvernement colonial n'aurait aucun moyen de résistance, et la Chambre des communes ne sanctionnerait pas la dépense de cinquante ou soixante millions pour abattre la rébellion.

Les chefs réformistes se réunissent à la taverne Elliott, à l'angle nord-ouest des rues Yonge et Queen, à Toronto. Les docteurs John Rolph et W. J. O'Grady préparent une Déclaration des

Monseigneur Jean-Jacques Lartigue (1777-1840), premier évêque de Montréal

John Neilson (1776-1848),
conseiller législatif

droits, inspirée de la déclaration d'indépendance américaine et contenant une promesse d'appui aux réformistes du Bas-Canada.[2] Ce texte est ensuite soumis à une assemblée publique, à la brasserie de John Doel, autre lieu habituel des réunions réformistes, à l'angle nord-ouest des rues Adelaide et Bay, le 29 juillet. Mackenzie et le Dr Morrison le font adopter sans peine. O'Grady a été le compagnon de voyage de Mackenzie dans son voyage de liaison à Montréal et à Québec. Les réformistes hauts-canadiens expriment leur admiration pour Papineau et ses compatriotes. Ils déclarent cause commune avec les réformistes du Bas-Canada, « en lutte contre une coercition que nous subirions à notre tour, si elle réussissait, et pour un redressement de griefs qui serait la meilleure garantie du redressement de nos propres griefs ».

The Constitution publie la Déclaration des droits, très violente et qui contient une menace de grève fiscale « puisque l'Exécutif a rompu le contrat en vertu duquel les impôts doivent être consacrés aux dépenses nécessaires du gouvernement, approuvées par les représentants du peuple ».

Les réformistes forment un Comité de Vigilance, sur le modèle du Comité central et permanent de Montréal. Ils mettent sur pied une organisation paramilitaire, en prenant des précautions pour éviter les indésirables — les indicateurs de police. Des comités de village comprennent des gens qui se connaissent les uns les autres. Ces comités sont représentés dans des comités de canton, eux-mêmes représentés dans des comités de comté, qui envoient à leur tour des délégués dans un des comités des quatre divisions entre lesquelles le Haut-Canada est divisé. Un comité exécutif de trois personnes coiffe le tout. Cette organisation, explique Mackenzie, « pourrait être facilement transformée pour des fins militaires ». Il précise : le secrétaire du comité de village sera caporal ou sergent ; celui du comité de canton sera capitaine ; le délégué du comité de district sera colonel, « au commandement d'un bataillon de six cents hommes ». Il est tacitement compris que cette organisation secondera les réformistes du Bas-Canada, dans leur résistance à une « coercition » qui, si elle réussissait, s'appesantirait ensuite sur le Haut-Canada.[3]

---

2. L'attribution de cette rédaction à Rolph et O'Grady a été contestée. Elle est toutefois très vraisemblable et généralement admise.

3. Charles Lindsay : *Life and Times of W. L. Mackenzie*.

Mackenzie et ses amis envisagent donc la résistance armée — la rébellion. Des réformistes parmi les plus influents s'en effraient et, comme ont fait tant de modérés dans le Bas-Canada, se séparent de leur chef.

La rébellion ! Papineau se défendra d'avoir jamais entretenu pareille pensée. Il sera sans doute sincère.

Mais comment ne voyez-vous pas, Louis-Joseph Papineau, qu'on ne pousse pas un peuple, d'assemblée en assemblée, d'excitation en excitation, d'accès de fureur en accès de fureur, sans aboutir au point de fatalité où la suite des événements nous échappe — où les fusils partent tout seuls ?

46

Dernière et brève session du Parlement du Bas-Canada

L'article de Mackenzie n'a pas échappé à sir John Colborne, ancien lieutenant-gouverneur du Haut-Canada devenu commandant des troupes. Colborne vient, dès juillet, représenter à Gosford la nécessité d'une action énergique. Gosford a écrit au ministre, le 4 juillet : « Le pays est tranquille. Je ne vois aucune raison de craindre quoi que ce soit de sérieux ». Il a terminé une dépêche du 11 juillet en réitérant sa conviction « qu'aucun trouble sérieux n'arrivera ». Il n'est donc pas d'accord avec le commandant des troupes. Colborne demande des arrestations. Il va jusqu'à prévoir la perte de la colonie pour l'Angleterre. Gosford, le 25 juillet, ne croit toujours pas « à la nécessité de recourir à la force militaire ». Colborne juge sévèrement le gouverneur.

Le ministre Glenelg, approuvant, après un long délai, une suggestion de Gosford, lui a conseillé, par dépêches du 29 avril et du 22 mai, de modifier la composition du Conseil législatif en y introduisant une forte proportion de Canadiens français. Il nommerait « des hommes soigneusement choisis, quant à leurs propriétés, leur réputation et leur influence dans la province, de vues libérales et possédant le respect et la confiance du public, mais non pas engagés dans des opinions extrêmes », comme preuve « de la sincérité avec laquelle le gouvernement de Sa Majesté est disposé à mettre en vigueur les intentions qu'il a déjà exprimées à cet effet ».

Gosford prépare une série de nominations. En attendant, il fait demander, par le secrétaire civil, des explications aux officiers de milice qui ont participé aux assemblées les plus turbulentes — les plus menaçantes. Samuel Walcott écrit donc à Papineau, major au 3e bataillon de milice de Montréal, le 1er août 1837:

> Monsieur,
>
> L'attention du gouverneur en chef ayant été dernièrement attirée sur un rapport, contenu dans le journal le *Vindicator* du mois de mai dernier, des procès-verbaux d'une assemblée tenue à Saint-Laurent, à laquelle vous avez pris une part active, et sur les résolutions qui furent adoptées, dont quelques-unes recommandent distinctement une violation des lois, j'ai ordre de Son Excellence de vous demander, comme tenant une commission dans la milice, d'établir si vous étiez présent à cette assemblée et si vous avez approuvé les résolutions qui y furent adoptées ; et s'il en a été ainsi, je dois m'enquérir si vous avez des explications à offrir à ce sujet.

Papineau répond le 14 août :

> La prétention du gouverneur de m'interroger sur ma conduite à Saint-Laurent le 15 mai dernier est une impertinence que je repousse par le mépris et le silence. Je ne prends donc la plume que pour dire au gouverneur qu'il est faux, comme dans son ignorance il peut le croire, ou du moins il le dit, que quelques-unes des résolutions adoptées dans l'assemblée du comté de Montréal, tenue à Saint-Laurent le 15 mai dernier, recommandent la violation des lois.
>
> Votre obéissant serviteur,
>
> L.-J. Papineau.

Le Canadien déplore ce ton (18 août 1837) :

> Nous désirons nous tromper, mais nous doutons que cette pièce soit propre à rehausser chez les peuples étrangers le caractère du peuple canadien, dont M. Papineau est réputé le chef.

Étienne Parent, comme John Neilson, comme Sabrevois de Bleury et comme bien d'autres, a rompu les ponts avec son ancien chef. Mais l'attitude de Papineau encourage d'autres officiers de milice, qui ont reçu un questionnaire semblable. Louis Mogé, interrogé au sujet de l'assemblée de Saint-Ours, répond qu'il n'a pas assisté à cette assemblée, des « affaires indispensables » l'en ayant empêché. Mais il le regrette, et il approuve les résolutions adoptées :

> Il ne me reste plus qu'à vous dire que si de tels sentiments sont incompatibles avec les places d'honneur de capitaine de milice et de

commissaire, je n'ai pas d'objection, pour éviter par la suite à Son Excellence toutes espèces d'indispositions sur mon compte, et même je désire que mon nom soit rayé de la liste des commissaires, préférant de beaucoup avant tout être citoyen et exercer les droits que m'accorde notre constitution.

La Minerve publie cette lettre. Papineau, Mogé et d'autres sont destitués. *Le Populaire* apprécie la destitution de Papineau : « On a réprimé les écarts de l'officier de milice ; il reste à punir les crimes du provocateur à la rébellion, à la contrebande, au renversement des lois et de la tranquillité du pays ». Mais les miliciens de Saint-Ours plantent un mai en l'honneur du capitaine Mogé, « destitué, mais réélu par le Peuple ». Et des démissions d'officiers de milice arrivent au Château Saint-Louis.

* * *

Guillaume IV, roi d'Angleterre, est mort le 20 juin 1837. La nouvelle n'en parvient à Québec que le 22 juillet. « Nous n'en fîmes pas plus de cas », écrira Amédée Papineau dans ses mémoires, « que si c'eût été la mort de l'autocrate Nicolas ». Le gouverneur Gosford, les membres du Conseil exécutif et les hauts fonctionnaires, réunis au Château Saint-Louis, prêtent serment à la reine Victoria, le 1er août. Le canon de la citadelle tonne. Le shérif, accompagné d'une escorte militaire et de juges de paix à cheval, lit la proclamation sur les places publiques. Les autorités ecclésiastiques ordonnent un *Te Deum* en l'honneur du nouvel avènement. Dans plusieurs églises, comme à Notre-Dame et à Saint-Jacques de Montréal, des fidèles sortent quand le chant commence. Des habitants de Saint-Polycarpe empêchent le curé Joseph Quevillon de faire sonner la cloche qui, disent-ils, leur appartient, et non à la reine d'Angleterre. Une assemblée, improvisée après les vêpres, approuve ceux qui ont arrêté les cloches et censure le curé.

Le changement de souverain n'arrête pas les réformistes du Haut-Canada, dont les nouveaux comités organisent une campagne d'assemblées. À Newmarket, le 3 août, William Lyon Mackenzie et Samuel Lount font acclamer le nom de Papineau. L'assemblée décide « de s'abstenir, autant que possible, des articles importés et soumis aux droits de douane » et de s'unir aux Bas-Canadiens « dont la cause est celle du Haut-Canada », « dans toutes les mesures praticables pour le maintien de la liberté civile et religieuse ». D'autres assemblées suivent. On y affirme quelquefois — pas toujours — que les réformistes peuvent arriver à leurs fins sans effusion de sang. Mais on y traite sir Francis Bond Head avec une violence effrénée. Des orangistes attaquent une assemblée de Mackenzie au village de Boltontown le 7 août, et la bagarre fait quelques blessés. Dans une assemblée du canton de Caledon, une longue résolution, présentée par James Baird, expose qu'un gouvernement oppresseur, « comme cela s'est vu en Angleterre sous le règne de Jacques II et comme cela se voit aujourd'hui dans le Bas-Canada » est assimilable à un « étranger ennemi » ; le peuple est alors justifié « de se défendre » comme il l'a fait « lors des glorieuses révolutions de 1688 sur un continent et de 1776 sur un autre ».

Des escortes de cavaliers et des processions de voitures accompagnent Mackenzie dans ses déplacements comme Papineau dans les siens. Les assemblées du Haut-Canada n'ont donc rien à envier aux rassemblements bas-canadiens. Après une assemblée où l'on a invoqué la prospérité des États-Unis, Mackenzie écrit que l'esprit de ses partisans « est rempli de mécontentement, de vengeance et de rage ». À Trafalgar, le 14 août, l'excitation est telle que Mackenzie avoue n'en avoir jamais vu de pareille. Il constate : « Dans toutes les tavernes, on crie : Hurrah pour Papineau ! » Jesse Lloyd se charge de porter à Papineau les messages des réformistes hauts-canadiens.

Les orangistes, de leur côté, sont exaspérés. Ils attaquent une réunion réformiste à Churchville le 15 août, à coups de gourdins. Le *Patriot* laisse entendre que si MacKenzie n'arrête pas sa campagne, il pourra y laisser sa peau.

On approche, à grands pas, de la guerre civile.

* * *

À la prière de la reine, qui désire, sans doute à la suggestion des ministres, marquer ainsi son joyeux avènement, la Chambre des communes renonce aux « résolutions Russell », adoptées au mois de mars pour solder les dépenses administratives au Bas-Canada. Le gouvernement britannique paiera ; mais, spécifie lord Russell, il se fera rembourser si la Chambre d'Assemblée ne revient pas sur sa décision.

Lord Gosford convoque le Parlement du Bas-Canada pour le 18 août. Il nomme en même temps, conformément à l'autorisation ministérielle, dix conseillers législatifs dont sept Canadiens français. Les nouveaux conseillers sont Jean-Baptiste-René Hertel de

Rouville, qui a combattu à Châteauguay sous les ordres de son beau-frère de Salaberry et représente le comté de Rouville à la Chambre d'Assemblée ; John Neilson, qu'il est superflu de présenter ; Melchior de Salaberry, fils aîné du héros de Châteauguay ; Janvier Dontaille Lacroix, dont le frère a été député et dont la famille est influente dans le comté de Terrebonne ; Amable Dionne, l'ancien député dont Papineau a été l'hôte à Kamouraska ; Charles-Clément Sabrevois de Bleury, député de Richelieu ; John Pangman, seigneur de Lachenaie et gendre de J.-D. Lacroix ; Gabriel Marchand, le gros marchand de bois de Saint-Jean, fort partisan de Papineau dont il a présidé une réunion à Saint-Athanase ; John Malcolm Fraser, fils et petit-fils d'officiers anglais, mais né à Québec où il a fait construire, dans la basse ville, une chapelle pour les matelots ; et René-Édouard Caron, ancien député de la basse ville de Québec. L'ensemble forme un très beau choix. Il comprend une honorable proportion de réformistes modérés — bien que fermes dans leurs convictions — et au moins un partisan actuel et actif de Papineau — auquel, pas plus que naguère à Jean Dessaulles, aucune condition n'est imposée.

Les grandes démonstrations régionales continuent. Une assemblée du comté de Laprairie se tient à Saint-Constant, le 6 août. Côme-Séraphin Cherrier, vêtu d'étoffe du pays, Amury Girod, Thomas Storrow Brown et Joseph-Narcisse Cardinal, député du comté, prononcent des discours. Cherrier se cantonne sur le terrain constitutionnel, mais ses compagnons n'observent pas la même retenue. Le cultivateur Louis Lérigé propose une résolution d'après laquelle « les habitants de ce comté déclarent et jurent solennellement que, vu la conduite infâme du pouvoir en ce pays, ils verront avec plaisir l'occasion qui leur donnerait les moyens de secouer le joug tyrannique qui pèse sur eux, et que s'ils prennent jamais les armes, ce ne sera pas pour conserver au gouvernement un pouce de terre dans l'Amérique du Nord. »

Les constitutionnels ne sont pas en reste. Ils tiennent une assemblée à Aylmer le 4 août, une assemblée, en grande majorité canadienne-française, à Saint-François-du-Lac le 6.

Voilà qui n'augure pas une session paisible. Mais il y a encore mieux — ou pis. Édouard de Ponton, ministre plénipotentiaire et envoyé extraordinaire de France aux États-Unis, et M. de Saligny, attaché d'ambassade, en visite au Canada, assistent à l'assemblée de Saint-Constant, où l'on menace d'une prise d'armes. Papineau les invite ensuite à dîner. Des observateurs étrangers voient parfois mieux les choses, et les deux diplomates français s'inquiètent devant la tournure prise par cette immense dispute. Ils représentent aux patriotes le danger d'une guerre civile à laquelle ils ne sont militairement pas préparés. Mais le gouvernement britannique interprète la présence des deux diplomates français dans un sens tout opposé — comme un encouragement aux patriotes, que la France soudoie peut-être. Lord Palmerston fait demander au gouvernement français, par son ambassadeur, « des explications très sérieuses ». Le comte de Molé, chef du gouvernement français, avertit Édouard de Ponton : « À Londres, on ne croit pas la France étrangère aux troubles de ce pays. Votre excursion a causé de l'ombrage au cabinet anglais ».

* * *

Les députés partisans de Papineau se présentent, à l'ouverture de la session, vêtus « à la mode patriote », c'est-à-dire d'étoffes du pays. Le *Mercury* décrit, pour s'en gausser, le costume de plusieurs d'entre eux. Rodier remporte la palme, avec sa redingote et sa veste grises à raies bleues et blanches, son chapeau de paille, ses souliers de bœuf et ses bas tricotés. O'Callaghan obtient la deuxième place, mais porte chemise et lunettes. Côté, Meilleur, De Witt, Cherrier, Duvernay, La Fontaine et Louis-Michel Viger sont pittoresques aussi, pour ne pas dire ridicules, aux yeux de leurs adversaires. L'ensemble fait un peu mascarade.

Lord Gosford explique la raison de cette convocation prématurée : donner à la Chambre l'occasion, en se montrant raisonnable, d'éviter la mise en vigueur des résolutions financières prises à Londres. Il n'est pas de sacrifice, dit-il, que le gouvernement de Sa Majesté ne soit prêt à faire pour résoudre cette crise à l'amiable, « excepté celui de l'honneur de la Couronne et de l'intégrité de l'Empire ».

La majorité de l'Assemblée, toujours pliée à la volonté de Papineau, signifie une condition : la substitution d'un Conseil législatif élu par le peuple au Conseil législatif nommé par le gouverneur. Les conseillers de langue française sont maintenant presque aussi nombreux que les conseillers de langue anglaise. Il ne tient qu'à eux, ainsi que le gouverneur le leur laisse entendre, de dominer, de contrôler le Conseil, au prix d'un peu d'assiduité, puisque les conseillers de langue anglaise, à l'exemple de l'évêque anglican qui ne vient jamais, pratiquent l'absentéisme. Si donc la guerre au Conseil législatif, qui a pris une importance majeure, une importance essentielle dans le programme des patriotes, avait un caractère nationaliste, elle devrait s'arrêter, ou tout au moins s'atténuer considérablement. Il n'en est rien. Ce que Papineau et ses amis — dont plusieurs députés de langue anglaise, de Robert Nelson à Marcus Child, en passant par Edward Barnard — demandent, répétons-le, ce n'est pas un Conseil législatif *canadien-français*, mais un Conseil législatif *élu par le peuple*, suivant les sacrosaints principes démocratiques.

Morin a préparé l'adresse, dans ce sens :

> Cette réforme essentielle n'ayant pas eu lieu, nous devons déclarer que notre devoir envers le peuple qui nous a envoyés ici nous oblige de suivre la ligne de conduite adoptée dans notre adresse du 30 septembre 1836. Nous y persistons donc, ainsi que dans les déclarations et les demandes qui y sont contenues.

La Fontaine, qui commence à réfléchir — et qui se propose de demander le renouvellement de la charte de la Banque de Montréal — fait adoucir cette adresse par un amendement :

> Nous donnons à Votre Excellence l'assurance que, l'œuvre de réforme une fois ainsi commencée de la part du gouvernement, cette Chambre sera disposée à recevoir, considérer et agréer s'il y a lieu, les diverses propositions que le gouvernement de Sa Majesté aura à lui présenter pour l'arrangement final des difficultés financières et autres qui existent depuis si longtemps en cette province ; de même qu'à reprendre le cours régulier de ses délibérations qu'elle n'a interrompues que par la conviction où elle était, et est encore, qu'il en résulterait pour le peuple des dépenses considérables, sans aucun des grands avantages qu'il a droit d'attendre d'une session de la législature.

Joseph-André Taschereau, député de la Beauce, voudrait encore plus de modération : « Je ne connais pas l'opinion du district de Montréal, mais dans le district de Québec les trois quarts des électeurs sont d'avis que les membres de la Législature doivent reprendre leurs fonctions, doivent procéder aux affaires ». Huot et de Bleury l'approuvent. Le texte de Taschereau est repoussé par 48 voix contre 18. Un amendement d'Andrew Stuart ne recueille que des voix anglaises. L'adresse de Morin et La Fontaine est votée par 46 voix contre 31.

Cette adresse est comminatoire. Gosford, à qui les députés viennent la présenter, exprime son regret, son chagrin, de voir les députés persister dans une détermination « privant le pays des avantages d'une législation domestique ». Les députés, cette formalité remplie, retournent à la Chambre. Le président Papineau trouve sur son siège une proclamation du gouverneur, prorogeant la session (26 août 1837).

> *La Minerve* commente :
>
> Nous attendons un bien immédiat de cette session : c'est que lord Gosford aura, nous l'espérons, la force et la décision de sentir que le plus tôt il quittera le pays, le mieux ce sera.

Le Canadien publie au contraire un long article sur la « nécessité de soutenir lord Gosford ». Il accuse « le chef des contrebandiers » d'avoir torpillé toutes les tentatives de conciliation du gouverneur, « après avoir vu qu'il ne ferait point de lui son instrument ».

L'ancien président Bidwell, de l'Assemblée haut-canadienne, écrit à O'Callaghan que « tout espoir d'obtenir justice des autorités d'Angleterre est dissipé » (30 août 1837).

Lord Gosford, son optimisme tombé, rend compte au ministre, dans un rapport du 2 septembre 1837. Il fait, non sans raison, tourner toute la question autour de la personne de Papineau :

> Il est évident que le parti Papineau ne sera satisfait d'aucune concession qui ne le mettra point en mesure d'exécuter ses vues ultérieures, à savoir la séparation de ce pays d'avec l'Angleterre et l'établissement d'un gouvernement républicain. M. Papineau a été si loin qu'il doit persévérer ou accepter une défaite qui ruinerait son influence. Le plan qu'il suit montre qu'il est décidé à tout tenter pour arriver à son but. Les attaques violentes et injustes des ultra-torys contre les Canadiens français en général ont créé une animosité dont M. Papineau ne manque pas de se servir et qui contribue à son influence sur un grand nombre des membres de la Chambre. M. Papineau a des émissaires dans toutes les directions, et bien que je ne crois pas qu'il y ait lieu de s'alarmer, il faut beaucoup de vigilance et de précautions pour prévenir les désordres que les excitations pourraient entraîner parmi le peuple. De plus amples pouvoirs sont nécessaires au gouvernement, et vous pourriez être dans la nécessité de suspendre la constitution. J'énonce cette opinion avec le plus profond regret, mais mon devoir m'y oblige.

Le renouvellement de la charte de la Banque de Montréal, que La Fontaine devait proposer, tombe à l'eau. La Banque s'adresse à Londres, qui renouvelle la charte pour un an.

47

Les Fils de la Liberté

Les démissions d'officiers de milice continuent de pleuvoir au Château Saint-Louis. Louis-Hippolyte Chapdelaine dit Valérien, capitaine de milice à Saint-Ours, à qui l'on reproche sa participation aux assemblées « anticoercitives », offre sa démission, dans une lettre au gouverneur, revendiquant ses droits de citoyen libre. Il est destitué. Jean-Baptiste Lussier, de Saint-Denis, renvoie sa commission de lieutenant, dans une lettre que Samuel Walcott juge très impertinente. Jean-François Mercure, de Saint-Athanase, renvoie sa commission de capitaine ; et François Bessette, de Sainte-Marie-de-Monnoir, sa commission d'enseigne au 2e bataillon, de Rouville.

Certaines de ces démissions se font sous la pression des patriotes, qui envoient des lettres anonymes et organisent des charivaris, effrayant les femmes et les enfants. C'est le cas, semble-t-il, de la double démission de François Bessette et d'Ambroise Bédard, également de Sainte-Marie-de-Monnoir ; c'est le cas de François-Xavier Racicot, du Sault-au-Récollet, et de Louis Bessette, de Saint-Athanase. Le docteur-citoyen Côté, député de L'Acadie, prend la tête d'une bande, où figurent des gaillards comme Louis-Marc Decoigne et Julien Gagnon, qui exige, par l'intimidation, la démission des officiers de milice et des juges de paix de la région. Côté et sa bande forcent énergiquement la main de Pierre Gamelin, capitaine de milice à Saint-Cyprien-de-Napierville. Ils en font autant pour Dudley Flowers, de Saint-Valentin, après plusieurs attaques contre sa maison. Ils enfoncent la porte du Dr Quesnel, à L'Acadie. Devant les supplications de sa femme et de ses enfants terrorisés, Quesnel promet d'envoyer sa démission de

juge de paix. Cette promesse n'étant pas remplie le lendemain, la
« bande à Côté » revient, oblige Quesnel à rédiger sa démission,
la lui arrache et l'expédie elle-même à la poste. À Saint-Césaire,
où Toussaint-Hubert Goddu mène le bal, les patriotes envahissent
la maison de Benjamin Goulet et l'obligent à envoyer sa démission ; ils mettent à sac le magasin de William Umworth Chaffers,
qui ne veut pas envoyer la sienne.[1] À Saint-Jean, les juges de paix
Pierce et Marchand démissionnent sous les mêmes menaces. Après
les destitutions ou démissions, les patriotes reforment les cadres
de leur milice, en élisant de nouveaux officiers, et le plus souvent
en réélisant les destitués. Le capitaine François Jalbert est réélu
par acclamation à Saint-Denis. Les officiers élus ou réélus réquisitionnent des armes — fusils de chasse ou mousquets datant du régime français — et les font réparer chez le forgeron du village.

Le gouverneur Gosford doit bien être alerté. Il doit bien être
au courant des discours séditieux que prononcent le dimanche, à
la porte des églises, des patriotes comme le Dr Pierre Damour, de
Montréal, et le Dr Michel-François Valois, de la Pointe-Claire. Le
jeune docteur Damour s'intitule « capitaine du quartier », et *Le
Populaire* le dénonce comme « l'un des agitateurs les plus effrénés
du faubourg Québec ». Le gouverneur doit bien savoir que des
conciliabules se tiennent chez l'aubergiste François Malo, de la
Pointe-aux-Trembles. Il doit bien soupçonner le commerçant
montréalais Jean Dufort, qui profite de ses voyages d'affaires
pour porter des dépêches aux réformistes du Haut-Canada. Il doit
bien être au courant aussi de la fondation d'une association des
« Fils de la Liberté », qui est en cours à Montréal. Son optimisme
se tempère de semaine en semaine. Il tente un suprême effort en
invitant John Neilson et quatre Canadiens français, Louis Panet,
Pierre-Dominique Debartzch, Frédéric-Auguste Quesnel et René-
Édouard Caron, dans le Conseil exécutif, où siègent déjà Philippe
Panet et Dominique Mondelet, ce qui assurerait une légère majorité française dans cette espèce de conseil des ministres. Neilson et
Caron refusent courtoisement (22 août 1837). Mais le gouverneur
Gosford, venu en mission conciliatrice, a conscience de son échec.
Il l'attribue à la « folie » de Papineau, sans y mettre d'amertume

---

1. Des démissionnaires, compromis, ont pu invoquer l'intimidation comme
excuse, pour atténuer leur cas, mais les témoignages sont trop nombreux, trop concordants et correspondent trop bien à l'esprit du temps pour ne pas contenir une
dose de vérité autorisant leur utilisation. Des plaintes contre l'intimidation sont arrivées dès le mois de novembre, de la part de gens même qui n'étaient pas suspects et inquiétés.

contre les Canadiens français. Il répugne encore aux mesures brutales. Il écrit au ministre : « Les actes de Papineau et de son parti tendent à la rébellion. Mais on n'a pas encore poussé la chose assez loin pour que l'Exécutif intente raisonnablement des poursuites judiciaires » (8 septembre 1837). Lord Gosford souhaite et demande son rappel.

* * *

Les Américains de 1774 ont eu leurs « Sons of Liberty », association fondée dans les États de New York et du Connecticut lors de la loi du timbre, et vouée à l'idée de l'indépendance. Les jeunes réformistes du Haut-Canada viennent de les imiter. Les jeunes Montréalais de 1837 fondent, à cet exemple, les « Fils de la Liberté », recrutés d'abord dans la classe bourgeoise et parmi les étudiants. Ni Papineau ni aucun de ses députés, ni même des hommes le plus en vue de son parti, ne sont directement responsables de cette initiative. Des jeunes gens qui viennent de terminer leurs études, mais qui, sans débouchés, forment une sorte de prolétariat intellectuel, se lancent dans la politique d'opposition. Sans préjudice de l'amour qu'ils portent à leur pays et de la sainte colère qui les saisit quand ils discernent, dans le ruissellement des discours de Papineau, que ce pays est exploité.

Le jeune avocat André Ouimet, brun, grand et maigre, âme brûlée du feu sacré, septième de vingt-six enfants, préside cette espèce de ligue. Jean-Louis Beaudry, congédié par un patron anglais en 1832 et qui a prouvé son énergie en s'établissant à son compte, occupe la vice-présidence. Pierre-Georges-Prévost Boucher de Boucherville, avocat frais émoulu, est secrétaire, et Guillaume Beaudrieau, qui étudie la médecine sous le Dr Wolfred Nelson, trésorier. Le Dr Henri-Alphonse Gauvin, à peine reçu médecin, a 22 ans. Amédée Papineau, l'un des premiers enrôlés, n'en a que 18 ; et Marc Campbell, qui descend d'un des Highlanders envoyés au Canada lors de la Conquête, n'en a que seize. O'Callaghan, Rodier, Perrault, Girod comptent parmi les chefs de la ligue, divisée en sections et bientôt renforcée d'éléments disparates. Un septuagénaire, Raymond Plessis-Bélair, qui est aussi membre du Comité central et permanent, prend figure pittoresque dans ce groupe de très jeunes hommes.

L'asociation des Fils de la Liberté se fait connaître par une assemblée tenue à l'hôtel Nelson, place Jacques-Cartier, le 5 septembre 1837. Robert Nelson, André Ouimet et Édouard Rodier prononcent des discours. Une fanfare entonne des airs martiaux. Les Fils de la Liberté vont en rangs, musique en tête, présenter leurs hommages à Louis-Joseph Papineau, puis à Denis-Benjamin Viger qui, de leur balcon, les haranguent.

Rodier, qui est député, joli garçon, éloquent, violent et bohème, est la coqueluche de ses jeunes camarades. Ses discours en bourrasque, avec des nasardes aux prêtres et des coups de patte aux « cagots », sont les plus prisés. Amédée Papineau fréquente assidûment les réunions. On y brocarde Mgr Lartigue et les Sulpiciens pour leur loyalisme. On s'exalte dans la fumée des pipes ; on dénonce les tièdes ; on suspecte un peu partout des espions et des traîtres. Les Fils de la Liberté adoptent la devise « En avant ! », qui traduit bien leur élan, leur exubérance, et rédigent un manifeste. Le décès de Séraphin Bouc, député de Terrebonne, ouvre un comté. Un Fils de la Liberté, André-Benjamin Papineau, cousin du grand tribun, se fait élire par acclamation dans ce comté qu'il a déjà représenté — c'était alors le comté d'Effingham — de 1827 à 1830, avant même d'avoir vingt ans (17 septembre 1837).

Les Fils de la Liberté, forts de ce premier succès, lancent leur manifeste, riche en réminiscences de Lamennais et des autres bons auteurs révolutionnaires, le 1er octobre :

> Tous les gouvernements étant constitués pour l'avantage de tout le peuple, nullement pour l'honneur ou le profit d'un seul individu, toute prétention à gouverner d'après une autorité divine ou absolue, réclamé par ou pour un homme ou une classe d'hommes quelconque est blasphématoire ou absurde, tout comme il est monstrueux de l'inculquer et dégradant de l'admettre. L'autorité d'une mère-patrie sur une colonie ne peut exister qu'aussi longtemps que cela peut plaire aux colons qui l'habitent...

En conséquence de quoi, les Fils de la Liberté souhaitent émanciper le Canada « de toute autorité humaine, si ce n'est celle de la démocratie ».

Les démissions d'officiers de milice ne priveront pas les patriotes d'encadrement. Les Fils de la Liberté doivent être sept ou huit cents, comme leurs adversaires du Doric Club, et ils s'organisent, à leur exemple, en formations paramilitaires. Thomas Storrow Brown est général en chef ; André Ouimet et Rodolphe Desrivières sont généraux. Chamilly de Lorimier, frère cadet du notaire Chevalier de Lorimier et, s'il faut en croire la presse adversaire, avocat sans causes, le tout jeune médecin Henri-Alphonse

Gauvin et le commerçant François Tavernier, frère de la pieuse madame Gamelin, mais qui ne doit point partager les sentiments de sa sœur, car *Le Populaire* le qualifie de « vieux radical », commandent des détachements. Cette organisation remporte du succès et stimule le recrutement. Les Fils de la Liberté s'arment et font l'exercice dans les faubourgs Saint-Antoine et Saint-Laurent, et surtout à la Côte-à-Barron.[2] Leurs rassemblements attirent des curieux. Un groupe d'officiers anglais les observent. L'un d'eux s'exclame : « Ce sont des enfants ! » Un patriote courroucé s'approche : « Monsieur, vous avez insulté mes camarades. J'exige réparation ».[3]

Augustin-Norbert Morin est loin de remporter de pareils succès à Québec, où *Le Canadien* d'Étienne Parent publie des mises en garde :

> Voici que les agitateurs soulèvent et organisent jusqu'aux jeunes gens et aux femmes, sans doute pour rendre avec usure le change aux autorités métropolitaines. C'est ainsi que d'insistance en rigueur et de rigueur en insistance, on marche, marche, marche, depuis une couple d'années, et nous ne pouvons marcher bien longtemps encore de cette manière sans nous trouver arrêtés quelque part — mais arrêtés entre la mitraille d'un côté et le déshonneur de l'autre. Bien des gens ouvriront les yeux alors, et il ne sera plus temps, et l'on maudira bien vainement les hommes que l'on déifie aujourd'hui. Il vaudrait mieux les arrêter maintenant, et c'est au bon sens du peuple à le faire (13 septembre 1837).

* * *

Les avertissements n'auront pas manqué. En vain. Les chefs patriotes, qui sont souvent des officiers de milice révoqués ou démissionnaires, agissent en despotes dans leurs paroisses, où les modérés sont molestés.

Les charivaris sont la moindre brimade infligée aux « Chouayens ». L'un d'eux est organisé sous les fenêtres de Pierre-Dominique Debartzch, au manoir de Saint-Charles (21 septembre). Gosford, Debartzch, de Saint-Ours et de Bleury sont pendus en effigie à Saint-Denis (24 septembre). Une veuve, madame Saint-Jacques — belle-sœur de Cherrier, — arrache les inscriptions placées sur ces effigies. Les charivaristes se rendent chez elle, enfoncent ses portes et brisent ses meubles. Ils reviennent le lende-

---

2. Aujourd'hui « carré » Saint-Louis.
3. Sir Daniel Lysons : *Early reminiscences.*

main, pour renouveler leur exploit. Madame Saint-Jacques, ses enfants et le prétendant de sa fille aînée se sont procuré des fusils. Les portes derechef enfoncées, et les forcenés faisant irruption dans la maison, les assiégés tirent. Deux hommes sont blessés. La famille Saint-Jacques, dans la confusion qui s'ensuit, peut s'enfuir. Les patriotes la recherchent, la découvrent, et livrent madame Saint-Jacques à la justice.

Des familles sont divisées. Le célèbre philanthrope Olivier Berthelet est loyaliste, mais son frère Henry, qui a épousé une Bouchette et se trouve ainsi, par alliance, l'oncle de Robert-Shore-Milnes Bouchette, est patriote ardent. Des confrères, en particulier des notaires, naguère en relations non seulement confraternelles, mais amicales — certains d'entre eux sont d'anciens condisciples, — rompent leurs relations d'amitié pour s'en tenir aux strictes obligations professionnelles, remplies sur un ton guindé. C'est le cas des notaires Frédéric-E. Globensky, de Saint-Eustache, et Jean-Joseph Girouard, de Saint-Benoît. Pis encore: le cas des frères Charlebois, tous deux notaires, dont l'un, Hyacinthe-Fabien, de Vaudreuil, est patriote, et l'autre, Joseph-Antoine, de Coteau-du-Lac, est « bureaucrate ». Le notaire de Vaudreuil aurait, au cours d'une discussion, frappé son frère. Des gens sans conviction se déclarent patriotes, par opportunisme ou par peur. Étienne Parent met en garde, de nouveau, dans *Le Canadien* du 25 septembre:

> Nous aurions peine à croire aucun de nos hommes politiques respectables capables d'exciter le peuple à ces excès, mais nous pourrions les accuser de ne pas faire les efforts qu'on a droit d'attendre d'eux pour les réprimer. S'ils nous disent qu'ils ne peuvent plus contrôler la violence de leurs partisans, alors ils s'accusent d'une bien coupable imprévoyance. Ils auraient dû pressentir que, la digue une fois rompue, le torrent porterait partout la ruine et la désolation. Il n'y a plus maintenant de milieu: ou les chefs de l'agitation dont on commence à goûter les fruits empoisonnés savaient qu'ils déchaînaient au milieu de la société les passions les plus funestes, ou ils ne l'avaient pas prévu. Dans le premier cas, ils se sont rendus coupables d'une grande scélératesse, dans le second ils ont montré une imprévoyance qui doit les faire déclarer indignes de guider les destinées d'un peuple.

* * *

Papineau part en voiture avec son fils aîné pour la Petite-Nation, le 29 septembre. Dans les villages qu'ils traversent, on dételle leurs chevaux pour les forcer de s'arrêter. Les paysans rentrent vite de leur champ, les joueurs de boule abandonnent leur partie, les vieillards accourent au seuil de leur maison, et quel que soit le jour, c'est dimanche. Les jeunes filles passent en hâte une camisole blanche, et la grand'rue est bientôt pleine de monde.

La Petite-Nation est de plus en plus pauvre. Papineau, qui ne touche plus son indemnité d'Orateur, ne peut autant dire rien extraire de ses censitaires. Denis-Benjamin sollicite une dispense pour marier sa fille à un protestant. Les bons partis manquent à la Petite-Nation, argumente-t-il. Et « l'Église peut sans grand inconvénient se relâcher de la rigueur de ses règles, comme elle le fait aux États-Unis ». Mgr Lartigue refuse. Mais le curé fait comprendre à l'évêque que M. Papineau est obstiné — à qui le dit-il ! — et que le mariage se fera, qu'il nous plaise ou non. Mgr Lartigue finit par accorder la dispense, pour éviter un plus grand scandale.

Papineau et son fils aîné repartent de la Petite-Nation le 9 octobre. Ils n'y reviendront pas de longtemps. Amédée retrouve avec plaisir l'association des Fils de la Liberté, à laquelle il s'est très attaché. Le recrutement marche à merveille. Des sections ont été fondées à la Pointe-aux-Trembles et à Laprairie. Siméon Marchesseau en a fondé une à Saint-Charles. Les adhérents de la Pointe-aux-Trembles s'intitulent « Miliciens du Peuple ». Barthélemy Joliette, parcourant son district pour y calmer les passions, fait échouer une tentative d'implantation à Saint-Paul et à L'Industrie. Les Fils de la Liberté s'engagent à « se tenir prêts » pour toute occasion. Toutes les sections se livrent à des exercices militaires. Les « généraux » Brown, Ouimet et Desrivières font pirouetter leurs soldats. Un adhérent de langue anglaise, le marchand de chaussures Joshua Bell, porte aussi un grade élevé et ne manque pas un exercice.

Les chefs donnent, comme il se doit, l'exemple d'un esprit cocardier. Rodolphe Desrivières exerce la profession prosaïque de caissier à la Banque du Peuple, mais il est entraîné à la boxe ; il en fait parade et jouit d'une réputation, presque d'une légende d'intrépidité. Desrivières et quelques amis fréquentent une salle de spectacles où l'assistance est en majorité anglaise. Quand l'orchestre, ouvrant la soirée, entame le God Save the Queen, Desrivières reste coiffé. On lui crie : « Hats off ! Hats off ! ». Sans succès. Une algarade s'ensuit. Desrivières reçoit un coup de poing, se retourne, reconnaît son agresseur et lui dit : « I shall remember you, Dr Jones. » Quelques jours après, les deux hommes se rencontrent dans la rue. Desrivières s'avance et, malgré la corpulence de Jones, lui assène, du droit, du gauche, une grêle de coups. Jones envoie son témoin. Desrivières s'adresse à Rodier. Les deux adversaires se battent au pistolet, sur la Montagne.[4] Il ne faudrait pas cependant imaginer tous les « Anglais » dans un camp et tous les « Canadiens » dans l'autre. L'Irlandais Thomas Ansbrow, instituteur à Chambly et réformiste ardent, administre une volée de coups de fouet au notaire J.-B. Larocque, canadien-français et loyaliste.

À Montréal, Édouard-Raymond Fabre, nommé commissaire des petites causes en juin 1836, démissionne le 8 octobre 1837. Il entraîne les avocats réformistes — la majorité des avocats — à ne plus plaider devant cette Cour. Dans le comté des Deux-Montagnes, les Fils de la Liberté n'ont pas établi de section, mais les patriotes élisent, sous le nom d'« amiables compositeurs », des juges populaires pour remplacer les magistrats officiels, auxquels ils ne veulent plus avoir affaire. Ils jurent de respecter leurs sentences. Et des sanctions seront prises contre les citoyens « assez peu patriotes et assez peu vertueux » pour porter leurs causes devant d'autres tribunaux.

Le Populaire écrit : « La révolution commence ».

Étienne Parent multiplie les mises en garde :

> S'il faut en croire les journaux de Montréal, nos affaires vont se trouver bientôt dans un état qui les simplifiera de beaucoup, car les habitants du pays auront à choisir entre la paix et la guerre, entre la Reine et M. Papineau, entre les États-Unis et l'Angleterre. Les Fils de la Liberté, au su de leurs pères sans doute, viennent de lancer dans le public une déclaration d'indépendance ... Le comité central des Deux-Montagnes va établir des tribunaux de justice . . Reste à savoir maintenant si le gouvernement actuel fera acte de démission paisible ... S'il y a dans la conduite des agitateurs de Montréal ... autre chose que de la démence et un fatal aveuglement, nous renonçons à tout jamais à calculer le cours des événements politiques en ce pays (9 octobre 1837).

Aucun avertissement n'arrête un courant comme celui-là. Les patriotes du comté des Deux-Montagnes, qui sont les plus fanatisés avec ceux de la vallée du Richelieu, prononcent le dimanche,

---

4. Le récit en a été laissé par le Dr Adélard-Isidore Desrivières, frère de Rodolphe et comme lui Fils de la Liberté. Aégidius Fauteux, archiviste érudit et consciencieux, doute de l'existence de ce duel, dont il n'a pas trouvé d'autre récit. Cette raison est-elle suffisante ?

au sortir de la messe, de véritables appels aux armes. Madame Prévost leur réplique. Menacée, elle sort un pistolet et tient ses adversaires en respect. Les patriotes, qui ne se gênent pas pour se procurer des armes et pour les exhiber, en attendant de s'en servir, la dénoncent aux autorités — non pas aux amiables compositeurs, mais aux magistrats légitimes, — et réussissent à la faire arrêter pour port d'armes illégal et menaces. Les constitutionnels offrent à l'héroïne une théière en argent.

Les milieux officiels ne prévoient pas encore une insurrection. Colborne lui-même croit à un bluff. Il écrit au gouverneur, le 6 octobre : « L'agitation n'a pour but que d'intimider le gouvernement d'Angleterre, en lui faisant croire que le pays est sur le point de se révolter ».[5] Il recommande tout de même des précautions — et de la poigne. Quelques bonnes arrestations et incarcérations préventives seraient dans sa manière. Lord Gosford avoue enfin dans son rapport du 11 octobre que « l'état du pays est assez décourageant, quant à Montréal. Papineau et son parti poursuivent un système d'agitation. Ils ont, par leurs menaces, jeté l'alarme dans l'esprit de personnes bien disposées ». Le gouverneur prévoit l'arrestation de quelques chefs, « et dans ce cas, je m'attends à rétablir le bon ordre. Le jeu de Papineau est un jeu de dés. Je ne puis expliquer la folie de ses actes, à moins qu'il n'espère avoir l'aide de l'étranger. Je désirerais un ou deux régiments de plus, pour donner confiance aux timorés. » Les services d'intendance de l'armée complètent leur matériel. L'artillerie achète des chevaux. *La Minerve* conseille aux fermiers de garder leurs bêtes, « car ils pourront les vendre cent pour cent de plus en attendant ».

Tandis que Gosford envoie son rapport décrivant « la folie » de Papineau, Étienne Parent constate, de son côté, le même jour, que le parti de Papineau cuisine la révolution. Le comté des Deux-Montagnes n'est-il pas en train de se donner « une espèce de gouvernement indépendant » ? Étienne Parent demande si l'état de choses est intolérable au point de risquer une guerre civile, « dont l'issue est pour le moins fort incertaine ».

La Minerve et le *Vindicator* lancent des anathèmes contre leur confrère de Québec. Mais l'abbé Charles-François Baillargeon, curé de la cathédrale de Québec, prêche la prudence et la soumis-

---

5. Cité par Christie. V. p. 33.

sion. *The Liberal — Le Libéral*, dans sa partie anglaise, prend le curé de la cathédrale à partie :

> Les membres du clergé feraient mieux de percevoir leur dîme et mille autres contributions prélevées sur l'ignorance du peuple... que de descendre dans l'arène des disputes publiques, où ils sont toujours mûs par l'intérêt privé (18 octobre 1837).

La Minerve n'est pas plus amène :

> M. le curé de Québec prêche l'obéissance passive, c'est-à-dire la servitude... Nous avons déjà protesté et nous protestons encore hautement contre les tentatives aussi coupables qu'insensées des autorités ecclésiastiques, de plonger le pays plus avant s'il est possible dans la dégradation politique... Nous connaissons trop nos compatriotes pour croire un instant que leur fermeté et leurs vertus civiques puissent se laisser ébranler par les contes en l'air de M. le curé Baillargeon, ou de tout autre ecclésiastique, si haut placé qu'il soit.

Le Canadien défend le curé Baillargeon, mais le Comité central et permanent fait paraître dans *La Minerve* un nouvel appel aux réformistes de toute la province, pour qu'ils retirent leur appui à l'éditeur du *Canadien*, « qui a trahi et continue à trahir les intérêts du pays ».

Les provinces Maritimes sont relativement calmées. Leur population est d'origine loyaliste trop uniforme et trop récente pour que le désir de réformes, si vif soit-il, la pousse à une séparation d'avec la « mère-patrie ». Les parents de Joseph Howe, comme les grands-parents de Lemuel Allan Wilmot, n'ont pas fui la révolution dans une colonie pour que leurs fils ou petits-fils la déclenchent dans une autre. Mais dans le Haut-Canada, un continuel afflux d'Américains se juxtapose au peuplement de l'« Empire-Uni ». Les nouveaux venus tendent à juger les institutions de leur pays d'origine comme les meilleures au monde. Ils grossissent la clientèle de Mackenzie, qui avoue sa sympathie pour les institutions américaines. Ce ne doit pas être par hasard que Mackenzie a lancé son nouveau journal, *The Constitution*, le 4 juillet, jour anniversaire de la Déclaration d'indépendance américaine. Sa Déclaration des droits est nettement inspirée de la Déclaration d'indépendance. Son ton est violent.

L'ouest de cette province, sous l'impulsion du docteur et député Charles Duncombe, s'agite beaucoup. Les assemblées s'y succèdent — à Codorn, Sparta, Richmond, Oakland, West Oxford et Saint-Thomas. Les cantons « rebelles » envoient des délégations à une grande assemblée du canton de Westminster, le 16 octobre.

Dans tous ces rassemblements, bannières et fanions proclament
« Liberty or Death ». Sur des banderoles tendues en travers des
chemins, le mot « Liberty » est encadré de sabres, de mousquets
et de canons. Les orateurs parlent d'indépendance, de séparation
d'avec l'Angleterre. Des hommes instruits et des hommes relativement à l'aise sont, là aussi, en tête du mouvement.[6] Les Américains de naissance y sont en bonne proportion. Les réformistes
manifestent aussi une dose d'anticléricalisme, tourné contre la domination de l'Église anglicane, et leurs adversaires insinuent qu'ils
veulent lui substituer la domination de l'Église catholique.

---

6. Colin Read : *The Duncombe Rebels, 1817* : « Il semble bien que les colons de l'Ouest, qui ont défié l'autorité légitime en décembre 1837, étaient en majorité des réformistes ou radicaux par conviction politique plutôt que par distinction sociale. »

48

L'assemblée des Six-Comtés

L'ardeur de ses militants, la proximité de Montréal et des centres les plus patriotes : tout désigne la vallée du Richelieu comme siège d'une assemblée retentissante — d'une assemblée qui doit atteindre la résonance dont le curé Saint-Germain a partiellement privé celle de Saint-Laurent.

Saint-Ours a déjà été à l'honneur. Ce sera cette fois Saint-Charles, où l'ambiance est toute préparée. C'est à Saint-Charles que s'est tenue l'assemblée censurant sir James Kempt, en 1830, quand une faute d'impression ou une erreur d'interprétation lui a fait attribuer une opinion blessante pour les Canadiens. Une assemblée s'est aussi tenue à Saint-Charles en protestation contre la fusillade du 21 mai, en 1832. Saint-Charles possède aujourd'hui une section des Fils de la Liberté. Enfin Saint-Charles est dans une région de population relativement dense : on y viendra facilement de Montréal, de Varennes, de Verchères, des autres villages de la vallée — Saint-Roch, Saint-Ours, Saint-Antoine, Saint-Denis et Saint-Marc — et aussi de Saint-Hyacinthe.

La grande influence, à Saint-Charles, a longtemps été celle de Pierre-Dominique Debartzch, seigneur du lieu. C'est lui qui a présidé l'assemblée de 1832. Mais en acceptant d'entrer dans le Conseil exécutif, Debartzch a perdu, aux yeux des patriotes, le mérite de ses attitudes antérieures, de sa protestation contre la fusillade du 21 mai, de son opposition au projet d'Union, de son soutien aux 92 Résolutions. Il a tourné casaque. Un conseiller exécutif, plus encore qu'un conseiller législatif, ne peut être qu'un valet, à la botte du gouverneur. Debartzch a subi des charivaris à la porte de son manoir ; il a même été brûlé en effigie, avec Gosford, Saint-Ours et de Bleury. Ce sont maintenant deux instituteurs : Jean-Baptiste (dit Philippe) Boucher-Belleville et surtout Siméon Marchesseau avec sa section des Fils de la Liberté, qui tiennent le haut du pavé à Saint-Charles. Ce sont eux qui organisent les préparatifs, la publicité.

Ce sera une assemblée des Six Comtés : Richelieu, Verchères, Saint-Hyacinthe, Rouville, Chambly et L'Acadie, auxquels le comté de Missisquoi est invité à se joindre. Elle est fixée au 23 octobre. Un millier de Fils de la Liberté manœuvrent, la veille, à la Côte-à-Barron, sous le commandement des « généraux » Thomas Storrow Brown, André Ouimet et Rodolphe Desrivières. Madame Saint-Jacques a été remise en liberté sous caution une douzaine de jours plus tôt.

Toute révolution est une pièce de théâtre ; peut-être ne se produirait-elle pas sans les scènes d'emphase et de spectacle qui se traduiront plus tard en images dans les livres d'histoire.

Toute révolution, mêlant idéalistes et têtes brûlées, et si décevante ou désastreuse qu'elle soit, se fait aussi dans l'enthousiasme.

Le curé Blanchet, de Saint-Charles, observe une neutralité presque bienveillante pour ses paroissiens patriotes, dont l'entraînement lui paraît irrésistible. Il se garde bien de saboter leur entreprise, comme a fait le curé Saint-Germain à Saint-Laurent.

L'assemblée se tient sur la propriété du docteur François Chicou dit Duvert. Des délégations arrivent des comtés organisateurs, des comtés invités et de presque tous les comtés du district de Montréal. En tout, cinq mille personnes, dont treize membres de la Chambre d'Assemblée, au coude à coude. Le notaire Louis Lacoste, député de Chambly ; Pierre Amiot et Joseph-Toussaint Drolet, députés de Verchères ; Édouard-Étienne Rodier, député de L'Assomption ; Cyrille-Hector-Octave Côté, député de L'Acadie ; Joseph-Narcisse Cardinal, député de Laprairie, conduisent les délégations de leurs comtés respectifs. Pancartes, fanions, banderoles proclament la gloire de Papineau, de la Liberté, d'O'Connell, des réformistes du Haut-Canada, et la honte du Conseil législatif. Le Dr Eugène-Napoléon Duchesnois conduit la délégation de Varennes. Le capitaine Bonin conduit un fort détachement de Saint-Ours, dont les bannières proclament : « Liberté, nous vaincrons ou nous mourrons pour elle ». Bonaventure Viger conduit un groupe de Boucherville, et son ami le capitaine Joseph

Vincent, un groupe de Longueuil. Le Dr Chénier porte le drapeau du comté des Deux-Montagnes, sur lequel s'étale un castor, entre un chêne et un érable. Tous les députés, les chefs sont vêtus d'étoffe du pays. Wolfred Nelson préside, avec le Dr François Duvert et Joseph-Toussaint Drolet pour vice-présidents.

Papineau vient de Montréal. Il a pris passage, avec son escorte, sur la « traverse » de Longueuil. Des officiers anglais, qui se rendent sur la rive sud pour chasser le renard, sont montés sur le même bateau. Les deux groupes s'observent sans tendresse. Dans chacun d'eux, un exalté parle d'aller casser la figure aux autres. La traversée, heureusement, n'est pas longue. À Longueuil, des patriotes à cheval attendent Papineau, et des palefreniers, tenant des chevaux en bride, attendent les officiers. Ceux-ci sautent en selle et, fouet à la main, chargent les cavaliers patriotes, qui s'égaillent.[1]

L'escorte de Papineau se reforme cependant et se grossit de village en village ; certains éléments en sont un peu débraillés. À Chambly, le chef des patriotes est le Dr Timothée Kimber, cousin du Dr René-Joseph Kimber (le député des Trois-Rivières) et aussi grand admirateur de Papineau que lui. Timothée Kimber a étudié à Paris, d'où il est revenu la tête farcie d'idées révolutionnaires. Il arbore, au passage de Papineau, un drapeau tricolore — un drapeau français — sur sa maison.

À son arrivée à Saint-Charles, Papineau est l'objet d'une réception délirante. Sur la place, une colonne coiffée du bonnet phrygien porte l'inscription : « À Papineau, ses frères patriotes reconnaissants. » Papineau est entouré de son état-major, qui comprend Wolfred Nelson, Louis-Michel Viger, Thomas Storrow Brown, Amury Girod — tous, comme lui, accoutrés d'étoffe du pays. Wolfred Nelson, qui préside, reçoit Papineau en ces termes : « Approchez, Canadien illustre. Venez réjouir par votre présence le cœur de vos concitoyens opprimés, outragés, et permettez qu'ils bénissent à haute voix le défenseur de leurs droits et de leurs libertés. »

On plante un arbre de la liberté. On adopte des résolutions. Vingt-six patriotes proposent ou « secondent » les treize résolutions adoptées par l'assemblée. Pierre Amiot propose une résolution déclarant scandaleuses les dernières nominations au Conseil exécutif et au Conseil législatif. Louis Lacoste propose une résolu-

---

1. D'après les « Reminiscences » de Daniel Lysons.

tion engageant toutes les paroisses des « Six Comtés » à élire des juges de paix et amiables compositeurs et des officiers de milice. Le notaire Joseph-Isaïe Boudreau, de Sainte-Marie-de-Monnoir, propose une résolution invitant les soldats à déserter. L'appel aux armes, dans plusieurs discours, est à peine voilé. On sent la foule tendue, prête au pire. Il y a là des tempéraments, peut-être des descendants de ces coureurs des bois qui, partis en canot d'écorce, se sont enfoncés dans l'inconnu, au-devant des Sauvages, parmi lesquels ils n'ont pas hésité à passer des saisons entières. Il y a là les risque-tout, les amateurs de coups de main qui participeraient, en d'autres temps et d'autres pays, à la chouannerie, à la guérilla, au baroud, au maquis ou au commando. Devant la généreuse fureur de ses troupes, Papineau s'effraie et déconseille le recours aux armes.

Alors intervient le Dr Nelson. Il est très grand, de forte carrure. D'abondants cheveux bruns frisés se prolongent sur les joues, en favoris qui lui font un collier de barbe. Avec de grands yeux noirs sous des sourcils arqués en broussaille, il a quelque chose d'hirsute et de puissant. Ses ennemis, traduisant littéralement son prénom anglais, l'appellent « le loup rouge ».

Wolfred Nelson se dresse sur l'estrade, et reprend la parole : « Je diffère d'opinion avec M. Papineau. Je dis que le temps est venu. Je vous conseille de mettre de côté vos plats et vos cuillers d'étain, afin de les fondre pour en faire des balles. » Les têtes brûlées jubilent, acclament. De grands gaillards aux yeux de braise, anguleux de visage et de corps, façonnés par un dur climat, contractent la main qui tient leur fusil. Après Nelson, le Dr Côté est encore plus emporté : « Le temps des discours est passé ; c'est du plomb qu'il faut envoyer à nos ennemis maintenant ». Le souvenir des clubs de la Révolution française et de l'assemblée parisienne du Champ de Mars traîne dans l'esprit des organisateurs. Un chœur chante un hymne à la liberté, et des jeunes gens, conduits par le Dr Côté, levant la main vers la colonne dressée en l'honneur de Papineau, jurent de vaincre ou de mourir. Des patriotes partent saoulés d'éloquence, peut-être un peu de l'eau-de-vie de la distillerie du Dr Nelson, et de gloire future.

La réussite amoindrie par une ruse du curé à Saint-Laurent est pleinement atteinte à Saint-Charles : l'assemblée des Six-Comtés est l'apothéose de Papineau.

Le même jour, les loyalistes de Montréal tiennent, sous la présidence de Peter McGill, une assemblée considérable — de sept mille personnes, prétendent-ils. L'abbé Patrick Phelan a prêché, pendant les manœuvres de la Côte-à-Barron, sur l'obéissance due au gouvernement, et son sermon a produit de l'effet. Des Irlandais, à l'assemblée loyaliste, répudient O'Callaghan et ceux de leurs compatriotes qui militent avec les révolutionnaires.

* * *

La situation est au moins prérévolutionnaire, en effet. L'un des meilleurs lieutenants de Papineau, Louis-Hippolyte La Fontaine, s'en avise à son tour. Louis-Hippolyte La Fontaine a déjà fait adoucir l'adresse préparée par Morin, à la dernière session de la Chambre. Il se dégage, après bien d'autres, du champ magnétique où l'influence de Papineau peut transformer le plus amène des hommes — Augustin-Norbert Morin, par exemple — en un partisan prêt à toutes les outrances et refusant tous les compromis. Un inconditionnel de Papineau se délivrant ainsi devient ou redevient, du jour au lendemain, un modéré — et presque un adversaire du chef naguère idolâtré. Quand John Neilson et les frères Mondelet élevaient leurs premiers avertissements, Louis-Hippolyte La Fontaine, qui avait vingt-sept ans et que Papineau hypnotisait, en faisait honte à Neilson, en pleine Chambre : « Dans un temps on a des convictions ; dans un autre temps, on en a d'autres », et rompait son amitié avec les Mondelet, qu'il appelait des girouettes : « Vos compatriotes vous regardent et votre ancien ami vous attend ». Trois ans plus tard, la situation se détériorant vite, La Fontaine tend à rejoindre les positions de Neilson et des frères Mondelet. Il blâme la violence de Papineau, de Nelson et de Côté, susceptible d'entraîner une insurrection. Il n'a pas assisté à l'assemblée des Six-Comtés, et cherche à influencer son ami Girouard.

Mgr Lartigue s'est alarmé bien avant La Fontaine. Il en a fait part au secrétaire de la Propagande, à Rome, dans une lettre du 5 octobre :

> Les difficultés qui existent depuis longtemps entre notre gouvernement civil et notre Chambre d'Assemblée ont fait surgir, parmi nos peuples du Canada, un esprit révolutionnaire qui nous fait craindre de fâcheuses suites. Je me suis alors cru obligé de donner, non dans ma cathédrale mais dans ma maison, à la plus grande partie de mon clergé assemblé, les avis nécessaires pour sa conduite dans le tribunal de la pénitence envers ceux qui prêchent la révolte contre le gouvernement établi et un appel à nos voisins des États-Unis pour aider les rebelles à opérer notre séparation d'avec la métropole.

Mais les « rebelles » s'attaquent de plus en plus ouvertement et de plus en plus violemment à l'évêque de Montréal. La propagande protestante auprès des Canadiens français — d'ailleurs peu active — n'a remporté jusqu'ici aucun succès. Une petite communauté fondée par des évangélistes suisses à Grande-Ligne, sur les bords du Richelieu, vivote. Elle refuse de suivre l'agitation, et les patriotes organisent des charivaris à la porte des « Suisses », ou coupent la crinière et la queue de leurs chevaux en signe de dérision. Mais les patriotes, déçus de ce côté, ont, en la personne du curé Chartier, un allié dans le clergé.

L'abbé Chartier donne de plus en plus de mal à son évêque. L'abbé Chartier est à la fois curé de Saint-Benoît, où se trouve son presbytère, et de Saint-Hermas. En septembre 1837, il prétendait abandonner Saint-Benoît pour Saint-Hermas. Mgr Lartigue lui a demandé, par lettre du 19 septembre, de rester à Saint-Benoît et d'abandonner la desserte de Saint-Hermas, où il nomme un nouveau curé. L'abbé Chartier s'insurge. Mgr Lartigue écrit à l'abbé Pierre Viau, curé de Saint-Sulpice et vicaire général, que l'abbé Chartier « était et est encore en révolte ouverte contre son évêque ».[2] L'abbé Chartier, pendant un mois (du 24 août au 25 septembre) prétend avoir démissionné et ne plus être curé de Saint-Benoît. Mgr Lartigue répond que la démission d'un curé n'est pas valable tant que l'évêque ne l'a pas acceptée. Il écrit à l'abbé François Bonin, curé de Sainte-Scholastique, qui passe pour conserver de bonnes relations avec l'abbé Chartier : « Si vous pouvez aussi le ramener de toutes ses folies, passées et présentes, vous lui rendriez un grand service, outre le bien qu'en tirerait la religion. Quelle tête ! Grand Dieu ! » L'évêque écrit le même jour (3 octobre) à l'abbé Chartier. Il regrette d'apprendre si tard que les finances de la fabrique sont en déficit. Il rejette la suggestion de l'abbé Chartier d'en demander compte à ses prédécesseurs.

Or, le curé Chartier, resté isolé dans son encouragement aux patriotes, entraîne quelques prêtres dans son projet de synode, où leur esprit d'indépendance se donnerait libre cours. Mgr Lartigue en est aussi affecté. Il récrit au secrétaire de la Propagande le 15 octobre. Il lui expose que, pour étouffer un mouvement révolutionnaire, il a donné les avis nécessaires à son clergé. Il a ainsi

---

2. Lettre du 28 septembre 1837. Il est clair que la correspondance de Mgr Lartigue est la source de cette partie du récit. Je me dispense de multiplier des références qui donneraient un air plus savant à mon ouvrage, mais qui ne serviraient à rien aux profanes et ne doivent rien apprendre aux techniciens.

suivi la doctrine de l'Église. Mais les révolutionnaires s'appliquent à le rendre odieux. Sa santé, d'autre part, est très affaiblie. Mgr Lartigue demande au Saint-Siège d'accepter sa démission et de donner à son coadjuteur le titre d'administrateur, avec la conduite du diocèse. Il suggère que le Pape rendrait service à l'Église canadienne en lui adressant un document sur l'obéissance due aux pouvoirs constitués.

Après l'assemblée des Six-Comtés, Mgr Lartigue n'attend pas la réponse du Saint-Siège. Il estime accomplir son devoir en publiant séance tenante — le 24 octobre, lendemain de l'Assemblée — un mandement formel sur « les devoirs d'un catholique à l'égard de la puissance civile, établie et constituée dans chaque État » :

> Depuis longtemps, N.T.C.F., nous n'entendons parler que d'agitation, de révolte même dans un pays toujours renommé jusqu'à présent pour sa loyauté, son esprit de paix et son amour pour la religion de ses pères.
>
> On voit partout les frères s'élever contre leurs frères, les amis contre leurs amis, les citoyens contre leurs concitoyens, et la discorde, d'un bout à l'autre de la province, semble avoir brisé les liens de la charité qui unissaient entre eux les membres d'un même corps, les enfants d'une même église, du catholicisme qui est une religion d'amitié.
>
> Encore une fois, nous ne vous donnerons pas notre sentiment comme citoyen sur cette question purement politique, qui a droit ou tort entre les diverses branches du pouvoir souverain. Ce sont de ces choses que Dieu a laissées aux disputes des hommes ; mais la question morale, savoir quels sont les devoirs d'un catholique à l'égard de la puissance civile établie et constituée dans chaque État ; cette question religieuse, dis-je, est de notre ressort et de notre compétence.
>
> Ne vous laissez donc pas séduire si quelqu'un voulait vous engager à la rébellion contre le gouvernement établi, sous prétexte que vous faites partie du peuple souverain ; la trop fameuse convention nationale de France, quoique forcée d'admettre la souveraineté du peuple, puisqu'elle lui devait son existence, eut soin de condamner elle-même les insurrections populaires, en insérant dans les déclarations des droits, en tête de la constitution de 1795, que la souveraineté réside non dans une partie, ni même dans la majorité du peuple, mais dans l'universalité du citoyen.
>
> Or, qui oserait dire que, dans ce pays, la totalité des citoyens veut la destruction de son gouvernement ?

Le mandement de Mgr Lartigue est lu dans les églises du diocèse le 29 octobre. L'évêque de Québec et l'évêque de Kingston le font reproduire en circulaires, pour distribution parmi leurs diocésains. Mgr Bourget, avant même la lecture, en prévoit la répercussion, et l'écrit à Mgr Turgeon : « Votre Grandeur imaginera bien avec quelle fureur l'on va se déchaîner contre l'évêque de Montréal ».

Mgr Bourget ne s'est pas trompé. Si le sermon de l'abbé Phelan a pu influencer des Irlandais, le mandement de Mgr Lartigue peut influencer une masse de Canadiens français. Pour certains, ce sera la voix de Dieu lui-même. Les chefs patriotes — qui ont si souvent provoqué le clergé — l'appréhendent, et réagissent à fond.

L'abbé Augustin-Magloire Blanchet, curé de Saint-Charles, sans encourager la rébellion comme fait son confrère Chartier, reste très impressionné par l'impact que l'assemblée des Six-Comtés semble avoir eu dans sa paroisse. Il lit le mandement un peu plus tard que les autres curés, comme s'il se faisait tirer l'oreille, et sans l'alourdir de commentaires. Malgré quoi, une cinquantaine d'hommes sortent de l'église, en grand tapage, pendant cette lecture. À Napierville, le Dr Côté fait voter une condamnation du mandement : « Nous avons entendu avec chagrin le mandement de l'évêque de ce diocèse, et nous déplorons l'erreur de cet individu qui cherche à s'allier avec nos ennemis pour calomnier les défenseurs du peuple ». À Chambly, Mgr Bourget, venu clore une retraite, est reçu aux cris de « Vive Papineau ! À bas le mandement ! »[3] *La Minerve* déclare le mandement si évidemment absurde qu'un long commentaire serait superflu :

> Nous le recommandons à l'attention spéciale des lecteurs éclairés, qui sauront en faire droit. Nous nous étions proposé de l'accompagner de quelques commentaires pour en faire ressortir toute l'absurdité dans ses rapports avec la politique et les principes de notre gouvernement, mais elle est si évidente qu'il est impossible qu'elle puisse ne pas frapper le lecteur attentif. Nous aurons cependant occasion de revenir sur ce sujet.

Le *Vindicator* le déchiquette, et se fait casuiste : « Je suis de l'avis de saint Paul, et j'entends qu'on soit soumis aux puissances supérieures. Mais c'est du peuple que voulait parler l'Apôtre, parce que c'est le peuple qui est la puissance au-dessus de tout ». Et

---

3. Dans une lettre au curé de Chambly, du 6 novembre 1837, Mgr Bourget réduit l'importance de cette manifestation.

d'ajouter : « Le Pape a reconnu les gouvernements sortis de la révolte, aussi bien que les autres ». *Le Libéral* avertit : « Le jour n'est peut-être pas éloigné où les évêques regretteront de s'être immiscés dans des affaires qui ne les regardent pas ». La presse américaine elle-même s'en mêle. Le *New York Daily Express* publie une longue correspondance fort injurieuse pour Mgr Lartigue, « qui veut transformer le confessionnal en inquisition ». Mgr Lartigue, d'après l'article, doit attendre une récompense pécuniaire du gouvernement « sous lequel il a le bonheur de vivre » : « Celui qui vend son âme au diable devrait insister pour être payé comptant ».

Les patriotes, dans leurs conciliabules, parlent de confisquer les biens des Sulpiciens pour constituer un trésor de guerre. Mgr Lartigue et M. Quiblier reçoivent des lettres de menaces. Mgr Lartigue écrit à l'abbé Jérôme Demers, vicaire général à Québec, le 30 octobre. Il désire savoir s'il trouverait asile au Séminaire de Québec, en payant une pension convenable, si les « soi-disant patriotes » en viennent à la persécution ouverte contre lui. Et il écrit le même jour au cardinal préfet de la Propagande, à Rome, pour demander la permission de s'absenter du diocèse, soit en démissionnant en faveur de son coadjuteur, comme il l'a déjà offert, soit simplement en lui confiant l'administration. Mgr Lartigue observe qu'il suivrait ainsi le précepte du Seigneur : « Quand on vous persécutera dans une ville, fuyez dans une autre ». Il demande prompte réponse, car le temps presse.

49

La bagarre avec le Doric Club

L'assemblée des Six-Comtés a porté l'emballement à son comble dans la vallée du Richelieu. Un cultivateur à l'aise de la Pointe-à-la-Mule[1], Julien Gagnon, en revient surexcité, et parcourt les paroisses voisines en prêchant la guerre. Julien Gagnon est un homme dans la quarantaine, père de sept enfants. De taille moyenne, mais tout en muscles, impétueux, et d'une audace à toute épreuve, il a les dons d'un chef populaire. Dans la cuisine d'Antoine Daigle et dans celle de Louis Mogé, à Saint-Ours, on fond des balles.

La Fontaine écrit à son ami Girouard, le notaire de Saint-Benoît, député des Deux-Montagnes, déconseillant le recours aux armes. Il ajoute, ironique : « Vous pouvez compter que Papineau et Viger vont vous envoyer vingt mille louis pour armer les bleus du Nord ». À Saint-Eustache, un dimanche, à la sortie de la messe, J.-L. de Bellefeuille et Eugène Globensky haranguent leurs coparoissiens, sur ce thème : « En supposant même que tous les griefs formulés contre le gouvernement soient fondés, c'est folie que de préparer une insurrection, vouée à l'écrasement. Trouvez des moyens constitutionnels et pacifiques ; n'écoutez pas les turbulents, qui vous préparent de grands malheurs ». Le notaire Joseph-Narcisse Cardinal, député de Laprairie et patriote bon teint, qui a conduit une délégation à l'assemblée des Six-Comtés, déconseille aussi le soulèvement, qui lui paraît prédestiné à l'échec sans le concours américain. Le clergé, un peu partout, met en garde.

---

1. Aujourd'hui Saint-Valentin-sur-Richelieu.

Vaines remontrances ! Aux yeux des enragés, la modération de La Fontaine est un signe de faiblesse. À moins que La Fontaine, suprême et sacrilège audace, ne veuille se substituer à Papineau comme chef des réformistes... À Saint-Eustache, les harangues de Bellefeuille et de Globensky semblent impressionner des habitants, mais les patriotes courent chercher William Henry Scott, qui contredit les orateurs du dimanche et détruit l'effet qu'ils ont pu produire. À Châteauguay, les patriotes répondent aux objections du notaire Cardinal : « Les Américains nous aideront ! »

Et le clergé n'est pas ménagé, dans les charivaris que des bandes masquées et armées, brandissant parfois des torches, organisent, la nuit, à la porte des modérés. À Saint-Cyprien, des paroissiens confient au curé Noël-Laurin Amyot qu'ils ne tiennent pas à s'enrôler parmi les patriotes, mais qu'ils céderont à la force plutôt que de risquer de sérieuses brimades. Le curé les rassure. Mais une bande de patriotes le force à paraître sur le seuil de son presbytère et le somme « de ne plus parler de politique ». Les manifestants terminent par le chant de la Marseillaise et du Libera. M. Quiblier a chargé l'abbé Patrick Phelan de contrarier la propagande d'O'Callaghan et de son *Vindicator* parmi les Irlandais de Montréal — qui pourraient entraîner ceux des cantons de l'Est et même ceux des États-Unis. Mais M. Quiblier reçoit des lettres de menaces : « Il est temps que vous regorgiez ces trésors au milieu desquels vous dormez ». Ça et là des patriotes prédisent ou même annoncent au curé la suppression de la dîme. À Saint-Jean comme à L'Acadie, des troupes armées font irruption chez les juges de paix, pour les obliger à envoyer leur démission. Des magistrats quittent leur poste, pour se mettre à l'abri en ville. Pierre-Dominique Debartzch, assiégé dans son manoir de Saint-Charles par deux cents patriotes qui le somment de déguerpir, se réfugie à Montréal avec sa famille. D'autres familles de « bureaucrates » ou de « Chouayens », affolées, ferment leur maison et cherchent asile à Montréal.

Le conseiller législatif, lieutenant-colonel de milice et juge de paix Robert Jones, de la fameuse dynastie soreloise qui s'est heurtée à Wolfred Nelson, envoie au gouverneur, le 6 novembre, un rapport très pessimiste sur la situation dans la vallée du Richelieu.

* * *

Un ferment révolutionnaire continue de travailler l'Europe occidentale. Ni la réforme électorale en Angleterre, ni la révolution de juillet en France — demi-mesures dans les deux cas — n'ont comblé les aspirations « libérales ». Assemblées, cortèges, émeutes même réclament, entre autres exigences, le suffrage universel. En Allemagne, de petits souverains sont chassés ou sur le point de l'être. L'Espagne, l'Italie sont profondément troublées.

Il ne manque pas de « libéraux » parmi les émigrés de Grande-Bretagne au Canada. Leur moindre revendication est d'obtenir, pour leur pays d'adoption, les libertés politiques qu'ils ont connues dans leur pays d'origine. Ils se rencontrent avec les Américains de naissance émigrés au Canada, qui sont leurs nouveaux concitoyens. William Lyon Mackenzie tient des réunions publiques à travers le Haut-Canada. Une crise économique stimule le mécontentement. Imputer l'insurrection de 1837 à des causes économiques, suivant une mode d'ailleurs périmée, serait méconnaître les ressorts passionnels qui font agir les hommes. Cependant Mackenzie met la crise à profit, en recommandant aux cultivateurs d'échanger leurs billets de l'officieuse Bank of Upper Canada contre des espèces. Sir Francis Bond Head convoque une assemblée spéciale de la Législature pour décider un prêt aux banques. Mackenzie, dans son journal, attaque furieusement cette décision, prise par des « gamblers », des parasites, des pilleurs, des esclaves, etc. Il lance de véritables appels à la révolte. Mackenzie et ses réformistes mettent en circulation de la littérature révolutionnaire d'Irlande et des États-Unis.

Ils s'arment aussi. Un soldat de fortune, d'origine hollandaise, le colonel Anthony Van Egmont, qui a servi sous Napoléon puis contre lui, entraîne des pelotons de réformistes prêts à l'action. Les manœuvres de la Côte-à-Barron ont leur pendant rue Yonge, à Toronto, où des réformistes armés tirent des salves en l'honneur de Papineau. Mackenzie dresse une liste de 11,500 hommes, volontaires pour prendre les armes — si on peut leur en procurer — à une heure d'avis. Les patriotes du Bas-Canada ont envoyé Dufort dans le Michigan, où des sympathisants, dont un membre de la Chambre des représentants de cet État, semblent disposés à aider les Canadiens en cas d'insurrection. Dufort passe à Toronto, où il remet à Mackenzie des lettres de Papineau, priant « les libéraux du Haut-Canada de soutenir leurs frères du Bas-Canada s'ils doivent recourir aux armes ».[2]

---

2. D'après le biographe — contemporain et ami — de Mackenzie. Nous le mentionnons cependant sous réserve.

Au début de novembre, Mackenzie réunit, sous la présidence du Dr Morrison, une quinzaine de chefs du mouvement, et leur expose son plan de révolution : s'emparer d'un stock d'armes entreposées — non encore déballées — à l'Hôtel de Ville ; marcher sur l'hôtel du gouvernement ; s'emparer du gouverneur ; prendre le fort Henry qui n'est pas ou qui est mal gardé ; proclamer un gouvernement provisoire et obliger sir Bond Head à convoquer des élections. Une assemblée réformiste en sortira, devant laquelle les ministres seront responsables. Si le gouvernement refuse, proclamer l'indépendance.

C'est une chose que de préparer la révolution en paroles. C'en est une autre que de déclencher l'action révolutionnaire : saisir les armes, enlever le gouverneur, s'emparer du fort Henry ! Morrison, Ryerson, Baldwin et Bidwell refusent de s'associer à ce plan de « haute trahison », ce qui entraîne des hésitations. Sir Francis Bond Head répond du loyalisme de sa province : il compte donner à Mackenzie assez de corde pour le pendre.

* * *

Un incident peut, à tout moment, dégénérer. Le lieutenant Ormsby, des « Royaux » — c'est-à-dire, du Royal Regiment, — fait sa ronde à Montréal. Le lieutenant Ormsby, grand organisateur de saynètes et de tableaux vivants, est le boute-en-train de son régiment. Mais il ne plaisante pas avec la consigne. Une sentinelle se plaint à lui que deux messieurs, stationnant tout près, ont tenté de lui arracher son fusil. — « S'ils recommencent », ordonne l'officier à voix très haute, utilisez votre baïonnette ; j'assume les conséquences ». Édouard Rodier, qui est l'un des messieurs, s'avance : « Vous nous avez insultés... » Un duel s'ensuit. Quelques balles se perdent dans la nature ; d'autres ne s'y perdront peut-être pas.

Le 6 novembre 1837, tandis que Robert Jones rédige un rapport alarmant sur la situation dans la vallée du Richelieu, lord Gosford reconnaît la nécessité de mesures rigoureuses : « J'ai demandé par écrit un régiment à sir Colin Campbell et, une semaine après, Colborne a envoyé un exprès demandant deux régiments, et il a détaché autant de soldats que possible de la province d'en haut ». Le gouverneur demande le pouvoir extraordinaire de suspendre *l'habeas corpus* et de proclamer la loi martiale.

Des incidents graves se produisent à la même heure à Montréal.

La ville, depuis quelque temps, est pleine de rumeurs déformées, fantastiques, affolantes. Le bruit court que les Fils de la Liberté doivent se rendre en corps sur la place d'Armes pour y planter un arbre de la liberté, et que les loyalistes du Doric Club tenteront de s'y opposer. Les magistrats, pour éviter une collision, font afficher et annoncer par le crieur public une proclamation interdisant les rassemblements et les défilés dans les rues (5 novembre). Les Fils de la Liberté informent les magistrats qu'ils tiendront une réunion privée dans la cour de l'auberge Bonacina, rue Saint-Jacques : « Nous avons le droit de nous réunir », disent leurs chefs, Brown et Ouimet, « et nous ne renoncerons pas sous la menace ». Ils promettent cependant, « pour marquer leur désir de garder la paix », de n'avoir ni armes, ni musique, ni drapeaux.

Le lendemain matin 6 novembre, les dirigeants du Doric Club font placarder une convocation des loyalistes, pour midi, sur la place d'Armes, « afin d'écraser la rébellion dans l'œuf ». Les Fils de la Liberté se réunissent dans la cour de l'auberge Bonacina. Il y a là Édouard-Étienne Rodier, Thomas Storrow Brown, André Ouimet, Ovide Perrault, Amury Girod, Edmund Bailey O'Callaghan. Amédée Papineau tient à la main une canne à épée de sa fabrication. Aux portes comme aux fenêtres, les apprentis conspirateurs ont posté des sentinelles. Rodier, le beau et violent Rodier, député de L'Assomption, qui aime à provoquer les militaires, est auréolé par son duel récent contre le lieutenant Ormsby. Vêtu d'étoffe du pays, il prononce un discours qui électrise ses camarades : « Nous sommes maintenant les Fils de la Liberté, mais on nous appellera bientôt les Fils de la Victoire ! » Mais les sentinelles se croient épiées par des adversaires nourrissant, selon toute apparence, des desseins hostiles. Des pierres commencent à pleuvoir. Les patriotes sortent en trombe et se précipitent sur l'assiégeant. Un coup de feu inopiné retentit ; une balle traverse la poche de veston d'un loyaliste. Les Fils de la Liberté restent maîtres du terrain. Entraînés par la chaleur de la lutte— et du succès, — ils se répandent dans la rue et brisent les vitres de quelques maisons et magasins de leurs adversaires notoires.

Mais les membres du Doric Club, convoqués par affiches, se sont rassemblés place d'Armes. Avertis, ils se portent au secours de leurs amis et à la rencontre des patriotes. Ceux-ci se sont égaillés sur ces entrefaites. Ils sont maintenant inférieurs en nombre, et reculent par le boulevard Saint-Laurent. À l'angle de la rue Dorchester, les poursuivants les rejoignent. Une nouvelle bagarre, violente et sanglante, se produit. André Ouimet est blessé au genou. Thomas Storrow Brown, assommé à coups de gourdin, est éborgné. Cette fois les loyalistes ont le dessus. Ils se forment à leur tour en colonne et se rendent chez Papineau. Ils arrachent les jalousies et secouent les portes. Papineau attend leur irruption, tandis que sa femme, ses enfants et la vieille servante Marguerite prient, réfugiés dans la cuisine. Amédée, qui vient de rentrer de la mêlée, va de la cuisine à la salle à manger, sa canne à épée à la main. L'arrivée de la troupe fait lever le siège. Les loyalistes font demi-tour et se dirigent vers les bureaux du *Vindicator*, dont ils brisent les presses et éparpillent les caractères dans la rue. Ils passent aussi devant la maison de Joshua Bell, qui est une de leurs bêtes noires. Ils lancent des projectiles dans les vitres. Bell apparaît à une fenêtre, fusil en main, et tire, mais l'arme est enrayée. Les vitres volent en éclats.[3]

Papineau, cette nuit-là, dort sous la protection d'une petite garde. Le lendemain, Julie Papineau emmène les enfants chez des amis. Les autorités font défiler des pièces d'artillerie légère dans les rues. Colborne recrute et arme des volontaires. Les Irlandais achèvent de décevoir O'Callaghan et ses amis en s'enrôlant en bon nombre. Colborne rassemble ainsi, à Montréal, 800 hommes commandés par le lieutenant-colonel Dyer et par le major Louis Guy, et divisés en dix compagnies de 80 hommes. Même recrutement dans les campagnes. Des compagnies de volontaires se forment à Longueuil, à Saint-Eustache, à Saint-Martin, à Vaudreuil, à Carillon. Les volontaires de Saint-Eustache, commandés et entraînés par l'énergique Maximilien Globensky, seigneur des Mille-Îles, s'assignent pour premier but de protéger les modérés contre les exactions des patriotes. Mais ils ne sont pas moins résolus que leurs adversaires. Plusieurs d'entre eux ont d'assez rudes vexations à venger. Le recrutement est particulièrement actif dans le comté loyaliste de Missisquoi. Des compagnies de volontaires s'organisent aussi à Québec. Ces volontaires, fantassins ou cava-

---

3. Il y a, sur la bagarre avec le Doric Club, comme sur plusieurs événements de cette tragédie, des versions différentes. Celle du *Herald* et celle de *la Minerve* ne concordent évidemment pas. La version de L.-O. David, qui a interrogé des témoins et des acteurs de ces incidents (mais qui était, il est vrai, partisan total des patriotes), paraît la plus véridique. Les versions diffèrent surtout sur la responsabilité de l'agression. Le *Herald* représente les Fils de la Liberté en provocateurs et en agresseurs, ce qui ne paraît pas vraisemblable, dans le contexte de ce qui a précédé l'échauffourée.

liers, renforceront les troupes stationnées à Québec, à Sorel, à Montréal et à Carillon.

Quatre Frères des Écoles chrétiennes, demandés depuis longtemps par M. Quiblier, pour l'instruction des enfants, arrivent de France en compagnie de trois Sulpiciens le 7 novembre. Ils sont passés par New York, ont pris un deuxième bateau pour gagner Albany par la rivière Hudson, un troisième bateau pour se rendre à Troy et, par le canal, jusqu'à Whitehall, un quatrième bateau jusqu'à Saint-Jean, d'où le train de Peter McGill les transporte jusqu'à Laprairie. Le fleuve traversé, les voici à Montréal, où M. Quiblier leur ouvre les bras. *La Minerve* annonce ainsi cette arrivée : « Nous apprenons qu'on a fait venir d'Europe quatre Frères ignorantins, dits de la doctrine chrétienne, pour donner des leçons d'obéissance passive à la jeunesse canadienne ». Les Frères renoncent pour un temps au tricorne qui les ferait tout de suite repérer.

Ces Frères et les Sulpiciens qui les accompagnent arrivent dans une ville bouleversée. Les troupes ont barricadé les extrémités des rues conduisant à l'extérieur. Des piquets de soldats ont installé des postes et montent la garde dans des magasins ou des auberges du boulevard Saint-Laurent, de la place d'Armes et du faubourg Québec. Le pas martelé des patrouilles, la cavalcade des détachements montés, voire le roulement des pièces d'artillerie légère, éveillent les dormeurs, la nuit. Les esprits sont surexcités. Les rumeurs courent de plus belle, en s'enflant d'une bouche à l'autre. Ici, on signale de forts mouvements de troupes, là des rassemblements de volontaires. Des caisses de carabines auraient été passées à la frontière ; des goélettes fantômes auraient sillonné le fleuve. Dans les milieux loyalistes, on soupçonne, on dénonce les préparatifs armés des « rebelles ». La petite colonie protestante de la Grande-Ligne émigre aux États-Unis. Lord Gosford doit être celui qui s'énerve le moins. Il exige, de la part des dénonciateurs, des déclarations assermentées — qui, le plus souvent, ne viennent pas.

50

Un projet d'intervention du clergé

À Saint-Césaire, au bord de la rivière Yamaska — dans le comté de Rouville, — Toussaint-Hubert Goddu mène le bal, mais le magasin de William Umworth Chaffers forme centre de résistance loyaliste. Les factieux ont obligé le juge de paix Casavant à renvoyer sa commission. Chaffers, qui est magistrat stipendiaire, n'a pas cédé à la même injonction. Chaffers est aussi entêté que Goddu et ne s'intimide pas plus que lui, mais il craint le pillage de son magasin, où l'on ne vend pas seulement des vivres, de la bonneterie, de la quincaillerie, mais des armes. Chaffers fait rapport que la paroisse est en pleine rébellion (9 novembre 1837). Le curé est « loyal to the bone », mais les patriotes l'ont averti que s'il prêchait le dimanche suivant, il serait descendu de la chaire. Chaffers est prêt à lire l'Acte d'émeute.

Le curé Magloire Blanchet, de Saint-Charles, indulgent aux patriotes, croit leur mouvement irrésistible, au moins dans sa paroisse, encore agitée par les remous de l'assemblée des Six-Comtés. Il se concerte avec le curé Pierre-Marie Mignault, de Chambly, et avertit les autorités civiles dans une longue lettre :

> Saint-Charles le 9 novembre 1837
>
> Milord,
>
> Dans les temps critiques comme ceux où nous vivons, je crois que c'est le devoir de tout citoyen d'éclairer l'Exécutif sur ce qui se passe, afin de le mettre à même de prendre les mesures nécessaires pour procurer la paix et le bon gouvernement du peuple. C'est pourquoi je me suis décidé à vous adresser la présente.

Il est possible que dans la ville de Québec, où règnent la paix et la tranquillité, on ne connaisse pas l'agitation et le trouble où se trouve le district de Montréal. Il est difficile en effet de se l'imaginer lorsque l'on n'est pas sur les lieux. Sans parler des autres parties du district, celle-ci est dans un état vraiment déplorable. Je crois que l'excitation y est à son comble. Il n'y a pour ainsi dire qu'une voix pour condamner la conduite du Gouvernement. Ceux qui jusqu'ici ont été tranquilles et modérés se réunissent à leurs concitoyens qui les avaient devancés, pour dire que si le Gouvernement veut le bonheur du peuple, il doit au plus tôt accéder aux justes demandes du peuple, que bientôt il ne sera plus temps. Le mouvement est tel que, pour ma part, je doute beaucoup que ceux qui l'ont excité puissent l'arrêter, quand ils en auraient la volonté.

C'est un état bien triste que celui dans lequel se trouve cette partie de la Province. Mais bien d'autres, comme moi, l'ont prévu et craint depuis longtemps.

Oui Milord, depuis quelques années que je suis la politique, sans cependant m'en mêler, j'ai été d'opinion que la marche suivie par le Gouvernement amènerait une crise qui ne pourrait être avantageuse, ni au peuple, ni au Gouvernement. Telle est encore mon opinion, et aujourd'hui plus que jamais.

Vous voyez, Milord, que je vous parle avec franchise. Je crois connaître assez l'opinion de la population circonvoisine pour vous dire que le danger est imminent, qu'il n'y a pas de temps à perdre, si vous avez quelque chose à faire pour le bonheur des Canadiens. L'opinion publique a fait un pas immense depuis l'assemblée des cinq comtés, assemblée des plus imposantes, et par la qualité de ceux qui s'y sont trouvés et par l'ordre qui y a régné. C'était une assemblée d'hommes qui, par leur contenance, faisaient comprendre qu'ils étaient convaincus de l'importance des mesures que l'on devait soumettre à leur approbation, et leur dispersion après l'assemblée était celle d'hommes persuadés que les souffrances du peuple étaient telles qu'il fallait faire les plus grands efforts pour les faire cesser. Telle a été du moins, je crois, l'impression générale. Si vous jugez cette assemblée d'après les journaux, vous serez bien éloigné de la vérité. Pour moi, j'ai vu en partie ce qui s'y est passé, et étant sans passion, je crois que la vérité n'est pas éloignée de mon rapport.

Je dois dire de plus qu'il ne faut plus compter sur les Messieurs du Clergé pour arrêter le mouvement populaire dans les environs. D'ailleurs vous savez que les pasteurs ne peuvent se séparer de leurs ouailles. Ce qui me porte à croire que bientôt il n'y aura plus qu'une voix pour demander la réparation des griefs parmi les Canadiens, de quelque état et de quelque condition qu'ils soient.

Avec les assurances du respect avec lequel j'ai l'honneur de me souscrire,

Votre très humble et très obéissant serviteur.

D'autres prêtres s'en avisent. Et d'abord, au Séminaire de Saint-Hyacinthe.

La petite ville, au bord de la rivière aux eaux claires qui fait les délices des blanchisseuses, n'est pas seulement l'une des plus coquettes, mais aussi l'une des plus intellectuelles de la province, et la présence du Séminaire rehausse cet aspect. C'est aussi, sans l'exaltation des villages de la vallée du Richelieu ou du comté des Deux-Montagnes, un foyer « patriote ». La seigneuresse Dessaulles éprouve une immense affection pour son frère, dont elle a plusieurs fois offert d'abriter la famille en cas de danger. Louis-Antoine Dessaulles, fils aîné de la seigneuresse, qui a maintenant vingt ans et fait ses études de médecine, est un fanatique de son oncle, pour lequel il se jetterait au feu. Les sept frères Pacaud, dont l'un, Philippe-Napoléon, est notaire, et qui ont contribué à la fondation de la Banque de Saint-Hyacinthe, participent à l'agitation, et l'un d'eux a conduit la délégation maskoutaine à l'assemblée des Six-Comtés. La participation du Dr Thomas Boutillier à l'agitation remonte plus loin encore, puisqu'il a prononcé le principal discours à l'assemblée tenue, sous la présidence de Jean Dessaulles, pour protester contre la fusillade du 21 mai 1832. Tout ce monde, suivant l'exemple du grand Papineau, sent le fagot au point de vue religieux. L'intelligentsia maskoutaine a passé au crible le mandement de Mgr Lartigue.

L'esprit patriote a quelque peu contaminé le Séminaire, et non pas seulement parmi les élèves, contestataires par raison d'âge. L'abbé Jean-Charles Prince, directeur du Séminaire, ordonné par Mgr Lartigue en 1826, descend, comme les Bourdages, d'une famille acadienne, victime du Grand Dérangement. Ce prêtre distingué cherche à canaliser les hardiesses plutôt qu'à les décourager. Des prêtres du Séminaire, sans blâmer le mandement de Mgr Lartigue, déplorent ses effets sur de nombreux esprits et souhaitent les corriger.

Une réunion tenue au Séminaire le 4 novembre a rassemblé, avec les professeurs, plusieurs curés des paroisses voisines. On y a formé le projet de rappeler à leur devoir, non pas seulement le peuple, mais aussi le gouvernement. Une requête du clergé « aux trois branches du Parlement britannique » demanderait des réformes avant qu'il ne soit trop tard. L'abbé Prince surveille la rédaction du texte, qui devra plaire aux patriotes modérés sans faire le jeu de Papineau. Des professeurs ecclésiastiques sont rompus à ce genre d'exercice. Le clergé, dans cette requête, proteste de sa fidélité, traditionnelle depuis la Cession, mais s'afflige devant l'extrême agitation qui trouble le pays. Il prie les autorités impériales

> d'accorder aux sujets de Sa Majesté qui habitent la Province tout ce que la justice et la générosité d'un gouvernement paternel leur permettent d'espérer de droits, et d'éloigner autant que possible les obstacles qui retardent la prospérité du pays.

L'abbé Prince assume la tâche, délicatissime, de faire approuver le projet par l'évêque de Montréal. Les prêtres du diocèse reçoivent justement une brochure de huit pages, intitulée « Défense du mandement » et signée « Un prêtre canadien », avec prière de la communiquer aux plus intelligents et influents de leurs paroissiens. La brochure a été imprimée à Québec, pour dépister les curieux, mais c'est Mgr Lartigue lui-même, aigri par le mauvais accueil fait, par endroits, à son mandement du 24 octobre, qui l'a rédigée. Mgr Bourget le révèle à Mgr Turgeon, en lui envoyant la « Défense » : « Connaissant l'intérêt que vous prenez à nos malheureuses affaires, je n'hésite point à vous adresser ci-inclus un nouvel écrit de Mgr de Montréal, en réfutation de ce qui a été publié contre son mandement ». La « Défense » réaffirme le droit d'intervention de l'évêque, et réfute les articles de *La Minerve* et du *Vindicator* au sujet de la souveraineté populaire.

* * *

Sir John Colborne, lui, ne coupe pas les mots en quatre. Il quitte Sorel pour établir son quartier général à Montréal (9 novembre 1837). Il envoie un détachement de cavalerie et d'artillerie renforcer la faible garnison de Saint-Jean, sur le chemin des États-Unis.

Le bruit court — qui ne colporte aujourd'hui sa rumeur ? — que ces troupes vont arrêter le Dr Côté, député hyperpatriote de L'Acadie. Le passage des cavaliers et des artilleurs à Laprairie soulève un grand émoi. Le notaire Laurent-Augustin Moreau envoie son clerc prévenir le Dr Côté, et dépêche d'autres émissaires dans les paroisses voisines, pour engager les capitaines de milice à préparer la délivrance du prisonnier. Des miliciens s'arment de sabres et de fusils. À Montréal, on dit que des insurgés, armés jusqu'aux dents, attendent les Royaux à Laprairie pour leur interdire le passage.

Les détachements atteignent cependant Saint-Jean sans entraves. Le commandant, aussitôt arrivé, pousse une reconnaissance à Saint-Athanase, où les patriotes ont tiré du canon qui sert habituellement pour annoncer le départ des bateaux. Au retour, le peloton est accueilli par une troupe de patriotes, conduits par le Dr Joseph-François Davignon et par le notaire Pierre-Paul Demaray, et qui brandissent des bâtons en criant : « Hourrah pour Papineau ! » « À bas les bureaucrates ! » Le commandant demande du renfort à Montréal.

Les rumeurs en sont stimulées. Des loyalistes des campagnes, comme F.-X. Valade, de Terrebonne, quittent leur village et se réfugient à Montréal.[1] Des loyalistes montréalais quittent la ville et se réfugient à la campagne. Mgr Bourget écrit à Mgr Turgeon :

> Des bruits de toute espèce entretiennent la ville dans une continuelle frayeur. On ne parle partout que de révolution, que de nouvelles attaques et défenses, et je vois que plusieurs citoyens paisibles se préparent à gagner la campagne.

Québec est plus calme. Augustin-Norbert Morin reconnaît son échec dans une lettre au comité permanent du comté des Deux-Montagnes, en l'attribuant à « l'avilissement et la corruption de nos ennemis et de quelques ci-devant prétendus amis » — cette dernière pique visant Étienne Parent et son journal. Morin ne désespère pas, cependant, d'arriver à quelque résultat « avec de la constance et du courage ». Le Comité permanent du district, qu'il a organisé, tient chez Pierre Chasseur des réunions dont le secret transpire. Barthélemi Lachance préside le Comité. Eugène Trudeau, commanditaire du *Libéral* de Bouchette, et Joseph Legaré fils, administrateur du même journal, comptent parmi les animateurs du Comité. Eugène Trudeau est un commerçant d'origine montréalaise, mais fixé à Québec. Joseph Legaré est un peintre, et surtout un amateur de peinture, dont la collection est célèbre. Pierre Chasseur est lui-même sculpteur et doreur doublé d'un collectionneur. Il a rassemblé, empaillé et classé quelques centaines d'oiseaux, dont le gouvernement a fait l'acquisition en 1830 et qui forment le Musée Chasseur, exposé dans une salle du Parlement. Pierre Chasseur est ainsi le créateur du premier musée d'histoire naturelle au Canada. Mais nous vivons une époque tourneboulée où des artistes-collectionneurs s'improvisent conspirateurs. Le Comité permanent fait circuler des appels à la sédi-

---

1. Son témoignage recueilli par C.-A.-M. Globensky.

tion. Des mandats d'arrestation sont lancés contre Augustin-Norbert Morin, Barthélemi Lachance, Pierre Chasseur, Eugène Trudeau et Joseph Legaré. Morin se cache un moment dans les bois, derrière Saint-François-du-Sud, puis se constitue prisonnier en demandant son procès. Robert Shore Milnes Bouchette quitte Québec et se réfugie à Saint-Denis chez Wolfred Nelson — autour duquel des patriotes, se relayant, montent la garde jour et nuit.

Mgr Bourget, plus impressionné sans doute qu'il ne veut le paraître par le mauvais accueil essuyé à Chambly, craint que le clergé, par excès de zèle loyaliste, ne perde l'affection du peuple. Il approuve fort le projet de l'abbé Prince ; et il est le seul prêtre pouvant exercer quelque influence sur Mgr Lartigue. Ainsi appuyé, l'abbé Prince obtient l'approbation de Mgr Lartigue et part pour Québec, avec deux autres prêtres, pour obtenir celle de Mgr Signay.

La tâche, à la surprise de l'abbé Prince, est plus ardue à Québec qu'à Montréal. Les trois prêtres vont d'abord saluer le gouverneur, et le trouvent réticent. La faute n'est pas imputable au gouvernement, observe lord Gosford, mais à l'intransigeance et à l'obstination des députés. Mgr Turgeon, coadjuteur de Mgr Signay, tient le directeur du Séminaire de Saint-Hyacinthe pour « un patriote reconnu », et croit que le clergé, en signant et en envoyant pareille requête, ferait le jeu de son ancien condisciple Papineau. Mgr Signay est aussi réticent que lord Gosford, et donne ses raisons dans une lettre à Mgr Lartigue. Vous risquez de soulever des discussions nuisibles au clergé, dit-il en substance :

> Le gouvernement ne sera pas flatté de l'espèce de reproche qu'on lui fait ... On lui demande de hâter ses faveurs, vu qu'il ne se reconnaît aucun tort dans ce délai, mais qu'il l'attribue entièrement à la faute du peuple ou de ses représentants, comme il l'a dit à vos députés. Il a lieu de reprocher aux patriotes d'avoir méprisé l'intervention de la Commission qu'il avait chargée de connaître les griefs sur les lieux. En outre, quelques-uns verront cette démarche sous le rapport d'intérêt particulier du clergé pour la conservation de ses dîmes, etc. ; d'autres y verront un encouragement pour le peuple à s'agiter davantage, puisqu'il pourra dire alors : 'Le clergé proclame lui-même la réalité de nos griefs, et dans le fond ne nous désapprouve pas dans notre agitation.' En général, cette démarche sera considérée comme politique. Les ultra-patriotes la verront certainement de même ; et loin d'y reconnaître notre esprit d'intercession, ils sauront, comme ils le font de votre mandement, tourner et faire recevoir la chose à leur façon, c'est-à-dire sous un point de vue hostile à l'intérêt du peuple ... On vient d'emprisonner quelques-uns

de nos citoyens pour cause politique. Chez vous, la force physique va opérer... Quel sera le résultat?...

Cependant lord Gosford reçoit de nouveau les trois prêtres montréalais et, sans doute après réflexion et consultation — et prise de renseignements sur les motifs de la démarche — exprime sa satisfaction et s'offre à transmettre la requête à Londres.

Mgr Signay l'écrit aussitôt à Mgr Lartigue (14 novembre 1837). Mais Mgr Turgeon reste sur ses appréhensions et l'écrit à Mgr Lartigue : « M. Papineau ne va-t-il pas exploiter la démarche du clergé ? » Dans ce cas, nous devrions nous expliquer, « ce que nous ne pourrions faire qu'en nous déclarant ouvertement contre les démarches extravagantes, comme celle d'un Conseil électif par exemple ».

Étienne Parent publie une sorte de dernier appel aux réformistes, dans *Le Canadien* du 13 novembre. Son article, qui manque de clarté, peut cependant se résumer par cet extrait : « Nous sommes des réformistes, nous cessons d'être des révolutionnaires ». Des réformistes, à force de persévérance, réussiront « dans un avenir plus rapproché qu'on ne pense ». Contre des révolutionnaires, le gouvernement accordera toute licence « aux ministres et à l'oligarchie locale ». Honneur, conclut Étienne Parent, « Honneur au comté qui le premier entrera dans la voie que nous venons de tracer, honneur à ceux qui le suivront, car ils seront appelés Sauveurs de la Patrie ».

51

Départ de Papineau

Le notaire Joseph-Isaïe Boudreau, de Sainte-Marie-de-Monnoir, a suspendu en place d'honneur, dans son bureau, un tableau représentant l'arbre de la Liberté, planté lors de l'assemblée des Six-Comtés. Il rassemble et harangue les patriotes de sa paroisse, le 12 novembre.

Colborne et d'autres ne cessent de représenter à lord Gosford que les limites de tolérance sont atteintes, et même dépassées. Si vous n'agissez pas, dit — et écrit — Colborne, le Canada sera perdu pour l'Angleterre. Une telle perspective, une telle responsabilité, pour un gouverneur britannique, sont atterrantes. Mgr Lartigue a plusieurs fois préconisé, dans sa correspondance, l'arrestation préventive de quelques meneurs. Le gouverneur, talonné par le commandant des troupes, s'y résigne. Lady Colborne écrit : « Des arrestations vont enfin avoir lieu. Lord Gosford y a consenti à contre-cœur ».[1] Mais plus d'un magistrat, dans le district de Montréal, n'est pas sûr. Le gouverneur destitue des magistrats, des shérifs, des greffiers et des huissiers, et les remplace par des loyalistes (13 novembre 1837).

Cette mesure précède évidemment de peu les mandats d'arrestation. Papineau, en pareil cas, sera le premier visé. Le chef des patriotes court d'autres risques. Il est au centre du maelstrom ; on peut juger qu'il en est responsable. À son seul nom, les constitutionnels, les membres du Doric Club voient rouge. Papineau ne risque pas seulement l'arrestation, mais l'assassinat. Et s'il partait, la tempête s'apaiserait peut-être.

---

1. J. C. Moore Smith : *The Life of John Colborne*.

Des amis conseillent à Papineau de s'éloigner. Mgr Lartigue le lui fait dire officieusement. M. Quiblier apporte le même message. M. Quiblier cumule le double prestige de Saint-Sulpice et de sa propre personnalité. Il a contribué à retenir les Irlandais de Montréal dans le loyalisme, et s'en fait gloire. Mais Papineau le tient pour un homme droit, un sage et un ami. M. Quiblier, avec une douce insistance persuasive, conseille à Papineau de partir, dans l'intérêt de la paix, pour sa sauvegarde personnelle et pour celle de sa famille.

Papineau a prouvé son sang-froid, ne serait-ce que pendant les élections de 1834, où il est sorti de la salle de vote, impassible, au milieu d'adversaires vociférants, qui n'ont osé le toucher. L'année suivante, dans une lettre à sa femme, il envisageait une perspective « pleine de troubles » sans vouloir reculer d'un pas, « même devant les plus grands dangers ». Mais en novembre 1837, devant la réalité du désordre immédiat, inévitable, et dont la responsabilité pourra lui être — lui sera sûrement — imputée, un déclic a joué, un ressort s'est brisé. Le sol qu'il foulait d'un pas si ferme se dérobe. Papineau n'est plus l'infaillible, sûr de sa route, si escarpé devant les gouverneurs, qui n'écoutait les remontrances de personne. Il est désormais, et restera, le plus irrésolu, le plus influençable des hommes.

Papineau, qui n'a pas touché son indemnité parlementaire depuis quatre ans, et vit en partie sur ses dettes, signe une procuration au nom de son père, autorisé à régler toutes ses affaires, et part, en compagnie de son ami O'Callaghan et de son neveu Dessaulles, le 13 novembre, à cinq heures de l'après-midi. Une lettre d'un Irlandais de Dublin, adressée à « l'O'Connell du Bas-Canada », n'arrivera qu'après son départ.

Papineau, O'Callaghan et Dessaulles se rendent d'abord à la Pointe-aux-Trembles, où les Fils de la Liberté comptent une section active. L'aubergiste François Malo est l'un des chefs de cette section. Son commis Marc Campbell — descendant d'un des Highlanders envoyés au Canada lors de la Conquête — en est le benjamin. Marc Campbell facilite à Papineau et à ses compagnons la traversée du fleuve, au crépuscule.

Julie Papineau, l'éternelle malade qui, au contraire, témoigne de sang-froid et même d'esprit de décision à l'heure cruciale, n'a voulu partir qu'après son mari. Elle passe une nuit chez son cousin Denis-Benjamin Viger, conseiller législatif, puis se rend à Verchères, son refuge habituel.

Papineau, O'Callaghan et Dessaulles vont à Varennes, chez le Dr Duchesnois, qui est sous le coup de poursuites pour avoir lacéré une proclamation de lord Gosford, affichée à la porte de l'église. Le grand jury a bien acquitté Duchesnois, mais le procureur général a porté une nouvelle accusation contre lui pour le même délit. L'intention de Papineau est de gagner ensuite Saint-Hyacinthe.

Rodolphe Desrivières et le tout jeune docteur Gauvin quittent aussi Montréal en suivant la même filière : l'auberge Malo, la traversée du fleuve à la Pointe-aux-Trembles et l'accueillante maison du Dr Duchesnois à Varennes. Girod les suit de près, pour aboutir aussi chez Duchesnois, son beau-frère. Édouard-Raymond Fabre se réfugie à Lavaltrie. Son beau-frère Ovide Perrault l'y rejoint, et tous deux traversent le fleuve, prennent pied à Contrecoeur et gagnent Saint-Denis où Wolfred Nelson est, presque littéralement, retranché.

À Varennes, chez Duchesnois, un conseil de guerre réunit Papineau, O'Callaghan, Gauvin, Desrivières et Girod. On parle de convoquer la Convention et de proclamer un gouvernement provisoire. Cette mesure doit cependant s'accompagner de précautions : organisation du peuple, stock d'armes et de munitions. Papineau — l'orateur torrentiel dont la parole faisait la loi ! — ne dit mot.[2] Il est convenu que Girod, établissant son quartier général à Saint-Eustache, organisera « le Nord ». Les autres rejoindront Wolfred Nelson à Saint-Denis.

Papineau, O'Callaghan, Dessaulles et Duchesnois partent en voiture. À la halte de Saint-Marc, Duchesnois se ravise, quitte ses compagnons et rentre chez lui. Papineau, O'Callaghan et Dessaulles se cachent chez un cultivateur.

* * *

Le bruit court à Montréal que Papineau est allé organiser la résistance armée dans la vallée du Richelieu. Les rumeurs, de plus belle, foisonnent, font boule de neige : des régiments de patriotes s'exercent aux Trois-Rivières ; les rebelles ont un dépôt d'armes caché à Montréal ou dans les environs ; ils préparent un assaut général contre la ville, et le massacre des bureaucrates. La fièvre obsidionale n'est pas loin de régner. Colborne demande au

---

2. D'après le récit de Girod.

gouverneur, exige presque du gouverneur, des mesures énergiques.

Le recours à la force paraît inévitable. Lord Gosford l'a écrit à Londres, le 14 novembre, mais en redemandant son rappel :

> S'il était décidé de prendre des mesures rigoureuses, vous pourriez désirer en confier l'exécution à quelqu'un qui n'aurait pas été voué comme moi à une politique modérée et conciliante.

Il invoque aussi son état de santé. Sa démission est acceptée depuis le 21 octobre, mais il ne le sait pas encore.

Vingt-six mandats d'arrestation sont lancés, dans le district de Montréal, le 16 novembre. Thomas Storrow Brown, confiné à la chambre depuis sa blessure, quitte Montréal juste à temps, gagne la Pointe-aux-Trembles, traverse le fleuve comme ont fait Papineau et O'Callaghan, avec les mêmes complicités, et arrive à son tour, à l'improviste, chez le Dr Duchesnois, où Desrivières et le Dr Gauvin sont encore. Gauvin propose d'établir un camp à Saint-Charles, l'une des paroisses, avec Saint-Denis, les plus sûres pour les patriotes. Brown, général en chef des Fils de la Liberté, en prendra le commandement, malgré le handicap de sa blessure.

Duvernay, Rodier et Côté se sont donné rendez-vous à la Pointe-à-la-Mule, chez Julien Gagnon, qui leur propose une expédition contre Saint-Jean. L'aubergiste François Malo, qui a facilité la fuite de plusieurs chefs patriotes, de Papineau à Brown, part pour les États-Unis. Joshua Bell prend, à temps, la même précaution.

C'est sans doute ce que les autorités souhaitaient. Tout au moins ce que lord Gosford souhaitait : il a laissé plusieurs jours s'écouler entre l'annonce et le lancement des mandats ; il a donné aux grands chefs le temps de s'éclipser. Le gouvernement est débarrassé des trois journaux adversaires — *Libéral, Miverve* et *Vindicator* — sans avoir eu à les saisir. Il est débarrassé des principaux chefs de l'opposition parlementaire sans avoir eu à dissoudre la Chambre. La librairie Fabre, foyer intellectuel de l'opposition, est fermée. On ne procède qu'à une demi-douzaine d'arrestations parmi les plus turbulents des Fils de la Liberté. La première est celle de Charles-André Leblanc, encore étudiant en droit. André Ouimet, président de l'Association, Georges de Boucherville et François Tavernier le suivent de près. La jeune association est démantelée. Louis-Michel Viger, qui a négligé de s'enfuir, est arrêté le 17 novembre. Mais Augustin-Norbert Morin et les quatre autres Québécois arrêtés depuis quelques jours demandent un bref d'*habeas corpus* que le juge en chef Sewell, toujours grand seigneur et juriste impeccable, a l'élégance de leur accorder séance tenante ; ils sont libérés sous caution (18 novembre 1837). Étienne Parent déplore la faute commise par son confrère Morin, qui s'était acquis une juste réputation en agissant « sous la direction immédiate de volontés supérieures, plus habituées que lui au commandement », mais qui, en se posant comme chef de parti dans le district de Québec, a prouvé qu'il n'avait pas les aptitudes d'un homme d'action.

Le gouvernement croit avoir jugulé, aux moindres frais, une insurrection naissante.

Mais plusieurs des chefs qui se sont enfuis se sont rassemblés autour de Wolfred Nelson, à Saint-Denis, où des patriotes jurent de les défendre. Le curé Demers écrit à Mgr Lartigue, le 17 novembre, pour lui demander des instructions :

> Je vous prierais de me dire quelle conduite vous croyez qu'un confesseur doit tenir avec ces patriotes révolutionnaires ; est-il à propos de les interroger sur leur opinion et leur politique ? Comment faudrait-il faire pour les révolutionnaires qui mourraient en combattant pour empêcher leurs grands hommes d'être pris ou pour repousser des forces qu'on fait marcher sur eux ?[3]

Dans l'effervescence générale, le curé Demers ne peut envoyer sa lettre. La requête du clergé ne partira pas non plus. Mgr Lartigue, qui a souhaité le départ de son cousin Papineau, menacé par les loyalistes, envisage la même précaution pour lui-même, menacé par les patriotes. Il écrit à Mgr Signay : « Je n'irai à Québec qu'à ce qui me paraîtra être à l'extrémité, mais cette extrémité pourrait m'arriver plus tôt qu'on ne pense, car on est bien animé contre moi ».

---

3. Archives de l'évêché de Saint-Hyacinthe.

52

Le coup de main de Longueuil

Les journées du 17 et du 18 novembre 1837 sont chargées d'événements.

Tandis que Jonathan Sewell fait libérer Augustin-Norbert Morin et ses compagnons à Québec, Thomas Storrow Brown arrive à Saint-Charles. Il réquisitionne le manoir du seigneur Debartzch et entreprend sa transformation en camp retranché, avec parapets, meurtrières et créneaux.

À Saint-Eustache, les chefs patriotes se réunissent chez William Henry Scott, comme d'habitude. Ils parlent de se procurer des armes. Scott est, à Saint-Eustache, comme Wolfred Nelson à Saint-Denis, le chef incontesté des patriotes. Il n'y a pas si longtemps qu'il réfutait les loyalistes de Bellefeuille et Globensky à la porte de l'église. Mais son colistier Girouard, de Saint-Benoît, lui a communiqué les appréhensions et les adjurations de La Fontaine, et tous deux en restent fort impressionnés. Scott déconseille une insurrection, vouée à l'échec. Vous ne pouvez pas vous battre avec des sabres ébréchés, des fusils de chasse et des mousquets datant du régime français contre une armée régulière, pourvue d'artillerie. C'est en somme l'avertissement donné par le curé Saint-Germain, après l'assemblée de Saint-Laurent, l'avertissement donné par le notaire Cardinal, qui croit l'insurrection imprudente sans le concours américain. William Henry Scott conclut : « Je ne me mettrai pas à la tête de mes amis pour les faire écraser ». Les plus bouillants, rassemblés autour du Dr Chénier, reprochent à Scott sa tiédeur.

Mais c'est sur la rive sud que partent les premiers coups de feu.

Le connétable Malo a reçu l'ordre d'arrêter le notaire Pierre-Paul Demaray et le Dr François-Joseph Davignon, à Saint-Jean. Demaray et Davignon ne sauraient compter parmi les chefs patriotes le plus en vue. Mais ils ont participé à l'assemblée des Six-Comtés, obligé des magistrats à démissionner et, à la tête d'une bande brandissant des gourdins, menacé une patrouille de cavalerie.

Malo part le 16 novembre, aussitôt l'ordre reçu, avec une escorte de dix-huit dragons de la Montreal Volunteer Cavalry, commandée par le lieutenant Ermatinger. Le peloton emprunte le traditionnel « chemin de Chambly », dont la première ébauche remonte à l'expédition du gouverneur Courcelle contre les Agniers, en 1666. La colonne Courcelle, de six cents hommes dont trois cents soldats du régiment de Carignan, s'ébranlant en plein hiver, le gouverneur a chargé Charles Le Moyne, avec une équipe de quinze habitants en raquettes, de frayer un chemin à travers bois. Le « chemin de Chambly » est resté la grande artère militaire utilisée dans toutes les guerres contre les Iroquois, puis contre les Anglais, puis contre les Américains. Ce n'est tout de même qu'un chemin mal entretenu, détrempé en ce moment, où les cavaliers d'Ermatinger et le fourgon de Malo n'avancent qu'à grand peine. L'expédition n'arrive à Saint-Jean que le 17, aux petites heures. Elle se dirige, dans Saint-Jean endormie, chez les deux suspects, enfonce leurs portes, les surprend au lit, les fait habiller à la hâte, leur passe les menottes et les jette dans le fourgon, avec deux policiers pour les surveiller. En route pour le retour, mission accomplie, par le chemin de Chambly. Malo est sur le siège.

Le notaire Demaray loge chez lui un clerc, Joseph Duquet, qui est aussi son neveu. Joseph Duquet est un grand garçon de vingt ans, poussé trop vite. Il est affectueux, nerveux, d'apparence maladive ; on ne lui donnerait pas son âge. Il a été à l'école de Cardinal et de de Lorimier, qui ont commencé d'enflammer son imagination. Il s'est naturellement inscrit parmi les Fils de la Liberté. Il termine sa « cléricature » à l'étude de son oncle, où il ne reçoit pas non plus des leçons de placidité. Duquet assiste, la rage au cœur, à l'arrestation de son oncle. Aussitôt les dragons partis, il saute à cheval et s'engage sur la route de Laprairie pour aller donner l'alerte aux patriotes de Montréal.

Une autre personne a deviné ce qui se passait. Joseph Vincent, le capitaine de milice de Longueuil, qui est aussi l'un des secrétaires — le plus emporté des secrétaires — du comité de surveillance, a vu passer le peloton, dans son trajet d'aller, et s'est même jeté dans un fossé, de peur d'être arrêté lui-même. La nouvelle se propage ainsi, comme l'éclair, dans le comté. Les plus résolus des patriotes se rassemblent chez Vincent, fourche, faux ou fusil en main. Vincent en fait prévenir d'autres. Eugène Talham, l'instituteur anglais de Longueuil, est un des premiers arrivés. Un autre est Bonaventure Viger, petit cousin de Denis-Benjamin Viger, qui habite Boucherville. Bonaventure Viger a conduit la délégation de Boucherville et « secondé » l'une des résolutions à l'assemblée des Six-Comtés ; il a donné cent minots de blé pour acheter de la poudre. Joyeux compagnon et tête chaude, la parole abondante et le cœur intrépide, il prend de l'ascendant sur le groupe. On passe une partie de la nuit à fondre des balles.

À la pointe du jour arrive un courrier, bride abattue, qui annonce l'approche du convoi. Viger et Vincent, entraînant les autres, décident de délivrer les prisonniers. Leur petite troupe se met en marche vers le village de Longueuil, où elle compte recruter du renfort et tendre une embuscade.

Joseph Vincent, à Longueuil, fait la grosse voix. Plusieurs de ses compagnons témoigneront, de bonne ou de mauvaise foi, qu'il leur a forcé la main. Mais le village appréhende une bataille que suivraient des représailles, peut-être une destruction totale. « Eh bien, commande Viger, retournons sur nos pas ». Les patriotes rebroussent chemin et s'arrêtent à deux milles du village, près d'une petite savane. Ils tendent leur embuscade, tapis derrière la clôture de Gabriel Brissette.

Les dragons arrivent au petit trot, escortant leur prise. Bonaventure Viger, qui est râblé, mais court de taille, s'est hissé sur une pierre, la poitrine bombée, les manches de chemise retroussées jusqu'au coude, un grand sabre d'abordage à la main. Il ordonne :

« Halte ! Au nom du Peuple ! Libérez vos prisonniers ! »

Sans succès, il répète son ordre. L'officier, en réponse, commande le feu. Une balle raccourcit le petit doigt de Viger, une autre lui effleure la jambe. Les patriotes rendent le feu, l'Irlandais

Patrick Murray tirant le premier.[1,2] Leurs fusils sont chargés plomb à canard. Le lieutenant Ermatinger reçoit une décharge à l'épaule. Des chevaux, les flancs labourés de plomb, se cabrent, désarçonnent leur cavalier ou l'emportent à travers champ. Ceux du fourgon renversent la voiture. Viger continue de commander le tir, en feignant, comme Salaberry à Châteauguay, de disposer d'une troupe nombreuse. Les dragons ne sont pas des soldats réguliers, mais des volontaires. Saisis de panique, ils s'enfuient au galop, en abandonnant la voiture au fond de laquelle Demaray et Davignon restent couchés, menottes aux mains. Viger se précipite sur Malo et lui transperce la cuisse, en criant : « Tu n'en tueras point d'autre ». Malo se traîne jusqu'à un four à pain, où il se cache.

Le lieutenant et les cavaliers, en fuite, se dispersent au triple galop. Les patriotes victorieux conduisent Demaray et Davignon chez le forgeron Olivier Fournier qui, à coups de ciseaux, brise leurs menottes.[3] Et tous chez Vincent, pour célébrer la victoire !

Le lieutenant Daniel Lysons attendait les prisonniers, dont il devait prendre charge, au débarcadère d'Hochelaga. Il attend en vain jusqu'à l'arrivée d'un cavalier blessé conduisant son cheval boiteux, et qui décrit une attaque formidable par deux ou trois cents hommes armés jusqu'aux dents. Le reste du peloton, arrivant par petits paquets, confirme ce rapport, d'autant plus alarmant qu'il faut expliquer la déconfiture par l'importance de la troupe assaillante.

Joseph Duquet n'a pu traverser le fleuve pour gagner Montréal, les communications étant interrompues. Il se rend à Longueuil, où il apprend la délivrance des prisonniers. Il arrive, à bout de souffle, chez Vincent, où le groupe des patriotes, tout excités, l'ovationne. Mais le premier enthousiasme tombé, on ne peut entretenir d'illusion sur la suite : les troupes reviendront en

---

1. Dépositions d'Alexis Hébert, d'Eugène Roque père et d'Eugène Roque fils. Archives de la Province de Québec.

2. D'après une lettre du Dr Côté à Ludger Duvernay, du 14 avril 1841 (Rapport des archives de Québec 1926-1927), Vincent aurait déclaré plus tard que « si l'on a tiré sur les dragons, c'était sur les conseils de Papineau ». C'est tout ce qu'il y a de plus douteux. Le Dr Côté, pour les raisons que l'on constatera plus loin, commande un faible degré de créance.

3. Les menottes sont passées du forgeron à son gendre Louis Trudeau, et de celui-ci au juge Sicotte, qui les a données à la Société numismatique ; elles sont au Château de Ramezay.

force, et le cas sera grave. Cette perspective ne réjouit pas les villageois qui ont déjà déconseillé aux patriotes de tendre l'embuscade dans leurs parages. Les patriotes réunis chez Vincent, mal soutenus et dégrisés, décident de se disperser. Bonaventure Viger passe la nuit chez son père à Boucherville et repart le lendemain. Demaray et Davignon prennent la direction des États-Unis. Duquet les suit.

* * *

Le magistrat Sydney Bellingham, le chef de police Pierre-Edouard Leclère et le shérif adjoint Juchereau Duchesnay sont envoyés à Longueuil, sur les lieux. Mais ils n'y vont pas seuls.

Sir John Colborne a désigné le colonel Charles Gore pour diriger une colonne contre Saint-Denis, où Wolfred Nelson défie les autorités, et le colonel George Augustus Wetherall pour diriger une colonne contre Saint-Charles, où Thomas Storrow Brown organise et commande un véritable camp retranché. La colonne Wetherall, comprenant un bataillon régulier de Montréal, un détachement de cavalerie volontaire, quelques dragons légers de la Reine et un corps d'artilleurs avec deux canons, doit se rendre d'abord à Chambly, enquêter au passage sur le coup de main de Viger et Vincent, en arrêter les auteurs si possible, et surtout donner une impression de force, propre à intimider les rebelles. Elle encadre solidement les magistrats. Michel Vincent, homonyme et sans doute parent de Joseph, et qui a pris part au coup de main, est arrêté au marché de Montréal, où il vendait ses produits.

La colonne Wetherall s'ébranle le 18 novembre. Les habitants ont fait le vide. Maisons closes et granges abandonnées : Longueuil est un village désert. Le magistrat et le chef de police perquisitionnent chez le forgeron Fournier. Puis la troupe s'arrête à la ferme Trudeau, pour permettre une nouvelle perquisition. L'huissier Jean-Baptiste Trudeau est soupçonné de cacher des armes, mais la perquisition ne révèle rien. Trudeau, un moment arrêté et la corde au cou, à demi étranglé, est finalement abandonné, plus mort que vif. La colonne trouve sur la route le wagon renversé et un cheval crevé. L'autre cheval du wagon a disparu.

La troupe aperçoit de loin en loin un homme à cheval qui fait le guet et s'enfuit à l'approche des soldats. Un peu plus loin toutefois, on tombe sur une trentaine de patriotes à cheval, qui se dispersent dans les bois. Wetherall ordonne aux dragons de les poursuivre. Les chevaux de selle des dragons sont plus rapides que les chevaux de trait des patriotes, mais ceux-ci connaissent mieux les bois, où ils s'évanouissent. Les soldats n'en capturent que deux, après un échange de quelques coups de feu sans résultat.

Plus loin encore, le Dr Kimber a mis un fort détachement — une centaine d'hommes — à la garde d'un pont enjambant un ravin profond. Ce détachement n'est évidemment pas de force contre la troupe de Wetherall ; il s'enfuit et, lui aussi, se disperse à la faveur de sa connaissance des lieux. Les soldats n'en prennent que quatre.

La colonne arrive le soir à Chambly, presque aussi désert que Longueuil. Les prisonniers sont internés dans une voûte du fort.

Wetherall et ses Habits rouges ont d'autre besogne à remplir.

* * *

Les magistrats de langue française du district de Montréal séviront s'il le faut, mais préféreraient l'éviter. Ils lancent une « Adresse aux habitants du district de Montréal», que signent Alexis Laframboise, Édouard-M. Leprohon, P.-J. Lacroix, William B. Donegani, Charles-Séraphin Rodier, Louis Guy, Félix Souligny, P.-E. Leclère, Pierre de Rocheblave, Jules Quesnel, Étienne Guy et H.-E. Barron (19 novembre 1837) :

> Comme magistrats et conservateurs de la Paix de Sa Majesté notre Gracieuse Souveraine dans ce District, nous croyons qu'il est de notre devoir de venir au-devant des événements graves qui menacent la tranquillité publique, et de vous avertir paternellement des dangers que vous courez en vous laissant abuser plus longtemps, comme aussi de la punition qui pourrait vous frapper, si vous continuez une lutte aussi parricide qu'inégale.
>
> On a tiré sur des Officiers de Justice qui accomplissaient leurs pénibles devoirs ; on a libéré des prisonniers arrêtés légalement et qui devaient être soumis à la justice du pays. Ces délits sont graves et entraînent les plus sévères punitions vis-à-vis de ceux qui s'en sont rendus coupables.
>
> Ce ne sont pas vous, habitants des campagnes, hommes naturellement paisibles, qui avez volontairement mis obstacle à la justice ; mais ce sont des hommes perfides qui ont poussé quelques individus isolés à commettre des actes indignes de ceux qui savent respecter la Paix publique et les Lois.
>
> Nous vous exhortons, non seulement à vous abstenir de toute démarche violente, mais encore à rentrer paisiblement dans vos

foyers, au milieu de vos familles, dans le sein desquelles vous ne serez aucunement inquiétés. C'est en vous confiant à la protection de la Loi et du Gouvernement britannique que vous parviendrez à ramener la paix et la prospérité dans votre patrie. Déjà nous sommes informés que plusieurs des Paroisses qui avaient été égarées sont revenues de leurs erreurs et s'en repentent sincèrement.

Si nos vœux étaient méconnus, si la raison tardait à se faire entendre, il est encore de notre devoir de vous avertir que la force militaire ou les autorités civiles ne seraient point outragées impunément, et que la vengeance des lois serait aussi prompte que terrible. Les agresseurs deviendraient les victimes de leur témérité, et ils ne devraient plus les malheurs qui fondraient sur leur tête qu'à leur propre entêtement. Ce ne sont point ceux qui vous poussent aux excès qui sont vos véritables amis. Ceux-là vous ont déjà abandonnés et vous abandonneront encore au moment du danger, tandis que nous, qui vous rappelons à la paix, nous pensons être les plus fervents serviteurs de notre pays.

Ces magistrats comptent parmi les Canadiens français les plus considérables et, les chefs patriotes à part, les plus prestigieux de Montréal. Louis Guy et Pierre de Rocheblave sont conseillers législatifs ; Charles-Séraphin Rodier le sera. Louis Guy, maintenant presque septuagénaire, a été l'ami de lord Aylmer. Colonel de milice, commissaire du canal de Lachine, il a participé à la plupart des initiatives qui ont fait la prospérité de Montréal, où tout le monde le respecte et dont une rue portera son nom. Pierre de Rocheblave, ancien associé de la Compagnie du Nord-Ouest, est quasiment légendaire pour ses voyages et ses exploits dans l'Ouest. Jules Quesnel, frère de Frédéric-Auguste, a été l'un des compagnons de Simon Fraser dans une expédition non moins historique, et un lac, un fleuve et un village du Nord-Ouest perpétueront son nom. Leurs collègues sont notables par leurs entreprises ou, comme Barron, par leurs propriétés, et par leur réputation d'hommes de bon conseil. La famille Donegani n'est canadienne-française que d'alliances et de relations, mais elle est catholique, amie des Viger et des Papineau, et elle a participé à la fondation de la Banque du Peuple. L'ensemble a du poids. Quelle sera la portée de cet appel, après ceux du clergé ?

Louis-Hippolyte La Fontaine agit autrement. Il craint le pire : une insurrection fatalement vaincue à la longue, et suivie d'une répression qui pourrait ressembler à la déportation des Acadiens. Il s'en ouvre dans une lettre à son ami Amable Berthelot, qui est son associé au barreau. Il prend le bateau pour Québec, avec James Leslie, député de Montréal-Est, se précipite au Château Saint-Louis, se fait recevoir par le gouverneur et lui demande de convoquer les Chambres (19 novembre 1837). La députation, affirme-t-il, collaborera volontiers avec l'Exécutif pour éviter un drame. Gosford consulte les conseillers exécutifs, qui sont Dominique Mondelet, Hughes Heney, Louis Panet, Frédéric-Auguste Quesnel, Pierre-Dominique Debartzch, John Stewart, George Pemberton et William Sheppard. Le gouverneur et les conseillers craignent un piège, une démarche faite pour les berner : l'immunité parlementaire suspendrait l'exécution des mandats contre les chefs patriotes qui sont aussi députés, et les rebelles ourdiraient leur trame à l'abri de cette immunité. Ils repoussent la proposition. La Fontaine gagne les États-Unis par la route de la rivière Kennebec. Son intention est de passer à Londres, pour y tenter une suprême démarche.

53

Saint-Denis

Quelques patriotes sont emprisonnés, à Montréal. Mgr Bourget demande à M. Quiblier un de ses Sulpiciens pour les visiter avec lui : « Il me semble que la religion doit aller au secours de nos malheureux patriotes détenus dans les fers, et que nous devons au moins les aller visiter. » Mais les autorités lui refusent l'accès de la prison. Louis-Michel Viger, qui s'estime emprisonné sans motif suffisant, a pris William Walker, l'ancien adversaire de Papineau, tory d'entre les tories, pour avocat. Walker multiplie les vaines tentatives pour faire libérer son client, moins heureux que les conspirateurs de Québec.

La nouvelle du coup de main de Longueuil, répandue comme une traînée de poudre, encourage et excite les patriotes. À Saint-Denis, Jalbert et Lacasse exercent leurs miliciens. À Saint-Hyacinthe, Pacaud et Charles Vidal commandent aussi des exercices, de petites manœuvres militaires. Un peu partout, « bureaucrates » et « chouayens » sont assaillis à coups de boules de neige, d'œufs pourris ou même de pierres.

Les patriotes de la vallée du Richelieu sont retranchés à Saint-Denis, autour de Wolfred Nelson, et à Saint-Charles, autour de Thomas Storrow Brown. Le Dr Duchesnois a rejoint Nelson à Saint-Denis ; Rodolphe Desrivières et le Dr Gauvin ont accompagné Brown à Saint-Charles, où Desrivières est aide de camp du général Brown tandis que Gauvin, improvisé colonel et « ingénieur », dirige les travaux de retranchement du manoir.

C'est surtout à Saint-Denis que la forte personnalité de Wolfred Nelson attire des patriotes de marque. Le notaire Joseph-Édouard Mignault, de Saint-Denis, remplit les fonctions de quartier-maître. Le Dr Joseph Allaire, de Saint-Antoine, a traversé le Richelieu pour se placer sous les ordres de son confrère. Le Dr Duchesnois est venu de Varennes, et le Dr Timothée Kimber de Chambly. Il ne manquera pas de médecins pour soigner les blessés. Robert Shore Milnes Bouchette, venu de Québec, couche chez le Dr Nelson. Ovide Perrault est venu de Montréal. Georges-Étienne Cartier et son cousin Henri sont presque chez eux ; et son autre cousin Richard Hubert, tout nouvellement reçu avocat, l'est tout à fait puisque Saint-Denis est son village natal. Bonaventure Viger, venu de Boucherville, commente son succès de Longueuil, ce qui porte l'enthousiasme à son comble.

Des patriotes de moindre renom, mais d'égal courage, viennent des paroisses voisines, individuellement ou par petits groupes. Ceux qui n'ont pas d'arme ont pris leur faux ou leur fourche. Saint-Denis grouille d'animation et de fièvre. Les jeunes patriotes ne se lassent pas d'entendre et de voir Bonaventure Viger répéter et mimer la scène : « Halte ! Au nom du Peuple ! » L'envie d'égaler ce fait d'armes leur monte au cœur.

Les patriotes rassemblés à Saint-Denis ne doutent plus, s'ils en ont jamais douté, de la victoire finale. Ils cherchent depuis quelques jours à se faire livrer l'argent de la fabrique pour acheter des armes. Le curé Demers leur répond qu'il ne peut rien donner sans la permission de l'évêque. Et il prie les marguilliers de mettre le coffre en sûreté. Mais des patriotes, conduits par David Bourdages — fils du « vieux Romain » — se présentent la nuit, masqués et armés, chez le premier marguillier. Celui-ci, sous la menace, livre la clef et indique la cachette : le coffre est chez le second marguillier. Les patriotes s'y rendent, s'emparent du coffre et le vident.

Le curé Demers décachette sa lettre à Mgr Lartigue, qu'il n'a pu envoyer, pour ajouter ce post-scriptum :

> Si l'on vient quelque jour me sommer de ne plus chanter le Domine salvum fac Regem, ou si les chantres ne voulaient plus le chanter, qu'y aurait-il à faire ? Par les menaces, on fait prendre les armes aux gens malgré eux. Je crois pouvoir dire que tout le monde ici prend part à la révolte. On ne sait comment faire avec ceux qui

viennent à confesse, se croyant à chaque moment sur le point de paraître devant Dieu. Veuillez me donner les avis nécessaires dans cette crise (21 novembre).

Les événements ne permettront, ni au curé Demers d'envoyer sa lettre, ni à David Bourdages et à ses amis d'utiliser l'argent de la fabrique, qu'ils enfouissent dans la cave du Dr Nelson.

Étienne Parent écrit dans *Le Canadien* (22 novembre 1837) :

> ... Qui nous dira que le gouvernement actuel, avec tous ses défauts, n'est pas de beaucoup préférable à l'état de choses qui existe aujourd'hui dans le district de Montréal. Le plus mauvais gouvernement ne vaudrait-il pas mieux que l'anarchie qui étreint aujourd'hui la partie supérieure de la province ? Encore si à l'anarchie devait succéder un état de liberté ; mais non, elle sera suivie ici comme ailleurs du despotisme militaire. Ce n'est pas tout. Après que l'épée du soldat aura tranché les mille têtes de l'anarchie, viendra ensuite la loi qui armera le pouvoir de moyens répressifs, qui devront nécessairement retarder les progrès de la cause libérale ... Ainsi nous verrons peut-être dans peu le gouvernement revêtu de pouvoirs extraordinaires dont bien certainement ses créatures abuseront.

Le Canadien influence le district de Québec, où presque personne ne songe à un soulèvement. Il n'atteint pas les patriotes de Saint-Denis, où Wolfred Nelson, sans qu'aucune élection ait été nécessaire, agit en chef et est obéi comme tel. Les autorités ont fait savoir que quiconque tuerait un soldat ou un volontaire, au cours d'une rencontre armée, serait traité, non pas comme un combattant, mais comme un assassin. Des patriotes, impressionnés, demandent conseils ou instructions à Nelson, qui répond, laconique : « Quant à moi, ils ne me prendront pas vivant. »

Nelson renvoie Bonaventure Viger, avec mission d'organiser les patriotes de Boucherville et de Longueuil. Viger passe par Saint-Charles, où Brown, émerveillé par son exploit et s'attendant à un choc, le retient et lui confie le commandement des avant-postes.

* * *

Le curé Jean-Baptiste Kelly, de Sorel surmontant la mauvaise humeur qu'il peut nourrir contre le Dr Nelson, a fait prévenir son confrère Demers, de Saint-Denis, que le colonel Gore, parti de Sorel à la tête d'une forte colonne, a Saint-Denis pour objectif.

Le colonel Gore est en effet le chef d'une double expédition. Il commande la colonne du lieutenant-colonel Hughes, avec laquelle il marche, et celle du lieutenant-colonel Wetherall, que nous avons vue à l'œuvre. La colonne Hughes doit nettoyer Saint-Denis, que l'on ne croit pas fortifiée, et les deux colonnes devront opérer leur jonction devant Saint-Charles, où le « général » Brown commande une sorte de camp retranché.

La colonne Hughes, qui comprend le gros du 24e Régiment et les servants d'un obusier, quitte Sorel le 21 novembre au soir.[1] Elle a 21 milles à parcourir, dans une nuit noire et sous une pluie torrentielle. Elle suivra la route du Pot-au-Beurre, pour éviter la traversée de la rivière, que l'on présume aux mains des rebelles. Le lieutenant Lysons attache une lanterne à une perche et guide la colonne. Mais les hommes et les chevaux pataugent dans la boue ; des à-coups se produisent. Le canon et les fourgons s'enfoncent dans des ornières d'où il faut les sortir à force de bras. La colonne est bientôt tronçonnée : l'avant-garde, commandée par le capitaine Markham, doit s'arrêter pour attendre le gros de la colonne, et le gros doit s'arrêter pour attendre l'arrière-garde. Au petit jour, la neige succédant à la pluie, les hommes pataugent de plus belle dans une boue glacée ; ils ont touché pour la circonstance des souliers neufs qui leur écorchent les pieds. La colonne arrive, harassée, les corps gelés et les doigts gourds, à quatre milles du village pour entendre sonner le tocsin — pour comprendre, par conséquent, que les « rebelles » sont en alerte. Le colonel Gore, qui croyait obtenir un effet de surprise en prenant un chemin détourné, a manqué sa manœuvre.

À la nouvelle de l'approche des troupes, Nelson rassemble les chefs patriotes chez lui. Tous sont d'avis, comme lui-même, de résister. Nelson prononce une courte allocution : « Mes amis, je ne force personne à rester avec moi, mais j'espère que ceux qui resteront feront bravement leur devoir... » Il fait évacuer les femmes et les enfants sur les concessions voisines. Il fait fortifier la maison de madame Saint-Germain, construction de pierre aux murs solides qui se prête à une transformation, et sa propre distillerie, sans souci des dégâts. L'aubergiste Pierre Bourgeois, surnommé Pitre, armurier à ses heures perdues, inspecte 150 fusils, dont il rejette cinq. Horace Nelson, fils du docteur, confectionne des balles. Une centaine d'hommes transportent des munitions dans la maison Saint-Germain, abattent des cloisons, barricadent les fenêtres et

---

1. Le lieutenant Daniel Lysons (devenu colonel), qui a fait partie de l'expédition, en a laissé le récit.

se retranchent. Une trentaine se barricadent dans la distillerie ; d'autres se postent dans quelques maisons relativement solides ; d'autres encore s'embusquent de manière à intercepter tout mouvement tournant. Les plus mal armés s'abritent sous les murs de l'église ou derrière des maisons, avec mission de se ruer sur l'ennemi, la fourche ou la faux haute, s'il fait irruption. Le canon de la milice, bourré de ferraille, est mis en batterie devant la forteresse — devant la maison Saint-Germain — de manière à balayer la route.

Un officier, le lieutenant Jack Weir, chargé d'un message pour le colonel Gore, mais ignorant le détour adopté par les troupes, suit en calèche la route normale, sur la rive droite du Richelieu, de sorte qu'il arrive à Saint-Denis avant la colonne. Il tombe sur un groupe d'hommes auxquels il demande : « Où sont les troupes ? » En fait de troupes, il est aux mains d'un avant-poste des patriotes, qui le conduisent à leur chef. Weir est en civil et sans armes, mais Ovide Perrault le connaît. L'officier tente de payer d'audace. Il détaille la force des troupes, pour intimider les patriotes, et ne réussit qu'à les renseigner. Il perd alors son assurance et demande : « Qu'allez-vous faire de moi ? » Nelson le rassure et le confie à la garde du Dr Kimber.

* * *

Nelson inspecte ses avant-postes. En rentrant chez lui, il trouve au premier étage Papineau, O'Callaghan et Dessaulles, qui viennent d'arriver. Les patriotes de Saint-Hyacinthe, disposés à se battre, font demander des instructions.

Nelson dit à Papineau qu'il est temps pour lui de partir. Papineau se récrie qu'il ne laisse pas ses amis à l'heure du danger. Mais Nelson, à Saint-Denis, a le commandement : « Monsieur Papineau, j'exige que vous vous éloigniez. Vous ne devez pas vous exposer sans nécessité. Ce n'est pas ici que vous serez le plus utile ; nous aurons besoin de vous plus tard ».

Papineau résistant encore, Nelson reprend : « Si nous devons gagner, nous le ferons sans vous ; si nous devons perdre, ce n'est pas votre présence qui nous en empêchera ».

Papineau répond que s'ils doivent être battus, il lui faudra sans doute mourir, d'une façon ou d'une autre. Alors, autant mourir ici qu'ailleurs. Et, s'adressant à O'Callaghan :

— Qu'en pensez-vous ?[2]

— Cela m'est indifférent, répond O'Callaghan ; si vous restez, je resterai ; si vous partez, je partirai avec vous.

Nelson est, au témoignage de Dessaulles, d'un parfait sang-froid : « Rien dans ses actes ne décelait le moindre trouble moral ni la moindre surexcitation ». Nelson se fait persuasif : « Voyons, Monsieur Papineau, rendez-vous à la raison. Dans une circonstance comme celle-ci, un homme de plus ou de moins ne change rien aux affaires. Allez à Saint-Hyacinthe, et attendez-y les événements. S'ils ne tournent pas contre nous, c'est alors que votre besogne commencera. En cas de défaite, votre présence fera mettre le village à feu et à sang ».

Papineau paraît se rendre à ces raisons. Nelson donne à Dessaulles cette consigne : « Dites à vos amis que, quelle que soit l'issue de la bataille, c'est à Saint-Charles qu'ils doivent aller, car je crois que le colonel Wetherall y sera demain. Qu'on s'y rende en aussi grand nombre que possible... Vous ferez mieux de vous en aller par le chemin d'en-haut, car le commandant des troupes a pu envoyer une patrouille par la Miotte, et vous pourriez être arrêtés en chemin ».

Dessaulles part dans la voiture conduite par Joseph Sicard, cocher au service de sa mère, en emmenant un vieillard qui veut s'éloigner et qu'ils déposeront chez un habitant, à la première occasion sûre. À Papineau et O'Callaghan, on procurera de bons chevaux. Nelson descend, pour inspecter la « forteresse » Saint-Germain, où il établira son poste de commandement.

Trois patriotes viennent, en son absence et en invoquant ses ordres — prétendus — réclamer le lieutenant Weir pour le conduire à Saint-Charles. Ils le hissent en voiture, retenu par une courroie. Weir, en cours de route, tente de s'échapper. Il réussit à sauter à terre. Ses gardiens se précipitent sur lui et le massacrent à

---

2. Je suis la version de Louis-Antoine Dessaulles, fort admirateur de son oncle, il est vrai, mais témoin de la scène. L'ensemble des témoignages que nous relèverons par la suite tend à confirmer cette version. Le témoignage de l'étudiant en médecine Charles Dansereau, publié par Montarville Boucher de La Bruère : « À ma connaissance, personne n'est venu dire à MM. Papineau et O'Callaghan de s'esquiver et que c'étaient les ordres du Dr Nelson », ne prouve rien. Dansereau n'était pas au même étage, et à plus forte raison dans la même pièce, que Papineau. Il s'est absenté — il ne dit pas combien de temps — et c'est à son retour que Papineau et O'Callaghan lui ont demandé des chevaux.

grands coups de sabre, en criant : « Achevez-le ! » Louis Lussier l'achève d'un coup de pistolet.

En rentrant, Nelson rencontre Papineau dans la rue, et s'écrie : « Comment, vous n'êtes pas encore parti ! » Aussi grand que lui, il lui pose la main sur l'épaule, et familièrement, affectueusement, le presse. Un peu plus tard, nous risquons d'être investis. Si Papineau est pris, le mouvement sera décapité.

Papineau et Nelson échangent une de ces poignées de main d'hommes, aussi expressives qu'une accolade. Papineau et O'Callaghan montent à cheval et partent pour Saint-Hyacinthe. Il est neuf heures du matin. Le tocsin continue de sonner. On apporte à Nelson la nouvelle que le lieutenant Weir a été tué par ses gardiens, au cours d'une tentative d'évasion.

Papineau et O'Callaghan se croisent avec Rodolphe Desrivières, que Brown a chargé d'un message pour Nelson. Arrivé à Saint-Denis, Desrivières exprime son étonnement, et Nelson lui répond : « C'est moi qui leur ai dit d'aller à Saint-Hyacinthe et d'y attendre l'issue de la lutte ». Le départ de Papineau a déconcerté des patriotes,[3] mais l'aplomb de Nelson rétablit l'équilibre. Ce n'est pas Louis-Joseph Papineau, c'est l'Anglais Wolfred Nelson qui a jeté les dés de fer.

* * *

Le colonel Hughes fait rafistoler en hâte les ponceaux démolis par les patriotes. Les éclaireurs arrivent à l'orée du village. Le Dr Allaire tire sur eux le premier coup de feu. L'avant-garde du capitaine Markham essuie une vive fusillade et tombe sur une barricade. Elle s'arrête et répond par un feu nourri de mousqueterie et de canon. Le premier boulet frappe de plein fouet la maison Saint-Germain : Charles Saint-Germain, fils de la propriétaire, et deux autres combattants sont tués ; plusieurs sont blessés par des éclats de pierre ; l'un d'eux, Louis Lacasse, s'est, tout jeune, engagé dans la guerre de 1812, d'où il est sorti avec le grade d'enseigne. Au presbytère, quelques femmes qui ne se sont pas laissé évacuer prient, agenouillées autour du curé.

Les soldats cherchent à s'infiltrer, de maison en maison, en s'abritant derrière des granges et des piles de bois, jusqu'aux abords de la barricade. Mais les patriotes comptent d'excellents ti-

---

3. Au témoignage de Pierre Cheval, lors de la polémique de 1848.

reurs. David Bourdages, à la maison Saint-Germain, est sans doute le meilleur. Deux jeunes gens, à ses côtés, rechargent ses fusils ; Bourdages ne s'interrompt que pour allumer sa pipe, et presque tous ses coups portent. Dès qu'un « habit rouge » se déplace, il reçoit une balle.

L'obusier continue de tirer sur la maison Saint-Germain. Quand l'étage supérieur de la maison est ébranlé, Nelson ordonne de descendre au rez-de-chaussée, dont les murs, plus épais, paraissent à toute épreuve. Georges-Étienne Cartier est à son poste, à la maison Saint-Germain. Nelson l'envoie chercher une nouvelle provision de cartouches à Saint-Antoine. La mission n'est pas sans danger, puisqu'il faut traverser le Richelieu en bac sous la menace du canon. Nelson, apercevant des patriotes qui s'exposent inutilement, leur envoie Ovide Perrault, son aide de camp, les engager à la prudence. Mais la troupe compte aussi des tireurs d'élite. Perrault reçoit, en traversant le chemin du Roi, deux balles, l'une au talon et l'autre qui lui perfore les intestins.

Cartier n'a pas seulement ramassé des munitions à Saint-Antoine. Il en ramène du renfort : des patriotes de Saint-Antoine, de Saint-Roch, de Contrecœur et de Saint-Ours que le forgeron-cultivateur Pierre Cheval, capitaine de milice, a rassemblés. Le groupe exige, au nom de la Cause, la passage gratuit sur le Richelieu. Le batelier ne veut rien entendre. Cartier menace de prendre les rames en main, et finit par payer pour tout le monde. Les soldats tirent sur le bac, sans atteindre un seul homme. Les artilleurs pointent alors leur canon contre le bac. Le boulet enlève un morceau du bordage et brise l'aviron dans les mains du passeur. Mais celui-ci peut être intéressé ; il n'est pas poltron : il crie à ses compagnons de se coucher, et continue de ramer, debout. Des cris de joie saluent le débarquement de ce renfort, mais Cartier arrive pour apprendre la blessure mortelle de Perrault, son ami.

Les pertes de l'armée sont aussi sévères. Le capitaine Markham tente de s'emparer, au pas de course, d'une des maisons auxquelles s'appuie la barricade. Il reçoit une balle dans le genou et deux dans le cou. Plusieurs de ses hommes sont blessés. Le soir tombe. Les munitions manquent. La troupe n'a rien mangé depuis la veille ; les uniformes sont humides, les pieds en sang et les esprits découragés. Le renfort conduit par Cartier pourchasse les soldats qui se sont aventurés, dans les granges ou derrière les clôtures. Le colonel Gore, craignant d'être cerné, retraite. La troupe avoue six tués et dix-sept blessés que, faute d'ambulance, il faut transporter par des moyens de fortune, après pansement sommaire. Le lieutenant-colonel Hughes commande l'arrière-garde, qui tient en respect les « rebelles » tentés de harceler la colonne.

La nuit est arrivée. Les chevaux, comme les hommes, sont épuisés. L'obusier s'enlise dans la neige fondue. La troupe abandonne son obusier et jette ses munitions dans la rivière. Des soldats y jettent leur fusil.

Bourdages et quelques autres, transgressant les ordres de Nelson, s'obstinent à harceler les traînards. Ils perdent deux tués, mais font quelques prisonniers, conduits chez les demoiselles Darnicourt, où ils sont bien traités. Cinq soldats blessés sont transportés dans l'auberge de Pierre Bourgeois.

La colonne réussit cependant sa retraite. Des soldats souffrent tellement dans leurs chaussures qu'ils préfèrent marcher nu-pieds. En traversant Saint-Ours, où toutes les maisons sont éclairées, les officiers craignent une attaque, qui pourrait faire de leur troupe en débandade une boucherie. Saint-Ours, qui est le village du Dr Dorion et des officiers de milice récalcitrants Antoine Daigle et Louis Mogé, depuis longtemps repérés comme agitateurs, a été le théâtre de la première grande assemblée « anticoercitive », au mois de mai, et les violentes résolutions adoptées à cette assemblée ont donné le ton à toute la campagne de l'été suivant. Saint-Ours n'a donc pas bonne réputation dans les fichiers officiels. Cependant nulle embuscade n'y est préparée, personne n'y bouge, et Gore profite de cette neutralité pour faire reposer et un peu restaurer ses hommes dans des granges, où l'on trouve une provision de pommes de terre. Du renfort lui parvient alors, mais la colonne en retraite accepterait-elle de retourner à Saint-Denis ? Gore préfère repartir vers les casernes de Sorel, y réorganiser ses troupes (23 novembre 1837).

Wolfred Nelson envoie un émissaire à Thomas Storrow Brown, à Saint-Charles, et un autre — Richard Hubert, le jeune avocat, cousin des Cartier, — à Girod, qui commande les patriotes « du Nord », à Saint-Eustache, pour leur faire part de son succès.

Il est possible que la troupe ait subi des pertes supérieures aux chiffres officiels. Les patriotes ont eu treize tués, dont Ovide Perrault, le jeune député, appartenant à l'une des meilleures familles de Montréal et marié depuis quatre mois. À ce prix, ils ont battu un vétéran de Waterloo et les soldats de Sa Majesté, les beaux soldats rouges aux buffleteries blanches. Le Dr Allaire, qui a tiré sur les « habits rouges » comme il eût tiré sur des chevreuils, se réjouit : « Je n'ai jamais eu tant de plaisir dans ma vie ». Mais à Waterloo, et en bien d'autres rencontres, les soldats de Sa Majesté ont commencé par être battus. Wolfred Nelson le sait, et ne se forge pas d'illusions. Il félicite ses compagnons, mais les prévient : « Nos têtes sont en jeu maintenant. Il n'y a plus moyen de reculer. Nous devons accepter comme des hommes les conséquences de nos actions. Mais il est possible que notre succès décide le gouvernement à nous traiter avec plus de respect et à nous faire des propositions honorables. Attendons ».[4]

Un retour des troupes, en force, est possible et même probable. Nelson fait réparer la maison Saint-Germain, qui a prouvé sa solidité. Il la fait entourer de palissades. Les patriotes barrent les routes avec des troncs d'arbres et coupent les ponts.

Reste à inhumer les morts. Le cadavre de Weir est enfoui sous un tas de pierres. Le curé Demers a pu confesser Ovide Perrault, en pleine connaissance, et lui administrer l'Extrême-Onction. Un autre a reçu l'Extrême-Onction ; d'autres ont donné, à la satisfaction du curé Demers, « des signes de repentir ». Les six paroissiens de Saint-Denis tués dans l'action sont enterrés à la fois dans le cimetière (24 novembre). Perrault est inhumé à Saint-Antoine, le 25, dans le caveau de l'église. Sa mère, réputée pour son franc-parler, sèche ses larmes pour déclarer : « Je blâme le gouvernement qui a forcé des citoyens vertueux à la nécessité de se défendre ; je déplore profondément les pertes que j'ai souffertes, mais si c'était à recommencer, et que mes enfants voulussent agir comme ils l'ont fait, je n'essaierais pas de les détourner, car ils n'ont pas agi par ambition, mais par amour du pays ».[5]

---

4. D'après son propre récit dans *La Minerve* du 24 juillet 1847.
5. D'après une lettre de Papineau à Louis Perrault, du 7 janvier 1839. (Papiers Perrault, aux Archives publiques du Canada).

54

Saint-Charles

Louis-Antoine Dessaulles arrive à Saint-Hyacinthe vers midi, le 23 novembre, pendant que la bataille fait rage à Saint-Denis. Une troupe d'hommes à cheval l'attendait, entre l'église et le couvent. Le Dr Boutillier, député du comté, en est le chef, tout au moins le porte-parole. Dessaulles transmet les instructions du Dr Nelson, qui engage les patriotes maskoutains à se rendre à Saint-Charles. La petite troupe part pour Saint-Charles.

Papineau et O'Callaghan se sont arrêtés à Saint-Charles, où Papineau a inspecté les retranchements, sans un mot de conseil, d'avis, de commentaire.[1] Brown, comme Nelson, souhaite que le chef suprême soit à l'abri. Papineau et O'Callaghan se remettent en route, par des chemins détrempés. Des patriotes armés les arrêtent, mais ne les reconnaissent pas. Papineau et son compagnon arrivent à Saint-Hyacinthe, affamés et fourbus, à dix heures du soir. Ils vont d'abord chez les Dessaulles, et Louis-Antoine Dessaulles, aux aguets, se constitue le gardien de son oncle.

L'agitation grandissait, dès avant l'engagement de Saint-Denis. Le conseiller législatif Robert Jones, qui commande la milice de Missisquoi, organise son bataillon à Saint-Jean. Il complète son effectif, surveille et au besoin arrête les patriotes les plus remuants et les réduit à l'impuissance. Les magistrats du district des Trois-Rivières endossent l'appel de leurs confrères montréalais et le font aussi afficher. Les mouvements des troupes inquiètent les pusillanimes. Des officiers de milice, à l'exemple de F.-X. Racicot,

---

1. D'après T. S. Brown.

du Sault-au-Récollet, affirment leur loyalisme et sollicitent la restitution de leur commission, renvoyée sous la menace. Dans l'autre camp, le jeune docteur Louis Consigny, de Saint-Damase, convoque ses concitoyens en assemblée et les invite à rallier avec lui le camp de Saint-Denis.

Mais la situation à Saint-Denis est, pour l'heure, réglée. La victoire de Saint-Denis, après le succès de Longueuil, stimule le mouvement « patriote ». Des rassemblements d'hommes plus ou moins armés se forment en divers endroits. À la Pointe-à-la-Mule, Duvernay, Côté, Rodier et Gagnon, réunis chez celui-ci, préparent une expédition contre Saint-Jean. Bouchette, qui les rejoint, les en dissuade : on signale des mouvements de troupes, que les miliciens de Robert Jones renforceront ; les patriotes, presque sans armes, ne peuvent que se faire écraser. La première chose à faire est de se procurer des armes. Duvernay, Bouchette, Rodier et Gagnon iront en chercher aux États-Unis. À Saint-Césaire, Goddu commande une centaine de partisans, avec lesquels il fait main basse sur les armes et les munitions du magasin de William Chaffers, et qu'il décide de conduire à Saint-Charles. L'avocat Édouard-Élisée Malhiot fait adopter un autre plan : intercepter les troupes de Wetherall et les tailler en pièces quand elles reviendront, défaites comme celles de Gore à Saint-Denis, à demi débandées et démoralisées. À La Présentation, un groupe commandé par Pierre Roberge arrête quelques loyalistes, entre autres le juge de paix Simon Lespérance, dont la propriété est mise à sac, et les conduit à Saint-Charles.

Mgr Lartigue est à l'Hôtel-Dieu, souffrant de rhumatismes. En réalité, écrit Mgr Bourget au curé Hyacinthe Hudon, de Boucherville, « ce sont nos mauvaises affaires qui l'abattent ». Mgr Bourget écrit au curé Pierre-Marie Mignault, de Chambly, l'engageant à veiller au bon ordre dans les cantons du sud, dont on soulève encore les habitants. L'agitation gagne des paroisses jusqu'alors tranquilles, comme Saint-Michel d'Yamaska, où Jean-Olivier Arcand, malgré son titre de commissaire des petites causes, intimide les tièdes. Saint-Michel d'Yamaska est dans le diocèse de Québec, mais en lisière du diocèse de Montréal. Mgr Signay écrit au curé Alexis Leclerc :

25 novembre 1837

Je regrette sincèrement que les braves habitants de votre paroisse, jusqu'ici si paisibles et recommandables pour leur loyauté, vous laissent quelque sujet d'inquiétude en ce qui concerne l'agitation qui s'est fait sentir en quelques paroisses du district de Montréal. Heureusement, un grand nombre des habitants de ces diverses paroisses reconnaissent aujourd'hui l'écart où on les a entraînés, et désirent qu'on agrée le repentir de leur fausse démarche. C'est plus qu'il n'en faut pour vous mettre en lieu de dire aux vôtres qu'ils prennent garde de se laisser tromper comme on l'a fait de ceux-là. Assurez-les que le Gouvernement ne demande rien autre chose que la tranquillité et la soumission aux lois ; que son désir ardent est le bonheur du peuple ; que si, dans ce moment, il soit vrai que l'Exécutif fasse marcher des troupes en quelques parties du district de Montréal, ce n'est point à dessein de molester ou maltraiter personne, mais pour protéger les bons et fidèles sujets, pour éclairer ceux des autres qui sont dans l'erreur et qui se sont laissé égarer en prêtant trop aisément l'oreille à des discours propres à les indisposer contre le Gouvernement, mais que toute poursuite ou action en ce genre cessera aussitôt que les pauvres malheureux qui se sont mis dans l'embarras reconnaîtront leur erreur et s'empresseront de rentrer dans l'ordre. Qu'il me ferait peine d'apprendre que la première paroisse à l'extrémité de mon diocèse ne fût pas à l'unisson des autres, qui toutes, grâce à Dieu, ont donné à leur évêque et au Gouvernement le plus grand sujet de satisfaction pour leur tranquillité et leur soumission aux autorités établies.

Le curé doit résister « jusqu'au bout » à toute tentative des patriotes pour saisir la caisse de la fabrique. Qu'il mette cet argent en sûreté, s'il en est encore temps.

Dans le comté des Deux-Montagnes s'opère aussi un rassemblement, renforcé par quelques réfugiés de Montréal. Saint-Eustache et Saint-Benoît y sont les deux foyers d'agitation. Les chefs patriotes y tiennent conseil presque tous les jours, tantôt dans l'un, tantôt dans l'autre village. Saint-Eustache a figure de chef-lieu ; mais Saint-Benoît ne lui cède pas en ardeur et possède le seul curé « patriote » de la province. Les patriotes du comté se sont réunis à Saint-Benoît, « pour prendre en considération l'état de la province », le 11 avril. Ils ont adopté des résolutions incendiaires et engagé leurs « frères réformistes » de toute la province à les imiter. Et cette assemblée a donné le branle. Les autorités connaissent les chefs du mouvement à Saint-Benoît : le notaire Jean-Joseph Girouard, aussi respecté sinon tout à fait aussi influent que William Henry Scott dans la région ; son beau-frère Jean-Baptiste Dumouchel, commerçant prospère, major ou ex-major — on ne sait plus ! — de milice ; et le docteur Luc-Hyacinthe Masson, qui a 26 ans, toute la fougue de son âge, et que son frère Damien, à peine majeur, suit sans réserve. Le capitaine Glascow vient d'envoyer à Girouard, Dumouchel et Luc Masson une sommation de se constituer prisonniers, sans quoi il marchera sur le village avec 600 hommes. Les chefs patriotes de Saint-Benoît en délibèrent, le 25 novembre — pendant la bataille de Saint-Denis. Girouard est prêt à se rendre, mais Luc Masson, soutenu par son frère et par Dumouchel, ne veut rien entendre. Les Masson sont très grands et fortement charpentés, comme Girouard, et beaucoup plus violents. Le Dr Luc Masson est de toutes les fêtes patriotes : il n'a pas seulement participé à l'assemblée du 11 avril à Saint-Benoît ; il a été secrétaire de l'assemblée tenue à Sainte-Scholastique le 10 juin pour protester contre les résolutions Russell ; il a conduit une centaine de patriotes des Deux-Montagnes à l'assemblée du comté de Vaudreuil et pris la parole, après O'Callaghan et Ovide Perrault, députés du comté, le 6 août. Juge de paix, il a répondu au secrétaire Walcott, qui lui demandait compte de sa conduite, qu'il usait de son droit de sujet britannique d'exprimer son opinion sur la conduite des affaires publiques. Il répond aujourd'hui sur le même ton à Glascow : si on veut le prendre, il se défendra.

La nouvelle de la victoire de Saint-Denis, arrivée le lendemain, fouette les partisans de la résistance dans le comté des Deux-Montagnes. Ils sont si excités que leurs contradicteurs les plus notoires — ceux du moins qui n'étaient pas partis — leur laissent presque le champ libre. Girod, qui a pris le commandement, voit dans la victoire de Saint-Denis le prélude d'une guerre — victorieuse — de l'indépendance. Il conçoit le plan fantastique de marcher sur Montréal. Les autres s'en tiennent à la défensive. Girod écrit le soir dans son journal : « Je me repens pour la première fois d'avoir placé ma confiance en des personnes ayant un caractère hésitant. » Il constate cependant la lenteur des enrôlements. Maxime Globensky a levé parmi les loyalistes de Saint-Eustache un détachement de volontaires.

* * *

C'est d'abord à Saint-Charles que la partie va se poursuivre.

Une élite de patriotes s'est réunie à Saint-Charles autour de Brown, comme à Saint-Denis autour de Nelson. Il y a là Pierre Amyot, député de Verchères, Augustin Papineau, Siméon Marchesseau, Boucher de Belleville, Bonaventure Viger, Rodolphe Desrivières, Henri-Alphonse Gauvin, les frères Hébert, les Pacaud, de Saint-Hyacinthe, et Isaac Larocque dit Rocbrune, de Rigaud, fils du député de Vaudreuil. Brown est un intellectuel, dont les articles, publiés dans le *Vindicator*, sont bien pensés et joliment écrits, et un nerveux. Il a l'étoffe d'un littérateur ou d'un homme politique. Il n'est pas plus général qu'homme d'affaires. Éborgné, encore très souffrant des blessures reçues dans la bagarre avec le Doric Club, il marche avec peine. Il doit cependant recevoir des rapports, donner des ordres et diriger les travaux de défense, jour et nuit. Il y faudrait le tempérament de fer, l'organisme intact et l'autorité d'un Wolfred Nelson. Mais les blessures même de Brown lui valent du respect. Et personne ne disputerait le commandement à l'inspirateur et « général » des Fils de la Liberté.

Brown a fait fortifier le manoir, dont il a confié l'organisation à Gauvin, et disposé des piquets d'avant-garde, dont il a confié le commandement à Viger et au capitaine Louis-Patrice Blanchard, de Saint-Hyacinthe. Il a fait arrêter des suspects qui sont peut-être simplement des tièdes — et des récalcitrants. Il réquisitionne le bétail et les provisions, en délivrant des reçus, et fait saisir des barges de grain sur la rivière.

Il est venu beaucoup d'hommes au camp. Brown, d'après ses souvenirs, aurait refusé le renfort que Nelson offrait de lui envoyer, à la pensée que son camarade aurait besoin de toutes ses troupes pour repousser un nouvel assaut. Mais quelques combattants de Saint-Denis accourent, de leur propre chef, à Saint-Charles. Anatole Carignan, de La Présentation, blessé à la tête pendant la bataille où il s'est révélé tireur d'élite, accourt, le fusil à la main et la tête entourée de bandages. Mais beaucoup d'hommes arrivent les mains vides. Le général recense les armes, et constate qu'il dispose d'une centaine de fusils et de deux vieux canons rouillés, qu'il fait mettre en batterie devant le manoir. Les femmes et les enfants, quittant le village, s'enfuient à travers champs. Quelques hommes se mêlent à eux. Brown les arrête, en forme un détachement qu'il confie à Desrivières et qui, avec ses piques et ses gourdins, s'embusquera de manière à tomber sur le flanc ennemi, si l'occasion s'en présente. Il charge Gauvin, meurtri par une chute de cheval, de surveiller les prisonniers — ceux qui ont été faits sur place et le groupe de La Présentation, — puis de les évacuer sur Saint-Hyacinthe. Thomas Storrow Brown, débilité par ses blessures mais soutenu par ses nerfs, s'est jusqu'ici fort bien comporté. Il n'a commis que la faute de ne pas englober dans le camp du manoir la colline d'où l'on pourrait le contourner et le surplomber.

* * *

Le colonel Wetherall, plus prudent que Gore et Hughes, a, devant le mauvais temps, retardé son départ de Chambly. Il met sa colonne en route le 25 novembre et arrive le même jour devant le camp de Saint-Charles. Conrad Gugy, le député de Sherbrooke qui s'est vigoureusement opposé à Papineau, à la Chambre, et qui est aussi major de milice, accompagne la troupe comme officier de liaison du général Colborne, et remplira au besoin les fonctions d'interprète.

L'artillerie commence par canonner un emplacement clos par une palissade, qui semble la forteresse rebelle. À Saint-Charles, le tocsin sonne, comme à Saint-Denis. Le curé Blanchet vient au camp et s'adresse aux patriotes : « Vous savez que mon ministère ne me permet pas d'approuver la violence, et encore moins l'effusion de sang ; mais puisque vous voulez absolument combattre, tout ce que je puis faire est de vous mettre sous la protection de la Sainte Vierge. » Il les fait agenouiller, récite avec eux quelques prières et l'acte de contrition, les exhorte à se préparer à bien mourir, leur donne une dernière bénédiction et se retire les larmes aux yeux.

Wetherall déploie ses hommes en bataille, avec des corps légers aux ailes. L'avant-garde des patriotes, sous la pression des troupes, retraite. Brown, constatant l'insuffisance de ses effectifs, confie le commandement du camp à Marchesseau et retourne au village pour chercher, dit-il, du renfort. Ses nerfs, sur lesquels il vivait depuis plusieurs jours, ont flanché : il arrache les parements dont il s'était décoré et galope jusqu'à Saint-Denis.

La troupe et les patriotes se fusillent. Les canons des patriotes sont inutilisables dès le premier coup. Wetherall déclenche l'attaque. Il lance une compagnie de grenadiers sur les hommes de Desrivières qui, surclassés par le nombre, se dispersent et s'enfuient dans les bois, où des grenadiers les poursuivent un moment. Puis Wetherall, constatant que le haut de la colline est dégarni, y fait avancer un fort détachement, muni d'artillerie. La troupe peut ainsi diriger un tir plongeant sur le camp. Wetherall lance enfin un assaut à la baïonnette, dont il prend lui-même la tête. C'est une avalanche. De terribles corps à corps s'engagent. Les troupes ont le dessus, et les patriotes qui le peuvent s'enfuient. Marchesseau lance son cheval au-dessus d'une tranchée, reçoit une balle dans la poche de son habit, et gagne sa maison, où le feu est déjà mis. Il ramasse quelques papiers, court à l'étable, donne la clef des champs aux animaux pour qu'ils ne meurent pas carbonisés et prend le chemin de Saint-Denis. Viger et quelques autres traversent la rivière à la nage et gagnent Saint-Marc.

Wetherall cherche à couper la retraite des fuyards. Il incendie des maisons et fait des prisonniers. Les Pacaud ont pu s'enfuir vers Saint-Hyacinthe, mais Amiot, le député de Verchères, est tombé entre les mains des troupes. La bataille a duré une heure. Les patriotes ont perdu une bonne trentaine de tués, autant de blessés et autant de prisonniers. Du côté de l'armée, les chiffres officiels accusent trois tués et 18 blessés.[2]

Des soldats campent dans l'église, après avoir déposé les cadavres de leurs camarades devant l'autel. Un seul cierge est ou reste allumé, mais les soldats embrasent un feu de bivouac dans la grande allée de l'église. Les prisonniers, rassemblés dans la sacristie, prient, agenouillés. Wetherall, modéré dans la répression, met cependant le feu au camp retranché. Le lendemain 26, qui est dimanche, Wetherall fait enterrer ses morts. Des patriotes blessés, en fuite, sont allés mourir dans les bois. Les femmes sont autorisées à venir reconnaître les cadavres des leurs. Au témoignage d'un officier anglais, le lieutenant Bell, deux « gentilles jeunes filles de bonne apparence » se présentent et reconnaissent en effet leur père, Amable Hébert, et leur oncle Jean-Baptiste. Amable Hébert a la tête en bouillie, les membres disloqués. Son corps forme avec le sang coagulé, « une masse horrible ». Les jeunes filles font placer les corps sur un traîneau et les recouvrent d'une couverture. « J'avais pitié d'elles de tout mon cœur », écrira le général Bell.[3]

Le 28, Wetherall repart pour Montréal, par étapes — par Saint-Hilaire et Chambly. Conrad Gugy, qui a contribué à la modération des représailles, emporte la colonne de la liberté, érigée par les patriotes lors de l'assemblée des Six-Comtés.

Mailhiot et Goddu avaient grossi leurs corps de patriotes, embusqués à la Pointe-Olivier pour intercepter le retour, présumé pénible, de Wheterall. Ils avaient même deux petites pièces d'artillerie. La défaite de Saint-Charles change la face des choses, et la plupart des patriotes se débandent. Mailhiot et Goddu se retirent, mais une sorte d'arrière-garde tiraille sur les troupes, ce qui

---

2. Les chiffres ont été contestés de part et d'autre, chaque camp prétendant avoir infligé à l'autre des pertes plus élevées qu'il n'est reconnu.

3. Rough Notes of an old Soldier. II.

provoque une brève escarmouche. Les patriotes perdent deux tués et abandonnent leurs deux petits canons.

* * *

Pendant qu'on se bat à Saint-Charles, Bouchette, Rodier et leurs compagnons se rendent aux États-Unis, montés sur deux charrettes à foin. Gagnon, qui connaît les chemins de la région comme sa poche, conduit. Aux passages dangereux, les conjurés se dissimulent dans le foin. La petite expédition arrive sans encombre à Swanton (Vermont).

À Saint-Denis, Nelson reçoit Brown, parti de Saint-Charles avant la fin du combat, d'un air et d'un ton peu engageants :

— Pourquoi n'êtes-vous pas à Saint-Charles ?

On présume, et les fuyards de Saint-Charles confirment, que Brown s'est défilé. F.-X. Hubert, sans pitié pour son état physique, parle de le fusiller. Nelson invite Brown à s'expliquer. Le « général » se disculpe tant bien que mal.

Alors arrivent Marchesseau, puis Bonaventure Viger qui a passé la nuit à Saint-Marc chez Drolet, puis d'autres. La fièvre remonte à Saint-Denis, mais l'ambiance n'est plus la même. La défaite de Saint-Charles abat le moral.

La roue de la fortune a tourné. Tout va mal désormais pour les patriotes. Gauvin n'a pu conduire ses prisonniers à Saint-Hyacinthe. En cours de route, Simon Lespérance s'est jeté sur lui, l'a désarmé, et gardien et prisonnier ont échangé leurs rôles.

Charles Adel Lacathon de La Forest, consul général de France à New York, fait rapport au comte Molé, ministre des Affaires étrangères à Paris, de la révolution qui vient d'éclater au Canada : « On assure qu'elle est commandée par des officiers de distinction de Napoléon... Ce mouvement inspire fort peu d'intérêt aux États-Unis... Nos compatriotes seuls ici semblent désirer voir les efforts des patriotes couronnés de succès. Ils combattent sous le drapeau tricolore »[4] (30 novembre 1837).

---

4. Correspondance consulaire et commerciale New York. Vol. 9. Archives du ministère des Affaires étrangères à Paris.

55

Premières représailles

À Montréal, où la rumeur de leur défaite avait couru, Wetherall et ses hommes sont accueillis en triomphateurs. Ils défilent, précédés de la colonne de la liberté, dont l'inscription « À Papineau, ses frères patriotes reconnaissants » paraît ironique. Suivent les trente prisonniers, enchaînés deux à deux, les vieux canons pris à Saint-Charles et le gros de la colonne. Des loyalistes, attirés par ce défilé, bombardent les prisonniers de quolibets, de boules de neige et d'œufs pourris. Parmi les manifestants qui huent ou frappent les patriotes prisonniers, il n'y a pas que de riches marchands, mais des immigrés anglais, gallois, écossais et — en bon nombre — irlandais, qui prennent fait et cause contre les « rebelles ». Adam Thom jubile.

Robert Nelson ne s'est pas mêlé de l'insurrection. Il est tout de même arrêté et emprisonné. Aucune accusation n'étant portée et ne pouvant être portée contre lui, il est relâché sans condition — sans caution — au bout de quelques jours. Mais sa détention l'a irrité au suprême degré. Avant de quitter la prison, il crayonne sur le mur : « Le gouvernement anglais se souviendra de Robert Nelson ».

Les magistrats trifluviens, qui ont endossé et fait afficher la proclamation de leurs confrères montréalais, engagent maintenant les habitants de leur district à « offrir leurs services à Sa Majesté ».

Lord Gosford émet lui-même une proclamation :

...Je fais appel à ceux qui ont été séduits, et leur demande d'écouter le langage de la raison, de la sincérité et de la vérité.

Écoutez les exhortations de votre clergé si respectable et si digne de confiance. Écoutez les représentations de ces propriétaires dignes et loyaux, dont les intérêts sont identifiés avec les vôtres, et dont la prospérité comme la vôtre dépend de la tranquillité intérieure de cette province. Revenez à cette allégeance envers votre souverain que vous avez violée pour la première fois et à cette obéissance à la loi que vous aviez jusqu'ici invariablement observée. Méprisez les conseillers insidieux. Repoussez avec horreur leurs avis intéressés et séditieux. Abandonnez-les à la rétribution qui les attend inévitablement. Retournez dans vos foyers et dans le sein de vos familles, et soyez assurés qu'un gouvernement puissant et miséricordieux est plus désireux d'oublier que de ressentir des injures, et que, dans cet asile, vous n'encourez aucune molestation.

Mgr Lartigue, à demi malade et à demi réfugié à l'Hôtel-Dieu, vit dans l'appréhension. Il écrit à Mgr Signay que Montréal est relativement tranquille : « Mais qui sait si cette situation ne changera pas d'une heure à l'autre, et si je ne serai pas obligé, pour ma sûreté, de quitter mon diocèse » (29 novembre 1837). Il laisse son coadjuteur répondre aux questions que posent les curés, de tous les côtés. Mgr Bourget écrit au curé Eusèbe Durocher, de Saint-Athanase (27 novembre) que le Séminaire de Saint-Sulpice doit être le lieu le plus sûr pour déposer l'argent de la fabrique. Les révoltés, même s'ils ont agi par complaisance ou par crainte, ne seront pas admis aux sacrements. Le coadjuteur de Mgr Lartigue confirme ce point dans une lettre au curé Antoine-Olivier Giroux, de Saint-Marc (28 novembre 1837) : « J'ai la douleur de vous annoncer que ceux qui sont morts les armes à la main contre leur gouvernement, étant morts *in flagranti delicto*, n'ont pas droit aux honneurs de la sépulture ecclésiastique. Espérons que Dieu leur aura fait miséricorde dans leurs derniers instants, et prions privément pour le repos de leurs âmes, mais il faut que les lois de l'Église s'observent ». Cependant, ajoute Mgr Bourget, « Il faudra que vous soyez certain qu'ils sont morts en révolte pour leur infliger un pareil châtiment ».

* * *

Il reste un fort rassemblement de patriotes « du Nord » à Saint-Eustache et, ça et là sur la rive sud, des groupuscules d'intrépides qui s'acharnent.

Saint-Eustache, village très vivant, prend figure de chef-lieu d'une région de culture maraîchère et d'industrie laitière. On y admire la maison seigneuriale en pierre de taille, de belles résidences comme celle de William Henry Scott, à deux étages, avec un superbe portique et, sur une pointe, celle du Dr Chénier, qui est un ancien pensionnat de demoiselles. La construction d'un couvent moderne, près de l'église, est en voie d'achèvement. Les Labrie naguère, et aujourd'hui les Scott, les de Bellefeuille, les Globensky, auxquels se joignent de temps à autre les Girouard, entretiennent une certaine activité intellectuelle.

Tout le monde n'est pas « patriote » à Saint-Eustache. Mais des loyalistes ou constitutionnels, maltraités ou menacés, ont fermé leur maison et quitté le village. J.-L. de Bellefeuille et sa famille ont donné l'exemple. Les Globensky sont d'une autre trempe, et Maxime Globensky a recruté, à Saint-Eustache même, 83 volontaires — canadiens-français — dont plusieurs ont des brimades à venger. Mais Globensky et ses volontaires ont dû également quitter le village, théâtre d'un continuel va-et-vient. Le notaire André Bouchard dit Lavallée, de Saint-Jérôme, s'occupe activement de désarmer les loyalistes et de recruter des hommes pour le camp de Saint-Eustache, où l'on compte sur la protection de la rivière des Mille-Isles, qui n'est pas encore gelée. Jacob Barcelo, commerçant à l'aise, en fait autant à Sainte-Scholastique. D'autres patriotes viennent de Sainte-Rose, de Saint-Hermas ou de Saint-Benoît, dont le curé, qui est l'abbé Chartier, les conduit au besoin lui-même. Quelques patriotes sont venus de Montréal, où ils ne se sentaient pas en sûreté. Tout ce monde s'attarde un peu trop dans les tavernes. Le cordonnier François-Xavier Lenoir dit Rollant, à la tête d'une petite bande masquée, confisque le coffre-fort de la fabrique. Les hommes de Girod et de Chénier opèrent des visites domiciliaires et lèvent des contributions forcées, dans l'esprit dictatorial qui, en tous temps et en tous lieux, anime les grands champions de la liberté.

Girod ne parvient à établir qu'une discipline très relative. Il appréhende la démoralisation que la défaite de Saint-Charles peut entraîner. Il dément la nouvelle, affirme au contraire qu'un brillant succès a été remporté à Saint-Charles. Il y met tant d'aplomb qu'il parvient à convaincre des sceptiques. Une rumeur apportée par un courrier de Sainte-Scholastique, bride abattue, pendant la grand'messe du 26 novembre, semble d'ailleurs lui donner raison : elle annonce l'approche d'une formidable, d'une irrésistible armée « patriote », qui a tout balayé sur son passage sur la rive sud. D'autres familles fuient Saint-Eustache, parfois sans trop savoir où aller.

Girod brasse des projets d'offensive, qui exigent des armes. Or, il tient de Scott que la Compagnie de la Baie d'Hudson possède d'un dépôt d'armes à Oka : il y aurait quatre canons, 150 fusils et 60 barils de poudre. Girod conçoit l'idée d'un raid pour s'en emparer. On saisirait en même temps les armes des Indiens.

Girod part de Saint-Benoît, dans la nuit du 29 au 30, avec Richard Hubert, le jeune avocat, cousin de Cartier, que Nelson a envoyé de Saint-Denis pour annoncer sa victoire, et 80 hommes. Il arrive de très bonne heure le matin à Oka, où Chénier, parti de Saint-Eustache, le rejoint avec une centaine de patriotes. Girod fait ouvrir le magasin, mais n'y trouve que très peu d'armes : huit fusils, au lieu des 150 qu'il avait espérés, deux livres de poudre et du plomb de chasse. Le chef indien auquel il veut « emprunter » des armes, refuse : « Nous ne voulons ni les vendre, ni les prêter ». Girod et Chénier, insistant, se heurtent à la ferme habileté du chef indien : « Frère nous ne voulons pas intervenir dans la dispute entre vous et notre père. Défendez vos droits. Quand j'entendrai le tonnerre de vos armes, je regarderai dans mon esprit si je ne suis pas obligé de vous venir en aide ». C'est alambiqué, mais clair. Girod et Chénier reviennent presque bredouilles. Le gouverneur, aussitôt qu'il est informé, félicite les Indiens d'Oka pour leur « belle conduite ».

Sur la rive sud, on est moins flambard. Mais des patriotes exacerbés s'en prennent aux « chouayens », qu'ils rendent responsables de leur échec. Ceux de Saint-Jean soupçonnent Joseph Armand dit Chartrand de renseigner Robert Jones. Chartrand se rend à L'Acadie pour affaires, le 28 novembre. Or, L'Acadie, sous l'impulsion du Dr Côté, est devenue un nid de patriotes. L'instituteur François Nicolas, à la tête d'une petite bande, enlève Chartrand sur la route du retour, l'enferme dans l'école, lui fait subir un simulacre de procès, l'attache à un arbre et le fusille.

Le comté des Deux-Montagnes et les groupuscules à part, le moral des patriotes s'effondre, tandis que les milices s'organisent et que les curés prêchent le calme et la soumission. Un peu partout dans la province, l'offre de paix du gouverneur est accueillie avec empressement. On signe des adresses de fidélité. Les « bureaucrates » ajoutent aux leurs des demandes de représailles. Les plus enragés d'entre eux profitent de la situation pour demander — comme La Fontaine l'appréhendait — la suppression de la Chambre et le retour au régime colonial pur et simple.

* * *

Le colonel Gore, après son échec, est rentré à Sorel. Colborne lui envoie un renfort des trois armes, infanterie, artillerie et cavalerie, qui doit lui permettre de prendre sa revanche et de rétablir sa carrière compromise. Le curé Kelly, de Sorel, avertit son confrère Demers, de Saint-Denis.

Le curé Demers en fait part à la population, plus qu'à demi démoralisée par l'échec de Saint-Charles. Des hommes ont déjà quitté leur faction, déblayé les routes des obstacles qu'ils y avaient dressés. Ce mouvement s'accentue. Nelson ne garde guère autour de lui que les chefs — Brown, Marchesseau, Viger, les deux Cartier, Jalbert et quelques autres. La population supplie Nelson de s'en aller, car sa présence peut attirer des représailles terribles. On sent, chez les femmes, le reproche, tout près de s'exprimer, d'avoir entraîné le village dans un drame. Nelson tient un dernier conseil de guerre, qui doit se rendre à l'évidence. Les chefs patriotes n'ont plus qu'à passer ou tenter de passer aux États-Unis. Mais la troupe, les miliciens, les volontaires et les loyalistes les guettent. Une bande attirera l'attention. Donc, chacun pour soi, ou par petits groupes (1er décembre 1837).

Le curé Demers peut enfin envoyer sa lettre à Mgr Lartigue, en ajoutant un deuxième post-scriptum :

> Les six hommes de cette paroisse tués au feu du 23, dont l'un a reçu l'extrême-onction et un autre a donné des marques de repentir, ont été enterrés à la fois dans le cimetière. Ces combattants marchent tellement sous l'impression de la terreur que je ne les regarde pas mourir in flagranti delicto. Dites-moi ce que vous en pensez, ainsi que des services qu'on pourrait demander pour eux.

L'évêque répond le 4 décembre :

> Il n'y a pas le moindre doute qu'on ne peut absoudre aucun de ceux qui ont coopéré publiquement à la révolte, par paroles ou par actions, à moins de rétractations aussi publiques ; et à plus forte raison ceux qui ont pris les armes contre la Reine ; et s'ils meurent ainsi sans s'être repentis et rétractés, ils doivent être privés de la sépulture ecclésiastique ; et il ne faut pas leur chanter de services publics, quoique ils aient réparé, avant de mourir, leur agression armée ; ceux-là sont bien morts, à mon avis, in flagranti delicto, quoique on ignore ce qui a pu les excuser peut-être aux yeux de Dieu. Quant à ceux qui ont déjà été enterrés, sans réparation, dans le cimetière, avec les deux autres repentis, quoique ceux qui les ont enterrés ainsi soient coupables, il faut néanmoins laisser leurs corps où ils ont été mis.

Mgr Lartigue écrit au curé de Saint-Charles, qui a déjà enterré, dans le cimetière, vingt-quatre catholiques tués au combat :

> Les patriotes rebelles et morts in flagranti delicto ne peuvent recevoir la sépulture ecclésiastique. Mais pour ne point exhumer ceux qui ont été mis dans le cimetière, ce qui ne pourrait se faire sans danger de répandre la corruption, il faudra séparer du lieu sacré, par une clôture, l'endroit où ils ont été déposés, de manière à le rendre profane... Cette précaution, tout en sauvant les règles de l'Église, aura le bon effet d'inspirer aux vivants toute l'horreur qu'ils doivent avoir pour la rébellion, en la voyant punir si exemplairement. Ne chantez point de service pour ceux qui sont ainsi morts les armes à la main. Mais vous pourrez dire des messes basses pour le repos de leurs âmes, parce que plusieurs ont pu être repentants avant de mourir, quoiqu'ils n'aient pas eu le temps d'en donner des marques.

Mgr Bourget écrit au curé Joseph-Marie Bélanger, de Saint-Esprit : « Aucune raison quelconque ne saurait justifier une insurrection, puisque l'Église a toujours décidé que c'était un crime ». Et au curé Jacques Paquin, de Saint-Eustache :

> Quoique l'on ne sache pas encore le nombre des morts à Saint-Charles, il paraît certain qu'il est très grand ; et il a fallu, comme bien vous pensez, leur refuser les honneurs de la sépulture ecclésiastique : ce qui a singulièrement chagriné les parents des malheureuses victimes, qui assuraient qu'ils n'auraient pas été s'insurger de la sorte s'ils eussent vu toutes les conséquences qui en devaient résulter.

Ces ordres sont durs, mais, explique Mgr Bourget au curé Hyacinthe Hudon, de Boucherville : « Je crois que cette rigueur est propre à ouvrir les yeux à ceux qui veulent s'aveugler, et qu'en traitant durement les cadavres des morts on sauve les vivants ». Mgr Bourget demande des explications au curé François-Paschal Fortier, de Terrebonne, que des dénonciateurs accusent d'avoir lu le mandement du 24 octobre « avec dédain et d'une manière méprisante ».

À Saint-Denis, le curé Demers donne également connaissance d'une lettre de Gugy, engageant les patriotes à rentrer paisiblement dans leurs foyers, pour éviter de plus grands malheurs. Ce conseil est suivi d'avance.

* * *

Le colonel Gore se dirige de nouveau vers Saint-Denis. Le shérif Édouard-Louis-Antoine Duchesnay l'accompagne, pour procéder aux arrestations suivant les règles. Gore passe par Saint-Ours, en manifestant des intentions brutales. Fera-t-il incendier le village ? Le curé Jean-Baptiste Bélanger se porte à sa rencontre et garantit le loyalisme de ses paroissiens. Gore fait respecter les propriétés, à l'exception de celles du Dr Dorion, d'Antoine Daigle et de Louis Mogé, qui flambent. Le shérif arrête Dorion et Mogé. Ses ordres sont de les conduire à Montréal, enchaînés et à pied. Duchesnay obtient l'autorisation de les conduire, sous escorte, par bateau.

La colonne reprend sa marche. Les habitants de Saint-Denis envoient au-devant du colonel un parlementaire, pour faire leur soumission et demander que leurs propriétés soient épargnées. L'officier recevant l'émissaire répond que les propriétés des rebelles seront incendiées. Un nouvel exode commence alors, chaque famille emportant ce qu'elle peut de ses effets.

La troupe, à Saint-Denis, réquisitionne vivres et logement. Les propriétés des rebelles sont incendiées, comme promis. Et d'autres aussi. Des armoires sont éventrées, des meubles brisés, des effets dispersés — et des barils vidés. Il semble que le colonel Gore outrepasse ses consignes ou laisse ses hommes les outrepasser. Mais aussi, des officiers, conduits par une fillette, ont découvert, sous un tas de pierre, le corps du lieutenant Weir, lardé de coups de sabre, et cette vue exaspère leurs camarades. Les soldats culbutent le monument à Marcoux, s'acharnent contre lui, le mettent en morceaux. La distillerie du Dr Nelson est naturellement mise en cendres. Quant à sa ferme, les dragons avertissent Joseph Charpentier qu'il sera prudent de déguerpir avant la promenade des torches. Charpentier obtient, en parlementant, le droit de sortir ses meubles de la maison et une partie du blé de la grange. Les dragons mettent ensuite le feu. Mais Conrad Gugy, qui accompagne la colonne, arrête les mauvais traitements que des soudards commençaient d'infliger à la femme et aux enfants de Wolfred Nelson.[1] La propriété des demoiselles Darnicourt, où des soldats témoignent que, prisonniers, ils ont été bien traités, est épargnée. L'aubergiste-armurier Pierre Bourgeois, qui a gardé cinq soldats blessés dans son établissement, est moins heureux : les dragons lui passent une corde autour du cou, l'attachent à une palissade et vont boire dans son hôtel. Après quoi, ils l'emmènent

---

1. Témoignage de Wolfred Nelson, publié par Gugy dans son « Explication adressée à mes concitoyens de toutes les origines », en 1867.

prisonnier. Quand le colonel Gore fait sonner la retraite, le feu est partout au village.

* * *

Côme-Séraphin Cherrier a été arrêté à Montréal, le 1er décembre. Un vétéran de la bataille de Châteauguay, Hippolyte Chapdelaine dit Valérien, capitaine de milice à Saint-Ours, qui a pris part active aux assemblées « anticoercitives » et renvoyé sa commission à lord Gosford en revendiquant ses droits de « citoyen libre », est emprisonné le 4 décembre.

Le district de Québec n'a pas bougé. L'arrestation préventive de Morin et de ses compagnons a dissous les comités de consultation et de correspondance qu'ils avaient formés. Quelques rixes aux chantiers maritimes restent des incidents isolés. Robert Shore Milnes Bouchette est le seul Québécois qui ait pris les armes — dans le district de Montréal. La majorité des notables canadiens-français de Québec, y compris deux députés, A.-C. Taschereau et le Dr P.-M. Bardy, convoquent leurs concitoyens à une assemblée de protestation contre la rébellion.

Dans le district des Trois-Rivières, l'avertissement des magistrats était, autant dire, superflu. Il n'y a eu que deux arrestations. Quelques patriotes disposés à se battre ont, comme Bouchette, rejoint les groupes de la vallée du Richelieu. Une assemblée de blâme contre la rébellion se tient aux Trois-Rivières. Des assemblées rassemblent aussi le gros de la population à Lévis, à Saint-Antoine-de-Tilly, à Sainte-Marie-de-Monnoir, puis un peu partout dans la province. On y affirme le loyalisme des officiers de milice démissionnaires, qui ont agi sous l'intimidation.

Le caractère improvisé d'une insurrection prévue, en somme, depuis si longtemps, a de quoi confondre. La liaison entre les réformistes du Bas et du Haut-Canada était aussi mal assurée. On se rappelle que Mackenzie a réuni, quelques jours avant notre bataille de Saint-Denis, une quinzaine de chefs réformistes pour leur communiquer son plan d'insurrection : des bandes organisées, venues des différentes parties de la province, entreront dans Toronto par la rue Yonge, sous le commandement du Dr Rolph, le jeudi 7 décembre ; les forces insurrectionnelles se seront rassemblées aussi discrètement que possible à l'hôtel Montgomery, à quatre milles au nord de Toronto ; elles atteindront, de quatre à cinq mille hommes ; elles marcheront sur l'hôtel de ville, y saisiront des armes et captureront le lieutenant-gouverneur et la garnison.

Victorieux, nous convoquerons une convention, à laquelle nous soumettrons un projet de constitution ; le comité exécutif assurera la liaison avec Papineau et le mouvement bas-canadien...

Il ne manque pas de loyalistes qui observent ces va-et-vient, ces rassemblements de pics, ces exercices militaires, et qui avertissent les autorités. Sir Francis Bond Head ne les croit pas, ou plutôt affecte de ne pas les croire, car il a envoyé sa propre famille en sécurité, hors de Toronto.

Le soir du 24 novembre, moins de 24 heures avant la bataille de Saint-Charles, Mackenzie et Rolph font une dernière tournée de leurs organisations. Ils distribuent des commandements militaires à Samuel Lount, Anthony Anderson et Van Egmont. Mais la nouvelle de Saint-Charles arrivée peu après, répand un certain découragement.

56

Moore's Corner

Louis-Michel Viger est toujours en prison, et Pierre Amiot, député de Verchères, a été pris à Saint-Charles. Le juge de paix Simon Lespérance, qui a gardé Gauvin prisonnier chez lui pendant quelques jours, finit par le remettre aux autorités à Saint-Hilaire. Gauvin est écroué à Montréal.

Richard Hubert s'est agrégé au groupe « du Nord », auquel Wolfred Nelson l'avait envoyé porter la nouvelle de sa victoire. Georges-Étienne et Henri Cartier errent un peu dans les bois, puis, constatant la difficulté d'atteindre la frontière, se réfugient chez leur ami Antoine Larose, riche cultivateur de Verchères. Édouard-Raymond Fabre est caché non loin de là, chez le curé de Contrecœur. Plus d'un patriote traqué trouve refuge chez un curé qui a sévèrement blâmé la révolte.

La plupart des combattants de Saint-Denis et ceux qui ont pu s'échapper de Saint-Charles ont pris la direction des États-Unis. Wolfred Nelson, Siméon Marchesseau, Thomas Storrow Brown, François Jalbert et le Dr Timothée Kimber, partis de Saint-Denis le 1er décembre, à 4 heures de l'après-midi, s'arrêtent le lendemain matin, aux petites heures, chez le meunier Jean-Baptiste Bousquet, près de Saint-Césaire. Bousquet, tout dévoué à la cause — il a pris part à la tentative avortée de la Pointe-Olivier, — leur donne à déjeuner, mais les volontaires sont à leurs trousses. Les fugitifs se dispersent. Wolfred Nelson erre avec un compagnon, Célestin Parent, pendant dix jours. Parent demande au Dr Nelson où M. Papineau peut bien être. — « Je ne sais pas où il est maintenant », répond Nelson, « à Saint-Denis je l'ai fortement pressé de partir. Il voulait rester et j'ai eu de la difficulté à le décider ». Les deux fugitifs tournent en rond jusqu'à ce qu'ils puissent engager un Abénaquis, François Borneuf, de Saint-François, comme guide. Mais l'Indien n'est pas plus expert que ses clients. Les trois hommes voyagent la nuit, à travers bois, dans la boue glacée, sans pouvoir allumer de feu pour se réchauffer. Nelson, malgré son athlétique constitution, est au dernier degré d'épuisement quand une patrouille de volontaires les arrête. Nelson et ses compagnons sont remis au bataillon de milice de Missisquoi, qui décide de les conduire à Montréal. Le pasteur protestant de Stukely, prenant Nelson en pitié, l'accompagne pour l'encourager et peut-être pour le protéger.

Bonaventure Viger et son compagnon Isaac Larocque, qui s'est battu à ses côtés à Saint-Charles, subissent à peu près la même mésaventure. Des volontaires les arrêtent à Bedford. Viger, qui ne perd jamais son aplomb, se donne comme un Québécois, retournant dans sa ville après avoir visité ses parents. Son air de sincérité impressionne. On les laisse partir. Mais ils mettent une hâte suspecte à regagner les bois. Les volontaires leur courent après. Les deux patriotes s'enfuient, mais ils perdent leur orientation et tombent sur un piquet de milice. Viger a beau protester de son innocence et même de son loyalisme ; on le conduit au fort de l'Ile-aux-Noix que garde une compagnie de vétérans. Interrogé par un officier, Viger répète son histoire, cette fois sans convaincre. Mais pour lui toute cette aventure, même aux moments où il joue sa liberté, peut-être sa tête, à pile ou face, tient de la partie de plaisir. Il paie d'audace et interroge à son tour : « Mais qui donc cherchez-vous ? »

— Wolfred Nelson, François Jalbert et Bonaventure Viger, répond l'officier, en le regardant bien en face. Viger ne bronche pas. Il est tout de même reconnu, et envoyé à la prison de Montréal. En y arrivant, il croise un des volontaires qu'il a mis en fuite à Longueuil. L'homme lui prédit :

— Tu seras pendu demain.

— C'est dommage, répond Viger, que je ne t'aie pas envoyé une balle dans la tête sur le chemin de Chambly. Tu n'aurais pas tiré sur la corde qui me pendra.

Marchesseau, le Dr Kimber et deux ou trois autres, restés ensemble, s'égarent plusieurs fois et sont finalement arrêtés près du but — près de la frontière américaine. Envoyés au fort de l'Ile-aux-Noix en attendant leur transfert à Montréal, ils y sont enfermés, sans paille pour se coucher, dans des cachots sans chauffage.

Duchesnois et Brown, presque seuls du groupe initial qui entourait Nelson, réussissent, par des routes différentes. Pour Brown, dans son état physique et moral, c'est quasiment paradoxal. Il arrive, plus qu'à moitié mort de faim, d'épuisement et de froid, mais enfin il arrive à franchir la frontière. Louis Perrault, frère d'Ovide, réussit également sa fuite. Louis Lacasse, blessé par un éclat de pierre dans la maison Saint-Germain, met dix-huit jours à gagner la frontière.

Augustin Papineau, le Dr Boutillier et les deux frères Pacaud qui se sont battus à Saint-Charles rentrent chez eux à Saint-Hyacinthe, et se cachent de leur mieux. La seigneuresse Dessaulles, qui abrite déjà son frère Louis-Joseph, dissimule Augustin dans une cachette ménagée dans sa cave. C'est aussi à Saint-Hyacinthe que Goddu, en quête d'un abri, vient échouer. Les autorités recherchent évidemment, au premier chef, Louis-Joseph Papineau. Le gouverneur fait afficher, le 1er décembre, cette proclamation :

> Attendu que
>   Louis-Joseph Papineau
> de la cité de Montréal, est accusé de haute trahison, et attendu que ledit Louis-Joseph Papineau s'est retiré du lieu de sa résidence ordinaire, et qu'il y a lieu de croire qu'il a fui la justice ; et attendu qu'il est expédient et nécessaire à la due administration de la justice et à la sécurité du gouvernement de Sa Majesté en cette Province qu'un si grand crime ne reste pas impuni...

La proclamation promet une récompense de « mille livres — 4,000 piastres » à qui l'appréhendera et le conduira devant un juge. Une récompense est aussi offerte pour l'arrestation des autres chefs, de Thomas Storrow Brown à William Henry Scott.

Il est naturel de présumer que Papineau a trouvé refuge chez sa sœur. Des renseignements confirment cette hypothèse. Le colonel Gore charge le lieutenant Daniel Lysons d'une perquisition. Lysons part avec une forte escouade de soldats, en traîneaux, à la nuit tombante. Les colliers des chevaux sont dépouillés des clochettes si pittoresques — elles faisaient les délices de lady Aylmer — mais peu discrètes. Un guide prend place aux côtés du lieutenant. À Saint-Hyacinthe, on s'arrête devant l'imposante propriété de la seigneuresse. Lysons distribue des sentinelles, de manière à cerner la résidence. Il est reçu par une « charmante vieille dame, délicieusement habillée », qui lui fait tout visiter, n'omettant aucun recoin, aucun placard, ouvrant même les tiroirs. Elle veut gagner du temps, pense l'officier, riant sous cape, pour permettre à son frère de s'échapper ; elle ne se doute pas que la maison est cernée. Cependant Papineau a eu le temps de sortir de la maison et de se jeter dans un fossé profond.[1] Lysons et ses hommes ne le découvrent pas. Ils ne découvrent pas davantage Augustin Papineau, tapi dans son oubliette. Le lieutenant Lysons, qui a guidé l'infortunée colonne Gore en portant une lanterne au bout d'une perche, joue de malchance.

Mais de nouvelles recherches sont à craindre. S'il existe, après la vallée du Richelieu et le comté des Deux-Montagnes, un endroit suspect, c'est bien Saint-Hyacinthe. La sœur, un frère et des neveux de Louis-Joseph Papineau y habitent. Le Dr Boutillier, les frères Pacaud, Augustin Papineau sont, à cette heure, gibier de prison. Le notaire Jean-François Hétu, agent des seigneurs et à ce titre l'un des personnages influents de la petite ville, s'est compromis au point qu'il vient de s'enfuir pour les États-Unis. L'étudiant en médecine Magloire Turcot, qui s'est battu à Saint-Charles, en a fait autant. Le Séminaire compte cinq Papineau, fils, neveux ou cousins de l'Orateur, et deux fils du Dr Nelson parmi ses élèves. Des membres de la milice collégiale ont prononcé, dit-on, des discours d'un « patriotisme » échevelé. Et les professeurs, s'ils n'ont pas encouragé la révolte, ne passent pas pour l'avoir découragée. Des perquisitions plus complètes et peut-être des représailles sont inévitables à Saint-Hyacinthe. Papineau change plusieurs fois de domicile, pour dépister les recherches. Une personne scrupuleuse qui connaissait sa retraite a fait consulter M. Quiblier, dont l'autorité est si étendue, sur l'obligation, en conscience, de la dénoncer. La plus longue cachette de Papineau, qu'O'Callaghan partage avec lui, est chez l'ancien député Louis Poulin, capitaine de milice. Papineau est le gibier de surchoix dont tous les magistrats et tous les policiers rêvent la capture. Deux magistrats ont demandé au procureur général d'en être chargés, en promettant, l'un de lui ouvrir le cœur avec un poignard, l'autre de lui brûler la cervelle au moment de l'arrestation.[2] La présence de Papineau dans une ville déjà suspecte peut tout envenimer.

Donc, à Saint-Hyacinthe, les uns veulent sauver la tête de leur chef et ami. D'autres veulent éviter la terreur que sa présence

---

1. Daniel Lysons : *Early Reminiscences*
2. D'après un écrit de M. Quiblier, au Séminaire de Saint-Sulpice.

attirerait. Un peu partout, d'ailleurs, la population, craignant des représailles, reproche aux chefs patriotes de l'avoir conduite dans une impasse. Le temps est arrivé, prédit par Étienne Parent dans *Le Canadien* du 13 septembre, « où l'on maudira bien vainement les hommes que l'on déifie aujourd'hui ». Quelques-uns crient à la trahison. C'est la suite de toutes les défaites. On entend même dire que des chefs se sont enfuis avec un trésor de guerre — « avec l'argent des patriotes ».

Papineau, dont la femme est à Verchères, ne va pas embrasser ses fils Lactance et Gustave au Collège, pour ne pas embarrasser les professeurs — et pour ne pas affaiblir son courage. À la brunante, il s'en va.

L'ancien député Louis Poulin conduit Papineau et O'Callaghan en voiture jusqu'à Saint-Césaire. À partir de là, c'est un habitant, nommé Ducharme, qui, pour leur servir de guide, risque sa liberté, peut-être sa vie.

Papineau et O'Callaghan passent la nuit — leur dernière nuit au Canada — chez Luc-Clément Fortin, capitaine de milice à Saint-Georges d'Henryville. Fortin ne s'est pas compromis avec les patriotes, il est même pour eux plutôt un adversaire ; c'est dire qu'il ne sera pas suspect. Et loin de trahir ses hôtes, il leur fournit un de ses employés, qui n'est pas non plus un patriote, pour les guider dans leur dernière étape.

Ils partent au petit jour. Papineau s'arrête quand il entend, bien qu'il soit déjà loin, le chant de la cloche du village — qui ne sonne pas, cette fois, le tocsin, — ondoyant en larges vagues sonores sur un air ténu où rien ne lui fait obstacle.

Papineau laisse fléchir son buste et ses épaules, et reprend la direction du sud. Les fugitifs parviennent aux lignes sur la baie de Missisquoi, qu'ils traversent en chaloupe. Non sans peine, car l'eau est prise par endroits. En abordant, une fausse manœuvre fait chavirer l'embarcation. Papineau tombe à l'eau, se sauve à grand peine et se foule un pied en reprenant terre.

Les deux Pacaud, le Dr de La Bruère et Louis Lacoste, partis ensemble de Saint-Hyacinthe, s'arrêtent à Saint-Césaire, où la population les accueille mal. Poulin n'a-t-il pas cédé à la gloriole de faire savoir qu'il avait conduit M. Papineau à Saint-Césaire ! Les quatre fugitifs doivent repartir en hâte. Mais les milices locales barrent le chemin. Lacoste est pris. Desrivières, venu à son tour à Saint-Césaire, est livré par un de ses amis, ou anciens amis. Goddu, qui a passé une semaine à Saint-Hyacinthe, et pris de son côté la direction des États-Unis, est aussi dénoncé par un « ami » chez lequel il s'est arrêté pour demander son chemin. Les dénonciations pleuvent, naturellement ; d'aucuns exercent ainsi des vengeances personnelles. Bousquet est arrêté. Le capitaine Fortin, qui a donné l'hospitalité à Papineau, doit lui-même se cacher pendant quelque temps.

* * *

Aux États-Unis, sur la baie de Missisquoi, Papineau et O'Callaghan rencontrent un groupe de patriotes, dont plusieurs échappés du massacre de Saint-Charles. On parle d'exécuter une diversion. Un imposant rassemblement de patriotes « du Nord » s'est effectué autour de Girod, de Scott et de Chénier, à Saint-Eustache. Le bruit court à Montréal que Girod est à la tête d'une véritable armée, bien fournie en provisions. C'est sans doute pourquoi le général Colborne attend la soumission complète de la vallée du Richelieu et le retour des troupes qu'il y a envoyées pour diriger, lui aussi, une véritable armée sur Saint-Eustache. Une tentative partie des États-Unis aura le caractère d'une diversion, qui soulagerait les patriotes du Nord en obligeant l'ennemi à diviser ses forces, et en même temps bénéficiera de l'immobilisation des troupes ou d'une partie des troupes par la menace du « Nord ».

Le groupe formé par Bouchette, Duvernay, Rodier, Gagnon et Mailhiot — l'un des chefs, avec Goddu, de la tentative de la Pointe-Olivier — a déjà établi un petit quartier général à Swanton, dont la population sympathise avec les Canadiens, et s'est procuré des armes. Cette équipe se grossit de quelques fanatisés, tels que Joseph Duquet, d'abord réfugié à Highgate avec son oncle Demaray, et Pierre-Rémi Narbonne, de Saint-Édouard, qui exerçait, avant l'insurrection, la double profession de peintre et d'huissier à la Cour du Banc du Roi. Rémi Narbonne a trente ans. Il a des cheveux noirs bouclés, un teint basané, des yeux perçants. Manchot depuis un accident d'enfance, il n'en est pas moins un des patriotes les plus actifs — assez actif pour juger bon de mettre la frontière entre sa personne et les représentants de Sa Gracieuse Majesté. Narbonne, comme Duquet et comme tout le groupe de Swanton, rêve encore de liberté, d'indépendance, de plaies et de bosses. Un officier américain, Charles G. Bryant, capitaine commandant les Volontaires de Bangor, dans le Maine, embrasse avec enthousiasme la cause des réfugiés canadiens.

Le Canada et le Maine sont en dispute sur le tracé de la frontière, depuis le traité de Versailles qui a consacré l'indépendance des États-Unis. Nous nous rappelons qu'un certain nombre d'Acadiens, chassés par les loyalistes après la guerre de l'Indépendance, se sont établis dans les vallées de la Madawaska et de l'Aroostook. Des Canadiens venus des vieilles paroisses du Saint-Laurent — Trois-Pistoles, l'Isle Verte, Rivière-du-Loup — se sont mêlés à eux. Acadiens et Canadiens, en proportions à peu près égales, forment une population originale, isolée des principaux centres acadiens et canadiens. Les « Madawaskayens » se sont reconstitué une organisation religieuse. Mgr Hubert, évêque de Québec, les a autorisés à construire une chapelle, érigée en paroisse de Saint-Basile en 1792. C'est la paroisse-mère, qui comprend d'abord le Madawaska tout entier, puis donne naissance à Saint-Bruno de Grande-Rivière et à la desserte de Sainte-Luce de Chautauqua en 1827. Ce territoire — un coup d'œil sur la carte en convainc — et cette population sont clairement canadiens. Mais la législature du Maine prétend les annexer. Des Américains impatients tentent des coups de main pour entraîner leur gouvernement qui, tantôt ferme les yeux, tantôt les blâme mais ne les arrête pas. Il est possible que le gouvernement américain se serve de Bryant pour embarrasser le gouvernement canadien, comme le Dr Brien le suggérera dans sa confession. Bryant s'agglomère au groupe de Swanton et participe à ses préparatifs. Il est débordant d'activité. Le Dr Côté engage aussi un immigré d'Irlande, Robert McMahon, qui a passé quelque temps à L'Assomption, puis dans le Haut-Canada, avant de s'établir dans le Vermont. Ce McMahon est lui aussi un bagarreur. Côté lui promet une petite solde et, en cas de succès — indubitable ! — 200 acres de terre. Julien Gagnon dit L'Habitant parcourt les villages canadiens voisins de la frontière, pour recruter des partisans.

Il rencontre peu de succès. Le clergé continue ses mises en garde. Mgr Bourget écrit au curé Hyacinthe Hudon, de Boucherville (12 décembre 1837) :

> Il n'y a plus à tergiverser, et nous sommes obligés de dire à nos peuples qu'ils ne peuvent, sous peine de damnation, et par conséquent de refus des sacrements, ni prendre les armes ni y exciter les autres, ni contribuer en rien à l'injuste guerre qui se fait contre le gouvernement établi ; qu'ils ne sauraient être admis aux sacrements si intérieurement ils sont disposés à profiter de quelques occasions qui pourraient se rencontrer de se soulever.

Même recommandation au curé Joseph-Marie Bélanger, du Saint-Esprit. Pour éloigner ses paroissiens de la révolte, le curé devra leur rappeler, dans ses prônes, la doctrine de l'Église et les dispositions du mandement du 24 octobre. Il leur conseillera de s'unir pour résister à l'intimidation des patriotes (5 décembre). Mgr Bourget recommande au curé Jean-Baptiste Labelle, de Châteauguay, de mettre le coffre-fort de la fabrique en sûreté, par exemple au Séminaire de Montréal. Reste le cas du curé Blanchet, de Saint-Charles, qui a béni les patriotes avant la bataille. Mgr Bourget commence par lui donner les instructions habituelles à l'égard des morts in *flagranti delicto*, qui « ne peuvent recevoir la sépulture ecclésiastique ». Quant à ceux que leurs camarades ont, d'autorité, mis dans le cimetière, on devra séparer l'endroit où ils reposent du reste du cimetière par une clôture, ce qui le rendra profane et inspirera aux vivants l'horreur qu'ils doivent concevoir pour la rébellion. Défense de chanter des services pour ceux qui sont morts les armes à la main, mais on peut dire des messes basses pour le repos de leur âme. Quant au curé lui-même, les autorités lui reprochent d'avoir favorisé l'insurrection ; elles invoquent les faits suivants :

> Votre sermon après l'assemblée des Six-Comtés, votre apparition dans le champ des insurgés où ils prétendent que vous avez donné l'absolution générale, quelques notes injurieuses au mandement du 24 octobre, écrites, dit-on, de votre main, un écrit trouvé au presbytère, tendant à prouver que la révolte n'est pas contre le droit divin, etc. Veuillez bien m'en écrire au plus tôt et avec toute la sincérité que je vous connais, toute la vérité et rien que la vérité (5 décembre 1837).

Mgr Signay, évêque de Québec, entretient les mêmes dispositions, bien que son intervention soit moins nécessaire. Lord Gosford a demandé un renfort de troupes des provinces Maritimes. Ces provinces n'ont pas remué. Lemuel Allan Wilmot, chef des réformistes au Nouveau-Brunswick, est très entiché de la milice et fier de son grade de lieutenant-colonel. Joseph Howe, chef des réformistes en Nouvelle-Écosse, un moment soupçonné de sympathie pour les rebelles, invoque une lettre qu'il écrivait en 1835 à H.S. Chapman, réformiste du Haut-Canada, approuvant ses griefs et ceux de ses amis, mais réprouvant tout recours à la violence. Les provinces Maritimes, où les réformistes sont fils ou petits-fils de loyalistes, ne peuvent participer à un soulèvement qui aboutirait à la répudiation du lien britannique. Les lieutenants-gouverneurs ne courent aucun risque en dégarnissant leurs casernes.

Mgr Signay recommande au curé Jean-Louis Beaubien, de Saint-Thomas, de veiller à ce que ses paroissiens s'abstiennent de toute démonstration hostile lors du passage des troupes.

Des curés encouragent la signature d'adresses loyalistes. Le curé Louis-Onésime Désilets, des Grondines, consulte Mgr Signay à ce sujet. Vous pouvez, certes, encourager vos paroissiens à signer une adresse de loyalisme, répond l'évêque : « Mais n'oubliez pas qu'un pasteur qui veut conserver la confiance de son peuple et ménager son influence au milieu de lui a besoin, dans le temps qui court, d'user de beaucoup de délicatesse et de prudence pour bien faire sentir à tous ses paroissiens, sans faire de peine à aucun d'eux, ce que le devoir, la religion et le bien du pays demandent de tout fidèle sujet dans la crise actuelle » (6 décembre 1837).

* * *

Julien Gagnon, qu'on surnommait « La Terreur » dans sa paroisse, a beau y mettre quelque brutalité : l'ambiance n'est pas propice au recrutement des patriotes. D'anciens officiers de milice ou juges de paix, de plus en plus nombreux, sollicitent la restitution de la commission qu'ils ont renvoyée sous la menace. Mais Gagnon est homme à foncer, tête baissée, contre n'importe quel obstacle. Il franchit plusieurs fois la frontière et pousse la témérité jusqu'à se rendre à Saint-Valentin, sa paroisse, pour y chercher du renfort. L'ensemble de la population le reçoit fraîchement. Gagnon endoctrine et recrute cependant une quarantaine de ses anciens partisans. Le groupe traverse le Richelieu de nuit, contourne la baie de Missisquoi, échappe aux patrouilles et aux piquets de volontaires, et parvient à Swanton, où le gros des réfugiés l'attendait.

Bouchette, Gagnon et leurs amis sont davantage encouragés par une dose de sympathie rencontrée aux États-Unis. Théophile Dufort, le commerçant montréalais qui profitait de ses voyages d'affaires pour porter des messages aux réformistes du Haut-Canada, n'a pas attendu un mandat d'arrestation pour passer la frontière. Il s'est installé à Burlington avec sa famille. Il a des relations d'affaires aux États-Unis et, toujours actif, les met à profit pour la propagande des patriotes. Le *Buffalo Press* insère une lettre de Mackenzie, expliquant le but de son mouvement, qui est l'indépendance du Canada, et demandant l'aide américaine. Cet appel suscite des échos. Un comité d'aide aux réfugiés canadiens se forme à Buffalo (État de New York). Une assemblée de sympathie pour les réformistes hauts-canadiens attire un public nombreux. Plus à l'Est, les dames américaines organisent des soirées en l'honneur des « républicains » bas-canadiens. Les plus optimistes et les plus exaltés des réfugiés, ainsi encouragés, imaginent la conquête du Canada.

Papineau n'est pas de ce groupe. Il s'est réfugié à Albany, aussi incognito que possible. Le greffier de la Cour de chancellerie William Porter et sa famille ont connu les Papineau et sympathisé avec eux au cours d'un voyage au Canada. La famille Porter reçoit Papineau comme un ami intime. Elle habite une résidence cossue, donnant sur le parc, en face de la Maison d'État. O'Callaghan loge dans l'hôtel d'un ancien Trifluvien, qui a changé son nom de Boisvert en Greenwood. Les deux proscrits ne sortent que le soir, pour de courtes promenades. Des journaux locaux signalent la présence de l'Orateur du Bas-Canada, mais la nouvelle, parce qu'elle est vraie, est démentie. Papineau attribue toute la responsabilité de l'échec aux consignes du clergé, qui auraient retenu le peuple. Papineau, incroyant, a longtemps admis la solidarité du religieux et du national dans la vie du Canada français. Il a en conséquence accordé à l'Église une dose de collaboration, interrompue par des crises comme lors du bill des fabriques. Il en veut maintenant au clergé de rompre sa solidarité avec la cause nationale, servie et incarnée, à ses yeux, par son parti.

Mais il semble bien avoir abdiqué son rôle de chef. Il était souverainement à l'aise dans les grandes réunions publiques, où ses périodes sonores, sa voix vibrante et son geste accusateur faisaient frémir des foules passionnées, et plus encore à la Chambre d'Assemblée, où les jeunes députés buvaient ses paroles comme de l'alcool. À la Chambre d'Assemblée où les discours passent pour de l'action. Papineau, décidément, c'est notre Mirabeau. Amédée Papineau s'est enfui quelques jours après son père et, déguisé, a réussi à passer la frontière. Réfugié à Middlebury, il ne sait où est son père.

Lord Gosford décrète la loi martiale à Montréal le 5 décembre, ce qui entraîne une recrudescence de manifestations loyalistes. Quelques nouvelles arrestations préventives, comme celle de l'aubergiste Charles Gouin, de Sorel,[3] donnent à réfléchir. La po-

---

[3]. Son petit-fils Lomer Gouin sera premier ministre de la province de Québec, ministre de la Justice dans le cabinet fédéral, et mourra lieutenant-gouverneur à Québec.

pulation des comtés de Laprairie, de Chambly et de L'Acadie reçoit et s'empresse d'exécuter l'ordre d'apporter toutes les armes au poste militaire le plus voisin. Une nouvelle patrouille vient perquisitionner chez la seigneuresse Dessaulles, ne découvre pas Augustin Papineau, toujours caché dans la cave, et prend cantonnement au Séminaire, qui la reçoit sans difficulté. De Laprairie à Saint-Vincent-de-Paul, et à Montréal même, c'est à qui signera des adresses de fidélité, à qui se découvre sage, pondéré, ayant toujours pensé que Papineau était un ambitieux ou un fou.

* * *

Il ne reste d'inflexibles que dans le camp de Saint-Eustache. Girod et Chénier n'y ont guère établi la discipline et n'ont pu se procurer d'armes. Ils ont négligé des retranchements, en comptant trop sur la protection de la rivière des Mille-Isles, mais ils veulent une forteresse. Ils tranformeront le couvent, de construction à peine terminée et que les Sœurs n'occupent pas encore. Girod et Chénier demandent la permission au curé Paquin, qui répond par un refus catégorique. Ils passent outre, prennent les clefs, établissent un détachement au couvent et y convoquent une grande assemblée.

Les insurgés s'entêtent à vouloir le concours de William Henry Scott, député du comté, réformiste de toujours, dont la réputation est grande et l'influence considérable, à Saint-Eustache et dans toute la région. Scott, presque traîné de force à l'assemblée tenue au couvent, s'en tient à sa conviction et déconseille une résistance armée, vouée à l'anéantissement. Le curé Paquin, dont l'influence, forcément, est grande aussi, abonde dans le même sens (3 décembre 1837).[4]

Scott et l'abbé Paquin impressionnent un certain nombre d'esprits, et Girod note sur son journal le 5 décembre : « Depuis que Scott nous a abandonnés, les habitants sont sans courage ». Girod, le tout premier, doit être un peu découragé. Mais Chénier galvanise les indomptables. Le vicaire François-Xavier Desève lit en chaire la proclamation du gouverneur, et invite la population à s'y soumettre. Les chefs patriotes répondent que la proclamation trahit l'embarras, prouve la peur du gouvernement. Girod continue d'affirmer, et les Montréalais — Richard Hubert, Carrol Pel-

---

4. Le curé Jacques Paquin a rédigé un « Journal historique des événements arrivés à Saint-Eustache ». Il est parfois récusé en raison de son hostilité envers les patriotes. Mais sa chronologie est exacte.

tier, les deux frères de Lorimier — qui se sont agrégés au groupe du Nord confirment, que les patriotes « du Sud », vainqueurs à Saint-Charles comme à Saint-Denis, ont fait un grand carnage de soldats. Nelson, à la tête d'un camp formidable, est maître de toute la rive Sud ; il n'attend que la prise solide de la glace pour traverser le Saint-Laurent et s'emparer de Montréal. La guerre de l'indépendance est virtuellement gagnée ...

Les patriotes de Saint-Eustache, à qui l'on fait ces contes, n'ont pas vu les prisonniers de Saint-Charles défiler dans les rues, enchaînés deux par deux, sous les huées de la foule. Et les autorités, à Montréal, sont au courant de ces rodomontades. Car il n'est pas de jour où quelque famille « du Nord », loyaliste ou simplement apeurée, ne ferme sa maison pour se réfugier en ville, où elle dépeint la situation. Mgr Bourget écrit au curé René-Olivier Bruneau, de Verchères, qui abrite sa sœur comme toujours aux périodes de vacances ou de crise. Il compatit aux malheurs de sa famille. Il espère que l'éminente piété de Dame Papineau attirera sur son mari des grâces efficaces. Il fallait sans doute de grands maux pour expier de grands crimes. L'évêque coadjuteur espère que les Canadiens traînés plus ou moins de force au camp des rebelles réussiront à déserter si on leur apprend la situation réelle : « Ces pauvres compatriotes sont si trompés par leurs meneurs qu'ils croient que tout plie au sud sous les armes victorieuses de Canadiens et qu'on n'attend plus que la prise des rivières pour s'emparer de Montréal ».

Cependant l'abbé François-Magloire Turcotte, curé de Sainte-Rose, vient après les vêpres visiter son confrère Paquin, et décrit au contraire le désastre de Saint-Charles. Les trois prêtres, Paquin, Desève et Turcotte, font venir Chénier, influent par sa profession et par son caractère, au presbytère. Il y a là aussi William Henry Scott et son frère Neil, de Sainte-Thérèse. Tous prient Chénier de renoncer à ses projets. Chénier répond en démentant l'abbé Turcotte : les patriotes sont partout vainqueurs dans le Sud. De toute façon, sa résolution personnelle est prise : il mourra, s'il le faut, les armes à la main.

Le curé Paquin, dans ces conditions, veut se mettre en sûreté à Montréal. Mais Girod et Chénier ont placé, à chaque sortie du village, des sentinelles qui exigent un permis dûment signé. Le curé va demander ce permis à Chénier, qui refuse. Le curé prédit des malheurs et avertit Chénier, solennellement :

— Je vous en accuse devant Dieu et devant les hommes.

— C'est vous, Monsieur le Curé, que j'accuse. Vous devriez être avec nous quand nous allons combattre, pour nous donner l'absolution.

Les abbés Paquin et Desève se retirent dans une ferme, toute voisine, qui leur appartient.

* * *

Des durs de l'espèce de Chénier, réunis à Swanton autour de Duvernay, de Bouchette, de Rodier, de Mailhiot et de Gagnon, ont constitué une « armée » de 75 à 80 hommes, avec laquelle ils partent, en une héroïque et folle équipée, à la conquête du Canada.

Mailhiot commande « l'armée », avec Gagnon pour aide de camp. Duvernay, Rodier, Boudreau et Bouchette se sont partagés des grades. Bouchette commande l'avant-garde, d'une dizaine d'hommes. Le marchand de chaussures montréalais Joshua Bell commande l'artillerie, qui se compose de deux canons. L'armée franchit la frontière le 6 décembre. Mais les autorités étaient averties. Un groupe de 400 volontaires, rangés en bataille sur une éminence, attend les patriotes au Moore's Corner, à trois quarts de mille de la frontière.

L'engagement est bref. Sous le feu des volontaires, les patriotes, désavantagés par le nombre, par la position et par l'armement, retraitent en tiraillant. Un jeune patriote, Hubert Patenaude, est tué. Gagnon, deux fois blessé, s'enfuit en s'appuyant sur deux compagnons. Bouchette, blessé au pied, ne peut pas marcher. Ses camarades le transportent dans la maison Moore, et l'y laissent en lui souhaitant bonne chance. Joseph Duquet, qui s'est conduit bravement, est un des derniers à quitter le terrain. Les patriotes abandonnent fusils, canons et munitions. Les volontaires, lancés à leur poursuite, ne rattrapent que deux fugitifs légèrement blessés. Mais ils capturent Bouchette.

Le consul de France à New York prend cette fois la rébellion canadienne au sérieux. Il envoie des coupures de presse à son ministre (8 décembre), en signalant toutefois que « la partialité du *Courrier des États-Unis* en faveur du gouvernement anglais » rend ce journal « peu digne d'aucun crédit ».

Papineau, claquemuré dans son confortable refuge, ne cesse d'en vouloir au clergé. Il écrit à sa femme une longue — comme d'habitude très longue — lettre, qui parviendra, espère-t-il, par l'intermédiaire de M. Quiblier, dont le courrier a peu de chance d'être intercepté :

> 10 décembre 1837
>
> Chère et très chère amie,
>
> Dans ma fuite hasardeuse, j'ai échappé à tant et de si prochains dangers, éprouvé des angoisses si déchirantes à la vue des malheurs de mon pays, de ma famille, de mes amis, des consolations si grandes à la vue du dévouement, non seulement de patriotes engagés dans la même sainte cause, mais de celui d'étrangers, d'inconnus qui ont délibérément exposé leur vie pour sauver la mienne, celle d'un réfugié du Canada, parce qu'ils sympathisaient à ses maux et applaudissaient à ses aspirations pour la liberté, qu'à la vue de l'exercice d'une hospitalité si délicate que celle qui m'a souvent prévenu par l'observation : vous voulez le secret, en ce cas nous ne voulons savoir ni votre nom ni vos affaires ; notre maison néanmoins est la vôtre tant que vous voudrez y demeurer ; que l'espérance ne s'éteint pas dans mon cœur...
>
> Dans le temps de ma fuite sous divers déguisements, ma tête était à prix ; les fanatiques de la frontière l'avaient affiché en cent endroits et faisaient à un homme une chasse bien vive, puisqu'ils étaient persuadés que sa prise seule leur aurait valu autant que celle de 400 loups pour chacun desquels ils auraient eu dix piastres au lieu des 4000 que leur offre authentiquement et officiellement milord Gosford. Voici la morale en action du gouvernement anglais, et celle à laquelle les neuf dixièmes des prêtres du Canada applaudiront. La domination anglaise en Canada y attise trop violemment chez ses partisans l'esprit de parti, la soif du pillage, la rage de la domination pour qu'il ne devienne pas, et très vite, ou libre et vertueux, ou le plus asservi et le plus démoralisé pays du monde. Les chances de salut sont peu nombreuses ; elles eussent été certaines si les prêtres se fussent bornés à prier. C'est leur état ; ils ne font du bien que quand ils y restent ; ils ne font que du mal quand ils en sortent. Si le pays ne les sauve pas malgré eux-mêmes, ils y souffriront plus de mal d'ici à deux ou trois ans qu'ils n'en ont infligé depuis de longues années...

Il est pittoresque de retrouver la même plainte contre le clergé, tantôt chez les gouverneurs et leurs conseillers, tantôt chez Papineau et ses patriotes, suivant que le peuple se montre trop indocile aux yeux des uns ou trop tiède aux yeux des autres.

57

Insurrection dans le Haut-Canada

Au jour fixé, Mackenzie marche sur Toronto, qui est une ville de 12,000 âmes. Ses hommes ont pris et tué un officier, le colonel Moodie, qui, à cheval, tentait de franchir leurs piquets de sentinelles ; et cet incident rappelle le meurtre de Weir.

Aux abords de la ville, Mackenzie harangue ses hommes et leur décrit la faiblesse de leurs adversaires. Mais les insurgés sont mal armés — quelques-uns ne le sont pas du tout, — mal disciplinés et peu confiants dans la compétence militaire de leurs chefs. L'affaire est encore plus lamentable que dans le Bas-Canada. Des groupes de loyalistes accueillant les rebelles à coups de fusil, l'arrière-garde des partisans de Mackenzie, prise de panique, se débande.

Mackenzie cherche en vain à rallier les fuyards. Il lui reste moins de six cents hommes. Leurs adversaires se sont armés et renforcés. Les armes que les « patriotes » hauts-canadiens comptaient saisir sont tournées contre eux. L'échec est évident. Rolph s'enfuit aux États-Unis.

Mackenzie, Lount et quelques autres, parcourant la région à cheval, s'obstinent. Ils interceptent le courrier, s'emparent de suspects qu'ils déclarent prisonniers. Mais à la taverne Montgomery, qui est le quartier général des insurgés, règnent l'hésitation et presque la discorde.

Les loyalistes, munis de pièces d'artillerie, marchent sur la taverne Montgomery. Les insurgés se battent bien, cette fois, pendant une heure, mais sont écrasés sous le nombre. Mackenzie, à cheval, est un des derniers à s'enfuir. Anthony Van Egmont est arrêté avant de pouvoir l'imiter. Le lieutenant-gouverneur fait brûler la taverne Montgomery.

Une récompense de mille livres est offerte à qui arrêtera Mackenzie : soldats, volontaires, policiers, magistrats, loyalistes, orangistes, Indiens même, la moitié du Haut-Canada est à ses trousses. Grâce à des prodiges d'endurance, à sa connaissance du pays et à la discrétion des fermiers chez lesquels il s'arrête, le fugitif, déchiré, égratigné, les pieds et tout le corps meurtris, parvient sur la rive américaine.

Un rassemblement de 300 à 500 réformistes de la partie ouest du Haut-Canada s'était formé près de Brantford (canton d'Oakland), sous le commandement de Charles Duncombe, député du comté d'Oxford. La région est fertile et prospère, le climat moins rude que dans le Bas-Canada. Il y a là, comme autour de Mackenzie et de Papineau, une forte proportion de gens instruits et de gens à l'aise. Duncombe est médecin et trois de ses confrères l'entourent. Il y a aussi quelques Américains de naissance, ou descendants d'Américains, qui méprisent les « English tories ».[1] Ce rassemblement est formé, et prêt à l'action, après l'échec de Toronto, mais avant d'en avoir connaissance. Le 13 décembre seulement, Duncombe et ses hommes apprennent la défaite de Mackenzie et le rassemblement de volontaires loyalistes, commandés par Allan MacNab, président de l'Assemblée provinciale, et supérieurement armés. Les rebelles se dispersent alors. Duncombe et plusieurs de ses compagnons s'enfuient aux États-Unis. D'autres, voyant la fortune tourner, offrent de servir dans les rangs loyalistes. Les Irlandais du Haut-Canada, comme ceux du Bas-Canada, n'ont guère participé à la révolte. Qui donc fait à ce peuple une réputation d'impulsifs, sensibles à tous les appels révolutionnaires ? Dans le Haut-Canada comme dans le Bas-Canada, les Irlandais figurent en bonne proportion parmi les volontaires loyalistes.

Les appels aux loyalistes, placardés dans toutes les villes et dans tous les villages du Haut-Canada, se terminent par l'invocation : *God Save the Queen* !

* * *

---

1. Colin Read (University of Winnipeg) : « The Duncombe Rebels of December 1837. » M. Colin Read, qui multiplie les précautions pour éviter les généralisations hâtives, souligne le caractère à l'aise de ces insurgés, médecins, avocats, propriétaires fonciers.

Mackenzie trouve asile chez le Dr Cyrenius Chapin, à Buffalo, comme Papineau chez le greffier Porter, à Albany. Mais il n'y reste pas incognito. Le Dr Chapin organise séance tenante une grande assemblée de sympathisants. Mackenzie, épuisé, ne peut y venir, mais Chapin fait acclamer son nom — et celui de Papineau — et renouvelle l'assemblée le lendemain, avec la participation de son hôte. C'est au théâtre de la ville. Mackenzie assimile la cause des réformistes canadiens à celle des Américains quand ils se sont soulevés pour obtenir leur indépendance. Or, les Américains, peuple jeune, considérant leurs institutions comme les meilleures du monde, éprouvent l'envie de les répandre à l'étranger. Et l'affaire du Madawaska prépare un climat d'irritation. Un enthousiaste, l'avocat Thomas Jefferson Sutherland, déclare son intention de s'engager pour la cause de l'indépendance canadienne. D'autres le suivent. On ouvre une souscription pour l'achat d'armes et de munitions, et un bureau de recrutement à la taverne Eagle. Les enrôlés défilent, musique en tête, dans les rues de la ville, ce qui manque de discrétion. George Dawson, rédacteur en chef du *Rochester Democrat*, écrit à Mackenzie pour lui exprimer son admiration et l'inviter à Rochester.

Sutherland suggère de s'emparer de l'île Navy, dans la rivière Niagara. L'île Navy, voisine des célèbres chutes, appartient au Canada. On y établira une base d'opérations sans enfreindre la neutralité américaine. Donc, rendez-vous à Navy Island, le 13 décembre.

Mackenzie arrive à Navy Island, au jour dit. Rensellaer van Rensellaer l'accompagne. C'est un cadet de famille riche et influente dans l'État de New York. On lui attribue des aptitudes militaires parce que son père est général. Mais Mackenzie et son compagnon ne trouvent que deux douzaines de volontaires au rendez-vous, alors qu'ils en attendaient au moins dix fois plus. Mackenzie s'effondre presque. Ses compagnons le réconfortent. On établit, sur l'île, un gouvernement provisoire, que Mackenzie préside. Ce gouvernement lance, le jour même, une proclamation promettant cent acres des terres publiques à chaque combattant de l'indépendance.

58

Saint-Eustache

Mgr Signay émet un mandement important, le 11 décembre 1837 :

> S'il est des circonstances, nos très chers frères, où nous sommes obligés d'élever la voix pour rappeler aux fidèles confiés à notre sollicitude leurs devoirs à l'égard de la puissance civile, c'est surtout à la suite des malheureux événements qui viennent de se passer dans le district de Montréal, et qui sont aujourd'hui le sujet de la plus amère affliction pour les habitants de cette Province.
>
> Vous le savez, N.T.C.F., des hommes aveuglés par un patriotisme mal entendu se sont efforcés de faire prévaloir en ce pays des doctrines propres à favoriser l'insubordination. Eh bien ! ces funestes doctrines ont produit leurs fruits ; un nombre considérable de nos concitoyens qui les avaient adoptées sans en prévoir les déplorables résultats sont déjà devenus les victimes de leur trop confiante crédulité.
>
> Sans doute, N.T.C.F., et nous éprouvons une vive consolation à le reconnaître, sans doute que ces mêmes doctrines n'ont eu qu'un très petit nombre de partisans dans ce diocèse, et que la très grande majorité s'est toujours montrée loyale et fidèle au gouvernement...
>
> Il n'est pas nécessaire d'entrer ici dans un long détail des autorités sur lesquelles est fondée cette soumission que tout fidèle doit à la puissance établie. Les principes de notre sainte religion sont là-dessus si clairs et si précis qu'aucun catholique, qui veut demeurer tel, ne peut les révoquer en doute...
>
> Que par des voies légales et constitutionnelles on cherche à remédier aux abus dont on croit avoir raison de se plaindre, c'est un droit que nous ne prétendons contester à personne ; mais que pour

y parvenir l'on ait recours à l'insurrection, c'est employer un moyen, nous ne disons pas seulement inefficace, imprudent, funeste à ceux mêmes qui en font usage, mais encore criminel aux yeux de Dieu et de notre sainte religion ; c'est, sous prétexte d'éviter un mal, se jeter dans un abîme de maux irréparables...

Et sur ce point, vos pasteurs ne méritent-ils pas d'être écoutés ? Seraient-ils les seuls qui n'auraient pas la liberté d'ouvrir la bouche pour vous éclairer sur vos véritables intérêts ? Pourriez-vous croire qu'en vous engageant à une obéissance loyale, ils aient en vue de les compromettre ? Non, N.T.C.F., leurs efforts constants et leurs généreux sacrifices pour avancer la prospérité du pays ne permettent pas de former un soupçon si injurieux : leur conduite dans tous les temps est une preuve sans réplique de l'affection qu'ils portent à leurs concitoyens ; elle leur assure un droit incontestable à votre confiance.

Nous avons donc l'espoir que vous prêterez une oreille attentive à nos exhortations et à celles de nos collaborateurs dans le saint ministère...

L'évêque de Québec ordonne une messe solennelle « le premier jour où on pourra commodément le faire après la publication du présent mandement ».

Ces conseils sont suivis d'avance, dans le district de Québec. La recommandation précédente de Mgr Signay, d'éviter les manifestations hostiles sur le passage des troupes venues des provinces Maritimes, est plus que satisfaite : ces troupes sont accueillies avec un empressement qui, par endroits, côtoie l'enthousiasme.

Le district de Montréal est en partie calmé. De nouveaux convois de prisonniers arrivent dans la ville. La capture de Bouchette réjouit les loyalistes, qu'il a particulièrement scandalisés parce que sa famille est alliée à plusieurs des leurs. Bouchette, blessé, a beaucoup souffert dans son transport en charrette jusqu'à l'Ile-aux-Noix. Le commandant du fort, tenant compte de sa blessure, lui a concédé un traitement de faveur, mais le Dr Kimber, Rodolphe Desrivières et le capitaine Jalbert, qui s'y trouvaient en même temps que lui, ont été enfermés dans les cachots sans chauffage. Pour leur transfert à Montréal, ces prisonniers sont étroitement ligotés et transportés comme des ballots sur des traîneaux, par la Pointe-à-la-Mule, Saint-Jean où l'on passe la nuit, et Laprairie. À chaque arrivée d'un convoi, la population se rassemble pour jouir du spectacle, huer et si possible frapper les prisonniers. Les cachots regorgent de captifs, entassés dans des conditions hygiéniques détestables, et qui ne peuvent écrire à leur famille, ni recevoir de visites.

Montréal paraît calmée. Il s'y donne même, au témoignage du lieutenant Lysons, force bals et réceptions — sans doute dans les milieux officiels. On évite, au marché, les conversations compromettantes. Mgr Lartigue maintient ses consignes inflexibles. Mgr Bourget félicite l'abbé Prince, directeur du Collège de Saint-Hyacinthe, un peu suspect sur les bords : « L'hospitalité que vous venez de donner aux troupes va convaincre le monde que vous n'êtes pas, comme on le dit, de mauvais sujets ». Il lui répète : « Il faut refuser l'absolution à tous ceux qui auraient volonté de prendre les armes à la première occasion favorable, qui disent tout haut ou désirent efficacement que le parti patriote ait le dessus, qui excitent les autres à se jeter dans ce parti ». Les patriotes qui ont tiré sur les troupes ne peuvent être absous qu'après sévère pénitence et après avoir désabusé ceux qu'ils auraient pu influencer (9 décembre 1837). L'abbé Magloire Blanchet, curé de Saint-Charles, qui aurait à demi encouragé la rébellion, ou ne l'aurait pas nettement découragée, paraît hors de cause. Mgr Bourget en informe l'abbé François-Norbert Blanchet, curé des Cèdres : « Les renseignements pris sur votre frère le lavent de la tache de haute trahison, puisque, loin de favoriser la sédition, il l'a publiquement condamnée ». Des imprudences de la part du curé de Saint-Charles ont créé des préjugés. Mais l'évêché ne croit pas qu'il soit inquiété.

Mgr Lartigue informe Mgr Signay que le projet de requête du clergé est abandonné, en raison du soulèvement. Il lui donne en même temps des nouvelles de son diocèse : « Il n'y a plus que le Nord qui tienne pour le désordre, c'est-à-dire les vagabonds de Saint-Benoît, Sainte-Scholastique et d'une partie de Saint-Eustache ; mais je pense que si les troupes ne vont pas les attaquer chez eux, les surveillant seulement de loin et les laissant se consumer d'eux-mêmes, ils seront bientôt débandés ».

Mais dans le « Nord », le curé Chartier, dispensant ses paroissiens des vêpres et même de l'obligation du repos dominical, prêche, si l'on ose dire, d'exemple, en travaillant, pioche à la main, aux retranchements de Saint-Eustache. Mgr Bourget accomplit une nouvelle tentative auprès de son ancien condisciple (12 décembre). Il évoque, avec émotion, le temps où ils étaient « si tendrement unis dans les plus belles et les plus heureuses années de notre vie ». Le coadjuteur de Montréal place le curé de Saint-Benoît en face de ses responsabilités. Puis il lui demande :

> Agissez puissamment auprès de M. Girouard et de M. Dumouchel qui, en se désistant de leur opposition, rendront à leurs concitoyens le plus grand de tous les services, celui de les préserver du massacre et de la mort.

L'abbé Isidore Poirier, curé de Sainte-Anne-des-Plaines, menacé par les patriotes qu'il contredisait, a dû s'enfuir de sa paroisse. Mgr Bourget le félicite de souffrir persécution pour avoir rempli son devoir. Il ajoute : « S'il y a encore quelque danger à retourner chez vous, tenez-vous à proximité de votre paroisse, et faites dire en sous main à vos gens qu'il est de leur honneur comme de leur intérêt que vous soyez chez eux à l'abri de tout danger ».

Mgr Lartigue réitère ses instructions aux autres curés du Nord — à l'abbé Étienne Blyth, de Saint-Jérôme, à l'abbé François Bonin, de Sainte-Scholastique et à l'abbé Jacques Paquin, de Saint-Eustache : pas de sépulture ecclésiastique et pas de service public pour les morts en flagrant délit de rébellion, à moins qu'ils ne se soient rétractés publiquement avant de mourir. Mais l'abbé Paquin, seul, reçoit la lettre avant la bataille, et il ne semble pas qu'il en ait fait part à ses paroissiens.[1]

* * *

Le général Colborne n'est pas homme à laisser, comme Mgr Lartigue le souhaiterait, le soulèvement des Deux-Montagnes « se consumer lui-même ». Dès le 10 décembre, un détachement de troupes a pris ses quartiers à Saint-Martin, pour garder le pont que l'armée doit emprunter. Colborne prend lui-même la tête de cette petite armée, comprenant le Royal Regiment, commandé par le lieutenant-colonel Wetherall ; le 32e Régiment, sous les ordres du colonel Maitland ; le 83e, sous les ordres du lieutenant-colonel Dundas ; six pièces d'artillerie sous les ordres du major Jackson ; des corps de volontaires, dont celui de Maxime Globensky ; enfin un corps du génie comprenant des ouvriers de divers métiers, pour réparer les ponts. La plupart des officiers ont

---

1. Lionel Groulx a émis, dans *Notre maître le passé* l'hypothèse que le curé Paquin, si suspect aux patriotes qu'il était quasiment gardé à vue, n'a pas osé communiquer ces instructions à une paroisse en ébullition, de sorte que les combattants patriotes seraient morts dans l'ignorance de la décision épiscopale.

eu quelque occasion de rencontrer Papineau et plusieurs de ses députés — Ovide Perrault, par exemple — dans les réceptions du gouverneur.

La colonne, comprenant en tout plus de 1500 hommes, se met en route, sous les acclamations des loyalistes, le 13 décembre. À Saint-Laurent, le curé Saint-Germain voit, le cœur serré, fantassins, cavaliers et batteries de canons passer devant son presbytère. Une longue file de fourgons, chargés de munitions, de provisions et d'outils suit la colonne, qui s'allonge ainsi sur trois kilomètres. Une petite foule de curieux, de partisans et sans doute d'écumeurs éventuels l'accompagne.

À Saint-Eustache, où Girod n'a pu établir la discipline, l'effectif des patriotes varie d'heure en heure. On s'empiffre aux dépens des loyalistes ou prétendus tels. Girod attribue les excès à une bande d'Irlandais. Il a tenté un effort, convoqué une grande assemblée après la messe du 10 décembre, promis que les vivres réquisitionnés seront payés dès l'établissement du gouvernement provisoire, et annoncé que les pillards pris sur le fait seraient fusillés séance tenante. L'effectif baisse après cette harangue. Girod renforce les piquets de sentinelles pour empêcher les évasions, mais les déserteurs traversent la rivière, maintenant gelée. Il devait y avoir 1500 hommes le 8 décembre ; il n'en reste pas 500 quatre jours plus tard. Le Dr Côté organise aux États-Unis un petit groupe de réfugiés, disposés à rallier et à renforcer les patriotes de Saint-Eustache. Pierre-Rémi Narbonne est l'un d'eux, et l'Irlandais à demi mercenaire Robert McMahon, qui a participé avec lui à l'affaire de Moore's Corner, est aussi de la partie. Cela ne fait en tout que huit hommes. La bande pénètre au Canada, mais elle est interceptée à Hemmingford. Un seul réussit à s'échapper ; les autres, dont Narbonne et McMahon, sont capturés et conduits à l'Ile-aux-Noix.

À Saint-Benoît, où le curé Chartier accuse Girouard de lâcheté, la population est très réservée. Les émissaires de Girod, qui lui avaient promis un fort effectif de Saint-Benoît, l'avertissent qu'il n'y faut plus compter. Des émissaires envoyés à Sainte-Rose sont encore plus fraîchement reçus : la population les éconduit. Un peloton de 25 patriotes, chargé de détruire le pont de Sainte-Rose, a mal exécuté sa besogne, et le pont est encore franchissable par des piétons.

Il faut abandonner l'idée, un moment évoquée par Girod, de prendre l'offensive en attaquant la petite garnison de réguliers de

Saint-Martin. Girod tente un nouvel effort. Il tient une dernière assemblée, avec le concours de l'abbé Chartier, venu de Saint-Benoît. Tous deux évoquent la victoire de Saint-Denis (13 décembre).

* * *

L'armée a fait halte à Saint-Martin, le 13. Elle reprend sa marche le lendemain. Les éclaireurs qui précèdent le gros de la troupe signalent que la glace n'est pas assez prise, sur la rivière, pour supporter les canons. Colborne ordonne un détour du corps principal, vers Sainte-Rose. Seuls les volontaires de Globensky, dont l'équipement est léger, prendront la route directe.

La colonne principale atteint la rivière des Mille-Isles en amont de Sainte-Rose, à quelque six kilomètres de Saint-Eustache. La glace paraît solide, mais il ne faut pas trop s'y fier. Le lieutenant Lysons dirige la traversée. Les fantassins passent en tirailleurs, ce qui évite le piétinement répété d'une troupe au même endroit. Les cavaliers passent démontés, un à un, en tenant leur cheval par la bride. Mais il faut haler les canons, sous le poids desquels la glace, par endroits, craque. Une attaque par les patriotes, à ce moment, aurait fort embarrassé l'armée.

Mais les 83 volontaires de Globensky, empruntant le plus court chemin, sont déjà en face de Saint-Eustache. Girod, qui les prend pour le gros des troupes, fait sonner le tocsin pour appeler tout le monde aux armes. Il charge Chénier, avec 150 hommes, de barrer le passage de la rivière. Chénier et ses hommes s'élancent au pas de course, fusil en main. Ce doit être l'épisode le plus pénible de cette guerre civile, puisque patriotes et volontaires, recrutés dans la même région, se ressemblent comme des frères et peut-être, pour certains, sont effectivement des frères. Chénier et ses hommes ont l'avantage de l'offensive. Les voilà au milieu de la rivière quand une décharge de mitraille, blessant quelques hommes et fissurant la glace autour d'eux, leur arrive dans le dos. C'est l'avant-garde de Colborne qui, la rivière franchie vers onze heures du matin, a gagné l'orée du village. Quelques compagnons de Chénier s'enfuient. Chénier rameute les plus braves et rentre avec eux au village.

L'armée a pris position à proximité du village, sur un plateau qui surplombe les positions des patriotes. Il fait un froid sec. Il ne s'agit plus, pour les patriotes, que de résister, et l'issue est déjà bien compromise. Quelque affolement règne au village. Les femmes et les enfants s'enfuient. Beaucoup d'hommes s'enfuient avec eux. L'abbé Chartier, si bravache avant l'heure cruciale, est parti le premier, en voiture. Le groupe montréalais — Hubert, Peltier, les de Lorimier et quelques autres — décide de partir et engage Chénier à le suivre. « Faites comme vous voudrez », répond Chénier ; « quant à moi, je me bats, et si je suis tué, j'en tuerai plus d'un avant de mourir ».

— Eh bien, dit Chamilly de Lorimier, prenez mes pistolets, vous en aurez besoin.

Girod s'applique à rallier les patriotes. Il en garde environ 250, qui n'ont pas tous des armes. Chénier, avec une soixantaine d'entre eux, se barricade dans l'église. D'autres se barricadent dans le couvent, dans le presbytère, dans la maison de Scott. Des patriotes, dans l'église, observent qu'ils n'ont pas d'armes.

— Il y aura des nôtres de tués, leur répond Chénier ; vous prendrez leurs fusils.

L'artillerie ouvre le feu. Girod ramasse quelques effets, prend un cheval et, la peur en croupe, s'enfuit vers Saint-Benoît.

Les boulets ébranlent les murs des forteresses patriotes. Colborne met le bombardement à profit pour disposer ses troupes en vue d'encercler le village. Des piquets de cavalerie sont prêts à poursuivre les fuyards.

La manœuvre s'accomplit hors de portée des fusils des patriotes, qui ménagent d'ailleurs leurs munitions. Elle dure une heure. Quand elle est terminée, Colborne ordonne à un détachement d'entrer dans le village. À la hauteur de la maison Scott, ce détachement est accueilli par une fusillade assez vive pour l'obliger à retraiter. Colborne fait alors avancer des obusiers, qui tirent à courte distance, sans démolir la maçonnerie des plus solides maisons des patriotes, et même sans enfoncer les portes de l'église. Colborne commande alors une avance générale : les régiments et les volontaires rétrécissent le cercle — le cercle de près de 2,000 hommes fatigués de leur marche dans la neige, mais bien armés, contre 250 insurgés mal armés, mais retranchés. Le général va-t-il ordonner l'assaut, le corps à corps qui lui permettra d'en finir, presque à coup sûr, mais qui lui coûtera des hommes ?

Un parti d'éclaireurs, s'abritant d'un hangar à un pan de mur et d'un pan de mur à une pile de bois, réussit à se faufiler jusqu'à une maison située en face de l'église. Le lieutenant Ned Wetherall, fils du colonel, y trouvant un poêle rougeoyant, le renverse et incendie la maison. Le feu se propage, et des tourbillons de fumée masquent les mouvements de l'armée. Colborne en profite : il fait cesser le bombardement et commande l'assaut à la baïonnette. Tour à tour ou simultanément, la maison Scott, le manoir et d'autres forteresses des patriotes brûlent. Leurs occupants s'enfuient vers la rivière. Les carabiniers les fusillent et les volontaires de Globensky, qui les attendaient, en canardent quelques-uns et capturent les autres.

Il reste des patriotes dans le couvent, dans le presbytère et dans l'église. L'officier qui a mis le feu à la première maison en y renversant un poêle se glisse jusqu'au presbytère et y lance une botte de paille enflammée. Un officier de volontaires en fait autant au couvent. Force est aux patriotes de sortir — ou d'être brûlés vifs. Charles Forget, de Saint-Janvier, qui commandait dans le presbytère, est tué en sortant. Les autres, jetant bas les armes, se laissent cueillir par les soldats.

Il n'y a plus de résistance que celle de Chénier et de ses hommes qui, postés dans les jubés et jusque dans les clochers de l'église, continuent à tirer, sans précision, à travers les volutes de fumée.

Colborne fait derechef bombarder les portes de l'église, qui tiennent bon. Mais le major-député Gugy, qui accompagne la colonne comme à Saint-Charles, et ne se contente pas d'un rôle d'interprète ou d'agent de liaison, le lieutenant Ormsby, des Royaux, qui s'est battu en duel — sans résultat — contre Rodier, le lieutenant Lysons et quelques hommes réussissent, à coups d'épaule, à forcer la porte de la sacristie. Un patriote en faction derrière la porte tire, et blesse Gugy, premier entré. Les soldats le désarment. L'église, dont les vitraux sont barricadés, est très sombre. Les patriotes, tirant des jubés, à l'aveuglette, fusillent leurs assaillants qui, dans l'obscurité, discernent mal d'où viennent les coups, et se réfugient derrière l'autel. Le sort des patriotes n'en est pas moins scellé : ils ne peuvent que prolonger — de peu de temps — une résistance héroïque.

Le lieutenant Ormsby abrège cette résistance, en accumulant près de l'autel tout ce qu'il peut trouver de combustible. Il met le feu et fait sortir ses hommes. L'église flambe à son tour. « Nous sommes perdus », constate Chénier. L'ultime recours des patriotes est de sauter par les fenêtres, dans le cimetière, et de gagner la rivière, si possible. Ils sautent. Mais les Habits Rouges cernent l'église ; ils tirent, en s'excitant au cri de « Remember Jack Weir ! » Chénier, le fusil à la main, tombe, mortellement frappé. Les suivants lâchent leurs armes en demandant quartier. Les soldats enragés continuent de tirer : « Remember Jack Weir ! »

Les « rebelles » ont, d'après la dépêche de Gosford à lord Glenelg du 23 décembre, perdu plus d'une centaine de tués et 120 prisonniers. L'armée n'aurait perdu qu'un tué et trois ou quatre blessés.

Saint-Eustache brûle, à l'exemple de son église, dont le toit s'effondre, et du beau couvent neuf. Les soldats pourchassent les derniers patriotes qui cherchent à s'échapper. Ils font main basse sur l'alcool et pillent consciencieusement. Des loyalistes de Saint-Eustache, qui ont servi dans les volontaires de Globensky, ont du mal à faire épargner leurs logis. Mais Colborne, son quartier général installé dans la maison Globensky, fait démolir quelques maisons pour circonscrire l'incendie.

Des morts restent sur la neige ou sur la glace. Les brancardiers ramassent des blessés, qui gémissent, et les transportent au poste de secours, dans l'auberge Addison, où les médecins militaires leur donnent les premiers soins. Le curé Turcotte, de Sainte-Rose, qui a suivi les troupes de Colborne, administre des mourants. Des blessés légers se sont traînés chez des amis — voire, chez des loyalistes, — pour échapper aux soldats. Le lieutenant Bell, qui s'est apitoyé, à Saint-Charles, devant la misère de deux jeunes filles, s'émeut à la vue d'un patriote blessé au coude, qui perd son sang d'abondance et implore pitié. Le lieutenant défait des lanières de ses mocassins pour brider la plaie. Le corps de Chénier est transporté à l'auberge Addison. Les médecins l'étendent sur le comptoir et l'autopsient.[2]

Le capitaine Marryatt et un autre officier, aide de camp de Colborne, font une ronde nocturne dans le village. Ils entendent des cris sortant d'une maison que le feu vient de gagner. C'est un patriote blessé que les officiers sauvent en le traînant dehors. Le capitaine Marryatt, qui en laissera le récit, est par-dessus tout impressionné par l'intérieur calciné et saccagé de l'église : « Sur le

---

2. La légende s'est ensuite répandue que les soldats ou les volontaires ont profané et mutilé le corps de Chénier, dont ils auraient promené le cœur au bout d'une baïonnette, dans les rues du village. *L'Opinion publique* de L.-O. David a ranimé cette légende en février 1878. L.-A.-M. Globensky, fils du capitaine des volontaires de 37, a rassemblé et publié des démentis convaincants.

plancher, réduit en charbon, on voyait ça et là des restes de créatures humaines, plus ou moins endommagés ou détruits par le feu ». Dans les ruines de la chapelle, plusieurs cadavres entassés achèvent de brûler. D'autres cadavres sont en partie abîmés par le feu, en partie gelés par le froid.

* * *

Chamilly De Lorimier et Carrol Peltier ont gagné Saint-Benoît, et de là pris le chemin des États-Unis en passant par Trois-Rivières.

Richard Hubert est aussi passé à Saint-Benoît, puis est allé se cacher chez Côme Cartier, où le policier Comeau, terreur des patriotes, est allé le chercher.

Girod est arrivé au galop à Saint-Benoît, chez Girouard, qui lui fait des reproches. Girod prétend qu'il est venu chercher du secours. Luc et Damien Masson, après Girouard, lui reprochent durement sa conduite, son abandon de poste devant l'ennemi, et le traitent de lâche. Les frères Masson battent le rappel des partisans et entraînent Girod avec eux, pour courir au secours de Saint-Eustache.

En route, ils s'arrêtent à une taverne. Trompant la surveillance de ses compagnons, réunis autour d'un poêle, Girod passe dans une autre pièce, saute par la fenêtre, se hisse dans une voiture tout attelée et réussit à gagner la Pointe-aux-Trembles. Son intention est de traverser le fleuve pour passer aux États-Unis. Il se sait poursuivi à la fois par les patriotes et par les volontaires. Il se déguise en mendiant pour continuer sa route. Mais des volontaires le découvrent. Sommé par un officier, Girod répond : « Je ne veux pas mourir en prison comme mon père ». Il sort un pistolet, l'appuie sur sa tempe et se brûle la cervelle. Suivant les règlements en vigueur pour les suicidés, on l'enterre sur la voie publique, à l'angle des rues Sherbrooke et Saint-Laurent, avec un pieu en travers du corps.

Le petit renfort conduit par le Dr Luc Masson et son frère Damien rencontre les fuyards de Saint-Eustache, apprend d'eux que tout est fini et rentre à Saint-Benoît.

À Saint-Benoît, la majorité de la population n'a pas répondu à l'appel des chefs patriotes. Elle leur est même sourdement hostile, car elle se sait menacée de représailles par les loyalistes de Saint Andrews et des environs. Mais on a représenté à Colborne que Saint-Benoît, formidablement retranché, est une citadelle rebelle, plus importante encore que Saint-Eustache. Colborne marche sur Saint-Benoît. Les loyalistes de la région en font autant, de leur côté.

Girouard conseille aux plus acharnés de cacher leurs armes et de rester chez eux. Girouard lui-même se propose de rester. Sa femme et ses amis le conjurent de partir, puisqu'il passe pour un des chefs et qu'un mandat d'arrestation le vise. Girouard transporte ses papiers, ses livres et le manuscrit de l'Histoire du Canada du Dr Labrie, son beau-père, dans une maison abandonnée, à l'écart du village, où ils seront plus en sûreté. Puis il s'en va. Les Masson et Louis Dumouchel, chacun de son côté, partent aussi.

Le 15 au matin, les troupes se remettent en marche, en direction de Saint-Benoît, en pillant au passage les maisons qu'on leur a dénoncées comme étant celles des principaux patriotes. Les habitants improvisent avec des draps des drapeaux blancs qui apparaissent à toutes les fenêtres, en signe de soumission.

Les habitants de Saint-Benoît envoient à Colborne une députation de quatorze citoyens, porteurs de drapeaux blancs, qui affirment la soumission de leur village et supplient le général d'épargner les personnes et les biens. Colborne exige la livraison de toutes les armes, et ajoute que si un seul coup de feu est tiré contre les troupes, le village sera pillé et incendié. Les habitants s'empressent d'apporter leurs armes.

Colborne, à Saint-Benoît, rassemble les habitants dans la cour du notaire Girouard, les fait mettre en rangs et fait braquer sur eux un canon, pour les intimider. Il veut se faire indiquer la retraite des chefs en fuite. Mais personne ne la connaît. Colborne apprend enfin qu'un jeune homme, Paul Brazeau, a conduit Girouard aux Éboulis. Des officiers interrogent Brazeau, en le menaçant du revolver, et n'en tirent rien.

Là-dessus arrivent, plus nombreux que les troupes, les volontaires de tout le district. Nombre d'entre eux ont eu, naguère, leur grange incendiée ou leurs animaux estropiés par les patriotes. Ils entendent régler leurs comptes, avec usure si possible, et excitent leurs camarades. Ils pillent les maisons, font main basse sur du bétail, des vêtements, des provisions, et vont jusqu'à profaner l'église. La mère et les sœurs du Dr Masson, pillées jusqu'à l'os, doivent s'enfuir à peine vêtues, dans la nuit et le froid, vers un abri difficile à trouver, car les volontaires menacent de dépouiller ceux qui les recueilleraient. Les officiers voudraient faire respecter la parole de leur chef, mais il faudrait tirer dans le tas. Des réguliers sauvent quelques vases dans l'église.

Colborne s'est installé dans la maison de Girouard. Le lendemain matin, les volontaires se retirent en mettant le feu à des maisons. L'incendie se propage, et les soldats n'auront bientôt plus de toit pour les abriter. Colborne chasse les derniers volontaires et donne le signal du retour. Il envoie le colonel Maitland avec le 32e à Sainte-Scholastique, où, dit-on, un dernier réduit de patriotes entoure un groupe de chefs. Le gros de l'armée rentre à Montréal par Saint-Eustache. Des soldats apportent au Séminaire, en refusant toute rémunération, des vases sacrés qu'ils ont sauvés dans l'église de Saint-Benoît.

Des volontaires, transgressant les ordres du général, ravagent, aux environs. Ils ramassent un joli butin et rentrent, qui en poussant devant soi du bétail, qui en conduisant une charrette pleine de meubles ou de provisions. Un amateur de musique s'est emparé d'une guitare. Les pilleurs ont éparpillé du grain qu'ils ne pouvaient emporter. *Le Populaire*, journal ultra-loyaliste, émet une protestation : « Dans un rayon de quinze milles, il n'y a pas un bâtiment qui n'ait été saccagé et pillé par ces nouveaux vandales... Il y a des gens qui ont enlevé jusqu'à cent bêtes à cornes... » *Le Populaire* signale ce comble : Dans leur aveugle colère, les volontaires auraient pillé même des maisons de loyalistes.

Maitland conduit son régiment à Sainte-Scholastique. Plusieurs centaines d'hommes viennent au-devant de lui pour faire leur soumission et remettre leurs fusils. D'autres, rassemblés à l'entrée du village avec femmes et enfants, brandissent, en criant « Vive la Reine ! », un grand drapeau blanc — peut-être celui qu'ils brandissaient le 1er juin en criant « Vive Papineau ! », mais dont ils ont enlevé la tête de mort et l'inscription « Conseil législatif ». Tout le monde, à Sainte-Scholastique, se recommande aujourd'hui d'Hortense Globensky Prévost, invoquée comme une sainte patronne de tous les habitants. Maitland promet d'épargner le village. Quelques soldats veulent cependant mettre le feu à l'église. Le curé François Bonin accomplit une démarche auprès du colonel, qui donne des ordres sévères.

Mais la troupe ne trouve pas les chefs dont la capture était sa principale mission. Maitland fait tout de même épargner la maison du chef local, nommé Bastien.

Maitland gagne ensuite Sainte-Thérèse, où il entre sans opposition. Il veut faire incendier les maisons de quelques chefs, celle de Neil Scott et celle du Dr Lachaîne, entre autres. Le curé Charles-Joseph Ducharme, se jetant à genoux, l'en dissuade. À Montréal, les loyalistes, tous en armes, font un triomphe à Colborne, qui rentre en traînant une centaine de prisonniers. La population lui présente des adresses.

Des offres de services de loyalistes arrivent de la Nouvelle-Écosse et du Nouveau-Brunswick, par centaines.

Le consul de France à New York, malgré les défaites des patriotes, prend de plus en plus au sérieux la « révolution » au Canada. Il envoie des coupures de presse à son ministre. Le gouvernement américain veut rester neutre, dit-il, et cette attitude, si on la compare à celle tenue à l'égard du Texas, que les États-Unis ont aidé à obtenir son indépendance du Mexique, l'année précédente, « est vraiment humiliante pour l'orgueil américain ». Des mouvements secrets se produisent à New York en faveur des insurgés ; « une grande partialité commence à s'y manifester pour eux, aussi bien que dans la Nouvelle-Angleterre ; leurs défaites récentes n'indiquent rien pour les chances ultérieures du conflit ; on est ici généralement sous l'impression que le gouvernement britannique consentira à l'affranchissement des Canadiens plutôt que de se résoudre à répandre les trésors et le sang que va lui coûter le maintien d'une domination qui doit finir par lui échapper tôt ou tard... La question de l'affranchissement du Canada, et par suite l'avènement possible d'un conflit entre la Grande-Bretagne et les États-Unis, me paraissent donc d'un si grand intérêt pour les neutres, et particulièrement pour le commerce et la navigation de la France, que je continuerai à transmettre à Votre Excellence tout ce que je pourrai apprendre de positif à ce sujet » (16 décembre 1837).

59

Des prisonniers à Montréal aux réfugiés aux États-Unis

Le capitaine Globensky accepte la mission de maintenir l'ordre dans le village de Saint-Eustache, aux rues obstruées par les décombres, où gisent çà et là des corps à demi calcinés. Les dénonciations pleuvent dru contre Girod, Chénier, et même contre Scott. C'est à croire qu'il n'y a eu, dans le comté des Deux-Montagnes, que des loyalistes, de fervents, d'ultra-loyalistes, dont certains ont été embrigadés de force par Girod, Chénier et leurs hommes.

Il n'en va guère autrement sur la rive sud. Des dénonciations y sont-elles pour quelque chose? Le curé Blanchet, de Saint-Charles, à demi suspect depuis longtemps, est arrêté le 16 décembre. Mgr Lartigue et Mgr Bourget en sont très inquiets. Un prêtre en prison, avec la perspective d'un procès pour haute trahison! Mgr Lartigue reste cloîtré. Il attend encore la réponse à la lettre qu'il a envoyée à Rome le 30 octobre, pour demander la permission de se réfugier à Québec, afin de fuir la persécution, en confiant temporairement le diocèse à son coadjuteur — et pour offrir même sa démission. Il fait rédiger un nouveau projet de pétition du clergé, ne contenant que des assurances de loyalisme. Mgr Bourget charge l'abbé François-Xavier Demers, curé de Saint-Denis et vicaire général, de faire assurer la desserte de Saint-Charles par son vicaire ou par un prêtre du collège de Saint-Hyacinthe. Il écrit le même jour au shérif Roch de Saint-Ours et le prie, « comme je pense que nous n'aurons pas plus accès auprès de ce monsieur que des autres prisonniers », de s'enquérir des choses dont l'abbé Blanchet a besoin. L'évêque et le coadjuteur de Montréal croient le curé de Saint-Charles coupable de simples imprudences. Mgr Bourget l'écrit encore à l'abbé François-Norbert Blanchet, curé des Cèdres : « Je suis bien convaincu qu'il n'y a rien autre chose que ce que je vous marquais dans ma dernière lettre, contre votre frère... Il a dans la Sainte Vierge, à laquelle il a une confiance sans bornes, une avocate... » Et Mgr Lartigue écrit lui-même à lord Gosford, pour lui demander la libération de l'abbé Blanchet, dont les imprudences sont dues à la terreur que les patriotes lui inspiraient. Mgr Lartigue voit de nombreux inconvénients à ce qu'un procès pour trahison soit fait à un prêtre (23 décembre 1837). Les évêques souhaitent que le gouvernement leur laisse le soin de punir les prêtres qui ont pu sympathiser avec la rébellion.

Mgr Signay appuie cette demande en envoyant Mgr Turgeon, son coadjuteur, auprès du gouverneur. Lord Gosford est toujours très accueillant, et Mgr Signay en rend compte à son collègue de Montréal :

> Ce bon lord a été d'autant plus peiné qu'ayant eu occasion de connaître ce curé, il en avait été tout satisfait... Consolez-le, dans l'espérance que notre brave gouverneur s'emploiera de son mieux pour faire valoir tout ce qui pourra être favorable à son élargissement. Ici, rien ne sera épargné à cet égard. Je ne vois pas pourquoi Votre Grandeur ne se transporterait pas auprès de sir John Colborne, si gracieux, si poli, et dont j'ai eu l'occasion d'éprouver des marques d'une prévenance et bienveillance particulières...

Mgr Signay ajoute autre chose. Mgr Lartigue a communiqué au clergé un nouveau projet d'adresse. Il y parle « de l'état de division, d'agitation et même d'insubordination politique dans lequel s'est trouvé plongée cette province ». Halte là ! Parlez pour vous, Montréalais, dit en résumé l'évêque de Québec, protestant contre cette généralisation :

> Pourquoi représenter cette Province comme plongée dans l'insubordination, quand il ne se trouve qu'une partie de 6 ou 7 comtés, encore du district de Montréal, qui se soit insurgée ? Quelle preuve donner que les districts de Québec et des Trois-Rivières aient été plongés dans l'insubordination ? Serait-ce les assemblées qui se sont tenues à Saint-Thomas, à La Malbaie, à Saint-Grégoire et à Saint-François et à Yamachiche, les seules qui aient eu lieu dans le cours de l'été ? Mais osera-t-on les mettre en parallèle avec celles qui ont eu lieu dans votre district ? De quel œil les Québécois et les Trifluviens se verraient-ils sur la même ligne des sujets de votre district ?

Vous ne pouvez pas ignorer qu'il n'en faut pas davantage pour faire passer toute la nation canadienne pour rebelle, quand elle sera signalée comme telle par un évêque canadien. Au reste, si j'ai cru devoir différer jusqu'au 11 décembre à donner un mandement à mon diocèse, touchant ce que vous avez cherché à arrêter dans le vôtre par votre mandement du 24 octobre, c'est parce que réellement je n'en sentais aucune raison. Et en le donnant à la suite des fâcheux événements qui se sont passés dans votre district, j'ai expressément déclaré que, grâce à Dieu, il n'y avait qu'un petit nombre de mes diocésains qui eussent adopté la doctrine des patriotes exaltés et égarés du vôtre.

En attendant, l'abbé Magloire Blanchet est au cachot et, comme les autres détenus, sans communication avec l'extérieur. Arthur Nelson, fils de Wolfred, élève au Collège de Saint-Hyacinthe, a rédigé une lettre pour son père. L'abbé Prince la transmet à Mgr Bourget qui, à son tour, prie M. de Saint-Ours de la faire remettre au prisonnier : « Je pense que sans nuire à l'État elle fera grand bien à l'âme d'un infortuné père, qui est l'objet de la sollicitude du meilleur des fils » (20 décembre 1837).

Mgr Lartigue confirme et renforce ses instructions. Il écrit au curé Demers : « Nous avons pris ici pour règle générale de ne point admettre à la communion, avant un an, ceux qui se seront déclarés ouvertement en révolte, par paroles ou par actions ». Les révoltés pourront faire réparation *in globo*, en signant une adresse commune à la Reine, comme le font la plupart des paroisses. Avoir agi sous la menace n'est pas une excuse, car les menacés n'auraient rien eu à craindre en se coalisant contre les menaçants. Le curé François Bonin, de Sainte-Scholastique, a conservé la neutralité. Mgr Lartigue lui en fait reproche, par lettre du 19 décembre :

> Il n'y a pas de neutralité à garder lorsqu'il s'agit du bien spirituel et temporel de vos paroissiens, et vous deviez déclarer à tous qu'il leur était défendu de s'élever en armes contre le gouvernement, d'aller combattre à Saint-Benoît et de montrer le moindre signe de révolte. Vous ne donnerez la sépulture ecclésiastique et ne ferez aucun service public pour ceux qui sont morts in flagranti delicto de rébellion, à moins qu'ils n'aient rétracté publiquement leurs mauvais propos ou actes avant de mourir.

* * *

L'abbé Blanchet ne manquera pas de compagnons, à la prison de Montréal.

Georges-Étienne et Henri Cartier sont en sûreté à Verchères. Georges-Étienne Cartier fait ou laisse courir le bruit de sa mort. *Le Populaire*, journal bureaucrate, annonce : « On affirme que le jeune avocat Cartier, qui avait été fourré dans l'agitation jusqu'au cou, a été trouvé mort dans les bois par son propre père. Il aurait été gelé en errant pour fuir les dangers d'une arrestation ». Cartier, lisant cet écho, se frotte les mains : « Maintenant, nous pouvons dormir tranquilles ».

William Henry Scott est moins heureux. Décrété d'arrestation par les autorités et répudié par les patriotes — trop révolutionnaire pour les uns et pas assez révolutionnaire pour les autres, — il est parti pour Montréal en se cachant dans un tonneau vide, qu'un charretier conduit. Mais une récompense est promise à qui le livrera. Les périodes de révolution, et plus encore les périodes de représailles postrévolutionnaires, sont l'âge d'or des délateurs. Dénoncé sans doute, Scott est arrêté et incarcéré le 19 décembre.

Richard Hubert s'est caché un moment chez Côme Cartier, à Saint-Antoine. Dénoncé lui aussi, il est arrêté par le policier Comeau, le fameux limier redouté des patriotes. En prison, avec son frère François-Xavier, étudiant en droit. Jean-Baptiste Dumouchel, trahi par un ancien ami, est presque tout de suite arrêté dans sa fuite. Trouvé en possession d'une dague, il s'explique : « C'est pour me protéger contre les loups ». En prison avec ses deux fils, Hercule et Camille. Les Masson paraissent d'abord plus heureux. Ils traversent la rivière Ottawa, gagnent Coteau-du-Lac et prennent des arrangements avec un batelier pour traverser le fleuve. L'argent reçu, le batelier les dénonce, et le colonel John Simpson, percepteur des douanes à Coteau-du-Lac, les arrête. Le colonel Simpson, loyaliste militant, a des relations dans la société canadienne-française, parmi les patriotes mêmes. Il est, circonstance piquante, le demi-frère d'Arthur Roebuck, le grand défenseur des réformistes canadiens au Parlement de Londres ; et sa mère, qui est aussi la mère de Roebuck, vit retirée chez lui. Girouard est aussi arrivé à Coteau-du-Lac, dans l'intention de traverser le fleuve. Apprenant le sort de ses amis Masson, il se fait un devoir de le partager. Il envoie un mot au colonel Simpson, offrant de se rendre, contre la promesse de ne pas être maltraité. Simpson touchera ainsi une prime de $2,000. Il conduit lui-même Girouard à la prison, pour tenir sa promesse. André-Benjamin Papineau, le jeune cousin de l'Orateur, élu député de Terrebonne en septembre, a pris part à la bataille de Saint-Eustache. Il s'est caché pendant quelque temps, puis se livre au capitaine Bélanger, de Saint-Martin. Luc Auger, cultivateur de Sainte-Scholastique, qui a fait partie de l'expédition Girod-Chénier à Oka, est arrêté et incarcéré. On arrête à Vaudreuil l'imprimeur William W. Whitlock, qui mettait en circulation le *John Grips*, feuille séditieuse.

Une proclamation du sous-adjudant général, datée du 19 décembre, enjoint aux magistrats de retourner dans leurs comtés et de travailler à y rétablir la paix. Les magistrats reçoivent force dénonciations, qui conduisent à de nouvelles arrestations. Parmi les personnes arrêtées, c'est à qui prétendra — parfois avec raison — qu'il a été forcé, par menaces ou voies de fait, de suivre le mouvement. François Lemaître vient de fonder une petite feuille satirique, *La Quotidienne*, pour remplacer, sous le couvert de la blague, les journaux réformistes disparus. Édouard-Étienne Rodier, réfugié à Swanton, trouve le moyen de lui faire parvenir des entrefilets. *La Quotidienne* publie des chansons frondeuses et plaisante, avec une réelle crânerie, la loi martiale et les arrestations superflues :

> On dit que le jour de Noël, vers quatre heures du matin, trois vieilles femmes ont été arrêtées à la porte de la ville, au bout du faubourg Québec. Elles venaient pour la messe du point du jour, armées de leurs chapelets et de leurs livres de prières. Elles furent détenues assez longtemps pour perdre la messe, à leur grand regret. Elles persistent à dire qu'elles n'avaient aucune intention de prendre la ville ».

Lemaître rejoint Whitlock en prison et ses presses sont saisies.

Cependant les autorités en veulent presque exclusivement aux agitateurs, aux chefs. Louis-Michel Viger a subi six interrogatoires, et William Walker, son avocat, réclame en vain son procès. Le cas de Louis-Michel Viger est plus grave qu'il ne paraît, car on soupçonne sa Banque du Peuple d'avoir finacé l'insurrection. Le menu fretin est assez vite relâché. La moitié des prisonniers capturés à Saint-Eustache — 64 sur 120 — sont remis en liberté le 19 décembre, après trois jours de cachot. Lord Gosford ordonne la prestation du serment d'allégeance par tous les sujets de Sa Majesté (21 décembre). Il désigne des commissaires chargés de recevoir le serment dans les différents districts de la province. Des patriotes veulent, par endroits, entraver leur tâche. Quelques arrestations s'ensuivent. Des convois de prisonniers arrivent presque tous les jours de l'Ile-aux-Noix. Le spectacle, devenu familier, excite moins la foule. À la prison du Pied-du-Courant, Girouard dessine au crayon les portraits de ses compagnons ; le Dr Nelson soigne ceux qui, malades, ne veulent pas recourir au Dr Arnoldi, médecin officiel.

* * *

Presque tous les jours aussi des patriotes traqués, ou simplement prudents, passent aux États-Unis. Marcus Child, le député de Stanstead qui est Américain de naissance et connaît bien la région frontière, aide plusieurs d'entre eux. Proscrit à son tour, il s'abstient de revenir. Raymond Plessis-Bélair, le septuagénaire, doyen des Fils de la Liberté, est passé aux États-Unis. Le Dr Duchesnois s'est retiré à Boston. Guillaume Beaudrieau, le trésorier des Fils de la Liberté, passe aussi dans le Massachusetts où il espère se faire recevoir médecin. Le jeune docteur Damour, qui s'intitulait « capitaine du quartier » dans le faubourg Québec, est à Champlain. Le notaire Cardinal, qui n'a pas pris part au soulèvement mais que ses amis ont persuadé de s'éloigner, séjourne à Fort Covington (État de New York). Le Dr Thomas Boutillier est à Highgate (Vermont), où son beau-frère Eusèbe Cartier, commerçant à Saint-Hyacinthe, le rejoint. Le jeune Dr Brien, qui est un des fondateurs des Fils de la Liberté, est parti avec l'abbé Chartier, Chamilly de Lorimier et quelques autres, déguisés en paysans transportant du sel aux États-Unis. Ils atteignent Saint-Albans le 27 décembre. Les docteurs Robert Nelson et Cyrille Côté, à Plattsburg, se sentent plus à l'aise que d'autres réfugiés, puisque l'anglais, qui est la langue de Nelson, est presque aussi familière à Côté, qui a étudié la médecine dans le Vermont. Robert Nelson a deux captivités à venger : celle de son frère et la sienne propre. Nelson et Côté, incorrigibles comme le groupe de Swanton, méditent une nouvelle tentative, sur une plus grande échelle qu'à Moore's Corner. Charles G. Bryant, l'officier américain qui a pris part à l'affaire de Moore's Corner et n'en est pas assagi, collabore avec les deux médecins canadiens. L'inaction de Papineau exaspère ce groupe ; et l'on pense si, autour de Côté, les langues maudissent le clergé, tenu pour responsable des échecs et qui applique encore des consignes de rigueur. Le notaire Cardinal rencontre Robert Nelson, qui cherche à l'endoctriner. Cardinal croit toujours à la nécessité de l'aide américaine pour réussir. Nelson, aussi plein d'aplomb que Girod et Chénier à Saint-Eustache, affirme ce concours assuré.

Louis Perrault est à Middlebury. Thomas Storrow Brown, qui s'est d'abord arrêté à Berkshire, est maintenant lui aussi à Middlebury — mais en prison : la Banque de Montréal a réussi à le faire arrêter pour dettes. Louis Perrault écrit souvent aux « républicains canadiens » de Swanton, citoyens Duvernay, Rodier, Malhiot et autres, et leur communique des nouvelles : une « magnifique assemblée » s'est tenue à Middlebury ; Brown, qui n'a pas moisi en prison, y a prononcé « un beau discours ». Il y a aussi des assemblées à New York, Troy, Albany, Utica et Schenectady. Mais, prévient Perrault, il faut se garder des espions : le consul d'Angleterre a des agents secrets. Le Dr J.-M.-F. Trudeau, qui est à Saint-Louis, écrit de son côté à Perrault : il a fait paraître un article dans un journal local, mais sans succès ; il n'y a aucun espoir d'intéresser les Américains du Missouri à la cause canadienne. Trudeau n'en dresse pas moins des plans pour la conquête de Québec « et des postes les plus importants en bas de Québec ». Il faudra massacrer sans pitié les tories.

Il ne manque pas cependant, parmi les réfugiés sans argent, sans travail et sans nouvelles de leur famille, de motifs de découragement. Les réfugiés dans les différentes villes, dans les différents États, s'adressent les uns aux autres pour obtenir quelque secours, mais aucun d'eux n'est en mesure d'aider ses compatriotes. Les Canadiens déjà établis dans la région du lac Champlain sont presque aussi pauvres, et le Dr Trudeau constate la même situation dans l'Ouest des États-Unis. Édouard-Étienne Rodier, blessé dans l'engagement de Moore's Corner, a pu néanmoins revenir à Swanton. Il s'est ensuite fixé à Burlington. Mais reconnaîtriez-vous le matamore qui toisait et provoquait le lieutenant Ormsby ? Exaspéré lui aussi, puis démoralisé par l'inaction de Papineau, qui avait été son idole, Rodier sait sa tête mise à prix et écrit à Duvernay, dans une lettre du 20 décembre :

> Je suis sans le sol, et si ça continue, j'en arriverai à la décision de me laisser livrer par quelque personne de garantie qui s'obligera de donner à quelque ami des États-Unis 450 des 500 livres pour les employer à l'éducation de mon fils, et de courir le risque de la fusillade, plutôt que de végéter dans l'exil sans espérance de sauver la patrie.

Le consul d'Angleterre, qui a ses agents secrets comme Louis Perrault le sait ou s'en doute, connaît la démoralisation qui accable certains réfugiés. Le gouvernement de Québec envoie un officier, le capitaine Marryatt, en fin décembre, pour négocier des soumissions Marryatt a participé à la bataille de Saint-Eustache et s'est ému devant l'intérieur calciné et saccagé de l'église, devant les restes humains qui achevaient de brûler. Il arrive à Highgate, dans le Vermont, où se trouvent le Dr Boutillier, son beau-frère

Eusèbe Cartier et d'autres patriotes comme Eustache Soupras et son associé Louis Marchand qui, pour avoir participé à toutes les assemblées « anticoercitives », ont pris peur et se sont enfuis aux États-Unis. Boutillier vient de lui-même au-devant du capitaine Marryatt et ne lui exprime aucun repentir. L'officier lui dit franchement : « Monsieur, avec vos sentiments, vous faites mieux de ne pas retourner au Canada ». Le cas de Soupras et Marchand n'est pas pendable, et ces deux exilés à demi volontaires, aux États-Unis depuis six semaines, s'y ennuient. Sur le conseil de Marryatt, Soupras écrit, en son nom et au nom de son compagnon, au procureur général. Un scénario est vite réglé. Soupras et Marchand rentrent au Canada. Un envoyé du gouvernement, Amable Loiselle, les attend à la frontière. Les deux récupérés sont autorisés à passer 36 heures chez eux, puis écroués à la prison de Montréal pour un court terme.

* * *

Marryatt n'a pas perdu son temps à sonder les irréductibles. Les débuts d'exil sont durs pour Papineau, malgré le confort de son refuge et la gentillesse de ses hôtes. L'incertitude, l'ignorance même où il est des événements du Canada le tenaillent. Les nouvelles sont irrégulières, souvent fausses, et plus tristes les unes que les autres. Fabre a réussi à faire passer des paquets de journaux pour transmission à un homme « qui les attend avec impatience ». Cet homme est Papineau, et les seuls journaux qui puissent paraître dressent contre lui des réquisitoires. Papineau est longtemps sans rien savoir des siens, et les journaux qui lui parviennent à la mi-décembre portent cette nouvelle, ensuite démentie : « Le bruit court que madame Papineau est morte à Verchères, d'une fièvre cérébrale causée par les appréhensions pour son mari et sa famille ». C'est encore par les journaux que Papineau apprend les perquisitions faites chez lui à Montréal, où l'on bouleverse sa maison de fond en comble pour saisir ses papiers.

Amédée Papineau, à Burlington, a pris le nom de Montigny, qui est celui du village poitevin d'où ses ancêtres sont venus. Il reçoit une lettre de son père, la première depuis son départ, le 20 décembre. Il lui répond aussitôt en relatant sa propre fuite. Il ajoute :

> Les nouvelles que nous recevons ici nous portent à croire que la soldatesque répandue dans nos campagnes se porte à toute sorte d'excès, de brigandage, pillage, meurtre, viol, incendie et mille ou-

trages dignes des Vandales et des Goths. Cher Papa! Je brûle de rage au récit de ces horreurs... Je suis fier avec vous d'être attaché aux principes de liberté dont nous paraissons aujourd'hui être les victimes. Je suis fier de souffrir pour la cause de ma patrie opprimée... L'exil est bien dur, mais je le préférerais à l'esclavage. Ici je suis libre. Je vous le déclare, Papa, je ne veux point retourner dans mon pays s'il doit devenir une nouvelle Pologne, une nouvelle Irlande. Jamais je ne consentirai à prêter serment d'esclavage. Mais j'espère qu'il n'en sera point ainsi. Je me flatte qu'il y aura assez de patriotisme et de courage chez mes concitoyens pour que bientôt mon cher pays soit libre, pour que le sol américain ne soit plus souillé par le contact des chaînes de l'oppression. Pour moi, toujours fidèle, je n'oublierai jamais que mon aïeul et mon père ont tout sacrifié, bonheur, fortune, talents, pour la cause de leurs concitoyens opprimés. Je jure de marcher sur leurs traces... Oui, cher Papa, j'ai voué ma vie à la vengeance...

Papineau rédige, pour sa femme, une nouvelle lettre à tournure de justification, qu'il tâchera de faire passer par l'intermédiaire de M. Quiblier:

20 décembre 1837

... Je suis plongé dans la vie publique avec des principes et des opinions inaltérés, mais avec un monde d'obstacles, avec une perspective de tant de contrariétés, de risques et de souffrances avant que mon pays ait justice et réparation, que je n'en veux pas parler. Et pourtant ma vie, mon être, les seuls sentiments qui m'occupent et m'occuperont toujours, toujours se reporteront sur vous et sur mon pays. Si pendant un temps, après avoir perdu tout espoir de voir la bonne cause rétablie, je réussissais à m'enfoncer dans une impénétrable obscurité, ce sera pour endormir l'animosité d'ennemis féroces contre ma famille et ma patrie. Quelques années introduisent de si rapides changements dans l'état d'une société que vous ne devez pas renoncer à l'espoir de quelque soudaine réunion de la famille en Canada quand la pitié fera taire la folle rage qui passionne maintenant...

Tant d'accidents imprévus, improbables, ont protégé une injuste domination, accablé une vertueuse opposition, que le monde et ses misères sont pour moi un mystère de plus en plus impénétrable. Avec l'intime conviction que j'ai de la dépravation politique des hommes qui paraissent triompher, et le respect que j'ai pour l'intégrité, le désintéressement, le patriotisme de tant et tant de nobles victimes qui ne respiraient que pour le bonheur de leur pays, je déplore, je m'indigne qu'il y ait des moments marqués pour l'insupportable succès du vice et la destruction des plus vertueux citoyens. Que leur sang répandu soit celui des martyrs, des confesseurs, qui fait triompher les principes, sanctifie les victimes, convertit les bourreaux et sauve les croyants ! Je ne veux, je ne dois écrire que des généralités à mes amis, et ne pas ajouter à leurs innombrables embarras en disant quoi que ce soit de politique, qui attise contre eux le feu de la persécution, si quelque accident ou autre jetait mes écrits dans des mains ennemies. Cela rend bien froides des pages qui devraient être bien brûlantes quand j'entends les étrangers qui m'entourent dire hautement tout ce que je pense et tout ce que je supprime sur les hommes et les mesures de l'autorité...

Je te somme de t'armer d'un courage qui soit au-dessus de ces déchirements, par tout ce que tu te dois à toi-même et à nos enfants. Que d'associations attachées à ton nom et à celui de mes enfants, combien souvent je les répète, et combien je devine que nous sommes l'un et l'autre, quoique si éloignés, à nous dire la même chose quand nous sommes seuls et recueillis. Néanmoins mes devoirs comme les tiens demandent que nous soyons presque constamment occupés d'autres soins. Je le fais et je pense qu'il en résultera du bien. Quand tu le pourras, tes soins s'étendront à donner et à recevoir des consolations de tous les membres de ta famille et de la mienne ; tu sais que je chéris les uns comme les autres sans distinction. Conserve-moi dans leur estime, je le mérite. Les papiers ci-inclus et tous les autres qui nous concernent te parviendront en temps et lieu, et avec l'aide et consultation de nos bons parents, vous en tirerez le meilleur parti possible. Tout à toi et à mon pays.

De leur côté, Julie Papineau et ses autres enfants ne savent pas encore où est le chef de leur famille, le jour de Noël ni le premier janvier. Théophile Bruneau est aussi passé aux États-Unis. Julie Papineau perd un autre de ses frères, Philippe Bruneau. Exil et deuil se complètent. Femmes et enfants, dans le presbytère du curé de Verchères, prient.

Le 1er janvier 1838, Amédée, qui est souffrant, a la surprise de voir arriver son père. Quelques réfugiés se réunissent autour d'eux, en grand secret, le lendemain. Rodier est du nombre. On se communique nouvelles et projets. Les exilés, rêvant éveillés, parlent d'envahir le Canada, de proclamer l'indépendance et d'élaborer une constitution où les droits seigneuriaux seraient abolis. Papineau s'oppose d'autant plus à ce dernier projet que la seigneurie de la Petite-Nation constitue l'essentiel des biens qui lui restent. O'Callaghan soutient Papineau, comme toujours, mais Rodier le contredit. Papineau n'a plus son prestige d'antan ; il est descendu, presque tombé de son piédestal, et Rodier tance ce singulier démocrate qui veut rester seigneur et toucher ses redevances ; la contradiction tourne à l'altercation.

À la nuit, Papineau et son fils, accompagnés du Dr Davignon, le libéré de Longueuil, se mettent en route pour Saratoga, dans un traîneau à deux chevaux. Aux auberges où ils s'arrêtent, ils donnent les noms de Jean-Baptiste Fournier, père et fils. À Glen's Falls, un hôtelier, Canadien français de naissance mais émigré depuis longtemps et enrichi, s'approche de ses clients. En grand mystère, il demande au plus âgé s'il n'est pas M. Papineau. Malgré les intentions sympathiques du brave homme, Papineau juge plus prudent de nier.

Ils arrivent le 4 à Saratoga. Papineau continue seul jusqu'à Albany. Une assemblée de sympathie s'y est tenue le 2 janvier. Les Porter insistant pour qu'Amédée profite aussi de leur hospitalité, il rejoint son père. Amédée souffre d'une plaie à la jambe, qui s'est envenimée, et doit étendre sa jambe malade sur une chaise.

Ils reçoivent la visite d'O'Callaghan, qui remue ciel et terre pour susciter des sympathies américaines. O'Callaghan a prononcé à New York, le 27 décembre, un long discours, salué par des tonnerres d'applaudissements. Il amène le gouverneur Marcy, fort aimable pour les réfugiés. Papineau reçoit encore la visite du procureur général de l'État de New York, du sénateur Beardsley, du chancelier Reuben H. Walworth et du général Dix, secrétaire d'État. Il se lie particulièrement avec le chancelier Walworth. Il dîne avec le juge en chef Nelson et le juge Cowen. Le général Ducoudray-Holstein, qui a servi sous Napoléon et vit de leçons de français et d'espagnol, lui manifeste son admiration. Un avocat fait ciseler pour Amédée, et lui offre, un joli poignard. Papineau parle politique, d'abondance, avec ces personnages intéressants et influents.

* * *

Le groupe de Navy Island se grossit tout de même. Le « gouvernement provisoire » de Mackenzie renouvelle la promesse d'un octroi de terre aux combattants de l'indépendance, en ajoutant cent dollars en argent « payables le ou avant le 1er mai prochain ». Il émet des billets de un et de dix dollars, payables après la victoire à l'Hôtel de Ville de Toronto. Une troupe de cinq à six cents hommes finit par se trouver rassemblée. Van Rensellaer commande cette troupe, qui doit comprendre autant d'Américains que de Canadiens et qui reçoit des républicains et révolutionnaires originaires d'Europe. Le propriétaire du bateau à vapeur *Ca-*

roline, se plaçant à un simple point de vue commercial, assure le transport des volontaires et des vivres, de la rive américaine à Navy Island.

L'intention primitive du groupe de Navy Island était de tendre la main au groupe de Duncombe. Mais celui-ci est dispersé. Et les aptitudes militaires n'étant pas forcément héréditaires, Van Rensellaer, tout fils de général qu'il soit, placé en face de ses responsabilités, hésite à se battre contre l'armée britannique. Mackenzie l'encourage, dans la conviction, réelle ou feinte, qu'à l'approche de ses patriotes une bonne partie du pays se soulèvera en leur faveur.

Des loyalistes du Haut-Canada méditent de leur côté un coup de force. Ils montent une expédition, répartie en sept bateaux, et viennent, de nuit, incendier le *Caroline*, ancré sur la rive américaine. Un membre de l'équipage, surpris dans son sommeil, meurt carbonisé (29 décembre 1837).

Cette incursion presque sur le sol des États-Unis indigne les Américains et stimule le mouvement de sympathie. Le secrétaire d'État à la Guerre, au nom du gouvernement américain, proteste énergiquement auprès du ministre de Grande-Bretagne à Washington contre cet « extraordinaire outrage : l'assassinat de citoyens américains sur le sol de l'État de New York ». On parle de guerre. Des Américains apporteraient volontiers au Canada les bienfaits de l'indépendance et des institutions républicaines.

Le gouvernement des États-Unis pèse cependant les conséquences de ce prosélytisme politique. Le président Van Buren lance une proclamation de neutralité, le 5 janvier 1838. Ceux qui compromettraient cette neutralité seront arrêtés et punis.

Mais des citoyens américains sont déjà engagés jusqu'au cou. Un autre rassemblement de réfugiés canadiens et de volontaires américains s'est formé dans le Michigan. L'avocat Sutherland et un autre Américain, le chirurgien Edward Alexander Theller, y ont pris le grade de général. Theller est à vrai dire un Irlandais qui a vécu dans le district de Montréal et se pique de comprendre et de parler le français, mais il est naturalisé. Son ami William W. Dodge, commerçant à Detroit, plus modeste, se contente du grade de colonel.

Detroit, capitale du Michigan, fait face à Windsor, qui doit sa relative fortune à ce voisinage. Un bac à vapeur, faisant continuellement la navette, relie les deux rives. Les Américains vont à

Windsor acheter en contrebande les tapis, les dentelles et autres marchandises anglaises qu'ils dissimulent à la douane des États-Unis. Sutherland, Theller, Dodge et leurs compagnons décident la conquête de Windsor. Il faut d'abord neutraliser le fort Malden. Sutherland s'en charge, tandis que Theller et Dodge nolisent une goélette. Mais l'opération combinée échoue complètement. La goélette *Anne* est mise hors d'usage par la canonnade. Le général Theller et le colonel Dodge sont pris. Sutherland est pris un peu plus tard sur la glace (9 janvier 1838). Ils sont conduits à la prison de Toronto.

Le consul de France à New York ne peut encore connaître la tentative contre Windsor, et son échec, quand il envoie un nouveau rapport à son ministre, le 8 janvier : « La révolte ne pouvait présenter d'intérêt que dans le cas où le gouvernement des États-Unis y aurait pris part ». Devant la neutralité des États-Unis : « La question n'offre plus rien de grave, et les quelques centaines d'insurgés qui occupent encore Navy Island seront sans doute promptement dispersés ».

Ils se dispersent d'eux-mêmes. Van Rensellaer décide l'évacuation, le 13 janvier.

60

La constitution suspendue

La paix règne dans le district de Montréal, au commencement de l'année 1838. Les paroisses les plus suspectes sont les plus empressées à manifester leur soumission. Le curé Jean-Baptiste Bélanger, de Saint-Ours, convoque une assemblée. François Giard, enseigne de milice, la préside (31 décembre 1837). Le ton n'est pas précisément celui des assemblées « anticoercitives » d'antan — du temps où l'on plantait un mai en l'honneur de Louis Mogé « capitaine de milice destitué par le gouverneur mais réélu par le peuple ». On adopte cette résolution :

> Les habitants de Saint-Ours expriment la fidélité qui fut toujours dans le sein de la grande majorité d'entre eux, mais que des événements désastreux vous peuvent faire croire ne pas être aussi sincère, aussi consciencieuse, aussi étendue qu'elle l'est en effet ...

Quelques individus « abusèrent cruellement de leur influence » et des « actes de brigandage » ont été commis « par quelques personnes étrangères au comté ». Toute l'agitation doit s'imputer aux machinations « de quelques hommes pervers et malintentionnés qui en avaient imposé à la crédulité d'une population rurale trop confiante...» La majorité de ceux qui ont pris les armes l'ont fait « sous la menace pour leur propre vie et celle de leur famille ».

Les habitants de Saint-Ours renient hautement « les chefs d'une révolte qui abusèrent si outrageusement de la confiance que leur éducation et leur influence leur donnaient sur la masse de la population ». Ils se déclarent « à la face du Ciel, prêts à verser jusqu'à la dernière goutte de leur sang pour racheter la faute que la folie de quelques misérables a pu imprimer sur leur front ».

L'adresse est signée par 309 habitants de Saint-Ours, et envoyée au gouverneur. Le secrétaire Walcott répond que la dernière déclaration, en particulier, « sera gracieusement reçue par Sa Majesté ».

Partout comme à Saint-Ours, on rejette la responsabilité sur des « étrangers à la paroisse », voire des « étrangers au comté ».

Mgr Bourget a chargé l'abbé Antoine Manseau, curé de Longueuil et vicaire général, de faire présenter par la paroisse de Saint-Charles une requête au gouverneur, attestant que le curé Blanchet n'a pas induit les paroissiens à la révolte, n'a pas approuvé l'assemblée des Six-Comtés et, dans sa visite au camp, a désapprouvé la violence et plus encore l'effusion de sang. M. Manseau pourra s'adjoindre un prêtre pour l'aider, en évitant l'abbé F.-X. Demers « qui est en ce moment un peu suspect au gouvernement ».

L'action de l'abbé Manseau y est-elle pour quelque chose ? La population de Saint-Charles tient, elle aussi, une assemblée. Et quel contraste avec l'assemblée des Six-Comtés ! Un peuple surchauffé acclamait hier des discours flamboyants ; un peuple repentant fait aujourd'hui amende honorable :

> Trop confiants dans les incitations d'agitateurs mal intentionnés, lesquels néanmoins s'offraient à nous sous l'apparence d'agitateurs sincères, nous avons pu pour un moment nous oublier et concourir à des actes de rébellion que nous ne pouvions anticiper devoir être le résultat d'une opposition en apparence légale et constitutionnelle... L'expérience funeste de quelques jours d'égarement nous a fait voir combien il est dangereux de prêter l'oreille aux discours pervers et trompeurs de faux amis, au préjudice de la confiance et de la soumission exclusivement dues à nos maîtres légitimes, tant dans l'ordre religieux que civil...

Les notables — canadiens-français — de Montréal ne se contentent pas de tenir une assemblée le 24 janvier. Ils forment une Association loyale canadienne du District de Montréal, avec Pierre de Rocheblave pour président, Augustin Cuvillier pour vice-président, Hippolyte Guy et Pierre-Louis Panet pour secrétaires, Édouard-Martial Leprohon pour trésorier. Les autres membres de l'Association sont Roch de Saint-Ours, Tancrède Bouthillier, Janvier-D. Lacroix, Louis Guy, Casimir Bruneau, Edmond Barron, C.-S. Rodier, Patrice Lacombe, Dr Brousseau, Jean-Baptiste Castongué, François-Pierre Bruneau, Dominique Mondelet, Olivier

Berthelet, Jules Quesnel, Paul-Joseph Lacroix, D.-B. Rollin, Joseph Masson, Alexis Laframboise et Jacques Viger. Nous avons déjà rencontré un certain nombre d'entre eux : ce sont les Canadiens français les plus riches, les plus actifs et les plus influents de Montréal. La présence de Jacques Viger dans ce groupe ne doit pas surprendre. Il y a quelque temps déjà que le premier maire de Montréal trouve que son voisin et ami Papineau et ses disciples « vont trop loin et trop vite », comme Julie en a fait rapport à son mari dans une lettre de février 1836.

Quelques patriotes entrent en prison ; d'autres en sortent. Joseph-Toussaint Drolet, qui s'est caché pendant quelque temps, se livre à un magistrat de Saint-Antoine. Le commerçant maskoutain Alexis-Arthur Delphos, qui est un des fondateurs de la Banque de Saint-Hyacinthe, goûte 48 heures de cachot, du 4 au 6 janvier, sans doute à titre d'avertissement. Ephraim Knight, député de Missisquoi —Américain de naissance, originaire du Vermont, — qui a toujours voté avec la majorité réformiste, est arrêté le 5 janvier. On ne peut guère lui reprocher qu'un discours prononcé à Stanbridge le 4 juillet. Knight est libéré au bout de six jours. Mais de beaux villages sont en ruines, des familles en deuil et cinq cents patriotes en prison.

Le cardinal Franzoni, préfet de la Propagande, a répondu à Mgr Lartigue le 21 décembre. Le Saint-Siège autorise Mgr Lartigue à se réfugier à Québec, en confiant le diocèse à son coadjuteur, mais le bien de la religion n'exige pas qu'il se démette de son évêché.

L'évêque de Montréal n'a pas encore reçu ce message quand il publie un mandement, le 8 janvier :

> Quelle misère, quelle désolation s'est répandue dans plusieurs de nos campagnes, depuis que le fléau de la guerre civile a ravagé cet heureux pays où régnait l'abondance et la joie avec l'ordre et la sûreté, avant que des brigands et des rebelles eussent, à force de sophismes et de mensonges, égaré une partie de la population de notre diocèse. Que vous reste-t-il de leurs belles promesses ? Est-ce le vœu de la majorité du pays qui, néanmoins, selon leurs principes, doit tout régler dans un État, est-ce cette volonté générale qui a dirigé les opérations des insurgés ? Vous trouviez-vous libres lorsqu'on vous menaçait de toutes sortes de vexations, de l'incendie, de la mort même ! . . .

Le mandement rappelle aux fidèles « les ordres que nous avons donnés à nos coopérateurs dans le saint Ministère, de n'admettre aux sacrements de l'Église, même à l'heure de la mort, sans une réparation préalable, aucun de ceux qui se sont montrés si scandaleusement rebelles, et de refuser la sépulture ecclésiastique à ceux qui mourraient sans s'être acquittés de cette juste réparation ».

Les assemblées de Saint-Ours et de Saint-Charles ont manifesté la soumission de la vallée du Richelieu. Les ruines sont plus tragiques encore dans le comté des Deux-Montagnes, et le cas du curé Chartier est plus grave que celui du curé Blanchet. À Saint-Eustache et à Saint-Benoît, les offices sont célébrés provisoirement chez des particuliers. Mgr Bourget annonce au curé Paquin que Mgr Lartigue visitera ces deux paroisses le 17 janvier, pour faire enquête sur la conduite du curé Chartier et pour s'assurer que les offices sont célébrés dans des locaux convenables. Au dernier moment, c'est Mgr Bourget qui doit procéder à l'enquête, à la place de Mgr Lartigue « indisposé ». À Saint-Eustache, des habitants profitent de l'incendie de l'église et du presbytère pour demander une division de leur trop vaste paroisse. On avoue à l'évêque coadjuteur que trois à quatre cents personnes, traînées au camp sous la menace, ont pris la fuite au premier coup de canon. Mgr Bourget, dans une lettre à l'évêque de Québec, s'étend sur les impressions ressenties à Saint-Benoît (26 janvier 1838). La belle église, « qui avait coûté des sommes immenses », offre peu de ressources, vu le mauvais état de ses murs. Les paroissiens doivent assister à la messe dans une pauvre grange, « qui n'a échappé aux flammes, quoique dans le village, que parce que le vainqueur ne l'a pas jugée digne de satisfaire son courroux ». La population est en pleine confusion. « Le déchaînement des passions est tel que, dans le présent chaos des nouvelles, chacun ne veut croire que ce qui favorise ses préjugés ». Un témoin entré dans l'église de Saint-Benoît y aurait vu « les chevaux couverts de chasubles, les autels renversés, les marches même arrachées ». D'après un neveu du curé Paquin, le feu n'aurait pas été mis à l'église et au presbytère par les boulets des troupes, mais par quelqu'un « qui a jeté une botte de paille en feu dans la cave ».

Mgr Lartigue, à la suite de l'enquête de son coadjuteur, prive l'abbé Chartier de sa cure et lui interdit toute fonction sacerdotale, « pour avoir excité et exhorté divers sujets de Sa Majesté britannique à la révolte ouverte contre le gouvernement de ladite Majesté... et qu'une telle conduite est strictement défendue par le dogme de la religion catholique et par les saints canons de l'Église...» L'abbé Chartier devra se conformer à cette sentence, sous peine d'excommunication.

Et Mgr Lartigue confirme une fois de plus ses instructions, dans une lettre à l'abbé François-Louis L'Heureux, curé de Contrecœur : les confesseurs remettront à plus tard ceux qui se sont mêlés, en mal, de politique ; il faut suivre les règles du mandement à l'égard de « ceux qui ont favorisé la révolte par paroles ou par actions, d'une manière patente et scandaleuse » ; ceux qui ont pris les armes ne seront admis à la communion qu'après un an de pénitence ; les prêtres doivent prêter le serment d'allégeance que les commissaires ont le droit d'exiger.

* * *

Une dépêche de lord Glenelg, datée du 6 décembre et confiant à Colborne l'administration du pays, n'arrive à Québec que le 13 janvier 1838.

En Angleterre arrivent la nouvelle de la défaite de Gore, puis des nouvelles confuses sur l'affaire de Saint-Charles. L'opposition en profite pour critiquer le ministère. Des députés vont jusqu'à souhaiter le succès des révoltés, champions du parti de la réforme, mais d'autres, dans l'opposition même blâment le principe de la rébellion. Les ministres, manquant de précisions, font ajourner le Parlement jusqu'au 16 janvier 38.

Louis-Hippolyte La Fontaine, à Londres, n'obtient pas grand succès. Roebuck est encore tout feu tout flamme. Il écrit à un correspondant :

> La situation actuelle est la conséquence inévitable de la bataille livrée pour obtenir un bon gouvernement, contre une nation puissante et injuste. J'ai prévu ce résultat il y a longtemps. Je ne vais pas retourner ma veste maintenant qu'il s'est produit. J'ai agi les yeux ouverts et sachant parfaitement ce qui allait arriver.[1]

Mais Roebuck a perdu son mandat de Bath, aux dernières élections, tenues après la mort de Guillaume IV, et qui ont vu la quasi-déroute du groupe radical. O'Connell, le grand O'Connell à qui la 87e des 92 Résolutions était consacrée, O'Connell à qui l'on a comparé Papineau, juge la rébellion à la fois maladroite et criminelle. Il s'exprime sévèrement sur Papineau. Il y a dans la vie et dans l'histoire de l'inattendu, des bizarreries. L'homme qui ac-

---

1. *Life and Letters of John Arthur Roebuck*, London-New York, 1897 ; lettre à Francis Place.

cueille le mieux La Fontaine est Edward Ellice, toujours seigneur de Beauharnois, qui se fait mettre au courant, en détail. Ellice n'a certes pas oublié ses passes d'armes avec Papineau, qu'il a rencontré, et même reçu chez lui, lors de la mission Papineau-Neilson en 1823. Il y avait pris plaisir et se les rappelle avec une certaine délectation. Mais il y a de cela — comme le temps passe ! — quatorze ans. Ellice a fait un séjour au Canada et aux États-Unis en 1836. Il ne s'y est pas seulement occupé de ses intérêts ; il a étudié attentivement la situation politique et conclu qu'elle aboutirait, soit à une guerre civile, soit à l'annexion aux États-Unis. Sa prévision réalisée, Ellice se rapproche de ses anciens adversaires et souhaite une amnistie générale. Ellice et La Fontaine se lient presque d'amitié. La Fontaine passe bientôt en France.

À la rentrée, les nouvelles sont plus rassurantes. Lord John Russell fait adopter une adresse à la reine, assurant que le Parlement fournira les moyens nécessaires à la répression. Puis il présente un « Bill pourvoyant à des mesures temporaires pour le gouvernement du Canada ». Ce bill suspend la constitution pour trois ans.

Le gros de l'opposition, dirigé par sir Robert Peel, ne demande que des amendements de détail. Mais les rescapés du groupe radical — Hume, Leader, Warburton, Molesworth, Stanley — renouvellent et redoublent leurs attaques. Et Roebuck, le spécialiste du groupe pour les affaires canadiennes, trouve une excellente occasion de faire une rentrée politique. Il demande et obtient d'être entendu à la barre de la Chambre. Il plaide pendant quatre heures, pour le maintien de la constitution.

Lord Howick, ministre de la Guerre, répond en réduisant l'importance de l'enjeu : « Toute la dispute vient de ce que nous avons pris 20,000 livres sterling sans le consentement de leurs représentants ». Il souligne le caractère fragmentaire — et minoritaire — du soulèvement, que des manifestations loyalistes, beaucoup plus générales, ont suivi : « Si je pensais que la grande masse de ce peuple soit hostile à l'Angleterre, je dirais : « Voyons comment une séparation peut se faire sans sacrifier les intérêts anglais. Mais je ne crois pas à l'hostilité des Canadiens contre l'Angleterre. Notre alliance leur est plus nécessaire que la leur ne l'est pour nous. Les Canadiens, entourés par une race différente, veulent conserver leurs lois et leurs coutumes particulières. Or, ils subiraient, en perdant la protection de l'Angleterre, un changement plus radical, plus brusque et plus général ... »

L'opposition du groupe avancé et les objections de Peel font cependant restreindre les pouvoirs dictatoriaux prévus pour le gouverneur. On décide aussi une nouvelle enquête sur l'état de la colonie.

Au Canada, Andrew Stuart, George Moffat, Francis Badgley et quelques autres raniment le projet d'Union.

À la Chambre des communes, l'opposition radicale discute encore. Warburton demande : « L'Angleterre a aidé à préparer la liberté en Grèce, en Pologne, en Amérique du Sud, dans le Hanovre. Pourquoi priver le peuple canadien de ce bienfait ? »

Le bill n'en est pas moins adopté par 262 voix contre 16. À la Chambre haute, Roebuck obtient encore d'être entendu. Il a parlé en s'aidant de notes à la Chambre des communes. Il lit un manuscrit de 86 pages à la Chambre des lords. Cent cinquante pairs d'Angleterre l'écoutent attentivement. Des membres de la Chambre des communes sont venus entendre cette deuxième leçon sur les affaires canadiennes. Lord Glenelg, d'après des témoins, en est rouge de mécontentement. Cinq lords, dont le prestigieux Wellington, critiquent le bill, mais lord Brougham est seul véhément ; il démontre que les Canadas, en se soulevant contre un gouvernement arbitraire, ont suivi un exemple plusieurs fois donné par le peuple anglais : « Toute la dispute, dites-vous, vient de ce que nous avons pris 20,000 livres sans le consentement de leurs représentants. Vingt mille livres sterling sans leur consentement ! Mais Hampden résista pour vingt shillings seulement, et il acquit par sa résistance un nom immortel, pour lequel les Guelfe et les Plantagenet auraient donné tout le sang qui coulait dans leurs veines ! » Un autre lord soupçonne le gouvernement de préparer l'union des Canadas. Lord Glenelg s'en défend. D'ailleurs, affirme-t-il, l'union ne pourrait se faire qu'avec le consentement des deux provinces. Au vote, Brougham et deux autres lords seulement enregistrent leur dissidence.

La reine Victoria sanctionne, le 1er février 1838, la loi suspendant la constitution du Canada jusqu'au 1er novembre 1840.

61

Le plaidoyer de Papineau

Une assemblée s'est tenue à Swanton, avec le concours de de Lorimier, du Dr Brien et de l'abbé Chartier, le 9 janvier. Une assemblée de sympathie s'était déjà tenue à Albany, pendant l'absence de Papineau, le 2 janvier. Une représentation de théâtre s'organise pour le 15. Papineau, qui conserve l'incognito, n'y paraît pas. Sur la scène s'étalent des portraits en transparents de Washington et de Lafayette. Une actrice sculpturale, drapée d'une robe blanche à l'antique et représentant la Liberté, déclame un appel en faveur des patriotes.

Ce sont là des initiatives privées, des enthousiasmes de partisans, qui ne peuvent suffire. Papineau reçoit la visite de l'abbé Chartier, puis celle de Robert Nelson.

L'abbé Chartier voudrait faire du ministère aux États-Unis. Il a écrit à Mgr Lartigue pour lui demander des lettres de recommandation auprès des évêques américains. Manquant d'adresse, sinon d'audace, il terminait sa missive en souhaitant « la prompte indépendance des deux Canadas ». Mgr Lartigue transmet la lettre du « pauvre Chartier » à sir John Colborne, en envoie copie à Mgr Turgeon et, en fait de recommandation, écrit à Mgr Fenwick, évêque de Boston, pour le mettre en garde.

Robert Nelson, le médecin dont une curieuse prescription a sans doute sauvé la vie de Lactance, le fraternel coéquipier de Papineau dans la division de Montréal-Ouest aux élections tumultueuses de 1834, qui ont suivi l'adoption des 92 Résolutions, mais que Papineau reçoit aujourd'hui sans plaisir, médite une revanche. Papineau déconseille une tentative mal préparée et d'avance condamnée. O'Callaghan, présent à l'entrevue, restera, comme Fabre, dans l'ombre de Papineau dans la mauvaise comme dans la bonne fortune. Il est d'ailleurs pessimiste : tout, à ses yeux, est perdu. Mais Nelson veut se battre à tout prix, et la discussion est assez vive. « Je crains », dit Papineau, « que vous n'attiriez de nouveaux malheurs sur notre patrie ».

Robert Nelson part mécontent, décidé à préparer son coup de main. Le Dr Côté, qui marche avec Nelson à fond, fait à Duvernay un récit pittoresque de l'entrevue, que Nelson lui a racontée : « Le Dr Nelson est allé à Albany et n'en a pas rapporté des nouvelles très plaisantes. D'un bord, maître O'Callaghan, criant que tout est perdu ; de l'autre, le grand chef se promenant d'un bout à l'autre de sa chambre, voulant à peine recevoir le Dr Nelson » (Lettre du 26 janvier 1838).

Papineau écrit à sa femme, sans risquer d'indiscrétion :

1er février 1838

Ma très chère Amie,

L'incertitude de mon avenir, la variété de mes projets repris et abandonnés si souvent, d'après les alternatives d'espoir et de désespoir de la régénération de notre pays, ne me distraient pas de la fixité inaltérable, ni de mes principes politiques, ni de mon attachement vif et constant pour ma bonne et respectable épouse, pour la triste et malheureuse mère d'une famille aussi tendrement chérie qu'il est donné à l'homme de pouvoir être chéri. Il faut aussi nourrir l'espoir de notre future réunion pour pouvoir supporter les épreuves, les chagrins actuels, les malheurs possibles qui nous menacent. Après ma fuite hasardeuse, la première grande consolation a été l'avis que notre Amédée avait aussi effectué la sienne, puis un peu plus tard notre réunion chez M. Porter, cet excellent ami qui est surchargé de trop de soins, de troubles, de dépenses prodigués par lui et sa famille pour adoucir nos infortunes. Par son entremise, j'ai eu les visites et les expressions de sympathie, pour la patrie et les patriotes, de l'élite de la société d'Albany. Dans un temps ou dans un autre ces liaisons auront quelque influence utile sur le sort du Canada. Mais en attendant, quel sort va lui préparer l'Angleterre ? Les atrocités les plus féroces ont accompagné ses succès. Les criminels se croient assurés de l'impunité, ils le seront. Il y a donc nécessairement haine acharnée interminable entre les victimes et les bourreaux. La marâtre est l'alliée de ceux-ci. Avec son orgueil et sa vanterie sur son amour, plus grand que celui d'aucun autre peuple, de la morale et de la liberté, son gouvernement de l'Irlande a été plus barbare que celui de la Russie envers la Pologne, et il est celui qu'il va mettre en pratique dans l'administration du Canada jusqu'à ce qu'il en soit expulsé. Je t'écris sans savoir quand te parviendront ces lignes. Nous sommes peu éloignés avec un désir mutuel de correspondre et dans l'impossibilité de le faire, soit qu'elle existe réellement, soit que j'ai le tort de calomnier le pouvoir, en supposant que s'il fallait employer la poste, il aurait l'immoralité de venir en tiers épier des conversations qui ne sont que pour nous. Depuis dix ou douze jours, je n'ai pas un mot du Canada, et quand nous en entendons parler, ce sont quelques détails vagues par quelques cultivateurs qui ne connaissent aucun de nos amis en particulier, ou quelques lettres dans lesquelles on se garde de parler politique ni de détails qui pourraient offenser nos tyrans. Quoi qu'il en soit, ma chère amie, ni toi ni moi ne pourrons, ne voudrons rester dans Montréal.

Pour ton soutien et celui de nos enfants, vends ce dont tu peux te passer, mais sans éclat. La vengeance de mes ennemis veut-elle t'atteindre, t'affamer, toi et mon sang, mes enfants. Si tu vendais trop ouvertement, ce serait avancer l'heure où ils prétendront tout saisir et confisquer ; si tu avais l'occasion de vendre quelque chose et que tu ne le ferais pas, ce serait faire une réserve pour eux peut-être... Toi et mon père et tous mes proches parents, concerterez ensemble pour voir ce qu'il est prudent de faire pour vos intérêts. D'ici je ne puis conseiller, et dès lors tu es assurée que tout ce que vous jugerez bon de faire pour administrer ou aliéner aura ma pleine et certaine approbation...

La providence me réserve-t-elle pour que je travaille un jour à réparer efficacement tant de maux et de désordres ? Je l'espère. Quand je pense au pays, c'est pour voir clairement quelles sont les brutales violences de ses ennemis, quels seront les outrages dont ils abreuveront tout ce qui restera en Canada, toi et les miens plus que personne autre. Si je ne m'occupais de l'espérance qu'un peu plus tôt ou plus tard vous y serez soustraits tous ensemble, je ne pourrais probablement pas résister à l'indignation qui me tuerait...

Papineau ne prononcerait plus son discours de 1820, panégyrique de George III et de la générosité britannique. Amédée adopte toutes les idées de son père, en les outrant. Il est républicain tout ce qu'il y a de plus bonnet rouge. Il a pris l'Angleterre en haine, et toute gazette ou personne qui n'appuie pas les « républicains canadiens » ne peut être, d'après lui que « payée par l'or anglais ». L'étudiant Magloire Turcot, de Saint-Hyacinthe, qui a pris part à la bataille de Saint-Charles et s'est réfugié aux États-Unis, termine ses études de médecine à Albany. Amédée Papineau, qui n'a pas cette ressource, commence d'en avoir assez d'Albany « où on laisse courir dans les rues les cochons qui sont toujours dans les jambes des passants ». Il s'engagerait volontiers sous les ordres de Robert Nelson ; son père le lui interdit ; il l'envoie à Saratoga, où le chancelier Walworth se charge de lui faire poursuivre ses études de droit. C'est, devant l'inéluctable, l'acceptation, au moins provisoire, de l'exil.

* * *

Papineau est assez naturellement obsédé par le problème de sa responsabilité. Des morts, et parmi eux de jeunes hommes de la qualité d'Ovide Perrault et de Jean-Olivier Chénier, naguère rayonnants d'intelligence, pleins de feu, pleins de vie ; des exilés ; des foyers plongés dans le deuil ou dans la misère : tel est le bilan de cette fin d'année. En guise d'explication, d'excuse ou de reproche, on donne un nom : le sien. À la Chambre des communes de Londres, pour excuser les représailles accomplies ou à venir, sir Robert Peel a déclaré : « Il ne faut pas que notre pavillon s'incline devant un M. Papineau ».

Et pourtant ! Papineau se rappelle ses lettres et ses discours et les conseils qu'il a prodigués. Il n'a pas ordonné l'appel aux armes ; il a seulement recommandé le boycottage des produits britanniques, et cette mesure ne pouvait faire couler le sang. L'été dernier, Thomas Storrow Brown ayant fait à New York une enquête discrète pour savoir si on pourrait y acheter des fusils, Papineau l'a réprimandé.

Mais ses mots d'ordre de résistance, ses charges à fond de train et l'indignation communicative qui l'animait n'ont-ils pu, volant de bouche en bouche et de cœur en cœur, s'amplifier ? En des esprits simples, frustes et surexcités, n'ont-ils pu être déformés et aboutir aux coups de tête et aux journées tragiques ? Et son devoir d'homme instruit et de chef n'était-il pas de le prévenir ?

Papineau, dans ses loisirs forcés, ressasse ce problème. Les Papineau, Mgr Lartigue le sait bien, ne font pas contrition. Le chef des patriotes repousse l'accusation comme injuste, révoltante. Il écrit au Dr Nancrède, médecin français qui a fait des études au Collège de Montréal et s'est établi à Philadelphie :

> J'ai fait de l'opposition constitutionnelle, je n'en ai pas fait d'autre. Les magistrats ont enfoncé ma maison désertée pour saisir mes papiers. Ils ont trouvé plusieurs de mes lettres chez des concitoyens arrêtés et les ont publiées. Les uns et les autres certifient que j'ai déconseillé les voies de fait ...

Il attribue le recours aux armes à une provocation préméditée et montée par les oligarchiques : « Nous ne conspirions pas pour renverser le gouvernement par la force ; nous voulions le guérir par la diète et le régime. Nous ne savions pas qu'il conspirait pour nous écraser, pour commencer la guerre civile contre le peuple... »

Sa main court — et sans doute elle tremble un peu. Il y a plus pénible encore. Le bruit circule, chez des réfugiés que son inaction exaspère, que Papineau s'est sauvé à l'heure du combat. Quel jugement les contemporains et la postérité porteront-ils sur cet épisode ? Papineau rédige, le 7 février, un long brouillon de lettre à sa femme, à tournure de récit historique et en même temps de plaidoyer, qu'il ne destine évidemment pas à sa femme seule. Il reprend ce brouillon le 10, avec un peu de changements. Il écrit :

Albany 10 février 1838

Chère amie

... J'ai laissé ma demeure d'après le vœu unanime et les pressantes sollicitations de parents, d'amis, d'hommes publics demeurant d'accord que dans l'état d'excitation toujours croissante qui tourmentait Montréal, à la suite d'une réorganisation criminelle de toute la magistrature pour des fins de persécutions politiques, je devais pour un temps sortir de la ville. Que j'y étais exposé à un danger instant d'assassinat ; à celui d'une nouvelle attaque contre ma maison et ma famille avec la connivence de la force armée et du magistrat. Ces sollicitations se répétaient sans relâche depuis plusieurs jours. Je les avais repoussées. Le Conseil exécutif siégeait à Québec. Je savais l'opinion de plusieurs de ses membres sur la nécessité de proclamer la loi martiale. Que l'assemblée des Cinq Comtés était accompagnée d'un acte ouvert de trahison parce qu'un arbre de la Liberté y avait été planté. L'absurde iniquité d'une telle prétention m'en fit sentir le danger. Le Gouvernement qui la proclamait avait le moyen de la faire prévaloir auprès de juges aussi asservis et passionnés que le sont les nôtres. Cette persuasion me décida à partir sur-le-champ. Mon projet était de demeurer caché pour un temps chez d'honnêtes cultivateurs pour laisser passer un orage dont je ne prévoyais ni la violence ni la durée. Nous n'étions nulle part préparés à résister au gouvernement. Je croyais au danger de nouvelles agressions contre nous dans la ville ; à celui d'affreuses persécutions dans les tribunaux ; je ne prévoyais pas que le pouvoir commencerait une guerre civile aussi peu provoquée que celle qu'il a faite avec une brutale férocité. Je ne voulais aller chez aucun parent ou ami riche et instruit pour ne pas provoquer de persécution contre eux. Je pensais que, quelque outrée que fût l'animosité nourrie contre moi, de braves cultivateurs ne seraient pas inquiétés pour m'avoir donné un asile, que l'on regarderait cet acte comme un service que l'humanité réclamait, et que leur ignorance serait une juste excuse pour ceux de cette classe qui me mettraient à l'abri. Tu auras appris comment je suis parti du Canada. Je croyais toute possibilité de résistance perdue. Je ne veux pas écrire les circonstances extraordinaires qui ont accompagné ma fuite. Pour leur donner l'intérêt qu'elles ont, il faudrait trop particulariser les personnes et les localités. Ce ne fut qu'à mon arrivée aux États-Unis que j'appris qu'un grand nombre d'autres infortunés compatriotes y étaient arrivés depuis plusieurs jours, principalement du comté de l'Acadie. Le hasard en amena plusieurs sur le bord du lac où j'avais couru le plus grand risque d'être noyé. Je n'ai vu que ceux-là qui convinrent que je ne devais pas me faire connaître dans ce moment. Dans ce but, je me privai du plaisir de revoir des amis qu'il aurait été si doux de revoir, entre autres M. Joseph Roy, qui était venu y chercher ses frères. Au lieu d'aller dans la maison publique où ils étaient, je me tins dans des maisons particulières et voyageai par des voitures privées. Rendu à Albany, M. Porter et sa famille m'ont accueilli aussi amicalement que le peut être un tendre frère ou le meilleur ami tombé dans le malheur. J'ai été longtemps à ses charges et vais m'en éloigner. Mes espérances de rentrer en Canada d'ici à longtemps sont anéanties. Il n'y a plus qu'à se résigner à la souffrance jusqu'à ce que des événements imprévus la fasse cesser. Arme-toi donc de courage. Si le régime militaire cesse jamais, si l'autorité des lois reprend quelque empire, tu défendras et conserveras pour toi et nos chers enfants une bouchée de pain tant que tu vivras. Je pense que le pillage, la confiscation, les proscriptions d'un peuple pour enrichir un autre sont dans les vues et les spéculations du ministère, et surtout des loyalistes provinciaux. Sans autres raisons qu'une haine invétérée contre nous et l'avarice des prétendus amis du gouvernement, beaucoup d'innocents sont déjà ruinés, beaucoup d'autres le seront. Je ne puis échapper à cette persécution. Mais notre contrat de mariage te donne des avantages que tu tâcheras de recouvrer si l'iniquité de mes ennemis me condamne en vue de ravir mes biens. Ces avantages sont en plus grande partie pour ta vie durant seulement, et dans le cas où nos enfants auraient le plus grand de tous leurs malheurs à supporter, la perte de leur tendre mère, ils seraient réduits à n'avoir rien du tout. Redouble donc de soins pour te conserver pour eux. Réalise à même le mobilier tout ce que tu pourras et le plus vite que tu pourras. Pour tes réclamations tu ne pourras les faire que dans le cas où les autorités se livreront à d'atroces injustices, à des condamnations et confiscations qui les flétriront. Celles du Haut-Canada sont bien odieuses par la violence à laquelle elles s'abandonnent contre leurs adversaires politiques. Ce m'a été une grande consolation de voir notre Amédée pendant quelques jours. Ce m'est une cuisante souffrance de recommencer des adieux qui cidevant m'ont déjà si sensiblement attristé, ou plutôt torturé. Le pauvre enfant a eu la prévoyance de sauver plusieurs de mes titres et papiers qui ont rapport à mes affaires. Il faudra les remettre à mon pauvre vieux père, qui est plus accablé à la vue des souffrances du pays et de sa famille, je n'en doute pas, que de ses 85 ans, et qui, s'il y a moyen de le faire, peut mieux que personne autre conserver mes intérêts. Ce qu'il pourrait retirer de dettes et arrérages devrait être mis à part pour devenir productif plus tard pour ton soutien, et non pour payer des dettes quelles qu'elles soient, parce que les créanciers ont un ample gage sur mes biens-fonds, ce qui assure leur créance et qu'ils la recouvreront contre le gouvernement si celui-ci me vole et me dépouille. Si ces appréhensions ne se réalisent pas, et elles ne peuvent pas se réaliser avec l'ombre de justice, nous aurons le bonheur de vivre réunis ici ou ailleurs, n'importe sur quel point du globe ce sera, ni dans quelle médiocrité de fortune... Si Amédée est raisonnable comme je l'espère, il sera avantageusement placé à Saratoga, avec une perspective, si le Canada lui est fermé, de faire ici son chemin tout aussi bien et mieux que là, patronisé comme il le sera par des amis des plus respectables dans la carrière du barreau. Ma torture est de n'avoir pas de détails sur le sort de ma famille...

62

Départ de Gosford
La République du Bas-Canada

Le groupe de George Moffat a profité des circonstances pour relancer le projet d'Union. Les Canadiens français n'ont pas cessé de redouter ce projet. L'Association loyale canadienne du district de Montréal, toujours présidée par Pierre de Rocheblave, avec Augustin Cuvillier pour vice-président et des hommes de l'influence de Roch de Saint-Ours, Louis Guy, Dominique Mondelet, Olivier Berthelet, Jules Quesnel et Joseph Masson parmi ses membres, lance un manifeste, le 1er février 1838. L'Association commence par répudier les meneurs de la révolution :

> ... Malheureusement, la violence, la précipitation et plus encore les prétentions également outrées de quelques-uns de ses chefs (du parti réformiste) ont, depuis quelques années, mis en péril les réformes déjà faites comme celles qui pouvaient être obtenues par la suite ...

Puis elle demande le maintien de la constitution, pour reprendre l'œuvre tragiquement interrompue :

> C'est en continuant la réforme et en la conformant surtout à l'esprit qui guida la Constitution de 1791 qu'on parviendra à ramener l'harmonie dans la marche de l'administration et à mettre enfin un terme à la lutte des partis, si préjudiciable à l'intérêt comme à la prospérité publique.

L'Association fait circuler une requête hostile au projet d'Union. Mgr Lartigue la signe et engage son clergé à la signer. Il écrit à lord Gosford, qui doit retourner en Grande-Bretagne, et lui garantit le loyalisme du clergé, fondé, non sur la politique, mais sur la religion « qui nous fait un dogme immuable de la fidélité aux Puissances établies par l'ordre de Dieu sur la société ». Il regrette la fin du gouvernement « paternel, juste et prudent » de lord Gosford, mais espère que sa connaissance du pays lui permettra de combattre tout changement à la constitution du Canada, et surtout l'union des deux provinces « qui amènerait en peu de temps pour l'Angleterre la séparation de ses colonies en Amérique ».

Lord Gosford s'est montré prévenant envers le clergé. Il a favorisé la séparation civile des diocèses de Québec et de Montréal et accordé de menues faveurs, comme l'affranchissement des droits de douane sur les instruments de musique importés par le Séminaire de Nicolet. Mgr Signay et Mgr Turgeon vont le saluer, et Mgr Signay engage Mgr Lartigue — qui vient de le faire — à lui écrire :

> 2 février 1838
>
> Je ne sais si Votre Grandeur a écrit à lord Gosford au sujet de son départ. Nous avons été le voir en corps, il y a quelques jours. M. de Sidyme et moi avions jugé à propos de le voir séparément du reste du clergé, la semaine précédente. En lui témoignant la reconnaissance dont nous étions pénétrés pour ses attentions à répondre aux différentes demandes relatives aux établissements religieux, j'ai pris la liberté de parler particulièrement de ce que nous croyons lui devoir personnellement dans l'affaire de la séparation civile de nos diocèses. J'ai engagé aussi le Séminaire de Nicolet à lui envoyer un témoignage de reconnaissance pour certaines attentions assez marquantes dont il a honoré cet établissement... Il ne partira que la semaine prochaine, en sorte que vous avez encore le temps de lui écrire si vous le jugez convenable, ou supposé que Votre Grandeur ne l'ait pas déjà fait. Mgr le Coadjuteur doit le revoir avant son départ, et je m'attends à le voir chez moi aussi d'ici à ce temps... C'est un sincère ami du clergé que nous perdons par son départ. J'ai des preuves certaines de sa disposition favorable pour lui et de l'estime qu'il en conçoit. J'ajoute avec bien d'autres qu'il est fâcheux pour le pays que l'on n'ait pas goûté ses dispositions également favorables au peuple canadien qu'il estime...

Mgr Turgeon écrit de son côté au curé Charles-Joseph Asselin, de l'Île-aux-Coudres, qui semble incliner vers les patriotes. Il lui parle du gouverneur Gosford :

> Soyez persuadé que dans les deux dernières sessions du parlement, il a montré plus de bon sens que la fougueuse majorité à laquelle on peut en bonne justice attribuer nos malheurs.

Il parle d'André Simon, député du Saguenay dont l'Île-aux-Coudres fait partie :

> Tout ce que je lui reproche, c'est d'avoir voté les misérables 92 Résolutions, sans en apercevoir toute la tendance, mais il est revenu comme bien d'autres, et je crois pouvoir vous dire, je crois même devoir vous dire pour le bien de mon pays, que, si on nous laisse notre constitution, votre comté sera infiniment mieux représenté par ce brave homme, qui a d'ailleurs des intérêts de fortune à ménager, que non pas par quelque jeune écervelé de la catégorie de ceux qui, au lieu de se promener aujourd'hui dans nos rues, devraient être logés dans la prison (3 février 1838).

Lord Gosford, profitant de ces bonnes dispositions, souhaite, avant son départ, la proclamation d'un jour d'actions de grâces pour remercier la Providence du rétablissement de la paix. Mgr Signay se met d'accord avec le secrétaire Walcott et avec le lord évêque Mountain pour en fixer la date au 28 février. Il en fait part à Mgr Lartigue, en terminant sa lettre du 2 février et souhaite que la même date soit choisie dans le diocèse de Montréal.

Mgr Lartigue soumet une objection : cette date a été proposée par l'évêque anglican de Montréal ; en l'acceptant, nous nous mettrons à sa remorque, et les fortes têtes ne manqueront pas d'insinuer qu'on force le peuple à remercier Dieu « de ce que leurs églises et leurs maisons ont été brûlées », de sorte que le « Thanksgiving » fera peut-être plus de mal que de bien. Mgr Lartigue aurait préféré le placer au commencement du carême. Mais va pour la fin de février. Mgr Lartigue ordonne, le 6 février — le même jour que Mgr Signay — une journée d'actions de grâces, avec grand'messe et Te Deum, « pour la paix intérieure rendue à cette province ». Ce sera le 26 février. Mgr Lartigue adresse une circulaire à son clergé :

> Après nous être efforcés d'apaiser la justice divine par un office expiatoire, par des jeûnes, par des prières publiques, pour tous les crimes commis en ce diocèse pendant l'odieuse rébellion de l'an passé contre le gouvernement établi dans cette colonie britannique, il convient aussi que nous rendions à la Providence du Seigneur de très humbles actions de grâces pour la prompte répression d'une révolte si menaçante par les armes puissantes ainsi que par l'énergie de ses fidèles sujets, heureusement dépassant en nombre les hommes déloyaux ou égarés, et pour la paix qui maintenant règne dans tout le Bas-Canada. C'est pourquoi vous annoncerez, le dimanche de la quinquagésime, que le lendemain, 26 du présent mois, sera observé comme jour d'action de grâces publiques pour la paix inté-

rieure rendue à cette province, et qu'il sera chanté, pour cet effet, au jour susdit, une messe solennelle pro re gravi suivie du Te Deum avec son oraison et celle pour la reine ...

Les prêtres devront, à cette occasion, « instruire leurs peuples sur leur devoir envers la puissance civile, conformément à la doctrine apostolique ». Le même jour, 6 février, Mgr Lartigue nomme l'abbé Pierre Ménard, jusqu'alors vicaire à Berthier, curé de Saint-Benoît, et décharge les prêtres voisins qui ont assumé la desserte.

Mgr Signay juge bon de confirmer par écrit à lord Gosford les sentiments que, seul puis à la tête du clergé, il lui a verbalement exprimés (8 février 1838) :

> Lorsque nous eûmes l'honneur de nous présenter, il y a quelques jours, à la tête du clergé catholique de la capitale, pour saluer Votre Seigneurie à l'occasion de son prochain départ, et de lui exprimer les sentiments de reconnaissance que nous inspirent ses procédés généreux, tant en ce qui nous concerne particulièrement qu'en ce qui regarde le peuple dont la conduite spirituelle nous est confiée, nous ne nous sommes acquittés que d'une manière bien insuffisante de ce que nous pouvons, à juste titre, appeler un devoir. Veuillez donc bien souffrir, Milord, que nous exprimions aujourd'hui plus explicitement notre pensée, que d'abord nous n'avions rendue que verbalement. Les matières de politique ne sont point de notre ressort ; mais les circonstances toutes particulières où s'est trouvé le pays qui nous est cher, sous une administration que nous voyons terminer à regret, ne nous ayant point permis de demeurer étrangers aux actes qui l'ont signalée, nous fait une loi de ne pas omettre de rendre justice aux vues sages et équitables de Votre Seigneurie, aux efforts qu'elle n'a cessé de faire pour rétablir l'harmonie entre nos concitoyens, et aux mesures prudentes qu'elle avait prises pour atteindre un but si désirable. Nous prions Votre Seigneurie de demeurer persuadée que nous apprécions autant son administration que nous déplorons les procédés injustes de ceux de nos compatriotes qui se sont obstinés à mettre des obstacles à la marche conciliante que Votre Seigneurie avait adoptée et qu'elle avait à cœur de suivre. Tout en rendant cette justice à l'administration de Votre Seigneurie quant aux intérêts généraux du pays, nous ne devons pas oublier de lui exprimer la reconnaissance que nous ressentons en particulier pour la protection qu'elle a bien voulu accorder à notre religion. L'empressement avec lequel elle s'est prêtée aux mesures qui étaient propres à en favoriser l'exercice ne saurait jamais s'effacer de notre mémoire. Ce sont ici, milord, non seulement nos sentiments particuliers, mais encore, nous osons en répondre, ceux du clergé dont nous nous plaisons à nous rendre les orga-

nes auprès de Votre Seigneurie. Avant de terminer nous osons exprimer l'espoir que Votre Seigneurie, en laissant notre sol, voudra bien ne pas perdre de vue les vrais intérêts d'une population plus aveugle que coupable, et qu'elle usera de toute son influence auprès des autorités britanniques pour consommer une œuvre qui ne doit en réalité son manque de succès qu'à la malveillance de quelques factieux. Veuillez agréer, Milord...

Mgr Signay compte sur Gosford pour combattre le projet d'Union. L'évêque de Québec recommande à son clergé, par circulaire, de signer une adresse « contre le projet d'unir les deux provinces du Haut et du Bas-Canada sous une seule législature » :

> Les actes d'insurrection qui ont été commis récemment dans certaines parties du district de Montréal, joints aux divisions politiques qui les ont précédés, donnent lieu de craindre qu'il ne soit de nouveau question dans le Parlement impérial, de réunir cette province et celle du Haut-Canada. Tous ceux qui ont à cœur le bien du pays doivent s'empresser de prévenir, autant qu'il est en eux, les suites fâcheuses qui résulteraient infailliblement pour nos compatriotes de l'adoption d'une pareille mesure.
>
> Ce devoir ne saurait être méconnu par le clergé qui, en toute occasion, a montré le vif intérêt qu'il prend au bonheur de ses ouailles, et dont la voix mérite avec d'autant plus de raison d'être écoutée qu'il s'est toujours distingué par sa loyauté et son attachement au gouvernement de la Grande-Bretagne.
>
> Je vous invite donc à remplir ce devoir, en signant l'adresse aux trois branches du Parlement impérial qui accompagne la présente, laquelle vous expliquera plus au long ce que je n'ai le temps que d'effleurer ici. Je ne doute pas qu'elle ne rencontre votre entière approbation.
>
> Dans le cas où il s'agirait de faire signer par tous les habitants de la province une requête dans le même but que la nôtre, je me flatte que vous encouragerez vos paroissiens à y apposer leur nom (7 février 1838).

Mgr Signay envoie son texte à Mgr Lartigue, en l'informant que Mgr McDonell, évêque de Kingston, a signé une pétition favorable à l'Union, destinée à la Législature du Haut-Canada : « Mgr McDonell ne sera peut-être pas très édifié de notre démarche, mais nous nous en consolerons du mieux que nous pourrons... » Si les adversaires de l'Union envoient en Angleterre un délégué « d'une nuance admissible par tous » — tel que M. Quesnel, s'il veut bien accepter, ce délégué pourra, pense l'évêque de Québec se charger aussi de notre pétition. Et d'ajouter : « J'ai vu ces jours-ci lord Gosford, qui me dit avoir reçu votre dernière lettre, et qui se promet bien de s'occuper de vos intérêts dès qu'il sera en Angleterre ».

Lord Gosford, répondant à Mgr Signay et à son coadjuteur en termes très chaleureux, leur a promis de ne *jamais* les oublier.

Lord Gosford, obligé de rester plus longtemps qu'il n'aurait voulu, a dû prendre des mesures de rigueur qui lui répugnaient. Il part le 20 février 1838, en laissant l'administration du pays entre les mains de Colborne, commandant militaire qui ne croit qu'en la manière forte.

* * *

Les geôliers sont les hommes les plus occupés de Montréal. Le détenu Bonaventure Viger, mi-farceur et mi-révolté, leur donne du mal : il va jusqu'à jeter un verre d'eau à la figure de l'un d'eux. La police, parfois suppléée par des loyalistes, opère encore des arrestations. Les deux députés de Nicolet, Jean-Baptiste Proulx et son beau-frère Jean-Baptiste Hébert, sont arrêtés dans la nuit du 4 février. Une douzaine de loyalistes armés font irruption chez le patriote Louis Lérigé dit Laplante, à Saint-Constant, tard dans la soirée du 5. Lérigé enfile ses pantalons et se jette dans sa cave. Les loyalistes l'en sortent en le lardant de coups de sabre, le garrottent et l'emmènent. Mais c'est à l'infirmerie de la prison qu'il faut l'admettre.

Cependant le tout-venant des patriotes n'encombre les locaux disciplinaires que juste le temps de recevoir une bonne leçon. L'Abénaquis François Borneuf, qui a guidé Wolfred Nelson dans sa tentative de fuite aux États-Unis et qui a été pris avec lui, est libéré l'un des premiers, le 6 février. François Desmeules, cultivateur à Saint-Philippe, qui haranguait ses concitoyens à la porte de l'église bien qu'il fût commissaire des petites causes, entré en prison le 15 décembre 1837, en sort, très assagi, le 28 février. Marc Campbell, qui a favorisé des évasions, est arrêté le 26 janvier et libéré le 3 mars. Jean-Baptiste Proulx et Jean-Baptiste Hébert, sont relâchés le 27 février. Neil Scott de Sainte-Thérèse, est emprisonné du 8 au 28 février.

Vers la fin de l'hiver, Mgr Bourget et M. Quiblier sont admis pour de courtes visites d'encouragement. On permet aussi aux prisonniers d'écrire à leur famille, de recevoir des visites et des secours. C'est alors, parmi les moins suspects, à qui se procurera un certificat de bonne conduite signé par son curé ou par un magistrat. Le curé P.-J. Archambault, de Vaudreuil, signe un certificat de loyalisme en faveur de William Whitlock, l'imprimeur-éditeur du *John Grips*. William Walker demande toujours en vain le procès de Louis-Michel Viger, son client — qui n'est pas considéré comme du tout-venant. Le colonel Dundas, qui a participé à la bataille de Saint-Eustache à la tête du 83e Régiment, écrit au prisonnier Bouchette, son ami personnel, en déplorant qu'il ait pris un parti si regrettable et se soit mis en si fâcheuse affaire. Bouchette répond longuement. Il ne regrette rien. Il se justifie. Les patriotes ont revendiqué « non pas des droits abstraits et extravagants, généralement incompatibles avec l'état d'une société organisée, mais les droits essentiels de sujets britanniques ». Nous avions l'ombre et non pas la substance d'une constitution... Aucune responsabilité dans les services de l'administration locale... La colonie était une serre-chaude de favoritisme... L'Assemblée a exercé son privilège constitutionnel en refusant les subsides... Les résolutions Russell ont provoqué mon indignation... Les arrestations après l'assemblée des Six-Comtés ont été « la mesure violente et mal inspirée qui a forcé le peuple à la résistance »... Bouchette proteste contre les mots de son correspondant qui a parlé de « révolte gratuite » : « Les Canadiens ont été appelés rebelles et séditieux pour avoir affirmé leurs droits constitutionnels. Il n'y a pas eu de révolte préparée ; le peuple s'est levé spontanément pour protéger ses chefs... » Bouchette donne le piètre armement des patriotes en preuve : « Il eût été facile de se procurer dans les États voisins assez de munitions pour armer toute la population canadienne ; mais le but immédiat n'était pas de renverser la domination britannique ; c'était un mouvement de *self-protection* contre l'exercice arbitraire du pouvoir administratif et judiciaire... »

* * *

Aux États-Unis, les réfugiés canadiens connaissent le sort de toutes les émigrations politiques, traversées de rumeurs, de projets chimériques, de misère, de malentendus, de soupçons. Les Américains qui ont embrassé leur cause partagent ces tribulations. Charles Bryant écrit à Duvernay, sur lequel il s'est exprimé de façon désobligeante. Il s'excuse de ne pouvoir lui offrir la réparation qu'un homme d'honneur a le droit d'attendre, les lois des États-Unis ne permettant pas le duel. Mais il promet d'être à sa disposition sur le sol canadien après la réalisation de l'indépendance.

Papineau ne croit pas cette indépendance réalisable sans le concours officiel de Washington, ou tout au moins sans une large tolérance des autorités américaines pour la levée, sur leur sol, de concours financiers et militaires. Il se rend, en février 38, à Philadelphie où un avocat du nom de Sherwood, chaud réformiste qui a quelque temps habité Montréal, est censé jouir d'une certaine influence. Papineau voyage sous le nom de M. Lewis.[1] L'évêque de Philadelphie, apitoyé sur le sort de l'abbé Chartier, lui a donné un poste de vicaire dans la paroisse Saint-Augustin. Papineau rend visite à l'ancien curé de Saint-Benoît, son admirateur inconditionnel. O'Callaghan rédige et fait publier à Saratoga, sans nom d'auteur, un « Biographical sketch of the Hon. Louis Joseph Papineau, Speaker of the House of Assembly of Lower Canada ». Son but, explique-t-il, est de faire connaître au public américain l'homme qui « par son dévouement aux principes américains, s'est fait redouter par le gouvernement britannique et aimer par la grande majorité du peuple des Canadas, où il a été, pendant plus d'un quart de siècle, l'indomptable champion de la démocratie ».

En 1812, affirme O'Callaghan, « M. Papineau était le chef de la jeune et brillante minorité qui s'efforça, dans la Chambre d'Assemblée, d'éviter à la province un conflit avec les États-Unis. Il vit de bonne heure que les meilleurs intérêts du Canada consistaient en une étroite amitié avec les États-Unis, avec lesquels, en raison de la position géographique et des échanges commerciaux, il lui était plus naturel d'être intimement lié qu'avec une puissance d'outre-Atlantique. Il prévoyait en même temps la souffrance et la misère qu'une guerre entraînerait au Canada, tout en ne procurant d'honneur (si honneur il y a !) qu'à l'Angleterre. Inspiré par ces vues patriotiques, il essaya d'éviter à son pays toute participation à cette guerre et, de fait, à toutes les guerres *anglaises*. Ses efforts ont malheureusement échoué. La guerre éclata et il servit comme capitaine dans la milice jusqu'au retour de la paix ».

Il y a là sans doute, pour les besoins de la cause, une dose d'exagération. O'Callaghan relate l'incident au cours duquel le capitaine Papineau, escortant un convoi de prisonniers, fit cesser l'air du Yankee Doodle, entamé par dérision. Il retrace la carrière parlementaire de Papineau : « Énumérer les services qu'il a rendus au pays serait énumérer les griefs de la population ». Sou-

---

1. Montarville Boucher de La Bruère a reconstitué, dans le *Cahier des Dix de 1940*, l'itinéraire de Papineau, de Saint-Denis à Paris.

cieux de faire ressortir tout ce qui peut flatter l'amour-propre américain, O'Callaghan rappelle qu'en 1836, à la Chambre d'Assemblée, Papineau prédit que les institutions républicaines n'étaient pas seulement destinées à prévaloir sur le continent américain, mais qu'un jour viendrait où l'Amérique « donnerait des républiques à l'Europe ».

O'Callaghan assimile l'adoption des résolutions Russell par le Parlement britannique au droit de timbre et à la taxe sur le blé qui, « violant tous les principes de liberté », ont contribué à déclencher la révolution américaine.

« Dans une telle crise, tous les regards se tournaient vers M. Papineau ».

O'Callaghan arrive, dans son récit, à 1837. Il ne parle pas de la prise d'armes et des combats. Il attribue à la Providence « qui veille aux libertés de la race humaine » le fait — le bienfait — que Papineau ait échappé à la capture, « en dépit de mandats et de proclamations qui sont une honte pour la civilisation ». On peut croire, en le lisant, que le gouvernement a seul recouru aux moyens « violents et illégaux ». Papineau ne cherchait « qu'à étendre par des moyens pacifiques l'application du principe démocratique ». « Mais le gouvernement britannique, comme Charles X en France, a détruit les droits populaires en réduisant les avocats de la démocratie à la prison ou à l'exil ». Cependant les discussions des sept dernières années ont instruit le peuple, et quand le gouvernement britannique enverrait au Canada « dix dictateurs et dix fois 10,000 baïonnettes, la paix ne reviendra pas dans la province et les Canadiens ne seront jamais satisfaits avant qu'ils aient obtenu des institutions électives semblables a celles qui ont placé cette grande république au premier rang des nations ».

O'Callaghan conclut sa brochurette : le gouverneur, en arrêtant ses amis et en menaçant de l'arrêter lui-même, voulait pousser Papineau à la rébellion, afin de le prendre les armes à la main. On taxe maintenant M. Papineau de couardise, dans le même but. On ne fait ainsi que sous-estimer son courage moral :

> Quel que soit le destin de M. Papineau, nous sommes tout à fait sûrs que sa conduite à l'avenir sera conforme à sa vie passée et qu'il conservera cette dignité de caractère pour laquelle il est tenu en haute estime parmi ses compatriotes ».

* * *

Robert Nelson et le Dr Côté jugent cette admiration béate et ne la partagent plus. Ils ont perdu confiance en Papineau et n'attendent pas ses négociations. Ils préparent de nouveaux coups de main. Bryant cherche à leur procurer des recrues américaines. Un groupuscule de patriotes réfugiés à Troy médite aussi quelque raid. Un autre, rassemblé à Derby Line par Hiram Francis Blanchard, ex-imprimeur des cantons de l'Est, prendrait Stanstead pour objectif, mais s'agite dans le vide. De son côté, Van Rensellaer, après l'évacuation de Navy Island, ne reste pas en repos. Lui aussi échafaude de nouveaux plans d'invasion. Mackenzie n'a plus confiance en ce général improvisé, et leur désaccord est vif. Mackenzie se retire à Rochester, d'où il visite les réfugiés bas-canadiens de Plattsburg, puis commence une tournée de grandes villes américaines, en quête de soutien. Van Rensellaer tâche de se réorganiser à Buffalo. Un autre général improvisé, Donald McLeod, Canadien de naissance écossaise, fait aussi de la propagande et du recrutement.

Comment les autorités canadiennes ne seraient-elles pas informées? Tout le monde attribue aux réfugiés canadiens, peut-être aidés par des sympathisants américains, un vol d'armes et de munitions commis à l'arsenal d'Elizabethtown. Un commerçant de Stanstead, L. Spalding, voyageant aux États-Unis pour ses affaires, décrit l'agitation des réfugiés dans ses lettres à ses associés.

Robert Nelson, Cyrille-Octave Côté, Julien Gagnon et Chevalier de Lorimier — quatre emportés qui ont tout laissé, femme, enfants, propriété, clientèle, pour se jeter dans la révolution — rassemblent dans la région de Champlain, Chazy et Plattsburg trois cents réfugiés de leur trempe, auxquels se joignent des Américains épris d'aventure et de démocratie. Joseph Duquet sera le quartier-maître de l'expédition. Ludger Duvernay, en ce moment à Saint-Albans, jugeant l'entreprise insensée, a refusé de se joindre à eux. À peu près simultanément, bien que sans liaison formelle, Nelson part à la tête de sa troupe; Van Rensellaer fait une nouvelle tentative visant Kingston; et McLeod, avec une troupe comprenant des repliés de Navy Island, essaie de s'installer sur une autre île de juridiction britannique, Point au Pelé, à vingt milles de la rive canadienne (28 février 1838).

Aucune des trois tentatives ne va loin.

La troupe de Nelson traverse le lac Champlain en une longue file de traîneaux, se reforme à Alburg (Vermont), franchit la frontière et pénètre d'un demi-mille à l'intérieur. Robert Nelson s'établit à Caldwell's Manor et « au nom de la divine Providence qui permet de renverser un gouvernement ayant méconnu l'objet et l'intention pour lesquels il était créé » proclame et préside la république du Bas-Canada :

NOUS DÉCLARONS SOLENNELLEMENT

1. Qu'à compter de ce jour, le peuple du Bas-Canada est ABSOUS de toute allégeance à la Grande-Bretagne et que toute connexion politique entre cette puissance et le Bas-Canada CESSE dès ce jour.

2. Que le Bas-Canada doit prendre la forme d'un Gouvernement républicain et se déclare maintenant, de fait, RÉPUBLIQUE.

3. Que sous le Gouvernement libre du Bas-Canada, tous les citoyens auront les mêmes droits ; les Sauvages cesseront d'être sujets à une disqualification civile quelconque, et jouiront des mêmes droits que les autres citoyens de l'État du Bas-Canada.

4. Que toute union entre l'Église et l'État est déclarée abolie, et toute personne a le droit d'exercer librement la religion et la croyance que lui dicte sa conscience.

5. Que la Tenure féodale ou seigneuriale est, de fait, abolie, comme si elle n'eût jamais existé dans ce pays.

6. Que toute personne qui porte ou portera les armes, ou fournira des moyens d'assistance au Peuple Canadien dans sa lutte d'émancipation, est déchargée de toutes dettes ou obligations réelles ou supposées envers les Seigneurs pour arrérages en vertu de droits seigneuriaux ci-devant existants.

15. Qu'aussitôt que les circonstances pourront le permettre, le Peuple choisira des délégués suivant la division actuelle du pays dans les villes, bourgs et comtés, qui constitueront une Convention ou Corps législatif, afin de baser et d'établir une Constitution selon les besoins du pays...

16. Que toute personne mâle au-dessus de l'âge de 21 ans aura le droit de voter pour l'élection des délégués susnommés.

17. Que toutes les Terres dites de la Couronne, ainsi que celles appelées réserves du clergé et celles qui sont nominalement en possession d'une certaine compagnie de spéculateurs en Angleterre appelée « Compagnie des Terres de l'Amérique britannique du Nord » deviennent de plein droit la propriété de l'État du Canada, sauf telle portion des dites terres qui peuvent être en possession de cultivateurs qui les tiennent de bonne foi, pour lesquels nous garantissons des titres en vertu d'une loi qui

sera passée afin de légaliser la possession de tels lots de terre, situés dans les Townships, qui sont maintenant en culture.
18. Qu'on se servira des langues française et anglaise dans toute matière publique.

Et pour le support de CETTE DÉCLARATION et le succès de la cause patriotique que nous soutenons, NOUS, confiants en la protection du Tout Puissant et la justice de notre ligne de conduite, engageons par les présentes, mutuellement et solennellement les uns envers les autres, notre vie, nos fortunes et notre honneur le plus sacré.

Par ordre du Gouvernement provisoire

Robert Nelson,
Président.

Nelson et ses amis ont précipité l'évolution du mouvement « patriote ». Il ne s'agit plus de rendre le Conseil législatif électif, d'attribuer à la Chambre l'absolu contrôle du budget ou de faire admettre le principe de la responsabilité ministérielle, mais de proclamer une république, indépendante de la Grande-Bretagne.

Nelson signe une deuxième proclamation, toujours « par ordre du gouvernement provisoire », à titre de « commandant en chef de l'armée patriote ». Il invite le peuple à lui prêter mainforte, et promet « revanche à ceux qui s'opposeront », mais « sécurité et protection à ceux qui mettront bas les armes ». Quant à nous, conclut-il, « nous ne mettrons bas les armes tant que nous n'aurons pas atteint l'objet de notre première proclamation ».

Voilà une résolution fortement exprimée. Mais la milice de Missisquoi, qui est la plus disciplinée et la mieux entraînée de la province, se rassemble pour barrer la route aux patriotes. Un officier lui demande d'attendre le renfort des troupes régulières que le colonel Booth commande dans la région. L'ensemble est impressionnant. Le général Wood, commandant les troupes américaines dans la région frontière, entretient avec le général Colborne des relations correctes. Il a reçu instruction d'éviter les incidents et de faire respecter, rigoureusement s'il le faut, la neutralité. Il interdit tout renfort, tout secours, tout ravitaillement, toute retraite même aux insurgés.

Ceux-ci doivent se borner à la plantation d'un arbre de la liberté, auquel les miliciens ne laisseront sans doute pas le temps de croître. Robert Nelson, ses lieutenants et ses hommes repassent la frontière et remettent leurs armes — qui provenaient effectivement de l'arsenal d'Elizabethtown — au général Wood.

La tentative de Van Rensellaer avorte aussi vite. McLeod et son avant-garde prennent pied sur Point-au-Pelé. Ces insurgés sont, pour une fois, bien pourvus d'armes et de munitions ; mais les autorités canadiennes rassemblent des forces considérables — réguliers, volontaires loyalistes et Indiens — pour les déloger. La disproportion est écrasante. Les insurgés abandonnent, en laissant des prisonniers aux mains de l'ennemi.

63

Libération du curé Blanchet

Lord Gosford a quitté Québec le 20 février 1838. Il passe par les États-Unis et s'arrête à Boston, à Philadelphie, où il manque, à quelques minutes près, de rencontrer Papineau à la bibliothèque publique, et à Washington.

Le général Colborne assume l'administration. Il reste cependant à Montréal, centre névralgique. Mgr Signay et Mgr Turgeon lui envoient le 28 février — tandis que Robert Nelson proclame sa très éphémère république du Bas-Canada — une adresse courte et sobre :

> La ville de Québec ne devant pas avoir l'avantage de posséder Votre Excellence au commencement de son administration, nous sommes privés de l'honneur de lui présenter personnellement nos hommages à la tête du clergé de la capitale. En attendant que Votre Excellence nous procure cet honneur en venant résider au siège ordinaire de son gouvernement, elle voudra bien nous permettre de lui offrir l'expression des sentiments du respect que nous entretenons pour la personne à qui notre Souverain vient de confier les rênes du gouvernement de cette Province. Nous osons espérer que l'administration de Votre Excellence, dans les temps difficiles où nous sommes, contribuera à rétablir l'harmonie dans notre malheureux pays et à resserrer de plus en plus les liens qui unissent cette province à la mère-patrie. Ce sont les voeux sincères que nous formons pour l'administration de Votre Excellence, et nous pouvons l'assurer que, sous ce rapport, le clergé catholique de ce diocèse se fera toujours un devoir de seconder les vues de Votre Excellence.

Colborne répond le 13 mars :

> ... Dans les circonstances actuelles, je ne pourrais quitter Montréal actuellement, mais j'espère qu'aussitôt que la navigation

sera ouverte, les affaires de ce district et la dispersion des brigands et des rebelles à la frontière me permettront de me rendre à Québec, et d'avoir le plaisir de vous voir, ainsi que le clergé de la capitale. En ce qui concerne les embarras du gouvernement et l'état de désorganisation de cette Province, il n'est guère possible d'espérer que l'ordre puisse être rétabli rapidement, mais j'éprouverai la plus grande satisfaction si, pendant que je serai à la tête du gouvernement, je puis contribuer de quelque façon à servir les intérêts et le bien-être des habitants de cette Province.

Des régiments défilent encore, à Montréal, en tenue de campagne. Mais il faut bien que la vie continue. Les Frères des Écoles chrétiennes ont ouvert leur école avec succès, et M. Quiblier, à la messe solennelle du Saint-Esprit, a prononcé un sermon sur les avantages d'une bonne éducation. Des exemplaires de la proclamation de Robert Nelson, parvenus à Montréal, n'ont pas suscité de réaction apparente. Les concitoyens de Barthélemy Joliette le remercient de leur avoir, par ses bons conseils, évité les troubles qui eussent amené des représailles. Des réformistes restés au pays — Hertel de Rouville à Saint-Hilaire, Louis-Victor Sicotte à Saint-Hyacinthe — blâment les incursions et les folles tentatives, à la frontière, qui ne peuvent qu'exaspérer les loyalistes et le gouvernement, provoquer des sanctions, aggraver le sort des exilés. Les têtes politiques expriment la crainte que « la folie de Papineau » n'aboutisse à faire imposer au Canada le régime redouté de l'Union législative.

Les évêques, autant et plus que tous les autres Canadiens français, redoutent le projet d'Union. Mgr Lartigue exprime, dans une lettre à Mgr Signay, la crainte que des patriotes, pratiquant la politique du pire, ne refusent de signer les pétitions antiunionistes, « pour le seul plaisir de faire du mal et d'envenimer les différends » (5 mars 1838). La messe d'actions de grâces ordonnée pour le 26 février n'a pas été célébrée à Saint-Charles. Mgr Lartigue en fait reproche à l'abbé François Demers, curé de Saint-Denis et vicaire général : « C'était pourtant une des paroisses où il convenait le plus qu'elle fût célébrée ». Ne laisse-t-on pas l'église de Saint-Charles (dont le curé est en prison) à l'abandon « comme pour animer le peuple en lui continuant le spectacle de ses désastres ». Les prêtres de la région auraient dû, sous l'égide du grand vicaire, s'entendre pour célébrer la Pâques à Saint-Charles (10 mars 1838).

* * *

La prison de Montréal est toujours pleine, malgré les libérations. Et ce n'est pas un séjour de plaisance. Le shérif François-Roch de Saint-Ours, d'après Jean-Joseph Girouard, est « fermé à tous les sentiments qui honorent l'humanité ; pour lui, nous sommes une sous-espèce... Je n'en finirais pas, mon sensible ami, si je voulais vous décrire tous les outrages dont nous avons été les victimes... »[1] Le procureur général Ogden, visitant les prisonniers, leur demande comment ils sont traités et nourris. Jean-Baptiste Bélanger, cultivateur de Saint-Eustache qui a fait partie de l'expédition de Girod et Chénier chez les Indiens d'Oka, répond pour les autres : « Je puis vous certifier que si je traitais ainsi mes cochons, je ne pourrais pas en hiverner beaucoup ».

Voilà un prisonnier qui se tient debout ! Et tous les autres sont aussi fermes. Ogden les interroge :

— Que feriez-vous, mon ami, si les choses étaient à recommencer ? Prendriez-vous le parti de la reine ou vous mettriez-vous avec les patriotes ?

Le procureur général, écrit Girouard à son ami Morin, « n'a rencontré que des volontés inflexibles, des sentiments nobles et généreux ». Il n'a pu tirer « que des réponses désespérantes et qui le mettaient hors d'état d'en décharger plusieurs qu'il avait probablement ordre d'élargir s'ils voulaient manifester des sentiments loyaux ».

Tout de même, le curé Jean-Baptiste Bélanger, de Saint-Ours, intervient en faveur de ses paroissiens. Et le shérif François-Roch de Saint-Ours n'est pas si fermé à tout sentiment d'humanité, au moins à l'égard de sa famille et de ses concitoyens, car il intervient à son tour : le Dr Jacques Dorion, dont la femme est sa cousine germaine, arrêté le 2 décembre 1837, est libéré sous caution le 3 mars 1838, et Hippolyte Chapdelaine dit Valérien, capitaine de milice à Saint-Ours, arrêté le 4 décembre, est relâché sans procès le 7 mars. Charles-André Leblanc, l'étudiant en droit, Fils de la Liberté, qui a été le premier arrêté en novembre 37, est relâché le 9 mars et se fait inscrire au barreau. Le gouvernement remet en liberté les petits poissons des chenaux, mais il ne lâche pas les gros brochets. Côme-Séraphin Cherrier, tombé malade au point qu'on le pense perdu, est libéré sous caution de 1,000 livres.

---

1. Lettre de J.-J. Girouard à A.-N. Morin du 1er avril 1838. Même source pour la suite.

Mais Louis-Michel Viger réclame en vain son procès, par requête le 2 mars 1838, puis de nouveau le 13 mars et encore le 19.

C'est surtout l'incarcération et le procès éventuel du curé Magloire Blanchet qui inquiètent Mgr Lartigue et ses collègues. L'abbé François-Norbert Blanchet, curé des Cèdres, se rappelle que son frère a envoyé une lettre d'avertissement au gouverneur en novembre 1837. Il pense que ce document pourrait servir à la justification de l'inculpé, et prie Mgr Turgeon de se le procurer. Le coadjuteur de Québec demande la pièce dans les services du gouvernement. On ne la retrouve pas. Mgr Turgeon, pressé par le curé des Cèdres, insiste. On finit par retrouver la lettre du 9 novembre. Hélas ! elle est plutôt de nature aggravante. Mgr Signay en fait part à Mgr Lartigue (28 février 1838) : « J'ai regretté mille fois les démarches que l'on a faites pour la production d'une semblable pièce, et je voudrais qu'elle fût toujours demeurée dans l'oubli. La voilà maintenant entre les mains du procureur général, le gouverneur l'ayant transmise à cet officier à notre suggestion... » Mgr Signay signale dans la même lettre qu'on attribue encore des sympathies pour les patriotes aux prêtres du Séminaire de Saint-Hyacinthe. L'un d'eux « aurait parlé plusieurs fois, en pleine table, et avec tant d'âpreté et de chaleur, au soutien de la cause politique ». Ces bruits « sourds et désavantageux sont même rendus au Château ».

Mgr Lartigue a vainement intercédé auprès de lord Gosford, puis de sir John Colborne. Il a donc, écrit-il au prêtre emprisonné, « cherché des intercesseurs plus efficaces que nous qui, apparemment, n'avons pas rendu assez de services à la cause royale ». Il a, un peu vexé, prié M. Quiblier, prestigieux Supérieur du Séminaire de Saint-Sulpice, « de travailler à l'élargissement du curé de Saint-Charles et de trouver une caution s'il le faut ».

Le curé Blanchet subit un interrogatoire. Il excuse sa présence à l'assemblée des Six Comtés par le nombre de personnages de qualité qui s'y trouvaient. Il avoue sa présence au camp de Saint-Charles, la prière qu'il y a faite et la bénédiction qu'il y a donnée. « Je ne pense pas cependant », écrit Mgr Bourget à Mgr Turgeon, « qu'on en puisse conclure qu'il ait approuvé ou encouragé la révolte ».

* * *

Georges-Étienne Cartier et son cousin Henri ont passé tout l'hiver chez Antoine Larose, à Verchères. Les Larose, riches cultivateurs, ont une servante et cette servante a, comme il est naturel, un amoureux. Le soupirant est très loyaliste ou très prudent. Découvrant la présence des jeunes gens, il décide d'en avertir les autorités. La servante prévient son patron. Les Cartier doivent décamper ; ils passent la frontière et se fixent d'abord à Plattsburg, où les réfugiés sont assez nombreux — et remuants.

M. Quiblier, accompagné par son confrère sulpicien de Bellefeuille et muni d'un passeport spécial, fait un voyage de cinq jours aux États-Unis. Il visite, jusqu'à Plattsburg, les villages où des Canadiens errent le long de la frontière. Quelques-uns accueillent les deux prêtres au cri de « Hourrah pour Papineau ! » Mais la plupart sont moralement et matériellement déprimés. M. Quiblier et M. de Bellefeuille les engagent à rentrer. Mais les réfugiés craignent des représailles, surtout de la part des volontaires — qu'ils ont pu molester. Cinq ou six seulement demandent sur-le-champ des passeports. Quelques autres, enhardis, se décident un peu plus tard.

Pauvres réfugiés ! Rodier n'en peut plus. Les autorités américaines font un procès à Nelson, Côté, Gagnon, de Lorimier et quelques autres pour violation de la neutralité. Amédée Papineau est encore, sous le nom de Montigny, à Albany, d'où il doit bientôt partir pour Saratoga : il y poursuivra, sous la protection du chancelier Walworth, ses études de droit. Le 4 mars, il commence une lettre pour faire part à son père des nouvelles locales — des rumeurs contradictoires qui courent parmi les réfugiés. On frappe à sa porte. C'est O'Callaghan, conduisant William Lyon Mackenzie et sa femme. O'Callaghan, qui recherche, comme Amédée Papineau, la discrétion, est un peu surpris par la visite de Mackenzie. Il le présente cependant aux Porter. « D'après les nouvelles du Nord », observe Porter, « votre cause est perdue ». — « Non pas », se récrie Mackenzie, « les affaires vont très bien ». Et il demande à voir Papineau. C'est donc qu'il connaît sa retraite. Or, Papineau, qui voyage sous le nom de M. Lewis, et Amédée, qui se fait appeler M. Montigny, tiennent à leur incognito. « Le docteur et moi étions au désespoir », écrit Amédée à son père ; « nous partons demain, nous allons nous cacher à Saratoga ; cette place est retirée et sans bruit ».

Trois jours plus tard, Amédée écrit à sa mère. Il est encore à Albany. Il prépare cependant son transfert à Saratoga, où il compte « dans la personne du chancelier de l'État de New York, un autre ami et bienfaiteur, un puissant protecteur, un père qui me reçoit sous son toit hospitalier et veut m'initier à la pratique de la loi ». O'Callaghan reste attaché à la fortune ou à l'infortune des Papineau, père et fils. Marshall Spring Bidwell, l'ancien colistier de Mackenzie et président de la Chambre d'Assemblée du Haut-Canada, avec qui Papineau a correspondu en 1836, n'a pas pris part au soulèvement mais s'est, comme plusieurs autres, senti assez suspect pour s'exiler. Il est lui aussi à Albany, et s'inscrit au barreau de cette ville. Des réfugiés du Haut-Canada forment à Lockport, dans l'État de New York, un comité organisateur d'une société de secours (Canadian Refugee Relief Association) (14 mars 1838).

Ludger Duvernay a refusé de prendre part aux diverses expéditions dirigées contre le Canada.[2] Il a passé une partie de l'hiver à voyager, et fait « une étude du peuple américain et de ses institutions ». Le Dr Thomas Boutillier et son beau-frère Eusèbe Cartier, qui sont à Highgate, envisagent un séjour prolongé, peut-être définitif, aux États-Unis, et font venir femme et enfants du Canada. D'autres les imitent. Papineau n'est pas rapproché de Robert Nelson par l'incroyable témérité de la dernière tentative — et encore moins par l'article de la proclamation qui supprimait les droits seigneuriaux, arrérages compris. L'ancien Orateur reste obsédé par le problème de ses responsabilités. Il écrit encore au Dr Nancrède, à Philadelphie, le 14 mars :

> Nous ne conspirions pas pour renverser le gouvernement par la force. Nous voulions le guérir par la diète et le régime. Nous ne savions pas qu'il conspirait contre nous pour nous écraser, pour commencer la guerre civile contre le peuple... Il a choisi son temps pour provoquer et forcer à une résistance intempestive des hommes qui n'y étaient pas préparés ».

* * *

Quand le général Colborne a pris l'administration du Bas-Canada, cinq cents détenus politiques, en chiffres ronds, encombraient les prisons. Il n'en restait que 300 à la fin de janvier. Les libérations continuent, plus nombreuses que les arrestations. Jean-Olivier Arcand, de Saint-Michel d'Yamaska, commissaire pour les petites causes qui a, d'après d'assez nombreuses plaintes, forcé des tièdes à se joindre aux patriotes de Saint-Denis, est arrêté et emprisonné le 29 mars. Mais le curé Blanchet est libéré sans caution. Mgr Lartigue pousse un gros soupir, et l'envoie aux Cèdres, remplacer son frère François-Norbert, parti comme missionnaire vers les rivages de l'Oregon.

---

2. D'après la lettre qu'il a écrite au Dr Joseph Robitaille, de Saint-Roch, le 7 avril 1838.

Il ne reste plus que 200 prisonniers à peine. Ce sont en majorité les instigateurs de la rébellion.

Dans le Haut-Canada, où les arrestations n'ont pas cessé depuis les premiers jours de décembre, arrive un nouveau lieutenant-gouverneur, sir George Arthur, officier de carrière. Les instructions de lord Glenelg lui recommandent la modération dans la répression. Cependant la justice est à la fois plus prompte et plus brutale que dans le Bas-Canada. Thomas Sutherland, l'avocat américain qui a servi sous Van Renselaer à l'attaque de Navy Island, est condamné à la déportation perpétuelle. Samuel Lount et Peter Matthews, sujets britanniques, sont condamnés à mort le 29 mars, et leur exécution est fixée au 12 avril. John Montgomery est condamné à mort le 2 avril, et son exécution fixée au 24. Des pétitions affluent, demandant grâce. La femme de Lount en présente une, signée par 35,000 personnes du comté de Home, résidence de son mari. Elle se jette à genoux devant sir George Arthur, qui ne paraît pas ému. Le juge en chef Robinson, sollicité par des pétitionnaires, refuse de recommander la grâce.

Samuel Lount et Peter Matthews sont pendus à Toronto, au jour fixé. L'échafaud est dressé de telle manière que Montgomery et d'autres prisonniers en instance de procès, puissent, des fenêtres grillagées de la prison, assister au supplice de leurs camarades. Les geôliers les y engagent, pour leur donner, disent-ils un avant-goût.

Edward Alexander Theller, Irlandais — et donc sujet britannique — de naissance, est condamné à mort le 19 avril. Sur le conseil de ses avocats, il adresse une supplique à la reine, demandant à être remis aux autorités de son pays d'adoption, — les États-Unis — qui le jugeraient à leur convenance.

Mais l'exécution de Lount et Matthews a suscité une réaction, plutôt défavorable au gouvernement. La peine de Montgomery est commuée. Le procès du Dr Thomas David Morrison s'instruit le 24 avril, jour où Montgomery devait être exécuté. Son avocat, John A. Macdonald, de Kingston, qui est encore presque un débutant, rejette toute la faute sur Mackenzie, qu'il appelle un aventurier, un rebelle, un bandit de grand chemin, voleur de courrier. Le jury demande si l'accusation de haute trahison, qui doit entraîner la condamnation à mort, ne peut s'atténuer. Sur réponse négative, il prononce l'acquittement.

64

Fin de l'administration Colborne

La loi suspendant la constitution du Bas-Canada jusqu'au 1er novembre 1840 a reçu la sanction royale le 10 février 1838. Sir John Colborne en reçoit la nouvelle officielle à la fin de mars et la proclame le 27. La *Gazette de Québec* la publie le 29.

La loi autorise le gouverneur ou administrateur à nommer un Conseil spécial, remplaçant l'ancien Conseil exécutif et qui pourra faire des lois ou ordonnances. L'initiative est cependant réservée au chef de l'Exécutif, et les lois et ordonnances du Conseil spécial restent sujettes à désaveu.

Sir John Colborne nomme les 22 membres du Conseil spécial. Pour le district de Québec : Charles-Étienne Chaussegros de Léry, seigneur de la Beauce et de Rigaud-Vaudreuil, quartier-maître général des armées pendant la guerre de 1812 et ex-membre du Conseil exécutif ; James Stuart, qui revient ainsi aux grandes charges ; John Neilson, qu'il serait superflu de présenter ; Amable Dionne et Charles Casgrain, qui ont été, ensemble, députés de Kamouraska ; Pascal de Sales Laterrière, seigneur des Éboulements, ancien député du Saguenay et ex-conseiller législatif ; et William Walker. Pour le district de Montréal, Toussaint Pothier, baron de la fourrure, seigneur de Lanaudière, organisateur d'un corps de Voltigeurs canadiens pour la défense des lacs en 1812 et ex-conseiller législatif ; Peter McGill, président de la Banque de Montréal, président de la première compagnie de chemin de fer formée au Canada — bref, l'un des hommes les plus entreprenants et influents de Montréal — et ex-conseiller législatif ; Pierre de Rocheblave, baron de la fourrure lui aussi, ancien député de

Montréal-Ouest et ex-conseiller législatif, président de l'Association loyale canadienne du district de Montréal, formée pour combattre le projet d'Union ; Samuel Gerrard, ancien président de la Banque de Montréal et initiateur du monument à la mémoire de Nelson ; Jules Quesnel, membre de l'Association loyale canadienne et l'homme « d'une nuance admissible par tous » auquel Mgr Signay a pensé pour porter à Londres des pétitions antiunionistes ; William P. Christie ; Turton Penn ; John Molson, fils et continuateur du célèbre brasseur et armateur ; James Cuthbert, le seigneur de Berthier qui a toujours, au Conseil législatif, défendu les Canadiens français et leur Église ; Barthélemy Joliette, l'infatigable colonisateur, ancien député de L'Assomption et ex-conseiller législatif ; Joseph-Édouard Faribault, jurisconsulte estimé ; Paul Holland Knowlton, ancien député et conseiller législatif, fondateur du village qui portera son nom, artisan émérite du progrès des cantons de l'Est et qui, fort loyaliste malgré sa naissance américaine, a, comme officier de milice, résolument marché contre les patriotes ; enfin Ichabod Smith. Pour le district des Trois-Rivières, Joseph Dionne et Étienne Mayrand, tous deux ex-conseillers législatifs. Joseph Dionne a commencé sa carrière comme cuisinier sur une goélette, l'a continuée comme apprenti tonnelier et la termine comme gros marchand de bois, ami et conseiller de tout le monde dans la région trifluvienne ; Étienne Mayrand a commencé sa carrière dans le commerce des fourrures, s'est ensuite installé à Louiseville comme négociant et financier ; cet ancien député de Saint-Maurice, du genre tout ce qu'il y a de plus bourgeois, mais incorrigible dans son genre, en est à son quatrième mariage, avec des enfants de chacun d'eux.

Le Conseil spécial est donc composé d'hommes de mérite. Il fait une large part aux membres du Conseil législatif, qui se trouve dissous. Il comprend onze « Anglais » et onze Canadiens de langue française. Il sera présidé par James Cuthbert, et nul choix n'eût été plus agréable à Mgr Signay, à Mgr Lartigue et à leurs coadjuteurs. Sir John Colborne convoque le Conseil spécial, le 5 avril, pour le 18, à Montréal.

Le Conseil spécial siège du 18 avril au 5 mai 1838 et adopte vingt-six ordonnances. Des avocats, à l'exemple de William Walker, défenseur de Louis-Michel Viger, prenaient, pour faire libérer leurs clients, des brefs d'habeas corpus que des chinoiseries juridiques rendaient inopérants. Le Conseil spécial, par décision du 23 avril, suspend l'exercice de l'habeas corpus dans la province jusqu'au 24 août. Mais une proclamation du 27 avril met fin au régime de la loi martiale.

* * *

L'administration Colborne, qui était provisoire, touche à sa fin. Le gouvernement britannique a nommé un haut commissaire, lord Durham, pour faire enquête et rapport sur la situation au Canada. Lord Durham est en même temps nommé gouverneur général du Bas et du Haut-Canada, de la Nouvelle-Écosse, du Nouveau-Brunswick, de l'Ile du Prince-Édouard et de Terre-Neuve. Il est revêtu, malgré de légères restrictions apportées sur l'insistance de l'opposition, à la Chambre des communes, de pouvoirs quasi dictatoriaux.

John George Lambton, d'abord officier de hussards, a quitté l'armée pour la politique. Député de Durham, il s'est distingué, parmi les whigs, par ses violentes attaques contre le parti tory. Élevé à la pairie sous le titre de comte Durham en 1828, il est devenu, en secondes noces, le gendre de lord Grey, qui l'a fait entrer dans son cabinet, puis l'a nommé ambassadeur en Russie. Durham, de santé fragile, passe pour un homme intelligent, spirituel, mais impulsif et vaniteux. Ses incartades, dans le cabinet de son beau-père, lui valurent le surnom de « dissenting Minister », et mettaient la solidarité ministérielle en péril. S'il faut en croire les méchantes langues, lord Grey, en lui confiant une flatteuse ambassade, s'est élégamment débarrassé de lui. Les successeurs de lord Grey, en envoyant Durham au Canada — comme vice-roi ! — répètent-ils l'opération ?

En apprenant cette nomination, Louis-Hippolyte La Fontaine, à Paris, se réjouit doublement d'avoir noué, à Londres, des relations cordiales avec le seigneur de Beauharnois, dont le nouveau gouverneur est le beau-frère. Il espère servir, par cet intermédiaire, la cause de ses compatriotes. La Fontaine écrit longuement à Ellice, dès le 15 mars 1838. Il insiste sur la question du Conseil législatif et souhaite le rétablissement et la convocation de la Chambre d'Assemblée. Il demande aussi une amnistie générale :

> Paris 15 mars 1838
> Hôtel de Tours — Près de la Bourse
>
> Mon cher Monsieur,
>
> Plusieurs fois j'ai cherché inutilement à trouver la résidence de votre frère dans la rue de Clichy. Je le regrette beaucoup, car je ne

pourrai lui présenter votre lettre. Vous avez oublié d'indiquer le numéro. N'étant pas certain de retourner à Londres avant de m'embarquer pour le Canada, permettez-moi de vous écrire quelques mots concernant les affaires de mon pays, avec la même confiance qui a déjà guidé nos conversations.

Je regarderai toujours comme injuste et même tyrannique la suspension de notre Législature. Cependant la nomination de lord Durham a fait naître chez moi l'espérance d'un meilleur avenir.

C'est ainsi que j'en ai écrit au Canada même, dès le jour où je mis pied à terre à Liverpool. Vous m'avez depuis confirmé dans cette opinion. Ainsi, avant de quitter Londres, ai-je désapprouvé la motion de sir W. Molesworth.[1] Je le crois bien sincèrement ami des libertés coloniales ; mais il était impossible de ne pas prévoir à l'instant que, loin de nous servir, le succès de sa proposition eût produit un résultat tout à fait contraire. Les tories une fois au pouvoir, le discours de lord Stanley ne nous présageait que des mesures de vengeance, et ne nous laissait que le désespoir en partage. Peut-être même eussent-ils conservé, comme gouverneur, sir John Colborne, dont les Canadiens ne pourront jamais oublier le nom, parce qu'ils ne pourront jamais oublier l'incendie de leurs villages.

Il est digne de remarque que dans tout le cours des débats sur le Canada, les Tories et les Whigs, se renvoyant la boule réciproquement, s'accusent tour à tour les uns les autres, c'est-à-dire les différents ministères qui se sont succédé depuis 1828, d'être la cause de la continuation de nos difficultés politiques. C'est admettre un fait dont nous nous sommes toujours plaints. Et pourtant c'est contre nous que l'on sévit !

La question du Conseil législatif, dont tout le monde condamne la composition, est sans doute devenue maintenant la question la plus délicate, « owing to the former neglect experienced by the colony », selon les expressions mêmes dont sir John Russell a fait usage en parlant de la non-exécution du rapport de 1828. Le Conseil actuel étant une anomalie en principe, et une expérience de 40 ans nous ayant démontré cette vérité, nous avons suggéré, comme remède efficace, l'application du principe électif comme étant « un moyen sûr pour tous les partis », selon l'aveu même de M. John Neilson. Mais nous n'avons jamais entendu faire de la concession immédiate de cette demande une condition sine qua non à la marche des affaires. S'il pouvait y avoir des doutes à ce sujet, avant la dernière session, par suite de la fausse interprétation donnée à notre réponse de 1836, il ne pouvait plus en exister depuis cette session.

---

1. Molesworth avait combattu le bill autorisant la mission de lord Durham au Canada.

À notre adresse du 25 août dernier, un amendement fut ajouté à ma suggestion, en comité général, pour mieux expliquer cette pensée, et conformément à l'opinion de la généralité des membres, manifestée dans les débats. Cependant l'on voit avec chagrin que dans les dépêches communiquées au Parlement, lord Gosford ne mentionne aucunement ce fait important. Deux lignes de sa part eussent probablement empêché le ministère de commettre l'injustice flagrante de suspendre l'Assemblée.

Même plus, si conformément aux dépêches de lord Glenelg des 29 avril et 22 mai dernier lord Gosford eût fait, avant la dernière session, une addition au Conseil législatif « by a careful selection of men of property, character and influence in the Province, of liberal views and entitled to the respect and confidence of the public, but not committed to the extreme opinions », de manière à être en état, en assemblant la Législature, « to appeal to the alteration which might have been made in the composition of the Council, as a proof of the sincerity with which His Majesty's Government are disposed to carry into effect the intentions which they have expressed on this head », la Chambre d'Assemblée aurait certainement procédé à la dépêche des affaires et voté les subsides nécessaires ; ce qu. en était la conséquence naturelle. J'aime à croire que lord Gosford était disposé à le faire ; mais il n'est peut-être malheureusement que trop vrai que certaine influence étrangère, mue par la vengeance, l'en a empêché. Il a donc là perdu encore une fois l'occasion d'opérer une réconciliation qu'on lui offrait. Si j'entre dans ces détails, c'est pour prouver que la Chambre d'Assemblée n'a point mérité l'injustice dont la frappe l'acte de suspension.

Quoi qu'il en soit, je regarde le Conseil actuel comme virtuellement détruit. Car, outre qu'une de vos résolutions de l'année dernière déclare qu'il faut lui donner « un plus haut degré de confiance publique », le ministère, par son organe dans la Chambre des communes, vient de confirmer ce que nous avons si souvent dit, savoir : que l'existence de ce corps, sur sa base actuelle, était une anomalie. Dans son discours sur la motion de sir William Molesworth, lord J. Russell, en faisant allusion à ce fait, ajoute : « The wonder would have been if, instead of such a collision having arisen, harmony had for a long period been observed ».

Puisqu'il entretenait cette opinion et qu'il était ainsi convaincu d'une vérité que nous, instruits par l'expérience, ne cessions de répéter dans nos griefs, pourquoi, au lieu de sévir contre nous parce que nous nous plaignions d'un fait qu'il admet n'a-t-il pas au contraire refait cette branche de la Législature de manière à lui donner la capacité « to work successfully » ? Je dois donc penser que c'est pour parvenir à ce but qu'il a chargé lord Durham d'une mission aussi importante que celle de pacifier le Canada. Si c'est là vraiment l'objet principal de cette mission (car autrement la suspension de la Législature serait une pure moquerie, et il aurait été plus conséquent de la révoquer totalement), lord Durham trouverait plus de facilité à accomplir cet objet avec le concours des représentants du peuple ; l'odieux d'une dictature ne s'attacherait plus alors à son voyage. Je prends plaisir à croire qu'à son arrivée en Canada, il sentira l'avantage qu'il y aurait pour lui de convoquer l'Assemblée, et qu'il demandera, aussitôt que possible, le pouvoir de le faire. Cette mesure ferait renaître la confiance, et assurerait sans aucun doute, et mieux que toute autre chose, le succès de sa mission.

Mais une mesure préliminaire est devenue nécessaire pour les différents motifs que je vous ai déjà expliqués : c'est une amnistie générale. Il est même de l'intérêt du gouvernement de l'accorder. En donnant à lord Durham le pouvoir de la proclamer lors de son arrivée en Canada, ce serait de suite ouvrir, à son importante mission, une chance assurée de succès. Je ne suis pas surpris de voir les officiels, cette faction si bien décrite par lord Sandon lui-même, dans les paroles que vient de rapporter lord John Russell, crier à la rébellion, à la révolution ! Il n'y aurait jamais eu de résistance à main armée si le gouvernement n'avait pas eu recours à des arrestations politiques, ou même si des antécédents malheureusement trop vrais n'avaient pas fait perdre au peuple toute confiance dans l'administration de la justice en matière politique.

J'attends beaucoup de l'administration de lord Durham ; sous ses auspices, j'attends un meilleur avenir pour mon pays. S'il en devait être autrement, je serais cruellement trompé, de même que mes compatriotes. Il peut s'attendre, aussitôt que sa nomination aura été connue au Canada, à mille injures de la part de la presse tory de ce pays, à raison des opinions libérales qu'il a toujours professées. Et s'il ne se met pas en garde contre les intrigues des officiels de Québec (dont je dois pourtant, en justice, excepter M. Daly, secrétaire provincial), je ne crains pas de dire, à en juger par le passé, que son administration courra de grands risques, exposée à l'atmosphère de cet entourage, dont nos gouverneurs ont été, tôt ou tard, presque tous la victime. C'est vraiment *imperium in imperio*.

J'avais écrit ce qui précède lorsque je reçus des lettres du Canada, à la date du 3 février. Il paraîtrait qu'un agent des constitutionnels serait parti pour Londres, porteur de demandes extravagantes, ce qui néanmoins, à raison des circonstances, excite une grande sensation en Canada.

L'autre parti se préparait en conséquence à envoyer deux nouveaux agents en Angleterre. À cette date, cependant, on ne connaissait pas encore la nomination de lord Durham ni le bill de suspension. Je pense que si cette nouvelle leur parvient avant qu'ils fassent voile, elle aura l'effet d'arrêter leur départ. Car ils verront que la scène est de nouveau transportée en Canada, et que dans ce cas agents et pétitions seraient obligés de s'en retourner, après un échange de quelques paroles seulement.

J'ai peu visité Paris, ayant presque toujours été malade depuis mon arrivée. Dans ce moment je garde ma chambre. Vous me pardonnerez donc de vous écrire une si longue lettre. Je partirai pour le Canada vers la mi-avril. Si le temps me le permet, je retournerai peut-être à Londres. Alors je me ferai un devoir d'accomplir la promesse que je vous ai faite, même au grand risque d'être appréhendé pour haute trahison, quoique un journal *loyal* du Canada ait déjà avoué que c'était « une plaisanterie ». Lord Durham s'apercevra bien vite, je pense qu'un grand nombre d'arrestations ne sont dues qu'à des « plaisanteries » de cette nature, quelque peu agréables qu'elles soient.

J'ai l'honneur d'être, Monsieur,

Votre dévoué serviteur

La Fontaine, comme Papineau, attribue la responsabilité de l'insurrection aux arrestations décrétées par le gouvernement. Parlementaire déjà invétéré, il propose la convocation de l'Assemblée pour résoudre cette immense querelle. Il écrit de nouveau à Ellice, en répétant ses conseils, le 30 mars. Il reçoit sur ces entrefaites des réponses d'Ellice. L'idée de convoquer pour lui rendre des pouvoirs une Assemblée dont plusieurs membres sont en prison et d'autres en fuite — tous impliqués de haute trahison — et que Papineau ou quelque sosie de Papineau dominerait, paraît saugrenue en Angleterre. Ellice soulève cette objection : l'existence, au Canada, de deux partis irréconciliables. L'application intégrale du principe de la responsabilité ministérielle, conférant le pouvoir à une Chambre d'Assemblée, aboutirait à la domination d'un parti sur l'autre, ce qu'Ellice juge indésirable.

Ellice, consulté par le ministre dès janvier 1838, a déjà tracé un plan de constitution pour le Canada,[2] qui ne couvre que trois pages, mais denses. Il s'en tient, sur le fond, à son projet d'Union, mais en s'inspirant aussi de la constitution américaine, qu'il connaît bien car il a des intérêts aux États-Unis. Il prévoit un gouvernement central siégeant à Montréal, pour le Haut-Canada et le Bas-Canada réunis. Le gouverneur général dirigerait l'Exécutif. La Législature comprendrait une Chambre élue et un Sénat de douze membres, dont six nommés par la Couronne et trois par

---

2. « Suggestions for a scheme for the future Government of the Canadas ».

chacune des fractions, haut-canadienne et bas-canadienne, de la Chambre. Ellice prévoit une dose de responsabilité ministérielle. Mais surtout, la géographie électorale, basée sur le territoire plus que sur la population, assurerait une influence « raisonnable » à la minorité anglaise du Bas-Canada. Montréal serait érigée en « district du Congrès » et Québec en « ville libre » sous la juridiction du gouvernement central. Ellice vise à protéger les intérêts de la minorité anglaise — les siens compris — dans le Bas-Canada, sans, affirme-t-il, laisser « une faction anglaise » opprimer les Canadiens français.

La Fontaine est déçu, et ne le cache pas à son correspondant. Le régime des partis, tel qu'il est établi en Angleterre, lui convient :

Paris 17 avril 1838

Mon cher Monsieur,

Ce n'est qu'après l'envoi de ma lettre du 30 mars que j'ai reçu votre réponse du 27; et celle du 2 avril me fut remise peu de jours après. Faute de paquebot le 24, je m'embarquerai certainement dans celui du 1er mai. Avant mon départ, je me fais un devoir d'accuser la réception de vos lettres. Je ne puis cependant laisser passer cette occasion sans répondre à une partie de votre première, car je suis loin de l'approuver.

Les Canadiens sont devenus, par les traités, sujets anglais. Ils doivent donc être traités comme tels. Votre plan de gouvernement les exclurait de la grande famille, en agissant envers eux comme des êtres inférieurs, qui devraient toujours être regardés comme tels. Je sais que c'est loin d'être là votre pensée. Mais ce serait assurément l'effet du système dont vous parlez. Vouloir ne donner la prépondérance à aucun parti, ou plutôt à aucune opinion quelconque dans la colonie, c'est établir un gouvernement bâtard, contre nature, et qui n'aura comme résultat que d'augmenter la confusion. Soyez en sûr.

C'est une grande erreur de croire qu'il n'y a pas de moyen de rapprochement entre les deux partis. Je sais qu'il y en a, parmi les constitutionnalistes comme parmi nous, dont les caractères et la tactique ne repoussent aucun rapprochement. Mais aussi, je n'hésite pas à répéter ce que j'ai si souvent dit, en Canada comme en Angleterre, qu'il est facile de rétablir l'harmonie entre les deux partis politiques, car leurs intérêts sont les mêmes. C'est même un besoin senti depuis longtemps.

Que l'administration locale cesse, dans tous ses rapports, administratifs ou sociaux, de faire et de soutenir des distinctions de race, et aussi des actes de favoritisme envers des classes privilégiées, et qu'elle marche franchement vers une politique libérale, mais ferme, vous verrez l'harmonie se rétablir plus vite qu'on ne le pense.

Un administrateur éclairé peut parvenir à ce but. Je crois que lord Durham peut réussir facilement à produire ce résultat désirable, en donnant, par la formation du corps exécutif ou législatif, qu'il est appelé à choisir en vertu de l'Acte de Suspension, une direction efficace vers cet objet important. Mais pour cela, il faut qu'il refasse tout à neuf. S'il suit l'exemple de ses prédécesseurs dans le choix de ses conseillers, s'il n'a recours qu'à une demi-mesure, s'il conserve à la base de son édifice des matériaux usés ou gangrenés, adieu tout espoir de succès durable. L'édifice croulera comme à l'ordinaire, et lord Durham n'aura rien fait. Cette opinion est le fruit de l'expérience pratique et de longues réflexions de ma part. C'est celle d'un grand nombre de réformistes engagés dans la vie publique, et d'un grand nombre de constitutionnalistes chez lesquels la passion ne l'emporte pas sur la raison. Dans l'état où en sont les choses au Canada, refuser d'entrer dans cette voie, c'est sûrement, comme vous dites, se briser la tête contre le mur.

La pacification de mon pays est ma première pensée ; car avec la continuation de nos troubles et d'un système de gouvernement que repoussent tous les principes, il ne saurait atteindre ce degré de prospérité auquel la nature l'a appelé.

J'ai cru devoir vous faire ces observations dans la crainte que mon silence ne pût être interprété comme un assentiment à votre plan, tel du moins que je le considère, dans ses résultats inévitables.

Si les Canadiens, en violation des traités et de la foi jurée, ne doivent être traités que comme des êtres inférieurs ou dégradés, qu'on le sache dès à présent, de manière à lever tout doute sur le sort que la politique de l'Angleterre nous destine dans notre pays natal.

Vous ne réussirez jamais à établir une aristocratie là où il ne saurait en exister ; et quoi que fasse votre gouvernement, il n'empêchera jamais l'influence des institutions de nos voisins de réagir sur les nôtres. La plus saine politique est de ne nous laisser rien à leur envier.

* * *

Dans la prison de Montréal, Jean-Joseph Girouard rédige un mémoire sur les pillages exécutés par les volontaires plus que par les troupes.

Mgr Signay transmet à Mgr Lartigue une liste de souscriptions pour élever un monument à Wellington. Des peureux ont souscrit, à Québec, à contrecœur. Mgr Lartigue répond (14 avril

1838) : « Tout ce que j'ai à faire dans cette souscription, c'est de ne rien faire ». Et encore, le 23 avril : « Je ne parlerai à aucun de mon clergé de la souscription Wellington ; ainsi vous pourrez quand il vous plaira clore votre souscription à Québec ».

Mgr Lartigue décrit la situation dans son diocèse dans ses lettres à Mgr Norbert Provencher et à l'abbé Georges-Antoine Belcourt, à la Rivière-Rouge (24 avril 1838). Il expose qu'un seul prêtre de son district, l'abbé Chartier, a pris ouvertement le parti de la rébellion. Un autre, le curé Magloire Blanchet, a péché « par quelques imprudences et par une peur excessive des rebelles ». « Nous avons eu, écrit l'évêque, « notre petite révolution française » qui nous a conduits à la misère et a failli faire de nous « les jouets de nos voisins des États-Unis, qui nous auraient engloutis dans leur immense population peut-être cent ans plus tôt que la population britannique d'Europe ne le pourra faire ». « Les pillages alternatifs des rebelles et de la troupe dans la ville et dans les campagnes n'ont pas manqué de nous appauvrir ». Depuis quelques années, « nos prétendus libéraux s'étaient attachés à détruire dans nos peuples l'amour de la religion et la confiance en leurs prêtres ». Ils ont en partie réussi, et les révoltés ragent contre mes deux mandements. Mais la paix est revenue... Mgr Lartigue ne croit pas que la Province ait rien à craindre des États-Unis et des « fuyards canadiens » qui s'y sont réfugiés.

* * *

Les patriotes réfugiés aux États-Unis et dont plus d'un, comme Duvernay — comme Papineau lui-même, — a laissé femme et enfants au Canada, sont partis les mains vides et traînent la misère. Ils se déplacent de ville en ville, en quête de travail. Georges-Étienne et Henri Cartier se transfèrent à Saint-Albans, où Rodier, méconnaissable, a trouvé un petit emploi — juste de quoi gagner son pain. Ils y retrouvent aussi, entre autres amis, le Dr Brien, des Fils de la Liberté, qui fut le compagnon de fuite de de Lorimier et de l'abbé Chartier. Duvernay vient de quitter Saint-Albans pour Rouse's Point. Plus épistolier que jamais, il se tient en correspondance avec plusieurs de ses camarades. Le Dr Duchesnois cherche, sans grand succès, à se créer une clientèle à Boston. Il trouve le dimanche dans cette ville bien ennuyeux : « Les Bostonnais ne rêvent que religion et argent » ; parmi eux sévissent les prohibitionnistes et les prédicants : deux vieilles filles du Sud déclament en faveur des nègres ; un nommé Graham prêche l'abstinence intégrale.

L'exécution de Lount et de Matthews rend un son lugubre. Des réfugiés, qui songeaient à faire soumission et rentrer au pays, y renoncent. Beaucoup sont accablés. Quelques-uns sont enragés et parlent de nouvelles tentatives d'invasion. Édouard-Élisée Malhiot, pressé d'organiser une expédition, la déconseille : Nous ne sommes pas assez armés et nous ne pouvons pas compter sur un soulèvement au Canada. Malhiot ne parle pas ainsi par peur : il le prouve en acceptant de servir, si l'expédition se met sur pied, comme simple soldat. Il écrit à Duvernay, le priant d'avertir sa famille s'il est tué dans cette aventure.

Les indomptables s'exaspèrent contre l'abstention de Papineau qui, rompant tout contact avec eux, poursuit des conversations académiques avec des personnages distingués. Duvernay en avertit Amédée : « Nos amis murmurent de ne pas savoir où est votre père, et de ce qu'il ne leur écrit pas ». Nelson et Côté ne « murmurent » pas : ils déblatèrent contre leur ancien chef ; ils affectent de mépriser O'Callaghan, qui suit Papineau comme un toutou son maître.

* * *

Joseph Papineau écrit à son petit-fils Amédée, « pour le cas où tu aurais le moyen de communiquer avec ton père ». Il envoie sa lettre à Saint-Hyacinthe, où Julie Papineau se trouve chez sa belle-sœur madame Dessaulles, qui se débrouillera, espère Joseph Papineau, pour la faire parvenir. Joseph Papineau, qui tient une procuration de son fils, parle d'affaires (27 avril 1838) :

> On ne peut se faire d'idée de la difficulté qu'on éprouve à faire des affaires, personne ne peut se procurer d'argent, on ne trouve rien à vendre, cependant il faut bien vendre quelque chose pour payer les dettes ... Je ne peux pas moi-même me procurer d'argent pour mes propres besoins.
>
> Comme il est probable que ton père se fixera dans les États-Unis je désirerais fort qu'il me fasse savoir par lui-même ou par ton entremise à quel prix il consentirait de laisser aller sa maison, la seigneurie et autres propriétés.
>
> Quant à la seigneurie, s'il se décidait à s'établir dans les États-Unis il pourrait s'informer du procureur de M. Bingham, qui a épousé Mlle de Lotbinière, s'il voulait changer la seigneurie de la Petite-Nation contre des terres dont il a une grande étendue dans l'État du Maine, et bien s'informer de son procureur, qui je crois réside à Philadelphie, s'il peut changer, et si ses biens ne sont pas substitués. Peut-être ton père aimera-t-il mieux vendre ici à prix

d'argent, pour racheter aux États-Unis. Qu'il me fasse connaître s'il veut vendre ici, et le dernier prix auquel il consentirait à vendre. J'envoie celle-ci tout ouverte à Saint-Hyacinthe, d'où elle te sera acheminée je ne sais comment, mais à coup sûr elle sera accompagnée d'autres lettres qui te donneront les nouvelles que tu pourrais désirer de toute la famille... »

Rosalie Dessaulles ajoute un mot de sa main, avant de transmettre la lettre :

Cher A.,

Ta maman est beaucoup mieux et a bien envie de faire le voyage de Saratoga ou Albanie, je crains que ça ne force à rompre un incognito nécessaire. Je voulais envoyer un exprès, on ne trouve personne à qui se fier ; vous trouverez plus facilement, vous, quelqu'un qui rapporterait les réponses et munie d'un ordre de votre part. Je paierai les frais que ça pourrait coûter. J'aurais mille détails à vous donner qui vous intéresseraient, mais c'est tout ce que le temps et les circonstances me permettent. Ma chère Julie et les enfants ont l'air de se bien plaire avec nous. Assure bien ton papa que j'aurai toute ma vie pour vous tous le cœur et le dévouement d'une bonne sœur. Toute à vous pour la vie.

Julie Papineau écrit elle-même par le même courrier « exprès » (1er mai 1838) :

... Tous les jours nous apportaient des nouvelles affligeantes, entre autres l'arrestation de quelques fugitifs, pris et emmenés liés et garrotés et entrés dans la ville au milieu de leurs féroces ennemis, exposés aux huées et vociférations de la canaille étrangère qui leur faisait voir des cordes et des échafauds. On dit que c'était horrible de les voir et de les entendre ; mais ce qui m'a le plus atterrée, c'est quand on m'a appris qu'ils s'étaient emparés du célèbre et malheureux Nelson, et qu'on lui faisait dire à son arrivée à Montréal qu'il t'avait laissé dans le bois, que vous aviez pris une route différente. Alors on craignait que tu pourrais éprouver le même sort. Il est impossible de décrire ce que j'éprouvai alors pour le sort de cette famille infortunée qui méritait à juste titre toute notre estime et compassion, et la crainte que le même sort nous fût réservé. Un froid mortel me saisit, je retombai plus malade, et continuai de l'être jusqu'au temps où l'on pouvait croire que tu étais sauf. Ah ! que de grâces nous avons à rendre à la Providence, puisqu'elle nous a accordé la plus grande, celle de nous avoir conservé ta précieuse existence et celle de ce cher enfant qui a partagé tes périls. Les autres sacrifices sont faciles, comparés à ceux-là ; aussi je les ai faits avec résignation à la volonté de Dieu, je ne lui demande que de nous réunir.

> Tu ne saurais croire ce que j'ai eu de pénible à souffrir de voir l'aspect de ce pays changé en un instant, métamorphosé pour ainsi dire ; le langage infâme de nos journaux, ces nombreuses requêtes dont ils salissaient leurs pages ; elles étaient toutes plus viles, plus lâches, plus mensongères les unes que les autres, mais toutes ensemble avaient le même but, de vous traiter d'infâmes, de scélérats, de traîtres et d'ambitieux, et de faire croire que vous étiez les agresseurs et les auteurs de tous nos malheurs ; quand je voyais les mêmes hommes et enfin ce même peuple signer ces infamies, qui ont tout l'été proclamé hautement et publiquement qu'ils étaient décidés à maintenir leurs droits, et qui soudainement changent de conduite et de langage, les uns mus par la peur et la faiblesse, les autres par la haine et l'ambition, se réjouissent de votre malheur, et enfin la presque totalité réduite au silence et à la dégradation. Toutes les dépositions les plus dégoûtantes étaient faites et portées à nos tyrans de la part de Canadiens de nos campagnes. Vous n'auriez pu trouver un asile où reposer votre tête en sûreté ; on vous aurait livrés tous sans exception, disant que vous étiez cause de leur malheur, ainsi qu'on leur disait. Combien donc avez-vous dû trouver bon la sympathie que vous avez éprouvée sur une terre étrangère, comparée à l'ingratitude d'une patrie ! Des hommes éclairés et indépendants comparés à des ignorants de nos droits et prétendant que vous aviez dépassé vos droits et usurpé sur le devoir que l'on doit à son souverain, et que vous avez fait votre sort et le nôtre : c'est là le langage des plus modérés, juge des autres ... »

Mais l'exaltation de Julie Papineau tombe devant la gentillesse et la tristesse de sa petite Azélie :

> La petite Azélie s'ennuie plus que les autres, elle parle de toi quand elle est seule avec moi et qu'elle m'entend soupirer. Elle dit : Dieu que l'on a de la misère quand on est loin de son cher petit papa et de son petit Amédée, que je serai contente quand j'irai les voir, je m'ennuie c'est terrible.

Index

— A —

Aberdeen, Lord : 339, 353.
Allaire (Joseph) : 507, 512, 514.
Amherst, Lord : 353.
Amiot (Pierre) : 92, 171, 174, 204, 217, 259, 272, 334, 442, 471, 472, 519, 522, 533.
Amyot (Noël-Laurin) : 480.
Anderson (Anthony) : 532.
Annand (William) : 392.
Annexion aux États-Unis : 368, 434, 435, 444, 581.
Ansbrow (Thomas) : 466.
Arcand (Jean-Olivier) : 517, 608.
Archambault (Amable) : 401.
Archambault (P.-J.) : 596.
Arnold, Dr : 568.
Arthur (George) : 609.
Aspinal, Mlle : 228.
Asselin (Charles-Joseph) : 591.

Asselin (Léon) : 346.
Astor (John Jacob) : 59.
Aubert de Gaspé (Philippe) : 30, 371.
Aubert de Gaspé (Pierre) : 65.
Auger (Luc) : 567.
Auldjo (Alexander) : 22, 334.
Auldjo (George) : 110, 337.
Aylmer (Matthiew), Lord : 215, 216-218, 220-223, 226-228, 230-234, 236, 247, 250, 251, 259, 260, 263, 270, 275, 276, 277, 281-285, 295, 300, 303-305, 309, 316, 322, 323, 327, 329, 333, 334, 336, 338, 340-344, 346, 353-355, 371, 435.
Aylmer, Lady (née Louisa Anna Call) : 215, 216, 218, 222, 228, 231-233, 237, 247, 333, 345.

— B —

Baby (François) : 17.
Badgley (Francis) : 25, 582.
Bagg (Stanley) : 261, 263.
Baile (J.-Alexandre) : 213.
Baillargeon (Charles-François) : 467, 468.
Bair (James) : 454.
Banque de Montréal : 88, 110, 257, 336, 346, 353, 410, 432, 437, 457, 458, 568.

Barbeau, tué en 1833 : 296, 335.
Barcelo (Jacob) : 526.
Bardy (Pierre-Martial) : 352, 531.
Barnard (Edward) : 279, 296, 331, 333, 335, 457.
Barron (H.-Edmond) : 503, 504, 577.
Barry (John) : 330.
Barsalou (Jacob) : 439.

Bastien, chef patriote à Sainte-Scholastique : 561.

Bathurst, Lord : 82, 90, 96, 98, 132, 133, 143, 154, 162-163, 165, 170, 183, 194, 286.

Baudry (Marie-Joseph) : 7, 8.

Bazin (L.) : 409.

Beardsley, sénateur des États-Unis : 573.

Beaubien (Jean-Baptiste) : 88.

Beaubien (Jean-Louis) : 541.

Beaubien (Pierre) : 402.

Beaudrieau (Guillaume) : 462, 568.

Beaudry (Jean-Louis) : 429, 461.

Beaujeu (Jacques-Philippe Saveuse de) : 201.

Beaupré (Pierre) : 69.

Bédard (Antoine) : 30, 57.

Bédard (Elzéar) : 258, 272, 292, 296, 298, 300, 301, 304, 305, 306, 308, 312, 314, 323, 325, 335, 339, 343, 344, 371, 372, 381, 388, 389, 392, 394, 403, 409.

Bédard (Joseph) : 113.

Bédard (Pierre) : 16, 30, 34, 35, 36, 37, 40, 42, 46, 53, 54, 56, 57, 59, 60, 64, 65, 77, 78, 81, 89, 124, 125, 127, 149, 200, 258, 265, 272, 312.

Bélanger (Jean) : 198.

Bélanger (Jean-Baptiste) : 530, 605.

Bélanger (Joseph-Marie) : 529, 540, 576.

Bélanger, capitaine de milice à Saint-Martin : 567.

Belcourt (Georges-Antoine) : 619.

Bell (Joshua) : 465, 484, 545.

Bell (Matthew) : 233.

Bell, lieutenant : 522, 558.

Bellefeuille (Antoine Lefebvre de) : 247.

Bellefeuille (de), sulpicien : 807.

Bellefeuille (J.-L. de) : 479, 480, 498, 526.

Bellingham (Sydney) : 336, 502.

Béranger (Pierre-Jean) : 212, 223, 224, 318, 319.

Bergevin (Charles), dit Langevin : 70, 75.

Berthelet (Henry) : 464.

Berthelet (Olivier) : 261, 278, 315, 320, 334, 464, 578, 590.

Berthelot (Amable) : 343, 344, 381, 417, 504.

Bessette (François) : 459.

Bessette (Louis) : 459.

Béthune (A.N.) : 237.

Bertrand (Louis) : 418.

Bibaud (Michel) : 114, 293.

Bibaud (Michel) : 273.

Bibaud (Pierre) : 293.

Bidwell (Barnabas) : 120.

Bidwell (Marshall Spring) : 120, 167, 199, 325, 344, 386, 387, 388, 399, 429, 458, 482, 608.

Billette (Pierre) : 262.

Blackston (Robert) : 180.

Blanchard (Hiram Francis) : 599.

Blanchard (Louis-Patrice) : 520.

Blanchet (François) : 37, 42, 48, 52, 53, 56, 57, 59, 198, 204.

Blanchet (François-Norbert) : 552, 564, 606, 608.

Blanchet (Augustin-Magloire) : 471, 477, 486, 521, 540, 552, 563, 564, 565, 577, 606, 608, 619.

Bleury (Charles-Clément Sabrevois de) : 259, 263, 272, 273, 294, 301, 303, 306, 312, 313, 325, 334, 342, 349, 363, 364,

382, 396, 402, 403, 409, 411, 428, 430, 443, 452, 455, 457, 463, 471.

Bleury, Madame de (née Marie-Élisabeth Rocher) : 301, 306.

Blyth (Étienne) : 553.

Bonaparte (Napoléon) : 24, 57, 259.

Bonin (François) : 475, 553, 561, 565.

Bonin, capitaine de milice de Saint-Ours : 471.

Bonne (Pierre-Amable de) : 18, 22, 40, 41, 46, 48, 50, 52, 55.

Booth, colonel : 601.

Borgia, Voir : Levasseur-Borgia.

Borneuf (François) : 534, 595.

Bossange (Hector) : 105, 169.

Bouc (Séraphin) : 352, 462.

Bouchard (André), dit Lavallée : 526.

Boucher-Belleville (Philippe) : 322, 471, 519.

Boucherville (Georges de) : 429, 442, 461, 496.

Boucherville (Pierre de) : 243.

Bouchette (Jean-Baptiste) : 28.

Bouchette (Joseph) : 28, 56, 67, 69, 78, 158, 348.

Bouchette (Robert Shore Milnes) : 36, 348, 406, 440, 464, 507, 517, 523, 531, 538, 541, 545, 550, 596.

Boudreau (Joseph-Isaïe) : 475, 493, 545.

Boulton (Henry John) : 246, 286, 287.

Bourdages (David) : 507, 508, 513.

Bourdages (Louis) : 34, 35, 36, 39, 40, 43, 48, 49, 52, 54, 58, 59, 60, 66, 83, 89, 97, 109, 113, 119, 146, 147, 148, 152, 153, 154, 173, 174, 176, 195, 196, 203,
204, 217, 221, 223-226, 231, 235, 237, 239-242, 248, 251, 252, 253, 264, 270, 271, 276, 277, 279, 283, 288, 294, 298, 301-303, 304, 306, 312, 325, 330, 334, 339, 347, 350, 351, 352, 402, 430.

Bourgeois (Pierre), dit Pitre : 509, 514, 530.

Bourget (Ignace) : 285, 366, 412, 433, 445, 477, 489, 490, 491, 506, 517, 525, 529, 539, 540, 544, 552, 553, 563-565, 577, 579, 595, 606.

Biurne (M.) : 254.

Bousquet (Jean-Baptiste) : 533, 538.

Bouthillier (Jean) : 113.

Bouthillier (Tancrède) : 577.

Boutillier (Thomas) : 264, 488, 516, 535, 536, 568, 569, 570, 608.

Bowen (Edward) : 43, 48, 161, 166, 173, 227, 371.

Bowman (William) : 419, 426.

Bramston, Mgr : 184.

Brassier (Gabriel-Jean) : 18, 19.

Brazeau (Paul) : 560.

Briand (Jean-Olivier) : 18, 27.

Brien (Jean-Baptiste) : 539, 568, 583, 619.

Bright (Henry) : 112.

Brissette (Gabriel) : 500.

Brock (Isaac) : 72.

Brossard (L.-M.) : 272.

Brougham, Lord : 424, 582.

Brousseau, Dr : 577.

Brown (Thomas Storrow) : 324, 333, 334, 337, 349, 350, 418, 442, 444, 455, 462, 465, 471, 472, 483, 484, 496, 498, 502, 506, 508, 509, 512, 514, 519, 520, 521, 523, 528, 533, 535,

568, 569, 586.
Brown (William) : 36.
Bruneau (Julie) : 89, 91. Voir ensuite: Papineau (Julie).
Bruneau (Casimir) : 577.
Bruneau (François-Pierre) : 577.
Bruneau (Pierre) : 65, 76, 83, 89, 91, 92, 100.
Bruneau (René-Olivier) : 106, 205, 213, 268, 365, 380, 544.
Bruneau (Philippe) : 572.
Bruneau (Rosalie) : 205, 243.

Bruneau (Théophile) : 205, 223, 279, 289, 365, 375, 377, 380, 394, 396, 398, 572.
Brunet (Pascal) : 339, 411, 416, 433.
Bruyère, capitaine : 75.
Bryant (Charles G.) : 538, 539, 568, 596, 599.
Bulmer (Fenwick) : 32.
Burdett (Francis) : 140, 141, 183.
Burpee (Baruch) : 330.
Burton (Francis) : 150, 151, 153, 154, 156 à 159, 165, 170, 172.

— C —

Caldwell (Henry) : 27, 32, 43, 146.
Caldwell (John) : 25, 34, 146, 148, 180, 188, 354.
Calvet (Pierre du) : 181.
Campbell (Archibald) : 329, 421, 447.
Campbell (Marc) : 461, 494, 595.
Canac (Pierre), dit Marquis : 418.
Canning (George) : 133.
Canterbury, Lord : 353.
Cardinal (Joseph-Narcisse) : 294, 322, 332, 334, 455, 471, 479, 480, 498, 499, 568.
Carignan (Anatole) : 520.
Carleton (Guy) : 8, 28.
Caron (René-Édouard) : 323, 343, 344, 394, 396, 398, 407, 455, 460.
Casson (François Dollier de) : 21.
Cartier (Côme) : 559, 566.
Cartier (Eusèbe) : 568, 570, 608.
Cartier (Georges-Étienne) : 295, 319, 326, 350, 408, 413, 428, 430, 442, 507, 513, 527, 528, 532, 566, 606, 607, 619.

Cartier (Henri) : 407, 428, 533, 566, 606, 607, 619.
Cartier (Jacques) : 410.
Casavant, juge de paix à Saint-Césaire : 486.
Casgrain (Charles-Eusèbe) : 278, 315, 320, 610.
Casot (Jean-Joseph) : 27.
Castlereagh, Lord : 49, 133.
Castongué (Jean-Baptiste) : 477.
Catalogne (Gédéon de) : 21.
Caulaincourt (Louis de) : 101.
Caylus (Ernest) : 402.
Chaboillez (Augustin) : 243, 244, 253, 264, 284, 329, 359, 411.
Chaboillez (Charles Jean-Baptiste): 33.
Chaffers (William Umworth) : 460, 486, 517.
Chambers (Ephraïm) : 141.
Champlain (Louise Pezard de) : 70.
Chandler (Edward B.) : 287, 293.
Chapdelaine (Louis-Hippolyte) dit Valérien : 459, 531, 605.

Chapin (Cyranius) : 549.
Chapman (H.S.) : 370, 450.
Charlebois (Hyacinthe-Fabien) : 464.
Charlebois (Joseph-Antoine) : 464.
Charles X : 598.
Charpentier (Joachim) : 442.
Charpentier (Joseph) : 351, 530.
Chartier (Étienne) : 285, 295, 316, 322, 358, 404, 411, 412, 433, 438, 442, 445, 475, 526, 552, 554 à 556, 568, 579, 580, 583, 597, 619.
Chartrand (Joseph-Armand) dit : 527.
Chasseur (Pierre) : 490, 491.
Chauvin (Casimir) : 262.
Chauvin (Marc) : 243.
Chénier (Jean-Olivier) : 235, 259, 260, 333, 402, 404, 438, 439, 444, 472, 498, 526, 527, 538, 543, 544, 545, 555, 556 à 558, 563, 586.
Cherrier (Charlotte-Perrine) : 22.
Cherrier (Côme-Séraphin) : 169, 175, 178, 208, 227, 258, 259, 263, 271, 320, 335, 344, 408, 413, 429, 430, 431, 435, 442, 455, 456, 463, 531, 605.
Cherrier (François-Pierre) : 8.
Cherrier (Rosalie) : 8, 22.
Cheval (Guillaume) : 444.
Cheval (Pierre) : 513.
Chicou (François). Voir : Duvert.
Childs (Marcus) : 330, 333, 335, 389, 457, 568.
Chisholme (David) : 419.
Christie (Robert) : 176, 191, 198, 206, 207, 210, 214, 217, 219, 228, 237, 272.
Christie (William P.) : 611.
Clarke (Alured) : 13, 16.

Clarke (Thomas) : 106.
Clifford, Lord : 125.
Clinton (George) : 11.
Clouet (Michel) : 244.
Cochrane (William) : 162.
Colborne (John) : 199, 204, 214, 286, 298, 307, 345, 379, 384, 451, 467, 482, 484, 489, 493, 495, 502, 521, 528, 538, 553, 555-557, 559-562, 564, 583, 601, 603, 606, 610, 612, 613.
Colborne, Lady (née Élizabeth Young) : 493, 580, 595, 611.
Colebrook : 202.
Coleman, capitaine : 71.
Collins (Francis) : 188, 189.
Comeau, Policier : 559, 566.
Compagnie du Nord-Ouest : 11, 12, 13, 14, 24, 32, 33, 35, 37, 40, 59, 78, 80, 86, 87, 95, 105, 108, 293.
Connolly (Michael) : 331, 444.
Consigny (Louis) : 517.
Corbeil (François) : 53.
Côté (Cyrille-Octave) : 292, 294, 323, 330, 334, 335, 343, 396, 409, 456, 459, 460, 471, 473, 474, 477, 489, 496, 517, 527, 539, 554, 568, 584, 599, 607.
Couillard (Antonin-Gaspard) : 67, 250, 332.
Courcelle (Damiel-Rémy de) : 499.
Cowen, juge aux É.-U. : 573.
Craig (James) : 37, 38, 39, 40, 42, 43, 45-56, 57-66, 69, 76, 81, 82, 90, 105, 107, 194, 204, 343.
Crane (William) : 392, 415, 421, 447.
Cromwell (Oliver) : 428.
Curran, Forgeron : 262.
Cuthbert (James) : 17.

Cuthbert (James II) : 22, 128, 129, 155, 233, 248, 252, 281, 611.

Cuvillier (Augustin) : 70, 77, 88, 89, 106, 113, 154, 164, 160, 174, 177, 180, 181, 183, 186-188, 197, 217, 223, 224, 257, 258, 278, 279, 281, 293, 297, 304, 307, 310, 314, 315, 320, 329, 330, 335, 391, 403, 577, 590.

– D –

Daigle (Antoine) : 430, 479, 514, 530.

Dalhousie (George Ramsay), comte de : 101-104, 108, 109, 125, 127, 129, 145, 146, 148, 150, 154, 156, 157, 160-167, 170-172, 174, 176, 178, 178, 186, 188, 190-196, 198, 207, 217, 219, 220, 259, 280, 296, 300, 304, 329, 343, 435.

Daly, capitaine : 75.

Daly (Dominick) : 615.

Damour (Pierre) : 460, 568.

Darnicourt, Demoiselles, à Saint-Denis : 514, 530.

David (David) :243.

Davidson (John) : 106, 113.

Davignon (Joseph-François) : 490, 499-502, 573.

Dawson (George) : 549.

Dearborn (Henry) : 72, 73.

Debartzch (Pierre-Dominique) : 48, 70, 75, 77, 113, 119, 124, 128, 129, 155, 190, 195, 258, 271, 278, 307, 318, 332, 356, 361, 372, 381, 382, 397, 403, 417, 460, 463, 470, 480, 498, 505.

De Blois (Joseph-François) : 446.

Decoigne (Louis-Marc) : 459.

Deligny (Jacques) : 380.

Delorme (Hyacinthe-Marie) : 82.

Delphos (Alexis-Arthur) : 401, 578.

Delvechio (Thomas) : 71.

Demaray (Pierre-Paul) : 490, 499-502, 538.

Demers (Alexis) : 283.

Demers (François-Xavier) : 359, 442, 497, 507, 508, 515, 528, 529, 563, 565, 577, 603.

Demers (Jérôme) : 30, 38, 124, 125, 155, 244, 278.

Denaut (Marguerite) : 100.

Denaut (Pierre) : 24, 27, 28, 73.

Desève (François-Xavier) : 543, 544, 545.

Désilets (Louis-Onésime) : 541.

Desmeules (François) : 595.

Desrivières (Adélard-Isidore) : 466.

Desrivières (François) : 113.

Desrivières (Rodolphe) : 429, 462, 465, 466, 471, 495, 493, 506, 512, 519, 520, 521, 537, 551.

Dessaulles (Jean) : 82, 83, 93, 107, 169, 174, 204, 250, 251, 252, 260, 264, 265, 270, 271, 278, 300, 332, 338, 350, 455, 488.

Dessaulles (Louis-Antoine) : 251, 295, 397, 429, 488, 494, 495, 510, 511, 516.

Dessaulles (Rosalie) : 270, 391, 397, 488, 535, 543, 620, 621.

De Witt (Jacob) : 340, 347, 370, 401, 410, 431, 456.

Diderot (Denis) : 141.

Dionne (Amable) : 244, 440, 455, 610.

Dionne (Joseph) : 611.

Dix, Secrétaire d'État aux É.-U. : 573.

Dodge (William W.) : 574, 575.

Doll (John) : 449.

Donegani (Joseph) : 110.

Donegani (William B.) : 503, 504.

Donnelan, candidat à Montréal : 334, 335.

Dorchester (Guy Carleton), Lord : 13, 18, 19, 21,

Dorion (Jacques) : 334, 352, 303, 408, 409, 514, 530, 605.

Drolet (François-Xavier) : 440.

Drolet (Joseph-Toussaint) : 171, 217, 259, 272, 294, 396, 471, 472, 523, 578.

Drummond (Gordon) : 78, 81, 82.

Dubord (Hippolyte) : 342, 343, 344.

Ducharme (Charles-Joseph) : 562.

Ducharme (Jean-Marie) : 22.

Ducharme, de Saint-Césaire : 537.

Duchesnay (Édouard-Louis-Antoine) : 529, 530.

Duchesnay (Jean-Baptiste Juchereau) : 70, 75, 105, 278, 502.

Duchesnois (Eugène-Napoléon) : 442, 471, 495, 496, 506, 507, 535, 568, 619.

Ducoudray-Holstein : 573.

Dufort (Jean-Théophile) : 460, 481, 541.

Dumas (Norbert) : 337.

Dumont (Eustache) : 247.

Dumouchel (Camille) : 566.

Dumouchel (Hercule) : 566.

Dumouchel (Jean-Baptiste) : 404, 438, 439, 518, 519, 553, 560, 566.

Dumoulin (Pierre-Benjamin) : 240, 270, 279, 441, 442.

Duncombe (Charles) : 420, 468, 548, 574.

Dundas, lieutenant-colonel : 553, 596.

Dunn (Peter) : 349.

Dunn (Robert) : 36.

Duquet (Joseph) : 499, 501, 502, 538, 545, 599.

Durham (George Lambton), lord : 612-615, 618.

Durocher (Eusèbe) : 525.

Durocher (Jean-Baptiste) : 14, 19, 47, 61.

Duval (Jean-François-Joseph): 226, 236, 240, 279, 303, 310, 314, 315, 320, 330, 335, 343, 446.

Duvernay (Ludger) : 170, 212, 219, 221, 225, 252, 253, 254, 259, 262, 272, 273, 283, 290, 292, 296, 297, 300, 301, 303, 319, 322-324, 342, 347, 349, 351, 401, 403, 407, 408, 409, 413, 425, 428, 429, 438, 442, 448, 456, 496, 507, 538, 545, 569, 584, 596, 608, 619, 620.

Duvert (François Chicou) dit : 471, 472.

Dyer, lieutenant-colonel : 484.

— E —

Ellice (Edward) : 107, 108, 112, 113, 133-136, 140, 141, 143, 186, 212, 235, 256, 321, 353, 580, 612, 616, 619.

Ellice (Robert) : 14, 32, 107.

Elliott (Frederick) : 357, 360-364, 419.

Ermatinger, lieutenant : 499, 501.

Eschambault (Louis-Joseph de Fleury d') : 69, 72, 73.

Estimauville (Robert d') : 177.

– F –

Fabre (Édouard-Raymond) : 169, 173, 178, 188, 212, 223, 252, 257, 258, 272, 283, 290, 294, 319, 320, 330, 344, 346, 347, 349, 371, 374, 375, 377, 390, 394, 401, 408, 413, 427, 428, 431, 442, 443, 466, 495, 496, 533, 570, 584.
Fabre (Julie) : 105.
Faribault (Joseph-Édouard) : 611.
Felton (William Bowman) : 129, 249, 419, 426.
Fenwick, Mgr : 583.
Fisher (John) : 261.
Flaget (B.) : 337.
Fletcher (John) : 371.
Fleurimont de Noyelles (Charlotte) : 173, 352.
Flowers (Dudley) : 459.

Forget (Charles) : 557.
Forsyth (Henry) : 180.
Forsyth (John) : 14, 88.
Forsyth (Thomas) : 14.
Forsyth (William) : 189.
Fortier (François-Pascal) : 529.
Fortin (Luc-Clément) : 537, 538.
Foucher (Louis-Charles) : 22, 34, 36, 41, 84.
Fournier (Jean-Baptiste) : 573.
Fournier (Olivier) : 501, 502.
Franzoni, cardinal : 578.
Fraser (John Malcolm) : 455.
Fraser (Simon) : 293, 504.
Fréchette (Athanase) : 409.
Frobisher (Benjamin) : 33.
Frobisher (Joseph) : 11, 14, 21, 33, 47.

– G –

Gagnon (Julien) : 459, 479, 496, 517, 523, 538, 539, 541, 545, 599, 607.
Gale (Samuel) : 162, 182, 183, 186, 329, 342, 371.
Galt (John) : 293, 294.
Gamelin (Pierre) : 459.
Gamelin, Mme (née Émélie Tavernier) : 261, 463.
Garden (George) : 106.
Garneau (François-Xavier) : 256.
Gaspé (I.A. de) : 113.
Gates (Horatio) : 292, 293.
Gaulin (Rémi) : 445.
Gauvin (Henri-Alphonse) : 461, 463, 495, 496, 506, 519, 520, 523, 533.
George III : 42, 98, 99, 101, 128, 584.

George IV : 211.
Gerrard (Samuel) : 611.
Giard (A.-N.) : 319.
Giard (François) : 576.
Giard (Louis) : 409.
Gipps (George) : 353, 381, 419, 420.
Girod (Amury) : 273, 294, 350, 442, 455, 461, 472, 483, 495, 514, 519, 526, 527, 538, 543, 544, 554-556, 559, 563.
Girouard (Antoine) : 231.
Girouard (Jean-Joseph) : 247, 259, 273, 294, 298, 301, 330, 332, 354, 382, 402-404, 429, 438-440, 443, 464, 479, 498, 518, 519, 553, 554, 559, 560, 561, 566, 567, 605, 618.
Giroux (Antoine-Olivier) : 525.

Giroux (Jean-Olivier) : 285.
Gladstone (William Ewart) : 423.
Glascow, capitaine : 518, 519.
Glegg (J.B.) : 215.
Glenelg (Charles Grant), Lord : 353, 378, 387, 388, 395, 399, 404, 414, 415, 424, 447, 451, 458, 480, 582, 609, 614.
Globensky (Eugène) : 479, 480, 498.
Globensky (Frédéric-É.) : 464.
Globensky (Hortense) : 439. Voir ensuite : Prévost (Madame).
Globensky (Maximilien) : 247, 352, 484, 519, 526, 553, 555, 557, 558, 563.
Goddu (Toussaint-Hubert) : 70, 75, 119, 460, 486, 517, 522, 535, 537, 538.
Goderich, Lord : 217, 234, 236, 237, 266, 273, 280, 281, 286, 287, 303, 354.
Gore (Charles) : 502, 508, 510, 513, 514, 517, 521, 528 à 531, 535, 580.
Gosford (Archibald Atchison), Lord : 353-357, 360-363, 367, 372, 374, 375, 380-383, 384-387, 390, 392, 395, 398-400, 407, 411, 412, 414, 415, 416-420, 424-426, 428, 433-435, 443, 444, 448, 451-454, 456-458, 460, 461, 463, 467, 471, 482, 486, 491, 492, 493, 496, 505, 525, 531, 540, 542, 546, 558, 564, 567, 590-595, 603, 606, 614.
Gosselin (Léon) : 252, 272, 319, 428.

Goudie (John) : 113.
Gouin (Charles) : 542.
Goulet (Benjamin) : 460.
Gourlay (Robert) : 94, 95, 97, 120, 151.
Gradwell (Robert) : 184, 230.
Grant (David Alexander) : 32.
Grant (Charles William) : 32, 42, 129.
Grant (William) : 16.
Gray (John) : 88, 110.
Greenwood (Boisvert) dit : 542.
Grégoire XVI : 411.
Grenier (Joseph) : 413.
Grey (Charles) : 153, 416, 419.
Grey (Charles Edward), Lord : 107, 134, 212, 235, 256, 339, 612.
Grey (George) : 384.
Gugy (Barthélemy) : 49.
Gugy (Conrad) : 49.
Gugy (Batholomew Conrad Augustus) : 67, 303, 304, 314, 335, 339, 340, 341, 371, 372, 390, 443, 521, 522, 529, 530, 557.
Gugy (Louis) : 49, 67, 353, 414.
Guillaume IV : 535, 453.
Guy (Étienne) : 22.
Guy (Étienne) : 503.
Guy (Hippolyte) : 377.
Guy (Louis) : 70, 113, 119, 132, 134, 196, 217, 232, 250, 252, 300, 332, 372, 484, 503, 504, 577, 590.

— H —

Hagerman (Christopher A.) : 247, 286, 287, 380, 393.
Haldimand (Fredericton) : 21, 30.

Hale (John) : 146, 353.
Hammer (John) : 414.
Hampden (John) : 582.

Hampton (Wade) : 74, 75.
Hart (Ezéchiel) : 46.
Hart (Samuel) : 201, 202.
Harvey (John) : 74, 447.
Harwood (Robert Unwin) : 250.
Head (Francis Bond) : 384-387, 392, 400, 407, 414, 420, 454, 481, 482, 532.
Hébert (Amable) : 522.
Hébert (Jean-Baptiste) : 347, 348, 519, 522, 595.
Heney (Hughes) : 103, 113, 165, 242, 244, 261, 391, 505.
Henry (Alexander) : 47.
Henry (John) : 63, 66.
Henry, médecin militaire : 364.
Hétu (Jean-François) : 536.
Hincks (Francis) : 368.
Hoffray (B.) : 402.
Holmes (Benjamin) : 337.
Howe (Joseph) : 148, 355, 356, 370, 392, 420, 421, 447, 468, 540.

Howick, Lord : 235, 287, 381.
Hubert (François-Xavier) 523, 566.
Hubert (Jean-François) : 17, 19, 24, 32, 539.
Hubert (R.-A.-R.) : 413.
Hubert (Richard) : 507, 514, 527, 533, 543, 556, 559, 566.
Hudon (Hyacinthe) : 517, 519, 539.
Hughes, colonel : 508, 512, 514, 521.
Hugo (Victor) : 169.
Hull (William) : 72.
Hume (Joseph) : 132, 141, 186, 235, 256, 265, 266, 296, 310, 316, 321, 322, 328, 344, 346, 350, 351, 356, 368, 384-388, 390, 393, 395, 414, 423, 442, 581.
Hunter (Charles) : 406, 440.
Huot (Hector-Simon) : 304, 306, 344, 364, 394, 457.
Huskisson (William) : 183, 185, 187.

— I —

Irvine (James) : 129.

— J —

Jackson, major : 553.
Jacques II : 454.
Jalbert (François) : 68, 332, 351, 402, 430, 460, 506, 528, 533, 534, 551.
Jefferson (Thomas) : 63.
Jobin (André) : 263, 264, 294, 322, 371, 435.
Joliette (Barthélemy) : 73, 144, 202, 214, 250, 273, 332, 405, 441, 465, 604, 611.

Jones (Isaac) : 333, 347.
Jones (James) : 333, 347.
Jones (John) : 333.
Jones (Jonas) : 106.
Jones (Robert) : 78, 480, 482, 516, 517, 527.
Juneau (Salomon) : 88.

— K —

Kelly (Jean-Baptiste) : 244, 357, 359, 408, 508, 528.

Kempt (James) : 190-195, 197, 198, 200-202, 204, 207, 208, 209, 211, 215, 220, 250, 321, 470.

Kent (Edward), duc de : 41, 67, 70, 76.

Kerr (James) : 191, 208, 209, 217, 221, 227, 371, 372, 390, 392.

Kimber (René) : 113, 119, 259, 279, 296, 303, 331, 334, 335, 339, 356, 472.

Kimber (Timothée) : 472, 503, 507, 510, 533, 534, 551.

Kinseler (Nicolas) : 45.

Knight (Ephraïm) : 443, 578.

Knowlton (Paul Holland) : 42, 203, 214, 335, 611.

— L —

Labadie (Joseph-Augustin) : 294.

Labelle (Jean-Baptiste) : 540.

Labouchère (Henry) : 183, 185, 205, 225, 265, 321, 423.

Labrie (Jacques) : 30, 169, 174, 181, 190, 201, 204, 214, 235, 246, 251, 259, 560.

La Bruère (Pierre de) : 264, 401, 537.

Lacasse (Louis) : 506, 512, 535.

Lachaîne, Dr à Sainte-Thérèse : 562.

Lachance (Barthélemi) : 490, 491.

Lacombe (Patrice) : 577.

Lacoste (Louis) : 243, 294, 322, 335, 471, 472, 537.

Lacroix (André) : 319.

Lacroix (Janvier-Dontaille) : 455, 577.

Lacroix (Paul-Joseph) : 503, 578.

La Fayette (Marie-Joseph) : 223, 313, 325, 583.

La Fontaine (Louis-Hippolyte) : 143, 166, 213, 214, 221, 237, 253, 259, 260, 263, 271, 273, 276, 294, 301, 303, 312, 324, 325, 330, 332, 334, 339, 343, 344, 368, 389, 395, 413, 417, 429, 432, 440, 443, 456, 457, 458, 474, 479, 480, 498, 504, 505, 527, 580, 584, 612, 616, 617.

Laforce (Pierre) : 53.

La Forest (Charles Adel Lacathon de) : 523, 545, 562, 575.

Laframboise (Alexis) : 503.

Lagueux (E.-C.) : 113.

Lagueux (Louis) : 180, 241, 242, 246, 248, 268.

Lahaille (Jean-Baptiste) : 30.

Lamarre (François-Séraphin) : 72.

Lamennais (Félicité de) : 291, 292, 349, 350, 462.

Lanaudière (Charlotte de) : 144.

Langlade, de Bordeaux : 401.

Languedoc (François) : 83, 315, 320, 330.

Languedoc (François) : 262.

Larocque (Dominique) : 258.

Larocque (François-Antoine) : 113, 349.

Larocque (Isaac) : 534.

Larose (Antoine) : 533, 605.

Lartigue (Jean-Jacques) : 73, 96, 98, 104, 107, 117, 118, 125, 126, 144, 164, 166, 168, 174, 179, 182-184, 200, 201, 203, 213, 214, 226, 230, 231, 232, 234-236, 239,

241, 243, 244, 247, 248, 252-254, 256, 270, 281, 284-286, 295, 323, 337, 338, 357-359, 365-367, 399, 408, 411, 412, 416, 433, 434, 442, 445, 446, 462, 465, 474-478, 488, 489, 491, 492, 493, 494, 497, 507, 517, 525, 528, 529, 552, 553, 563-565, 578-580, 583, 586, 590, 594, 604, 608, 611, 618, 619.

Laterrière (Marc-Pascal) : 68, 250, 610.

Laterrière (Pierre de Sales) : 31, 332.

Laurin (Joseph) : 440.

Laval (François de Montmorency) : 225.

Laviolette (Pierre) : 247.

Leader, député aux Communes de Londres : 423, 424, 581.

Leblanc (Charles-André) : 496, 505.

Leclerc (Alexis) : 517.

Leclère (Pierre-Édouard) : 273, 320, 321, 403, 502, 503.

Lee (Thomas) : 64, 65, 113, 180.

Lefebvre (Jean-Baptiste) : 201.

Lefrançois, imprimeur : 53.

Légaré (Joseph), fils : 490, 491.

Lemaître (François) : 567.

Lemoult (N.-J.) : 212, 223, 224, 225.

Le Moyne (Charles) : 499.

Lenoir (François-Xavier), dit Rolland : 526.

Léon XII : 161.

Leprohon (Édouard-Martial) : 68, 577.

Leprohon (Édouard-M.) : 503.

Lérigé (Louis) : 455, 595.

Léry (Charles-Étienne Chaussegros de) : 610.

Léry (L.-R.-C. Chaussegros de) : 113, 155.

Leslie (James), du Haut-Canada : 338.

Leslie (James) : 209, 224, 375, 505.

Leslie (John) : 88.

Lespérance (Simon) : 517, 523, 533.

Létourneau (Jean-Charles) : 176.

Levasseur-Borgia (Joseph) : 37, 42, 43, 64, 76, 152, 174.

L'Heureux (François-Louis) : 580.

Liverpool, Lord : 58.

Lloyd (Jesse) : 454.

Loiselle (Amable) : 570.

Longueuil (Marie-Charlotte de) : 32.

Lorimier (François-Marie Chevalier de) : 261, 262, 294, 413, 428, 429, 499, 544, 556, 599, 607.

Lorimier (Jean-Baptiste Chamilly de) : 462, 544, 556, 559, 568, 583.

Lotbinière (Eustache-Gaspard-Alain Chartier de) : 16, 18.

Louis XV : 99.

Louis-Philippe Ier : 212.

Lount (Zamuel) : 328, 342, 453, 532, 547, 609, 630.

Lusignan (Charles-Alexandre) : 334.

Lussier (Jean-Baptiste) : 459.

Lussier (Louis) : 512.

Lymburner (Adam) : 136.

Lysons (Daniel) : 501, 509, 535, 536, 552, 555, 557.

— M —

Macdonald (John A.) : 609.
Mackenzie (Roderick) : 129.
Mackenzie (William Lyon) : 151-153, 167, 171, 182, 189, 199, 202, 210, 214, 229, 246, 247, 255, 260, 265, 266, 273, 274, 280, 286, 287, 293, 297, 298, 299, 307, 308, 316, 317, 321, 322, 325, 328, 335, 338, 344, 345, 356, 367-370, 371, 379, 380, 384, 386, 387, 399, 414, 420, 447-449, 451, 453, 454, 468, 481, 482, 531, 532, 541, 547-549, 573, 574, 599, 607-609.
Mackintosh (James) : 111, 112, 132, 134, 136, 141-143, 145, 148, 153, 185, 191, 235.
Mackintosh, colonel : 262-264, 334, 371.
Maclean (A.) : 106.
MacNab (Allan) : 229, 298, 299, 308, 528.
Madison (James) : 63.
Maguire (Thomas) : 284.
Maitland (Peregrine) : 94, 95, 97, 98, 120, 151, 189.
Maitland, colonel : 553, 561, 562.
Malhiot (Édouard-Élisée) : 517, 522, 538, 545, 569, 620.
Malhiot (François-Xavier) : 204, 205, 206, 250, 252, 259, 260, 271, 272, 278, 300, 332, 352, 392, 442.
Malo (François) : 460, 494, 495, 496.
Malo, connétable : 499, 501.
Manseau (Antoine) : 359, 577.
Manseau, capitaine de milice à Yamaska : 441.
Marchand (Gabriel) : 410, 455.
Marchand (Louis) : 570.

Marchand, juge de paix à Saint-Jean : 460.
Marchesseau (Siméon) : 408, 429, 430, 465, 471, 519, 521, 523, 528, 533, 534.
Markham, capitaine : 509, 512, 513.
Marconnay (Le Blanc de) : 319, 428.
Marcoux (Louis) : 333, 335, 347, 351, 357, 359, 408, 411, 442, 530.
Marcy, gouverneur de l'État de New York : 573.
Marguerite, bonne des Papineau : 484.
Marryatt, capitaine : 558, 569, 570.
Masson (Damien) : 404, 518, 519, 559, 560, 566.
Masson (Joseph) : 92, 293, 332, 432, 590.
Masson (Luc-Hyacinthe) : 304, 438, 439, 518, 519, 559, 560, 566.
Matthews (John) : 167.
Matthews (Peter) : 609, 620.
Mayrand (Étienne) : 611.
McCord (John) : 68.
McDonell (Alexander) : 98, 201, 286, 594.
McDonnell (John de Belestre) : 320, 324, 403, 409.
McEachern (Bernard Angus) : 98.
McGill (James) : 11, 14, 19, 25, 32, 33, 35, 47, 67, 95.
McGill (Peter) : 110, 250, 353, 410, 411, 432, 443, 473, 485, 610.
McGillivray (Simon) : 186.
McGillivray (William) : 41, 42, 48, 72, 77.

McLeod (Donald) : 599, 602.
McMahon (Robert) : 539, 554.
McTavish (Simon) : 12, 24, 32, 33, 35.
Meilleur (Jean-Baptiste) : 334, 413, 456.
Melbourne, Lord : 333, 339.
Ménard (Pierre) : 88, 593.
Mercure (Jean-François) : 459.
Mermet (Joseph) : 76.
Mesnard (Antoine), dit Lafontaine : 22, 42, 52, 54, 149.
Migneault (Joseph-Édouard) : 507.
Mignault (Pierre-Marie) : 168, 486, 717.
Milnes (Robert Shore) : 25, 27, 28, 36, 50, 84, 348.
Miller (H.W.) : 402.
Mirabeau (Honoré-Gabriel) : 542.
Moffat (George) : 88, 110, 181, 348, 352, 410, 411, 437, 443, 582, 590.
Mogé (Louis) : 430, 452, 453, 479, 514, 530, 576.
Molé (Louis-Mathieu), comte : 446, 523.
Molesworth (William) : 581, 613, 614.
Molson (John) : 59, 106, 111, 118, 250, 410, 432.
Molson (John II) : 611.
Mondelet (Charles) : 167, 169, 178, 195, 237, 259, 276, 329, 330, 391, 403, 406, 474.
Mondelet (Dominique) : 167, 169, 237, 258, 259, 276-278, 282, 303, 319, 329, 330, 403, 405, 406, 460, 474, 505, 577, 590.
Mondelet (Jean-Marie) : 33, 42, 47, 48, 56, 167, 170, 237, 276.
Monk (James) : 19, 23, 51, 76, 77, 93, 97, 102, 111.
Montesquieu (Charles de) : 181.
Montgomery (John) : 609.
Moodie, colonel : 547.
Moore (Thomas) : 295, 323, 338, 358.
Moquin (Louis) : 30, 113.
Moreau (Laurent-Augustin) : 489.
Morin (Augustin-Norbert) : 161, 166, 169, 170, 213, 214, 219, 221, 233, 237, 252, 254, 259, 260, 273, 276, 290, 294, 298, 300, 301, 310, 314, 316, 320, 321, 325, 332, 334, 340-344, 346, 363, 368, 381, 382, 389, 390, 395, 417, 418, 426, 440, 443, 457, 463, 474, 490, 491, 496, 497, 498, 531, 605.
Morrison (Thomas David) : 449, 482, 609.
Mountain (Jacob) : 17, 27, 28, 38, 43, 46, 65, 69, 76.
Munn (John) : 444.
Murray (James) : 32.
Murray (John) : 74.
Murray (Josephte) : 32.
Murray (Patrick), officier : 70.
Murray (Patrick) : 501.

— N —

Nancrède, Dr : 586, 608.
Napoléon Ier : 38, 46, 49, 52, 56, 77, 78, 90, 402, 448, 523.
Narbonne (Pierre-Rémi) : 538, 554.

Neilson (John) : 37, 92, 94, 103, 113, 114, 124-127, 129-134, 136, 140, 145, 148, 149, 152, 154, 161, 163, 164, 165, 170, 174, 179-181, 183, 186-188, 192, 198,

203, 204, 213, 217, 221, 222, 223, 224, 226, 237, 242, 248, 253, 254, 260, 279, 281-283, 287, 297, 303, 305, 307, 310, 312, 314, 315, 320, 323, 329, 330, 335, 344, 391, 396, 397, 402, 426, 440, 452, 455, 460, 474, 610, 613.

Neilson (Samuel) : 37.

Nelson (Horace) :24.

Nelson (Arthur) : 565.

Nelson (Robert) : 172, 173, 174, 215, 289, 292, 324, 330, 333, 334, 395, 457, 461, 524, 568, 583, 584, 585, 599-601, 603, 604, 607, 608, 620.

Nelson (William) : 22.

Nelson (Wolfred) : 172, 173, 174, 175, 204, 208, 214, 227, 271, 281, 290, 294, 322, 330, 332, 333, 347, 351, 352, 357, 359, 377, 402, 403, 408, 413, 426, 429, 430, 433, 442, 461, 472-474, 480, 491, 495, 497, 498, 502, 506-515, 516, 519, 520, 523, 527, 528, 530, 533-536, 565, 567, 595, 621.

Nicolas (François) : 527.

– O –

O'Callaghan (Edmund Bailey) : 272, 273, 290, 294, 320, 324, 326, 330, 332, 335, 337, 341, 343, 344, 346, 350, 357, 368-370, 382, 389, 407-410, 413, 425, 429, 441, 442, 444, 456, 458, 461, 474, 480, 483, 484, 494, 495, 496, 500-512, 516, 536, 537, 538, 542, 572, 573, 584, 597, 598, 607, 620.

O'Connell (Daniel) : 183, 213, 233, 260, 265, 310, 321, 325, 331, 336, 350, 351, 353, 395, 401, 423, 431, 436, 439, 442, 471, 494, 580.

Ogden (Charles Richard) : 128, 191, 192, 605.

O'Grady (W.J.) : 367, 369, 370, 448, 449.

Ormsby, lieutenant : 482, 483, 557.

Osgoode (William) : 25, 40.

Ouimet (André) : 346, 413, 429, 461, 462, 465, 471, 483, 484, 496.

– P –

Pacaud (Charles-Adrien) : 401, 519, 522, 535, 536, 537.

Pacaud (Philippe-Napoléon) : 429, 488, 506, 519, 522, 535, 536, 537.

Painchaud (Joseph) : 30.

Paisley (Hugh) : 203, 225, 235, 236.

Palmerston, Lord : 456.

Panet (Bernard-Antoine) : 161, 162, 168, 174, 179, 213, 226, 230, 231, 234, 236, 239, 241, 242, 244, 246, 248, 251, 254, 275, 281, 284, 287.

Panet (Jean-Antoine) : 16, 18, 22, 25, 34, 36, 37, 40, 42, 45, 49, 80, 161.

Panet (Louis) : 460, 505.

Panet (Philippe) : 113, 460.

Panet (Pierre-Louis) : 25, 577.

Pangman (John) : 455.

Papineau (Amédée) : 103, 144, 178, 184, 205, 273, 295, 365, 375, 380, 427, 453, 461, 462,

465, 483, 484, 542, 570, 572, 573, 584, 585, 588, 589, 607, 620.
Papineau (André-Augustin) : 9.
Papineau (André-Benjamin) : 174, 204, 259, 462, 566.
Papineau (Auguste-Cyrille) : 184.
Papineau (Aurélie) : 205, 209.
Papineau (Augustin) : 519, 535, 536, 543.
Papineau (Azélie) : 380, 622.
Papineau (Denis-Benjamin) : 9, 41, 71, 88, 92, 106, 144, 154, 168, 184, 202, 235, 236, 257, 269, 270, 274, 285, 289, 295, 323, 359, 373, 409, 411, 433, 465.
Papineau (Ézilda) : 205, 380.
Papineau (Gustave) : 205, 380, 537.
Papineau (Joseph) : 7, 8, 12, 13, 14, 16, 19, 20, 22, 25, 28, 29, 33, 41, 45, 47, 48, 49, 51, 52, 55, 59, 60, 65, 69, 71, 77, 80, 89, 97, 107, 117, 144, 154, 168, 179, 181, 206, 231, 270, 274, 338, 352, 432, 433, 620.
Papineau (Julie) : 92, 106, 126, 129, 150, 192, 196, 203, 205, 206, 208, 209, 219, 225, 232, 242, 243, 245, 246, 270, 271, 278, 280, 282, 283, 289, 291, 292, 306, 307, 323, 342, 265, 373, 375, 376, 377, 380, 382, 391, 392, 393, 396, 397, 407, 484, 494, 544, 570, 572, 578, 620, 621.
Papineau (Lactance) : 103, 144, 156, 205, 215, 355, 375, 380, 391, 427, 537, 583.
Papineau (Marie-Rosalie) : 9, 71, 82, 251. Voir ensuite: Dessaulles (Rosalie).
Papineau (Pierre) : 53.

Papineau (Samuel) : 7.
Papineau (Toussaint-Victor) : 9, 106, 107, 117, 144, 168, 184, 213, 230, 295, 359, 411, 433.
Paquin (Jacques) : 214, 444, 445, 459, 543, 544, 545, 553, 579.
Parent (Célestin) : 533.
Parent (Étienne) : 114, 151, 166, 223, 260, 264, 265, 273, 283, 301, 303, 305, 319, 322, 336, 397, 403, 407, 409, 413, 417, 419, 425, 426, 436, 440, 443, 444, 447, 452, 463, 464, 466, 467, 490, 492, 497, 508, 537.
Patenaude (Hubert) : 545.
Peel (Robert) : 339, 346, 390, 581, 582, 586.
Pelicini (C.M.) : 323.
Peltier (Jean-Gabriel) : 132.
Peltier (Carol) : 543, 544, 556, 559.
Pemberton (George) : 505.
Penn (Turton) : 611.
Périnault (Joseph) : 25.
Perrault (Augustin) : 293.
Perrault (Charles-Ovide) : 294, 320, 324, 330, 334, 343, 344, 349, 357, 361, 362, 364, 371, 374, 375, 377, 380, 382, 390, 394, 413, 417, 429, 442, 461, 483, 485, 507, 510, 513-515, 554, 586. .
Perrault (Jacques) : 65.
Perrault (Joseph) : 237.
Perrault (Joseph-François) : 113, 181.
Perrault (Louis) : 319, 535, 568, 569.
Perrault (Luce) : 169.
Perrault (Lucien) : 173.
Perry (Peter) : 167, 420.
Phelan (Patrick) : 474, 477, 480.
Pickel (John) : 333, 335.

INDEX

Pierce, juge de paix à Saint-Jean : 460.
Pinguette (Charles) : 91.
Pitt (William) : 37, 341.
Plamondon (Louis) : 91.
Planté (Joseph) : 37, 42, 48, 91.
Plessis (Jean-Octave) : 18, 24, 28, 30, 32, 38, 39, 43, 54, 61, 66, 67, 69, 86, 88, 90, 91, 95, 96, 98, 99, 102, 117, 124, 125, 133, 144, 161, 162, 164, 168, 286.
Plessis-Bélair (Raymond) : 451, 568.
Poirier (Isidore) : 553.
Ponton (Édouard de) : 455, 456.
Portelance (Louis Roy) : 33.
Porter (William) : 542, 549, 584, 588, 607.
Pothier (Jean-Baptiste-Toussaint) : 71, 72, 151, 332, 610.
Pothier (Louis-Toussaint) : 137.
Poulin (Louis) : 536, 537.
Power (William) : 236, 257, 285, 289, 290, 295.
Poynter, Mgr : 125, 166.
Prescott (Robert) : 21, 22, 24, 25.
Prévost (George) : 63-67, 69, 70, 73-78, 80-82, 90, 93, 133, 182.
Prévost, Mme (née Hortense Globensky) : 444, 445, 467, 561.
Price (William) : 110.
Prince (Jean-Charles) : 338, 488, 489, 491, 552, 565.
Procter (Henry Adolphus) : 74.
Proulx (Jean-Baptiste) : 347, 595.
Provencher (Norbert) : 98, 287, 619.
Puisaye (Joseph de) : 70.

– Q –

Quesnel (Frédéric-Auguste) : 100, 113, 169, 174, 204, 213, 241, 243, 245, 278, 279, 303, 310, 313, 315, 320, 330, 335, 391, 398, 403, 443, 460, 505.
Quesnel (Jules) : 115, 293, 503, 504, 578, 590, 594, 611.
Quesnel, Dr à l'Acadie : 452, 460.
Quevillon (Catherine) : 7.
Quevillon (Joseph) : 453.
Quiblier (Joseph-Vincent) : 200, 201, 230, 231, 232, 284, 357, 358, 410, 412, 478, 480, 485, 494, 506, 536, 546, 571, 595, 604, 606, 607.
Quirouet (François) : 108, 119, 174, 198, 204, 242, 300, 332.

– R –

Racicot (François-Xavier) : 459, 516.
Rainville (François) : 290.
Raizenne (Ignace) : 404.
Rambeau (Alfred) : 293, 321, 326, 337.
Rice (Spring) : 322, 338, 390.
Richardson (John) : 14, 19, 21, 24, 33, 35, 40, 41, 47, 59, 63, 66, 71, 78, 87, 93, 102, 105-111, 113, 118, 128, 129, 145, 147, 157, 158, 181, 190, 191, 208, 209, 226, 235, 258, 300, 339, 410.
Richmond (Charles Gordon Lennox), duc de : 91, 93, 95, 96, 103.

Ridout (George) : 407, 420.
Roberge (Pierre) : 517.
Robertson (William) : 336, 337.
Robinson (Beverley) : 94, 95, 111, 120, 137, 202, 609.
Robinson, député aux Communes de Londres : 345.
Rocbrune (Charles), dit Larocque : 283, 294, 330, 334.
Rocbrune (Isaac) : 519.
Rocheblave (Philippe de) : 16.
Rocheblave (Pierre de) : 71, 72, 250, 332, 503, 504, 577, 590, 610.
Rochon (Jean-Marie) : 438.
Rodier (Charles-Séraphin) : 503, 504, 567, 577.
Rodier (Édouard-Étienne) : 259, 260, 273, 292, 295, 312, 320, 321, 323, 325, 326, 334, 335, 343, 349, 350, 357, 396, 402, 403, 409, 442, 456, 461, 462, 466, 471, 482, 483, 496, 517-523, 545, 557, 569, 572, 607, 619.
Roebuck (Madame) : 78.
Roebuck (John Arthur) : 79, 212, 256, 286, 293, 321, 322, 342, 346, 350, 351, 356, 385, 388, 390, 414, 423, 442, 566, 580, 581, 582.
Rolette (Frédéric) : 69, 76.
Rolland (Jean-Roch) : 113.
Rollin (D.-B.) : 578.
Rolph (John) : 167, 386, 392, 448, 531, 532, 547.
Roupe (Jean-Baptiste) : 88, 107, 168.
Rousseau (Jean-Jacques) : 30, 169.
Rouville (Jean-Baptiste-René Hertel de) : 70, 75, 152, 455, 604.
Rouville (Jean-Melchior de) : 65, 67, 70.
Roux (Jean-Henri-Auguste) : 24, 38, 43, 54, 69, 72, 182, 230.
Roy (Joseph) : 263, 264, 334, 346, 371, 395, 431, 443, 588.
Russell (John) : 422-424, 435, 436, 447, 454, 581, 613, 614.
Ryerson (Adolphus Egerton) : 420, 482.
Ryland (Herman W.) : 25, 28, 38, 39, 42, 46, 50, 57, 58, 61, 63, 65, 66, 76, 81, 90, 93, 113, 133, 157, 414.

– S –

Saint-Germain (Charles) : 512.
Saint-Germain, Madame, de Saint-Denis : 509.
Saint-Germain (Jean-Baptiste) : 244, 284, 358, 411, 412, 434, 436, 470, 471, 498, 554.
Saint-Jacques, Madame, de Saint-Denis : 463, 464, 571.
Saint-Ours (Charles-Louis-Roch de) : 32, 43, 113, 124, 128, 271, 278, 332, 382, 425, 426, 430, 463, 471, 563, 565, 577, 590, 605.
Saint-Ours (Pierre de) : 429.
Salaberry (Michel de) : 70, 113.
Salaberry (Ignace-Michel de) : 67, 70, 73-76, 81, 93, 94, 128, 129, 152, 155, 202, 455.
Salaberry (Louis de) : 113.
Salaberry (Melchior de) : 250, 455.
Sanguinet (Amable) : 119.
Sanguinet (Ambroise) : 119.
Scott (Neil) : 544, 562, 595.
Scott (Walter) : 141.

INDEX

Scott (William Henry) : 201, 204, 214, 246, 247, 259, 290, 322, 330, 332, 333, 334, 352, 395, 402-404, 433, 438, 439, 480, 498, 518, 526, 527, 535, 538, 543, 544, 563, 566.

Sewell (Jonathan) : 18, 21, 23, 25, 28, 31, 34, 38, 40, 41, 43, 46, 48, 51, 64, 65, 73, 76, 77, 80, 81, 82, 83, 93, 95, 102, 107, 114, 133, 137, 155, 173, 178, 188, 196, 204, 210, 227, 237, 238, 249, 252, 263, 319, 414, 497, 498.

Sewell (Stephen) : 43, 48, 55, 56.

Sheppard (William) : 505.

Sherbrooke (John Coape) : 83, 84, 89, 90, 91, 92, 101.

Sherwood, avocat américain : 597.

Sicard (Joseph) : 511.

Sicotte (Louis-Victor) : 319, 337, 413, 604.

Signay (Joseph) : 161, 162, 226, 243, 248, 275, 281, 284, 285, 323, 338, 348, 358, 365-367, 399, 411, 412, 419, 445, 491, 492, 497, 517, 525, 540, 541, 550, 552, 564, 591-595, 603, 604, 606, 611, 618.

Simcoe (John Graves) : 13.

Simon (André) : 591.

Simonds (Charles) : 287, 293.

Simpson (John) : 342, 546.

Small (James E.) : 255, 407.

Smith (Ichabold) : 611.

Smith (William) : 17, 19, 23.

Souligny (Félix) : 503.

Soupras (Eustache) : 570.

Spalding (S.) : 599.

Stanley, Lord : 303, 311, 321, 346, 390, 423, 613.

Strachan (John) : 94, 137-140, 244, 256.

Stuart (Andrew) : 43, 57, 78, 83, 97, 192, 214, 226, 240, 282, 303, 313, 314, 335, 343, 348, 407, 457, 582.

Stuart (James) : 42, 43, 46, 47, 48, 50, 55, 56, 64, 73, 76-78, 80-84, 89, 94, 113, 133-137, 141, 147, 149, 157, 163, 164, 173, 174, 191, 207, 208, 227, 228, 256, 276, 281, 296, 329, 354, 610.

Stuart (John) : 505.

Sussex, Lord : 125.

Sutherland (Thomas Jefferson) : 549, 574, 575, 609.

— T —

Taché (Jean-Baptiste) : 342, 344.

Talbot (Thomas) : 94.

Talham (Eugène) : 500.

Talon (Jean) : 429.

Taschereau (Antoine-Charles) : 531.

Taschereau (F.-P.-J.) : 113.

Taschereau (Jean-Thomas) : 25, 34, 36, 37, 41, 42, 48, 53, 56, 57, 66, 67, 81, 97, 148, 163, 164, 170, 174, 176, 227, 268.

Taschereau (Joseph-André) : 396, 457.

Taschereau (J.-E.) : 113.

Taschereau (Pierre-Elzéar) : 396.

Tavernier (François) : 463, 496.

Tecumseh : 72, 74.

Temple, capitaine : 263, 264, 334, 371.

Tétu (A.) : 29.

Thavenet (Jean-Baptiste) : 284.

Theller (Edward Alexander) : 574, 575, 609.

Thom (Adam) : 357, 372-376, 428, 443, 524.
Thompson (David) : 59.
Thompson (John Gawley) : 371.
Tonnancour (Léonard Godefroy de) : 409.
Torrance (John) : 110.
Torrance (Thomas) : 110.
Tracey (Daniel) : 88, 213, 252-254, 261-263, 270, 272, 325, 351.
Trudeau (Eugène) : 490, 491.

Trudeau (Jean-Baptiste) : 502.
Trudeau (J.-M.-F.) : 569.
Turcot (Magloire) : 536, 585.
Turcotte (François-Magloire) : 544, 558.
Turgeon (Flavien) : 30, 196, 248, 281, 284, 285, 323, 358, 412, 445, 477, 489-492, 564, 583, 591, 603, 606.
Turgeon (Louis) : 113.
Turner (John) : 324.

– U –

Uniacke (Norman Fitzgerald) : 48, 57, 173, 329.

– V –

Valade (F.-X.) : 490.
Vallée, Dr : 359.
Vallières de Saint-Réal (Joseph Rémi) : 30, 42, 68, 70, 78, 89, 97, 127, 129, 146-149, 152-154, 157, 158, 163, 164, 170, 174, 176, 177, 179, 180, 200, 224, 239, 240.
Valois (Michel-François) : 460.
Van Buren (Martin) : 574.
Van Egmont (Anthony) : 481, 532, 548.
Vanfelson (George) : 303, 312, 344, 371, 389, 390, 394, 395, 396, 417, 426, 440, 444.
Van Rensellaer (Rensellaer) : 549, 573, 574, 575, 599, 609.
Van Rensellaer (Stephen) : 72.
Vassal de Montviel (François) : 67, 197, 198.
Viau (Pierre) : 272, 475.
Victoria, Reine : 453, 582.
Vidal (Charles) : 506.

Viger (Bonaventure) : 471, 500-502, 507, 508, 519, 520, 522, 523, 528, 534, 595.
Viger (Denis) : 8, 22.
Viger (Denis-Benjamin) : 22, 32, 33, 41, 42, 47, 48, 50, 51, 56, 65, 73, 78, 89, 92, 100, 113, 114, 117, 147, 154, 166, 169, 170, 174, 175, 180, 182, 183, 186-188, 190, 198, 201, 202, 204-212, 214, 224, 225, 228, 231, 233, 234, 241, 246, 248, 252, 254-256, 260, 265, 266, 274, 280, 281, 285, 286, 295, 297, 300, 303, 310, 316, 320, 321, 323, 325, 329, 332, 339, 342, 346, 347, 349-352, 354, 356, 384, 401, 408, 413, 429, 431, 433, 434, 442, 462, 479, 494.
Viger (Jacques) : 22, 42.
Viger (Jacques II) : 22, 67, 156, 164, 165, 193, 195, 196, 245, 281, 292, 307, 318, 324, 326, 342, 347, 350, 351, 377, 393, 401, 412, 413, 429, 578.

INDEX

Viger (Louis-Michel) : 56, 67, 169, 208, 214, 243, 294, 301, 334, 346, 351, 389, 413, 456, 472, 496, 506, 533, 567, 596, 606, 611.

Vincent (Joseph) : 243, 253, 264, 332, 359, 472, 500-502.

Vincent (Michel) : 502.

Voltaire : 30, 169, 319.

— W —

Walcott (Samuel) : 360, 366, 419, 444, 452, 459, 519, 577, 592.

Walker (James) : 14, 19.

Walker (Thomas) : 25.

Walker (William) : 333, 335, 337, 378, 506, 567, 596, 611.

Walker (William) de Québec : 610.

Waller (Jocelyn) : 146, 151, 170, 172, 178, 188, 325, 351.

Walworth (Reuben H.) : 473, 586, 607.

Warburton, député aux Communes de Londres : 581, 582.

Washington (George) : 583.

Wason, député aux Communes de Londres : 423, 424.

Watteville (L. de) : 74, 75.

Weilbrenner (Pierre-Claude) : 243, 253, 264.

Weir (Jack) : 510-512, 515, 530, 547, 558.

Wellington (Arthur Wellesley) : 183, 200, 212, 582, 618, 619.

Wetherall (George Augustus) : 502, 503, 509, 511, 517, 521, 522, 524, 553.

Wetherall (Ned) : 556, 557.

Whitlock (William) : 567, 596.

Wilkinson (James) : 75.

Wilmot (Lemuel Allan) : 338, 355, 392, 415, 421, 447, 468, 440.

Wilmot (Robert John) : 111, 132, 135, 154, 187.

Wilson (Charles) : 413.

Winter (Pierre) : 258, 296, 300.

Wizon (Randal) : 260.

Wood, général américain : 601, 602.

Woolsey (J.W.) : 113.

Wright (Philemon) : 41.

— Y —

Yeo (James) : 78, 81.

Young (John) : 40.

Table des matières

1. Les Papineau, de Montigny 7
2. La constitution de 1791 10
3. Joseph Papineau, député de Montréal 16
4. Répercussions de la Révolution française 21
5. Acquisition de la Petite-Nation 27
6. Fondation du Canadien 31
7. Le gouverneur Craig 38
8. Les coups de force du gouverneur Craig 45
9. Démission et départ de Craig 57
10. La guerre de 1812 63
11. James Stuart contre Jonathan Sewell 80
12. Le gouverneur Sherbrooke 86
13. Vers de nouveaux conflits 92
14. L'administration Dalhousie 101
15. Le projet d'Union 110
16. La mission Papineau-Neilson 126
17. Papineau contre Dalhousie 145
18. L'intérim Burton 151
19. Dalhousie reprend les rênes 160
20. Triomphe de Papineau sur Dalhousie 168
21. Le « rejet de l'Orateur » 176
22. La mission Neilson-Viger-Cuvillier 183
23. Accalmie sous l'administration Kempt 190
24. Les bons conseils de sir James Kempt 200
25. Élections de 1830 et départ de
    sir James Kempt 211
26. Le gouverneur Aylmer 216
27. Les propositions Goderich 230
28. Le bill des fabriques 239
29. Les « vieillards malfaisants » 250
30. La fusillade du 31 mai 1832 256
31. Le choléra 267
32. Rupture Papineau-Neilson 275
33. Les « Paroles d'un Croyant » 289

34. Les 92 Résolutions	300
35. La Saint-Jean-Baptiste	318
36. Les « 92 » plébiscitées	328
37. Session « révolutionnaire » de 1835	339
28. Rappel de lord Aylmer	349
39. Mackenzie établit la liaison	360
40. Adam Thom et ses Carabiniers	371
41. Lord Gosford a échoué	384
42. L'été de 1836	401
43. Les résolutions Russell	416
44. L'assemblée de Saint-Laurent	425
45. L'été de 1837 est un long tumulte	438
46. Dernière et brève session du Parlement du Bas-Canada	451
47. Les Fils de la Liberté	459
48. L'assemblée des Six-Comtés	470
49. La bagarre avec le Doric Club	479
50. Un projet d'intervention du clergé	486
51. Départ de Papineau	493
52. Le coup de main de Longueuil	498
53. Saint-Denis	506
54. Saint-Charles	516
55. Premières représailles	524
56. Moore's Corner	533
57. Insurrection dans le Haut-Canada	547
58. Saint-Eustache	550
59. Des prisonniers à Montréal aux réfugiés aux États-Unis	563
60. La constitution suspendue	576
61. Le plaidoyer de Papineau	583
62. Départ de Gosford — La République du Bas-Canada	590
63. Libération du curé Blanchet	603
64. Fin de l'administration Colborne	610
Index	623

Achevé d'imprimer à Montréal par Les Presses Elite,
pour le compte des Éditions Fides,
le vingt-troisième jour du mois de septembre
de l'an mil neuf cent soixante dix-sept.

Dépôt légal — 3e trimestre 1977
Bibliothèque nationale du Québec